LA MOTIVATION DES DECISIONS ADMINISTRATIVES EN TUNISIE

5-7, rue de l'Ecole-Polytechnique, 75005 Paris
www.harmattan.com
diffusion.harmattan@wanadoo.fr
ISBN : 978-2-343-10397-6
EAN : 9782343103976

Akram BELHAJ RHOUMA

LA MOTIVATION DES DECISIONS ADMINISTRATIVES EN TUNISIE

Préface du doyen Hafedh BEN SALAH

L'Harmattan

À mes parents Nejia et Monji

À mon épouse Soumaya Ayadi

À mes enfants Mohamed Amine et Farah

Cet ouvrage est une version actualisée et enrichie de ma thèse de doctorat en droit public soutenue publiquement le 7 janvier 2016 à la Faculté de droit et des sciences politiques de Tunis (FDSPT-Université de Tunis El-Manar). Le Jury est composé de Mme Amel Aouij-Mrad (Présidente), Professeur à la FDSPT, M. Hafedh Ben Salah, Professeur à la FDSPT, M. Kamel Ben Messaoud, Professeur à la FDSPT, M. Fadhel Blibech, Maître de conférence à la FDSPT et M. Noômen Nciri, Maître de conférence à la FD de Sousse. La thèse est élaborée sous la direction de Monsieur le Doyen Hafedh Ben Salah à qui j'exprime ma très profonde gratitude pour avoir accepté de diriger ce travail et qui m'a guidé par ses précieux conseils. Je tiens également à exprimer mes vifs remerciements à Monsieur le Doyen Néji Baccouche qui a dirigé ce travail au début de sa préparation.

Akram Belhaj Rhouma

PRÉFACE

En mettant à la disposition de la bibliothèque juridique un ouvrage sur la motivation des décisions administratives au moment même où l'Administration fait face à une large mise en cause en raison de son incapacité à intégrer les valeurs de la nouvelle Constitution de 2014, l'auteur tente de réhabiliter un outil essentiel de l'État de droit et de mettre au centre du débat l'intérêt général.

L'ouvrage comporte deux parties : la première est consacrée à un régime complexe et la seconde à un champ restreint.

L'auteur estime que la révolution tunisienne a généré une transformation du climat sociopolitique et l'adoption d'une Constitution qui proclame un ensemble de principes et de droits et libertés intimement rattachés à l'exigence de motivation.

Monsieur Akram Belhaj Rhouma souligne d'emblée que « *Désormais, et au regard des changements qui affectent l'environnement sociopolitique, le pouvoir administratif ne peut plus traiter l'administré comme un sujet malléable et docile, mais comme une personne douée de raison, de liberté et de dignité* ».

L'auteur s'interroge avec pertinence : *La motivation des décisions administratives est-elle susceptible de garantir le respect effectif des exigences désormais constitutionnelles de l'État de droit en faveur d'une bonne administration et d'une bonne justice, alors que dans l'état des lieux elle demeure restreinte au niveau de son champ obligatoire et incertaine au niveau de ses conditions de régularité ?*

L'auteur avance, en premier lieu, que le régime de la motivation peut être conceptualisé à partir de deux angles de vue différents : Les conditions de régularité et les fonctions de la motivation. De ces deux composantes découle un régime problématique et complexe. La discordance est manifeste entre le comment de la motivation et son pourquoi.

L'auteur souligne, en second lieu, que le champ d'application de la motivation reste encore dominé par le principe « *pas de motivation sans texte* ». Le dispositif des textes relatif au domaine de la motivation est loin d'être homogène. Tantôt les textes exigent la motivation, tantôt ils dispensent expressément l'Administration de l'obligation de motiver, tantôt ils gardent le silence. Par ailleurs, la jurisprudence du Tribunal administratif même si elle a pu progressivement imposer l'obligation de motiver des catégories entières d'actes administratifs au-delà des textes, elle n'a ni bouleversé le principe « *pas de motivation sans texte* », ni multiplié les catégories d'actes soumis à la motivation.

L'auteur appelle à une refonte conséquente du droit de la motivation des actes administratifs qui prend acte du nouveau contexte constitutionnel et politique du pays.

L'ouvrage est bien mené, le plan est cohérent et les termes du sujet sont maîtrisés. C'est un travail bien documenté et d'un très bon niveau. Il trouvera, j'en suis persuadé, un accueil chaleureux auprès des partisans et défenseurs des droits des administrés et de la transparence administrative.

Hafedh Ben Salah

Professeur émérite à la Faculté de droit et des sciences politiques de Tunis

PRINCIPALES ABRÉVIATIONS

- *Aff. : Affaire.*
- *AJDA : Actualité juridique, Droit administratif.*
- *AJT. : Actualités juridiques tunisiennes.*
- *Ass. : Assemblée.*
- *C. Cass. : Cour de cassation.*
- *CCP : Code de la comptabilité publique*
- *CDPF : Code des droits et procédures fiscaux.*
- *CE : Conseil d'État français.*
- *CERP : Centre d'études, de recherches et de publication.*
- *Cf. : Confer (comparez, rapprochez).*
- *CII : Code d'incitation aux investissements.*
- *CJCE : Cour de Justice des Communauté européennes*
- *Coll. : Collection.*
- *CPCC : Code de procédure civile et commerciale.*
- *CPP : Code de procédure pénale.*
- *CPU : Centre de publication universitaire.*
- *CREA : Centre de recherches et d'études administratives.*
- *D. : Recueil Dalloz.*
- *Dir. : Direction.*
- *EDCE : Études et documents du Conseil d'État.*
- *EJ : Études Juridiques.*
- *ENA : École nationale d'administration.*
- *Et al. : et autres.*
- *Gaz. Pal. : La Gazette du Palais*
- *Infra : Plus bas.*
- *IORT : Imprimerie officielle de la République tunisienne.*
- *JDI : Journal du droit international.*
- *JCP : Juris-Classeur périodique (Semaine juridique).*
- *JORT : Journal officiel de la République tunisienne.*
- *JOT : Journal officiel tunisien.*
- *LPA : Les Petites affiches.*
- *LGDJ : Librairie générale de droit et de jurisprudence.*
- *Litec : Librairies Techniques (France).*

- *Op. cit. : Ouvrage précité.*
- *p. : page.*
- *PUF : Presses universitaires de France.*
- *RA : Revue administrative.*
- *RCF : Revue Comptable et Financière.*
- *RDP : Revue du droit public et de la science politique en France et à l'étranger.*
- *RDSS : Revue de droit sanitaire et social.*
- *Rec. : Recueil*
- *REP : Recours pour excès de pouvoir.*
- *Req. : Requête.*
- *RFAP : Revue française d'administration publique.*
- *RFDA : Revue française de droit administratif.*
- *RFFP : Revue française de finances publiques*
- *RGA : Revue générale d'administration.*
- *RGDIP : Revue générale de droit international public.*
- *RIAP : Revue internationale d'administration publique.*
- *RIDC : Revue internationale de droit comparé.*
- *RISA : Revue internationale des sciences administratives.*
- *RJC : Revue de jurisprudence commerciale*
- *RJF : Revue de jurisprudence fiscale.*
- *RRJ : Revue de la recherche juridique.*
- *RSLF : Revue de sciences et de législation financières.*
- *RTD : Revue tunisienne de droit.*
- *RTAP : Revue tunisienne d'administration publique.*
- *RTEJP : Revue tunisienne d'études juridiques et politiques.*
- *RTF : Revue tunisienne de fiscalité.*
- *TA : Tribunal administratif tunisien.*
- *S. : Recueil Sirey.*
- *Supra : Plus haut.*

Sommaire

INTRODUCTION GÉNÉRALE

> "*La volonté publique tire son plus grand poids de la raison qui l'a dictée… Formez donc des hommes si vous voulez commander à des hommes : si vous voulez qu'on obéisse aux lois, faites qu'on les aime*" (J. J. Rousseau)

L'art de démontrer ce qui est juste[1] dans un rapport logique de cause à effet, la motivation traverse les domaines les plus variés de la pensée humaine et domine les diverses branches du droit. « *Celui qui, la plume en main, ne parvient pas à motiver son opinion doit toujours se dire qu'il poursuit une idée fausse* »[2]. En droit positif, nul secteur n'échappe à la motivation[3]. La question de la motivation est au cœur de toute réflexion juridique portant sur les lois, les traités, les jugements, les requêtes d'instance et les décisions administratives.

Au-delà de son aspect purement technique, la passion de la motivation des décisions administratives est qu'elle recouvre réellement une idéologie : la théorie de l'État de droit, l'idéologie libérale et la culture des droits de l'homme. Instrument de rationalisation et de transparence administrative, la motivation s'inscrit dans le cadre d'une évolution qui tend à « *apprivoiser* » [4] le pouvoir. La conception classique du pouvoir fondé sur l'obéissance absolue de l'individu à des « *décisions de type militaire* » ne permettait à l'administré ni de contester les décisions du souverain, ni

---

[1] Chaïm PERELMAN, « La motivation des décisions de justice , Essai de synthèse », *La motivation des décisions de justice*, Ch. Pérelman et P. Foriers (dir.), E. Bruylant, Bruxelles, 1978, p. 425 et Charles PERELMANN, *Logique juridique*, Dalloz, 2ème édition, 1979, p. 7.

[2] T. SAUVEL, « Histoire de jugement motivé », *RDP*, 1955, p. 42.

[3] S. CAUDAL, « Rapport introductif », *La motivation en droit public*, S. Caudal (dir.), Dalloz, 2013, p. 5.

[4] Expression empruntée à G. VEDEL, « Le droit administratif peut-il demeurer indéfiniment jurisprudentielle ? », *EDCE*, 1979, p. 31.

même de demander des explications[5]. L'émergence de l'idée de l'État de droit et des libertés individuelles a amorcé une évolution qui tend à mettre en échec l'incontestabilité du pouvoir administratif et à introduire la démocratie dans l'action administrative[6].

Dans la théorie et le contentieux de l'acte administratif, la motivation est l'une des questions les plus fécondes (II) et les plus problématiques (IV). Il importe de délimiter le champ de la recherche (I) et d'exposer les méthodes scientifiques poursuivies (III).

I. Délimitation du champ de la recherche

Il s'agit de mettre l'accent sur les deux termes du sujet : la décision administrative (A) et la motivation (B).

A. La décision administrative

La décision administrative est la prérogative « *la plus caractéristique* »[7] de la puissance publique[8]. Elle a pu jouer un rôle

[5] G. GAHIN, « La motivation des décisions de la Cour internationale de justice », *La motivation des décisions des juridictions internationales*, H.Ruiz Fabri et J.-M. Sorel (dir.), A. Pedome, 2008, p. 11 ; J. RIVERO, « Le système français de protection des citoyens contre l'arbitraire administratif à l'épreuve des faits », *Mélanges J. DABIN*, Sirey, Paris, 1963, Tome II, p. 919.

[6] J. RIVERO, « Le système français de protection des citoyens contre l'arbitraire administratif à l'épreuve des faits », *Mélanges J. DABIN*, Sirey, Paris, 1963, Tome II, p. 919 ; « L'administré face au droit administratif », *AJDA*, numéro spécial, 1995, p. 148.

[7] Ch. DEBBASCH, « Le droit administratif, droit dérogatoire au droit commun ? », *Mélanges R. Chapus*, Montchrestien, 1992, p. 127 ; M. HECQUARD-THERON, « De la prérogative de puissance publique à la prérogative de décision », *Pouvoir et liberté, Mélanges J. Mourgeon,* Bruylant, 1998, p. 671.

[8] La décision administrative est également qualifiée comme « la plus importante » (R. CHAPUS, *Droit administratif général*, EJA, Tome 1, 14ème édition, Paris, 2000, p. 461) et « *la première* » des prérogatives de la puissance publique (D. TRUCHET, « Label de service public et statut du service public », *AJDA*, 1982, p. 427) ou comme « une manifestation par excellence de l'exercice de la puissance publique » (F. CHALTIEL, « Le régime juridique de l'acte administratif individuel (Développements récents) », *LPA*, 2001, n° 84, p. 9

primordial dans l'édification du droit administratif[9]. Le droit administratif *« a inséré sa racine juridique dans l'acte administratif et s'y est solidement implanté »*, affirmait M. Hauriou[10], il y a plus d'un siècle.

La décision administrative[11] est un acte juridique pris par la seule volonté d'une autorité administrative en vue de produire un effet de droit indépendamment du consentement de leurs destinataires[12]. « *La décision administrative, souligne le Tribunal administratif tunisien (TA), est constamment définie par la jurisprudence administrative comme une déclaration de la volonté contraignante de l'administration en vue de produire ou de modifier une situation juridique déterminée ou de mettre fin à ladite situation* »[13].

La motivation ne concerne que les **actes juridiques**, c'est-à-dire les manifestations de volonté qui produisent des effets de droit. L'acte matériel échappe à la question de la motivation car il ne produit pas de conséquences juridiques[14]. Par suite, la motivation comme expression des motifs à autrui, ne se pose véritablement que lorsque l'acte juridique affecte la situation juridique d'autrui. La motivation accompagne les actes qui peuvent s'analyser comme une **décision unilatérale**[15] telle que les décisions juridictionnelles, les lois, les décisions prises par l'État dans la sphère internationale et les décisions administratives. En d'autres termes, la motivation ne se conçoit que

---

9 Y. GAUDEMET, « Prolégomènes pour une théorie des obligations en droit administratif français », Nonagesimo anno, *Mélanges J. GAUDEMET*, PUF, 1999, p. 613.

10 M. HAURIOU, « Introduction à l'étude du droit administratif », *RGA*, 1902, T3, p. 385.

11 Pour une analyse détaillée de la conception statique et dynamique de l'acte administratif unilatéral, consulter la thèse d'A.-L. GIRARD, *La formation historique de la théorie de l'acte administratif unilatéral*, Dalloz, 2013.

12 M. HAURIOU, *Précis de droit administratif*, 12ème édition, Sirey, 1933, p. 361. ; P. DELVOVÉ, *L'acte administratif*, Sirey, Paris, 1983, p. 11 ; R. BONNARD, « Le pouvoir discrétionnaire des autorités administratives et le recours pour excès de pouvoir », *RDP*, 1923, p. 368.

13 C'est notre traduction. TA, 1ère instance, *Salah et autres* c/ Municipalité de Hammam Lif, 7 janvier 2005, Aff. n° 16566, *Rec*. p. 17.

14 F. ZENATI-CASTING, « La signification, en droit de la motivation », *La motivation en droit public*, S. Caudal (dir.), Dalloz, 2013, p. 26.

15 *Ibidem*.

lorsqu'une personne exerce un pouvoir et donc agit sur la position juridique de quelqu'un. C'est là où s'impose l'obligation du détenteur du pouvoir de rendre compte à ses assujettis. Les **contrats** sont par conséquent écartés de la logique et des fonctions de la motivation. Le contrat est conclu en considération des seuls intérêts des parties. « … *Cette rencontre des intérêts de leurs destinataires exclusifs se suffit à elle-même, sans qu'il soit besoin qu'ils s'exposent l'un à l'autre les motifs de leur acte* »[16].

L'acte administratif unilatéral ne se confond pas avec la décision administrative. Cette dernière est « *au premier ce que l'espèce est au genre* »[17]. Le genre acte administratif unilatéral comprend des actes unilatéraux décisoires et d'autres non décisoires[18]. Un acte unilatéral est décisoire lorsqu'elle édicte une norme susceptible de modifier l'ordonnancement juridique ou de le maintenir en l'état, comme les décisions de refus[19]. La décision est alors la « *signification impérative* » de l'acte unilatéral[20] ; elle constitue « *la concrétisation la plus achevée de l'acte unilatéral* »[21].

Il faut également distinguer la décision administrative de **l'acte faisant grief**. L'acte faisant grief est une notion contentieuse qui s'inscrit dans le cadre des conditions de recevabilité du recours pour excès de pouvoir (REP). Seule la décision administrative qui, selon l'appréciation du juge, apporte une influence négative sur la situation juridique du justiciable, est considérée un acte faisant grief et donc susceptible de REP. La décision administrative est, au contraire, une

---

[16] B. SEILLER, « Rapport de synthèse », *La motivation en droit public*, S. Caudal (dir.), Dalloz, 2013, p. 294. *Cf.* également : X. LAGARDE, « La motivation des actes juridiques », *La motivation*, Travaux de l'Association Henri Capitant, LGDJ, 2000, p. 73 ets.

[17] R. CHAPUS, *Droit administratif général*, EJA, Tome 1, 14ème édition, Paris, 2000, p. 491.

[18] F. MELLERAY, « Les apports du CRPA à la théorie de l'acte administratif unilatéral », *AJDA*, 2015, p. 2493.

[19] R. CHAPUS, *Droit administratif général*, EJA, Tome 1, 14ème édition, Paris, 2000, p. 492.

[20] B. DEFOORT, « Définir la décision administrative dans le futur code des relations entre le public et les administrations ?», *AJDA*, 2015, p. 811.

[21] R. CHAPUS, *Droit administratif général*, EJA, Tome 1, 14ème édition, Paris, 2000, p. 491.

notion qui relève de la procédure administrative non contentieuse, c'est-à-dire du processus de fabrication de l'acte administratif en dehors de tout contentieux. Assimiler l'acte faisant grief à la décision administrative revient à confondre les conditions de recevabilité du recours et la normativité de l'acte[22]. Il serait, dès lors, infructueux de traiter la question de la motivation, élément de la procédure administrative non contentieuse, sous l'angle de vue des actes faisant grief, condition de recevabilité du recours contentieux.

Il importe de préciser que le droit administratif tunisien, inspiré du modèle administratif français, adopte une conception large de l'acte administratif qui englobe non seulement les actes individuels, mais aussi les **actes réglementaires**. Toutefois, dans de nombreux systèmes administratifs comme celui des États-Unis d'Amérique et ceux inspirés du modèle allemand comme la Pologne et l'Autriche, les actes réglementaires édictés par les autorités administratives ne constituent pas des actes administratifs mais des actes de législation déléguée[23].

La formation historique de la théorie de l'acte administratif unilatéral en droit français montre qu'à l'origine l'acte administratif était étroitement lié à la conception civiliste de l'acte juridique. L'acte juridique suppose un rapport de droit entre un créancier et un débiteur individualisé. Seuls les actes qui font naître des droits subjectifs au profit des administrés répondent à la définition de l'acte administratif. Cette approche subjective exclut par conséquent les actes réglementaires du concept de l'acte administratif[24].

Sous l'influence du juge administratif et la doctrine publiciste, l'acte administratif va englober les actes réglementaires de l'administration. Hauriou et Duguit ont objectivé la notion de l'acte

---

[22] F. MELLERAY, « Les apports du CRPA à la théorie de l'acte administratif unilatéral », *AJDA*, 2015, p. 2492.
La motivation ne saurait être traitée à travers une approche contentieuse relative à l'acte faisant grief. *Cf. contrast* : M. GARGOURI, « La motivation des décisions administratives », *Études juridiques*, n° 19, 2012, pp. 73-116

[23] C. CAPELLE, « Acte administratif et justice administrative en Europe », *RFDA*, 2008, pp. 258-266.

[24] A.-L. GIRARD, *La formation historique de la théorie de l'acte administratif unilatéral*, Dalloz, 2013, pp. 405-407.

juridique en remplaçant le *vinculum juris*, le lien juridique, par la situation juridique. L'effet de droit produit par l'acte juridique n'est plus une relation juridique mais une situation juridique[25]. « ...*Mode de création de situations juridiques* », la décision exécutoire de Maurice Hauriou recouvre à la fois les règlements administratifs et les actes administratifs individuels[26]. « *L'acte d'administration est une décision prise en vue de produire un effet de droit ; cet effet, que l'on peut ramener à la modification d'une situation juridique antérieure, est l'un des éléments constitutifs de la décision exécutoire* », écrit Hauriou[27]. À partir de la seconde moitié du XIXème siècle jusqu'aux nos jours, le REP est perçu comme un recours objectif ayant comme but premier d'imposer le droit objectif à l'administration et non de reconnaître les droits subjectifs des parties. Ce qui a rendu possible le recours contre les actes réglementaires[28].

Quoique limitée aux décisions administratives, une approche globale nous conduit à placer la motivation à deux niveaux différents. **D'une part**, il est utile d'intégrer la motivation dans l'ensemble du processus décisionnel administratif. En effet, la décision administrative est l'aboutissement d'une série d'actes préparatoires liés les uns aux autres dans un ensemble complexe et qui forment l'opération décisionnelle. Dans l'opération décisionnelle, certains actes sans effets juridiques, sans influence sur la situation juridique de leurs destinataires, sont soumis à l'obligation de motivation. Même s'ils ne constituent pas des décisions administratives, l'étude de la motivation desdits actes permet de mesurer la cohérence d'ensemble du mécanisme décisionnel.

---

[25] *Ibid.*, p. 471 ; E. UNTERMAIER, « Regard critique sur le droit administratif français à l'aune de quelques exemples en droit comparé », *La motivation en droit public*, S. Caudal (dir.), Dalloz, 2013, p. 116 et s.

[26] M. HAURIOU, *Précis de droit administratif et de droit public*, 12ème édition, Dalloz, 2002, p. 371.

[27] M. HAURIOU et G. de BÉZIN, « La déclaration de volonté dans le droit administratif français », *RTD civ.* 1903, p. 550, cité par UNTERMAIER, « Regard critique sur le droit administratif français à l'aune de quelques exemples en droit comparé », *La motivation en droit public*, S. Caudal (dir.), Dalloz, 2013, p. 117.

[28] Pour plus de détails, *cf.* UNTERMAIER, « Regard critique sur le droit administratif français à l'aune de quelques exemples en droit comparé », *La motivation en droit public*, S. Caudal (dir.), Dalloz, 2013, p. 117 et s.

D'autre part, l'utilité de la recherche impose de traiter la motivation dans l'ensemble du système juridique. Une comparaison entre la motivation des décisions administratives et la motivation des actes émanant des autres pouvoirs publics comme les lois et les jugements permet de savoir si elle fait partie d'un corps de règles homogènes.

B. La motivation

Motiver provient du latin "*movere*", c'est-à-dire « *mettre en mouvement* »[29]. D'un point de vue psychologique, la motivation renvoie à l'action des forces conscientes ou inconscientes qui incitent une personne à agir et déterminent son comportement. D'un point de vue philosophique, la motivation est la relation d'un acte aux motifs qui l'expliquent ou le justifient. Motiver se définit également comme le fait de munir de motifs, de fournir le motif[30]. Cette dernière signification est très proche du sens juridique. « *Celui qui motive ne se contente pas d'avoir des motifs, il les donne* »[31]. Or, en droit, la motivation ne consiste pas seulement à communiquer les motifs, mais en outre, à les formaliser dans un écrit[32]. On peut déduire qu'au sens juridique, la motivation possède une double signification dynamique et statique. De l'angle de vue dynamique, la motivation est le **processus de production des motifs** ; c'est l'action de préparer, d'élaborer et d'écrire les motifs. De l'angle de vue statique, la motivation est **la partie de l'écrit qui consigne l'acte** ; c'est le résultat ou le produit final de l'action de motiver.

Les définitions de la motivation présentées par la doctrine sont analogues. Par motivation, il faut entendre la formulation écrite des motifs de droit et des motifs de fait dans le texte de l'acte[33].

[29] S. CAUDAL, « Rapport introductif », *La motivation en droit public*, S. Caudal (dir.), Dalloz, 2013, p. 3.
[30] *Grand Robert de la langue française*.
[31] F. ZENATI-CASTING, « La signification, en droit de la motivation », *La motivation en droit public*, S. Caudal (dir.), Dalloz, 2013, p. 25.
[32] *Ibidem*.
[33] G. VEDEL et P. DELVOVÉ, *Droit administratif*, Tome II, P.U.F., Paris, 11ème édition, 1990, p. 291 ; . B. PACTEAU, *Le juge de l'excès de pouvoir et les motifs de l'acte administratif*, Clermont-Ferrand, 1977, p. 46. La motivation est « l'énoncé des bases textuelles de l'acte et l'indication des circonstances de fait qui ont conduit

Lorsqu'elle est obligatoire, la motivation est « *une formalité substantielle dont la méconnaissance entache l'un des éléments de sa légalité externe et entraîne l'annulation de l'acte* », souligne le TA[34].

La motivation implique une énonciation complète des motifs. On doit préciser à ce titre qu'au sens sociologique, la motivation exhaustive n'existe pas. Cet instrument ne peut atteindre le seuil de la vérité. En effet, l'être humain n'est pas toujours conscient de tout ce qui motive ses actions. Et, à supposer qu'il soit conscient de tous les éléments ou du moins des plus pertinents, l'auteur d'un acte quelconque hésite toujours à en dévoiler certains. Comme le dit la maxime : « *Nous aurions souvent honte de nos plus belles actions, si le monde voyait tous les motifs qui les produisent* ». C'est à plus forte raison qu'il n'est pas toujours possible pour une autorité titulaire d'un pouvoir d'avouer tous les motifs qui l'ont animé à des moments différents de la préparation de l'acte. Les obstacles d'une motivation entière sont variables. Ces obstacles peuvent être matériels, moraux, psychologiques, politiques ou déontologiques[35].

La motivation relève de **la forme de l'acte**, c'est-à-dire « *la manifestation extérieure de la volonté de l'administration* »[36] et non de la procédure[37]. Alors que la procédure est l'ensemble des modalités

---

l'autorité administrative à agir, donc les motifs de droit et les motifs de fait » : S. SUR, « Sur l'obligation de motiver formellement les actes administratifs », *AJDA* 1974, p. 349. « La motivation est la formulation écrite des raisons de fait et de droit dans le document qui consigne la décision » : G. DUPUIS, « Les motifs des actes administratifs », *EDCE*, 1975, p. 46.

[34] C'est notre traduction. TA, Appel, Ministre de l'éducation c/ *Added*, 29 juin 2005, Aff. n° 24775, *inédit*.

[35] B. SEILLER, « Rapport de synthèse », *La motivation en droit public*, S. Caudal (dir.), Dalloz, 2013, p. 292.

[36] Ch. DEBBASCH, « Les modes non formels d'expression de la volonté de l'administration », *RA*, 1968, p. 555.

[37] S'inspirant des enseignements de Charles Eisenmann, René Hostiou élaborait une distinction entre la forme et la procédure ou les formalités en tant que deux données radicalement différentes. « Les formalités sont constituées par les diverses opérations relatives à l'opération normatrice (le *negocium*), qui conditionnent la régularité de l'émission et l'entrée en vigueur de l'acte. Quant aux formes, ce sont les mentions de l'écrit (l'« *instrumemtum* ») qui traduisent expressément les diverses conditions de régularité de l'acte (l'auteur, les fondements et la date d'émission notamment), et qui, bien qu'elles soient rarement imposées, sont fréquemment

de « *fabrication* » de l'acte, la forme est la manifestation extérieure du produit de cette fabrication. Si la procédure prépare le fond, la voie vers le fond, la forme est *« l'écho du fond »*[38]. La motivation est à cet effet l'écho des motifs. Selon la formule de Victor Hugo : « *par la forme, le fond remonte à la surface* »[39]. Vong Ihering présentait en des termes pertinents l'influence réciproque de la forme et du fond : « *La différence du fond et de la forme réside dans les moyens par lesquels les faits acquièrent une expression extérieure. La forme, c'est le contenu du droit au point de vue de sa visibilité. La vrai forme suppose toujours le contenu, il n'y a ni contenu sans forme, ni forme sans contenu* »[40].

La motivation constitue l'expression extériorisée des motifs. Il en découle que motifs et motivation ne répondent pas à la même définition. Les motifs constituent un élément matériel : les faits et la règle de droit qui fondent l'acte. Au contraire, la motivation est un élément formel, c'est l'indication écrite des motifs dans le corps de l'acte. Dès lors, le contrôle des motifs relève de la légalité interne et le contrôle de la motivation relève de la légalité externe[41].

Or, la motivation ne constitue pas l'unique moyen d'expression des motifs de l'acte administratif. Nombreux sont les modalités qui constituent, comme la motivation, des instruments de révélation des

---

suivies. Les formalités portent sur le contenu même de l'acte, qu'il s'agisse de l'information préalable de l'administré par la procédure consultative, contradictoire ou postérieur au moment de l'émission, par la publicité. Les formes en revanche, sont simplement des coordonnées de l'acte, qui renvoient aux divers autres éléments de régularité dont elles ne constituent qu'une illustration, qu'un écho » : HOSTIOU, *Procédure et formes de l'acte administratif unilatéral en droit français*, LGDJ, Paris, 1974, p. 13.

[38] G. DUPUIS, « La présentation de l'acte administratif », *Sur la forme et la procédure de l'acte administratif*, G. Dupuis (dir.), Economica, Paris, 1979, p.p. 10 et 11.

[39] Cité par B. DEFOORD, « L'usage des métaphores par Jean Rivero : regard sur une conception de la doctrine », *RFDA*, 2009, p. 1048.

[40] V. IHERING, *L'esprit du droit romain*, traducteur O. de Meulenaere, Tome 3, 3ème édition, 1887, p. 165, cité par J. LAMARQUE, *Le formalisme en droit fiscal*, L'Hamattan, 2002, p. 33 .

[41] G. BLANC, « Motifs et motivation des décisions administratives », *RA*, 1998, n°304, p. 495 ; S. SUR, « Sur l'obligation de motiver formellement les actes administratifs », *AJDA*, 1974, p. 349.

motifs. Il s'agit des visas, de la communication des motifs au juge au cours d'instance, de la communication des motifs à l'intéressé lors de l'exercice des droits de la défense et lors de la notification de l'acte. Ces différentes techniques d'extériorisation des motifs ne sauraient être des motivations au sens propre du terme car les motifs exprimés ne figurent pas dans l'*instrumentum* ou dans le corps même de l'acte administratif. On verra, que la mise en œuvre de ces différentes techniques de révélation des motifs a eu une influence déterminante sur le champ et les conditions de régularité de la motivation. La technique de la communication des motifs au juge au cours d'instance est la raison première qui explique jusqu'aujourd'hui la persistance du principe de non motivation dans la jurisprudence administrative tunisienne. En outre, le juge admet fréquemment une motivation insuffisante lorsque l'administré a eu une connaissance des motifs par le biais des autres modalités de révélation des motifs.

Un instrument à la fois souple et dynamique, la motivation entretient des rapports non seulement avec les différentes modalités d'expression des motifs, mais aussi avec les divers moyens d'annulation. La motivation opère une interaction avec les différents éléments de légalité, notamment les motifs, le but, la compétence et les droits de la défense. En effet, le juge déduit les diverses illégalités de l'acte administratif à partir de la motivation. En plus, la sanction de la motivation est souvent tributaire du non respect par l'administration des autres exigences de légalité. Cette influence réciproque offre au chercheur un terrain de réflexion favorable portant sur les méthodes du juge administratif quant au contrôle de légalité de l'acte administratif dans son entier. La méthode juridictionnelle semble être imprégnée par une démarche fortement empirique. Les solutions jurisprudentielles sont tellement variables que toute tentative de systématisation s'avère particulièrement délicate dans une matière aussi complexe et aussi nuancée.

II. Importance et enjeux du sujet

Alors que la motivation des décisions administratives constitue une exigence élémentaire de l'État de droit constitutionnel (A), sa place demeure incertaine dans l'état actuel du droit administratif (B). Or, la situation actuelle de la motivation peut-elle résister à une révolution qui a mené une mutation profonde du climat sociopolitique et une nouvelle constitution porteuse de valeurs, de principes et de droits et libertés fondamentaux (C) ?

A. La motivation, une exigence de l'État de droit

La motivation des décisions administratives est une exigence de l'État de droit formel et substantiel. De l'angle de vue de l'État de droit formel, la motivation est un instrument de rationalisation de l'action administrative. Elle garantie la soumission réelle de l'administration au droit et diminue par conséquent le caractère autoritaire de l'acte administratif et les risques d'arbitraire. L'obligation de motiver constitue une garantie préventive contre les décisions illégales et incite l'administration à n'agir que pour des motifs avouables[42].

Au niveau substantiel, la motivation est intimement liée à un ensemble de principes, de valeurs, de droits et de libertés fondamentaux indispensables dans un État de droit. La motivation des décisions administratives favorise la transparence, la sincérité et la vérité dans le travail de la machine administrative[43]. Cet instrument redoutable incarne les exigences de « *sécurité juridique* »[44] et de la soumission de l'administration à un droit protecteur des libertés.

La motivation impose à l'administration l'obligation d'exposer les motifs qui justifient la nécessité de l'acte. C'est un instrument qui garantie le caractère exceptionnel des mesures restrictives des droits et des libertés et assure donc le respect du principe de la plénitude de l'exercice des droits par les citoyens. En matière juridictionnelle,

---

[42] C. WIENER, «La motivation des décisions administratives en droit comparé», *RIDC*, 1969, p. 781.

[43] J. LEMASURIER, « Vers une démocratie administrative : du refus d'informer au droit d'être informé », *RDP* 1980, p.1239 ; J.-M. AUBY, « La procédure administrative non contentieuse », *D.* 1956, Chron., p. 30.

[44] Sur la notion de sécurité juridique, consulter avec profit la thèse de A.-L. VALEMBOIS, « *La constitutionnalisation de l'exigence de sécurité juridique* », LGDJ, Paris, 2005. Pour une analyse de la jurisprudence du TA, *Cf.* R. ABBES, « Le principe de sécurité juridique en droit administratif tunisien », *RTEJP*, 2012, pp. 217-247.

l'ancien Conseil constitutionnel a eu l'occasion d'affirmer que « *l'obligation de motiver la décision de détention préventive...constitue une garantie supplémentaire à la liberté individuelle dans la mesure où l'autorité judiciaire compétente en la matière est tenue de s'assurer du caractère nécessaire d'une telle décision avant qu'elle ne le décide in initio* »[45].

Toute restriction aux droits et libertés fondamentaux doit être nécessaire et proportionnée sous peine de banaliser lesdites restrictions, voire même de vider les droits et libertés de toute substance. Il est constamment admis dans la doctrine de l'ancien Conseil constitutionnel que le principe de proportionnalité exige que toute limitation à l'exercice des droits et libertés par les citoyens soit « *assortie de garanties qui sont de nature à établir l'équilibre nécessaire entre les exigences du respect dudit droit, d'une part et les impératifs justifiant sa limitation, d'autre part* »[46].

La motivation est intimement rattachée aux droits de la défense[47] qui constituent un principe fondamental à valeur constitutionnelle. La motivation assure au profit des destinataires de l'acte un exercice utile des droits de la défense non seulement devant le juge, mais aussi devant l'administration elle-même. À cet effet, la motivation est l'expression la plus achevée des droits de la défense lors de l'élaboration de l'acte ; c'est l'opération qui intervient pour **clôturer le parcours des droits de la défense devant l'administration** ; c'est le produit final du débat administratif.

---

[45] Avis n°2-2008 sur un projet de loi portant obligation de motiver la décision de prolonger la durée de la garde à vue et de la détention préventive, *JORT* n°21 du 11 mars 2008, p. 887.

[46] Conseil constitutionnel, Avis n° 13-2009 sur un projet de loi relatif aux aires marines et côtières protégées, *JORT* n° 58 du 21 juillet 2009, p. 1972 ; Avis n° 2-2007 sur un projet de loi portant promulgation du code des douanes, *JORT* n° 47 du 10 juin 2008, p. 1805 et Conseil constitutionnel, Avis n° 13-2009 sur un projet de loi relatif aux aires marines et côtières protégées, *JORT* n° 58 du 21 juillet 2009, p. 1972 : La loi « ne doit pas se borner à établir les limites à l'exercice de ce droit, aussi doit-elle poser des règles qui sont à même d'offrir un ensemble de garanties assurant un équilibre entre le respect de ce droit et les exigences de sa limitation ».

[47] Pour les droits de la défense devant l'administration, *cf. infra* : Deuxième Partie, Chapitre I, Section 1, Paragraphe 2, C. Pour les droits de la défense devant le juge, *cf. infra* : Première Partie, Chapitre II, Section 2, Paragraphe 2.

Au-delà de la procédure administrative non contentieuse, la motivation de l'acte administratif prolonge ses effets sur le terrain contentieux, comme instrument de protection juridictionnelle du citoyen. La motivation constitue à ce titre **l'opération d'ouverture des droits de la défense devant le juge**. En effet, les motifs de l'acte offrent à l'administré la possibilité d'évaluer les chances d'un éventuel recours et de préparer ses moyens de défense appropriés. Dès lors, la connaissance suffisante des motifs sur lesquels l'administration s'est fondée garantit au justiciable le droit d'accès effectif au juge. L'effectivité de l'accès au juge par l'exercice d'un recours n'est assuré que lorsque le justiciable connaît avec un minimum de fiabilité les motifs sur lesquels l'administration a fondé l'acte litigieux. La motivation en tant que garantie de bien administrer s'impose en faveur des administrés comme un droit fondamental. Le droit au recours juridictionnel est considéré comme un droit fondamental rattaché aux principes de l'État de droit[48].

Il est possible d'envisager la motivation comme un moyen inhérent au procès équitable. La connaissance préalable des motifs favorise l'égalité des armes entre le requérant et l'administration au cours du procès et offre au juge la possibilité de résoudre le litige dans un délai raisonnable[49]. Ces exigences du procès équitable sont solennellement proclamées par l'article 108 de la Constitution de 2014 : « *Toute personne a droit à un procès équitable et dans un délai raisonnable. Les justiciables sont égaux devant la justice* »[50].

En droit allemand, la jurisprudence de la cour fédérale et de la cour administrative a constamment affirmé qu'il découle du principe de l'État de droit que l'administré / citoyen concerné par une décision de

---

[48] TA, 1ère instance, *Mohaed* c/ Chef du contentieux de l'État pour le compte du Ministre de la défense nationale, 3 mars 2006, Aff. n° 17020, *Rec.* p. 31 ; TA, 1ère instance, *Abdelmalek* c/ Chef du contentieux de l'État pour le compte du Ministre du domaine de l'État et des affaires foncières, 24 juin 2005, Aff. n° 17603, *inédit*.
Cf. : Conseil constitutionnel, Avis n°2-2007 sur un projet de loi portant promulgation du code des douanes, *JORT* n° 47 du 10 juin 2008, p. 1808.

[49] *Cf. infra* : Première Partie, Chapitre II, Section 2, Paragraphe 2.

[50] De même, l'article 27 de la Constitution dispose que « Tout inculpé est présumé innocent jusqu'à l'établissement de sa culpabilité, au cours d'un procès équitable qui lui assure toutes les garanties nécessaires à sa défense en cours de poursuite et lors du procès »

l'administration doit savoir pour quelle raison la décision a été prise[51]. En des termes pertinents, le TA tunisien a présenté la motivation comme une garantie nécessaire et primordiale dans l'intérêt d'une bonne administration et d'une bonne justice indispensables dans un État de droit[52]. C'est à juste titre qu'une doctrine a considéré qu'une obligation de motivation découlait des droits de l'homme et de l'État de droit auxquels la Constitution tunisienne de 1959 proclamait son attachement depuis la révision de 2002[53]. En fait l'état du droit en vigueur doit être en conformité avec l'État de droit constitutionnel. L'État de droit « *ne saurait exister qu'en tant que valeur absolue* »[54].

L'État de droit est un État soumis au droit. Il répond à une finalité évidente : la protection du citoyen contre l'arbitraire[55]. L'État de droit n'est pas « *l'État de n'importe quel droit* »[56], mais d'un droit qui garantit un ensemble de valeurs et de principes[57]. Il a pour but « *l'instauration et le maintien d'un ordre juridique qui soit juste* »[58] et ce, par la mise en place d'un système de droits et de libertés fondamentaux. C'est là l'intérêt majeur de notre analyse. Une décision fondée sur des motifs illégaux, souligne le TA, crée chez l'administré un sentiment de frustration et d'injustice et perturbe sa confiance vis-à-vis des principes de l'État de droit qui parmi ses éléments

---

[51] *Cf.* : Ch. AUXTIER, *Introduction au droit public allemand*, Puf, Paris, 1997, p. 279.

[52] TA, 1ère instance, *Mejri* c/ Ministre de l'intérieur, 22 novembre 2003, Aff. n° 19987, *inédit*.

[53] M. GARGOURI, « La motivation des décisions administratives », *Études juridiques*, n° 19, 2012, pp. 73-116, notamment p. 105 et s.

[54] W. LEISNER, « L'État de droit, une contradiction », *Mélanges Charles Eisenmann*, Cujas, Paris, 1975, p. 65.

[55] J. RIVERO, « État de droit, état du droit », *Mélanges en l'honneur de Guy Braibant*, Dalloz, 1966, p. 609.

[56] D. ROUSSEAU, in D. COLAS, 1987 cité par J. CHEVALLIER, *L'État de droit*, Montchrestien, 3ème édition, p. 94.

[57] J. CHEVALLIER, *L'État de droit*, Montchrestien, 3ème édition, p. 94.

[58] MAUNZ-DÜRIG, cité par M. FROMONT, « Les droits fondamentaux dans l'ordre juridique dans la République fédérale d'Allemagne », *Recueil d'études en hommage à Charles Eisenmann*, Cujas, 1975, p. 49.

consubstantiels la soumission de l'administration au droit dans ses rapports avec ses administrés et ses agents[59].

Dans son avis n° 2-2007 sur un projet de loi portant promulgation du code des douanes, le Conseil constitutionnel a relevé que les principes de l'État de droit prévus par le second paragraphe de l'article 5 de la Constitution « *impliquent notamment la soumission des transactions et les relations mettant en rapport des personnes ou celles-ci avec les pouvoirs publics, à l'ordonnancement juridique de l'État dans toutes ses composantes, à l'effet de protéger les droits des personnes et leurs libertés* »[60].

À vari dire, l'exigence de la motivation ne peut avoir de succès réel que dans un régime où les autorités publiques sont véritablement soumises à des règles de conduite prédéfinies et protectrices des droits des citoyens. Dans les États démocratiques, l'obligation de motiver est reconnue comme une règle générale ou du moins la motivation est obligatoire pour tout acte relevant de la catégorie « *des décisions administratives défavorables* ». Plus le régime est autoritaire, plus le détenteur du pouvoir est hostile à l'égard de la motivation[61]. C'est ainsi que l'institution de la motivation dans l'état du droit n'était pas à la mesure des principes de l'État de droit proclamés par la Constitution de 1959 qui disposait dans son article 5 que « *La République tunisienne a pour fondement les principes de l'État de droit* ».

B. La motivation, un instrument incertain dans l'état du droit

Le droit administratif tunisien éprouve des difficultés à intérioriser la démocratie et les libertés dans le système administratif. L'incertitude de la motivation dans l'état du droit se traduit essentiellement à trois niveaux.

---

[59] TA, 1ère instance, *Saihi* c/ Chef du contentieux de l'État pour le compte Ministre de l'équipement et de l'habitat, 24 avril 2008, Aff. n° 11573, *inédit*.

[60] *JORT* n° 47 du 10 juin 2008, p. 1808.

[61] M. NÖEL, « Les motifs dans les décisions des juridictions administratives », *RDP*, 1924, p. 350.

D'abord, l'acte administratif est régi par le principe *« pas de motivation sans texte »* régulièrement rappelé par le TA[62]. Transposé par mimétisme de la jurisprudence administrative française, l'origine du principe de non motivation remonte, en droit français, à l'époque du Ministre-juge où l'on opposait les décisions juridictionnelles qui selon les textes[63] devaient être motivées et les décisions non juridictionnelles qui ne devaient pas l'être[64]. En motivant ses décisions contentieuses, le Conseil d'État français contribua à la dissociation entre activité juridictionnelle et activité administrative[65].

Qualifiée par le TA comme *« l'un des principes juridiques enracinés »*[66], la non motivation est dans la conscience du juge une vérité incontestable. À vrai dire, la non motivation *« répond à une*

---

[62] *Cf. infra.* : Deuxième Partie, Chapitre I.

[63] La loi française des 16-24 août 1790 consacra l'obligation de motiver, comme réaction des révolutionnaires à l'égard des Parlements. Dans ses dispositions relatives à la présentation des jugements, la loi précise que « Les résultats des faits reconnus ou contestés par l'instruction et les motifs qui auront déterminé le juge seront exprimés » (Titre V, Article 15). L'obligation de motiver fut érigée au rang constitutionnel par la constitution de l'An III, puis reprise dans la loi du 20 avril 1810 sur « l'organisation judiciaire et l'administration de la justice » et figure dans les codes de procédure civile et de procédure pénale.

[64] J. LEMASURIER, « Vers une démocratie administrative : Du refus d'informer au droit d'être informé », *RDP*, 1980, p. 1247 ; B. DELAUNAY, *L'amélioration des rapports entre l'administration et les administrés*, Paris, LGDJ, 1993, p. 471 ; S. SUR, « Sur l'obligation de motiver formellement les actes administratifs », *AJDA*, 1974, p. 351 et G. DUPUIS, « Les motifs des actes administratifs », *EDCE*, 1975, p. 22 et 23. B. PACTEAU souligne que « Cette solution en matière de motivation constitue d'ailleurs traditionnellement l'un des intérêts et l'une des conséquences pratiques qui s'attache à la distinction entre les actes administratifs proprement dit, et les décisions administratives de type juridictionnel auxquelles le Conseil d'État statuant comme juge de cassation impose le principe d'une obligation de motiver » (Le juge de l'excès de pouvoir et les motifs de l'acte administratif, thèse, Clermont-Ferrand, 1977, p. 48).

[65] A. BELHAJ RHOUMA, « Le recours pour excès de pouvoir et le recours en cassation devant le tribunal administratif tunisien », *RRJ-Droit Prospectif*, 2010, pp. 975-1009 ; J. MANESSE, *Le problème de la motivation des décisions administratives*, Thèse, Université d'Économie et de Sciences Sociales de Paris, p. 24.

[66] C'est notre traduction. TA, REP, *Maïmoun et autres* c/ Gouverneur de Tunis, 22 novembre 1990, Aff. n° 1495, *inédit*.

La même formule figure également dans l'arrêt TA, 1ère instance, *Ben arbia* c/ Municipalité de M'saken, 23 avril 1999, Aff. n° 14081, *inédit*.

tradition solide : lorsque l'administration élabore, elle élabore seule, sans engager le dialogue » et sans rendre des comptes à l'administré. « *Ce dernier subit la décision ; il est vis-à-vis d'elle en situation de sujet* »[67]. Le droit administratif n'a pas pu s'affranchir du poids de l'héritage d'une administration « *douée de puissance publique* »[68], lointaine, secrète[69] et donc dispensée des sujétions[70] qui peuvent alourdir son action[71] comme l'obligation de se justifier. Quant au juge administratif, il n'a pas encore ressenti le besoin de bouleverser le principe de non motivation alors qu'il est traditionnellement considéré comme le « *protecteur des droits et des libertés publiques et le garant de la continuité des services publics* », selon les termes de l'arrêt *Pierre Falcon*[72].

Ensuite, en matière d'obligation de motivation, le droit tunisien est loin d'être homogène. Tantôt les textes exigent la motivation, tantôt ils dispensent expressément l'administration de l'obligation de motiver, tantôt ils gardent le silence[73]. Plus loin encore, dans certains cas, c'est le juge lui-même qui dispense l'administration de l'obligation de motiver imposée expressément par les textes[74]. En effet, le TA admet fréquemment la régularité de la motivation par référence et de la motivation stéréotypée eu égard aux circonstances particulières de

---

[67] J. RIVERO, « Le système français de protection des citoyens contre l'arbitraire administratif à l'épreuve des faits », *Mélanges J. Dabin*, Sirey, Tome II, 1963, p. 822.

[68] M. HAURIOU, *Précis de droit administratif et de droit public*, 12ème édition, Dalloz, 2002, p. 381.

[69] LEMASURIER (J.), « Vers une démocratie administrative : du refus d'informer au droit d'être informé », *RDP*, 1980, p.1239.

[70] V. DUFAU, *Les sujétions exorbitantes du droit commun en droit administratif : L'administration sous la contrainte*, L'Harmattan, Paris, 2000.

[71] GENTOT, Conclusions sur CE, Ass. 27 novembre 1970, *Agence Maritime Marseille-fret, Cie générale transatlantique et autres*, cité in Chronique Labetoulle et Cabanes, *AJDA*, 1971, p. 150 ; P. SABOURIN, « Mission de service public, prérogatives de puissance publique et notion d'autorité administrative (À propos de l'arrêt du Conseil d'État du 27 novembre 1970, agence maritime Marseille-Fret et autres) », *JCP*, 1971, I, n° 2407.

[72] C'est notre traduction. TA, *Pierre Falcon* c/ Ministre de l'Agriculture, 14 avril 1981, Aff. n° 325, *Rec.* p. 110.

[73] *Cf. infra.* : Deuxième Partie, Chapitre II, Section 1.

[74] *Cf. infra.* : Première Partie, Chapitre I, Section 2.

chaque affaire. Ce genre de motivations illusoires équivaut à une absence de motivation.

Enfin, l'obligation de motiver est imposée d'une manière déséquilibrée entre les trois pouvoirs de l'État. Si le pouvoir législatif édicte des lois accompagnées d'un exposé des motifs et le pouvoir juridictionnel prononce des jugements motivés, le pouvoir exécutif est en principe dispensé de l'obligation de motiver ses actes administratifs. Il est paradoxal que l'acte administratif, même individuel, demeure en principe en dehors du champ de l'obligation de motiver alors que chaque loi, expression de la volonté générale, est accompagnée d'un exposé des motifs qui en montre la justice et l'utilité. Le droit tunisien crée une certaine ambivalence de la position de l'individu face aux trois pouvoirs de l'État. Citoyen à l'égard des pouvoirs législatif et juridictionnel, il demeure un simple sujet vis-à-vis du pouvoir exécutif[75].

C. La révolution tunisienne, une profonde mutation

Déclenchées le 17 décembre 2010, les revendications populaires ont abouti à la chute du régime de *Ben Ali* le 14 janvier 2011. Lesdites revendications ont manifestement transformé le paysage politique, social et culturel et ont généré une nouvelle Constitution. Ce mouvement multidimensionnel crée une rupture avec l'ancien régime et est qualifié par la Constitution du 27 juin 2014 comme étant une **Révolution**. Le préambule de la Constitution, qui constitue une partie intégrante de la Constitution selon les termes de son article 145, proclame « *... En vue de réaliser les objectifs de la* ***Révolution de la liberté et de la dignité****, Révolution du 17 décembre 2010- 14 janvier 2011, fidèles au sang versé par nos braves martyrs et aux sacrifices des Tunisiens et Tunisiennes au fil des générations et rompant avec l'oppression, l'injustice et la corruption* ».

La révolution tunisienne a généré une transformation du climat sociopolitique (1) et l'adoption d'une nouvelle Constitution qui

---

[75] Le droit français n'est pas étranger à cette situation. *Cf.* : J. RIVERO « À propos des métamorphoses de l'administration d'aujourd'hui : démocratie et administration », *Mélanges R. Savatier*, Paris, Dalloz, 1965, p. 825.

proclame un ensemble de principes et de droits et libertés intimement rattachés à l'exigence de motivation (2).

1. La transformation du climat sociopolitique

Le facteur déterminant qui a provoqué les revendications populaires est la relation de frustration entre une administration lointaine et autoritaire et un citoyen agressé. Humilié publiquement par les agents administratifs, frustré et désespéré, Mohamed Bouazizi, un jeune qui travaillait dans le secteur informel, s'immolait le feu devant le gouvernorat. « *Ce jour-là, explique sa sœur, les agents municipaux lui avaient confisqué son outil de travail et l'un d'eux l'avait giflé. Il s'est alors rendu à la municipalité, puis au gouvernorat pour se plaindre, mais ici, à Sidi Bouzid, il n'y a personne pour nous écouter. Ils marchent à la corruption et ne travaillent que pour leurs intérêts* »[76].

Avec le déclenchement de la révolution tunisienne, le citoyen est devenu extrêmement exigeant à l'égard des pouvoirs publics. Il demande de plus en plus des comptes de l'administration. Animés par « *un désir de participation* »[77] et d'un « *droit de regard* », les administrés « *n'acceptent plus d'être livrés au bon plaisir d'une administration omnipotente* »[78]. L'amélioration du rapport administration-administré est devenue aujourd'hui une demande sociale qui impose aux autorités administratives le devoir de changer leur manière de voir et de traiter les administrés.

Désormais, et au regard des changements qui affectent l'environnement sociopolitique, le pouvoir administratif ne peut plus traiter l'administré comme un sujet malléable et docile, mais comme une personne douée de raison, de liberté et de dignité. Il importe non plus de rechercher l'obéissance absolue de l'individu, mais plutôt de

---

[76] Abdelaziz BARROUHI, « Cinq questions pour comprendre », *Jeune Afrique*, n° 2609, 13 janvier 2011, p. 42.

[77] Expression empruntée à G. BRAIBANT, « Réflexions sur les perspectives d'évolution de l'administration », *RFAP*, n°9, 1979, p. 181.

[78] J. CHEVALLIER, « Le mythe de la transparence administrative », *Information et transparence administrative*, PUF, 1988, p. 243.

recueillir l'adhésion et la confiance[79]. Dans la conscience sociale, on aperçoit une prédominance des idées démocratiques de participation, de transparence et de responsabilisation du pouvoir. Dans un tel paysage en pleine gestation, la règle de non motivation des actes administratifs se présente comme « *une prérogative choquante* » et marque le prolongement d'un « *autoritarisme anachronique* »[80].

Le décret n° 2014-4030 du 3 octobre 2014[81] qui a approuvé une charte intitulée "*Code de conduite et de déontologie de l'agent public*" constitue une tentative ambitieuse pour améliorer la culture administrative et les comportements sociaux des agents publics au sein de l'appareil administratif. Ledit code a été interprété par la circulaire n°34 du Chef du Gouvernement en date du 24 décembre 2014[82]. Aux termes de son préambule, le code est destiné à satisfaire aux *« attentes et aspirations des citoyens à une prestation publique intègre, loin de tout soupçon de corruption pour restaurer la confiance dans l'appareil étatique* » sur la base des impératifs de la bonne gouvernance et des standards internationaux d'une administration moderne. La charte constitue « *un ensemble de valeurs, de principes et de critères destinés à l'agent public...pour garantir le respect de la législation et assurer son engagement pour les valeurs de l'intégrité, de la transparence, de redevabilité et d'impartialité* »[83]. Dans ses relations avec les citoyens, l'agent public doit répondre aux demandes dans les délais impartis et leur accorder le même traitement sans distinction. Il est tenu, en vertu du code, de garantir aux citoyens l'accès aux documents administratifs dans le respect de la législation en vigueur[84]. Le "*Code de conduite et de déontologie de l'agent*

---

[79] *Cf.* : S. GJIDARA, « La motivation des décisions de justice : impératifs anciens et exigences modernes », *LPA*, 2004, n° 105, p. 18.
[80] Expressions empruntées à J. MORAND-DEVILLER, *Cours de droit administratif*, Montchrestien, 11ème édition, 2009, p. 403.
[81] *JORT* n° 90 du 7 novembre 2014, p. 2961.
[82] La circulaire est disponible sur un site officiel relevant de la présidence du Gouvernement : [www.legislation.tn/fr].
[83] Préambule du code.
[84] Titre 3, Section 1 du code.

public" répond aux principes de bonne administration proclamés par l'article 15 de la Constitution de 2014[85].

2. La Constitution du 27 janvier 2014

La nouvelle Constitution de la République tunisienne du 27 janvier 2014 a proclamé un ensemble de principes, de droits et de libertés qui sont en corrélation étroite avec l'exigence de la motivation des décisions administratives. Les fondements constitutionnels de la motivation sont tellement multiples que cet instrument se présente aujourd'hui comme un droit fondamental pour le citoyen.

L'article 15 de la Constitution pose les principes fondateurs de la notion de bonne administration. « *L'administration publique est au service du citoyen et de l'intérêt général. Elle est organisée et agit conformément aux principes de neutralité, d'égalité et de continuité du service public, et conformément aux règles de transparence, d'intégrité, d'efficience et de redevabilité* ». En outre, l'article 32 contraint l'État à garantir « *le droit d'accès à l'information* ».

Le droit des citoyens à l'information est salué comme la « *troisième génération des droits de l'homme* »[86]. La Constitution proclame dans son préambule que « *...l'État garantit la primauté de la loi, le respect des libertés et des droits de l'Homme...* ». Le droit du citoyen d'être informé par ceux qui exercent le pouvoir est un droit naturel. « *Le droit naturel exige que tout homme qui emploie contre les membres de la société les forces qu'elle lui a confiées lui rende compte des causes qui l'y ont déterminé* »[87]. À cet effet, l'obligation de motiver constitue une exigence démocratique de responsabilisation

---

[85] Circulaire n°34 du Chef du Gouvernement en date du 24 décembre 2014. La circulaire est disponible sur un site officiel relevant de la présidence du Gouvernement : [www.legislation.tn/fr].

[86] G. BRAIBANT, « Droit d'accès et droit à l'information », *Mélanges R.-É. CHARLIER*, Édition de l'Université de l'Enseignement moderne, Paris, 1981, p. 703 ; H. MAISL, « Information administrative et droit Évolution et Évaluation », *Mélanges en l'honneur de Guy BRAIBANT*, Dalloz, 1966, p. 489 ; R. LETTERON, « Le modèle français de transparence administrative à l'épreuve du droit communautaire », *RFD*, 1995, p. 183.

[87] CONDORCET, *Réflexions d'un citoyen non gradué sur un procès bien connu*, Œuvre complète, 1804, tome XI.

des décideurs qui doivent rendre comptes aux citoyens. Cette exigence découle des articles 2 et 3 de la Constitution. Aux termes de ces deux articles « *La Tunisie est un État civil, fondé sur la citoyenneté, la volonté du peuple et la primauté du droit* »[88] et dans lequel « *Le peuple est le titulaire de la souveraineté et la source des pouvoirs* » [89]. Le respect de ces principes constitutionnels de la primauté du droit, de citoyenneté et de la souveraineté du peuple impose, entre autres, l'obligation pour les décideurs[90] de rendre compte aux citoyens détenteurs de la souveraineté.

Entre les principes de droit constitutionnel et le principe de droit administratif de non motivation, la discordance est manifeste. La non motivation conduit à la négation des principes constitutionnels de transparence et du droit des citoyens à l'information et heurte les exigences constitutionnelles de citoyenneté et des droits de l'Homme.

Il y a lieu de mettre l'accent sur l'importance capitale de l'article 49 de la Constitution tunisienne qui dispose que « *Sans porter atteinte à leur substance, la loi fixe les restrictions relatives aux droits et libertés garantis par la Constitution et à leur exercice. Ces restrictions ne peuvent être établies que pour répondre aux exigences d'un État civil et démocratique, et en vue de sauvegarder les droits d'autrui ou les impératifs de la sûreté publique, de la défense nationale, de la santé publique ou de la moralité publique tout en respectant la proportionnalité entre ces restrictions et leurs justifications...* ». En vertu de l'article 49, les restrictions aux droits et libertés ne doivent en aucun cas porter atteinte à leur substance. Or, le recours fréquent par l'administration à des motivations laconiques, passe-partout, vide de sens appuyé par une jurisprudence tolérante quant à ce genre de motivation fictives ne risque-t-il pas de porter atteinte à la substance même du droit du citoyen à l'information et son corollaire le droit de connaitre les raisons des décisions administratives ?

De même, l'article 49 de la Constitution tunisienne pose le principe selon lequel l'exercice des droits par les citoyens est la règle et la

---

[88] Article 2 de la Constitution.

[89] Article 3 de la Constitution.

[90] Il s'agit des décideurs qui exercent le pouvoir législatif, exécutif et juridictionnel.

restriction par une loi l'exception[91]. Toutefois, la règle *« pas de motivation sans texte »* pose un **principe radicalement opposé** : l'exercice du droit à l'information et son corollaire le droit à la motivation est l'exception et la restriction par une loi la règle.

III. Méthodologie de la recherche

Dans le cadre de cette étude sur la motivation des décisions administratives et au-delà d'une simple **description** de l'état des lieux, nous avons essayé d'atteindre l'objectif de toute recherche en sciences sociales : dégager des **explications** rationnelles à cette matière, si complexe et si nuancée qu'elle soit.

Pour atteindre l'explication, il a fallu décomposer les divers aspects de la motivation puis les recomposer dans **une structure**[92], c'est-à-dire **un système de transformation et d'autoréglage d'un ensemble d'éléments qui forment un tout en interaction interne et externe**.

À cet effet, nous avons essayé de se conformer aux exigences de la **totalité** du système afin de pouvoir présenter les divers aspects du sujet dans une analyse d'ensemble. Les études doctrinales sur la motivation des décisions administratives, quoique nombreuses et riches, se focalisent essentiellement sur le champ d'application de l'obligation de motiver. Deux questions fondamentales échappent à une véritable théorisation. La première est celle des exigences de la motivation suffisante. Ce problème est analysé, dans la plupart des cas, comme un aspect accessoire. La doctrine la plus autorisée se contente d'une simple description des solutions fournies par les textes et la jurisprudence. À notre connaissance, aucun auteur n'a abordé, ni donné une explication satisfaisante à la question de savoir quelles sont les raisons qui amènent le juge à accepter la motivation par référence ou stéréotypée dans un cas d'espèce et la rejeter dans un autre cas ?

---

[91] L'article 7 de la constitution de 1959 posait le même principe.

[92] J. PLAGET, *Le Structuralisme*, « Que sais-je ? », N° 1311, Puf, 1972 ; J. L. LOUBET DES BAYLE, *Initiation aux méthodes des sciences sociales*, L'Harmattan, 2000, p.203 et s. ; M. GRAWITZ, *Méthodes en sciences sociales*, 10ème édition, 1996, Dalloz, p. 387 et s.

Pourquoi le juge change-t-il sa position d'une affaire à une autre à l'égard de ce genre de motivations fictives ?

La deuxième question est celle des fonctions de la motivation, ses objectifs, ses raisons d'être. La question du pourquoi de la motivation est sans nul doute la plus savante ; elle évoque l'interdépendance de la motivation avec son environnement sociopolitique et avec un ensemble de principes et de valeurs qui gouvernent le système juridique. Mais curieusement, la doctrine offre de simples passages dispersés sans pour autant analyser les fonctions de la motivation comme un problème à part entière et sans structurer l'exhaustivité de la question en une doctrine d'ensemble.

Quant au dispositif des textes juridiques, il ne semble pas obéir à une politique législative perceptible. Les dispositions sont ponctuelles, disparates et contradictoires. Parfois, on se trouve dans un cercle vicieux : plusieurs textes imposent la motivation d'un côté et donnent la possibilité à l'administration de prendre des actes implicites, de l'autre. Notre tentative était de les transformer en une matière coordonnée et organisée.

Le recours à la jurisprudence administrative, appuyée par la jurisprudence comparée et la doctrine de l'ancien Conseil constitutionnel, était une entreprise ambitieuse. Le sujet est riche notamment par l'apport du TA qui a pu édifier des constructions parfois en avance sur son temps. Néanmoins, la majorité de ce patrimoine scientifique n'a pas fait l'objet d'une systématisation doctrinale en un tout organisé, en une matière intelligible. La consultation de la jurisprudence administrative impliquait un dépouillement de l'ensemble des arrêts publiés et inédits rendus par le TA. Rappelons que les arrêts inédits sont dans la plupart des cas plus importants que les arrêts publiés[93].

Plus redoutable, est l'exercice de choisir les arrêts les plus explicites, de suivre les tendances, les évolutions, les revirements,

[93] Eu égard aux dimensions évolutives des jugements d'une année à une autre, nous avons décidé d'arrêter le dépouillement systématique des arrêts non publiés rendus jusqu'à la fin de 2008 et de nous contenter des arrêts publiés et de quelques jugements inédits.

l'instabilité des solutions, voire même de dégager les stratégies et les politiques jurisprudentielles. Comme on le sait, la mission du juge est de dire le droit dans un cas d'espèce déterminé. Les décisions de justice ne sont pas destinées aux chercheurs ; elles sont rendues aux justiciables. Notre mission était alors de systématiser les solutions particulières, d'en éclairer les formules, de rassembler et d'organiser « *le chaos des espèces* » en un corps de règles homogènes et accessibles[94].

Le **structuralisme** permet de situer les mécanismes, les interactions et les champs de réflexion de l'institution de motivation à un certain degré de cohérence et de démontrer la puissance de sa transformation dans l'état du droit en vigueur. Pour atteindre cet objectif, il a fallu poursuivre essentiellement et d'une façon complémentaire **trois grandes méthodes scientifiques**.

D'abord, la **méthode comparative**, qui selon les expressions de Von Ihering, «*la méthode de la science juridique de l'avenir* »[95]. La comparaison a été utilisée à tous les stades du parcours de cette recherche : comparaison avec les règles d'autres systèmes juridiques et comparaison au sein même du système juridique, désignée par les juristes **méthode analogique** : la motivation et les diverses modalités d'expression des motifs, la position du juge de l'excès de pouvoir et celle du juge de cassation à l'égard de la motivation de l'acte attaqué, la motivation de l'acte administratif et la motivation des autres actes émanant des autorités publiques notamment les lois et les jugements.

La méthode comparative et analogique a permis de déceler des contradictions flagrantes et des influences réciproques qui, si elles troublent le régime et le champ de la motivation, débouchent incontestablement sur l'exigence d'une refonte pour mettre en l'ordre le droit en vigueur.

---

[94] J. RIVERO, « Apologie pour les "faiseurs de systèmes" », *Dalloz*, 1951, Chronique, p. 23.

[95] R. VON IHERING, cité par P. MOUZOURAKI, *L'efficacité comparée des décisions du juge de la légalité administrative dans le droit français et allemand*, LGDJ, Paris, 1999, p. 1.

Cette démonstration est complétée par la méthode la plus généreuse : la **méthode fonctionnelle**, l'analyse du *pourquoi* de la motivation. Grace à la méthode fonctionnelle on accède à des questions d'ordre historique, philosophique et de sciences administratives et sociales. De même, ladite méthode permet de rehausser la recherche au niveau constitutionnel pour démontrer que la motivation est une exigence de l'État de droit constitutionnel.

Bien qu'elle soit dynamique et passionnante, la méthode fonctionnelle est l'opération intellectuelle la plus complexe. En effet, les fonctions sont difficilement détachables de l'ensemble des questions relatives à la motivation : chaque problème impose la question ***pourquoi motiver ?*** Ce qui rend particulièrement délicate l'exercice de traiter les fonctions comme une matière à part. En plus, les fonctions de la motivation génèrent entre elles un faisceau d'interactions hétérogènes. Tout au long du processus d'élaboration et de contestation de l'acte, la motivation produit une chaine de fonctions successives de cause à effet ; mais chaque effet réagit sur la cause. L'exercice d'identifier et de doser les divers rapports d'action et de réaction réciproque s'avère dès lors une tache ardue. Par suite, toute tentative de créer un schéma conceptuel, une construction intellectuelle synthétique des diverses fonctions, risque fort de défigurer la complexité des choses.

Le recours à la **méthode dialectique** offre la possibilité de combler les insuffisances des deux méthodes précédentes (la comparaison et le fonctionnalisme). La méthode dialectique est présentée par certains sociologues comme « *la plus riche, la plus complète et la plus achevée des méthodes conduisant à l'explication* »[96]. La démarche dialectique se caractérise par un dialogue, une confrontation permanente entre les faits et les idées, entre le réel et l'invention, entre l'esprit et les choses[97].

---

[96] M. GRAWITZ, *Méthodes en sciences sociales*, 10ème édition, 1996, Dalloz, p. 399.

[97] J. L. LOUBET DES BAYLE, *Initiation aux méthodes des sciences sociales*, L'Harmattan, 2000, p. 48.

Rappelons que comme tout phénomène social, « *Le droit naît du fait... et se réalise dans les faits* »[98]. Entre les faits et le droit, s'effectue deux mouvements de va-et-vient générateurs de deux rapports distincts. Des faits vers le droit, le chercheur effectue l'opération de **conceptualisation**. C'est un travail d'abstraction, une opération de classification et de production des concepts à partir de l'état des lieux. Selon les expressions de J. Rivero, on remonte, « *du concret à l'abstrait, passant du multiple à l'un* »[99]. Du droit vers les faits, le rapport est d'**application**. Si le juge applique le droit **sur** les faits à travers l'opération de la qualification juridique, le chercheur vérifie l'application du droit et de ses constructions intellectuelles **dans** les faits.

Empirique et déductive, la méthode dialectique a le mérite de mener à un niveau de systématisation élevé. Non seulement on fait la synthèse et la mise en l'ordre des résultats connus, mais aussi on découvre de nouveaux prolongements, on accède à ce qui n'est pas encore connu.

La motivation telle que pratiquée par le monde juridique est manifestement incompatible avec ses fonctions sociales et constitutionnelles. La motivation baigne dans un système juridique et sociopolitique en pleine mutation. Si la vertu d'une structure consiste dans sa puissance d'autoréglage et de transformation, la survie et le succès de la motivation, en tant que structure, sont tributaires de sa capacité de s'adapter aux changements, de modifier ses frontières et d'améliorer ses éléments qui le composent. Sur le plan juridique, la transformation de la motivation est spectaculaire alors que dans la pratique, la mutation est encore timide. Dans ces conditions, la motivation des décisions administratives se présente comme une institution juridique particulièrement problématique.

---

[98] M. VIRALLY, *La pensée juridique*, LGDJ, 1960, p. 16.

[99] J. RIVERO, « Apologie pour les "faiseurs de système" », *D.* 1951, Chronique XXXII, p. 23. *Cf.* également : M. WALINE, « Empirisme et conceptualisme dans la méthode juridique : Faut-il tuer les catégories juridiques ? », *Mélanges J. DABIN*, Sirey, 1963, p. 360.

IV. Problématique générale et Plan

La problématique générale du sujet est dégagée à partir des trois grandes questions autour desquelles s'articule l'institution de la motivation. D'abord, ***comment motiver ?*** C'est la question des conditions de régularité de la motivation. Ensuite, ***pourquoi motiver ?*** Il s'agit de chercher les fonctions de la motivation. Enfin, ***quels sont les actes qui doivent être motivés ?*** C'est la question du champ de l'obligation de motiver.

Au-delà des contradictions au sein de chacune de ces trois questions, la motivation pose une contradiction générale et globale : des fonctions multiples et notables, d'un coté et un champ d'application restreint et des conditions de régularité variables, d'un autre côté. Les fonctions de la motivation sont directement rattachées à un ensemble de principes inhérents à l'État de droit. La divergence est alors entre l'état **du** droit administratif et les exigences constitutionnelles de l'État **de** droit.

La motivation des décisions administratives est-elle susceptible de garantir le respect effectif des exigences désormais constitutionnelles de l'État de droit en faveur d'une bonne administration et d'une bonne justice, alors que dans l'état des lieux elle demeure restreinte au niveau de son champ obligatoire et incertaine au niveau de ses conditions de régularité ?

La réponse semble être négative : dans l'état du droit, la motivation n'est pas susceptible de garantir pleinement les exigences constitutionnelles de l'État de droit. Véritable indicateur du degré de développement de la démocratie et des libertés réelles et reflet du degré de l'emprise du droit sur le pouvoir, l'état des lieux de la motivation répond mal aux exigences désormais constitutionnelles de transparence, de responsabilisation du pouvoir administratif et de la soumission du pouvoir au droit. Les mutations sociopolitiques et constitutionnelles, quoique favorables à une pleine intégration de la transparence et des libertés individuelles dans l'action administrative, n'ont pas encore commandé à une transformation de l'état de la motivation dans la pratique administrative et juridictionnelle ainsi que dans le dispositif des textes infra-constitutionnels en vigueur.

Pour la démonstration, il a fallu se conformer aux normes de systématisation, c'est-à-dire la *totalité* du système, sa *transformation* et son *autoréglage* et choisir une construction qui traduit les deux approches *dynamique* et *statique* de la recherche scientifique. Issue des sciences physiques, la perspective dualiste dynamique et statique s'intègre dans les sciences sociales sous l'influence d'Auguste Comte. Ce dernier oppose la dynamique sociale qui envisage les mouvements sociaux et la statique sociale qui analyse la société compte non tenu de ses mouvements[100]. Ces deux approches sont répandues chez les juristes[101] et adoptées par la doctrine la plus autorisée[102]. Hans Kelsen[103] distingue entre la théorie *dynamique* et la théorie *statique* du droit. L'approche dynamique appréhende le droit en mouvement, le processus juridique par lequel il est créé et concrétisé. L'approche statique considère le droit à l'état de repos, comme un système de normes en vigueur, comme un ordre juridique donné. Comme toute norme, l'acte administratif est le produit final d'une opération « *qui la suit comme son ombre* » [104].

L'angle de vue dynamique appréhende la motivation en cours de fabrication et de concrétisation[105]. De cet angle de vue, nous avons dégagé **un régime complexe**. Dans une approche statique, qui regarde la motivation, non pas comme un processus, mais comme un produit fini, nous avons construit une Deuxième Partie consacré à **un champ restreint**.

- **Première Partie : Un régime complexe**
- **Deuxième Partie : Un champ restreint**

---

[100] R. WORMS, *Philosophie de sciences sociales*, Paris, Giard et Brière, Bibliothèque sociologie internationale, 1903, Tome I, p. 176.

[101] *Cf.* notamment : A.-L. GIRARD, *La formation historique de la théorie de l'acte administratif unilatéral*, Dalloz, 2013, p. 32.

[102] M. HAURIOU, *Leçons sur le mouvement social*, Paris, LSRGLA, 1899, p.p. 85 et 150.

[103] H. KELSEN, *Théorie pure du droit*, trad. Ch. Eisenmann, Paris, Dalloz, 1962, p. 370.

[104] M. HAURIOU, Note sous CE, *Servois*, 11 juin 1909, *RDP*, 1909, p. 238.

[105] C'est un processus de réflexion, de rédaction des motifs et de contrôle juridictionnel.

PREMIÈRE PARTIE
UN RÉGIME COMPLEXE

Le rôle capital des motifs dans l'opération décisionnelle est la raison première de la complexité du régime de la motivation des décisions administratives. Le motif de fait « *est l'élément premier de l'acte. Il est l'antécédent qui le précède et le provoque. Il constitue sa raison d'être. Dans l'acte administratif, on part du motif en passant par l'objet pour aboutir au but* »[106]. Du coup, le motif déclenche le processus décisionnel et joue un rôle décisif dans la détermination des autres éléments de l'acte administratif, à savoir la règle applicable, l'objet de l'acte, la procédure à poursuivre, les limites de la compétence et le but à réaliser. En tant que formulation écrite des motifs dans le texte de l'acte, la motivation risque fort de s'écarteler entre les divers moyens d'annulation. Nombreux sont les arrêts dans lesquels, le tribunal opère un glissement de l'examen formel du vice de la motivation vers l'appréciation des autres illégalités. Exposées aux aléas des cas d'espèce, la motivation est soumise à un régime complexe et aléatoire. C'est en fonction des considérations propres à chaque affaire, que le juge décide du caractère suffisant ou non de la motivation.

Il est évident qu'aucune formalité ne saurait constituer le but de sa propre existence[107]. À chaque formalité « *correspond dans l'esprit du législateur, un moyen d'éviter une erreur, d'empêcher une injustice, d'assurer la maturité et l'opportunité de la décision...* »[108]. Au-delà de ses éléments intrinsèques, la régularité de la motivation est donc tributaire de la réalisation des objectifs qui lui sont assignés, notamment la connaissance complète des motifs, l'exercice utile des droits de la défense par l'administré, la légalité des divers éléments de l'acte et l'exercice du contrôle par le juge. C'est là la deuxième raison qui explique la complexité du régime de la motivation et qui tient à la pluralité de ses objectifs. La justice administrative examine, dans chaque cas d'espèce, la réalisation concrète des objectifs de la motivation. Encore une fois, la validité de la motivation dépend de l'extrême variété des cas d'espèce.

---

[106] R. BONNARD, *Précis de droit administratif*, Sirey, Paris, 1935, p. 33.

[107] A. CALOGEROPOULOS, *Le contrôle de la légalité externe des actes administratifs unilatéraux*, LGDJ, Paris, 1983, p. 212.

[108] E. LAFERRIÈRE, *Traité de la juridiction administrative et des recours contentieux*, Berger-Levrault, 2ème édition, 1896, p. 520.

Les finalités de la motivation sont intimement rattachées à une pluralité de principes inhérents à l'État de droit. Entrent notamment en jeu, dans un régime complexe et dynamique, la protection du citoyen contre l'arbitraire, la transparence administrative, la confiance du citoyen dans les institutions de l'État et l'efficacité du contrôle juridictionnel.

Le régime de la motivation offre des pistes de réflexion riches et favorables parce que les questions qu'il soulève sont variées et assez délicates. Un mécanisme juridique hétérogène, la motivation évoque les problèmes du contrôle de la légalité ***de*** la motivation (la motivation est *objet* de contrôle) et du contrôle de la légalité ***par*** la motivation (la motivation *moyen* de contrôle) qui fait partie de l'analyse générale du ***pourquoi*** de la motivation (la motivation de l'angle de vue de ses *objectifs*).

Ainsi, le régime de la motivation peut être conceptualisé à partir de deux angles de vue différents, mais complémentaires : les conditions de régularité et les fonctions de la motivation. De ces deux composantes, découle un régime problématique et complexe. La discordance est manifeste entre le comment de la motivation et son pourquoi. À des conditions de régularité incertaines et variables (*Chapitre I*), s'attachent des fonctions considérables de bonne administration et de bonne justice liées à une multiplicité de principes constitutionnels inhérents à l'État de droit (*Chapitre II*).

Chapitre I
Des conditions de régularité variables

Les illégalités relatives à la motivation revêtent deux grandes modalités : l'omission pure et simple de l'obligation de motiver et l'accomplissement irrégulier de la motivation[109]. Dans le premier cas, la motivation est complètement inexistante de sorte que « *l'acte est dépourvu de toute indication sur les motifs qui justifient son objet* »[110]. Dans le deuxième cas, la motivation existe, mais l'énoncé des motifs est irrégulier car ils sont mal exprimés. Les conditions de régularité de la motivation relèvent du contrôle exercé sur le caractère suffisant de la motivation.

La distinction entre l'omission pure et simple de l'obligation de motiver et l'accomplissement irrégulier de la motivation n'est pas sans conséquences juridiques. Le juge est lié par le type du moyen invoqué par le requérant dans la mesure où les deux illégalités ne constituent

---

[109] Sur la distinction entre omission pure et simple d'une formalité et accomplissement irrégulier d'une formalité, *Cf.* : R. HOSTIOU, *Procédure et formes de l'acte administratif unilatéral en droit français*, LGDJ 1974, p. 237. Mettant l'accent sur un problème terminologique important, l'auteur s'interroge sur le point de savoir s'il faut parler de « formes ou formalités substantielles » ou au contraire d'« irrégularités substantielles ». Il affirme que concernant l'omission pure et simple d'une formalité, il ne faut pas parler de formalités substantielles mais de formalités obligatoires et formalités facultatives ou accessoires. Quant à l'accomplissement régulier d'une formalité, on parle d'irrégularité substantielle. L'irrégularité est substantielle lorsqu'elle a pour effet de trahir l'objectif qui lui est assigné. Une démarche analogue est poursuivie par G. Dupuis, « Les motifs des actes administratifs », *EDCE* 1975, p. 29. L'auteur souligne que : « L'irrégularité substantielle, par excellence, est l'omission pure et simple d'une formalité obligatoire. Les autres irrégularités substantielles sont en quelque sorte dérivées de la précédente : en les commettants l'administrateur agit comme s'il ne respectait pas la forme prescrite. Comment sont-elles caractérisées et détectées ? De la manière la plus simple et la plus intelligente : les irrégularités substantielles sont celles qui font que le but visé par l'exigence de la forme n'est pas atteint ». *Cf.* également : G. BERLIA, « Le vice de forme et le contrôle de la légalité des actes administratifs », *RDP* 1940-1941, p. 381.

[110] C'est notre traduction. TA, 1ère instance, *Grafi* c/ Ministre de la justice, 11 juillet 2012, Aff. n° 18455.

pas des moyens d'ordre public. Saisi d'un moyen tiré de l'absence de motivation, le juge se borne, généralement, à examiner l'absence ou la présence d'un énoncé quelconque de motivation sans pour autant pousser son analyse pour apprécier si l'énoncé des motifs est suffisant[111].

Or, une telle distinction mérite d'être nuancée. Une motivation irrégulièrement accomplie est assimilée à une absence de motivation. Se refugier derrière une motivation laconique ou stéréotypée, « *passe-partout* », est susceptible de vider l'obligation de motiver de sa substance. En commettant une motivation irrégulière, l'administrateur agit comme s'il n'avait pas motivé l'acte. En matière de motivation des jugements, la Cour de Cassation considère que « *l'insuffisance de motivation vaut absence de motivation* »[112]. Dans un arrêt de la Cour du Travail de Mons, le juge belge estime que « *l'ambiguïté de la motivation équivaut à l'absence de celle-ci dès lors que l'assuré sociale n'est pas en mesure, sur la base de celle-ci, de saisir la portée de l'acte et d'en vérifier la légalité* »[113].

Le contrôle de l'omission pure et simple de la motivation obligatoire, en tant que formalité substantielle, ne soulève pas de difficultés particulières. Une simple consultation de la présentation formelle de l'acte permet au juge de dégager l'absence ou l'existence d'une quelconque motivation. Néanmoins, le contrôle des conditions de régularité de la motivation soulève des questions particulièrement délicates. Comme l'affirmait Odent, « *en principe,... la motivation doit faire ressortir les raisons sur lesquelles s'est fondé son auteur. La difficulté commence lorsqu'on tente de déterminer ce qui constitue un*

---

[111] TA, 1ère instance, *Mesaoudi* c/ Ministre des finances, 17 octobre 2000, Aff. n° 15607, *inédit* ; TA, 1ère instance, *Abid* c/ Ministre de l'enseignement supérieur, 18 février 2003, Aff. n° 19772, *inédit* ; TA, REP, *Bjaoui* c/ Ministre de l'intérieur, 8 février 1995, Aff. n° 3130, *inédit* ; TA, 1ère instance, *Grafi* c/ Ministre de la justice, 11 juillet 2012, Aff. n° 18455 *inédit*.

[112] C'est notre traduction. C Cass., civile, *Héritier Saidi* c/ *Sghaier*, 24 octobre 1995, Aff. n° 37107, *Rec*. p. 107.

[113] CT Mons, 14 décembre 1994, *RG* n° 11576, [www.cass.be., cité par la Cour du Travail de Bruxelles,7décembre2009,RGn°50531,www.terralaboris.be/spip/IMG/pdf_CTB_2009_12_7_AB_50531].

énoncé suffisant des motifs... »[114]. C'est essentiellement à ce niveau que la difficulté devient sérieuse. La formule présentée par le juge est la suivante : la motivation insuffisante est constitutive d'une irrégularité substantielle entraînant l'annulation de l'acte[115]. Tout le problème consiste à dégager à partir des cas d'espèce les critères d'une motivation insuffisante, c'est-à-dire, les critères à partir desquels l'irrégularité de la motivation sera qualifiée de substantielle. Dégager un dénominateur commun entre les cas d'espèce les plus variés permet de donner une certaine cohérence logique aux solutions jurisprudentielles.

La variabilité des solutions d'espèce rend particulièrement délicate toute tentative de systématisation. Les exigences de la régularité de la motivation sont loin d'être régies par des règles strictes. Il découle de la structure des considérants relatifs à la motivation suffisante que les exigences de régularité de la motivation sont à la fois multiples (*Section 1*) et flexibles. Les solutions sont toujours nuancées et se justifient largement par des circonstances propres à chaque affaire. L'intensité des conditions de régularité de la motivation varient en fonction de la réalisation effective des objectifs qui lui sont assignés dans chaque cas d'espèce. Le contrôle juridictionnel est à cet effet incertain et instable (*Section 2*).

Section 1

Pluralité des conditions de régularité

La motivation suffisante obéit à une multiplicité de conditions de forme (Paragraphe 1) et de fond (Paragraphe 2).

---

[114] R. ODENT, Conclusions sur CE, 5 avril 1946, Dame Coulon, Daupeyroux, Branet, *S.* 1946. III. 23 ; *EDCE*, 1947, p. 48.

[115] TA, Appel, Ministre de l'éducation c/ *Added*, 29 juin 2005, Aff. n° 24775, *inédit* ; TA, REP, *Amara* c/ Ministre de l'économie et des finances, 14 juin 1995, Aff. n° 3112, *inédit*.

Paragraphe 1 : Les exigences de forme

La forme de la motivation, c'est-à-dire comment formuler la justification de la décision, met à la charge de l'administration trois obligations étroitement liées : la formulation écrite des motifs (*A*), l'expression des motifs dans le texte même de l'acte (*B*) et la notification des motifs aux intéressés (*C*).

A. Une motivation écrite

La motivation est le fait d'expliciter les motifs dans l'acte *instrumentum*. L'obligation de motiver impose par conséquent la forme écrite de l'acte (1) rédigé en langue arabe (2). La forme écrite constitue une exception au principe de la « *liberté des formes* » de l'acte administratif (3).

1. L'obligation de motiver impose la forme écrite de l'acte

L'obligation de motiver contraint l'administration à expliciter par écrit les raisons de sa décision. La motivation doit figurer dans un texte écrit. La forme écrite de l'acte constitue alors un élément consubstantiel de l'obligation de motiver. Le décret du 3 mai 1993, fixant la cadre général de la relation entre l'administration et ses usagers[116], tout en imposant aux autorités administratives l'obligation de répondre par écrit[117] aux demandes relatives à l'obtention d'une prestation administrative, exige la motivation de certaines décisions en la matière[118]. En droit français, l'article 3 de la loi n°79-587 du 11 juillet 1979 relative à la motivation des actes administratifs et à l'amélioration des relations entre l'Administration et le public définit ainsi la motivation : « *La motivation exigée par la présente loi **doit***

---

[116] Le décret n° 93-982 du 3 mai 1993, fixant le cadre général de la relation entre l'administration et ses usagers (*JORT* n°36 du 14 mai 1993, p. 651, tel que modifié successivement par le décret n°2007- 1259 du 21 mai 2007, *JORT* du 29 mai 2007 p. 1819 et le décret n° 2008-344 du 11 février 2008, *JORT* n° 14 du 15 février 2008, p. 727 et le décret n° 2010-1882 du 26 juillet 2010, *JORT* n° 63 du 6 août 2010, p. 2123).

[117] Article 8 (nouveau) du décret du 3 mai 1993, tel que modifié par le décret du 11 février 2008.

[118] Article 7 du décret du 3 mai 1993.

***être écrite** et comporter l'énoncé des considérations de droit et de fait qui constituent le fondement de la décision* ». Il en découle qu'une information orale des motifs ne satisfait pas aux exigences de la motivation[119]. Un acte non écrit[120] déroge, par définition, à l'obligation de motiver.

La corrélation entre l'obligation de motiver et la forme écrite de l'acte entraîne une double conséquence. **La première conséquence**, on le verra[121], est qu'un texte ouvrant expressément à l'administration la possibilité de prendre des actes non écrits constitue une dispense de l'obligation de motiver. **La deuxième conséquence** est que l'exigence de motivation confère à la forme écrite de l'acte la qualité de formalité substantielle. Une décision non écrite prise dans une hypothèse où la décision doit être motivée viole deux formalités substantielles : l'obligation de motiver et son corollaire l'obligation de prendre un acte écrit. La décision implicite est de nature à éluder l'obligation de motiver[122]. Elle est nécessairement illégale sauf si un texte prévoit la possibilité de prendre un acte implicite[123].

En droit français et avant la loi du 11 juillet 1979, le Conseil d'État adopte deux positions qui varient selon que la décision implicite est de rejet ou d'acceptation. Pour la décision implicite de rejet, le juge considère qu'elle « *méconnait par sa nature même* » l'obligation de statuer par décision motivée. Quant à la décision implicite d'acceptation, intervenue au lieu d'une décision explicite qui aurait dû être motivée, le Conseil d'État a jugé, dans ce cas, qu'une telle décision est légale dans la mesure où, « *par sa nature même* », elle ne

[119] D. MAILLARD DESGREES DU LOÛ, *Droit des relations de l'administration avec ses usagers*, Puf, Paris, 2000, p. 342. L'auteur cite un arrêt rendu par le TA de Lyon, 19 février 1992, *Mme Boukharta*, req. n° 9101764.
[120] Il s'agit par exemple des décisions implicites, verbales, gestuelles.... *Cf.* G. DUPUIS, M.- J. GUEDON, P. CHRETIEN, Droit administratif, Armand Colin, 8ème édition, 2002, 443.
[121] Cette conséquence relève de la question du champ de l'obligation de motiver. *Cf. infra* : Deuxième Partie, Chapitre II, Section 2, Paragraphe 2, B.
[122] Ch. DEBBASCH, « Les modes non formels d'expression de la volonté de l'administration », *RA* 1968, p. 556 ; R. CAHAPUS, *Droit administratif général*, Tome I, 15ème édition, Paris, 2001, p. 1139.
[123] R. ODENT, *Contentieux administratif*, Les cours de droit, IEPP, Paris, 1981, p. 1840.

saurait être motivée[124]. R. Chapus souligne que « *la différence des solutions peut s'expliquer par le fait qu'il est particulièrement fâcheux que l'administration puisse éluder l'obligation de motiver un refus et se donner ainsi la facilité de refuser même sans raison valable* »[125]. L'article 5 de la loi du 11 juillet 1979 et sans distinguer les décisions implicites de rejet ou d'acceptation, prévoit que la décision implicite intervenue dans les cas où une décision explicite aurait dû être motivée « *n'est pas illégale du seul fait qu'elle n'est pas assortie* » de motivation. Ainsi, l'administration peut, en gardant le silence, se soustraire facilement à l'obligation de motiver. Néanmoins, pour éviter un détournement de ses dispositions, le législateur français a institué un mécanisme correctif. L'intéressé est en droit de demander dans le délai du recours contentieux les motifs qui fondent le rejet. L'administration doit lui communiquer les motifs dans un délai d'un mois de sa demande. L'expiration du délai de la réponse de l'administration entache la décision implicite d'illégalité[126].

Le TA considère qu'une décision implicite de rejet méconnait l'obligation de statuer par décision motivée. Il a été jugé que l'obligation de motiver le refus du permis de bâtir impose à l'administration l'obligation de répondre expressément aux demandes fournies en la matière. Se contenter du silence, ajoute le TA, déroge à l'obligation légale de motivation[127].

L'incorporation de la motivation dans un acte écrit confère à la décision administrative un caractère solennel. L'écrit permet d'établir et de vérifier l'accomplissement régulier des autres conditions de forme et de fond. En outre, imposer à l'administration l'obligation de figurer le produit de l'opération décisionnelle dans un écrit garantie le

---

[124] R. CHAPUS, *Droit administratif général*, Tome I, 15ème édition, Paris, 2001, p. 1139.

[125] *Ibidem*.

[126] J.-Y. VINCENT, « Motivation de l'acte administratif », *JCP administratif*, 2006, fascicule 107-30, p. 21, n°91-97.

[127] TA, REP, *Romman et autres* c/ Municipalité de Hammamet, 25 mai 1987, Aff. n°1001, *Rec.* p. 360 ; TA, REP, *Ben Mbarak* c/ Ministre de l'Intérieur, 14 décembre 1987, Aff. n° 1341, *Rec.* p. 410 ; TA, REP, *Mlouki et Smaoui* c/ Municipalité de Radès, 9 mars 1993, Aff. n° 2628, *inédit*.

sérieux dans le travail administratif et permet aux intéressés de contester l'acte en toute connaissance de cause.

2. L'obligation de motiver exige la rédaction de l'acte en langue arabe

Le texte de l'acte administratif est composé de visas, motifs et dispositif. La langue de rédaction de la motivation est dès lors une composante du problème de la langue de la rédaction de l'acte. La rédaction de l'acte motivé en langue arabe rend la décision administrative plus lisible aux yeux des usagers. La langue arabe constitue une condition essentielle de transparence et de clarté de l'action administrative. Elle contribue à garantir la fonction première de la motivation, celle de la connaissance des motifs des actes par leurs destinataires.

L'obligation d'utiliser la langue arabe découle de l'article 1er de la Constitution qui dispose que « *La Tunisie est un État libre,* [...] *sa langue est l'arabe* ». Néanmoins, la jurisprudence demeure hésitante en la matière. À l'origine, le TA affirmait que même s'il est incontestable que la langue arabe est la langue officielle de l'État au sens de l'article 1er de la Constitution, il est certain qu'il n'existe aucune législation imposant l'usage exclusif de la langue arabe, d'autant plus que le maintien temporaire et occasionnel de l'utilisation de la langue française ou autre dans le but de faciliter la marche de certains services conformément à l'intérêt général est sans influence sur la régularité formelle de l'acte[128].

Le TA a justifié sa position par un argument pratique, celui de faciliter la marche des services publics et un argument juridique tiré de l'absence d'un texte législatif faisant de la langue arabe la langue unique de l'État. Ainsi, le TA fait prévaloir des exigences pratiques sur une disposition constitutionnelle. En plus, l'absence d'un texte imposant expressément l'usage exclusif de la langue arabe ne saurait être interprétée comme une dispense de l'administration de se conformer à la norme constitutionnelle faisant de langue arabe la langue officielle de l'État.

---

[128] TA, Cass. ... c/ Direction des impôts, 13 décembre 1976, Aff. n° 15, *Rec.* p. 109.

Alors que le TA affirmait expressément en 1976 que la possibilité de rédiger les actes administratifs en langue française n'est que temporaire et occasionnelle, il n'a changé de position qu'en 1998 pour imposer l'usage de la langue arabe. Dans une affaire rendue le 28 mai 1998, le TA a jugé qu'il n'est plus question de se prévaloir des raisons technologique pour se soustraire à l'utilisation de la langue arabe[129]. Désormais, le TA ne cesse de rappeler que la rédaction de l'acte administratif en langue étrangère constitue une dérogation sans équivoque à l'article 1er de la Constitution ainsi qu'à la législation relative à la mise à niveau de l'administration[130] et notamment le décret n° 94-1692 du 8 août 1994 relatif aux imprimés administratifs[131] et la circulaire du Premier Ministre n° 33 du 17 mai 1994 exigeant la nécessité de respecter la langue arabe[132]. Le TA ajoute que les considérations d'intérêt général évoquées dans l'arrêt rendu en cassation le 13 décembre 1976 pour tolérer l'usage temporaire de la langue française n'ont aujourd'hui qu'un intérêt historique[133].

La position du TA est tellement ferme qu'elle laisse penser que le temps de la tolérance quant à l'usage des langues étrangères est révolu. Toutefois, en 2004, le TA opère un deuxième revirement jurisprudentiel pour autoriser l'utilisation de la langue française par les services administratifs. L'acceptation de l'usage de la langue française est fondée, encore une fois, sur des raisons techniques. Il a

---

[129] TA, 1ère instance, *Chiib* c/ Ministre de l'éducation, 28 mai 1998, Aff. n° 13819, *inédit*.

[130] *Cf.* le décret n° 96-49 du 16 janvier 1996, fixant le contenu des plans de mise à niveau de l'administration et les modalités de leur élaboration, réalisation et suivi (*JORT* n° 7 du 23 janvier 1996, p. 206). L'article 3 alinéa 2 de ce décret dispose que « Le plan de mise à niveau ministériel comprend obligatoirement les éléments suivants : … 12) la généralisation de l'utilisation de la langue arabe ».

[131] *JORT* n°65 du 19 août 1994, p. 1327. L'article 5 de ce décret prévoit que « la langue arabe est adoptée dans l'élaboration des modèles des imprimés administratifs. Il est admis, le cas échéant, d'ajouter sa traduction dans une ou plusieurs langues étrangères ».

[132] La circulaire est disponible sur un site officiel relevant de la présidence du Gouvernement : [www.legislation.tn/fr].

[133] TA, 1ère instance, *Amri* c/ Ministre de la santé, 17 février 2001, Aff. n°18686, *inédit* ; TA, 1ère instance, *Dhib* c/ Ministre de l'Éducation, 6 mars 2003, Aff. n° 10456, *inédit* ; TA, *Rebii* c/ Ministre de l'enseignement supérieur, 14 février 2004, Aff. n°11574, *inédit*.

été jugé que « *même si l'administration est tenue d'utiliser la langue arabe en tant que langue officielle dans la rédaction des décisions administratives portant atteinte aux situations juridiques des individus en vue de respecter les principes proclamés notamment par l'article 1er de la Constitution, il n'en demeure pas moins que la rédaction des actes administratifs en langue française est sans influence sur leur légalité dans la mesure où la langue de l'acte ne constitue pas une formalité substantielle susceptible d'entraîner son annulation ; d'autant plus que l'adoption et la généralisation de la langue arabe conformément aux textes juridiques nécessitent plusieurs étapes parce que les actes administratifs relatifs à la situation administrative et financière des agents sont effectués à travers le logiciel informatique "Insaf" de gestion financière et administrative élaboré en langue française et que l'arabisation de ce logiciel n'a été achevée qu'au cours de l'année 2003 selon la circulaire n°2 du Premier Ministre en date du 18 janvier 2003*[134] »[135].

Alors qu'en matière de la langue de rédaction des actes administratifs la position du juge varie en fonction des difficultés techniques auxquelles l'administration est confrontée, en matière de la rédaction des requêtes, le TA a toujours exigé la langue arabe. Le juge administratif a constamment rappelé que « *les procédures juridictionnelles devant ce tribunal exigent impérativement que la requête d'instance soit rédigée en langue arabe afin de garantir la clarté du litige et la suprématie de la Constitution qui fait de la langue arabe l'unique langue officielle de l'État* »[136]

---

[134] La circulaire est disponible sur un site officiel relevant de la présidence du Gouvernement : [www.legislation.tn/fr].

[135] C'est notre traduction. TA, Appel, Ministre de l'intérieur c/ *Berrayes*, 17 juin 2004, Aff. n° 24776, *inédit* et TA, Appel, Université du centre c/ *Rebii*, 24 juin 2005, Aff. n° 25085, *Rec*. p. 180.

Cf. dans le même sens : TA, Appel, *Ferchichi* c/ Ministre de l'Education, 28 mars 2006, Aff. n° 25253, *inédit* ; TA, 1ère instance, *Béji* c/ Ministre de l'éducation, 9 décembre 2006, Aff. n° 12481, *inédit* ; TA, Cass., DGI c/ *Nour Eddine*, 30 avril 2007, Aff. n° 3612 et 36041, *inédit* (concernant la langue de la rédaction de l'arrêté de taxation d'office).

[136] C'est notre traduction. TA, 1ère instance, *bâtonnier des vétérinaires*, 2 mars 2007, Aff. n° 15173, *Rec*. p. 35.

3. L'obligation de motiver, une exception au principe de la liberté des formes

À la différence de l'acte juridictionnel[137], la décision administrative est régie par le principe de la liberté des formes. Ce principe signifie que la méconnaissance des règles relatives à la présentation formelle de l'acte ne constitue pas en principe un vice de forme[138]. La doctrine s'accorde que le formalisme est réduit au minimum quant aux exigences de forme des actes administratifs[139]. « *Le droit public contient fort peu de règles régissant la forme extérieure des décisions administratives, et ces règles sont très souples : elles concernent*

Cf. en ce sens : TA, REP, *Mabrouk* c/ Ministre des finances, 7 juin 1985, Aff. n° 1158, *Rec.* p. 99 ; TA, REP, *Nasfi* c/ Ministre de l'agriculture, 13 mars 1996, Aff. n° 3896, *Rec.* p. 978 et TA, 1ère instance, *Souissi* c/ CNRPS, 14 avril 1998, Aff. n° 15047, *Rec.* p. 259.

[137] Le jugement constitue un acte solennel qui doit être consigné dans un écrit (Ch. EISENMANN, *Cours de droit administratif*, Tome II, LGDJ, Paris, 1983, p. 613) et comporter un ensemble de mentions obligatoires telles que les différentes procédures poursuivies préalablement à son édiction, les juges qui ont participé à la délibération et la signature (*Cf.* respectivement : TA, Cass., 13 novembre 2000, Aff. n° 32336, *Rec.* p. 628 ; TA, Cass. 22 mars 1979, Aff. n°59, *Rec.* p. 62 ; TA, Cass., 13 décembre 1976, Aff. n°15, *Rec.* p. 109 et TA, Cass., 22 mai 2006, Aff. n°34569, *Rec.* p. 312). Néanmoins, l'omission de mentionner dans le jugement le secrétaire ou le commissaire d'État ou d'indiquer le degré du jugement ne constitue pas une violation d'une formalité substantielle (TA, 10 avril 2001, Aff. n° 31892, *Rec.* p. 344 et TA, 1er mars 1979, Aff. n°48, *Rec.* p. 33).

[138] R. ODENT, *Contentieux administratif*, Les cours de droit, IEPP, Paris, 1981, p. 1837.

[139] Le principe de la « liberté des formes » est rarement évoqué d'une manière explicite par la doctrine. Après avoir constaté que « le juge administratif semble mépriser les formes », George Dupuis, affirmait que « le lecteur des arrêts du Conseil d'État a… le sentiment que s'en dégage une sorte de principe général… et qui pourrait être appelé le « principe de la liberté des formes » relative à l'acte administratif et qui n'est écarté que très exceptionnellement soit par des textes soit par la jurisprudence » (G. DUPUIS, « La présentation de l'acte administratif », *Sur la forme et la procédure de l'acte administratif*, G. Dupuis (dir.), Economica, Paris, 1979, p. 12). Néanmoins, la doctrine évoque fréquemment l'idée que la forme de l'acte est régie par un formalisme allégé. *Cf.* notamment : J. MOREAU, *Droit administratif*, Puf, Paris, 1989, p. 182 ; J.-M. DE FORGES, *Droit administratif*, Puf, 2ème édition, 1993, p. 54 ; Ch. DEBBASH, *Institutions et droit administratif*, Puf, 1986, tome 2, p. 115 ; J.-J. BIENVENU, « Vice de forme », *Dalloz, Contentieux administratif*, p. 2, n°20 et S. SAUNIER, *Recherche sur la notion de formalisme en droit administratif français*, Presse Universitaire d'Aix Marseille, 2007, p. 652.

essentiellement la présentation même de ses décisions et leur motivation »[140].

Le principe de la liberté des formes prolonge[141] la règle selon laquelle l'écrit n'est obligatoire que lorsqu'il est imposé expressément par la règle de droit. Cette règle peut être appelée "*pas d'écrit sauf texte contraire*". Par ailleurs, si l'acte administratif est souvent présenté sous la forme d'un écrit, cette situation est le résultat des usages administratifs dans la mesure où l'écrit est le moyen le plus sûr pour transmettre les informations.[142]. La décision administrative peut être prise en dehors de toute forme. Il suffit que l'autorité compétente manifeste sa volonté de façon non équivoque de produire un certain effet juridique[143]. Le TA affirme en ce sens qu' « *il est constamment admis dans la jurisprudence de ce tribunal que l'insertion de l'acte*

---

[140] R. ODENT, *Contentieux administratif*, Les cours de droit, IEPP, Paris, 1981, p. 893.

[141] Le principe de la liberté des formes se traduit par le caractère facultatif de l'écrit et de la plupart des mentions présentées dans le texte de l'acte. C'est ainsi que l'omission ou l'erreur des visas est sans influence sur la régularité de l'acte. (*Cf.* : TA, REP, *Lebdi* c/ Ministre de l'agriculture, 25 octobre 1995, Aff. n° 3362, *inédit* ; TA, 1ère instance, *Ben Ounn* c/ Gouverneur de Nabeul, 26 janvier 2001, Aff. n° 15686, *inédit*.

De même, la mention de la date et du lieu d'émission de l'acte sont des formalités facultatives (TA, 1ère instance, *Romdhani* c/ Université de 7 novembre de Carthage, 28 décembre 2006, Aff. n° 13878, *inédit*). En outre, le défaut du contreseing n'affecte pas la régularité de l'acte (TA, REP, *Chebbah* c/ Ministre de l'éducation nationale, 29 décembre 1984, Aff. n°858, *Rec.* p. 499). Toutefois, en droit français, le juge administratif sanctionne l'omission du contreseing au titre de la violation d'une formalité substantielle (G. DUPUIS, « La présentation de l'acte administratif », *Sur la forme et la procédure de l'acte administratif*, G. Dupuis (dir.), Economica, Paris, 1979, p. 21 ; J.-J. BIENVENU, « Vice de forme », *Dalloz, Contentieux administratif*, p.3, n° 37 et A. CALOGEROPOULOS, *Le contrôle de la légalité externe des actes administratifs unilatéraux*, LGDJ, Paris, 1983, p. 277). Les décisions prises par une autorité collégiale n'ont pas à mentionner les noms des membres qui ont participé à ces décisions (R. ODENT, *Contentieux administratif*, Les cours de droit, IEPP, Paris, 1981, p. 1838). Pour la signature, elle constitue en principe une formalité substantielle (*Cf.* : R. HOSTIOU, *Procédure et formes de l'acte administratif unilatéral en droit français*, LGDJ, Paris, 1974, p. 155 et s. et G. ISAAC, *La procédure administrative non contentieuse*, thèse, LGDJ, 1968, p.538).

[142] G. DUPUIS, « La présentation de l'acte administratif », *Sur la forme et la procédure de l'acte administratif*, G. Dupuis (dir.), Economica, Paris, 1979, p. 12.

[143] J. RIVERO et J. WALINE, *Droit administratif*, Dalloz, Paris, 17ème édition, 1998, p. 104.

dans un document officiel ne constitue ni une condition de sa régularité, ni une condition de son existence dans la mesure où les décisions administratives peuvent prendre la forme verbale sans qu'elles soient dépourvues des caractéristiques de la décision administrative exécutoire portant modification de la situation juridique de son destinataire »[144].

Imposant à l'administration l'obligation de présenter l'acte dans un document écrit, l'obligation de motiver constitue une exception au principe de la liberté des formes. Il a été jugé qu'« *en l'absence d'un texte imposant l'édiction de l'acte selon une forme déterminée ou exigeant la motivation, la forme de l'acte qu'elle soit écrite ou verbale est sans influence sur sa légalité* »[145]. L'administration demeure libre de choisir la forme de l'acte, sauf texte imposant l'écrit[146] ou la motivation[147].

Il faut remarquer que le principe de la liberté des formes est de nature à accentuer le caractère autoritaire de l'acte administratif. L'administré subit une décision, non seulement imposée d'une

[144] C'est notre traduction. TA, Appel, Ministre de l'éducation c/ *Kachii*, 28 avril 2004, Aff. n° 23575, *inédit* ; TA, 1ère instance, *Ghfiri* c/ Ministre de l'intérieur, 13 juillet 2004, Aff. n° 11311, *inédit*.

[145] C'est notre traduction. TA, Appel, Ministre de l'intérieur c/ *Saïda*, 27 janvier 2005, Aff. n° 24519, *Rec*. p. 120 ; TA, 1ère instance, *Kourda* c/ Ministre de l'enseignement supérieur, 24 octobre 2008, Aff. n° 14482, *inédit*.

[146] TA, 1ère instance, *Mohsen* c/ Municipalité de Tadhamon, 18 février 2006, Aff. n° 13254, *Rec*. p. 23. Dans cet affaire, le TA déduit des articles 68 et 69 du code de l'aménagement du territoire et de l'urbanisme que le permis de bâtir doit être explicite et consigné dans un acte écrit. L'existence du permis de bâtir ne saurait être présumée du silence de l'administration. (*Cf*. en ce sens : TA, 1ère instance, 14 octobre 2006, *Romdhana* c/Municipalité de Bizerte, Aff. n° 12373, *inédit*).

De même, interprétant l'article 41 de la loi n° 147-59 du 7 novembre 1959 relative aux cafés et locaux assimilés, le juge a déduit que les mesures de fermeture des locaux doivent être consignées par écrit dans lequel l'administration doit incorporer sa volonté explicite de fermeture du local, ses motifs et l'autorité auteur de l'acte pour que son destinataire soit à même de connaître son contenu et pour que le juge puisse exercer son contrôle. TA, première instance, *Ben Amor* c/ Ministre de l'intérieur, 31 décembre 2002, Aff. n° 15235, *inédit*.

[147] TA, 1ère instance, *Kourda* c/ Ministre de l'enseignement supérieur, 24 octobre 2008, Aff. n° 14482, *inédit*.

manière unilatérale, mais aussi imprévisible en la forme. L'obligation de motiver et son corollaire la consignation de l'acte dans un écrit ont le mérite de réduire le caractère autoritaire de l'acte administratif. La décision devient prévisible en la forme et plus accessible quant à son contenu.

Pour que la motivation soit régulière, il ne suffit pas de l'insérer dans un écrit quelconque, encore faut-il l'incorporer dans le texte même de l'acte.

B. Une motivation dans le texte même de l'acte

La règle d'incorporation des motifs et du dispositif dans un seul document permet de respecter l'unité de l'acte administratif et ce, à trois niveaux : l'unité matérielle de l'acte (1), l'unité au niveau de l'autorité titulaire du pouvoir décisionnel (2) et l'unité chronologique de l'acte (3).

1. L'unité matérielle de l'acte

La décision et sa motivation doivent figurer sur le même support matériel, à savoir la feuille de papier qui reproduit la décision. Entre les visas et le dispositif doivent s'intercaler les considérants relatifs à la motivation[148]. Comme l'a clairement présenté, le commissaire de Gouvernement Odent : « *un acte motivé se divise en visas, considérants et dispositif* »[149]. « *Il faut qu'il en soit ainsi, si on veut que la motivation remplisse pleinement ses fonctions qu'on attend d'elle. Il ne s'agit pas d'un formalisme inutile* »[150]. Cette structure de la décision administrative n'est pas traitée d'une manière rigide par le juge administratif. Les visas peuvent tenir lieu de motivation toutes les

[148] N. BACCOUCHE, « Le problème de la motivation de l'arrêté de taxation d'office », *RTF*, 2005, p. 40.

[149] R. ODENT, Conclusions sous CE, 5 avril 1946, *Coulon*, *S.* 1946, 3, p. 43.

[150] R. CHAPUS, *Droit administratif général*, Tome 1, 15ème édition, Paris, 2001, p. 1130.

fois que leur formulation fait ressortir clairement le motif final adopté par l'autorité compétente, estime le TA[151].

La motivation doit être insérée dans le texte même de la décision de telle sorte que son destinataire puisse à la seule lecture de l'acte en connaître les motifs[152]. L'intéressé n'a pas à se référer à un quelconque autre document pour prendre connaissance des motifs de l'acte. Cette exigence conduit à l'illégalité de la motivation par référence « *consistant en un renvoi à des avis, propositions ou rapports, même motivés, et au vu desquels l'auteur de l'acte a statué* »[153]. Les conclusions du commissaire du Gouvernement français *Questiaux* posent clairement le principe de l'illégalité de la motivation par référence : « *Le législateur a entendu imposer a l'autorité qui prononce une sanction l'obligation de préciser elle-même dans sa décision les griefs qu'elle entend retenir à l'encontre du fonctionnaire intéressé, de sorte que ce dernier puisse, à la seule lecture de la décision qui lui est notifiée, connaître les motifs de la sanction qui le frappe : la volonté du législateur n'est par suite pas respectée lorsque la décision prononçant la sanction ne comporte pas elle-même aucun motif et se borne à se référer à l'avis, même conforme, d'un organisme purement consultatif* »[154].

De son côté, le TA a constamment affirmé que « ... *la motivation légale est celle incorporée dans le texte même de l'acte* »[155]. Il a été jugé que « *même si le législateur n'a pas exigé une forme déterminée*

---

[151] TA, 1ère instance, *Kzaza* c/ Ministre de l'intérieur, 18 mars 2003, Aff. n° 15356, *inédit.*

[152] Pour cette exigence de connaissance des motifs à la seule lecture de l'acte, *Cf.* : TA, REP, *Ly* c/ Ministre des télécommunications, 31 janvier 1996, Aff. n°3628, *Rec.* 37 ; TA, 1ère instance, *Addad* c/ Ministre de l'Education, 8 juillet 2003, Aff. n°17502, *inédit.*

[153] B. PACTEAU, *Le juge de l'excès de pouvoir et les motifs de l'acte administratif*, thèse, Clermont-Ferrand, 1977, p. 65.

[154] QUESTIAUX, Conclusions sur CE, 28 mai 1965, *AJDA* 1965, p. 622.

[155] C'est notre traduction. TA, Appel, Ministre de l'éducation c/ *Added*, 29 juin 2005, Aff. n° 24775, *inédit* ; TA, Appel, Ministre de la justice c/ *Khedher*, 15 juillet 2005, Aff. n° 25007, *inédit* ; TA, 1ère instance, *Ebdelli* c/ Ministre de l'éducation, 12 juin 2001, Aff. n° 17816, *inédit. Cf.* en ce sens : TA, 1ère instance, *Ksouri* c/ Municipalité de Tunis, 22 mars 2006, Aff. n° 12744, *inédit* ; TA, 1ère instance, *Belhaj Ali* c/ Ministre de l'éducation, 7 décembre 1999, Aff. n° 15635, *inédit.*

des décisions disciplinaires, l'administration demeure dans l'obligation de prendre soin à ce que la sanction et la motivation qui l'accompagne soient insérées ***au sein d'un acte unique*** *pris dans sa version finale dans la mesure où la motivation ne se détache pas de la sanction ; d'autant plus que la signature de la sanction par l'autorité compétente accompagnée, en même temps, de sa motivation constitue une garantie des droits de la défense* »[156].

En matière disciplinaire, l'insertion des motifs et du dispositif au sein d'un document unique est une condition de régularité qui s'impose même en l'absence d'un texte explicite car cette exigence est rattachée aux droits de la défense érigés au rang des principes généraux de droit[157]. Les hypothèses dans lesquelles le TA sanctionne la motivation présentée dans un document séparé de la décision attaquée sont nombreuses. Sont irrégulières, car détachées de l'acte attaqué, les motivations présentées dans l'avis d'un organe consultatif[158] dans le rapport d'introduction de l'agent devant le Conseil de discipline[159] et dans une décision de révocation antérieure à l'acte[160].

---

[156] C'est notre traduction. TA, 1ère instance, *Harrath* c/ Ministre de l'éducation, 19 mai 2001, Aff. n°17814, *inédit*.

[157] TA, 1ère instances, *Hosni* c/ Rectorat des lettres, arts et sciences humaines, 8 juillet 2003, Aff. n° 19534 (Ce considérant figure également dans cinq arrêts inédits rendus le même jour).

[158] En matière disciplinaires, les mesures dans lesquelles l'administration se contente de viser l'avis du Conseil de discipline sont nombreuses. *Cf.* à titre indicatif : TA, REP, *Hdhiri* c/ Ministre de la santé publique, 31 décembre 1985, Aff. n° 1096, *Rec.* p. 153 et TA, REP, *Tajert* c/ Ministre de l'éducation, 16 janvier 1991, Aff. n° 1776, *Rec.* p. 11.

[159] *Cf.* notamment : TA, 1ère instance, *Karoui* c/ Ministre de l'intérieur, 7 juin 2001, Aff. n° 17595, *inédit* ; TA, 1ère instance, *Amri* c/ Ministre de l'intérieur, 4 juillet 2002, Aff. n° 19122, *inédit* ; TA, 1ère instance, *Belhaj* c/ Ministre de l'intérieur, 3 avril 2007, Aff. n° 13509, *inédit*.

[160] TA, 1ère instance, *Krichi* c/ Ministre des finances, 10 mars 1999, Aff. n° 14549 et 14796, *inédit* ; TA, 1ère instance, *Korbi* c/ Ministre de l'intérieur, 26 décembre 2003, Aff. n° 10006, *inédit*.

2. L'unité au niveau de l'auteur de l'acte

La motivation met à la charge du détenteur du pouvoir l'obligation de procéder lui-même à l'opération de motivation (a). Cette exigence est mise en cause toutes les fois que l'administration se contente de recourir systématiquement à la motivation par référence (b).

a. L'obligation de motiver pèse sur l'auteur de l'acte

Exiger que le motif et le dispositif figurent ensemble dans un document unique est une obligation étroitement liée au respect des règles de compétence. La signature du titulaire de la compétence apposée sur un seul document comportant à la fois les motifs et le dispositif garantit l'exercice effectif de l'opération de motivation par l'auteur de l'acte. En effet, l'obligation de motiver est un élément constitutif de la décision administrative de sorte que la compétence reconnue à un agent public de prendre un acte motivé impose l'obligation de procéder lui-même à sa motivation. De point de vue dynamique, la motivation obligatoire n'est pas seulement une règle de forme, mais aussi une règle de compétence.

Le TA a fréquemment souligné que la compétence d'exercer l'opération de motivation relève exclusivement de l'autorité qui détient le pouvoir décisionnel[161]. La motivation obligatoire, souligne le TA, met à la charge de l'administration l'obligation de procéder elle-même à la détermination des motifs de droit et de fait qu'elle a finalement arrêté en vertu de son pouvoir légal d'infliger la sanction à l'encontre de l'agent[162]. C'est ainsi que la motivation par référence à des documents émanant d'autorités autres que le détenteur du pouvoir décisionnel entache l'acte administratif d'un vice d'incompétence négative. « *Les motifs d'un acte doivent avoir été choisis et élaborés*

---

[161] TA, 1ère instance, *Chaouri* c/ Ministre de l'intérieur, 23 novembre 2000, Aff. n° 17333, *inédit* ; TA, 1ère instance, *Nacer* c/ Ministre de l'intérieur, 24 février 2004, Aff. n° 10768, *Rec.* p. 16 ; TA, Appel, Ministre de l'intérieur c/ *Karkni*, 25 juin 2003, Aff. n° 24336, *inédit* ; TA, 1ère instance, *Kies* c/ Ministre de l'intérieur, 6 mars 2003, Aff. n° 10571, *inédit* ; TA, Appel, Ministre de l'intérieur c/ *Barka*, 14 juillet 2006, Aff. n°1 2527, *inédit.*

[162] TA, 1ère instance, *Kaïes* c/ Ministre de l'intérieur, 6 mars 2003, Aff. n° 10571, *inédit.*

par le titulaire de la compétence quels que soient les avis dont il puissent ou doivent s'entourer avant de statuer »[163]. R. Odent affirme qu'« *il est naturel que si un administrateur est tenu de motiver sa décision, il donne lui-même, sous sa responsabilité, ses raisons d'agir* »[164]. La motivation par référence constitue une forte présomption que l'administration n'a pas exercé réellement sa compétence.

b. L'illégalité du recours systématique à la motivation par référence

Le recours systématique à la motivation par référence vient à faire éluder l'obligation de motiver. L'auteur de l'acte qui se contente de viser systématiquement un document externe sans procéder lui-même à l'opération de motivation renonce à son pouvoir de motiver personnellement la décision administrative.

En matière des **arrêtés de taxation d'office**, le Ministre ou la personne déléguée se contente de se référer systématiquement aux résultats de la vérification fiscale et joint le rapport du vérificateur à l'arrêté de taxation d'office[165]. Or, aux termes de l'article 50 du CDPF, le titulaire du pouvoir de taxation doit, à la lumière du rapport de vérification et de la réponse du contribuable, s'employer à synthétiser lui-même les motifs de la taxation d'office dans le texte de l'acte[166]. Néanmoins, le juge fiscal a eu l'occasion de confirmer la

---

[163] B. PACTEAU, *Le juge de l'excès de pouvoir et les motifs de l'acte administratif*, Clermont-Ferrand, 1977, p. 66.

[164] R. ODENT, « La procédure d'élaboration des actes administratifs en droit français », Rapport présenté au colloque des Conseils d'États français et italien, Paris, 12-14 décembre 1966 publié par [http://www.juradmin.eu/colloquia/1968/france-2.pdf].

[165] N. BACCOUCHE, « Le problème de la motivation de l'arrêté de taxation d'office », *RTF*, 2005, p. 35 ; M. BOUZID-AJROUD, *La taxation d'office en droit fiscal tunisien*, Thèse, Faculté de Droit et des Sciences Politiques d'Aix-Marseille, 2009, p. 272. L'article 50 du CDPF prévoit que « *La taxation d'office prévue par l'article 47 du présent code, est établie au moyen d'un arrêté motivé du Ministre des Finances ou de la personne déléguée par le Ministre des finances à cet effet, et ce, sur la base des résultats de la vérification fiscale et de la réponse y afférente du contribuable si elle existe* ».

[166] N. BACCOUCHE, *Droit fiscal général*, Novaprint, Sfax, 2008, p. 287.

pratique de la motivation par référence en adoptant une position tolérante en la matière. « *Considérant qu'il est incontestable que la mention au sein de l'arrêté de taxation de la nécessité de se référer à l'appréciation de la taxation d'office ci-jointe pour consulter le procédé et les fondements de la taxation est de nature à couvrir le vice éventuel entachant la décision de taxation* »[167]. Cette position est contestable car la motivation de l'arrêté de taxation d'office « *s'ajoute au rapport de vérification et ne se confond pas avec ledit rapport* »[168].

Un deuxième exemple est tiré des décrets portant **dissolution des Conseils municipaux**. Ces derniers comportent, outre une formule de motivation stéréotypée[169], une référence systématique à un rapport préalable prouvant la mauvaise situation du Conseil municipal et la défaillance dans la marche des affaires communales[170]. Les décrets de dissolution comportent la formule « *Vu le rapport explicatif ci-joint prouvant la mauvaise situation dans laquelle se trouve le Conseil municipal de…* ». De surcroît, « *le rapport explicatif ci-joint* » n'est pas publié à côté du décret. Même s'il comporte les raisons réelles de la dissolution, le rapport demeure dissimulé aux yeux du public.

---

[167] C'est notre traduction. Trib. de 1ère instance de Sfax, *LM* c/ Centre régional de contrôle fiscal de Sfax, 23 juin 2004, Aff. n° 233, cité par T. DRIRA, Chronique de la jurisprudence fiscale tunisienne (Première instance), *RTF*, n° 5, 2006, p. 210.

[168] N. BACCOUCHE, « Le problème de la motivation de l'arrêté de taxation d'office », *RTF*, 2005, p. 41.

[169] *Cf. infra*, dans cette Section 1, Paragraphe 2, B.

[170] *Cf.* à titre illustration : décret n° 2008-2886 du 22 août 2008, portant dissolution du Conseil communal de la commune de Kerkennah du gouvernorat de Sfax, *JORT* n° 68 du 26 août 2008, p. 2844. Dans les visas de ce décret, on peut lire : « Vu le rapport du 19 août 2008, établissant la situation négative au sein du Conseil municipal de Kerkennah suite au comportement de ses membres ce qui a affecté la marche du travail municipal ». Des formules comparables figurent dans la quasi-totalité des décrets portant dissolution de Conseils municipaux. Les exemples en la matière ne manquent pas. *Cf.* : décret n° 2008-2888 du 25 août 2008, portant dissolution du Conseil communal de la commune de Khlidia du gouvernorat de Ben Arous, *JORT* n° 68 du 26 août 2008, p. 2844 ; décret n°94-1398 du 27 juin 1994, relatif à la dissolution du Conseil municipal de Nabeul du gouvernorat de Nabeul et à la désignation d'une délégation spéciale, *JORT* n° 51 du 1er juillet 1994, p. 1205.
Ce n'est qu'exceptionnellement que l'administration procède à une motivation effective. *Cf. infra*, dans cette Section 1, Paragraphe 2, B.

Le recours automatique à la motivation par référence aboutit à transférer le pouvoir décisionnel de l'auteur de l'acte à l'autorité qui a préparé l'acte visé. L'autorité compétente s'est désistée du pouvoir qui lui est dévolu. Une pratique abondante ou systématique de la motivation par référence conduit à un véritable « *transfert indirect de compétence* »[171] censuré au titre de l'incompétence négative. En effet « *s'il n'est pas permis à une autorité d'étendre le cercle de ses pouvoirs, il ne lui est pas permis non plus de le restreindre* »[172]. L'incompétence négative « *englobe l'hypothèse un peu voisine dans ses ressorts, où le signataire de l'acte et qui était également titulaire de la compétence mise en œuvre, n'en serait pas pour autant le véritable auteur et se serait borné à transcrire la volonté d'un autre agent...auquel il s'en est en réalité entièrement remis, de sorte que, là encore, l'agent a méconnu l'étendu et même l'existence de sa compétence* »[173].

3. L'unité chronologique de l'acte

L'incorporation de la motivation dans le texte même de l'acte permet de respecter la règle de **la contemporanéité entre la motivation et l'acte**. La motivation détachée dans un document antérieur ou postérieur à l'acte déroge à l'exigence d'une motivation contemporaine à l'acte. « *Admettre que l'obligation de motiver puisse être satisfaite après coup serait en effet bel et bien ruiner l'originalité et la finalité de la règle de motivation qui est en effet instituée pour contraindre l'administration à justifier son acte en même temps qu'elle le prend* »[174].

La jurisprudence du TA attache une grande importance à la règle suivant laquelle les motifs d'un acte doivent avoir été choisis et

---

[171] R. ODENT, *Contentieux administratif*, Les cours de droit, IEPP, Paris, 1981, p. 1797.
[172] E. LAFERRIÈRE, *Traité de la juridiction administrative et des recours contentieux*, LGDJ, 1989, p. 519.
[173] B. PACTEAU, *Le juge de l'excès de pouvoir et les motifs de l'acte administratif*, thèse, Clermont-Ferrand, 1977, p. 181.
[174] B. PACTEAU, note sous CE, 5 mai 1986, Ministre des affaires sociales c/ *Leblanc et Tissier, RA 1986, p. 464.*

élaborés au moment de l'édiction de l'acte[175]. Lorsque l'acte est motivé, le juge considère que les motifs sur lesquels l'administration s'est fondée sont ceux exposés dans la motivation de la décision et qu'il ne peut tenir d'autres motifs antérieurs ou postérieurs à l'édiction de l'acte[176]. L'appréciation de la légalité des motifs et de la régularité de la motivation est effectuée sur la base de la seule motivation figurant dans le texte même de l'acte. Une motivation détachée chronologiquement de l'acte n'est pas prise en considération.

Il a été jugé que « *la jurisprudence de ce tribunal a constamment considéré que le contrôle du juge s'exerce sur les motifs fournis dans la décision pour examiner leur conformité à la loi et par suite le but réalisé, abstraction faite des motifs postérieurs que l'administration pouvait éventuellement fournir au cours d'instruction et des motifs antérieurs délibérés avant l'édiction de l'acte* »[177]. À la différence de la jurisprudence administrative française[178], le TA considère que la motivation insérée dans le document postérieur de notification de

---

[175] TA, 1ère instance, *Ali* c/ Municipalité Bouarada, 30 décembre 2010, Aff. n° 19291, *Rec.* p. 605.

[176] TA, Appel, Ministre de l'éducation c/ *M. S.*, 28 janvier 2011, *Rec.* p. 169 ; TA, Appel, Ministre de l'intérieur c/ *R.H.*, 23 juin 2011, *Rec.* p. 186.

[177] C'est notre traduction. TA, 1ère instance, *Meliane* c/ Ministre des domaines de l'État et des affaires foncières, 9 décembre 2006, Aff. n° 12691, *inédit.*

[178] D. MAILLARD DESGREES DU LOÛ, *Droit des relations de l'administration avec ses usagers*, Puf, Paris, 2000, p.p. 343 et 344. Analysant la jurisprudence française, l'auteur affirme que « les motifs peuvent être inclus non dans la décision elle-même, mais dans une lettre qui l'accompagne, notamment la lettre par laquelle l'administration notifie la décision… Ils peuvent aussi être exprimés dans le procès verbal de notification… La jurisprudence a même admis que la motivation d'une décision peut figurer dans un communiqué de presse rendant publique une décision ». Le Commissaire du Gouvernement français B. Lasserre, affirme que « l'administration pouvait en quelque sorte régulariser le défaut de motivation d'une décision individuelle en faisant connaître ultérieurement à l'intéressé les motifs de cette décision » : Conclusions sur CE, 9 novembre 1984, *Comité dauphinois d'hygiène industrielle*, *RFDA* 1984, p. 440. *Cf.* également : B. DELAUNAY, *L'amélioration des rapports entre l'administration et les administrés*, LGDJ, Paris, 1993, p. 494. L'auteur cite l'arrêt du CE, 9 novembre 1984, *Comité dauphinois d'hygiène industrielle*, *Rec.* p. 355 ; *AJDA*, 1985, p. 287, chron. S. HUBAC et J.-E. SCHOETTL, p. 261 ; *RFDA*, 1985, p. 439, conl. B. LASSERRE.

l'acte adressé à l'intéressé ne dispense pas l'administration de l'obligation de motiver l'acte lui-même[179].

De même, lorsque l'administration a exprimé des motifs erronés au sein de la motivation de l'acte, elle ne peut[180], hors le cas de compétence liée, invoquer devant le juge de l'excès de pouvoir d'autres motifs de nature à justifier légalement sa décision[181]. Le contrôle juridictionnel des motifs est ainsi exercé dans les limites de la motivation insérée au sein de la décision attaquée[182]. Le juge administratif a fondé son raisonnement sur la règle selon laquelle l'examen de la légalité de l'acte s'effectue en fonction des motifs existant à la date de son édiction[183].

---

[179] TA, Appel, Ministre de la justice c/ *Khedher*, 15 juillet 2005, Aff. n° 25007, *inédit* ; TA, 1ère instance, *Belkehia* c/ Ministre des domaines de l'État et des affaires foncières, 20 avril 2001, Aff. n° 16116, *inédit.*

[180] Parfois, le TA admet que l'administration pouvait *régulariser* l'insuffisance de motivation. L'administration peut combler l'ambigüité de la motivation au cours de l'instruction. *Cf.* : TA, 1ère instance, *Mohamed et autres* c/ Ministre de l'intérieur, 22 juin 2010, Aff n° 13381, *Rec.* p. 587. Il s'agit là d'une clarification d'une motivation d'ordre général au cours d'instance et non pas une substitution de motifs.

[181] TA, 1ère instance, *Rezgue* c/ Municipalité de Sousse, 26 novembre 2008, Aff. n° 15316, *inédit* ; TA, 1ère instance, *Ali* c/Municipalité Bouarada, 30 décembre 2010, Aff. n° 19291, *Rec.* p. 605.

[182] TA, 1ère instance, *Boutaleb* c/ Ministre de la culture, 8 octobre 2002, Aff. n° 18080, *inédit* ; TA, REP, *Bouebdelli* c/ Ministre de l'éducation, 19 octobre 1994, Aff. n° 3170, *Rec.* p. 152.

[183] La règle suivant laquelle l'appréciation de la légalité de la décision est effectuée en fonction de la situation de fait existant et de droit applicable à la date de son édiction constitue une conséquence logique du fait que le REP est un procès fait à un acte. Ce « principe… prolonge la solution… selon laquelle l'irrégularité de la publication ou de la notification d'une décision sont sans influence sur la légalité de cette décision ». *Cf.* : R. CHAPUS, *Droit du contentieux administratif*, Montchrestien, 12ème édition, Paris, 2006, p. 220.

TA, REP, *S. K.* c/ Ministre de la santé publique, 9 juillet 1997, Aff. n° 13770, *Rec.* p. 357 ; TA, Appel, *Yahya* c/ Ministre de l'intérieur, 22 mai 2008, Aff. n° 26250, *inédit.*

Cf. en ce sens : TA, Appel, Municipalité de Sfax c/ *Société Mona de promotion immobilière*, 15 novembre 2006, Aff. n° 24689, *inédit* ; TA, 1ère instance, *Dhahri* c/ Ministre de l'intérieur, 30 octobre 2003, Aff. n° 17514, *inédit* ; TA, Appel, Ministre de l'éducation c/ *Mradsi*, 19 novembre 2002, Aff. n° 22853, *inédit* ; TA, Appel, Municipalité de Tunis c/ *Saoulajen foncière*, 27 mai 2005, Aff. n° 24966, *inédit* ; TA, 1ère instance, *Jabri* c/ Ministre de défense nationale, 8 décembre 2006, Aff. n°

C. La communication des motifs aux intéressés

La communication des motifs aux intéressés par la notification ou la publication de l'acte constitue un complément normal de l'obligation de motiver. En effet, il est régulièrement admis que la motivation est destinée à permettre à l'intéressé la connaissance des motifs de l'acte. Or, l'information de l'administré n'est effectivement garantie que par la publicité des motifs. Il ne suffit pas donc de motiver convenablement l'acte pour garantir la connaissance des motifs, il faut également que ces motifs soient reproduits dans la publication ou la notification adressées aux intéressés. La motivation oblige l'administration, non seulement à procéder à un examen sérieux des motifs, mais aussi à « *préciser officiellement et ouvertement son point de vue* »[184].

La connaissance des motifs garantit l'exercice des droits de la défense à l'appui d'un éventuel recours et accroît les chances de persuader l'administré du bien-fondé de l'acte[185] et donc de son exécution spontanée. À défaut pour les administrés d'avoir été associés à l'élaboration de la décision administrative, la publicité de l'acte demeure la condition *sine qua non* de son exécution spontanée[186]. « *Le public veut être prévenu de tout ce qui se passe. Il accepte les obligations, mais il veut être averti et qu'il y ait un délai avant l'exécution. Si la publicité ne peut être concomitante à l'acte, qu'elle soit postérieure* »[187]. La publicité de l'acte motivé apparaît

---

13658, *inédit* ; TA, 1ère instance, *Bouzidi* c/ Ministre de l'intérieur, 26 mai 2006, Aff. n° 13470, *inédit.*

184 R. ODENT, Conclusions sur CE, 5 avril 1946, *Dame Coulon, Daupeyroux, Branet*, *S.* 1946. III. 23 ; *EDCE*, 1947, p. 62.

185 G. ISAAC, *La procédure administrative non contentieuse, thèse*, LGDJ, 1968, p.551 ; N. ABDALLAH, Conclusions sous TA, REP, *Derbez* c/ Ministre de l'enseignement supérieur, 14 janvier 1981, Aff. n° 337, *Rec.* p. 15.
TA, 1ère instance, *Meseï* c/ Ministre de l'intérieur, 22 novembre 2001, Aff. n° 18752, *inédit.*
Cf. notamment : TA, REP, *Znaïki* c/ Ministre des finances, 27 mars 1987, Aff. n° 1323, *Rec.* p. 346 et TA, 1ère instance, *Wechteti* c/ Ministre de l'enseignement supérieur, 29 janvier 2003, Aff. n° 19631.

186 G. ISAAC, *La procédure administrative non contentieuse*, thèse, LGDJ, 1968, p.568.

187 HAURIOU, Note sous CE, 27 mars 1914, *Laroche*, *S.* 1914, III, 97, La jurisprudence administrative, II. 72.

alors la « *garantie minimale de toute procédure administrative, et, même, de tout État de droit* »[188].

Et pourtant, ni la doctrine[189], ni la jurisprudence n'ont donné une importance particulière à cette exigence de motivation. Selon une jurisprudence classique, la publicité est sans influence sur la régularité de l'acte (1). Toutefois, pour que la motivation remplisse pleinement ses fonctions, il est indispensable d'imposer la publicité comme condition de régularité de la motivation (2).

1. La publicité est sans influence sur la régularité de l'acte

Le TA opère une dissociation entre l'obligation de motiver et la notification ou la publication de l'acte. Si l'obligation de motiver est une condition de légalité susceptible d'entraîner l'annulation de l'acte, l'irrégularité ou le défaut de publicité est sans influence sur la régularité de l'acte. Le TA a constamment rappelé que ni l'absence[190], ni l'irrégularité[191] de la notification ou de la publication ne sauraient entacher de nullité l'acte administratif[192].

Le défaut d'une notification *complète* ou *suffisante* encourt une sanction de procédure contentieuse, celle de ne pas courir le délai du

---

188 G. ISAAC, *La procédure administrative non contentieuse*, LGDJ, 1968, p.568.

189 Rares sont les auteurs qui ont évoqué l'idée selon laquelle la publicité de l'acte constitue un élément de motivation. *Cf.* : G. ISAAC, *La procédure administrative non contentieuse*, thèse, LGDJ, 1968, p.551 et M. EL YAAGOUBI, *La motivation des actes administratifs*, Thèse, Université des Sciences Sociales de Grenoble, 1981, p. 665 et s..

190 TA, 1ère instance, *Diziano* c/ Ministre des domaines de l'État et des affaires foncières, 15 juillet 2008, Aff. n° 12639, *inédit* ; TA, 1ère instance, Weli c/ Municipalité de *Mateline*, 18 février 2006, Aff. n° 12574, *inédit* ; TA, 1ère instance, *Mhamdi* c/ Ministre de l'intérieur, 24 juin 2000, Aff. n° 15981, *inédit* ; TA, 1ère instance, *Mrazgui* c/ Ministre de l'intérieur, 9 février 2005, Aff. n° 12465, *inédit*.

191 TA, 1ère instance, *Zayed* c/ Ministre de l'éducation, 26 décembre 2000, Aff. n° 17103, *inédit* ; TA, 1ère instance, *Azizi* c/ Ministre de l'enseignement supérieur, 28 octobre 2005, Aff. n° 18331, *inédit*.

192 Au contraire, le défaut ou l'irrégularité des formalités de publicité effectuées au cours de la formation de l'acte peuvent être invoqués pour justifier l'annulation de l'acte.

REP[193]. Le moyen tiré de l'absence ou de l'insuffisance de notification invoqué pour contester la légalité de l'acte administratif est dès lors rattaché à la catégorie des moyens inopérants[194]. Motivation et notification constituent deux procédés qui relèvent, d'après le TA, de deux régimes distincts. La motivation fait partie de la procédure administrative non contentieuse, comme condition de régularité de l'acte administratif. Au contraire, la publicité de l'acte produit ses effets au niveau de la procédure administrative contentieuse, comme point de départ du délai du REP[195].

La solution jurisprudentielle est justifiée par le principe suivant lequel *la légalité d'un acte est appréciée en fonction des faits existant et du droit applicable à la date de son édiction.* Ce principe prolonge la règle selon laquelle les procédures postérieures à l'édiction de l'acte, comme la notification, la publication et l'exécution, sont sans

---

193 TA, Appel, *Amdouni* c/ RNTA, 29 juin 2002, Aff. n° 23698, *inédit* ; TA, 1ère instance, *Trabelsi* c/ Ministre de l'éducation, 4 avril 2002, Aff. n° 18650, *inédit* ; TA, Appel, *Kilani* c/ Ministre de l'intérieur, 5 janvier 2005, Aff. n° 23339, *inédit* ; TA, 1ère instance, *Isaoui* c/ Municipalité de Bouajla, 17 mars 2005, Aff. n° 11404, *inédit* ; TA, Appel, *Rajhi* c/ Ministre de l'intérieur, 21 octobre 2006, Aff. n° 25396, *inédit.*

D'ailleurs, la théorie de la connaissance acquise, mis en œuvre en l'absence d'une publicité quelconque de l'acte, exige une connaissance certaine et complète de l'ensemble des éléments de l'acte, y compris les motifs : TA, TA, Appel, *Amdouni* c/ RNTA, 29 juin 2002, Aff. n° 23698, *inédit.*

194 TA, 1ère instance, *Ben Ltaief* c/ RTT, 3 mars 1998, Aff. n° 14300, *Rec.* p. 89.

195 Outre cette sanction d'ordre procédural, l'absence ou l'insuffisance de publicité entraîne l'inopposabilité de l'acte vis-à-vis des administrés. Transposée de la théorie des contrats, l'inopposabilité ne met pas en cause l'acte lui-même, mais ses conséquences. En effet, le faisceau des effets de l'acte est dissocié : l'acte produit ses effets à l'égard de l'administration et non à l'égard des administrés. L'acte *inédit* ne peut *préjudicier* aux intéressés : il ne peut ni réduire leur droit, ni leur créer des obligations. Or, l'inopposabilité n'empêche pas les administrés d'invoquer le *bénéfice* des actes inédits. *Cf.* : G. ISAAC, *La procédure administrative non contentieuse*, LGDJ, 1968, p.571 et 572 et J. RIVERO et J. WALINE, *Droit administratif*, Dalloz, 17ème édition, 1998, p. 101. Sur la question de l'entrée en vigueur de l'acte administratif après l'accomplissement des formalités de publicité, *Cf.* : R. CHAPUS, *Droit administratif général*, Tome 1, 15ème édition, Paris, 2001, p. 1141 et R. HOSTIOU, *Procédure et formes de l'acte administratif unilatéral en droit français*, LGDJ 1974, p. 139.

influence sur la légalité de l'acte[196]. Les irrégularités entachant les formalités postérieures à l'intervention de la décision n'ont jamais un caractère substantiel, affirme Odent[197].

Le TA considère que seule la motivation insérée dans l'acte attaqué est prise en considération lors du contrôle de la légalité de l'acte. Les motifs reproduits dans l'acte de notification ne peuvent servir de base pour l'appréciation de la légalité de l'acte[198]. L'explication donnée par le Doyen Hauriou est significative. « *Il y a un moment, écrit-il, où l'acte est considéré comme conclu, c'est celui où il réunit tous les éléments de la force exécutoire* [...] *Une fois conclu, l'acte est pour ainsi dire, fermé ; rien n'y entre plus. Tout ce qui s'est passé avant et tout ce qui s'est passé pendant peut bien être considéré comme centralisé et absorbé dans l'acte, mais non pas ce qui s'est passé après la conclusion de l'acte* »[199].

2. L'exigence de subordonner la motivation à l'obligation de publicité

Exiger la motivation d'un côté, dispenser l'administration de l'obligation de publier l'acte motivé, de l'autre risque fort d'anéantir l'obligation de motiver. Destinée à assurer à son destinataire la connaissance des motifs, la motivation doit être subordonnée à la connaissance effective donnée aux intéressés des motifs retenus contre eux. La motivation dans l'acte administratif et celle reproduite dans

---

196 TA, 1ère instance, *Said* c/ Municipalité de Bni khiar, 27 mai 2008, Aff. n° 12116, *inédit* ; TA, 1ère instance, *Rachid* c/ Ministre des affaires sociales, 26 octobre 2005, Aff. n° 11390, *inédit*.

197 R. ODENT, *Contentieux administratif*, Les cours de droit, IEPP, Paris, 1981, p. 1836. Après avoir mis l'accent sur le caractère empirique de la notion de formalités substantielles, l'auteur souligne qu'« il semble ainsi qu'il n'y ait que deux hypothèses où une formalité n'ait jamais un caractère substantiel : c'est d'une part, le cas où l'administration a pris une décision qu'elle était légalement tenue de prendre, autrement dit où elle avait compétence liée... C'est, d'autre part, celui où l'irrégularité invoquée concerne une formalité postérieure à l'intervention de cette décision, par exemple sa publication ou sa notification ».

198 TA, 1ère instance, *Belkehia* c/ Ministre des domaines de l'État et des affaires foncières, 20 avril 2001, Aff. n° 16116, *inédit*.

199 HAURIOU, Note sous CE, 27 mars 1914, *Laroche*, *S*. 1914, III, 97, La jurisprudence administrative, II. 72.

l'acte de notification constituent deux composantes essentielles de la motivation. Il est impératif de soumettre les deux motivations à un régime unifié, celui de l'annulation de l'acte administratif pour assurer la cohérence de l'instrument de motivation.

L'accès aux motifs de l'acte administratif conditionne l'exercice utile des droits de la défense et donc l'accès opérationnel à la justice. En des termes pertinents, le TA a jugé que la bonne administration de la justice exige que la notification réponde aux conditions de transparence et de clarté dans la mesure où l'objectif des procédures juridictionnelles en général et des délais en particulier est d'assurer la stabilité des situations juridiques et de protéger les droits acquis[200].

En l'absence d'une obligation de publier les motifs de l'acte administratif sous peine de nullité, le seul moyen qui reste pour l'administré pour connaître les motifs est le recours contentieux. Toutefois, intenter une action à l'encontre d'une décision en méconnaissance des motifs réduit les chances de l'intervention du juge pour ordonner de l'administration la communication des motifs. L'intervention du juge est généralement subordonnée à la présentation par le requérant d'un commencement de preuve. Or, comment le requérant peut-il élaborer un commencement de preuve à l'encontre d'une décision qu'il ignorait la motivation ?

Paragraphe 2 : Les exigences de fond

Si les exigences de forme consistent à chercher comment présenter les motifs (par écrit, dans le texte même de l'acte,...), les exigences de fond consistent à chercher le contenu de la motivation. Il s'agit de savoir quels sont les motifs qui doivent figurer dans le texte de l'acte comme justification de la décision et quel est le degré d'exhaustivité et de précision des motifs.

L'énoncé complet des motifs, comme condition de régularité, est une question qui se détache de la question du bien-fondé des motifs. Le bien-fondé des motifs relève de la légalité interne et englobe la

---

[200] TA, 1ère instance, *Ghidhaoui* c/ Ministre des domaines de l'État et des affaires foncières, 28 juin 2005, Aff. n° 11827, *inédit*.

légalité des motifs de droit (choix et interprétation de la base juridique) et des motifs de fait (l'exactitude, la bonne appréciation et la bonne qualification juridique des faits). Dès lors, le contenu de la motivation est soumis à deux types distincts de contrôle. Le premier est un contrôle externe exercé sur l'exhaustivité de l'énoncé des motifs, le deuxième est interne et porte sur le bien-fondé des motifs.

Le TA a progressivement construit les composantes des exigences de fond de la motivation suffisante. D'une manière générale, est suffisante, la motivation qui comporte une énonciation exhaustive et précise au sein du texte de l'acte des motifs justifiant la décision. On peut lire dans certains arrêts des considérants présentés comme suit : « *Considérant que la jurisprudence de ce tribunal est constante à ce que les décisions prises en matière disciplinaires ne sont suffisamment motivées que lorsqu'elles comportent un énoncé complet et claire dans le corps même de l'acte des comportements fautifs dirigés à l'encontre de l'agent et sur la base desquels la sanction a été infligée* »[201]. Le TA emploie également des considérants analogues : « *Considérant que la motivation juridiquement admise est celle qui comporte l'énoncé au sein du texte de l'acte des éléments juridiques et matériels qui fondent la décision administrative et révèle sans équivoque les motifs qui ont conduit à la prise de l'acte de sorte que son destinataire puisse préparer ses moyens de défense dans les meilleures conditions* »[202].

Le modèle de motivation construit par le juge est essentiellement souple. Les termes employés tels que « *sans équivoque* », « *exhaustive* », « *précise* », « *claire* », ne répondent pas à une définition exacte et stable. L'incertitude de l'exigence d'une motivation exhaustive (*A*) est de nature à encourager l'administration dans son attitude actuelle qui consiste à recourir d'une manière excessive à la motivation stéréotypée. Les décrets de dissolution des

[201] C'est notre traduction. TA, 1ère instance, *Wechteti* c/ Ministre de l'enseignement supérieur, 29 juin 2003, Aff. n° 19631, *inédit*.
Cf. notamment : TA, REP, *Zouari* c/ DG du Radio et de Télévision, 30 juin 1978, Aff. n° 91, *Rec*. p. 144 ; TA, 1ère instance, *Ksouri* c/ Municipalité de Tunis, 22 mars 2006, Aff. n° 12744, *inédit*.
[202] C'est notre traduction. TA, 1ère instance *Daddadi* c/ Ministre des finances, 1er juin 2007, Aff. n° 11372, *inédit*.

Conseils municipaux constituent un exemple frappant d'une administration encore hostile à la motivation (*B*).

A. L'exigence d'une motivation exhaustive

Une motivation exhaustive est celle qui comporte une énonciation complète des motifs. Sur le plan juridique, l'exhaustivité de la motivation, quoique variable et incertaine, dépend d'abord de la définition qu'on donne aux motifs. Les motifs sont définies par leur double composante : des motifs de droit et des motifs de fait (1). En outre, la motivation ne peut être exhaustive que lorsqu'elle est présentée dans un raisonnement juridique cohérent (2).

1. La double composante des motifs

Le motif est un élément de l'acte qui consiste « *dans les données alléguées par l'agent comme justification de son acte* »[203]. Le motif[204] résulte de la combinaison de deux facteurs, un facteur juridique : les règles de droit applicables, et un facteur matériel : la

---

[203] Ch. EISENMANN, *Cours de droit administratif*, Tome II, LGDJ, Paris, 1983, p. 411.

[204] *Cf.* notamment : G. VEDEL et P.DELVOVÉ, *Droit administratif*, Tome II, P.U.F., Paris, 11ème édition, 1990, p. 307 et s. ; F.- P. BENOIT, Le droit administratif français, Dalloz, 1968, p. 546 et R. CHAPUS, *Droit administratif général*, Tome 1, 15ème édition, Paris, 2001, p. 1139. Certains auteurs adoptent une définition restrictive de la notion de motifs. Selon ces auteurs la notion de motifs n'englobe que les éléments de fait tout en ignorant les motifs de droit : A. DE LAUBADERE, *Traité élémentaire de droit administratif*, 3ère édition, LGDJ, 1963, tome 1, n° 383 ; M. WALINE, *Droit administratif*, 9ème édition, Sirey, 1963, n° 781 ; R. BONNARD, « Le pouvoir discrétionnaire des autorités administratives et le recours pour excès de pouvoir », *RDP* 1923, p. 370 ; Y. GAUDEMET, *Traité de droit administratif*, LGDJ, 16ème édition, 2001,Tome 1, p. 499 ; I. BEN HASSEN, *Le contrôle des motifs de fait dans le recours pour excès de pouvoir*, Publisud, Paris, 2011, p. 6 et s. et S. KTISTAKI, *L'évolution du contrôle juridictionnel des motifs de l'acte administratif*, LGDJ, Paris, 1991, p. 3. S. Ktistaki affirme que la notion de motif ne contient que les situations de fait. En effet, le contrôle des motifs implique la confrontation d'une situation de fait déterminée (motif) avec une norme applicable. C'est pourquoi « la distinction habituellement opérée entre motif de droit et motif de fait…confond la notion de motif avec son contrôle par référence à une norme autorisant l'édiction de l'acte concerné ».

situation de fait à propos de laquelle est intervenue la décision[205]. « *Lorsqu'il prend une décision, l'administrateur se fonde à la fois sur une règle de droit* [...] *et sur une certaine situation de fait. Sa décision sera le résultat de ces deux catégories de motifs* »[206]. Les faits qui provoquent l'agent à prendre une décision doivent être combinés avec la règle de droit. La règle de droit établit « *une connexion entre ces faits et l'édiction de certaines normes* »[207]. Le juge administratif estime qu'à chaque décision administrative correspondent des motifs de droit et de fait déterminés[208].

Une décision administrative suffisamment motivée est celle qui expose les raisons tant de droit que de fait susceptibles de la justifier[209]. « *Considérant que la jurisprudence de ce tribunal a constamment considéré que la motivation des décisions administratives implique l'énonciation des motifs de fait et de droit sur la base desquels est fondé l'acte attaqué* »[210].

a. Les motifs de droit

Alors que l'indication des motifs de droit constitue une exigence essentielle de validité de la motivation (a.1), il ressort de l'examen de la pratique jurisprudentielle que l'énoncé des motifs de droit demeure dérisoire (a.2).

---

205 C. GOYARD, « Les idées de Charles Eisenmann sur la théorie du contrôle des motifs », *Recueil d'études en hommage à Charles Eisenmann*, Paris, Cujas, 1977, p. 351.

206 J.-M. AUBY et R.DRAGO, *Traité de contentieux administratif*, LGDJ, Paris, 3ème édition, 1984, Tome 2, p. 367.

207 Ch. EISENMANN, *Cours de droit administratif*, Tome II, LGDJ, Paris, 1983, p. 161.

208 TA, *Hazmi* c/ Ministre de Défense nationale, 16 juin 2001, Aff.n° 15904, *inédit*.

209 TA, 1ère instance, *Doukali* c/ Ministre de la défense nationale, 19 octobre 2007, Aff. n° 14898, *inédit* ; TA, 1ère instance, *Gharbi* c/ Ministre de l'enseignement supérieur, 26 novembre 2013, Aff. n° 123790, *inédit*.

210 C'est notre traduction. TA, 1ère instance, *Mahouachi* c/ Ministre des affaires étrangères, 23 janvier 2004, Aff. n° 11377, *inédit* ; TA, 1ère instance, *Mesi* c/ Ministre de l'intérieur, 22 novembre 2001, Aff. n° 18752, *inédit* ; TA, 1ère instance *Daddadi* c/ Ministre des finances, 1er juin 2007, Aff. n° 11372, *inédit* ; TA, 1ère instance, *Eskandarani* c/ Ministre de la justice, 29 novembre 2003, Aff. n° 19893, *inédit*.

a.1 : L'exigence de l'énoncé des motifs de droit

Tout acte administratif est fondé sur une base juridique car « *toute norme administrative est dérivée ; elle n'est jamais initiale ou originaire* »[211]. L'administration ne peut intervenir qu'en vertu d'un titre juridique. L'obligation d'extérioriser les règles de droit qui fondent la décision coule de source dans la mesure où l'agent public n'est jamais habilité à édicter des actes juridiques qu'en conformité avec les règles de droit antérieures et supérieures[212].

En droit français, la motivation « *doit être écrite et comporter l'énoncé des considérations de droit et de fait qui constituent le fondement de la décision* »[213]. Pour le droit tunisien, l'article 10, alinéa 1er du décret du 3 mai 1993 fixant le cadre général de la relation entre l'administration et ses usagers[214] dispose que « *La réponse aux réclamations objet du présent article doit se baser sur des dispositions légales ou réglementaires en vigueur chaque fois qu'il s'agit de décisions nécessitant une motivation* ». Interprétant l'article 10 dudit décret, le Premier Ministre affirme, dans la circulaire n°34 du 26 mai 1993 que l'obligation de mentionner les dispositions légales ou réglementaires permet de justifier l'acte. Cette justification peut être consolidée par des motifs de fait légitimes[215]. En donnant aux

---

[211] G. DUPUIS, « Les visas apposés sur les actes administratifs », *Mélanges Marcel Waline*, LGDJ, Paris 1974, Tome II, p. 408.

[212] B. PACTEAU, *Le juge de l'excès de pouvoir et les motifs de l'acte administratif*, thèse, Clermont-Ferrand, 1977, p. 12.

[213] Article 3 de la loi la loi n° 79-587 du 11 juillet 1979 relative à la motivation des actes administratifs et à l'amélioration des relations entre l'administration et le public.

[214] Le décret n° 93-982 du 3 mai 1993, fixant le cadre général de la relation entre l'administration et ses usagers (*JORT* n°36 du 14 mai 1993, p. 651, tel que modifié successivement par le décret n° 2007- 1259 du 21 mai 2007, *JORT* du 29 mai 2007 p. 1819, le décret n° 2008-344 du 11 février 2008, *JORT* n° 14 du 15 février 2008, p. 727 et le décret n° 2010-1882 du 26 juillet 2010, *JORT* n° 63 du 6 août 2010, p. 2123.

[215] Circulaire n° 34 du 26 mai 1993 relative à l'application des dispositions du décret n° 983-93 du 3 mai 1993 portant sur l'amélioration des rapports entre l'administration et ses usagers, in L'ensemble des textes relatifs à la réforme administrative, Bureau central des relations avec le citoyen, *IORT*, (en arabe). La circulaire est également disponible sur un site officiel relevant de la présidence du Gouvernement : [www.legislation.tn/fr].

autorités administratives une simple faculté quant à l'indication des motifs de fait, la circulaire adopte une fausse interprétation de l'exigence de motivation. De même, certains textes exigent expressément l'énoncé des motifs de droit. Il s'agit notamment de l'article 50 du code des droits et procédures fiscaux (CDPF) en vertu duquel l'arrêté de taxation d'office comporte parmi ses indications « *les fondements juridiques de l'arrêté* ».

a.2 : Caractère dérisoire des motifs de droit

La consultation des arrêts rendus par le TA permet de constater que la question des motifs de droit est très rarement évoquée par le juge[216]. Dans les applications jurisprudentielles, l'obligation de motiver se concentre le plus souvent autour de l'indication des motifs de fait alors que dans la motivation, « *c'est la totalité des motifs qui doit être portée à la connaissance des intéressés et non pas certains seulement d'entre eux* »[217].

Le caractère dérisoire de l'exigence d'indiquer les motifs de droit au sein de la motivation est dû, selon certains auteurs, à la pratique des visas. En réalité, c'est la prépondérance des motifs de fait sur les motifs de droit qui explique la négligence de la nécessité d'indiquer les motifs de droit au sein de la motivation.

- *La pratique des visas*

Une doctrine considère que c'est la pratique des visas qui a rendu superflu l'exigence de l'énoncé des motifs de droit[218]. Dans les visas, l'administration mentionne les actes antécédents qui englobent les

---

216 TA, *Abidi* c/ Municipalité de Tunis, 6 mai 1985, Aff. n° 1013, *Rec.* p. 81 ; TA, 1ère instance, *Ghidhaoui* c/ Ministre des domaines de l'État et des affaires foncières, 28 juin 2005, Aff. n° 11827, *inédit* ; TA, 1ère instance, *Mahouachi* c/ Ministre des affaires étrangères, 23 janvier 2004, Aff. n° 11377, *inédit* ; TA, 1ère instance, *Mesi* c/ Ministre de l'intérieur, 22 novembre 2001, Aff. n° 18752, *inédit* ; TA, 1ère instance *Daddadi* c/ Ministre des finances, 1er juin 2007, Aff. n° 11372, *inédit*.

217 R. ODENT, *Contentieux administratif*, *op. cit.*, p. 1841.

218 G. ISAAC, *La procédure administrative non contentieuse*, LGDJ, 1968, p. 544 ; H. PAULIAT, « La motivation des actes administratifs unilatéraux », *La motivation*, Actes de colloque, LGDJ, 2000, note n° 27, p. 60, et S. SUR, « Sur l'obligation de motiver formellement les actes administratifs », *AJDA* 1974, note n°6, p. 349.

bases juridiques et les éléments de procédure antérieurs à l'édiction de l'acte[219]. Visas et motivation comportent, par conséquent, un élément commun : l'énoncé des bases juridiques dans le texte de l'acte. Impliquant l'obligation d'insérer les bases juridiques au début du texte de l'acte, la motivation risque de se confondre avec les visas. G. Isaac adopte une position ferme : « *les visas font partie intégrante de la motivation* »[220]. D'ailleurs, les actes administratifs en forme écrite portent habituellement des visas qui mentionnent les principaux textes appliqués par ces actes[221]. On peut penser que par la pratique des visas, la majorité des décisions administratives sont spontanément motivées en droit.

Néanmoins, motivation et visas relèvent de **deux régimes distincts**. Même s'ils appartiennent à la forme extérieure de l'acte, ils s'écartent au niveau des conséquences juridiques. En matière de motivation, la mention des motifs de droit est obligatoire. L'omission des bases juridiques dans la motivation est sanctionnée par l'annulation de l'acte. Au contraire, en matière des visas, « *la règle est fort claire … : les visas sont toujours facultatifs* »[222]. Le corollaire de cette règle est également évident : l'omission, l'insuffisance et l'erreur des visas portant sur les textes applicables sont sans influence sur la régularité de l'acte[223]. On en déduit que l'indication des bases juridiques au sein des visas n'est pas de nature à remplacer l'exigence de mentionner les motifs de droit au sein des considérants relatifs à la motivation. Considérer les visas une composante de la motivation rend obligatoire les visas en cas d'obligation de motiver. Ce qui contredit la position du TA qui considère que les visas sont toujours facultatifs.

D'ailleurs, ce n'est que par un souci de tolérance dictée par des considération d'espèce que le juge administratif prend parfois en

---

[219] P. DELVOVÉ, *L'acte administratif*, Sirey, Paris, 1983, p.181 et G. DUPUIS, « Les visas apposés sur les actes administratifs », *Mélanges Waline* , L.G.D.J., Paris 1974, Tome II, p. 408.

[220] G. ISAAC, *La procédure administrative non contentieuse*, LGDJ, 1968, p. 544.

[221] *Ibidem*.

[222] G. DUPUIS, « Les visas apposés sur les actes administratifs », *Mélanges Waline* , L.G.D.J., Paris 1974, Tome II, p. 409.

[223] TA, 1ère instance, *Ben Ounn* c/ Gouverneur de Nabeul, 26 janvier 2001, Aff. n° 15686, *inédit* ; TA, REP, *Lebdi* c/ Ministre de l'agriculture, 25 octobre 1995, Aff. n° 3362, *inédit*.

considération l'énoncé des motifs de droit au sein des visas[224] ou admet la motivation par référence insérée dans les visas[225]. Outre son caractère exceptionnel et conditionné, cette pratique jurisprudentielle n'a pas pour conséquence de rendre les visas des textes une composante de la motivation. Le juge administratif affirme constamment que la motivation doit être incorporée dans le corps même de l'acte et que les visas des textes sont toujours facultatifs.

En outre, les visas comportent une « *indication brute* »[226] des dispositions des textes sans les rattacher aux circonstances de fait qui sont à l'origine du processus décisionnel. Or, la motivation dépasse la simple insertion des motifs de droit pour établir un raisonnement juridique entre la règle de droit et les motifs de fait.

- *Prépondérance des motifs de fait sur les motifs de droit*

En réalité, c'est l'importance notable que revêt les motifs de fait dans le processus décisionnel qui explique la marginalisation des motifs de droit par le juge administratif dans le régime de la motivation. Selon la formule de R. Bonnard, le motif de fait « *est l'élément premier de l'acte. Il est l'antécédent qui le précède et le provoque. Il constitue sa raison d'être* »[227]. Le motif de fait déclenche le processus décisionnel et détermine la règle applicable qui régit les divers éléments de l'acte. Comme l'affirme R. Chapus, « ... *c'est du reste en fonction de ce que sont les faits qu'est déterminée la règle applicable* »[228].

Ce rôle prépondérant des faits est à l'origine de l'attitude réticente du juge vis-à-vis de l'énoncé des motifs de droit dans la motivation. Le TA a même considéré, dans un recours intenté contre un acte de révocation d'un agent public, que l'énonciation de la législation

---

[224] TA, 1ère instance, *Khlil* c/ Municipalité de Sfax, 28 novembre 2008, Aff. n° 14063, *inédit*.

[225] *Cf. infra*, dans ce Chapitre : Section 2, Paragraphe 1, A.

[226] G. ISAAC, *La procédure administrative non contentieuse*, LGDJ, 1968, p. 544.

[227] R. BONNARD, *Précis de droit administratif*, Sirey, Paris, 1935, p. 33.

[228] R. CHAPUS, *Droit administratif général*, Tome 1, 15ème édition, Paris, 2001, p. 1047.

applicable au sein de la motivation est sans effet sur sa régularité[229]. Dans la conscience du juge, l'énoncé des motifs de fait l'emporte sur l'exposé des motifs de droit. L'attitude du juge est d'autant plus justifiée que l'énumération des faits accompagnée du dispositif lui permet de découvrir sans difficultés particulières la règle de droit applicable.

b. Les motifs de fait

Le motif de fait est un élément de l'acte administratif qui correspond à « *l'ensemble de données de fait qui sont à la base du processus décisionnel* »[230]. Toute décision administrative est fondée sur une situation de fait qui justifie son édiction, affirme le TA[231].

En l'absence d'un texte général imposant l'énumération des motifs de fait[232], le juge administratif a imposé une énonciation complète, précise et claire des faits sur la base desquels est fondé l'acte administratif[233] (b.1) ainsi que les circonstances dans lesquelles les faits ont été intervenus (b.2).

---

229 TA, 1ère instance, *Addel* c/ Ministre des finances, 18 février 2006, Aff. n° 11953, *inédit*.

230 S. KTISTAKI, *L'évolution du contrôle juridictionnel des motifs de l'acte administratif*, LGDJ, Paris, 1991, p. 3.

231 TA, *Khmiri* c/ Ministre du Transport, 23 novembre 1990, Aff. n°1473, *inédit*.

232 Certains textes donnent une certaine précision sur les raisons de fait qui doivent justifier l'acte administratif. L'article 7 de la loi n° 89-20 du 22 février 1989 règlementant l'exploitation des carrières, *JORT* n° 16 du 3 mars 1989, p. 339 dispose : « L'autorité administrative compétente, chargée d'accorder les autorisations de carrières, peut rejeter une demande d'autorisation d'exploitation, sous forme d'une décision motivée pour des raisons de sécurité, salubrité, hygiène, tranquillité publique, de protection de l'environnement, de préservation des zones soumises à réglementation spécifique ou pour inobservation de la législation en vigueur telle que le code des eaux, le code forestier, la législation relative à la protection des terres agricoles et le code de l'urbanisme ».

233 TA, REP, *Tlili* c/ Ministre des finances, 11 janvier 1995, Aff. n° 3239, *Rec*. p. 13 ; TA, Appel, Ministre de l'agriculture c/ *Dandana*, 8 mai 2004, Aff. n° 23844, *inédit* ; TA, 1ère instance, *Ksouri* c/ Municipalité de Tunis, 22 mars 2006, Aff. n° 12744, *inédit*.

b.1 : Une motivation précise

L'administration doit exposer les motifs de fait « *de manière claire et précise et non par des formules de style, par des formules passe-partout, par des phrases sans signification précise* »[234]. Or, comme en droit français[235] et en droit communautaire, cette exigence ne signifie pas, que l'auteur de l'acte soit tenu de développer les motifs de fait d'une manière détaillée. Une brève énumération des faits suffit à motiver l'acte administratif. « *Pour motiver un acte, il suffit d'expliciter, de façon même succincte, mais claire et pertinente, les principaux points de droit et de fait lui servant de support, nécessaires pour rendre compréhensible le raisonnement qui a déterminé la Commission* », indique la Cour de Luxemburg[236].

Dans un arrêt rendu par le TA, le requérant a soutenu que les reproches cités au sein de la motivation de la sanction disciplinaire sont dépourvus de développement et de clarification nécessaires. Le juge considère que «*... la motivation consiste à indiquer les motifs qui fondent l'acte disciplinaire de sorte que l'intéressé puisse connaître les fautes qui lui sont reprochées pour pouvoir préparer ses moyens de défense sans que l'administration soit tenue de développer ou de clarifier les fautes incriminées*»[237]. L'abandon du service[238], la simulation de maladie et la pluralité d'antécédents disciplinaires[239] peuvent constituer des motivations suffisantes de l'acte disciplinaire même si l'administration n'a pas développé les fautes reprochées.

Le TA impose une motivation sérieuse et sanctionne la motivation ambiguë ou incomplète présentée par des formules de style banal,

---

234 G. JÈZE, « Essai d'une théorie général sur l'influence des motifs déterminants sur la validité des actes administratifs unilatéraux », *RDP*, 1922, p. 377.

235 *Cf.* : A. CALOGEROPOULOS, *Le contrôle de la légalité externe des actes administratifs unilatéraux*, LGDJ, Paris, 1983, p.p. 283 et 284.

236 CJCE, 4 juillet 1963, *RFA c/ Commission*, 24-62, *Rec*. p. 131. *Cf.* J. SCHWARZE, *Droit administratif européen*, Volume 2, Bruylant, 1994, p. 1480 et s.

237 C'est notre traduction. TA, 1ère instance, *Euch* c/ Ministre de l'éducation, 31 mai 2005, Aff. n° 12798, *inédit*.

238 TA, 1ère instance, *Chib* c/ Ministre de l'éducation, 28 mai 1998, Aff. n° 13819, *inédit*.

239 TA, 1ère instance, *Gharbi* c/ Ministre de l'intérieur, 23 décembre 1999, Aff. n° 15900, *inédit*.

laconiques, vagues ou stéréotypées. Au sujet de la motivation des jugements, la Cour de Cassation, comme le TA statuant en matière de cassation[240], juge que « *la motivation doit être sérieuse ; il ne suffit pas de présenter des motifs équivoques, ambigus ou sommaires* »[241].

Nombreux sont les arrêts dans lesquels le TA sanctionne la motivation des mesure disciplinaires présentée sous forme de formules ambiguës telles que « *pour faute disciplinaire* », « *pour faute grave de service* », « *pour manquement aux obligations professionnelles* », « *pour mauvais comportement* »[242].... Ce sont des motivations stéréotypées qui consistent « *à recourir à des formules standards pour régler des cas voisins* »[243]. Ce genre de formules abstraites et ambiguës ne peut tenir compte de motivation régulière car il ne permet pas d'identifier les faits reprochés à l'agent[244]. L'administration se contente de présenter une qualification juridique sans dévoiler les faits à partir desquels elle a tiré cette qualification[245].

Ont été jugées suffisantes, les motivations présentées comme suit : « *pour émission de chèques sans provision et son refus de remettre les chèques qui sont encore à sa disposition ainsi que son excès de bénéficier des congés de maladie sans raison légitime* »[246], « *pour falsification d'un certificat... afin de faire bénéficier un citoyen d'une*

---

[240] TA, Cass. *Barmi* c/ DGCF, 14 juillet 2001, Aff. n° 32140, *inédit*.
[241] C'est notre traduction. Cass., civile, *Héritiers Chibani* c/ Héritiers Tlik, 13 février 1995, Aff. n° 34328, *Rec*. p. 67.
[242] C'est notre traduction.
[243] S. SUR, « Sur l'obligation de motiver formellement les actes administratifs », *AJDA*, 1974, p. 353. *Cf.* également H. PAULIAT, « La motivation des actes administratifs unilatéraux », *La motivation*, Actes de colloque, LGDJ, 2000, p. 60.
[244] TA, REP, *Tlili* c/ Ministre des finances, 11 janvier 1995, Aff. n° 3239, *Rec*. p. 13 ; TA, 1ère instance, *Ben Hamadi* c/ Ministre de l'agriculture, 14 février 1998, Aff. n° 14954, *Rec*. p. 255 ; TA, 1re instance, *Aded* c/ Ministre de l'éducation, 8 juillet 2003, Aff. n° 17502, *inédit* ;
[245] TA, REP, *Kouiaa* c/ Ministre de la justice, 27 février 1996, Aff. n° 4437, *inédit* ; TA, REP, *Misaoui* c/ Ministre de la défense nationale, 25 juin 1996, Aff. n° 4379, *Rec*. p. 260 ; TA, REP, *Zitouni* c/ Ministre du transport, 23 mai 1997, Aff. n° 14353, *inédit* ; TA, Appel, *Hamami* c/ Ministre de l'agriculture, 26 juin 2004, Aff. n° 23867, *inédit*.
[246] C'est notre traduction. TA, Appel, *Jobran* c/ Banque centrale de Tunisie, 11 juillet 2002, Aff. n° 23604, *inédit*.

incitation fiscale illégale »[247], « *pour ... avoir agressé ses collègues et les menacer d'homicide en utilisant un couteau* »[248], « *pour avoir participé à un crime de viol* »[249], « *pour avoir détruit les tables* »[250] ou enfin, « *pour avoir propagé des images obscènes portant atteinte à la dignité de l'école* »[251].

En matière d'urbanisme, la motivation d'une mesure de démolition[252] par « *la non-obtention de l'intéressé d'un permis de bâtir, comme acte de violation de l'ordre public urbain, constitue une motivation suffisante permettant à l'intéressé de bien connaître ses droits pour qu'il puisse contester l'acte ou régulariser sa situation* »[253]. De même, la fermeture d'une porte pour « *non-respect des exigences du permis de bâtir* »[254] et la démolition d'un immeuble « *pour violation par l'intéressé du permis de bâtir en dépassant la*

---

[247] C'est notre traduction. TA, 1ère instance, *Hrik* c/ Ministre des finances, 14 juillet 2005, Aff. n° 13483, *inédit.*

[248] C'est notre traduction. TA, Appel, *Hattab* c/ Ministre de l'éducation, 25 décembre 2003, Aff. n° 23824, *inédit*. Dans cet arrêt, le juge d'appel a confirmé la position du juge de première instance : TA, 1ère instance, *Hattab* c/ Ministre de l'éducation, 10 juillet 2001, Aff. n° 17979, *inédit.*

[249] C'est notre traduction. TA, *Safi* c/ Ministre de l'intérieur, 27 mai 2008, Aff. n° 15715, *inédit*

[250] C'est notre traduction. TA, 1ère instance, *Ben Slama* c/ Ministre de l'éducation, 24 octobre 2007, Aff. n° 16478, *inédit*

[251] C'est notre traduction. TA, *Mohamed* c/ Ministre de l'enseignement supérieur et Recteur de l'Université de 7 novembre Carthage, 29 juin 2007, Aff. n° 15301, *inédit.*

[252] Le juge examine les conditions de régularité de la motivation alors que l'acte de démolition n'est pas soumis à l'obligation de motivation. TA, 1ère instance, *Dhamer* c/ Gouverneur de Ben Arous, 27 octobre 2011, Aff. n° 121756, *inédit.*

Lorsque l'administration, alors même qu'elle n'est pas tenue de motiver, a spontanément exprimé les motifs, la motivation facultative tombe sous le contrôle du juge au titre de la régularité externe. *Cf. infra*, dans cette Partie, Chapitre II, Section 2, Paragraphe 1, C.

[253] C'est notre traduction. TA, 1ère instance, *Ben Soumaya* c/ Municipalités de Arianna et Raouad, 26 avril 2005, Aff. n° 12060, *inédit. Cf.* en ce sens : TA, 1ère instance, *Nouir* c/ Municipalité de M'saken, 25 décembre 2007, Aff. n° 16002, *inédit.*

[254] C'est notre traduction. TA, 1ère instance, *Khlil* c/ Municipalité de Sfax, 28 novembre 2008, Aff. n° 14063, *inédit.*

distance légale »[255] comportent un énoncé précis et complet des motifs de fait.

b.2 : Une motivation circonstanciée

La motivation doit être non seulement précise, mais aussi circonstanciée. Si la motivation précise est celle qui comporte un énoncé complet et clair des faits, la motivation circonstanciée, adéquate ou pertinente est celle qui indique les raisons propres et liées à chaque cas particulier. La motivation circonstanciée implique notamment l'énoncé des circonstances de temps et de lieux à l'occasion desquelles les faits ont été intervenus. Le TA impose à l'autorité disciplinaire l'obligation d'exposer les faits[256] et les circonstances dans lesquelles ils ont été commis[257]. La motivation implique non seulement la révélation des motifs mais aussi les circonstances qui entourent la prise de l'acte, souligne le TA[258]. Par ailleurs, au sujet de la motivation du rapport d'introduction de l'agent devant le Conseil de discipline, l'article 51 du Statut général de la fonction publique prévoit expressément que ledit rapport « ... *indique clairement les faits reprochés au fonctionnaire et, s'il y a lieu, les circonstances dans lesquelles ils ont été commis* ».

Comme l'exigence d'une motivation précise, la motivation circonstanciée empêche le phénomène de la motivation standard. La motivation stéréotypée est à la fois imprécise et non circonstanciée. L'expression « *pour manquement aux obligations professionnelles* » par exemple n'est ni précise, ni circonstanciée. Imprécise, du fait que l'auteur de l'acte se contente de présenter la définition générale de la faute disciplinaire[259], sans pour autant déterminer les faits constitutifs

---

[255] C'est notre traduction. TA, 1ère instance, *Khalfallah* c/ Municipalité d'Akouda, 7 mai 2008, Aff. n° 14884, *inédit*.

[256] TA, REP, *Anizi* c/ Ministre des finances, 22 juin 1994, Aff. n° 3343, *Rec*. p. 101.

[257] TA, 1ère instance, *Berraiess* c/ Ministre de l'intérieur, 18 octobre 2003, Aff. n° 10858, *inédit* ;TA, 1ère instance, *Khlil* c/ Municipalité de Carthage, 8 octobre 2002, Aff. n° 18591, *inédit*.

[258] TA, Appel, Ministre de l'intérieur c/ *Marzouki*, 29 mars 2006, Aff. n° 25030, *inédit*.

[259] J.-L. DE CORAIL, « La distinction entre mesure disciplinaire et mesure hiérarchique dans le droit de la fonction publique », *AJDA*. 1967, p. 3 ; TA, *Ben Hlima* c/ Ministre de la Culture, 26 mars 2004, Aff. n° 10242, *inédit*.

de la faute imputée à l'agent[260]. Non circonstanciée, dans la mesure où l'administration n'a pas révélé les circonstances dans lesquelles la faute a été commise. De même, la formule « *pour faute disciplinaire* » est inutile. Elle vaut pour toute mesure disciplinaire car tout acte disciplinaire est par définition justifié par une faute disciplinaire. Susceptible d'être applicable à toute décision de même nature, sans traduire les considérations propres à l'espèce elle-même, la motivation stéréotypée se rattache facilement à une omission pure et simple de l'obligation de motiver[261]. L'énoncé des faits ne doit jamais être identique à toute décision analogue. Une motivation suffisante implique nécessairement un contenu variable en fonction des circonstances propres à chaque décision.

La motivation met également à la charge de l'administration l'obligation de traduire dans le texte de l'acte un raisonnement juridique sous forme d'une articulation logique entre les faits, la règle de droit et le dispositif.

2. La nécessité d'un raisonnement juridique

« *La motivation ne serait pas une obligation de pure forme, puisqu'ainsi un raisonnement devrait être effectué d'une manière complète et cohérente, substitué peut être à une intuition d'ensemble* »[262].

Il importe, en premier lieu, de distinguer deux opérations différentes : la préparation intellectuelle de l'acte et la présentation formelle du raisonnement (a) pour identifier, par la suite, le processus de la présentation du raisonnement (b).

---

260 TA, REP, *Ben Youssef* c/ Ministre du transport, 31 janvier 1996, Aff. n° 3628, *Rec*. p. 37.

261 TA, REP, *Atrach* c/ Ministre de la santé publique, 18 juin 1997, Aff. n° 14393, *Rec*. p. 291.

262 S. SUR, « Sur l'obligation de motiver formellement les actes administratifs », *AJDA* 1974, p.353.

a. Distinction entre préparation intellectuelle de l'acte et présentation formelle du raisonnement

Le raisonnement juridique s'effectue en deux phases successives et distinctes. **La première phase est strictement mentale**[263]. Il s'agit de la préparation intellectuelle de l'acte administratif. C'est le déroulement du processus décisionnel dans la vie mentale de l'administrateur. À ce niveau, les différents éléments de l'acte administratif sont représentés dans l'esprit de l'administrateur dans un enchaînement logique de cause à effet. L'enchainement intellectuel est le suivant : D'abord, l'intelligence perçoit les motifs. Ensuite, les motifs se transforment en des forces psychologiques d'impulsion qui provoquent dans l'esprit de l'auteur de l'acte l'idée de prendre un acte déterminé. Enfin, la volonté de l'auteur va projeter dans l'avenir un but à réaliser.

La deuxième phase du raisonnement juridique **est de nature formelle**. Il s'agit de formuler par écrit les données intellectuelles du raisonnement juridique dans le texte de l'acte. On distingue alors entre la méthode de la pensée et la méthode de l'exposition de la pensée, entre la conception de l'acte et la rédaction de l'acte. En matière des jugements, une doctrine distingue entre le raisonnement syllogistique et le syllogisme de construction. Le raisonnement syllogistique peut guider le juge dans la préparation mentale du jugement alors que le syllogisme d'exposition est la méthode utilisée lors de la rédaction de la décision pour satisfaire aux fonctions d'explication et de conviction des jugements[264]. La description que nous en fournit T. Sauvel concernant la motivation des jugements traduit parfaitement l'idée du

---

[263] *Cf.* notamment : L. DUGUIT, *Traité de droit constitutionnel*, Tome I, ALF et Cie, Paris, 1927, p. 307 et s. ; G. VEDEL et P. DELVOVÉ, *Droit administratif*, Tome II, PUF, Paris, 11ème édition, 1990, p. 324 ; R. BONNARD, Note sous CE, 11 janvier 1939, Gras, et 25 juin 1937, de la Renardière, RDP 1938, p.189 et D. ROUSSEAU, *Le contrôle de l'opportunité de l'action administrative*, thèse 1979, p. 390 et s.

[264] Y. GAUDEMET, *Les méthodes du juge administratif*, Paris, LGDJ, 1972, p. 89. Tout comme en matière des jugements, la rédaction de l'acte administratif ne traduit pas fidèlement la démarche de pensée de l'auteur de l'acte. Si au niveau de la préparation mentale de la décision le dispositif précède le choix de la base juridique, au niveau de la méthode d'exposition de l'acte, la base juridique précède le dispositif.

passage de la réflexion à la rédaction dans le mécanisme décisionnel. Il écrit : « *Les motifs bien rédigés doivent nous faire connaître avec fidélité toutes les opérations de l'esprit qui ont conduit le juge au dispositif adopté par lui* »[265].

Sur la base de cette distinction entre la préparation intellectuelle de l'acte et la présentation formelle du raisonnement, on se trouve obligé de situer la question de la motivation à deux niveaux distincts. Au niveau du processus intellectuel du raisonnement, la motivation incite l'administration à se conformer aux exigences de légalité. Instrument de réflexion, la motivation réduit considérablement les risques d'arbitraire. Cette question fait partie de l'étude des **fonctions de la motivation** en tant que moyen de rationalisation du pouvoir[266].

Au niveau de la présentation du raisonnement sur l'acte *instrumentum*, la motivation impose à l'administration l'obligation de formuler par écrit une articulation juridique entre les motifs de fait, la règle de droit et le dispositif. Cette question relève des **conditions de régularité** de la motivation. Selon les expressions d'Eisenmann, il s'agit « *d'un rapport logique de prémisses à conclusion, de principe à conséquence. On est dans le domaine du raisonnement, de l'explication ou justification rationnelle* »[267]. Le Tribunal de travail de Bruxelles juge que « ... *La motivation ne peut en effet se réduire à de simples formules vagues, tautologiques et stéréotypées. Elle doit être suffisante et doit préciser comment et pourquoi les règles juridiques conduisent à partir des faits mentionnés à prendre cette décision* »[268].

La motivation régulière est celle qui traduit une démarche intellectuelle convaincante. Comme le précise la Cour de cassation en matière de motivation des jugements, la motivation « *doit englober les divers éléments de droit et de fait issus de l'affaire et être fondée sur des motifs convenables qui apportent la conviction sur la validité de*

---

[265] T. SAUVEL, « Histoire de jugement motivé », *RDP*, 1955, p. 6.
[266] *Cf. infra*, dans cette Partie : Chapitre II, Section 1, Paragraphe 1, A.
[267] Ch. EISENMANN, *Cours de droit administratif*, Tome II, LGDJ, Paris, 1983, p.162.
[268] Tribunal de travaille de Bruxelles, 10 avril 2006, Chronique, DS, 2006, p. 488, cité par la Cour du Travail de Bruxelles, 7 décembre 2009, RG, n°5 0531, [www.terralaboris.be/spip/IMG/pdf_CTB_2009_12_7_AB_50531.pdf].

la démarche poursuivie par le tribunal »[269]. Une motivation suffisante permet de comprendre l'articulation du droit et du fait et de savoir, pourquoi en fonction des circonstances, la décision a été prise[270].

b. Le processus de la présentation du raisonnement

La régularité du contenu de la motivation est tributaire d'un raisonnement juridique présenté sous forme de deux rapports enchaînés. Le premier rapport s'effectue entre le droit et les faits et qui conduit à une qualification juridique des faits (b.1). Le deuxième rapport est un rapport entre les motifs, le dispositif et le but poursuivi. Il s'agit de tirer les conséquences juridiques appropriées (b.2).

b.1 : La qualification juridique des faits

La qualification juridique des faits est l'opération intellectuelle qui consiste à faire intégrer les faits dans une catégorie juridique pour déduire le régime juridique qui lui est applicable[271]. La qualification est « *un exercice de traduction* » permettant de traduire les faits en langage juridique[272]. « *Établi le fait, connu le droit, il s'agit d'aller de l'un à l'autre, du concret à l'abstrait, pour l'application du général en particulier. Cette opération de reconnaissance est la plus*

---

[269] C'est notre traduction. Cass. Civile, *Société Soriale* c/ Salah, 17 mars 2008, Aff. n° 15836, *Rec*. p. 128.

[270] Cour du travail de Liège, 19 décembre 2000, RG n° 6519/99 in [www.cass.be], cité par la Cour du Travail de Bruxelles, 7 décembre 2009, RG n° 50531, [www.terralaboris.be/spip/IMG/pdf_CTB_2009_12_7_AB_50531.pdf]

[271] Sur les problèmes relatifs à la qualification juridique des faits, *Cf.* notamment : M. WALINE, « Empirisme et conceptualisme dans la méthode juridique : faut-il tuer les catégories juridiques ? », *Mélanges J. Dabin*, Sirey, Paris, 1963, Tome 1, p.p.363 et 371 ; L. BORE, « La cassation en matière civile », *Dalloz*, 2003, n°65.04 ; P. HUBERT, « L'étendue du contrôle de cassation : faut-il séparer "appréciation souveraine" et "qualification juridique" ? », *RFDA*, 1999, p.114 et H. TOURARD, « Quelques observations sur le Conseil d'État juge de cassation », *RDP*, 2000, p. 498 ; G. CORNU, *Linguistique juridique*, Montchrestien, Paris, 2ème édition, Paris, 2ème édition, Montchrestien, 2000. p. 350 et J.-L. BERGEL, *Méthodologie juridique*, Puf, Paris, 1ère édition, p. 103 ; M., DEGUERGUE, « Une controverse doctrinale latente relative au contrôle des motifs de fait », *Mélanges en l'honneur de Jean-François LACHAUME*, Dalloz, 2007, pp. 377-397.

[272] J.-L. BERGEL, *Méthodologie juridique*, Puf, Paris, 1ère édition, 2001 p.p. 103 et 104.

savante »[273]. Dans une décision disciplinaire, l'auteur de l'acte est appelé à rattacher les faits imputés à l'agent à la catégorie de faute disciplinaire. Cet exercice consiste à chercher si les faits constituent des manquements aux obligations professionnelles susceptibles de justifier la sanction disciplinaire. En matière de police administrative, l'administration cherche si les faits sont constitutifs d'un trouble ou menace de trouble à l'ordre public qui nécessite une mesure restrictive de libertés. Dans certains cas, les textes énumèrent les qualifications juridiques susceptibles de justifier l'acte. L'administration est dans l'obligation de tirer à partir des faits l'une des qualifications définies par le texte imposant la motivation[274].

L'obligation de motiver exige de transposer dans le texte de l'acte le rapport de droit entre les faits qui justifient l'acte et les textes qui établissent la compétence[275]. C'est le raisonnement par lequel l'auteur de l'acte conclut que telles circonstances particulières justifient bien l'application d'un texte juridique déterminé. Selon la formule de Gasier, l'acte est bien motivé dès lors qu'il repose sur « *une conjonction régulière des règles générales qui définissent les pouvoirs de l'administration et la situation de fait à laquelle ses pouvoirs s'appliquent* »[276].

---

[273] G. CORNU, *Linguistique juridique*, Montchrestien, Paris, 2ème édition 2000, p. 350.

[274] On peut citer deux exemples. L'article 25 de la loi n° 59-154 du 7 novembre 1959, relative aux associations, *JORT* n° 63 du 22 décembre 1959, p. 1534 dispose : « Sera dissoute, par arrêté motivé du secrétaire d'État à l'intérieur, toute association dont le but réel, l'activité ou les agissements se seraient révélés contraires à l'ordre public et aux bonnes mœurs ». L'article 7 de la loi n° 89- 20 du 22 février 1989, réglementant l'exploitation des carrières, *JORT* n° 16 du 3 mars 1989, p. 340 prévoit que « L'autorité administrative compétente, chargée d'accorder les autorisations de carrière, peut rejeter une demande d'autorisation d'exploitation, sous forme d'une décision motivée pour des raisons de sécurité, salubrité, hygiène, tranquillité publique, de protection de l'environnement, de préservation des zones soumises à réglementation spécifique ou pour inobservation de la législation en vigueur telle que le code forestier, la législation relative à la protection des terres agricoles et le code de l'urbanisme ».

[275] S. SUR, « Sur l'obligation de motiver formellement les actes administratifs », *AJDA*, 1974, p. 350.

[276] F. GAZIER, « Essai d'une présentation nouvelle des ouvertures du recours pour excès de pouvoir », *EDCE*, 1951, p. 77.

Il faut donc énumérer les faits et les rattacher à une catégorie juridique. Se contenter de présenter une qualification juridique déterminée sans présenter les faits constitutifs de cette qualification entache l'acte administratif d'une insuffisance de motivation[277]. De même, l'énumération des faits non suivie d'une qualification juridique est de nature à mettre en échec la continuité du raisonnement juridique[278]. Certains textes exigent expressément une motivation établissant le rapport entre les faits et la règle de droit[279].

b.2 : Tirer les conséquences juridiques appropriées

Après avoir procédé à la qualification juridique des faits, il faut tirer les conséquences juridiques appropriées. C'est le passage des motifs vers l'objet de l'acte pour aboutir au but.

- *La cohérence entre motifs et dispositif*

Le dispositif de l'acte traduit son objet. L'objet de l'acte est constitué par un ensemble de droits conférés et d'obligations imposées par l'effet de l'édiction de l'acte[280]. C'est « *l'effet juridique ou matériel produit par l'acte* »[281]. Entre motifs et dispositif, le rapport doit être cohérent. En effet, la motivation doit retracer le cheminement intellectuel qui a conduit l'administrateur au dispositif. La motivation doit « *garantir non seulement la connaissance des motifs par l'intéressé mais encore la cohérence logique entre les motifs et la*

---

[277] TA, 1ère instance, *Abidi* c/ Ministre de la défense nationale, 2 mars 2007, Aff. n° 13679, *inédit*.

[278] La jurisprudence exige essentiellement l'énumération des faits sans donner une grande importance à la règle de droit et à la qualification juridique.

[279] Article 25 du décret-loi n°72-3 du 11 octobre 1972, fixant le régime des pensions militaires d'invalidité, *JORT* n°41 du 6-10-13 octobre 1972, p. 1398 : « Toute décision portant concession, renouvellement, conversion ou suppression de pension doit être motivée et faire ressortir les faits et documents ou les raisons d'ordre médical établissant que l'infinité provient de l'une des causes indiquées à l'article 2 du présent décret-loi... ».

[280] M. DUBISSON, *La distinction entre la légalité et l'opportunité dans la théorie du recours pour excès de pouvoir*, Paris, LGDJ, 1957, p. 82.

[281] R. BONNARD, Note sous CE 11 janvier 1935, *Gras*, 25 juin 1937, *de la Renardière*, *RDP*, 1938, p. 139.

décision »[282]. La cohérence de l'argumentation juridique est « *la preuve d'une réflexion attentive et exclusive de tout arbitraire* »[283].

L'enchainement faits, qualification et dispositif est particulièrement mis en relief en matière de motivation des décisions de justice. Tout comme la Cour de Cassation[284], le TA juge de cassation a constamment affirmé que « *la motivation implique l'énonciation des considérations de fait et de droit qui fondent le jugement ou l'arrêt et qui ont étayé la conviction du juge. La motivation dépasse la simple mention des demandes et des éléments de preuves des parties. Il faut les apprécier et les discuter pour en déduire les conséquences juridiques et les règles applicables afin que chaque partie en cause puisse connaître ses droits et ses obligations* »[285].

Contrairement aux actes administratifs, la motivation des jugements est sanctionnée « *avec un soin particulier, puisque la procédure selon laquelle a été prise la décision incriminée est, par hypothèse, juridictionnalisée* »[286]. La rigueur des exigences de motivation des jugements est de nature « *à assurer au travail juridictionnel sa valeur et sa qualité* »[287]. Par une motivation sérieuse et détaillée, le juge donne l'exemple à une administration qui résiste encore au respect de l'exigence de motiver sérieusement les actes administratifs.

Néanmoins, en matière de décisions administratives, le juge n'exige pas expressément une cohérence entre les motifs et le dispositif. Les arrêts dans lesquels le TA contrôle l'articulation

---

[282] G. ISAAC, *La procédure administrative non contentieuse*, LGDJ, 1968, p. 548.
[283] S. GJIDARA, « La motivation des décisions de justice : impératifs anciens et exigences modernes », *LPA*, 2004, n° 17, p. 8
[284] C Cass., *STAR* c/ Nasr Eddine, 3 février 2005, Aff. n° 5075, *Rec*. p. 143.
[285] C'est notre traduction. TA, Cass., *Héritiers Tria* c/ DGCF, 9 mai 2005, Aff. n°36248, *inédit*.
Cf. notamment : TA, Cass., 3 mai 2004, Aff. n°34516, *Rec*. p. 186.
Le juge de cassation contrôle la cohérence logique entre les motifs et le dispositif. TA, Cass., *Kasmi* c/ DGCF, 3 janvier 2005, Aff. n° 34857 et 34863, *inédit*.
[286] LIET-VEAUX, Notes au *S*. 47.349
[287] R. ODENT, *Contentieux administratif*, *op. cit.*, p. 2016.

juridique entre les motifs exposés et le dispositif choisi sont particulièrement rares[288].

- ***L'énoncé du but poursuivi***

Une motivation solide et convaincante doit finir par l'énoncé du but poursuivi par l'administration. La mention du but est d'une importance notable « *puisque dans le droit c'est le but qui est essentiel, très au-dessus des problèmes de compétence et de forme, au-dessus même de la considération intrinsèque de l'objet de l'acte, lequel ne prend de sens et de valeur que par proportion au but et aux circonstances* »[289].

Mettre en évidence le but d'intérêt général confère à l'acte administratif sa valeur et sa légitimité. En effet, à la différence des particuliers qui sont animés par des intérêts privés, « *les personnes publiques sont mues par un objectif plus noble, l'intérêt général, dont la satisfaction constitue leur raison d'être et justifie leurs pouvoirs, en même temps qu'elle révèle leur spécificité*»[290]. L'intérêt général constitue le « *but essentiel et primordial de toute l'activité administrative*»[291].

---

[288] TA, *Bannour* c/ Ministre de la justice, 14 mars 2006, Aff. n° 13134, *inédit*.

:

En matière de motivation des jugements, la contradiction entre la motivation est le dispositif est constitutive d'une insuffisance de motivation : C Cass, pénal, 10 octobre 1994, Aff. n° 57515, *Rec*. p. 117.

[289] R. E. CHARLIER, « La technique de notre droit est-il appropriée à sa fonction ? », *EDCE*, 1951, p. 41. L'auteur souligne que « par indication des motifs, il faut entendre et exiger, car les uns non pas de sens sans les autres, aussi bien l'énoncé des buts poursuivis que la description des données de fait et le visa des règles du droit existant sur lesquels se fonde l'auteur de l'acte ».

[290] C. TEITGEN-COLLY, *La légalité de l'intérêt financier dans l'action administrative*, Economica, Paris, 1981, p.3. *Cf.* dans ce sens : J.-L. AUTIN et C. RIBOT, *Droit administratif général*, Paris, litec, 1999, p.120 ; ODENT (R.), *Contentieux administratif*, *op. cit.* p. 2018 ; LEONARD, Conclusions sur C.E. Ass., 9 juillet 1943, Tabouret et Laroche, *GP* 1943 II. p. 65 et M. WALINE, *Le contrôle juridictionnel de l'administration*, Le Caire, imp. Université Fouad 1er 1959, p. 167.

[291] H. WELTER, *Le contrôle juridictionnel de la moralité administrative*, Thèse, Nancy, 1929, p. 144.

Et pourtant, le juge n'a jamais exigé l'énoncé du but au sein du texte de l'acte. Le TA fait preuve de tolérance, parfois excessive, vis-à-vis des conditions de régularité relative au contenu de la motivation. La tendance juridictionnelle de prosaïser l'exigence de motivation risque fort d'encourager l'administration dans son attitude actuelle qui consiste à recourir d'une manière excessive à des motivations stéréotypées.

B. La motivation stéréotypée dans la pratique administrative : le cas des décrets de dissolution des Conseils communaux

Les décrets portant dissolution des Conseils municipaux[292] est l'exemple qui caractérise le mieux un appareil administratif hostile à l'égard de l'obligation légale de motivation.

Comme le Conseil régional[293], « *le Conseil municipal ne peut être dissout que par décret motivé* »[294]. Pour ne pas paralyser l'administration de la commune, une délégation spéciale est nommée

---

[292] Aujourd'hui, c'est le Chef du Gouvernement qui prend les décrets de dissolution des Conseils communaux. En effet, l'ensemble des compétences attribuées par la loi organique des communes au profit du Chef de l'État relèvent aujourd'hui de la compétence du Chef du Gouvernement. Ce dernier bénéficie d'une compétence de principe pour édicter les décrets à caractère réglementaire et individuel et ce, en vertu d'une **clause générale de compétence** prévue par l'article 94 de la Constitution du 27 janvier 2014 qui dispose que « Le Chef du Gouvernement exerce le pouvoir réglementaire général ; il prend des décrets à caractère individuel qu'il signe après délibération en Conseil des ministres ». Quant aux prérogatives reconnues au Chef de l'État, elles sont limitativement énumérées par la Constitution et constituent dès lors des compétences d'exception ou d'attribution.

[293] L'article 9 de la loi n° 89-11 du 4 février 1989 relative aux Conseils régionaux, *JORT* n° 10 du 10 février 1989, p. 218 dispose : « Le Conseil régional ne peut être dissout que par décret motivé ».

[294] Article 12, alinéa 1er de la loi n° 75-33 du 14 mai 1975, portant promulgation de la loi organique des communes ; *JORT* n° 34 du 20 mai 1975, p. 1056. Cette loi a abrogé le décret du 14 mars 1957, portant loi municipale, *JOT* n° 22 du 15 mars 1957, p. 296. L'article 25, alinéa 1er dudit décret dispose que « *Le Conseil Municipal ne peut être dissout que par décret motivé du Premier Ministre, Président du Conseil des Ministre et publié au Journal Officiel Tunisien* ». Une disposition analogue figure dans l'article 14, alinéa 1er du le décret du 20 décembre 1952, relatif à l'organisation et au fonctionnement des municipalités en Tunisie, *JOT* n° 103 du 23 décembre 1952, p. 1848.

par décret à la suite de la dissolution[295]. La loi constituante n°2011-6 du 16 décembre 2011 relative à l'organisation provisoire des pouvoirs publics[296] n'a pas imposé d'une façon explicite l'obligation de motivation des décrets de dissolution des communes. L'article 21 dispose que « *Le Président du Gouvernement, après consultation du Président de la République et du Président de l'Assemblée Nationale Constituante et des députés de la région au sein de l'Assemblée Nationale Constituante, peut dissoudre les Conseils ou les délégations existantes, nommer des délégations nouvelles ou proroger les délégations créées, et ce en cas de besoin* ».

De l'expression « *en cas de besoin* », le TA a tiré, dans deux affaires datant du 14 mai 2013 et du 11 septembre 2013, l'obligation pour le Chef du Gouvernement de formuler d'une manière précise les raisons de droit et de fait qui justifient la nécessité de la dissolution. Il a été jugé que «... *le pouvoir de dissolution... ne peut être exercé que... lorsqu'il est établi que la mesure prise est nécessaire pour surmonter les anomalies et le dysfonctionnement constatés dans le déroulement des affaires communales. Qu'il ressort des pièces versées au dossier que le Chef du Gouvernement a renouvelé la composition de la délégation spéciale... sans préciser les raisons de droit et de fait sur la base desquelles la décision a été prononcée...* »[297].

La consultation des décrets de dissolution des Conseils municipaux permet de relever que le respect de l'exigence légale de motivation par l'autorité compétente est accidentel (1). Souvent, l'administration se limite à exposer une motivation illégale (3) présentée sous la forme stéréotypée (2).

1. Le respect accidentel d'une motivation exhaustive

Dans certains cas, l'administration prend soin d'indiquer d'une manière plus ou moins précise les motifs sur la base desquels la

---

[295] Article 13 de la loi organique des communes.

[296] *JORT* (en arabe) n° 97 du 20 et 23 décembre 2011, p. 3111.

[297] TA, Référé à exécution, 11 septembre 2013, Aff. n° 415889, *inédit*.

- C'est notre traduction. TA, Référé à exécution, 14 mai 2013, Aff. n° 415696, *inédit*.

dissolution a été décidée[298]. Dans un décret portant dissolution du Conseil municipal de la commune de *Moularès*[299], la motivation est présentée en ces termes : « *Considérant le désaccord entre les Conseillers, l'incompétence, la carence et la mauvaise gestion des intérêts de la Commune par le Conseil municipal de Moularès ; la démission de quelques Conseillers ainsi que le mauvais comportement du Président du Conseil municipal, sa gestion contraire aux réglementations budgétaire et l'exploitation à son profit de l'ignorance des citoyens* ». La motivation précitée révèle l'existence des problèmes sérieux au sein du Conseil nécessitant sa dissolution.

Plus explicite est la motivation de la dissolution du Conseil de municipalité d'*Hamm-Lif* en date du 18 décembre 2006[300]. Après avoir visé le « *rapport sur la mauvaise situation de la ville d'Hammam-Lif résultant de la négligence du Conseil municipal dans l'accomplissement de ses fonctions* », le décret a déterminé en quoi consiste ladite négligence. « *Considérant qu'il a été relevé notamment ce qui suit : utilisation d'une manière illégale des biens de l'État ou de la municipalité par certains Conseillers municipaux, absence des mesures légales nécessaires pour la protection des biens immobiliers de la municipalité d'Hamm-Lif, dégradation de l'état de*

---

[298] On peut lire des motivations présentées comme suit : « Considérant que, par l'effet des vacances survenues, le Conseil municipal de Tozeur a perdu plus du tiers de ses membres et qu'à défaut d'élections complémentaires permettant de le reconstituer, il y a lieu de nommer une délégation spéciale pour remplir les fonctions ;…Article premier. – Le Conseil municipal de Tozeur est dissout ». (Décret du 15 mars 1956, portant dissolution du Conseil municipal de Tozeur et nomination d'une délégation spéciale, *JOT* n°23 du 20 mars 1956, p. 398). La même motivation figure également dans le décret du Premier Ministre, Président du Conseil du 28 janvier 1957, portant dissolution du Conseil municipal de Djerba et institution d'une délégation spéciale, *JOT* n°10 du 1er février 1957, p. 136 et le décret du Premier Ministre, Président du Conseil du 12 février 1957, portant dissolution du Conseil municipal de Souk-El-Arba et institution d'une délégation spéciale, *JOT* n°14 du 15 février 1957, p. 196.

[299] Décret n°74-844 du 4 septembre 1974, *JORT* n°56 du 6-10 septembre 1974, p. 1964.

[300] Décret n°2006-3297, *JORT* n° 103 du 26 décembre 2006, p. 4505.
Dans sa version arabe le décret emploi l'expression « *Considérant que* ... », mais elle est traduite par l'expression « *Vu*... ». L'expression « *Considérant que*... » peut signifier que l'auteur de l'acte déduit de sa propre initiative les faits justifiant la dissolution.

l'environnement de la ville d'Hammam-Lif ». La structure du décret de dissolution montre la cohérence de la démarche juridique poursuivie par son auteur. L'autorité de tutelle énumère les faits à partir desquels elle a déduit la qualification juridique (mauvaise situation de la ville et la négligence du Conseil) pour finir à prononcer la dissolution du Conseil. Cette démarche dénote que l'auteur de l'acte a non seulement consulté et adopté le rapport visé, mais aussi, il a procédé à un examen sérieux du dossier de l'affaire.

Une démarche analogue a été poursuivie dans un décret relatif à la dissolution du Conseil municipal de Zaghouan le 7 mai 2007[301]. La dissolution est motivée par « *la détérioration de la situation du Conseil municipal en raison de l'absence de son président et l'impossibilité de tenir ses cessions ordinaires, ce qui a influencé négativement sur l'action municipale* ». L'exposé des motifs de fait est relativement acceptable. L'administration a mentionné les faits qui ont aboutit à la détérioration de la situation au sein du Conseil.

2. Le recours fréquent à la motivation stéréotypée

On note d'abord que dans certains cas, l'administration commet une omission pure et simple de l'obligation légale de motivation[302] de sorte que le décret de dissolution ne mentionne aucune indication sur les motifs de dissolution. Par ailleurs, cette négligence totale de l'obligation de motiver a fait l'objet d'une pratique administrative presque constante en matière de motivation de dissolution des *associations*. Dans le cadre de l'application de la loi de 1959 relative aux associations, la quasi-totalité des arrêtés de dissolution des associations tels que publiés au journal officiel ne comportent aucune

---

[301] Décret n° 2007-1046 du 7 mai 2007, *JORT* n° 37 du 8 mai 2007, p. 1485.

[302] Décret du 26 juillet 1956, portant dissolution des Conseils municipaux des communes d'El-Ariana, du Bardo et de La Marsa, *JOT* n° 60 du 27 juillet 1956, p. 1042 ; Décret n° 80-1399 du 31 octobre 1980 portant dissolution du Conseil municipal de M'Dhilla et de désignation d'une délégation spéciale remplissant ses fonctions, *JORT* n° 65 du 7 novembre 1980, p. 2786 (Ce décret comporte au niveau de ses visas l'expression « *Vu l'exposé des motifs ci-joint* » sans aucune précision) et Décret n° 82-1459 du 19 novembre 1982, portant dissolution du Conseil municipal d'El Haouaria du Gouvernorat de Nabeul, *JORT* n° 75 du 26 novembre 1982, p. 2533.

indication sur les raisons qui justifient la dissolution[303]. C'est à titre accidentel qu'un arrêté conjoint du Premier Ministre et du Ministre de l'intérieur du 15 avril 1985, portant dissolution de l'association tunisienne des jeunes magistrats, contient une motivation exhaustive et articulée[304].

À l'instar en droit français[305], en droit tunisien, l'administration se contente, dans la quasi-totalité des décisions relatives à la dissolution des Conseils municipaux, de présenter une motivation de style passe-partout. Les termes employés sont analogues et même identiques, seul le nom de la commune varie d'un décret à un autre.

Sous l'égide de l'ancienne loi municipale de 1957 (a) et de l'actuelle loi organique des communes (b) et même après le 14 janvier 2011 (c), des motifs d'ordre général, sans significations précises, se répètent dans la majorité des décrets de dissolution.

---

[303] Les arrêtés ministériels comportent des formules brutes présentées comme suit : « Par arrêté du secrétaire d'État à l'intérieur (Ministre de l'intérieur) du (date de l'arrêté) : Est dissoute (Nom (s) de ou des association (s) ». *Cf.* à titre d'illustration : L'arrêté du Ministre de l'intérieur du 21 avril 1975 portant dissolution de l'association pour la protection de l'enfance, *JORT* n° 28 du 25 avril 1975, p. 819 ; Arrêté du secrétaire d'État à l'intérieur du 17 décembre 1960 portant dissolution de la société d'encouragement pour l'amélioration des races des chevaux tunisiens, *JORT* n° 58 du 20-23 décembre 1960, 1650 ; Arrêté du secrétaire d'État à l'intérieur du 15 octobre 1969 portant dissolution de l'association « Troupe Ennouhodh Bel Mesrah Ettounsi », *JORT* n° 49 du 21-25 octobre 1969, p. 1346.

[304] *JORT* n° 32 du 23 avril 1985, p. 605. L'autorité administrative a pris le soin d'énumérer les faits, les textes juridiques applicables pour arriver à déduire la qualification juridique des faits susceptible de justifier le dispositif. Le dispositif comporte la dissolution de l'association, l'interdiction des réunions et la fermeture de tous ses locaux.

[305] *Cf.* notamment : Ch. CHAUMONT, « Étude juridique sur la dissolution des Conseils municipaux par le pouvoir exécutif », *RDP*, 1939, pp.38-64 ; Y. MADIOT, « La dissolution des Conseils municipaux », *RDP*, 1974, pp. 373-410 ; F.-P. BÉNOIT, « Organisation du Conseil municipal », Rép. *Dalloz, Collectivités locales*, 1989, mise à jour de 1990, n° 30 à 89, p. 5 et s. ; M. EL YAAGOUBI, *La motivation des actes administratifs*, thèse, Université des Sciences Sociales de Grenoble, UER Droit 1981, p. 689 et s.

a. La motivation sous l'égide de l'ancienne loi municipale de 1957

À l'origine, et sous l'égide de l'ancienne loi municipale de 1957[306], l'autorité administrative emploie essentiellement deux formules. La première est la suivante : « *Considérant que le comportement des Conseillers municipaux de la commune de... (le nom de la commune) est de nature à nuire à la bonne marche de l'administration communale* »[307]. La motivation présentée est dépourvue de consistance car l'administration déduit l'entrave affectant la bonne marche de l'administration à partir du comportement des Conseillers sans déterminer la consistance de ce comportement.

L'administration emploie également un libellé emprunté au Conseil d'État français[308] : « *Considérant que les dissensions existant au sein du Conseil municipal de la commune de...(le nom de la commune) revêtant un degré d'acuité tel que la gestion administrative de la commune risque d'en être compromise* »[309]. Encore une fois, l'autorité

---

[306] Décret du 14 mars 1957, portant loi municipale, *JOT* n° 22 du 15 mars 1957, p. 296

[307] Décret n°57-114 du 20 novembre 1957, portant dissolution du Conseil municipal de la commune de Feriana, *JORT* n° 35 du 22 novembre 1957, p. 444 ; Décret n°62-69 du 29 janvier 1962, portant dissolution du Conseil municipal de Kalaat Senan, *JORT* n° 6 du 30 janvier 1962, p. 153 ; Décret n° 57-30 du 13 septembre 1957, portant dissolution du Conseil municipal de la commune de Hammam-Sousse, *JORT* n° 20 du 1er octobre 1957, p. 203 ; Décret n°62-40 du 29 janvier 1962, portant dissolution du Conseil municipal de la commune de Ksibet El Mediouni, *JORT* n° 6 du 30 janvier 1962, p. 154 et Décret n°65-174 du 5 avril 1965, portant dissolution du Conseil municipal de la commune de Sidi Bouzid, *JORT* n° 18 du 6 avril 1965, p. 376.

[308] CE, 16 janvier 1985, Jean-Christophe Bala, *AJDA*, 1985, p. 436, Note, B. MALIGNER. Le Conseil d'État juge qu'« il ressort des pièces versées au dossier qu'à la date à laquelle est intervenu le décret attaqué les dissensions existant ... revêtaient un degré d'acquitté tel que la gestion administrative de la commune était mise en péril... ».

[309] *Cf.* : Décret n° 57-33 du 30 septembre 1957, portant dissolution du Conseil municipal de la commune de Mégrine, *JORT* n° 20 du 1er octobre 1957, p. 204. Des formules analogues ont été utilisées dans le décret n° 59-394 du 22 octobre 1959, portant dissolution du Conseil municipal de la commune de la Goulette, *JORT* n° 54 du 23 octobre 1959, p. 1153 ; Décret n° 61-281 du 18 août 1961, portant dissolution du Conseil municipal de la commune de Kasserine, *JORT* n° 33 du 18-22 août 1961, p. 1089 et Décret n°81-1307 du 1er octobre 1981, portant dissolution du Conseil

administrative ne détermine pas en quoi consistent les dissensions susceptibles de compromettre la gestion de la commune. Dans les deux cas, l'administration déduit une qualification juridique (nuire à la bonne marche ou la gestion de l'administration) d'une situation de fait sans consistance précise (le comportement des Conseillers ou les dissensions au sein du Conseil).

b. La motivation sous l'égide de la loi organique des communes de 1975

Dans le cadre de la loi organique des communes de 1975, la motivation stéréotypée des décisions de dissolution revêt principalement deux formes analogues : « *Vu le rapport explicatif ci-joint prouvant la mauvaise situation dans laquelle se trouve le Conseil municipal de (le nom de la commune) et la défaillance dans la marche des affaires communales qui en a résulté ainsi que les conséquences négatives sur les intérêts des citoyens* »[310] ou « *Vu le rapport du (la*

---

municipal d'Ezzahra du gouvernorat de Tunis, *JORT* n° 63 du 16 octobre 1981, p. 2394.

[310] Trop de décrets de dissolution ont utilisé cette formule. *Cf.* à titre d'illustration : Décret n° 86-858 du 15 septembre 1986, portant dissolution du Conseil municipal de Ksour Essef du gouvernorat de Mehdia, *JORT* n° 52 du 23 septembre 1986, p. 1034 ; Décret n° 87-526 du 21 mars 1987, portant dissolution du Conseil municipal de Ksar Hellal du gouvernorat de Monastir, *JORT*, n° 24 du 3 mai 1987, p. 462 ; Décret n° 87- 1346 du 9 décembre 1987, relatif à la dissolution du Conseil municipal de Hammam-Lif du gouvernorat de Ben Arous, *JORT* n° 87 du 15 décembre 1987, p. 1531 ; Décret n° 92-1573 du 7 septembre 1992, relatif à la dissolution du Conseil municipal de Djedeida du gouvernorat de l'Ariana, *JORT* n° 59 du 8 septembre 1992, p. 1162 ; Décret n° 94- 1398 du 27 juin 1994 relatif à la dissolution du Conseil municipal de Nabeul du gouvernorat de Nabeul, JORT n° 51 du 1er juillet 1994, p. 1205 ; Décret n° 98- 2190 du 14 novembre 1998, relatif à la dissolution du Conseil municipal de Carthage du gouvernorat de Tunis, *JORT* n° 92 du 17 novembre 1998, p. 2254 ; Décret n°2002-265 du 14 février 2002, relatif à la dissolution du Conseil municipal de Séjnenne du gouvernorat de Bizerte, *JORT* n° 14 du 15 février 2002, p. 443 ; Décret n° 2003-1637 du 4 août 2003, relatif à la dissolution du Conseil municipal de Hammamet du gouvernorat de Nabeul, *JORT* n° 62 du 5 août 2003, p. 2423. Parfois, on trouve des formules analogues : « *Vu le rapport explicatif ci-joint établissant la dégradation de l'environnement dans la zone municipale et les manquements du Conseil communal dans l'exercice de ses attributions, ayant eu des répercussions négatives sur les intérêts des habitants de la municipalité* » (Décret n° 2007-1379 du 13 juin 2007, portant dissolution du Conseil

date du rapport), établissant l'évolution négative du Conseil communal de (le nom de la commune) de manière affectant la marche du travail municipal »[311]. Ce genre de formules laconiques ne permet pas d'identifier et de connaître les motifs réels qui sont à l'origine de l'acte de dissolution.

c. La motivation après le 14 janvier 2011

Eu égard à la modification de la conjoncture politique après le 14 janvier 2011, les pouvoirs politiques ont été amenés à la dissolution des Conseils municipaux et à la nomination de délégations spéciales.

La consultation des décrets de dissolution permet de constater que les décrets dans lesquels le Chef du Gouvernement présente une motivation relativement satisfaisante sont très rares[312]. Au contraire, on a pu déduire que l'exigence de motivation a connu un déclin manifeste. Un nombre important de décrets ne comporte **aucune**

---

communal de la commune de la Goulette du gouvernorat de Tunis, *JORT* n° 48 du 15 juin 2007, p. 2000).

[311] Décret n° 2008-2394 du 23 juin 2008, portant dissolution du Conseil communal de la commune de Ksour Essef du gouvernorat de Mahdia, *JORT* n° 52 du 27 juin 2008, p. 1944 ; Décret n° 2008-2573 du 10 juillet 2008, portant dissolution du Conseil communal de la commune de Gafsa du gouvernorat de Gafsa, *JORT* n° 58 du 18 juillet 2008, p. 2133 ; Décret n° 2008-2888 du 25 août, portant dissociation du Conseil municipal de la commune de Khlidia du gouvernorat de Ben Arous, *JORT* n° 69 du 26 août 2008, p. 2844. Le décret n° 2009- 3135 du 29 octobre 2009, portant dissolution du Conseil communal de la commune de Sidi Bou Said du gouvernorat de Tunis ajoute l'expression suivante : « *... en raison de difficultés d'adaptation du président du Conseil municipal à son environnement interne et externe* » (*JORT* n° 87 du 30 octobre 2009, p. 3284).

[312] Décret n° 2013-4333 du 14 octobre 2013 portant dissolution du Conseil municipal de Bir El Hafey du gouvernorat de Sidi Bouzid et désignation d'une délégation spéciale, *JORT* n° 84 du 22 octobre 2013, p. 3056 : « Vu le rapport du 19 août 2013, concernant l'absence de tous les membres du Conseil municipal et la non participation à ses activités ».
Décret n° 2013-4438 du 28 octobre 2013 portant dissolution d'un Conseil municipal du gouvernorat de Monastir et désignation d'une délégation spéciale (Ksar Helel), *JORT* n° 87 du 1er novembre 2013, p. 3100 : « Vu le rapport du 14 août 2013, concernant la détérioration de la situation générale et l'aggravation des dépassements et aussi l'indiscipline de certains membres du Conseil municipal et la non tenue des sessions du Conseil municipal qui a entraîné un vide au niveau des décisions municipales ».

motivation[313]. D'autres décrets contiennent une **motivation par référence pure et simple** au rapport du Ministre de l'intérieur « … *portant exposé de la situation actuelle des communes du territoire Tunisien* »[314].

Dans plusieurs décrets, les gouvernements ont resté fidèles à la tradition classique de la **motivation par référence stéréotypée** en apportant une simple modification des termes employés. L'administration utilise une motivation par référence accompagné d'une formule banale de style "*Copier Coller*" : « *Vu le rapport*

---

[313] *Cf.* à titre indicatif :

- Décret n° 2012-2891 du 27 novembre 2012, portant dissolution du Conseil municipal de Tejerouine du gouvernorat du Kef, *JORT* n° 95 du 30 novembre 2012, p. 3063 ;
- Décret n° 2012-2893 du 27 novembre 2012, portant dissolution du Conseil municipal d'El Ksour du gouvernorat du Kef, *JORT* n°95 du 30 novembre 2012, p. 3063 ;
- Décret n° 2012-2014 du 27 septembre 2012, portant dissolution du Conseil municipal d'Essouassi du gouvernorat de Mahdia, *JORT* n° 78 du 2 octobre 2012, p. 2343 ;
- Décret n° 2012-2016 du 27 septembre 2012, portant dissolution du Conseil municipal de Chorbane du gouvernorat de Mahdia *JORT* n° 78 du 2 octobre 2012, p. 2343 ;
- Décret n° 2012-2018 du 27 septembre 2012, portant dissolution du Conseil municipal de Karker du gouvernorat de Mahdia, *JORT* n° 78 du 2 octobre 2012, p. 2343 ;
- Décret n° 2012-767 du 10 juillet 2012, portant dissolution du Conseil municipal de Kalâat Snane du gouvernorat du Kef, *JORT* n°56 du 17 juillet 2012, p. 1662.

[314] Décret n° 2012-385 du 19 mai 2012, portant dissolution de certains Conseils municipaux du territoire Tunisien (Monastir : Chrahil et Sidi Bouzid : Mezzouna), *JORT* n° 40 du 22 mai 2012, p. 1197 ; Décret n° 2012-387 du 19 mai 2012, portant dissolution de certains Conseils municipaux du territoire Tunisien (Kairouan : Ain Jalloulaet Sbika. Zaghouan : Ennadhour), *JORT* n° 40 du 22 mai 2012, p. 1198 ; Décret n° 2011-1137 du 10 août 2011, portant dissolution de certains Conseils municipaux du territoire Tunisien, *JORT* n°61 du 16 aout 2011, p. 1548 ; Décret n° 2012-1091 du 6 août 2011, portant dissolution de certains Conseils municipaux du territoire Tunisien, *JORT* n°059 du 09 aout 2011, p. 1447 ; Décret n° 2011-830 du 30 juin 2011, portant dissolution de certains Conseils municipaux du territoire tunisien, *JORT* n° 49 du 5 juillet 2011, p.1132 ; Décret n° 2011-659 du 2 juin 2011, portant dissolution de certains Conseils municipaux du territoire Tunisien, *JORT* n° 41 du 16 juin 2011, p. 846 ; Décret n° 2011-383 du 8 avril 2011, portant dissolution de certains Conseils municipaux du territoire Tunisien, *JORT* n° 26 du 15 avril 2011, p. 468.

portant sur les difficultés qu'a connu le secteur municipal et qui ont provoqué le ralentissement de ses activités »[315].

3. L'illégalité de la motivation stéréotypée

La motivation des décrets de dissolution des Conseils communaux est entachée d'une double irrégularité. Présentée par référence à un rapport préétablie, la motivation déroge aux exigences de forme en vertu desquelles la motivation doit figurer dans le texte même de l'acte[316]. Par sa formule standard, la motivation répond mal aux exigences de fond impliquant une motivation exhaustive, précise et circonstanciée. Le décret de dissolution se présente comme un simple formulaire, sur lequel tout est imprimé, les visas, les motifs et le dispositif, sauf le nom de la commune et la date du rapport visé ont été laissés en blanc pour être remplis. Cette formule type fréquemment employée souffre de trois vices majeurs : l'absence d'une énumération des faits à la base de la qualification juridique (a), la violation par l'administration de l'obligation d'exercer réellement son pouvoir discrétionnaire (b) et la violation du principe de nécessité (c).

---

[315] *Cf.* à titre indicatif : Décret n° 2013-499 du 22 janvier 2013, portant dissolution du Conseil municipal de Dahmani du gouvernorat du Kef et désignation d'une délégation spéciale, *JORT* n° 9 du 29 janvier 2013, p. 448 ; Décret n° 2012-2943 du 27 novembre 2012, portant dissolution du Conseil municipal de Bouârada du gouvernorat de Siliana et désignation d'une délégation spéciale *JORT* n° 96 du 4 décembre 2012, p. 3080 ; Décret n° 2012-2885 du 27 novembre 2012, portant dissolution du Conseil municipal de Sidi Ameur Mesjed Aissa du gouvernorat de Monastir et désignation d'une délégation spéciale, *JORT* n° 95 du 30 novembre 2012, p. 3060 ; Décret n° 2012-2895 du 27 novembre 2012, portant dissolution du Conseil municipal de Kesra du gouvernorat de Siliana et désignation d'une délégation spéciale *JORT* n° 95 du 30 novembre 2012, p.3064 ; Décret n° 2012-2895 du 27 novembre 2012, portant dissolution du Conseil municipal de Kesra du gouvernorat de Siliana et désignation d'une délégation spéciale *JORT* n° 95 du 30 novembre 2012, p. 3064 ; Décret n° 2013-499 du 22 janvier 2013, portant dissolution du Conseil municipal de Dahmani du gouvernorat du Kef et désignation d'une délégation spéciale, *JORT* n°9 du 29 janvier 2013, p. 447 ; Décret n° 2012-2943 du 27 novembre 2012, portant dissolution du Conseil municipal de Bouârada du gouvernorat de Siliana et désignation d'une délégation spéciale *JORT* n° 95 du 30 novembre 2012, p. 3080.

[316] *Cf. supra,* dans ce Chapitre : Section 1, Paragraphe 1, B.

a. Absence d'une énumération des faits à la base de la qualification juridique

L'autorité compétente omet la mention des faits à partir desquels elle a tiré les qualifications de défaillance dans la marche de la commune ou l'évolution négative du Conseil ou le ralentissement de ses activités. L'administration se contente d'une indication brute d'une qualification "*passe-partout*" sans exposer les faits constitutifs de cette qualification. Le rapport entre les faits et la qualification juridique fait défaut.

Les qualifications juridiques fournies à la base de la dissolution constituent des formules souples et vagues susceptibles d'englober les situations d'espèce les plus variées. Les formules employées sont tellement floues et polysémiques qu'on peut les rattacher aux expressions "*fourre-tout*". La motivation présentée est illusoire ; elle vaut pour toute décision de dissolution. Il est difficile de concevoir une dissolution d'un Conseil municipal non fondée sur des difficultés communales ou sur la mauvaise marche du Conseil ou sur l'atteinte portée aux intérêts des citoyens. Seule la mention des faits propres à chaque décret est de nature à aboutir à des motivations réelles.

b. Violation de l'obligation pour l'administration d'exercer réellement son pouvoir discrétionnaire

La motivation stéréotypée heurte l'obligation pour l'administration d'exercer réellement son pouvoir d'appréciation. En cette matière, l'autorité administrative dispose d'un large pouvoir discrétionnaire puisque la loi n'a pas précisé les motifs pour lesquels la dissolution peut être prononcée. Or, le pouvoir de choix reconnu à une autorité administrative n'est pas seulement un droit, mais aussi une obligation. L'administration doit procéder à un examen sérieux des circonstances de chaque dissolution pour tirer les motifs particuliers à chaque décret. Chaque décret de dissolution d'un Conseil communal possède ses propres motifs de fait. Un exercice réel du pouvoir discrétionnaire aboutit, en tout état de cause, à des motivations variables en fonction de chaque décision, car à chaque décision correspondent des motifs de fait particuliers[317]. Comme l'affirme G. Cornu, « *les appréciations relèvent non de l'esprit de géométrie, mais de l'esprit de finesse* »[318].

c. Violation du principe de nécessité

La dissolution est la mesure la plus grave qui peut affecter un Conseil municipal. La dissolution nécessite alors la survenance de circonstances particulièrement graves entrainant un dysfonctionnement des services communaux. Toute mesure de dissolution doit être motivée par des raisons sérieuses tirées de « *la nécessité d'assurer le fonctionnement de l'assemblée municipale* »[319]. Comme le souligne le Conseil d'État français, « *le pouvoir de dissolution n'a été donné au Gouvernement et ne peut être employé par celui-ci qu'en vue du bon fonctionnement de l'assemblée municipale* »[320].

Le respect de l'exigence constitutionnelle[321] de « *la continuité des Conseils municipaux* [...] *implique d'offrir, au moins, la garantie de la motivation* », a soutenu le Conseil constitutionnel en matière de fusion et de scission des communes[322]. L'exigence de la nécessité de la dissolution a été expressément imposée par l'article 21 de la loi constituante de 2011 relative à l'organisation provisoire des pouvoirs

---

[317] TA, *Hazmi* c/ Ministre de Défense nationale, 16 juin 2001, Aff. n° 15904, *inédit*.
[318] G. CORNU, *Linguistique juridique*, Montchrestien, Paris, 2ème édition, 2000, p. 351.
[319] CE, 9 novembre 1959, *Rosan Girard*, *D*. 1960, p. 83.
[320] CE, 17 novembre 1911, *Le Coq du Terire*, *Leb*. p. 1048.
[321] Le Conseil constitutionnel a déduit de l'article 41 de la constitution de 1959 que « la continuité de l'État est une règle fondamentale qu'il convient d'assurer et de garantir ; Considérant que le service public constitue l'un des piliers des rouages de l'État ; que le législateur est, par conséquent, appelé, de façon générale, à prévoir les mesures qui sont à même de garantir sa continuité tirée elle-même de la règle de continuité de l'État » : Avis n° 49-2006 portant sur un projet de loi organique modifiant la loi relative aux structures sportives, *JORT* n°101 du 19 décembre 2006, p. 4304.
Aujourd'hui, un principe constitutionnel de la continuité du service public municipal peut être déduit de l'article 15 de la Constitution (principe de continuité du service public) et de l'article 72 de la Constitution (Continuité de l'État).
[322] Avis n° 75-2005 portant sur un projet de loi organique modifiant et complétant la loi organique des communes promulguée par la loi n° 75-33 du 14 mai 1975, *JORT* n° 59 du 25 juillet 2006, p. 1931.

publics[323] et réaffirmée par le TA dans deux jugements rendus en 2013[324].

L'appréciation de la nécessité de la dissolution implique deux opérations successives. Dans un premier temps, l'autorité compétente doit apprécier si les faits survenus à l'occasion du fonctionnement du Conseil sont de nature à entraver la bonne marche de l'activité municipale et mettre en cause les intérêts des citoyens. En deuxième temps, l'administration procède à évaluer le degré du danger résultant du dysfonctionnement du Conseil. Le danger doit être tellement grave au point qu'il est nécessaire de prendre la mesure la plus grave, celle de la dissolution du Conseil. La dissolution doit rester « *un remède appliqué à un corps malade, un moyen de rétablir une vie publique normale* »[325].

Le caractère exceptionnel de la dissolution découle du caractère exceptionnel du contrôle de tutelle. Cependant, en pratique, les dissolutions sont trop fréquentes. Cette situation engendrerait « *une instabilité chronique de la vie communale* »[326] alors que la dissolution est conçue pour assurer la continuité du service public communal. D'autant plus, le recours excessif à la dissolution des Conseils élus par simples décrets accompagnés d'une motivation standard aboutit à « *une véritable banalisation de ce procédé conçu pourtant pour être exceptionnel* »[327]. Ladite banalisation est l'un des indicateurs qui montrent qu'en Tunisie la décentralisation « *est beaucoup plus théorique que réelle et (que) l'autonomie des communes paraît bien illusoire face à la toute puissance du pouvoir de l'État* »[328]. On peut même s'interroger sur la constitutionnalité des dispositions de l'article 12 de la loi organique des communes qui offrent au président de la République (actuellement le Chef du Gouvernement) la prérogative de

[323] *JORT* (en arabe) n° 97 du 20 et 23 décembre 2011, p. 3111.

[324] TA, Référé à exécution, 11 septembre 2013, Aff. n° 415889, *inédit* ; TA, Référé à exécution, 14 mai 2013, Aff. n° 415696, *inédit.*

[325] Y. MADIOT, « La dissolution des Conseils municipaux », *RDP* 1974, p. 410.

[326] Y. MADIOT, « La dissolution des Conseils municipaux », *RDP* 1974, p. 410.

[327] M. R. JENAYAH, « La constitutionnalisation du droit administratif tunisien », *colloque organisé par l'ATDC et l'ATDA les 27 et 28 février 2009 à la FDSE de Sousse*, p. 4.

[328] *Ibidem.*

dissoudre les Conseils communaux. Ces dispositions « *visent un organe élu dont l'autonomie est de surcroît, garantie par la Constitution* »[329].

La dissolution d'un Conseil municipal est considérée comme la mesure la plus énergétique qui peut affecter une collectivité locale[330]. Face à des communes « *disposées à se soustraire à l'obéissance aux lois* », la dissolution permet de « *réprimer leurs écarts et de les faire rentrer dans l'ordre* »[331]. La pratique de la motivation illusoire montre que l'institution de dissolution n'a pas encore pu se détacher totalement de ses origines historiques de la raison d'État[332]. Le pouvoir de dissolution est « *l'arme d'un gouvernement impatient d'assurer son autorité souveraine sur tout le territoire, voulant briser un foyer de résistance qu'il qualifiera de "foyer de trouble", jaloux de tout ce que la liberté communale peut recéler d'opposition* »[333].

Le recours fréquent à la motivation stéréotypée prouve que « *les mécanismes de la tutelle sont parfois détournés de leur objectif, pour servir des intentions politiques inavouées* »[334]. En 1877, un député français a qualifié le pouvoir de dissolution comme « *un pouvoir arbitraire qui peut figurer dans le cortège des gouvernements qui ne tolèrent du suffrage universel que le mensonge* »[335].

---

[329] *Ibid.*

[330] L. TARCHOUNA, *Décentralisation et déconcentration en Tunisie*, Thèse, Faculté de droit et des sciences politiques de Tunis, Université de Tunis-Elmanar, 2004-2005, Volume II, p. 562.

[331] DE MARCÈRE, D.P. 1884, 4ème Partie, p. 40, cité par : Ch. CHAUMONT, « Étude sur la dissolution des Conseils municipaux par le pouvoir exécutif », *RDP*, 1939, p. 46.

[332] Ch. CHAUMONT, « Étude sur la dissolution des Conseils municipaux par le pouvoir exécutif », *RDP*, 1939, p. 43.

[333] *Ibidem.*

[334] Y. BEN ACHOUR, *Droit administratif*, CPU, Tunis 2000, p. 193. L'auteur a cité le cas de la dissolution de la municipalité de La Masa en août 1998 et celle de Carthage, en novembre 1998.

[335] J. FERRY, « Rapport sur un projet de loi d'organisation municipale, à la séance de la chambre du 15 mars 1877, JO », *Débats parlementaires, Chambre*, 1877, p. 2471, cité par Ch. CHAUMONT, « Étude sur la dissolution des Conseils municipaux par le pouvoir exécutif », *RDP*, 1939, p. 44.

Section 2
L'incertitude du contrôle juridictionnel

Le juge administratif éprouve des difficultés à imposer le respect scrupuleux de l'exigence d'une énonciation exhaustive des motifs de fait et l'exigence d'une motivation insérée dans le texte même de l'acte. Le TA admet fréquemment la motivation stéréotypée et la motivation par référence. Le problème majeur est l'instabilité de la position du TA à l'égard de ces deux types de motivation non sérieuse.

Il est légitime de s'interroger : ***quelles sont les raisons qui amènent le juge à admettre la régularité de ce genre de motivation fictives dans un cas et la rejeter dans un autre cas ?***

En effet, le juge poursuit une démarche essentiellement empirique susceptible de doter l'exigence d'exhaustivité et d'insertion des motifs dans le corps de l'acte d'une malléabilité extrême. Ce qui aboutit à des solutions d'espèce contradictoires et imprévisibles. Le contrôle exercé sur le degré d'exhaustivité et la présentation formelle de la motivation est tellement conjoncturel que la régularité de la motivation varie en intensité selon les enjeux particuliers de chaque espèce. Le TA a expressément souligné que « *le juge tient compte des circonstances particulières de l'affaire, avant de décider du caractère suffisant ou non de la motivation* »[336]. Cette politique casuistique est analogue à celle poursuivie par la Cour de Justice des Communauté européennes (CJCE) selon laquelle « *la mesure de l'obligation de motiver* […] *dépend de la nature de l'acte en cause et du contexte dans lequel il est adopté* »[337].

À partir des cas d'espèce, si variables et si instables qu'ils soient, notre première tentative est de présenter une systématisation explicative de la démarche empirique du juge à travers une analyse

---

[336] C'est notre traduction. TA, 1ère instance, *Ben Alaya* c/ Ministre de l'agriculture, 19 janvier 2002, Aff. n° 19585, *inédit*.

[337] CJCE, 11 janvier 1973, *Pays-Bas / Commission*, Aff. 13-72, *Rec*. p. 27. Pour plus de détails sur cette question, *Cf.* : J. SCHWARZE, *Droit administratif européen*, Volume 2, Bruylant, 1994, p. 1480 et s.

technique des raisons manifestes et latentes qui amènent le juge à balancer les exigences de régularité de la motivation (Paragraphe 1). Ce qui nous permet d'effectuer un essai de synthèse sur les méthodes du juge en la matière (Paragraphe 2).

Paragraphe 1 : Systématisation de la démarche empirique du juge

La démarche empirique du juge conduit fréquemment à tolérer les deux modalités de motivation insuffisante : la motivation par référence (A) et la motivation stéréotypée (B)

A. L'admission fréquente de la motivation par référence

La motivation par référence consiste en un renvoi au sein des visas à des motifs insérés dans un document extérieur à l'acte de sorte que l'intéressé doit se référer à ce document pour prendre connaissance des motifs.

La motivation par référence est en principe irrégulière. Dans la jurisprudence administrative française, l'admission de la motivation par référence est exceptionnelle. Elle est soumise à trois conditions. D'abord, le document auquel se réfère la décision doit être lui-même suffisamment motivé. Ensuite, il faut que l'auteur de l'acte joigne le document de référence à la décision. Enfin, il faut que le texte de la décision déclare ou montre que son auteur s'est approprié les motifs du document de référence[338]. Ces trois conditions visent à garantir à la fois l'exercice effectif de l'opération de motivation par l'auteur de l'acte et la connaissance des motifs de l'acte par leurs destinataires.

Dans la pratique du TA, les solutions en matière de motivation par référence sont complexes et extrêmement nuancées. Pour pouvoir les décrypter, il est utile de distinguer deux modalités de motivation par référence. La première modalité consiste à viser un acte sans que l'auteur prenne la peine de reproduire les motifs de l'acte visé. Cette

---

[338] J.-Y. VINCENT, « Motivation de l'acte administratif », *Juris-classeur administratif*, 2006, fascicule 107-30, 2006, p. 23, n°106 et s. ; D. MAILLARD DESGREES DU LOÛ, *Droit des relations de l'administration avec ses usagers*, Puf, Paris, 2000, p. 344 et s.

forme de motivation pourrait être appelée la "*motivation par référence pure et simple*" (1). Dans la deuxième modalité, l'auteur ne se contente pas à viser un acte, mais il reproduit les motifs de l'acte auquel il fait référence. C'est une "*motivation par référence avec reproduction des motifs de l'acte visé*" (2).

1. Motivation par référence pure et simple

Viser un document sans que l'administration élabore elle-même les motifs de l'acte, ni copier les motifs consignés dans le document visé est une pratique administrative courante. En matière disciplinaire, nombreux sont les décisions administratives dans lesquelles, l'administration se borne à effectuer une motivation par référence pure et simple à l'avis du Conseil de discipline sans procéder ni à formuler elle-même les motifs, ni à reproduire les motifs adoptés par le Conseil[339]. Parfois, et à l'occasion d'une deuxième décision administrative intervenue suite à l'annulation juridictionnelle d'une première décision, l'administration procède à une motivation par référence pure et simple à l'acte annulé par le juge ou à la décision juridictionnelle prononçant l'annulation de l'acte.

La jurisprudence du TA adopte une position nuancée : un refus de principe de ce mode de motivation (a) qui laisse place à une acceptation exceptionnelle dictée par les circonstances particulières de l'affaire (b).

a. Refus de principe

Le TA a doublement justifié (a.2) l'illégalité de la motivation par référence pure et simple (a.1).

a.1 : Illégalité de la motivation par référence pure et simple

Dans la majorité des affaires prononçant l'illégalité de la motivation par référence, on peut lire des considérants analogues formulés comme suit : « *Considérant qu'il ressort clairement de la*

---

339 TA, 1ère instance, *Sahli* c/ Ministre de l'agriculture, 30 juin 2007, Aff. n° 14868, *inédit.*

consultation de l'acte attaqué que son texte est dépourvu de toute indication des motifs de l'incrimination de l'agent. L'auteur se borne à faire une simple allusion, au sein des visas, à la proposition adoptée par le Conseil de discipline »[340] ou « *au rapport de l'introduction de l'agent devant le Conseil de discipline* »[341]. En l'absence de toute formulation expresse des motifs dans le texte de la décision attaquée, la motivation par référence pure et simple doit être logiquement rattachée au vice tiré de l'absence de motivation. Or, la jurisprudence administrative n'est pas uniforme. Si la motivation par référence pure et simple est fréquemment assimilée au moyen relatif à l'absence de motivation[342], certains arrêts le rattachent au moyen tiré de l'insuffisance de motivation[343].

a. 2 : Une double justification

Le TA a pris soin de présenter les raisons de son refus de la motivation par référence pure et simple. Il découle de la lecture de la jurisprudence que le principe de la non admission de la motivation par référence pure et simple est fondé sur deux raisons essentielles : la violation des droits de la défense et la violation des règles de compétence.

---

[340] C'est notre traduction. TA, 1ère instance, *Sahli* c/ Ministre de l'agriculture, 30 juin 2007, Aff. n° 14868 ; TA, REP, *Hmila* c/ Municipalité de Msaken, 23 mai 1991, Aff. n° 1976, *inédit* ; TA, REP, *Issaoui* c/ Ministre de l'éducation, 24 juin 1992, Aff. n° 2757, *inédit* ; TA, 1ère instance, *Torkhani* c/ Ministre de l'intérieur, 25 décembre 2001, Aff. n° 18850, *inédit* ; TA, 1ère instance, *Naceur* c/ Ministre de l'intérieur, 24 février 2004, Aff. n° 10768, *Rec*. p. 16.

[341] C'est notre traduction. TA, 1ère instance, *Bourouha* c/ Municipalité de Raouade, 28 octobre 2008, Aff. n° 16675, *inédit.*

[342] TA, REP, *Hdhiri* c/ Ministre de la santé, 31 décembre 1985, Aff. n° 1096, *Rec*. p. 153. Parmi les arrêts les plus explicites en la matière, on peut citer : TA, REP, *Issaoui* c/ Ministre de l'éducation, 24 juin 1992, Aff. n° 2757, *inédit* ; TA, 1ère instance, *Krichi* c/ Ministre des finances, 10 mars 1999, Aff. n° 14549 et 14796, *inédit* ; TA, 1ère instances, *Hosni* c/ Rectorat des lettres, arts et sciences humaines, 8 juillet 2003, Aff. n° 19534, *inédit*.

[343] TA, REP, *Tajart* c/ Ministre de l'éducation, 16 janvier 1991, Aff. n° 1776, *Rec*. p. 11 ; TA, REP, *Zouari* c/ DG de RTT, 30 juin 1978, Aff. n° 91, *Rec*. p. 144 ; TA, REP, *Tajart* c/ Ministre de l'éducation, 16 janvier 1991, Aff. n° 1776, *Rec*. p. 11.

- La violation des droits de la défense

Le procédé de motivation par référence pure et simple est de nature à empêcher le requérant de connaître les motifs et exercer utilement ses droits de défense[344]. « *Considérant ... qu'une simple référence au procès-verbal du Conseil de discipline au sein des visas de l'acte attaqué ne peut substituée à l'exigence de motivation qui implique l'expression des motifs justifiant la sanction infligée à l'encontre de l'agent dans le corps même de l'acte afin de lui faciliter la détermination et la préparation de ses moyens de défense d'une manière compatible avec les motifs ; que cette condition est applicable même en l'absence d'une disposition expresse car elle est rattachée aux droits de défense érigés au rang des principes généraux de droit ...* »[345].

- La violation des règles de compétence

Selon une position constante du TA, l'élaboration des motifs de l'acte est une opération qui relève de la compétence exclusive de l'autorité qui détient le pouvoir décisionnel[346]. La motivation par référence pure et simple à des motifs choisis et élaborés par un organe autre que le titulaire de la compétence entache la décision administrative d'un vice d'incompétence négative.

Après avoir constaté que l'acte attaqué ne comporte qu'une simple allusion à l'avis du Conseil de discipline, le TA affirme qu'« *il est constamment établi dans la jurisprudence de ce tribunal que la motivation des décisions disciplinaires légalement admise exige une énonciation claire et précise des fautes sur la base desquelles l'agent a été inculpé et qu'il n'est pas permis à l'administration de se*

---

[344] TA, 1ère instance, *Hichri* c/ Municipalité de Menzel Tmime, 26 décembre 2008, Aff. n°15787, *inédit.*

[345] C'est notre traduction. TA, 1ère instance, *Torkhani* c/ Ministre de l'intérieur, 25 décembre 2001, Aff. n° 18850, *inédit. Cf.* en ce sens : TA, 1ère instance, *Mejri* c/ Ministre de l'intérieur, 21 janvier 2003, Aff. n° 18848, *inédit* ; TA, 1ère instances, *Hosni* c/ Rectorat des lettres, arts et sciences humaines, 8 juillet 2003, Aff. n° 19534, *inédit* (6 arrêts analogues inédits rendus le même jour).

[346] TA, 1ère instance, *Bourouha* c/ Municipalité de Raouade, 28 octobre 2008, Aff. n° 16675, *inédit* ; TA, 1ère instance, *Naceur* c/ Ministre de l'intérieur, 24 février 2004, Aff. n° 10768, *Rec.* p. 16.

contenter de viser le procès-verbal du Conseil de discipline, dans la mesure où l'avis du Conseil n'est qu'une simple proposition que l'administration pourrait l'admettre totalement ou partiellement, comme elle pourrait le rejeter ; que dès lors, la réalisation de cette obligation légale exige que l'autorité compétente détermine elle-même les motifs de droit et de fait qu'elle a arrêté finalement en vertu de son pouvoir légal d'infliger la sanction à l'encontre de son agent incriminé »[347].

b. Admission exceptionnelle : Multiplicité des considérations d'acceptation

La consultation de la jurisprudence du TA montre que dans certains cas exceptionnels, le juge administratif considère que la motivation par référence non accompagnée d'une reproduction des motifs de l'acte visé peut tenir lieu de motivation régulière. La motivation par référence pure et simple est admise suite à une appréciation de l'ensemble des circonstances dans lesquelles la motivation par référence est intervenue. Cette tolérance jurisprudentielle est fondée sur trois considérations essentielles : l'exactitude des faits (b.1), la connaissance acquise des motifs (b.2) et l'appropriation de l'auteur de l'acte des motifs visés (b.3).

b.1 : Exactitude matérielle des faits

Le juge peut admettre la motivation par référence pure et simple eu égard à l'exactitude matérielle des motifs. La régularité de la motivation par référence est ainsi appréciée en fonction du bien-fondé des motifs de l'acte. Voilà une décision de révocation dans laquelle le Ministre fait référence à des décisions criminelles définitives prononçant la culpabilité de l'agent. Le TA juge qu' « *il ressort de l'acte attaqué que, même si son texte ne comporte aucune indication sur les motifs de révocation du requérant, il découle clairement de la consultation de ses visas que l'autorité disciplinaire a incontestablement fondé l'acte litigieux sur un ensemble de décisions criminelles rendues à l'encontre du requérant et prononçant sa*

---

[347] C'est notre traduction. TA, 1ère instance, *Torkhani* c/ Ministre de l'intérieur, 25 décembre 2001, Aff. n° 18850, *inédit*,

culpabilité définitive, sans que l'acte soit entaché d'aucune ambiguïté à cet effet »[348]. Dans cet arrêt, l'acte litigieux est dépourvu d'un exposé explicite des fautes justifiant son édiction, mais parce que les faits sont établis par décisions criminelles, le juge ferme volontairement les yeux sur le vice de motivation par référence[349].

b.2 : La connaissance acquise des motifs par l'intéressé

Pour dispenser l'administration de l'obligation d'insérer les motifs dans le texte de l'acte, le juge a mis en œuvre la théorie de la *connaissance acquise des motifs* par l'intéressé. Une motivation par référence pure et simple est jugée suffisante dès lors que l'intéressé a eu l'occasion de prendre une connaissance suffisante des motifs. Dans une affaire du 26 octobre 2002, la requérante soutient que le refus du permis de bâtir est insuffisamment motivé du fait que le président de la municipalité se borne à évoquer, comme justification de l'acte, l'application d'un avis de refus préalable émanant de la commission technique sans préciser, ni la commission qui a pris l'avis, ni le contenu et les motifs dudit avis. Le TA a jugé « *que la motivation telle que présentée dans l'acte incriminé est suffisante eu égard aux circonstances de l'affaire surtout que la requérante connaît qu'antérieurement à l'acte attaqué, la municipalité a eu l'occasion de rejeter le même permis de bâtir au motif que la propriété fait l'objet d'un litige* »[350].

Une démarche analogue est poursuivie par le juge administratif dans un recours intenté à l'encontre d'une décision portant refus d'accorder l'équivalence d'un diplôme de doctorat au profit du requérant. La commission nationale d'équivalence des diplômes et des titres, auteur de l'acte, a justifié sa décision par référence à une décision antérieure de refus motivé prise par la commission sectorielle d'équivalence. Le TA déduit que la décision attaquée est dûment

---

348 C'est notre traduction. TA, 1ère instance, Ben *Ammar* c/ Ministre de l'intérieur, 26 octobre 2005, Aff. n° 13338, *inédit*.

349 D'ailleurs, le TA a rejeté, dans la même affaire, le moyen tiré de l'inexactitude matérielle des faits.

350 C'est notre traduction. TA, 1ère instance, *Touiti* c/ Municipalité de Gabes, 26 octobre 2002, Aff. n° 19493, *inédit*.

motivée dès lors que le requérant a eu l'occasion de connaître le motif de la décision de rejet de la commission sectorielle[351].

La mise en œuvre de la théorie de la *connaissance acquise des motifs* par l'intéressé suscite au moins deux objections. D'une part, les motifs de référence ont été élaborés et choisis antérieurement à l'édiction de l'acte. Ce qui est de nature à mettre en cause la contemporanéité de la motivation à l'acte. D'autre part, les motifs de référence ont été élaborés et choisis par une autorité autre que l'auteur de l'acte. Ce qui constitue une atteinte aux règles de compétence.

b.3 : L'appropriation des motifs visés par l'auteur de l'acte

Le juge peut tolérer la motivation par référence pure et simple lorsqu'il est établi que l'auteur s'est approprié des motifs visés. Si l'auteur de l'acte indique d'une façon explicite qu'il a adopté l'avis du Conseil quant aux fautes établies à l'encontre de l'agent, il sera dispensé de l'obligation de motiver au sein de l'acte, affirme le juge administratif[352]. En outre, le juge peut, à partir de la formulation de la motivation, présumer l'intention de l'auteur de l'acte de s'approprier des motifs visés. Une autorité qui justifie l'acte par la formule "*manquement aux obligations professionnelles*", tout en visant le procès-verbal du Conseil de discipline, est présumée avoir adopté, comme fondement de l'acte final, les motifs déjà consignés dans le procès-verbal[353].

Le critère de l'appropriation par l'auteur de l'acte des motifs visés, quoique douteux et source de difficultés, se perçoit d'une manière assez fréquente en matière de motivation par référence accompagnée d'une reproduction des motifs de l'acte visé.

---

[351] TA, 1ère instance, *Aloui* c/ Ministre de l'enseignement supérieur, 26 octobre 2002, Aff. n° 18414, *inédit.*

[352] TA, 1ère instance, *Mejri* c/ Ministre de l'intérieur, 21 janvier 2003, Aff. n° 18848, *inédit.*

[353] TA, 1ère instance, *Khtami* c/ Ministre de la santé, 27 mai 2005, Aff. n° 18492, *inédit.*

2. Motivation par référence accompagnée d'une reproduction des motifs de l'acte visé

Rappelons tout d'abord qu'une énumération au sein des visas, au lieu du corps de l'acte, des motifs que l'auteur de l'acte a arrêté sous sa responsabilité ne constitue pas une motivation par référence. Peu importe leur emplacement, l'auteur de l'acte a exprimé les motifs qu'il a lui-même élaboré[354] sans viser un quelconque autre document.

La difficulté commence lorsque l'auteur de l'acte procède à une motivation par référence au sein des visas et entérine les motifs de l'acte visé. Dans ce cas, il est difficile de savoir avec certitude si l'auteur de l'acte a procédé à un examen sérieux des motifs pour finir a adopter les motifs visés ou bien il s'est contenté de copier les motifs visés sans évaluer leur bien-fondé. L'exercice réel de l'opération de motivation par le titulaire du pouvoir est incertain. Cette modalité de motivation, qui a fait l'objet d'une pratique administrative abondante, est à l'origine d'une jurisprudence manifestement fluctuante. Le TA adopte deux positions radicalement divergentes : certains arrêts acceptent cette technique de motivation, certains autres adoptent une position rigide de refus (a). Ces deux solutions sont dictées dans une large mesure par des considérations propres à chaque affaire (b).

a. Deux solutions divergentes

Dans certains arrêts rendus par le TA, on peut lire des considérants présentés comme suit : « *Considérant qu'en l'absence de toute motivation dans le corps même de l'acte, l'administration qui* ***se contente d'énumérer au sein des visas l'ensemble des fautes*** *sur la base desquelles l'intimé a été introduit devant le Conseil de discipline* ***déroge aux exigences d'une motivation suffisante*** »[355]. Toutefois, dans d'autres arrêts, le TA adopte une position totalement différente : « *Considérant qu'il ressort de la consultation de l'acte attaqué que ce dernier* ***comporte au sein des visas les motifs*** *en raison desquels l'intéressé a été introduit devant le Conseil de discipline..., que dès*

[354] TA, 1ère instance, *Zouali* c/ Ministre de l'enseignement supérieur, 8 mai 2007, Aff. n° 15374, *inédit.*

[355] C'est notre traduction. TA, Appel, Ministre de l'intérieur c/ *Mhamdi*, 12 juin 2008, Aff. n° 26485, *inédit.*

lors ***l'acte critiqué est suffisamment motivé*** »[356]. Ces deux positions contradictoires sont fondées sur des justifications divergentes.

a.1 : La position tolérante d'acceptation

La position tolérante d'acceptation est fondée principalement sur deux raisons. La première justification consiste à ce que la motivation par référence avec reproduction des motifs de l'acte visé permet au requérant de **connaître parfaitement les motifs** à la seule lecture de l'acte. Cette justification a fondé la première admission de la motivation par référence dans un arrêt rendu le 6 mars 1992[357]. Or, la finalité de la motivation n'est pas seulement de renseigner l'administré, mais aussi « *d'imposer à l'administration un examen sérieux de chaque cas avant de prendre une décision et de permettre à l'administré de vérifier qu'il a été procédé à cet examen* »[358].

À partir d'un arrêt datant du 24 janvier 2003, le TA commence à présenter une deuxième justification. En effet, la reproduction des motifs de l'acte visé crée une présomption qui tient à ce que **l'auteur de l'acte s'est approprié les motifs visés**[359]. C'est une présomption de fait qui consiste à déduire l'intention de l'administration d'adopter les motifs de l'acte visé. La présomption de fait est « *une conséquence que le juge entend d'un fait connu, en admettant un déplacement de l'objet de la preuve* »[360]. Le juge établit la preuve d'une donnée inconnue, intention de s'approprier des motifs visés, à travers une donnée connue, la reproduction des motifs de l'acte visé.

---

[356] C'est notre traduction. TA, Appel, Ministre de l'intérieur c/ *Khaiatti*, 11 décembre 2007, Aff. n° 25934, *inédit* ; TA, Appel, *Mrazgui* c/ Ministre de l'intérieur, 8 juin 2007, Aff. n° 25805, *inédit* ; TA, Appel, *Ajimi* c/ Ministre de l'intérieur, 16 mai 2007, Aff. n° 25815, *inédit* ; TA, 1ère instance, *Bargui* c/ Municipalité de Grombalia, 25 mars 2008, Aff. n° 16506, *inédit*.

[357] TA, REP, *Zomit* c/ Ministre du transport, 6 mars 1992, Aff. n° 2908, *inédit*. *Cf.* en ce sens : TA, 1ère instance, *Baccar* c/ Gouverneur de Jandouba, 8 février 2001, Aff. n° 16228, *inédit* ; TA, Appel, Ministre de l'intérieur c/ *Mrad*, 28 mai 2005, Aff. n° 24402, *inédit*.

[358] F. TIBERGHIEN et B. LASSERRE, Chronique *AJDA*, 1982, 585.

[359] TA, 1ère instance, *Sgaïer* c/ Ministre de l'intérieur, 24 janvier 2003, Aff. n° 18649, *inédit*.

[360] J.-Ph. COLSON, *L'office du juge et la preuve dans le contentieux administratif*, Paris, L.G.D.J., 1970, note n°22, p.56.

Un renvoi au rapport du Conseil de discipline suivi par une reproduction précise des reproches soutenus par le Conseil à l'encontre de l'agent traduit l'intention du Ministre d'adopter les reproches comme fondement de la sanction[361]. La démarche du TA se rapproche du raisonnement du commissaire du Gouvernement français Odent dans ses conclusions sur l'affaire *Coulon* du 5 avril 1946[362]. L'auteur affirmait que « ... *lorsque le Ministre entérine complètement les propositions motivées qu'il vise, lorsqu'il reproduit dans le dispositif de son arrêté celui de l'avis auquel il s'est référé dans ses visas, il y a tout lieu de penser qu'il* ***a entendu s'approprier*** *l'ensemble desdites propositions, motifs compris. Cette présomption est tellement vraisemblable et conforme aux méthodes administratives, qu'elle peut, sauf preuve du contraire, être tenue pour exacte* ».

a.2 : La position de refus

Dans des cas d'espèce similaires aux arrêts dans lesquels le juge a accepté la motivation par référence, le TA adopte une interprétation radicalement opposée. Cette fois, la motivation par référence est sanctionnée, dans la mesure où les motifs de l'acte de référence copiés dans les visas ne permettent pas de connaître les motifs adoptés par l'auteur de l'acte. La citation des motifs de l'introduction de l'agent devant le Conseil de discipline[363] ou les motifs soutenus par ledit

---

[361] TA, 1ère instance, *Naceur* c/ Ministre de l'intérieur, 25 avril 2003, Aff. n° 18749, *inédit* ; TA, 1ère instance, *Sallami* c/ Ministre de l'intérieur, 10 juin 2003, Aff. n° 10674, *inédit* ; TA, 1ère instance, *Ajimi* c/ Ministre de l'intérieur, 3 mars 2006, Aff. n° 11829, *inédit* ; TA, 1ère instance, *Rhili* c/ Ministre de l'intérieur, 24 mars 2006, Aff. n° 10003, *inédit* ; TA, 1ère instance, *Timoumi* c/ Municipalité de Kairouan, 26 mai 2006, Aff. n° 13946, *inédit*.

[362] R. ODENT, Conclusions sur CE, 5 avril 1946, *Dame Coulon, Daupeyroux, Branet*, *S.* 1946. III. 23 ; *EDCE*, 1947, p. 48.

[363] TA, 1ère instance, *Karoui* c/ Ministre de l'intérieur, 7 juin 2001, Aff. n° 17595, *inédit* ; TA, 1ère instnce, *Amri* c/ Ministre de l'intérieur, 4 juillet 2002, Aff. n° 19122, *inédit* ; TA, Appel, Ministre de l'intérieur c/ *Karkni*, 25 juin 2003, Aff. n° 24336, *inédit*.

Conseil[364] au sein des visas empêche le requérant de connaître les motifs adoptés par l'auteur de l'acte.

La motivation au sein des visas ne pourrait être admise que lorsque sa formulation présume sans aucun doute les motifs finals adoptés par l'autorité disciplinaire, souligne le juge administratif[365]. L'acceptation de la motivation par référence dépend donc d'une appréciation portée sur la formulation des motifs.

Cette fluctuation jurisprudentielle est dû au caractère fluide de toute présomption de fait. La présomption implique un raisonnement intellectuel et subjectif de la part du juge. Comme l'écrivait *F. Gény*, « *la présomption est un acte volontaire de l'esprit qui tient pour assurer ce qui est tout au plus probable* »[366]. Toute présomption « *implique un élément subjectif et psychologique de la part de son auteur qui choisit une interprétation déterminée, parmi toutes celles qui peuvent être données des faits* »[367].

La jurisprudence présente d'autres justifications à l'appui de son refus des motivations présentées sous forme d'un simple rappel des motifs de l'acte visés. À cet effet, le TA affirme que l'autorité compétente n'est pas tenue de se conformer à l'avis du Conseil de discipline[368] et que la compétence de motiver relève exclusivement de l'autorité qui détient le pouvoir décisionnel[369].

---

[364] TA, 1ère instance, *Aoulad Aziz* c/ Ministre de l'intérieur, 4 janvier 2001, Aff. n° 15705, *inédit*. *Cf.* en ce sens : TA, 1ère instance, *Maskhi* c/ Municipalité de Oued Ellil, 7 janvier 2005, Aff. n° 19426, *inédit*.

[365] Rapport de clôture d'instruction élaboré par le Conseiller rapporteur Mohamed Ghbara portant sur TA, Appel, *Ajimi* c/ Ministre de l'intérieur, 16 mai 2007, Aff. n° 25815, *inédit*.

[366] F. GENY, *Science et technique en droit privé positif*, Troisième Partie, Sirey, Paris, 1921, p.p. 61 et 62.

[367] R. BARRAINE, *Théorie générale des présomptions en droit privé positif*, Thèse, Paris, 1942, cité par J. LEMASURIER, « La preuve dans le détournement de pouvoir », *RDP*, 1959, p.62.

[368] TA, 1ère instance, *Nijaoui* c/ Ministre de l'intérieur, 30 novembre 2001, Aff. n° 18804, *inédit*.

[369] TA, 1ère instance, *Belhaj* c/ Ministre de l'Intérieur, 3 avril 2007, Aff. n° 13509, *inédit*. *Cf.* en ce sens : TA, 1ère instance, *Chaouri* c/ Ministre de l'intérieur, 23 novembre 2000, Aff. n° 17333, *inédit* ; TA, Appel, Ministre de l'intérieur c/ *Karkni*,

b. Deux solutions dictées essentiellement par des considérations propres à chaque affaire

À partir d'une même donnée (l'intégration des motifs de l'acte de référence au sein des visas), le TA a déduit deux solutions divergentes (rejet et admission de la motivation par référence). Il est certain que l'instabilité d'une jurisprudence n'est pas arbitraire. L'instabilité est une chose, l'arbitraire en est une autre. La question est alors : ***quelles sont les raisons qui poussent le juge à changer sa position d'une affaire à une autre ?***

Si on va au fond des choses, l'admission ou le refus de la motivation par référence varie en fonction de la légalité de l'acte attaqué dans son entier (b.1) et de la cohérence de l'ensemble des données de l'affaire (b.2).

b.1 : La légalité des divers éléments de l'acte

L'acceptation de la motivation par référence passe sous silence une explication plus profonde : la légalité de l'acte dans son entier. En effet, dans la majorité des cas, l'admission de la motivation par référence est accompagnée du rejet des moyens invoqués à coté de l'insuffisance de motivation[370]. Du coup, la régularité de la motivation par référence est appréciée en fonction du bien-fondé et de la légalité de l'ensemble des éléments de l'acte administratif. Souvent l'existence matérielle des faits et l'absence d'une erreur manifeste d'appréciation ou une erreur de qualification juridique sont à l'origine de l'admission de la motivation par référence[371].

25 juin 2003, Aff. n° 24336, *inédit* ; TA, Appel, Ministre de l'intérieur c/ *Barka*, 14 juillet 2006, Aff. n° 25277, *inédit* ; TA, 1ère instance, *Bourouha* c/ Municipalité de Raouad, 28 octobre 2008, Aff. n° 16675, *inédit*.

[370] Un recensement des arrêts rendus par le TA de 1975 jusqu'à la fin de 2008 permet de constater que dans les 19 affaires dans lesquelles le TA a accepté la motivation par référence, on a pu recenser que parmi 57 moyens invoqués à côté de l'insuffisance de motivation, le juge a rejeté 49 moyens.

[371] Il en est notamment des quatre arrêts rendus en 2007 et en 2008 qui ont jugé recevable la motivation par référence au rapport d'introduction de l'agent devant le Conseil de discipline ou à l'avis du Conseil. Dans chacune de ces quatre affaires, le juge a fini par rejeter l'ensemble des moyens relatifs à l'inexactitude, l'erreur

Cette démarche a été exprimée par le juge administratif dans une affaire rendue en appel le 28 mai 2005. Le TA souligne que ce qui importe, ce n'est pas l'emplacement de la motivation, mais son existence et sa suffisance. L'introduction des motifs soutenus par le Conseil de discipline au sein des visas peut tenir lieu de motivation suffisante tant que le requérant a eu l'occasion de discuter les motifs devant le Conseil sans nier leur existence. Il est incontestable, ajoute le TA, que ces motifs ont été à l'origine de la révocation de l'agent[372]. Il en découle que le juge retient à l'appui de l'admission de la motivation par référence le respect par l'administration des droits de la défense et l'exactitude matérielle des faits. Ainsi, le juge dépasse la présentation formelle de la motivation vers l'examen du respect de l'administration des autres éléments de légalité.

b.2 : La cohérence globale des données du dossier de l'affaire

Une jurisprudence du TA poursuit une démarche plus dense pour apprécier le caractère suffisant de la motivation. Le juge opère une analyse exhaustive et focalisée sur l'ensemble des circonstances entourant l'édiction de l'acte. L'acceptation ou le rejet de la motivation par référence varient en fonction de la cohérence du dossier de l'affaire. C'est ainsi qu'une divergence entre la motivation présentée dans les visas (faute pénale) et celle figurant dans l'acte de référence (faute pénale et faute disciplinaire qui consiste en une absence injustifiée) conduit le juge à refuser la motivation par référence. Le TA affirme que dans ces conditions, il n'est pas possible de présumer l'adoption de la proposition du Conseil de discipline par l'auteur de l'acte. Ce dernier aurait dû préciser le motif exact sur la base duquel il a pris la décision. La connaissance préalable par le requérant des motifs déjà retenus par le Conseil ne peuvent, dans ce

---

manifeste d'appréciation et l'erreur de qualification des faits : TA, Appel, Ministre de l'intérieur c/ *Khaiatti*, 11 décembre 2007, Aff. n° 25934, *inédit* ; TA, Appel, *Mrazgui* c/ Ministre de l'intérieur, 8 juin 2007, Aff. n° 25805, *inédit* ; TA, Appel, *Ajimi* c/ Ministre de l'intérieur, 16 mai 2007, Aff. n° 25815, *inédit* ; TA, 1ère instance, *Bargui* c/ Municipalité de Grombalia, 25 mars 2008, Aff. n° 16506, *inédit*.

[372] TA, Appel, Ministre de l'intérieur c/ *Mrad*, 28 mai 2005, Aff. n° 24402, *inédit*.

cas, substituer à l'exigence d'une motivation présentée dans le texte de l'acte[373].

Dans un arrêt rendu en appel le 15 juillet 2005, le Ministre de l'intérieur a motivé la décision de révocation de l'agent par référence à l'avis du Conseil de discipline tout en reproduisant dans les visas les motifs établis par ledit Conseil. Le Conseil de discipline a fondé sa proposition de révoquer l'agent sur deux reproches : l'agent a établit un rapport sexuel illégal avec une dame étrangère et il a trompé ses supérieurs hiérarchiques. Le TA a rappelé que « *même si la jurisprudence du tribunal tend vers l'acceptation de la possibilité de faire figurer la motivation dans les visas et non dans le dispositif, cette possibilité demeure tributaire de la formulation poursuivie qui doit révéler sans équivoque le motif sur la base duquel la sanction a été infligée à l'encontre de l'agent* ». En l'espèce, le juge déduit de l'examen du dossier de l'affaire que le requérant a été interrogé de la première reproche relative à l'établissement d'un rapport avec une dame étrangère, alors que la deuxième reproche n'a pas fait l'objet d'un interrogatoire. Le TA en déduit que « *l'auteur de l'acte aurait dû éclairer le motif sur la base duquel il a pris l'acte* [...] *; qu'il n'est pas possible de présumer son intention d'adopter la proposition du Conseil de discipline à travers une simple allusion à son rapport d'autant plus que l'auteur de l'acte peut avoir une position et une motivation différentes de celles du Conseil* »[374].

Dans un autre arrêt rendu en appel le 8 juin 2007[375], le TA constate qu'il ressort des pièces du dossier que l'agent a été révoqué pour avoir demandé, lors de l'accomplissement de sa mission, une bouteille de vin d'un touriste italien. Cette faute unique imputée à l'agent figure à la fois dans le dossier disciplinaire de l'agent et dans les visas de l'acte. De la compatibilité entre les motifs de poursuite et les motifs reproduits par l'auteur au sein des visas, le tribunal a déduit que l'agent a eu une connaissance complète de la faute et que l'intention de l'autorité disciplinaire s'est orientée vers l'adoption de la faute

---

[373] TA, Appel, Ministre de l'intérieur c/ *Mejri*, 28 janvier 2005, Aff. n° 24674, *inédit*.

[374] C'est notre traduction. TA, Appel, Ministre de l'intérieur c/ *Hammami*, 15 juillet 2005, Aff. n° 25138, *inédit*.

[375] TA, Appel, *Mrazgui* c/ Ministre de l'intérieur, 8 juin 2007, Aff. n° 25805, *inédit*.

soutenue par le Conseil de discipline comme fondement de la sanction infligée. En outre, après avoir jugé régulière la motivation par référence, le tribunal a rejeté le moyen tiré de l'inexactitude matériel des faits et l'erreur manifeste d'appréciation. Fondé sur une faute grave, matériellement établie et correctement appréciée, l'acte de révocation est jugé suffisamment motivé. Il est clair que la matérialité des faits rend superflue l'exigence d'une motivation au sein du texte de l'acte.

B. Multiplicité des raisons d'admission de la motivation stéréotypée

Le contrôle de la condition d'exhaustivité de la motivation est exercé par référence à un modèle de motivation essentiellement souple. Les termes employés tels que « *sans équivoque* », « *exhaustive* », « *précise* » et « *claire* », ne répondent pas à une définition exacte et stable. Ce genre de qualificatifs offre au juge une marge de manœuvre extrêmement étendue. La part d'appréciation que détient le juge est tellement considérable que le caractère suffisant de l'énoncé des motifs relève en définitive de son intime conviction. L'appréciation peut même aboutir à des solutions contradictoires. Une même motivation est, dans certains cas particuliers, considérée comme suffisante, alors que dans d'autres circonstances un peu différentes, elle est jugée insuffisante. Il en est du « *manquement aux obligations professionnelles* ». Cette motivation d'ordre général est tantôt considérée comme une motivation insuffisante[376], tantôt considérée comme une motivation régulière[377].

La matière disciplinaire fournit une jurisprudence riche, mais manifestement flottante. Tantôt le juge sanctionne la motivation stéréotypée présentée par des expressions telles que « *pour des motifs*

---

[376] TA, 1ère instance, *Ben Hamadi* c/ Ministre de l'agriculture, 14 avril 1998, Aff. n° 14954, *inédit* ; TA, 1ère instance, *Azizi* c/ Ministre de l'agriculture, 6 juin 2007, Aff. n° 13608, *inédit* ; TA, 1ère instance, *Bahri* c/ Ministre de l'éducation, 24 novembre 1998, Aff. n° 15953, *inédit* ; TA, 1ère instance, *Edris* c/ Ministre de la défense nationale, 20 janvier 2000, Aff. n° 16688, *inédit*.

[377] TA, 1ère instance (Responsabilité), *Zaaibi* c/ Chef du contentieux de l'État pour le compte du ministère de la santé, 30 novembre 2001, Aff. n° 17099, *inédit* ; TA, 1ère instance, *Ben Zahia* c/ Ministre de l'intérieur, 29 janvier 2005, Aff. n° 11537, *inédit*.

disciplinaires »[378] « *pour manquement grave à l'obligation de réserve* »[379], « *pour mauvais comportement* »[380], « *pour manquement aux obligations professionnelles* »[381], « *pour avoir commis une faute disciplinaire grave* »[382] et « *pour violation de l'obligation d'obéissance* » [383]. Tantôt, le TA admet ce type de motivations standard. Des qualifications juridiques présentées par des expressions variables, mais dépourvues de consistance précise échappent à la censure du juge : « *pour manquement aux obligations professionnelles* »[384], « *pour manque d'assiduité* »[385], « *pour violation du principe de loyauté* »[386], « *pour atteinte portée aux bonnes mœurs* »[387], « *pour violation des règlements administratifs* »[388], « *pour manquement à l'obligation de réserve* » et « *pour manquement au devoir de neutralité* » [389].

En matière de motivation, le juge, « *fidèle à ses méthodes habituelles, règle ses exigences, quant à la forme, sur la considération*

[378] TA, *Lahmar* c/ Ministre de la défense, 5 juin 2007, Aff. n° 13741, *inédit* ; TA, 1ère instance, *Abidi* c/ Ministre de la défense nationale, 2 mars 2007, Aff. n° 13679.

[379] TA, 1ère instance *Daddadi* c/ Ministre des finances, 1er juin 2007, Aff. n° 11372, *inédit.*

[380] TA, 1ère instance, *Berraiess* c/ Ministre de l'intérieur, 18 octobre 2003, Aff. n° 10858, *inédit.*

[381] TA, 1ère instance, *Ben Hamadi* c/ Ministre de l'agriculture, 14 février 1998, Aff. n° 14954, *Rec.* p. 255 ; TA, 1ère instance, *Azizi* c/ Ministre de l'agriculture, 6 juin 2007, Aff. n° 13608, *inédit.*

[382] TA, REP, *Tlili* c/ Ministre des finances, 11 janvier 1995, Aff. n° 3239, *Rec.* p. 13 et TA, 1re instance, *Aded* c/ Ministre de l'éducation, 8 juillet 2003, Aff. n° 17502, *inédit.*

[383] C'est notre traduction. TA, 1ère instance, *Hfaiedh* c/ Ministre de l'agriculture, 30 avril 2013, Aff. n° 18400.

[384] TA, 1ère instance, *Nabli* c/ Ministre de l'agriculture, 12 décembre 2000, Aff. n° 17087, *inédit* ; TA, 1ère instance, *Abid* c/ Ministre de l'enseignement supérieur, 18 février 2003, Aff. n° 19772, *inédit.*

[385] TA, 1ère instance, *Amri* c/ Ministre de la santé publique, 17 février 2001, Aff. n° 18686, *inédit.*

[386] TA, 1ère instance, *Ben Alaya* c/ Ministre de l'agriculture, 19 janvier 2002, Aff. n° 19585, *inédit.*

[387] TA, Appel, *Tenjel* c/ Ministre de l'éducation, 19 novembre 2002, Aff. n° 22869, *inédit.*

[388] TA, 1ère instance, *Ben Zahia* c/ Ministre de l'intérieur, 29 janvier 2005, Aff. n° 11537, *inédit.*

[389] TA, 1ère instance, *Toffahi* c/ Ministre de la justice, 26 octobre 2005, Aff. n° 13696, *inédit.*

attentive des circonstances dans lesquelles les actes contestés ont été pris »[390]. La légalité des divers éléments de l'acte attaqué (1) et la connaissance préalable par l'intéressé des motifs (2) amène le juge à tolérer une motivation de style banal. Parfois, le juge complète de sa propre initiative l'insuffisance de motivation à partir des données du dossier. Il opère une véritable substitution de motivation (3).

1. La légalité des divers éléments de l'acte

Lorsqu'il ressort du dossier que l'administration n'a pas commis aucune illégalité soulevée, le TA peut admettre la motivation présentée par une formule laconique[391]. Dans la conscience du juge, l'irrégularité n'est pas substantielle dans la mesure où elle n'a pas eu d'influence sur la substance de l'acte. Le vice de forme entachant la présentation des motifs est « *sans écho sur la solution du fond* »[392]. Ce qui importe, c'est la légalité de l'acte dans son entier et non le caractère exhaustif de l'énumération des faits.

Dans sa démarche, le juge fait prévaloir la légalité de l'acte dans son entier et notamment sa légalité quant au fond sur la régularité

---

[390] R. LATOURNERIE, « Essai sur les méthodes juridictionnelles du Conseil d'État », *Livre jubilaire du Conseil d'État*, Paris, Sirey, 1952, p. 226, cité par : Y. GAUDEMET, *Les méthodes du juge administratif*, Paris, LGDJ, 1972, p. 261.

[391] - TA, 1ère instance, *Amri* c/ Ministre de la santé publique, 17 février 2001, Aff. n° 18686, *inédit*. Dans cet arrêt l'admission de la motivation de l'acte par « *le manque d'assiduité* » est accompagnée par le rejet des moyens tirés de l'inexactitude matérielle des faits et du détournement de pouvoir.
- TA, Appel, *Tenjel* c/ Ministre de l'éducation, 19 novembre 2002, Aff. n° 22869, *inédit*. Dans cet arrêt l'acte est motivé par « *l'atteinte portée aux bonnes mœurs* ». Alors que la motivation est d'ordre général, le juge affirme que « *cette motivation permet au requérant d'organiser ses moyens de défense qui constitue le but visé par le législateur lorsqu'il a consacré l'obligation de motivation* » (c'est notre traduction). L'admission de la motivation stéréotypée est accompagnée du rejet des moyens relatifs à la violation du principe *non bis in idem* et à l'inexactitude des faits.
TA, 1ère instance, *Abid* c/ Ministre de l'enseignement supérieur, 18 février 2003, Aff. n° 19772, *inédit*. L'acte contesté dans cette affaire est motivé par le « *manquement aux obligations professionnelles* ». L'ensemble des moyens tirés du vice d'incompétence, de la violation d'une formalité substantielle, de l'inexistence des faits ont été rejetés par le tribunal.

[392] G. BERLIA, Le vice de forme et le contrôle de la légalité des actes administratifs, *RDP*, 1940-1941, p. 385.

intrinsèque de la motivation. « *Le fond l'emporte sur la forme* » parce que « *la forme est toujours l'expression d'une donnée de fond* »[393]. G. Berlia affirmait qu'« *il y a une hiérarchie dans les diverses modalités de la légalité en ce sens que la légalité matérielle est la légalité essentielle, la légalité par excellence. C'est parce que le fond l'emporte sur la forme que le vice de forme est utilisé par le Conseil d'État pour contrôler la légalité matérielle alors qu'inversement ce dernier ne sanctionnera pas l'illégalité formelle* »[394].

Le point de départ de la jurisprudence admettant la motivation stéréotypée sur la base de la légalité des divers éléments de l'acte est un arrêt rendu le 12 décembre 2000[395]. Dans un autre arrêt rendu le 30 novembre 2001, une décision de révocation est motivée par la formule suivante : « *pour manquement grave à ses obligations professionnelles* ». Après avoir rappelé les exigences d'une motivation suffisante, le TA ajoute que « *la motivation figurant dans l'acte disciplinaire est parfaitement compatible avec les faits d'espèce et traduit fidèlement la négligence grave imputée à la requérante sur la base de laquelle ont été déclenchées les poursuites disciplinaire ; que dès lors, la motivation n'est pas entachée d'insuffisance ou d'ambiguïté comme l'a soutenue la requérante* »[396]. C'est le bien-fondé de l'acte qui a conduit le juge à accepter l'énoncé insuffisant des motifs.

La position du juge est plus claire dans une affaire où l'administration a motivé la mesure de révocation attaquée par « *l'atteinte portée au principe de loyauté* ». Le TA a expressément souligné que « *le juge tient compte des circonstances de l'affaire avant de décider du caractère suffisant ou non de la motivation ; que l'acte critiqué dispose que le requérant est révoqué pour violation du principe de loyauté, ce qui peut tenir lieu de*

[393] G. DUPUIS, « Les motifs des actes administratifs », *EDCE*, 1975, p. p. 31 et 40.
[394] G. BERLIA, « Le vice de forme et le contrôle de la légalité des actes administratifs », *RDP*, 1940-1941, p. 401.
[395] TA, 1ère instance *Nabli* c/ Ministre de l'agriculture, 12 décembre 2000, Aff. n° 17087, *inédit*.
[396] C'est notre traduction. TA, 1ère instance (Responsabilité), *Zaïbi* c/ Chef du contentieux de l'État pour le compte du ministère de la santé, 30 novembre 2001, Aff. n° 17099, *inédit*.

motivation suffisante surtout qu'il découle des faits d'espèce que le requérant, accusé du vol de la caisse de l'administration, n'a pas contesté cette faute unique qui a fondé la poursuite disciplinaire et que la faute a été déjà établie par un jugement pénal »[397]. Sous couvert de la gravité et de l'exactitude des fautes commises par le requérant, le juge admet la motivation stéréotypée. Encore une fois, la régularité formelle de la motivation est tributaire du bien-fondé des motifs.

L'arrêt qui traduit parfaitement la démarche empirique du juge lors de l'appréciation du caractère suffisant de l'énoncé des motifs de fait est un arrêt *Mejri* rendu en appel le 15 février 2006. Le jugement de première instance[398] a censuré la motivation stéréotypée présentée par la formule « *pour motifs disciplinaires* ». En poursuivant une démarche conceptuelle, le juge de première instance a pris soin de justifier sa position par le rattachement de l'obligation de motiver à un ensemble de principes inhérents à l'État de droit. Toutefois, le juge d'appel a choisi une démarche trop empirique. Il s'est livré à une recherche extrêmement approfondie des circonstances dans lesquelles la décision a été édictée pour finir à admettre la régularité de la motivation stéréotypée. Cette disparité entre conceptualisme et empirisme dans les méthodes du travail du juge est à l'origine de la divergence des solutions jurisprudentielles.

Dans la décision d'appel on peut lire : « *Considérant que* ***la preuve des fautes*** *commises par l'intimé ont été* ***établies par un jugement pénal*** *et par* ***ses aveux*** *enregistrés devant le Conseil de discipline ; que l'intimé est parfaitement convaincu que sa réforme du service militaire était justifiée par son inconduite habituelle au sens du premier tiret de l'article 18 du statut général des militaires ; que dès lors, la motivation par la simple expression "réformé pour motifs disciplinaires" montre que la décision s'inscrit dans le cadre de l'application de cet article ;*

---

[397] C'est notre traduction. TA, 1ère instance, *Ben Alaya* c/ Ministre de l'agriculture, 19 janvier 2002, Aff. n° 19585, *inédit.*

[398] TA, 1ère instance, *Mejri* c/ Ministre de la défense nationale, 22 novembre 2003, Aff. n° 19987, *inédit.*

Considérant, d'autre part, que ***l'intimé a pu exercer ses droits de la défense avant et après l'édiction de l'acte*** *attaqué puisqu'il a assisté aux travaux du Conseil de discipline et a avoué les reproches qui lui sont dirigés ; d'autant plus que l'administration, lors de sa réponse à la requête introductive d'instance, a exprimé les motifs de l'acte dans un rapport qui a été transmis au mandataire de l'intimé en première instance ;*

Considérant qu'eu égard au ***dévoilement des motifs*** *qui ont conduit à l'acte et* ***l'établissement de leurs exactitude*** *ainsi que le* ***rattachement des fautes commises à l'un des cas limitativement énumérés par l'article 18*** *susmentionné, la motivation litigieuse, concise qu'elle soit, a réalisé l'objectif qui lui est dévolu* »[399].

Dans la conscience du juge, l'exhaustivité de la motivation importe peu. Ce qui compte, c'est la réalisation concrète des objectifs de la motivation. Les objectifs de la motivation réalisés en l'espèce sont l'exactitude matérielle des faits, l'exercice par le requérant des droits de la défense devant l'administration et devant le juge et la légalité quant au choix de la base légale. L'objectif de la motivation est de garantir la légalité de l'ensemble des éléments de l'acte administratif ainsi que l'exercice des droits de défense en cas de litige[400]. Si ces finalités sont atteintes, la motivation sera jugée suffisante quelle que soit son degré de précision. Le juge va au-delà de l'examen formel de l'énoncé des motifs vers l'appréciation de la réalisation de ses finalités.

---

[399] C'est notre traduction. TA, Appel, Ministre de la défense nationale c/ *Mejri*, 15 février 2006, Aff. n° 25031, *inédit*.

[400] TA, Appel, *Ben Debba* c/ Ministre de l'Éducation, 13 avril 2004, Aff. n° 24198 et 24201, *inédit*. Cet arrêt rendu en appel a confirmé le jugement de première instance : TA, 1ère instance, *Ben Debba* c/ Ministre de l'Éducation, 1er mars 2001, Aff. n° 16570, *inédit*. Dans les deux arrêts, tous les moyens ont été rejetés (le vice d'incompétence, la violation du principe de l'autorité absolue de la chose jugée, violation d'une formalité substantielle…). Ce qui signifie, que l'acceptation de la motivation stéréotypée est fondée, non seulement sur l'exercice par le requérant de ses droits de défense devant le juge, mais aussi sur la légalité de l'ensemble des éléments de l'acte évoqués devant le tribunal.

2. La connaissance des motifs par l'intéressé

La connaissance des motifs par l'administré au cours de l'élaboration de l'acte (a) et au cours d'instance (b) sont de nature à couvrir le vice tiré d'une énonciation insuffisante des motifs.

a. La connaissance des motifs au cours de l'élaboration de l'acte

Le TA évoque la connaissance préalable des motifs par le requérant lors de la procédure administrative pour justifier le rejet du moyen tiré de l'insuffisance d'une motivation d'ordre général. Il a été jugé que l'expression « *"pour violation du principe de neutralité" répond aux exigences de la motivation... dès lors que l'obligation de neutralité n'est qu'une qualification juridique de l'ensemble des faits qui ont déclenché les poursuites disciplinaires à l'encontre du requérant et que ce dernier a eu une connaissance complète de toutes ses composantes* »[401]. Or, la connaissance des motifs qui ont provoqué les poursuites disciplinaires ne peut substituer à l'exigence légale de motivation. Les motifs des poursuites disciplinaires et la motivation relèvent de deux phases différentes et constituent deux garanties complémentaires et non exclusives[402].

b. La connaissance des motifs au cours d'instance

Le TA considère que la divulgation des motifs par l'administration au cours de la procédure administrative contentieuse peut rendre superflue l'exigence d'une motivation exhaustive. Dans l'arrêt *Mejri* précité rendu en appel, on peut lire : « *... d'autant plus que l'administration, lors de sa réponse à la requête introductive d'instance, a exprimé les motifs de l'acte dans un rapport qui a été transmis au mandataire de l'intimé en première instance* » [403].

[401] C'est notre traduction. TA, 1ère instance, *Toffahi* c/ Ministre de la justice, 26 octobre 2005, Aff. n° 13696, *inédit*.
[402] *Cf. Infra* : Deuxième Partie, Chapitre I, Section 1, Paragraphe 2, C.
[403] C'est notre traduction. TA, Appel, Ministre de la défense nationale c/ *Mejri*, 15 février 2006, Aff. n° 25031, *inédit*.

Dans un arrêt rendu le 22 juin 2010[404], l'administration a justifié le refus de constituer une association par "*la violation des dispositions de la loi relative aux associations*". Le juge estime que même si la motivation est d'ordre général, il n'en demeure pas moins qu'elle est suffisante dans la mesure où **l'administration a régularisé l'insuffisance de la motivation** lorsqu'elle a précisé au cours d'instance le contenu de la violation de la loi relative aux associations. Ladite régularisation, ajoute le TA, permet aux intéressés de connaître les motifs et d'exercer utilement leurs droits de défense.

Toutefois, dans des cas d'espèce similaires, le TA adopte une position radicalement opposée. Est jugée insuffisante la motivation de la fermeture d'un local par la formule " *pour non respect des règlements en vigueur*". Cette fois, le juge soutient qu'il **n'est pas permis à l'administration de régulariser l'insuffisance de la motivation** par des motifs évoqués au cours d'instruction afin de garantir les droits de la défense et la bonne administration de la justice[405].

3. La substitution de motivation par le juge

Dans certains cas, le juge administratif poursuit une démarche plus dense. Il procède à un examen approfondi des données du dossier de l'affaire pour interpréter de sa propre initiative une motivation ambiguë. Au lieu de censurer la motivation stéréotypée, il dégage du dossier de l'affaire les motifs pour compléter l'insuffisance de la motivation afin de sauver l'acte illégal de l'annulation. Avec cette jurisprudence, nous sommes en présence d'une nouvelle technique de sauvetage de l'acte illégal de l'annulation[406]. Comme la substitution

---

[404] TA, 1ère instance, *Mohamed et autres* c/ Ministre de l'intérieur, 22 juin 2010, Aff. n° 13381, *Rec.* p. 587.

[405] TA, 1ère instance, *Ali* c/ Municipalité de Bouarada, 30 décembre 2010, Aff. n° 19291, *Rec.* p. 605.

[406] Cette technique s'ajoute aux autres procédés de sauvetage de l'acte illégal de l'annulation. Ces procédés sont multiples. Il s'agit de la théorie des moyens inopérants, de la théorie des motifs déterminants, de la théorie du but déterminant, de la substitution des motifs. *Cf.* notamment : R. CHAPUS, *Droit du contentieux administratif*, Montchrestien, 12ème édition, Paris, 2006, pp. 980-986 ; J.-M. PEYRICAL, « Le juge administratif et la sauvetage des actes de l'annulation », *AJDA*, 1996, pp. 22-34 ; M. J. GUEDON, « Régularité interne de l'acte administratif

de base légale et la substitution des motifs de fait, ce procédé pourrait être désigné par "***substitution de motivation***". Le jugement aboutit à une modification de la motivation de la décision administrative par le juge.

Il a été jugé que « *même si l'expression "violation des règlements administratifs" est d'ordre général, il n'en demeure pas moins, qu'eu égard aux circonstances de l'affaire, sa signification est évidente et qui consiste dans l'ensemble des principes généraux que l'agent public en général et l'agent de sécurité en particulier est appelé à les respecter tels que la discipline au sein et en dehors de l'administration et l'obligation de se mettre à l'abri de tout ce qui porte atteinte à l'honneur du service dont il appartient ; que ces règles essentielles ont été transgressées par le requérant lorsqu'il s'est soulé dans les lieux publics et a commis une agression morale et matérielle portant sur les tiers et les biens* »[407].

L'intervention du juge consiste à reconstituer l'opération de la motivation de l'acte. Il procède à une réévaluation des circonstances de son édiction afin de combler lui-même la motivation tronquée. Cette technique jurisprudentielle conduit à une conséquence curieuse : la motivation réelle de la décision administrative figure, non pas au

---

et pouvoir de substitution du juge », *AJDA*, 1981, pp. 443-451 ; J.-M. AUBY, « Les moyens inopérants dans la jurisprudence administrative », *AJDA*, 1966, pp. 5-13 ; E. SAUVIGNON, « La pluralité des motifs dans l'exercice du pouvoir discrétionnaire devant le juge de l'excès de pouvoir », *AJDA*, 1971, pp.200-210 ; A. GANDOLFI, « Les motifs déterminants dans le recours pour excès de pouvoir », *JCP*, 1964, I-1835 ; I. DE SILVA, « La substitution de motifs devant le juge administratif », Conclusions sous CE, Section, 6 février 2004, Mme Hallal, *RFDA*, pp. 740-479 ; I. DE SILVA, « Substitution de motifs, deux ans d'application de la jurisprudence Hallal », *AJDA*, 2006, pp. 690-696 ; F. DONNAT et D. CASCAJ, « L'administration doit-elle invoquer devant le juge de l'excès de pouvoir de nouveaux motifs à ses décisions ? », *AJDA*, 2004, Chronique, pp. 436-439 ; A. BELHAJ RHOUMA, *Le détournement de pouvoir ou de procédure*, Mémoire de DEA, FDS, Sfax, 2004-2005, pp. 65-70 ; A. GHACHEM, *Le Tribunal Administratif, protecteur des prérogatives de l'administration*, Mémoire de DEA, FSJPS de Tunis, Tunis, 2001-2002, pp. 65-74.

[407] C'est notre traduction. TA, 1ère instance, *Ben Zahia* c/ Ministre de l'intérieur, 29 janvier 2005, Aff. n° 11537, *inédit*.

La même démarche est constatée dans l'arrêt du TA, 1ère instance, 12 décembre 2000, *Nabli* c/ Ministre de l'agriculture Aff. n° 17087, *inédit*.

sein du texte de l'acte administratif, mais au sein du texte du jugement. Le juge substitue sa propre motivation exhaustive de l'acte administratif à la motivation stéréotypée fournie par l'administration.

La "*substitution de motivation*" fausse la technique du contrôle juridictionnel : « *De redresseur de torts, le juge (se ferait) correcteur de style* »[408]. « *Le juge passe du rôle de censeur à celui de collaborateur de l'administration* »[409]. Semblable substitution, si elle est largement pratiquée, risquerait d'encourager davantage l'administration à présenter des motivations laconiques.

Non seulement les avantages escomptés de la motivation s'évanouiraient, mais aussi la répartition légale des compétences se perturberait. Cette technique permettait au juge d'agir à la place de l'administration et de faire œuvre d'administrateur. Le principe de séparation de pouvoir fait obstacle à ce que le juge se comporte en administrateur[410]. C'est là l'une des répercussions incalculables résultant de cette attitude jurisprudentielle. Toutes les fois qu'il prend la place de l'administration pour effectuer lui-même l'opération de motivation de l'acte administratif, le juge empiète sur les pouvoirs de l'administration et commet un vice d'incompétence. Le juge administratif lui-même a régulièrement rappelé que l'opération de motivation relève de la compétence exclusive du détenteur du pouvoir décisionnel[411].

Paragraphe 2 : Essai de synthèse des méthodes du juge administratif

La question était : *quelles sont les raisons qui amènent le juge à accepter la motivation par référence ou stéréotypée dans un cas*

---

[408] Expression empruntée à M. FOURRE et Mme PUYBASSET, Chronique, *AJDA*, 1964, p. 556.

[409] Expression empruntée à B. PACTEAU, *Le juge de l'excès de pouvoir et les motifs de l'acte administratif*, Clermont-Ferrand, 1977, p. 90.

[410] R. CHAPUS, *Droit du contentieux administratif*, Montchrestien, 12ème édition, Paris, 2006, p. 980

[411] TA, 1ère instance, *Chaouri* c/ Ministre de l'intérieur, 23 novembre 2000, Aff. n° 17333, *inédit ;* TA, 1ère instance, *Naceur* c/ Ministre de l'intérieur, 24 février 2004, Aff. n° 10768, *Rec.* p. 16.

d'espèce et la rejeter dans un autre cas ? Pourquoi le juge change-t-il sa position d'une affaire à une autre ?

Au-delà des raisons tirés des circonstances de chaque affaire et que le tribunal juge opportunes pour accepter ou rejeter la motivation litigieuse, il importe maintenant d'analyser les méthodes du contrôle juridictionnel en la matière. Il s'agit de présenter une analyse synthétique des opérations intellectuelles poursuivies par le juge (A). On verra que la politique jurisprudentielle est animée par des raisons d'équité et des considérations d'efficacité du contrôle (B). La démarche casuistique du juge, quoique séduisante par sa richesse et sa subtilité, encourt des reproches multiples (C)

A. Analyse synthétique du processus intellectuel poursuivi par le juge

Le juge définit les exigences de l'accomplissement régulier de la motivation à partir de deux angles de vue intimement liés : des conditions intrinsèques de forme (motivation écrite et insérée dans le texte même de l'acte) et de fond (motivation exhaustive), d'un côté, et des finalités à atteindre (connaissance complète des motifs, droits de la défense, permettre au juge d'exercer son contrôle…), d'un autre côté. Cette double approche, qui forme le régime de la motivation suffisante ou sérieuse, a conduit le tribunal à opérer, à l'occasion de l'examen du vice tiré de l'insuffisance de motivation, deux démarches complémentaires.

Dans un premier temps, le juge cherche si la motivation litigieuse répond aux conditions d'exhaustivité et d'indication des motifs au sein du texte de l'acte. C'est un ***contrôle de compatibilité***, c'est-à-dire de convenance ou de non contradiction, entre la motivation litigieuse et le modèle de référence de la motivation suffisante. L'intervention du juge consiste à mesurer l'écart qui sépare l'état de la motivation contestée avec le modèle jurisprudentiel de motivation suffisante. L'incompatibilité entre le modèle légal de la motivation suffisante et la motivation litigieuse entraine l'irrégularité de la motivation de l'acte attaqué. Si la motivation litigieuse s'accorde avec les conditions de la motivation, l'acte sera jugé suffisamment motivé. À ce stade, le contrôle s'effectue par référence à un modèle de motivation essentiellement souple. Par ses contours flous, les conditions de motivation suffisante offrent au juge une marge de manœuvre extrêmement étendue et génère par conséquent des solutions variables.

La deuxième opération effectuée par le juge est de chercher si la motivation, abstraction faite de ses conditions intrinsèques de forme et de fond, est de nature à réaliser les objectifs qui lui sont dévolus dans le cas d'espèce soumis au juge. C'est un véritable ***contrôle d'opportunité*** de la motivation, c'est-à-dire un contrôle sur le degré d'adaptation de la motivation avec ses objectifs et les circonstances dans le cas d'espèce. Ce contrôle juridictionnel de régularité de la motivation en fonction de ses buts est situé à un niveau d'appréciation plus élevé que le contrôle de la motivation par référence à ses conditions intrinsèques. Cette méthode juridictionnelle qu'on peut qualifier de "***finaliste***" ou "***fonctionnelle***" amène le juge fort loin dans l'exercice de son contrôle sur le degré d'influence qu'une omission de l'une des conditions de motivation a pu avoir sur la réalisation de ses objectifs. Par l'effet de la méthode fonctionnelle, le juge dépasse l'appréciation de la présentation formelle de la motivation pour chercher si, eu égard aux circonstances de l'affaire, l'énoncé des motifs, quoique stéréotypé ou par référence, a effectivement réalisé les finalités de la motivation. La méthode fonctionnelle *explique* dans une large mesure que des motivations fictives, laconiques, passe-partout sont tantôt admises, tantôt sanctionnées par le juge.

La sanction de l'énoncé insuffisant des motifs ne survient alors que s'il apparaît qu'en l'espèce l'irrégularité fait obstacle à la réalisation concrète des objectifs liés à la motivation. La réalisation des objectifs est de nature à couvrir l'irrégularité entachant l'énoncé des motifs. À cet effet, le juge administratif met en œuvre **la technique des « *équivalents* »** [412] afin de sauver de l'annulation l'acte comportant une mauvaise énonciation de motifs. Il s'agit de véritables « *équivalents virtuels* »[413] de la motivation suffisante. L'exercice des droits de la défense, la connaissance préalablement acquise des motifs par l'intéressé et la légalité de l'acte dans son entier constituent aux

---

[412] L'expression est empruntée à A. CALOGEROPOULOS, *Le contrôle de la légalité externe des actes administratifs unilatéraux*, LGDJ, Paris, 1983, p. 226.
[413] *Idem*, p. 2

yeux du juge des garanties équivalentes qui peuvent remplacer les exigences d'une motivation exhaustive et insérée dans le texte même de l'acte.

La mise en œuvre du critère finaliste en matière de motivation régulière constitue, en réalité, une application particulière du critère général des formalités substantielles[414]. La formulation de la motivation est constitutive d'une irrégularité substantielle lorsqu'elle conduit à éluder l'une des fonctions de la motivation. Il ne faut pas que le comment de la motivation détruit son pourquoi, que la manière de motivation neutralise sa raison d'être. Comme l'affirmait R. Odent, « *la jurisprudence s'attache davantage aux conséquences d'une formalité et aux raisons qui en justifient l'existence qu'à la formalité elle-même...* »[415]. « *Le caractère substantiel d'une formalité, affirme le TA, réside dans les conséquences qui en résultent et la finalité qui lui est assignée ; que l'appréciation de ce caractère substantiel exige de chercher si la violation de la formalité a eu une influence déterminante et directe sur la prise de l'acte* »[416]. En application du critère lié à la finalité des formalités, le juge cherche « *de la manière la plus simple et la plus intelligente* » si « *le but visé par l'exigence de la forme n'est pas atteint* »[417].

---

[414] TA, 1ère instance, *Bedhiaf* c/ Municipalité de Tozeur, 19 novembre 2005, Aff. n° 11049, *inédit*. Dans cet arrêt, le TA présente les deux modalités de formalités substantielles : 1- la loi prévoit une formalité obligatoire ou exige expressément son respect sous peine de nullité ; 2- formalités pouvant influencer le contenu de l'acte. Ainsi, le TA opère la distinction entre omission pure et simple d'une formalité et accomplissement irrégulier de la formalité. L'accomplissement irrégulier de la motivation est substantiel lorsqu'il est de nature à influencer le sens de l'acte. « *Une formalité est réputée substantielle ou bien si elle peut avoir une influence sur le sens de la décision ou bien si elle constitue une garantie pour les intéressés* ». (R. ODENT, *Contentieux administratif*, Les cours de droit, IEPP, Paris, 1981, p. 1836).

[415] R. ODENT, *Contentieux administratif*, Les cours de droit, IEPP, Paris, 1981, p.1832.

[416] C'est notre traduction. TA, Cass., *Ayadi* c/ Directeur général du contrôle fiscal, 28 juin 1999, Aff. n° 31519, *inédit*.

[417] G. DUPUIS, « Les motifs des actes administratifs », *EDCE* 1975, p. 29.

B. Des raisons inhérentes à la politique générale du contrôle de légalité

Deux raisons relatives à la politique générale du contrôle de légalité permettent d'expliquer la méthode casuistique de la jurisprudence. La première raison est inhérente à des considérations d'équité (1). La deuxième raison est relative à des exigences tirées de l'efficacité du contrôle juridictionnel (2).

1. Des considérations d'équité

M. Waline affirmait, « *il faut diversifier la règle selon les circonstances pour la faire "coller" au plus près à la justice* »[418]. Il est notamment injuste d'annuler une sanction administrative sur la base d'une insuffisance de motivation alors que l'agent a commis des fautes graves portant atteinte à l'honneur du service. L'art du juge est de concilier « *les techniques du raisonnement juridique avec la justice, ou du moins l'acceptabilité sociale de la décision* »[419]. Au-delà du positivisme juridique, la marge d'appréciation du juge est liée par les contraintes sociales : la décision juridictionnelle doit être raisonnable, équitable et donc acceptable par le milieu social[420].

« *L'équitable* […] *prend le sens de l'opportun et du raisonnable* »[421] ; c'est « *l'égalité dans le cas concret* »[422]. En effet, l'équité est « *L'art de la justice sociale qui attribue à chacun, sous la forme d'une égalité proportionnelle, ce que la considération des circonstances propres à son cas, dominée par les principes de droit naturel, montre au bon sens du législateur ou du juge comme lui étant*

---

[418] M. WALINE, « Empirisme et conceptualisme dans la méthode juridique : faut-il tuer les catégories juridiques ? », *Mélanges J. Dabin*, Sirey, Paris, 1963, Tome 1, p. 367.

[419] Ch. PERELMAN, *Logique juridique*, Paris, Dalloz 1976, p. 9

[420] Ch. PERELMAN, *Le raisonnable et le déraisonnable, Au-delà du positivisme juridique*, Paris LGDJ, 1984, p. 19.

[421] F. EWALD, *L'État providence*, Grasset, Paris, 1986, p. 495, cité par J. HUMMEL, « La théorie de la moralité administrative et l'erreur manifeste d'appréciation », *RA*, 1996, n°293, p. 339.

[422] H. BATIFFOL, *La philosophie du droit*, Que sais-je ?, n°857, Puf, 1997, 10ème édition, p. 105.

dû »[423]. Il s'agit, d'« *une légalité enrichie, au point d'apparaître dans son dynamisme interne comme un contrôle de la moralité »*[424]. Le doyen de Toulouse affirma que « *La notion de l'excès de pouvoir est beaucoup plus étendue que celle de la légalité : elle correspond à la morale qui est plus étendue que le droit »*[425].

La moralité est une exigence de vérité et du bon sens. « *Le bien moral, c'est ce qui est conforme au vrai ; l'acte bon est celui qui tient à une fin approuvée par la raison...La moralité se ramène à la rationalité »*[426]. Dès le début du 19ème siècle, un juriste estimait : « *Il est devenu nécessaire d'instituer une justice administrative, qui, ayant plus de latitude, puisse tout balancer, et faire prévaloir au besoin l'équité et l'intérêt de l'État, sur les dispositions inflexibles et plus étroites de la législation positive »*[427]. Les valeurs humaines issues de l'équité et « *ressenties irréductiblement de façon individuelle* [...] *échappent à la standardisation. Elles proviennent de "l'esprit de finesse" et non de "l'esprit de géométrie" »*[428].

2. Des raisons relatives à l'efficacité du contrôle juridictionnel

Il semble inutile de prononcer une annulation sur la base de la seule irrégularité de la motivation sans qu'elle soit accompagnée d'aucune illégalité entachant surtout les motifs ou l'objet de l'acte. L'annulation est inutile dans la mesure où l'administration pourra refaire la même décision annulée en rectifiant la motivation. Ainsi, « *le juge se plaçant sur le terrain de l'efficacité de son intervention plutôt que sur celui de la légalité pure, va renoncer à prononcer une annulation*

---

423 A. DESSENS, *Essai sur la notion d'équité*, thèse, Toulouse, 1934, p. 103, cité par. V. DUFAU, *Les sujétions exorbitantes du droit commun en droit administratif : L'administration sous la contrainte*, L'Harmattan, Paris, 2000, p. 263.

424 M. DUBISSON, *La théorie de l'abus de droit et la jurisprudence administrative*, LGDJ, Paris, 1962, p. 437.

425 M. HAURIOU, Note sous CE, 4 avril 1914, *Gomel*, *S.* 1917, III. p.25

426 G. RENARD, préface de la thèse de H. WELTER, *Le contrôle juridictionnel de la moralité administrative*, Nancy, 1929, p.14

427 J.-G. LAUCRE, *Du Conseil d'État*, Paris, Carnery, 1810, p. 168, cité par : V. DUFAU, *Les sujétions exorbitantes du droit commun en droit administratif : L'administration sous la contrainte*, L'Harmattan, Paris, 2000, p. 263.

428 P. CINTURA, « L'usage et la conception de l'équité par le juge administratif », *RIDC*, 1972, p. 659.

platonique»[429]. L'annulation est non seulement "*platonique*" mais aussi elle peut être dangereuse. En fait, reprendre le même acte annulé dans les mêmes termes risque de mettre en cause la stabilité des droits des administrés, la bonne marche des services publics et la bonne administration de la justice.

Dans certains systèmes juridiques, le législateur a pris conscience des inconvénients d'une annulation sur la base d'un vice de forme non accompagnée d'aucune illégalité quant au fond. Le législateur espagnol[430], italien[431] et allemand[432] exigent qu'un vice de forme ne puisse provoquer l'annulabilité que si le défaut de motivation révèle un vice matériel, notamment des motifs illicites. La Cour suprême espagnole, par exemple, a jugé à cet égard qu'un « *principe élémentaire de l'économie de procédure interdit d'annuler des décisions ou des actes de l'administration* […], *si l'ont peut logiquement prévoir, en dépit de la persistance du vice avec toutes ses conséquences, que sera adopté un acte administratif identique à l'acte devant être annulé* »[433].

C. Critique de la démarche empirique du juge

La démarche du juge, quoique justifiable, demeure dépourvue de deux vertus essentielles : la vertu de simplicité et celle de stabilité (1). Ce qui risque fort de porter atteinte aux exigences de sécurité juridique (2) et de la fonction pédagogique du juge (3) ainsi qu'à

---

[429] J.-M. AUBY, « Les moyens inopérants dans la jurisprudence administrative », *AJDA*, 1966, p. 7.

[430] Espagne, Article 63 alinéa 2 de la loi 30/92 régissant la procédure administrative.

[431] L'article 3 *octiès* de la loi n° 241/90 du 7 août 1990 sur la procédure administrative et l'accès aux documents administratifs complétée par la loi n° 15/2005 du 11 février 2005 dispose : « N'est annulable la décision adoptée en violation des règles sur la procédure ou sur la forme des actes, quant, en raison de la nature de la décision, il est évident que le dispositif n'aurait pas pu être différent de celui adopté concrètement ».

[432] Le paragraphe 46 de la loi sur la procédure administrative non contentieuse prévoit expressément que la violation d'une règle de procédure ou de forme ne peut pas entrainer l'annulation « lorsque aucune autre décision n'aurait pu être prise en l'espèce ».

[433] Espagne, Arrêt du 6 novembre 1963, cité par J. SCHWARZE, *Droit administratif européen*, Volume 2, Bruylant, 1994, p. 1471.

l'essence même du droit à l'information reconnu par la Constitution (4).

1. Une démarche complexe et instable

En matière du contrôle de régularité de la motivation, le TA fait preuve d'une ingéniosité et d'une flexibilité manifestes dans l'appréciation des circonstances de l'affaire. Pour sauver de l'annulation un acte comportant une motivation d'ordre général ou par référence, le juge fait une confrontation de la motivation litigieuse à la grande variété des données particulières de l'espèce et aux divers éléments de légalité de l'acte attaqué afin de dégager, au mieux, les éléments de la solution du litige. Les solutions jurisprudentielles sont, par conséquent, essentiellement "conjoncturelles". Chaque solution est le produit d'une rencontre des circonstances propres à chaque affaire.

La démarche du juge est complexe car, à l'occasion de l'examen du moyen tiré de l'insuffisance de motivation, le tribunal évoque d'office un ensemble d'éléments de légalité. Ces éléments évoqués par le juge vont servir, non pas à l'annulation de l'acte, mais à juger la régularité de la motivation. Or, le régime de la motivation devient non seulement hétérogène et difficile à saisir, mais aussi aléatoire car certains vices peuvent échapper à l'appréciation du juge.

La démarche du juge est également instable. En effet, l'irrégularité de la motivation n'est pas toujours tributaire de l'illégalité des autres éléments de l'acte. Dans certains cas, le dossier de l'affaire ne fait ressortir aucune illégalité autre que l'insuffisance de motivation et pourtant, le juge sanctionne le vice de motivation stéréotypée[434] ou par

---

[434] TA, 1ère instance, *Edris* c/ Ministre de la défense nationale, 20 janvier 2000, Aff. n° 16688, *inédit.* Dans cet arrêt, le juge a sanctionné la motivation stéréotypée présentée par l'expression « *pour motifs disciplinaires* », alors que les motifs de fait de l'acte son inexactes (acceptation du moyen tiré de l'inexactitude matérielle des faits) ; TA, 1ère instance, *Mejri* c/ Ministre de la défense nationale, 22 novembre 2003, Aff. n° 19987, *inédit.* (Dans cet affaire, le rejet des deux moyens relatifs au vice d'incompétence et à la violation d'une formalité substantielle n'a pas empêché le tribunal a censuré la motivation stéréotypée e) ; TA, Appel, *Hammami* c/ Ministre de l'agriculture, 26 juin 2004, Aff. n° 23867, *inédit.* Après avoir constaté que la décision administrative n'est entachée ni d'une violation des formalités

référence. En outre, le juge admet la régularité de la motivation insuffisante alors que l'acte attaqué est entaché de certains vices[435]. Dans ces deux hypothèses, la légalité ou l'illégalité de certains éléments de l'acte demeurent sans influence sur l'attitude du juge vis-à-vis de la régularité de la motivation. La démarche du juge est alors source d'insécurité car « *l'hésitation est trop souvent la seule attitude offerte à l'assujetti* »[436].

2. Une démarche incompatible avec les exigences de sécurité juridique

Le contrôle de la régularité de la motivation par référence et de la motivation stéréotypée requiert de la part du juge une appréciation scrupuleuse et exhaustive des données propres à chaque cas d'espèce. Cet exercice délicat est chargé d'une dose considérable de subjectivité. L'admission ou le rejet de la motivation intrinsèquement insuffisante dépend de l'intime conviction du juge, de la conscience qu'il a dans chaque affaire. En se détachant des exigences de la présentation formelle de la motivation régulière, la démarche du juge risque de créer des zones non négligeables d'incertitude et aboutit à des solutions aléatoires et imprévisibles. Dans ces conditions, c'est le principe de sécurité juridique qui pourrait être mis en cause. La sécurité juridique implique la clarté, la précision et un minimum de stabilité des règles juridiques. La sécurité juridique exige que des solutions analogues soient apportées à des cas d'espèce comparables.

Les aléas de la jurisprudence empêchent les individus, comme l'administration, de prévoir et de comprendre avec un minimum de

---

substantielles, ni d'une inexactitude des faits, le TA a censuré la motivation d'ordre général.

[435] TA, 1ère instance, *Toffahi* c/ Ministre de la justice, 26 octobre 2005, Aff. n° 13696, *inédit*. L'inexistence matérielle des faits ainsi que l'erreur dans la qualification des faits n'a pas empêché le juge à tolérer la motivation de l'acte par l'expression « *pour violation de l'obligation de neutralité* ». *Cf.* également : TA, 1ère instance, *Amri* c/ Ministre de la santé publique, 17 février 2001, Aff. n° 18686, *inédit* ; TA, 1ère instance (responsabilité), *Zaïbi* c/ Chef du contentieux de l'État pour le compte du ministère de la santé, 30 novembre 2001, Aff. n° 17099, *inédit* ; TA, 1ère instance, *Khtami* c/ Ministre de la santé, 27 mai 2005, Aff. n° 18492, *inédit*.

[436] Expression empruntée à J. RIVERO, « Apologie pour les "faiseurs de systèmes" », *Dalloz*, 1951, Chronique, p. 101.

fiabilité les règles applicables et d'en mesurer les conséquences[437]. Ça serait de nature à priver l'administration d'une règle jurisprudentielle claire et facile à respecter. L'administrateur risque d'être « *dans l'impossibilité de savoir, au moment d'agir, ce qui est punissable ou quelles sont les limites du permis* »[438]. La variabilité extrême des exigences relatives au contenu de la motivation risque de placer le juge aux frontières d'« *un désordre jurisprudentiel générateur, à son tour, d'insécurité* »[439]. « *L'existentialisme juridique procédant du seul bon sens, du sentiment d'équité et de la conscience des juges… conduirait à des jugements contradictoires dans des situations identiques, à l'arbitraire et à l'insécurité* »[440].

Dans son célèbre œuvre « *Apologie pour les "faiseurs de systèmes"* », Jean Rivero soutient que « *…la mission du Droit, la mission du juge, est avant tout de créer de la sécurité par la stabilité et la généralité de la règle … L'individu ne se sent protégé par le droit que lorsqu'il peut prévoir à l'avance quelle règle régira la situation dans laquelle il envisage de se placer* »[441].

---

[437] *Cf.* au sujet de l'exigence de clarté et de stabilité de la règle de droit, A.-L. VALEMBOIS, *La constitutionnalisation de l'exigence de sécurité juridique en droit français*, LGDJ, 2005, p.p. 14 et s.

[438] N. LAHAYE, « Outrage aux mœurs, infractions à contenu variables », *Les notions à contenu variable en droit*, Bruylant, Bruxelles, 1984, p. 73.

[439] Expression empruntée à N. LAHAYE, « Outrage aux mœurs, infractions à contenu variables », *Les notions à contenu variable en droit*, Bruylant, Bruxelles, 1984, p. 73.

[440] J.-L. BERGEL, « Ébauche d'une définition de la méthodologie juridique », *RRJ*, 2005-5- Cahiers de méthodologie juridique, p. 2650.

[441] J. RIVERO, « Apologie pour les "faiseurs de systèmes" », *Dalloz*, 1951, Chronique, p.p. 100 et 101 : Un juge « ennemi de la chose en soi ; dosant et nuançant, selon l'appréciation qu'il ferait des circonstances concrètes, les éléments de sa solution, glisserait vite de l'existentialisme à l'impressionnisme… l'impressionnisme juridique, le jugement rendu au seul vu de l'ambiance d'une affaire, aboutissent à la mort du Droit. À tout le moins, des formules ondoyantes et chatoyantes à l'excès, où la nuance ne permettait plus de discerner la couleur, où la part laissée à l'appréçiation subjective du juge étoufferait la part de l'« objectivement connaissable » par l'assujettit,… ramèneraient (le Droit) à sa forme première : l'ésotérisme aristocratique »

3. Une démarche incompatible avec la fonction pédagogique du juge administratif

La poursuite d'une méthode trop empirique ne saurait constituer un choix "*stratégique*". Exposer l'issu des affaires aux aléas des cas d'espèce répond mal à la fonction pédagogique reconnue au juge de l'excès de pouvoir qui consiste à assurer la discipline et la cohérence du travail administratif[442]. Le but primordial du REP est de fixer les règles d'une bonne administration et d'en assurer le respect[443]. Le rôle premier du juge est d'apprendre l'administration « *les bonnes manières* » de décider et d'agir[444]. Comme le souligne le TA, le REP est un recours objectif ayant pour but d'assurer la légalité dans les rapports entre les particuliers et les pouvoirs publics[445]. La doctrine considère que l'objectif du REP est « *d'assurer le bon fonctionnement de la machine administrative* »[446], « *de supprimer le désordre à l'intérieur de la société considérée sous l'angle administratif* »[447].

La fonction pédagogique dans sa double dimension de justification et de conviction exige la clarté et un minimum de stabilité dans les solutions retenues par le juge. L'autorité d'une jurisprudence, c'est-à-dire sa puissance de conviction, son influence et sa force intellectuelles est indispensable pour assurer la soumission réelle de l'administration au droit. C'est de cette manière que le juge pourrait véritablement parvenir à « *apprivoiser* »[448] l'administration.

---

[442] A. MESTRE, *Le Conseil d'État protecteur des prérogatives de l'Administration*, LGDJ, Paris, 1974, p. 260.
[443] *Ibidem*.
[444] J. CAILLOSSE, « Le juge administratif et la question de l'"efficacité" », *RDP* 2013, p. 43.
[445] TA, 1ère instance, *Sabri* c/ Directeur de l'ENA, 19 janvier 1993, Aff. n° 1978, *Rec*. p.448 ; TA, 1ère instance, *Héritiers Nabli* c/ Premier Ministre, 31 janvier 1986, Aff. n° 1025, *Rec*. p.202
[446] A. MESTRE, *Le Conseil d'État protecteur des prérogatives de l'Administration*, LGDJ, Paris, 1974, p. 260.
[447] P. WEIL, *Les conséquences de l'annulation d'un acte administratif pour excès de pouvoir*, Thèse, Paris, Jouve, 1952, p. 20.
[448] Expression empruntée à G. VEDEL, « Le droit administratif peut-il demeurer indéfiniment jurisprudentielle ? », *EDCE*, 1979, p. 31.

Des exigences de motivation variables selon les enjeux de chaque décision empêchent l'administration de connaître clairement ses erreurs. Or, c'est par la connaissance des erreurs que les administrateurs puissent acquérir le savoir-faire administratif. Seul un référentiel jurisprudentiel cohérent traitant avec une certaine précision et une certaine permanence les exigences de la motivation peut contraindre l'administration à respecter pleinement l'obligation de motiver.

4. Une démarche incohérente avec le principe constitutionnel de la plénitude de l'exercice du droit à l'information

Selon un principe constitutionnel posé par l'article 49 de la Constitution, les restrictions apportées aux droits et libertés fondamentaux ne peuvent en aucun cas porter atteinte à leur substance. Or, l'admission fréquente de la motivation par référence et de la motivation stéréotypée risque d'éluder l'obligation de motiver. Ce qui pourrait porter atteinte à *l'essence même du droit du citoyen à l'information.* Si la loi ne peut porter atteinte à l'essence même des droits et des libertés, c'est à plus forte raison que le pouvoir administratif ne saurait vider le droit à l'information de toute substance.

Un juge qui fait varier les exigences de régularité de la motivation selon les circonstances propres à chaque affaire « *aboutit à créer pour l'administration une obligation sans portée* »[449]. Par sa tolérance excessive vis-à-vis des motivations fictives, le juge institut, par voie jurisprudentielle, des véritables cas de dispense de l'obligation de motiver imposée par les textes. L'admission fréquente de la motivation stéréotypée ou par référence risque fort de transformer cette arme redoutable en une forme vaine dépourvue de sens et d'intérêt, en une sorte de « *formalité de routine à respecter comme un expédient* »[450].

Une jurisprudence à la fois fluctuante et tolérante est de nature à encourager l'administration dans son attitude actuelle qui consiste à restreindre à l'extrême la portée de l'obligation de motiver. La politique jurisprudentielle « *témoigne d'une manière éloquente d'une volonté implicite du juge administratif de cautionner l'administration dans sa propension générale à taire les véritables motifs de ses actes* »[451].

La machine administrative ainsi que la justice administrative sont appelées à changer leur méthode de voir et de traiter les exigences de la motivation suffisante afin que cette formalité remplisse pleinement ses fonctions intimement rattachées aux exigences constitutionnelles de l'État de droit.

---

[449] F. TIBERGHIEN et B. LASSERRE, Chronique *AJDA*, 1982, p. 585.
[450] M. EL YAAGOUBI, *La motivation des actes administratifs*, thèse, Université des Sciences Sociales de Grenoble, UER Droit 1981, p. 682.
[451] *Idem*, p. 681.

Chapitre II
Des fonctions multiples liées à l'État de droit

Le régime de la motivation est défini, non seulement par les composantes intrinsèques de la motivation, mais aussi par les objectifs de sa fonction[452]. L'emploi par le TA des formules telles que « … *le but de la motivation n'est réalisé que…* »[453], « … *dans la mesure où l'objectif de la motivation réside dans …* »[454], « *la motivation de l'acte litigieux ne répond pas aux objectifs …* »[455] montre bien le caractère fonctionnel de la motivation.

La motivation de l'acte administratif remplit une pluralité de fonctions intimement rattachées à un ensemble de principes et de valeurs constitutionnels inhérents à l'État de droit. En des termes très actuels, le commentateur d'un arrêt *Millard*, rendu par le CE français le 2 juillet 1880, présentait la motivation comme une « *garantie nécessaire et primordiale dans l'intérêt d'une bonne administration et d'une bonne justice* »[456].

Au niveau de la procédure administrative relative à la préparation de l'acte administratif, la motivation constitue un instrument de bonne

---

[452] *Cf.* pour la définition de la notion fonctionnelle : G. VEDEL, « De l'arrêt Septfonds à l'arrêt Barinstein », *JCP*, 1948. I. 682 et « La juridiction compétente pour prévenir, faire cesser, ou réparer la voie de fait administrative », *JCP*, 1950. I. 851.

[453] C'est notre traduction. TA, 1ère instance, *Ben Youssef* c/ Ministre du transport, 31 janvier 1996, Aff. n° 3628, *Rec*. p. 37. *Cf.* en ce sens : TA, Appel, Ministre de l'intérieur c/ *Mejri*, 28 janvier 2005, Aff. n° 24674, *inédit* ; TA, 1ère instance, *Famradenfa* c/ Directeur de l'ENA, 30 novembre 2006, Aff. n° 13732, *inédit* ; TA, 1ère instance, Abidi c/ Ministre de la défense nationale, 2 mars 2007, Aff. n° 13679.

[454] C'est notre traduction. TA, 1ère instance (Responsabilité), *Zaaibi* c/ Chef du contentieux de l'État pour le compte du ministère de la santé, 30 novembre 2001, Aff. n° 17099, *inédit*.

[455] C'est notre traduction. TA, Appel, Ministre de la défense c/ *Marzouki*, 29 mars 2006, Aff. n°25030, *inédit*.

[456] H.D., Note sous CE, *Maillard*, 2 juillet 1880, *Leb*., p.631.

administration (*Section 1*). Sur le plan contentieux, la motivation contribue à la bonne justice (*Section 2*).

Section 1
Instrument de bonne administration

A. Mestre a pu conclure qu'« *une bonne administration exige à la fois la protection de l'administration et celle de l'administré* »[457]. L'idéal de la bonne administration est le résultat d'un équilibre entre l'intérêt de l'administration et celle de l'administré. Il s'agit d'une administration à la fois performante et protectrice des droits des individus. Si les prérogatives de l'administration sont nécessaires pour satisfaire les besoins des citoyens et de faire face à ses lourdes tâches[458], l'administration ne doit pour autant pas abuser de son pouvoir au détriment des droits et des libertés des citoyens.

En droit communautaire, l'exigence de bonne administration est qualifiée de principe général par le juge communautaire[459]. Elle consiste en un ensemble de garanties procédurales reconnues aux administrés afin de limiter l'arbitraire administratif[460].

La bonne administration est une notion générique autour de laquelle s'articule une pluralité de principes relatifs aux garanties procédurales inhérentes à l'État de droit[461]. Parmi ces principes figurent l'impartialité, les droits de la défense, la célérité, la sincérité et la transparence de l'action administrative. L'obligation de motivation contribue à favoriser le respect effectif par l'administration de l'ensemble de ces exigences de bonne administration. Par sa force de conviction, elle renforce l'action administrative dans son efficacité.

---

[457] A. MESTRE, *Le Conseil d'État protecteur des prérogatives de l'administration*, LGDJ, Paris, 1974, p. 287.
[458] *Idem*, p. 13.
[459] E. CAPRANO, *État de droit et Droits européens*, L'Harmattan, 2005, p. 274.
[460] M.-C. RUNAVOT, « La "bonne administration ": consolidation d'un droit sous influence européenne, *RFDA*, 2010, p. 395.
[461] J. SCHWARZE, *Droit administratif européen*, Volume 2, Bruylant, 1994, pp. 1233- 1501.

Instrument de réflexion, la motivation protège l'administration contre son propre arbitraire[462].

De l'angle de vue de **l'État de droit formel**, la motivation garantit la soumission effective de l'administration au droit (*Paragraphe 1*). De point de vue de **l'État de droit substantiel**, la motivation assure un ensemble de droits et de libertés fondamentaux qui s'articulent autour de la notion de transparence administrative (*Paragraphe 2*).

Paragraphe 1 : La soumission de l'administration au principe de légalité

La légalité s'oppose à l'arbitraire. L'arbitraire est « *l'expression de pur caprice, de la volonté brute et brutalement imposée des détenteurs du pouvoir, le refus ou l'absence de toute justification des mesures prises, l'irrationalité des actes, des décisions et des comportements* »[463].

Par cet effet, l'obligation de motivation est un instrument de sécurité juridique au profit des sujets de droit. La sécurité juridique renvoie à l'absence d'arbitraire en ce sens que le pouvoir soit exercé selon des règles juridiques préétablies, stables et claires et non au bon plaisir des décideurs[464]. La soumission du pouvoir au droit est la **première exigence de l'État de droit**[465]. Il s'agit « *d'encadrer et de*

[462] A. MESTRE affirme que « la bonne administration exclut l'arbitraire », *Le Conseil d'État protecteur des prérogatives de l'administration*, LGDJ, Paris, 1974, p. 287.

[463] Cette définition est présentée par M. FERNANDEZ, dans son ouvrage *De la arbitrariad del legislator : una critica de la jurisprudencia constitucional,* Civitas, Madrid, 1998, traduite et citée par F. MODERNE, Sur l'arbitraire législatif, *RFDA*, 1999, p. 185.

[464] A.-L. VALEMBOIS, *La constitutionnalisation de l'exigence de sécurité juridique en droit français*, LGDJ, 2005, p. 4.

[465] J. LAFERRIÈRE, « L'État de droit et les libertés », *Pouvoir et liberté*, Mélanges J. Mourgen, Bruylant, Bruxelles, 1998, p. 156. Le rapport étroit qui unit l'absence d'arbitraire et le concept de l'État de droit est communément admis en doctrine. Les auteurs considèrent que la sécurité juridique est « l'essence même du droit » (F. DOUET, *Contribution à l'étude de la sécurité juridique en droit fiscal*, LGDJ, 1997, p. 9) ou « la raison d'être » du droit (M. FROMONT, « Le principe de sécurité juridique », *AJDA* 1996, n° spécial, p. 178) ou une condition « liée à l'idée même du

limiter la puissance de l'État par le droit … Au cœur de la théorie de l'État de droit, il y a le principe selon lequel les divers organes de l'État ne peuvent agir qu'en vertu d'une habilitation juridique : tout usage de la force matérielle doit être fondé sur une norme juridique ; l'exercice de la puissance se transforme en une compétence, instituée et encadrée par le droit»[466].

La soumission de l'action administrative au règne du droit est un minimum irréductible pour garantir l'exercice des libertés individuelles. En effet, une administration qui agit d'une manière arbitraire réduit au maximum la marge de liberté des individus. Ces derniers seront dans l'impossibilité d'agir librement car ils ne peuvent ni prévoir, ni mesurer à l'avance les conséquences juridiques de leurs actes.

Le TA ne cesse de rappeler que la soumission de l'administration au droit est une exigence essentielle de l'État de droit. Soustraire l'administration à l'obligation de se conformer au principe de légalité heurte les fondements de l'État de droit qui implique la protection des droits des individus, ajoute le juge administratif. Un pouvoir non soumis au principe de légalité et au contrôle juridictionnel est un pouvoir absolu ou arrogant intolérable dans un État de droit car l'État de droit exclut l'arbitraire[467]. L'application du droit et son exécution

---

droit » (J.-L. BERGEL, *Théorie générale du droit*, Dalloz, 3ème édition, 1999, p. 282) et « la grande justification intrinsèque du droit » (Ch.-A. MORAND « L'obligation d'évaluer les effets des lois », *Évolution législative et lois expérimentales*, Ch.-A. Morand (dir.), PUAM, 1993, p. 111, cité par A.-L. VALEMBOIS, *La constitutionnalisation de l'exigence de sécurité juridique en droit français*, LGDJ, 2005, p. 4.

[466] J. CHEVALLIER, *L'État de droit*, Montchrestien, 3ème édition, p. p. 11 et 13. « L'État de droit signifie, selon K. Stern, que l'exercice du pouvoir étatique n'est admissible que sur la base de la constitution et des lois promulguées constitutionnellement quant à l'aspect formel et matériel, avec le but de garantir la dignité de l'homme, la liberté, la justice et la sécurité juridique » : cité par S. KALMES, *Du principe de la protection de la confiance légitime en droit allemand, communautaire et français*, Dalloz, 2001, p. 77. « L'État de droit est le gouvernement des lois et de la soumission de l'État à son propre droit » : Y. BEN ACHOUR, *Introduction générale au droit*, CPU, Tunis, 2005, p. 128.

[467] TA, *Hazmi* c/ Ministre de Défense nationale, 16 juin 2001, Aff. n° 15904, *inédit* ; TA, *Gharsalaoui* c/ Ministre de l'Education, 27 novembre 2002, Aff. n° 10302,

constituent des obligations inhérentes à l'État de droit[468], souligne le TA.

La motivation formelle des actes administratifs diminue considérablement les risques d'arbitraire (B) dans la mesure où elle est de nature à rationaliser le processus de la préparation mentale de l'acte (A).

A. La rationalisation du processus intellectuel de l'acte

La rationalisation signifie l'action de rendre conforme à la raison, à la logique, au bon sens[469]. Une opération rationnelle implique une réflexion sérieuse et sage. Un pouvoir administratif rationnel résulte d'un administrateur raisonnable qui agit « *avec toute la réflexion désirable* »[470] et qui manifeste la sagesse de la mesure et de la réflexion[471].

Une technique de réflexion (1), la motivation garantit le respect de la règle de l'examen sérieux des circonstances de chaque affaire (2). On doit mettre l'accent sur le rôle des directives dans la rationalisation du pouvoir discrétionnaire. Les directives constituent une sorte de codification des motifs présentés sous forme d'orientations générales ; c'est une motivation préétablie servant de base pour l'appréciation des motifs particuliers des actes individuels (3).

---

inédit ; TA, *Denmati* c/ Ministre de l'Intérieur, 20 décembre 2003, Aff. n°10897, *inédit*.

468 TA, 1ère instance, *Bouzned* c/ Ministre de l'Intérieur, 17 janvier 2004, Aff. n° 19620, *inédit*.

469 Le Petit Larousse, Paris, 2006, p.899.

470 G. JÈZE, Essai d'une théorie générale sur l'influence des motifs déterminants sur la validité des actes juridiques en droit public français, *RDP*, 1922, p.386.

471 C'est la définition même de l'adjectif raisonnable donné par Le Petit Larousse, Paris, 2006, p. 895.

1. Une technique de réflexion

M. Hauriou soulignait qu'« *Il est bon pour l'administration elle-même de réfléchir avant d'agir* »[472]. La motivation formelle amène les administrateurs à apporter une réflexion attentive sur l'ensemble des éléments de l'acte administratif (b). Elle constitue par cet effet, un facteur de motivation psychologique (a).

a. Un facteur de motivation psychologique

La motivation apporte une modification profonde au comportement de l'administrateur. En effet, la ***motivation formelle*** de l'acte se traduit au niveau du comportement de l'administrateur en une sorte de ***motivation psychologique***. L'obligation de mettre à nu les raisons de l'acte incite l'administrateur à bien réfléchir avant d'agir, à ne pas prendre des actes à la légère. Comme toute formalité substantielle, la motivation a pour objet d'imposer à l'administration un délai de réflexion, de l'obliger à examiner les divers aspects d'une question, à peser les avantages et les inconvénients de chacune des solutions possibles[473]. L'exigence de motivation « *impose à l'auteur de l'acte un effort particulier pour comprendre et s'approprier le bien-fondé* »[474] de la décision administrative. Un auteur soulignait que « *s'il n'existe pas de machine à gouverner, pas plus que de machine à penser, il existe des techniques qui peuvent aider à penser comme à gouverner et administrer* »[475]. Selon la formule de Gaston Jèze « *l'acte qui n'est pas motivé alors qu'il devait l'être, est présumé ne pas avoir été accompli avec toute la réflexion désirable* »[476].

J. Chevallier a affirmé que « *le regard du public contraint l'administration à plus de rigueur, à plus de vigilance, ou simplement*

---

472 M. HAURIOU, *Précis de droit administratif et de droit public*, 12ème édition, Dalloz, 2002, p. 372.
473 G. BRAIBANT et C. WEINER, « Processus et procédure de décision », *Mélanges Stassinopoulos*, Athènes, 1973, p. 74.
474 N. BACCOUCHE, *Droit fiscal général*, Novaprint, Sfax, 2008, p. 278.
475 G. ARDANT, « La double origine du formalisme », *RA*, 1952, note n° 1, p. 499.
476 G. JÈZE, « Essai d'une théorie générale sur l'influence des motifs déterminants sur la validité des actes juridiques en droit public français », *RDP*, 1922, p. 386.

à plus de prudence »[477]. La motivation oblige l'administration « *à contrôler elle-même la cohérence de son raisonnement* »[478] et le bien-fondé de son choix[479] afin de « *statuer dans le sens de l'intérêt général* »[480].

b. Une réflexion portant sur les divers éléments de l'acte

L'obligation de motiver est une traduction dans le texte de l'acte des opérations de l'esprit qui ont conduit l'administrateur au dispositif adopté. La préparation mentale de l'acte est menée avec une réflexion attentive sur l'ensemble des éléments de l'acte administratif. Ce qui est de nature à assurer « *l'hygiène de la décision* »[481].

La décision administrative est « *l'aboutissement d'une série de données objectives et subjectives, étroitement liées les unes aux autres dans un ensemble complexe et qui conditionnent ce que l'on peut appeler, au sens large, la légalité de l'acte* »[482]. L'unité psychologique de l'acte établit une étroite liaison entre les diverses phases du processus décisionnel[483]. Avant d'agir, les éléments de l'acte administratif sont représentés dans l'esprit de l'administrateur dans un enchaînement logique de cause à effet. Les différents éléments de l'acte constituent « *des éléments déterminateurs de la volonté. Celle-ci veut l'objet de l'acte parce qu'il existe un motif et*

---

[477] J. CHEVALLIER, « L'administration face au public », *La communication Administration-Administrés*, p. 54 ; « Le mythe de la transparence », *Information et transparence administratives*, PUF, 1988, p. 266.

[478] G. ISAAC, *La procédure administrative non contentieuse*, LGDJ, 1968, p.547

[479] R. CHAPUS, *Droit administratif général*, Tome I, n°1318, 15ème édition, Paris, 2001, p. 1131.

[480] J.-M. AUBY, « La procédure administrative non contentieuse », *D.*, 1956, Chron., p.27.

[481] Expression empruntée à CHANDESSAIS, « Schémas des opérations de décisions », Rapport au colloque international sur la décision du CNRS, 1959, cité par G. ISAAC, *La procédure administrative non contentieuse*, thèse, Paris, LGDJ, 1968, p. 178.

[482] A.GANDOLFI, « Les motifs déterminants dans le recours pour excès de pouvoir », *JCP* 1964, I, 1835.

[483] *Cf.* : G. VEDEL et P. DELVOVÉ, *Droit administratif*, Tome II, PUF, Paris, 11ème édition, 1990, p. 324.

qu'un certain but est en perspective »[484]. R. Bonnard affirme que « *dans l'acte administratif, on part du motif en passant par l'objet pour aboutir au but* »[485]. La préparation mentale de l'acte passe par quatre opérations intellectuelles successives :

- Première opération : Perception intellectuelle des motifs de fait

Comme tout acte de volonté, la décision administrative est nécessairement fondée sur un motif qui fait naître dans l'esprit de l'agent l'idée de prendre un acte déterminé[486]. Le motif est « *l'élément premier de l'acte. Il est l'antécédent qui le précède et le provoque. Il constitue sa raison d'être* »[487]. C'est le fait générateur ou l'élément déclencheur des diverses opérations du processus décisionnel. Ainsi, la première opération de l'intelligence porte sur les faits qui précèdent l'acte. Il s'agit d'abord de la *conception* des motifs, c'est-à-dire la perception intellectuelle des faits dans l'esprit de l'auteur de l'acte. Les motifs de fait, qui à l'origine existent dans la réalité extérieure, deviennent l'objet d'une représentation intellectuelle, c'est-à-dire la matière d'un fait psychologique[488]. Ensuite, l'intelligence doit en avoir une *notion* nette et précise. Il y aura lieu d'apprécier l'existence, la qualification et la valeur des motifs de fait[489].

---

484 R. BONNARD, Note sous CE, 11 janvier 1939, Gras, et 25 juin 1937, de la Renardière, RDP 1938 p.189. *Cf.* également : D. ROUSSEAU, *Le contrôle de l'opportunité de l'action administrative*, thèse 1979, p. 390 et s.

485 R. BONNARD, *Précis de droit admini*stratif, Sirey, Paris, 1935, p.33.

486 Selon Léon Duguit, le motif est un fait extérieur à l'intention de l'auteur mais qui provoque dans son esprit l'idée ou la conception de l'acte, c'est-à-dire la représentation intellectuelle de l'acte. Le motif « ...n'est pas le **pourquoi** le sujet veut une certaine chose (le but), c'est le **par quoi** est né dans son esprit l'idée qu'il est possible de vouloir cette chose ou son contraire ». (*Traité de droit constitutionnel*, Tome I, ALF et Cie, Paris, 1927, p. 307).

487 R. BONNARD, *Précis de droit administratif*, Sirey, Paris, 1935, p. 33. *Cf.* dans le même sens R. BONNARD, « Le pouvoir discrétionnaire des autorités administratives et le recours pour excès de pouvoir », *RDP,* 1923, pp. 370.

488 Ch. EISENMANN, *Cours de droit administratif*, Tome II, LGDJ, Paris, 1983, p. 644.

489 R. BONNARD, « Le pouvoir discrétionnaire des autorités administratives et le recours pour excès de pouvoir », *RDP*, 1923, p.370.

- Deuxième opération : Détermination de l'objet de l'acte

Les motifs provoquent dans l'esprit de l'administrateur l'obligation ou la possibilité de prendre un acte ayant un contenu déterminé. Les motifs deviennent alors « *les forces psychologiques d'impulsion à prendre la décision ; ils deviennent des moteurs psychologiques* »[490]. Cette deuxième opération intellectuelle porte sur l'objet de l'acte. L'objet de l'acte administratif est constitué par un ensemble de droits conférés et d'obligations imposées par l'effet de l'édiction de l'acte[491]. Il s'agit de « *l'effet juridique ou matériel produit par l'acte* »[492]. La volonté va apprécier s'il faut agir et en cas d'action choisir le contenu de la décision qui répond aux motifs.

- Troisième opération : Projection du but poursuivi

La troisième phase est de choisir le but de l'acte. Étant donné que l'acte administratif « *comporte un minimum de conscience et de diligence professionnelle* »[493], un agent public raisonnable va projeter dans l'avenir le but qui répond aux motifs de fait. Il s'agit du « *résultat qu'on se propose d'atteindre par le moyen de l'effet de droit produit par l'acte* »[494]. Le but (intérêt du service, intérêt financier, ordre public, objectif économique…) se réalise comme la conséquence nécessaire et logique de l'objet de l'acte. Le but se présente dans l'esprit de l'agent comme étant un vouloir qui se réalise lorsque l'acte produit ses effets juridiques, lorsque les droits sont conférés et les obligations sont exécutées[495].

---

[490] Ch. EISENMANN, *Cours de droit administratif*, Tome II, LGDJ, Paris, 1983, p. 644.

[491] M. DUBISSON, *La distinction entre la légalité et l'opportunité dans la théorie du recours pour excès de pouvoir*, Paris, LGDJ, 1957, p. 82.

[492] R. BONNARD, Note précitée sous CE, *Gras* et *de la Renaudière*, p. 139.

[493] M. HAURIOU, Note sous CE, 4 avril 1914, *Gomel*, *S*. 1917, III. p.25.

[494] R. BONNARD, « Le pouvoir discrétionnaire des autorités administratives et le recours pour excès de pouvoir » *RDP*, 1923, p.371.

[495] Ch. EISENMANN, *Cours de droit administratif*, Tome II, LGDJ, Paris, 1983, p.272 ; M. DUBISSON, *La distinction entre la légalité et l'opportunité dans la théorie du recours pour excès de pouvoir*, thèse, LGDJ, 1957, p. 82

- Quatrième opération : Le choix d'une justification légale

La dernière opération dans le processus intellectuel est de chercher une « *justification normative* »[496], c'est-à-dire un motif de droit. Sur le plan psychologique, dans le déroulement de la vie mentale, l'administrateur, après avoir déterminé le dispositif de l'acte à la lumière des motifs de fait, procède à la recherche de la règle juridique applicable. On en déduit que la motivation, en tant que présentation écrite des motifs, n'exprime pas réellement le processus intellectuel qui a été mené par l'auteur de l'acte. Au niveau de la préparation mentale de l'acte, l'auteur commence par poser la décision envisagée qui lui paraît équitable et humainement acceptable eu égard aux circonstances de fait. Ensuite, il s'efforce de remonter jusqu'à la règle de droit[497]. C'est ainsi que Charles Eisenmann a pertinemment démontré que « *le rapport psychologique entre motifs (de droit) et décision est inverse de leur rapport logique ; l'ordre de leur présentation est inverse de celui de leur élaboration* »[498].

Par l'effet de l'obligation de motivation, l'administrateur sera impliqué, en son for intérieur, par un souci psychologique de ne pas commettre des erreurs. Ce qui garantit, dans une large mesure, le respect de la règle de l'examen sérieux des circonstances de chaque affaire.

2. L'examen sérieux des circonstances de chaque affaire

Il importe en premier lieu d'identifier l'obligation de l'examen individuel de chaque affaire (a) avant de démontrer le rapport de causalité qui unit l'obligation de motiver à l'obligation de l'examen sérieux de chaque affaire (b).

a. Identification de la règle

L'identification de la règle implique de préciser sa signification (a.1) et ses fondements (a.2).

---

[496] L'expression est empruntée à Ch. EISENMANN, *Cours de droit administratif*, Tome II, LGDJ, Paris, 1983, p. 615.

[497] J. CARBONNIER, *Introduction au droit*, 8ème édition, PUF, 1995, n°9.

[498] Ch. EISENMANN, *Cours de droit administratif*, Tome II, LGDJ, Paris, 1983, p. 616.

a.1 : Signification

L'examen sérieux des circonstances de chaque affaire[499] signifie que l'autorité administrative ne peut prendre une décision sans avoir au préalable procédé à un examen réel et complet des données propres à chaque espèce[500]. À chaque acte individuel, l'administration est tenue d'apprécier ce que doit être la décision compte tenu des données propres de l'affaire[501]. Il a été jugé qu'il n'est pas permis à l'autorité administrative de prendre des actes individuels avant de procéder à une analyse effective et exhaustive des circonstances particulières à la situation objet de l'acte litigieux[502]. Il est donc interdit à l'administration, dans des matières où elle dispose de pouvoir discrétionnaire, de prendre une ou plusieurs décisions fondées sur une position de principe ou sur des considérations d'ordre général[503].

« *Une règle de bonne administration* »[504], « *un principe de moralité administrative désormais classique* »[505], l'individualisation de l'examen des affaires est « *La première garantie qu'on puisse avoir quant à la réalité et au sérieux du travail administratif* »[506].

---

[499] La règle est désignée en doctrine et en jurisprudence par les formules les plus variées : « l'examen particulier des circonstances de chaque affaire », « l'examen effectif des affaires », « l'examen individuel de chaque affaire »... *Cf.* R. MOULIN, « La règle de l'examen particulier du dossier, une extrapolation équivoque », *AJDA*, 1980, p. 443.

[500] R. CHAPUS, *Droit administratif général*, Tome I, 15ème édition, Paris, 2001, p. 1115. Par ailleurs certains textes imposent expressément l'obligation pour l'administration d'examiner sérieusement les circonstances avant de décider. On peut citer à titre d'illustration l'article 23-2-a) du code des douanes de 2008 qui exige pour considérer la valeur transactionnelle comme irrecevable l'examen des circonstances propres à la vente.

[501] R. CHAPUS, *Droit administratif général*, Tome I, 15ème édition, Paris, 2001, p. 1116.

[502] TA, 1ère instance, *Merdassi* c/ Ministre de l'Éducation nationale, 2 avril 1998, Aff. n° 13699, *Rec*. p. 182.

[503] MULLER, Conclusions sur tribunal administratif de Cergy-Pontoise, 21 décembre 2006, Mme Fatma Ouddane, *AJDA*, 2007, p. 419 ; G. ISAAC, *La procédure administrative non contentieuse*, thèse, LGDJ, 1968, p.441.

[504] D. M. DESGREES DU LOU, *Droit des relations de l'administration avec ses usagers*, Puf, Paris, 2000, p. 197.

[505] B. PACTEAU, *Le juge de l'excès de pouvoir et les motifs de l'acte administratif*, Clermont-Ferrand, 1977, p.p.183 et 185.

[506] *Idem*, p.186.

C'est un minimum irréductible de vérité et de sincérité du pouvoir administratif. Hauriou écrivait : « *L'usage du pouvoir administratif comporte un minimum de conscience et de diligence professionnel. C'est un excès de pouvoir de ne pas étudier les questions* »[507]. L'obligation de procéder à un examen sérieux des circonstances de chaque décision est, à cet effet, une règle de déontologie professionnelle qui dérive de la nature institutionnelle de l'administration et s'articule autour de l'idée de bonne administration[508].

La règle s'applique à tous les organes qui interviennent dans le processus décisionnel qu'ils soient investis de pouvoir de décision ou seulement chargés de donner des avis[509]. Elle est consacrée et sanctionnée quelque soit le degré d'appréciation reconnu à l'autorité administrative[510].

a.2 : Fondements

Le motif profond d'une jurisprudence qui sanctionne la règle de l'examen sérieux de chaque affaire réside dans « *la volonté d'assurer un exercice normal du pouvoir discrétionnaire. Ce n'est pas un pouvoir discrétionnaire normal que celui qui s'ignore. Le requérant a droit à un libre examen de son cas comme il a droit à l'accomplissement des formalités requises* »[511]. En effet, le pouvoir d'appréciation reconnu à une autorité administrative ne constitue pas seulement un droit mais aussi un devoir[512]. Par application de la conception fonctionnelle des compétences administratives,

---

507 M. HAURIOU, Note sous CE, 4 avril 1914, *Gomel, S.* 1917, III. p.25.
508 J. HUMMEL, «La théorie de la moralité administrative et l'erreur manifeste d'appréciation », *RA*, 1996, n°293, p. 338.
509 D. M. DESGREES DU LOU, *Droit des relations de l'administration avec ses usagers*, Puf, Paris, 2000, p.197 et G. ISAAC, *La procédure administrative non contentieuse*, Paris, LGDJ, 1968, p. 440.
510 G. ISAAC, *La procédure administrative non contentieuse*, Paris, LGDJ, 1968, p.439.
511 L. GOLDENBERG, *Le Conseil d'État juge de fait*, Dalloz, Paris, 1932, p.185. *Cf.* : L. GOLDENBERG, *Le Conseil d'État juge de fait*, Dalloz, Paris, 1932, p.185.
512 D. LAGASSE, « Le contrôle du pouvoir discrétionnaire de l'administration par le juge », *L'administration face à ses juges*, Rapports de la journée d'étude organisée le 22 mai 1987, Jeune barreau de Liège, p. 121.

l'administration est tenue d'exercer réellement le pouvoir discrétionnaire, de faire effectivement le choix de la décision à prendre[513] et par là même d'examiner au fond les affaires entrant dans le champ d'application de ses pouvoirs d'appréciation[514].

Une autorité administrative qui dispose d'un certain pouvoir de choix doit en user d'une façon nuancée en procédant à une analyse préalable aux circonstances propres à chaque cas : elle ne peut pas se lier à l'avance par une position de principe rigide alors que son pouvoir lui a été attribué pour qu'il soit exercé avec souplesse et discernement[515].

L'opération d'édicter une décision administrative implique, par définition, cette exigence de flexibilité dans l'exercice du pouvoir. L'administration n'est nullement une « *machine à décider* »[516]. Décider, c'est mettre en jeu ce qui est spécifiquement humain : l'appréciation, le choix, le libre arbitre[517] selon les règles de la logique et du bon sens. Pour qu'il y ait décision, « *il faut que son auteur ait eu à se livrer à des appréciations, à des estimations non réductibles à l'arithmétique, non plus qu'à la mathématique la plus savante, à prendre des risques dans l'incertain et, surtout, à procéder à des arbitrages entre des valeurs éthico-politiques* »[518]. R Charlier affirmait que la première démarche du droit est de laisser l'administrateur « *constater la situation de fait et en tirer les conséquences pratiques. Non seulement on le lui permet, mais on le contraint à faire cet effort d'adaptation en lui interdisant de statuer*

---

[513] A. De LAUBADERE, et Y. GAUDEMET, *Traité de droit administratif*, Tome 1, 16ème édition, LGDJ, Paris, 2001, p. 582.
[514] C. BLUMAN, *La renonciation en droit administratif français*, LGDJ, Paris, 1974.
[515] R. ODENT, *Contentieux administratif*, Les cours de droit, IEPP, Paris, 1981, p. 1945.
[516] Expression empruntée à D. BOURCIER et G. KOUBI, « Responsabilisation des décideurs et systèmes d'information », *AJDA*, 1999, p. 7.
[517] D. BOURCIER, *La décision artificielle : le droit, la machine et l'humain*, Puf, Paris, 1995, p. 20 ; M.-O. DE BÈZE, « L'art de décider », *RA*, n° 373, 2010, p. 44.
[518] L. MEHL, *Préface* à l'ouvrage de D. BOURCIER, *La décision artificielle : le droit, la machine et l'humain*, Puf, Paris, 1995, p. 12.

au "pochoir" par plaquage de quelque standard général, et en l'obligeant de rechercher les facteurs particuliers de l'espèce »[519].

Par ailleurs, l'obligation de l'examen effectif des circonstances de chaque décision découle de la notion même de pouvoir discrétionnaire. Le TA affirme qu'il « *est constamment admis en doctrine et en jurisprudence que le pouvoir discrétionnaire ne signifie pas le pouvoir absolu soustrait à tout contrôle juridictionnel. Il signifie, au contraire, la possibilité reconnue à l'administration de choisir entre deux ou plusieurs actes conformément à des motifs et buts déterminés pour chaque décision* »[520]. L'exercice réel du pouvoir discrétionnaire implique que l'administration procède pour chaque décision une appréciation distincte dès lors que le pouvoir discrétionnaire exige que la décision choisie ait des motifs et un but qui lui sont propres.

Outre l'idée d'assurer un exercice réel du pouvoir discrétionnaire, la règle de l'obligation de l'examen sérieux du dossier est également fondée sur le caractère effectif de la procédure d'édiction de l'acte. C'est un principe fondamental de toute procédure non contentieuse [521] : « *l'administration a l'obligation juridique* […] *de se mettre avant de statuer... dans les meilleurs conditions pour apprécier sainement et en connaissance de cause ce que demande l'intérêt général* »[522]. Il s'agit d'un « *formalisme implicite* » qui accorde « *une*

---

[519] « La technique de notre droit est-elle appropriée à sa fonction ? », *EDCE*, 1951, p.42.

[520] C'est notre traduction. TA, 1ère instance, *Denmati* c/ Ministre de l'Intérieur, 20 décembre 2003, Aff. n°10897, *inédit* ; *Cf.* en ce sens : TA, 1ère instance, *Hazmi* c/ Ministre de la Défense nationale, 16 juin 2001, Aff. n°15904, et TA, 1ère instance, *Kharslaoui* c/ Ministre de l'Education, 27 novembre 2002, Aff. n°10302 et TA, Appel, Ministre de l'enseignement supérieur c/ Saadi, 15 juillet 2005, Aff. n°24556, Rec. p. 209.

[521] G. ISAAC, *La procédure administrative non contentieuse*, Paris, LGDJ, 1968, p.p. 439 et 447.

[522] M. WALINE, Note sous CE, 20 juin 1952, *Legos*, *RDP*, 1953, p. 725.

garantie remarquable aux administrés »[523] et assure l'effectivité de l'appréciation des circonstances de chaque affaire[524].

De l'obligation de l'examen particulier des faits découle l'obligation pour l'administration de rechercher les informations nécessaires avant de statuer. Tout décideur est « *obligé de savoir* »[525] pour qu'il puisse opérer une appréciation complète et précise des circonstances de fait. L'obligation pour l'administration de s'informer est érigée au rang des principes généraux de droit par le Conseil d'État belge[526].

b. Corrélation étroite entre l'obligation de motivation et l'examen sérieux des circonstances de chaque affaire

La jurisprudence administrative comparée établit une corrélation étroite entre l'obligation de motiver et l'obligation de l'examen attentif et exhaustif du dossier de l'affaire. Le Conseil d'État belge souligne que « *la rédaction d'une motivation formelle oblige l'autorité administrative à un examen approfondi du problème à résoudre* »[527]. Le Conseil d'État italien exige que dans la motivation de l'acte discrétionnaire, l'autorité administrative est tenue de s'expliquer sur le bilan coûts-avantages de la décision[528]. En droit allemand, la motivation doit démontrer, de façon suffisamment détaillée, que les intérêts des administrés ont bien été soupesés[529].

---

523 Liet- Veaux et Georget, Juris-Classeur administratif, Fasc. 660-1, n° 141.

524 G. ISAAC, *La procédure administrative non contentieuse*, LGDJ, 1968, p.p. 447 et 448.

525 D. BOURCIER et G. KOUBI, « Le devoir de savoir », *8ème forum le Monde Le Mans, "De quoi sommes-nous responsables ? »*, cité par les deux auteurs, « Responsabilisation des décideurs et systèmes d'information", *AJDA*, 1999, p. 4.

526 D. LAGASSE, « Le contrôle du pouvoir "discrétionnaire" de l'administration par le juge », *L'administration face à ses juges*, Rapports de la journée d'étude organisée le 22 mai 1987, Jeune barreau de Liège, p. 122.

527 Belgique, CE, 27 novembre 2000, Thibaut c. État belge, n°91121, cité par Paul LEWALLE, *Contentieux administratif*, Larcier, 2007, p.p. 151 et 152 :.

528 Italie, CE, IV, 22 juin 2000, n° 3556, cité par M. FROMOND, *Droit administratif des États européens*, Puf, Paris, 2006, p. 228.

529 Cité in A. RACCAH, « Le Code de procédure administrative non contentieuse en Allemagne », in *Conseil d'État, Rapport public 2011*, Paris, La documentation française, coll. *EDCE*, p. 212.

Le juge administratif français condamne le phénomène des « *décisions en bloc* » prises simultanément alors que chacune d'elle implique un examen distinct[530]. En effet, une administration saisie d'une demande qu'il a une grande liberté pour l'agréer ou la rejeter est tenue avant de décider de procéder à un examen des circonstances propres de l'affaire et ne peut se borner à la repousser en faisant état d'un motif d'ordre général[531].

Le TA tunisien a jugé que l'obligation pour les commissions médicales de motiver ses avis impose le devoir d'examiner sérieusement le contenu des certificats médicaux établissant que la situation sanitaire de l'intimé ne lui permet pas de reprendre son travail[532]. De même, une motivation insuffisante signifie que l'administration n'a pas tenu compte de l'ensemble des éléments d'appréciation à l'occasion de l'évaluation du rendement de l'agent, souligne le TA[533].

La jurisprudence administrative tunisienne sanctionne la négligence de l'obligation de l'individualisation de l'examen des affaires. Ladite négligence est déduite à partir des motivations stéréotypées. Voilà un requérant locataire qui a demandé l'exercice de la priorité d'achat dans le cadre de la liquidation des immeubles appartenant à des étrangers au profit des locataires et des occupants de bonne foi. Cependant, il s'est avéré que, par une décision unique, le gouverneur a autorisé la conclusion de plusieurs contrats portant aliénation de l'ensemble des immeubles appartenant à une société française au profit de deux sociétés tunisiennes. Le requérant soutient que l'autorisation du gouverneur, objet du recours, est illégale du fait que l'administration n'a pas examiné au préalable les dossiers des occupants afin de collecter l'ensemble des données nécessaires à

---

[530] B. PACTEAU, *Le juge de l'excès de pouvoir et les motifs de l'acte administratif*, Clermont-Ferrand, 1977, p. 185.

[531] J. MEGRET, « De l'obligation pour l'administration de procéder à un examen particulier des circonstances de l'affaire avant de prendre une décision même discrétionnaire », *EDCE*, 1953, p. 77.

[532] TA, 1ère instance, *Bouthouri* c/ Gouverneur de Ben Arousse, 27 décembre 2002, Aff. n° 19543, *inédit* ; TA, Appel, Ministre de l'éducation c/ *Gandoura*, 25 mai 2006, Aff. n° 25425 et 25443, *inédit*.

[533] TA, 1ère instance, *Jabnoun* c/ Ministre de l'éducation, 26 mars 2005, Aff. n° 11340, *inédit*.

l'appréciation du droit de l'exercice de la priorité d'achat reconnue aux occupants.

Le TA a jugé « ... *que l'administration, alors même qu'elle bénéficie d'un pouvoir discrétionnaire quant à l'octroi des autorisations relatives aux opérations immobilières prévues à l'article 2 du décret du 4 juin 1957* [...], *demeure soumises à des contraintes qu'elle doit respecter telles que l'examen particulier et effectif des circonstances propres à chaque dossier ; qu'elle ne peut par conséquent pas prendre des actes fondés sur des motifs formulés d'une manière globale sans tenir compte des particularités de chaque demande.*

Considérant qu'il ressort de la vérification de la décision d'autorisation litigieuse que l'administration n'a pas procédé à l'examen individuel du dossier présenté par les intervenants en négligeant de vérifier la situation des immeubles et celle des occupants et s'ils ont l'intention d'exercer le droit de priorité ; l'administration se contente d'indiquer que l'autorisation est relative à une opération de vente et d'achat d'actions qui constitue en soit une simple régularisation foncière au profit de la société "Bard" »[534].

L'illégalité tirée de la violation de l'obligation de l'examen effectif de chaque affaire est détectée à partir du vice tiré du caractère stéréotypé de la motivation. Par une motivation unique et standard (« *une opération de vente qui constitue en soit une simple régularisation foncière au profit de la société "Bard"* »), l'administration a réglé des situations différentes. Le juge en déduit que l'administration n'a pas procédé à un examen individuel de chaque dossier en tenant compte de la situation particulière de chaque administré.

Le défaut d'un examen effectif des circonstances entourant la décision d'autorisation signifie, sur le plan de la technique juridique et administrative, que l'opportunité de la décision administrative n'a pas été examiné. Dans un arrêt similaire, le TA affirme que

[534] C'est notre traduction. TA, 1ère instance, 29 mars 2000, *Asaad* c/ Gouverneur de Tunis, Aff. n°14582, *Rec.* p. 103.

l'administration n'a pas le droit de se contenter d'une position de principe rigide pour régler des situations différentes. L'administration aurait dû se pencher sur la situation individuelle de chaque locataire pour savoir s'il bénéficie du droit de la priorité d'achat[535].

La décision du gouverneur supprime, non seulement le principe de l'examen cas par cas, mais aussi toute possibilité de choix attribuée par le législateur à l'autorité administrative. Elle supprime le pouvoir discrétionnaire et crée une situation de compétence liée. L'administration refuse d'exercer le pouvoir de choix qui lui est reconnu par la loi. La même décision est dès lors viciée d'une incompétence négative. L'incompétence négative résulte du refus d'une autorité d'exercer la plénitude de sa compétence[536] parce que « *s'il n'est pas permis à une autorité d'étendre le cercle de ses pouvoirs, il ne lui est pas permis non plus de le restreindre* »[537]. L'illégalité de la position de principe préétablie par le gouverneur entraine l'illégalité de toute décision individuelle prise sur son fondement et portant refus de bénéficier de la priorité d'achat.

Force est de préciser que cette modalité de contrôle exercé par le juge ne porte pas sur l'exercice proprement dit du pouvoir discrétionnaire, c'est-à-dire sur le choix même de la décision à pendre. Sans substituer son appréciation à celle de l'administration, le juge veille de l'extérieur à ce que l'administration exerce son choix dans les meilleures conditions[538]. La jurisprudence a ainsi développé la règle de l'examen effectif de l'affaire afin de garantir une « *bonne utilisation* » du pouvoir discrétionnaire[539].

---

[535] TA, 1ère instance, *Sarai* c/ Ministre des affaires foncières, 28 octobre 1999, Aff. n° 14581, *inédit*.

[536] O. FOUQUET, « Recours en cassation », Répertoire Dalloz, Contentieux administratif, p. 7.

[537] E. LAFERRIÈRE, *Traité de la juridiction administrative et des recours contentieux*, LGDJ, 1989, p. 519.

[538] Khan, Conclusions sur CE (Ass.), 27 février 1948, *Société des laboratoires du Bac et autres*, *Rec*. p. 100 ; D. 1948. J.556 ; A. De LAUBADERE, « Le contrôle juridictionnel du pouvoir discrétionnaire dans la jurisprudence récente du Conseil d'État », *Mélanges M. Waline*, LGDJ, Paris, 1974, Tome II, p. 533 et s.

[539] J.-M. WOEHRLING, « Le contrôle du pouvoir discrétionnaire en France », *RA*, numéro spécial 7, 1999, p. 82.

3. Le rôle des directives dans la rationalisation de l'appréciation des actes individuels

Les directives contiennent des motifs sous forme d'orientations générales qui vont servir de base pour l'identification des motifs particuliers des décisions individuelles (a). Bien qu'elle constitue une notion à consistance juridique incertaine[540], la directive est de nature à

---

[540] La notion de directive est contrastée : dénuée de caractère réglementaire, appartenant aux mesures d'ordre intérieur, elle est susceptible de créer indirectement des droits (M. CLIQUENNOIS, « Que reste-t-il des directives ? », *AJDA* 1992, p. 10). Elle modifie bel et bien la situation juridique des administrés et ajoutent incontestablement des dispositions nouvelles à la loi ou au règlement (M. WALINE, Note sous CE, section, 29 juin 1923, *Société Géa*, *RDP* 1974, p. 550). En l'absence d'une raison tirée des circonstances particulières ou de l'intérêt général, la décision individuelle est légalement justifiée par sa conformité à la directive. Ainsi, la directive, qui a servi de base à la décision attaquée, sera à l'origine des préjudices éventuellement causés à la situation du requérant. Le moyen invoqué par le requérant tiré de l'erreur de droit au motif que l'acte attaqué est pris sur la base d'une directive sera sanctionné par le rejet. Comme l'affirme M. Waline, « On comprend dès lors que le Conseil d'État ait dit que ces directives "*ne modifiaient pas par elles-mêmes la situation des intéressés*". Elles ne la modifient pas " *par elles-mêmes*", mais elles la modifient tout de même… La directive est un hybride dont la nature est imprécise, dont les effets sont contestés par le Conseil d'État, mais se produisent cependant dans une demi-clandestinité » (M. WALINE, Note sous CE, section, 29 juin 1923, Société Géa, *RDP* 1974, p.p. 550 et 551). Le professeur Y. Ben Achour a même considéré que la directive constitue au fond un acte réglementaire : « Refuser le caractère réglementaire de la directive, mais reconnaître qu'elles puissent servir de base à une décision individuelle, cela revient à jouer sur les mots. Il est difficile d'admettre qu'un acte à caractère général servant de base à des actes individuels soit autre chose qu'un acte réglementaire » (Y. BEN ACHOUR, *Droit administratif*, CPU, Tunis 2000, p. 378). La directive est un acte réglementaire inachevé. S'imposant à l'administration en tant qu'une norme générale, mais susceptible de dérogation dans certains cas, la directive est « un phénomène très curieux de pseudo-règle de droit… Elle n'est… ni impérative, ni permissive ». M. WALINE, Note sous CE, 11 décembre 1970, *Crédit foncier de France*, *RDP* 1972, p.p. 1228 et 1232). De plus, les directives, tout comme les circulaires, ne sont pas soumises à l'obligation de publication alors même qu'elles sont opposables aux administrés. Il s'agit de la solution adoptée par l'arrêt *Société Géa* en vertu de laquelle la directive, dépourvue de caractère réglementaire, n'avait pas à être publiée. L'article 9 de la loi du 17 juillet 1978 sur l'amélioration des relations de l'administration avec le public prescrit, au même titre que les circulaires et instructions, la publication des directives « *qui comportent une interprétation du droit positif ou une description des procédures administratives* ». Le Conseiller P. Letourneur fait remarquer que les directives proprement dites, c'est-à-dire celles qui

encadrer l'examen particulier des dossiers (b) et favorise le respect de l'égalité de traitement entre les administrés (c) et le bon fonctionnement du service public (d).

a. La directive, une motivation globale servant de base pour choisir les motifs particuliers des actes individuels

L'autorité administrative qui dispose d'un pouvoir discrétionnaire peut définir à l'avance des critères d'appréciation pour l'évaluation et le choix des actes individuels. L'administration va apprécier l'octroi ou le refus d'un avantage déterminé sur la base des critères et des conditions définis dans la directive. Il s'agit d'orientations générales, des conditions ou des lignes directrices dans lesquelles le pouvoir sera utilisé[541].

Une certaine doctrine considère que la directive constitue une sorte de « *codification des motifs* », voire même une « *motivation collective* »[542] ou « *une justification commune d'un groupe de décisions administratives individuelles* »[543]. On peut admettre que les décisions individuelles prise sur la base des directives sont motivées

---

définissent une orientation du pouvoir discrétionnaire, ne sont pas visées, de façon certaine, par la loi. (*AJDA* 1996). R. Chapus affirme cependant qu'une interprétation large de la loi est légitime car il serait étrange d'imposer la publication des circulaires interprétatives et de dispenser l'administration de l'obligation de publier les directives compte tenu de leur opposabilité. (*Droit administratif général*, Tome I, 15ème édition, Paris, 2001, p. 521).

[541] Pour une analyse détaillée des directives, *Cf.* notamment : P. DELVOVÉ, « La notion de directive », *AJDA*, 1974, p. 459 ; J.-M. WOEHRLING, « Le contrôle du pouvoir discrétionnaire en France », *RA*, numéro spécial 7, 1999, p.p. 82 et 83 ; M. CLIQUENNOIS, « Que reste-t-il des directives » ?, *AJDA*, 1992, p. 3 ; J. BOULOUIS, « Sur une catégorie nouvelle d'actes juridiques : Les directives », *Mélanges Eisenmann*, Paris, Cujas, 1977, p. 199. R. ODENT, *Contentieux administratif*, Les cours de droit, IEPP, Paris, 1981, p. 1949 et B. PACTEAU, *Le juge de l'excès de pouvoir et les motifs de l'acte administratif*, thèse, Clermont-Ferrand, 1977, p. 194 et s. et M. EL YAAGOUBI, *La motivation des actes administratifs*, Thèse, Université des Sciences Sociales de Grenoble, UER Droit 1981, pp. 457-508.

[542] BERTRANT, Conclusions sur CE, Section, 11 décembre 1970, *Crédit Foncier de France*, *Rec.* p. 757.

[543] M. EL YAAGOUBI, *La motivation des actes administratifs*, thèse, Université des Sciences Sociales de Grenoble, UER Droit 1981, pp. 472.

par référence à cette doctrine qui doit être appliquée à toutes les situations similaires[544]. Par ailleurs, dans certains cas, c'est la règle de droit qui détermine les motifs ou les éléments d'appréciation sur lesquels doit porter l'examen du dossier[545].

Il faut préciser que les motifs inscrits au sein de la directive sont des motifs d'ordre général. Ce sont des orientations de référence sur la base desquelles l'administration va identifier des motifs spécifiques et individualisés pour chaque acte individuel.

Quelque soit son support formel[546], la directive est un acte non réglementaire, acte d'orientation du pouvoir discrétionnaire, émis par l'administration afin de faciliter l'exercice de son pouvoir discrétionnaire, elle n'ajoute pas directement à l'ordonnancement juridique, mais sert de fondement à des décisions individuelles[547].

---

[544] M. WALINE, Note sous CE, 11 décembre 1970, *Crédit Foncier de France*, *RDP* 1971, p. 1228 ; D. LOSHARD, Note sous CE, 11 décembre 1970, *Crédit Foncier de France*, *D.* 1971, p. 676.

[545] *Cf.* l'article 11 du décret n°2000-2125 du 25 septembre 2000, définissant les conditions et les réglementations d'octroi d'une autorisation en vue de la création d'un établissement privé d'enseignement supérieur, *JORT* n°78 du 27 septembre 2000, p. 2310 ; TA, 1ère instance, *École privé supérieur des affaires de Tunis* c/ Ministre de l'enseignement supérieur, 1er février 2003, Aff. n°10078, *inédit* ; Article 6 de la loi n°61-83 du 27 juin 1983 relative aux immeubles appartenant à des étrangers et construits ou acquis avant 1956 (*JORT* n° 48 du 1er juillet 1983, p.1870) ; TA, Appel, *Mlouhia et Société immobilière Bader* c/ Ministre des domaines de l'État, 22 novembre 2002, Aff. n° 23241 et 23253, *inédit.*

[546] La directive peut prendre les formes les plus variées. Indépendamment de son appellation, une instruction, une circulaire, une note de service peut contenir une ou plusieurs directives. Comme l'affirme le Professeur Y. Ben Achour, « au sujet de l'étude des circulaires, aussi bien que des directives, il ne faut pas s'arrêter à la présentation matérielle du texte ni à son libellé » : *Droit administratif*, CPU, Tunis 2000, note n°1, p. 376.

[547] *Cf.* : M. CLIQUENNOIS, « Que reste-t-il des directives » ?, *AJDA* 1992, p.p. 3 et 4 ; P. DELVOVÉ, « La notion de directive », *AJDA*, 1974, p. 459 et s. et A. De LAUBADERE, et Y. GAUDEMET, *Traité de droit administratif*, Tome 1, 16ème édition, LGDJ, Paris, 2001, p. 638 et s.
Une mesure d'ordre intérieur, la directive n'est pas susceptible de REP (CE, 8 octobre 1971, Caisse nationale d'assurance maladie des travailleurs salariés, *RDP* 1971, p. 715 ; CE, 14 décembre 1988, Société Gibert Marine, *AJDA* 1989, p. 266, note J.B. Auby). Par ailleurs, la jurisprudence administrative française exige pour la

Dans la jurisprudence administrative française, la célèbre décision *Crédit Foncier de France*[548] est généralement considérée comme la première qui reconnaissait la notion de directive administrative avec un régime juridique construit[549]. Quant au TA, et après avoir adopté une position critiquable qui consiste à assimiler les directives à la notion des circulaires interprétatives[550], il s'est penché sur la définition des directives au sens de l'arrêt *Crédit Foncier de France*.

---

légalité de la directive qu'elles « ne soit pas inadaptée aux buts visés par la réglementation appliquée » et qu'elle ne méconnaisse les dispositions réglementaires en vigueur, ni imposer des discriminations contraires aux principes généraux sous peine de rendre illégales les mesures prises sur le fondement de telles directives (*Cf.* : A. De LAUBADERE, et Y. GAUDEMET, « *Traité de droit administratif* », Tome 1, 16ème édition, LGDJ, Paris, 2001, p. 639 et B. PACTEAU, « *Le juge de l'excès de pouvoir et les motifs de l'acte administratif* », Thèse, Clermont-Ferrand, 1977, p.p. 197 et 198). Si la directive ajoute des prescriptions nouvelles ou transforme le pouvoir discrétionnaire en compétence liée, il acquiert le caractère d'une circulaire réglementaire et devient susceptible de REP (*Cf.* : M. CLIQUENNOIS, « Que reste-t-il des directives » ?, *AJDA* 1992, p. 6).

[548] CE, Section, 11 décembre 1970, Crédit Foncier de France, *Rec.* p. 750, Conclusions BERTRANT ; *D.* 1971.II.673. Il a été jugé que « … pour refuser l'allocation mentionnée à l'article 6 du règlement général du 17 avril 1946, la commission nationale s'est référée aux normes contenues dans une de ses propres directives, par lesquelles elle entendait, sans renoncer à exercer son pouvoir d'appréciation, sans limiter celui des commissions départementales et sans édicter aucune condition nouvelle à l'octroi de l'allocation dont s'agit, définir des orientations générales en vue de diriger les interventions du fonds ; que la demoiselle Gaupillat et la dame Ader n'invoquent aucune particularité de leur situation au regard des normes susmentionnées, ni aucune considération d'intérêt général de nature à justifier qu'il ait fût déroger et dont la Commission nationale aurait omis l'examen ; qu'elles ne soutiennent pas davantage que la directive dont s'agit aurait méconnu les buts envisagés lors de la création du Fonds national d'amélioration de l'habitat ; que dans ces conditions, une telle référence n'entachait pas la décision de refus d'une erreur de droit… ».

[549] M. CLIQUENNOIS, « Que reste-t-il des directives ? », *AJDA* 1992, p. 3. L'arrêt précité est tellement important que la majorité de la doctrine emploie l'expression de « directives Crédit Foncier de France » ou une expression similaire. (*Cf.* notamment : R. CHAPUS, *Droit administratif général*, Tome I, 15ème édition, Paris, 2001, p. 520 ; P. DELVOVÉ, *Répertoire Dalloz*, 1999, « Acte administratif », p. 31 ; M. CLIQUENNOIS, « Que reste-t-il des directives ? », *AJDA* 1992, p. 3).

[550] TA, 24 novembre 1993, *Agence internationale de commerce* c/ Directeur général de douane, Aff. n° 2848, *Rec.* p. 579.

Il a été jugé que « *l'autorité administrative est impérativement tenue de se conformer aux directives qu'elle adopte pour déterminer le cadre général de l'exercice de son pouvoir discrétionnaire conformément aux exigences des textes juridiques en vigueur et ce, afin de rationaliser les voies de la légalité en ce qui concerne les attributions qu'elle détienne à cet effet ; que le Ministre de l'éducation est dans l'obligation de vérifier, lors de l'attribution de la fonction de direction des écoles primaires, si les candidats ont rempli les conditions prévues par la circulaire édictée en la matière* »[551].

b. L'encadrement de l'examen particulier des affaires

Sans l'écarter, la théorie des directives a pour effet d'encadrer la règle de l'examen des circonstances propres à chaque affaire[552]. La directive dispense l'administration d'une appréciation exclusivement casuistique. Au lieu d'effectuer *« un examen isolé de chaque cas individuel »*[553], l'autorité administrative examine la situation individuelle sur la base des critères préétablis dans la directive[554]. L'administration ne doit, ni se borner à « *une application aveugle et automatique de la directive* »[555], ni procéder à un examen au coup par coup sans ligne de conduite. Il s'agit de respecter à la fois les orientations générales adoptées dans les directives et l'obligation de l'examen effectif des circonstances de chaque dossier[556]. L'administration qui applique d'office la directive sans procéder au

---

L'administration a pris, en réalité une circulaire interprétative sous la dénomination de directive. En s'attachant à la dénomination de l'acte au lieu de son contenu, le TA commet une assimilation critiquable de la directive à la circulaire interprétative.

[551] TA, 1ère instance, 23 mai 2003, *Soltani* c/ Ministre de l'éducation, Aff. n°17319, *inédit*. *Cf.* : notes sous l'arrêt du TA, 1ère instance, 3 juin 1998, *Chikh Rouhou*, Aff. n°14228, *Rec.* p. 381, *Les grands arrêts dans la jurisprudence administratives*, CPU, 2007, p. 455, (en arabe).

[552] J. BOULOUIS, « Sur une catégorie nouvelle d'actes juridiques : Les directives », *Mélanges Eisenmann*, Paris, Cujas, 1977, p. 199.

[553] QUESTIAUX, Conclusions sur l'arrêt du CE, Section, 23 mai 1969, *Société Distillerie Brabant*, *AJDA*, 1969, p. 644.

[554] M. CLIQUENNOIS, « Que reste-t-il des directives ? », *AJDA* 1992, p. 6.

[555] A. De LAUBADERE, et Y. GAUDEMET, *Traité de droit administratif*, Tome 1, 16ème édition, LGDJ, Paris, 2001, p. 640.

[556] M. CLIQUENNOIS, « Que reste-t-il des directives ? », *AJDA* 1992, p. 6 ; CE, 27 octobre 1972, Dlle Ecarlat, Rev. trim. dr. San. Et soc. 1972, p. 542, Note F. Moderne ; CE, 26 juin 1973, Société Géa, *Rec.* p. 453.

préalable à l'examen de la situation individuelle de l'intéressé commet une erreur de droit[557]. D'ailleurs, l'administration n'est guerre autorisée à adopter, au titre des directives, des positions globales et rigides susceptibles d'écarter l'examen particulier de chaque dossier. De telles directives sont illégales parce qu'ils transforment le pouvoir discrétionnaire en pouvoir lié[558] et mettent en échec l'exigence de la l'examen sérieux des circonstances de chaque affaire. En codifiant les critères d'appréciation, l'autorité administrative est appelée à encadrer son pouvoir discrétionnaire, sans pour autant le transformer en une compétence liée[559].

Les directives ne consistent pas en l'énoncé de règles à caractère contraignant[560]. Elles laissent toujours place à une éventuelle dérogation inspirée des particularités du cas examiné[561]. Dépourvue de caractère réglementaire, la directive est susceptible de « *dérogations justifiées par des circonstances particulières dont l'administration resterait tenue de rechercher dans chaque cas si elles existent* »[562]. L'administration est même tenue de « *déroger aux lignes directrices retenues si, dans un cas particulier, celles-ci paraissent inadéquates en raison de l'intérêt général et de circonstances spécifiques »*[563]. La dérogation, tout comme l'application de la directive, doit toujours être

---

[557] M. CLIQUENNOIS, « Que reste-t-il des directives ? », *AJDA* 1992, p. 6.

[558] On a pu affirmer au sujet de ces directives qui transforment le pouvoir discrétionnaire en compétence liée par l'adoption de positions de principe que « toute décision individuelle prise sur le fondement de la directive serait sûrement entaché d'erreur de droit, donc susceptible d'annulation. Mais le fait est plus grave : non seulement la directive supprime tout examen des dossiers, mais elle annihile toute possibilité de choix, elle supprime le pouvoir discrétionnaire, elle crée une règle nouvelle, elle acquiert, en définitive, un caractère réglementaire et devient donc susceptible d'annulation » : M. CLIQUENNOIS, « Que reste-t-il des directives ? », *AJDA* 1992, p. 6

[559] M. CLIQUENNOIS, « Que reste-t-il des directives ? », *AJDA*, 1992, p. 6.

[560] BERTRANT, Conclusions sur CE, Section, 11 décembre 1970, Crédit Foncier de France, *Rec*. p. 757.

[561] B. PACTEAU, *Le juge de l'excès de pouvoir et les motifs de l'acte administratif*, thèse, Clermont-Ferrand, 1977, p. 198.

[562] BERTRANT, Conclusions sur CE, Section, 11 décembre 1970, Crédit Foncier de France, *Rec*. p. 757.

[563] J.-M. WOEHRLING, « Le contrôle du pouvoir discrétionnaire en France », *RA*, numéro spécial 7, 1999, p. 83.

accompagnée du respect du principe central de l'examen effectif de chaque affaire.

c. Garantir l'égalité de traitement entre les administré

Comme les circulaires interprétatives, les directives jouent une fonction régulatrice qui consiste à assurer une certaine uniformité dans l'application des normes et par suite l'égalité entre les citoyens sur l'ensemble du territoire[564]. En effet, une appréciation exclusivement casuistique, *« un examen isolé de chaque cas individuel »*[565] sans ligne de conduite globale est une manifestation regrettable d'arbitraire[566] qui risque d'entraîner des discriminations entre les administrés. Le respect du principe d'égalité entre les administrés dans l'usage du pouvoir discrétionnaire[567] implique la détermination des critères d'appréciation sur la base desquels l'administration va édicter ses décisions individuelles afin de prévenir ou limiter les risques de contradiction et de discriminations issues d'un examen au coup par coup sans ligne de conduite[568]. Dupeyroux et Garagnon constataient que les commissions paritaires médicales *« ne peuvent remplir convenablement leur mission en examinant les dossiers les uns après les autres sans un minimum de méthode... Une certaine homogénéité doit se dégager des décisions de la commission et on voit mal comment tendre à cette homogénéité et à cette égalité de traitement qui en est indissociable sinon à partir de certaines positions a priori »*[569].

---

[564] G. KOUBI, *Les circulaires administratives, Contribution à l'étude du droit administratif*, Economica, Paris, 2003.

[565]QUESTIAUX conclusions sur l'arrêt du CE, Section, 23 mai 1969, *Société Distillerie Brabant, AJDA*, 1969, p. 644.

[566] R. CHAPUS, *Droit administratif général*, Tome I, 15ème édition, Paris, 2001, p. 519.

[567] J.-M. WOEHRLING, « Le contrôle du pouvoir discrétionnaire en France », *RA*, numéro spécial 7, 1999, p. 82.

[568] DUPEYROUX et GARAGNON, Note sous CE, 3 juillet 1964, Tuset et CE, Section, 15 juillet 1964, Ministre du travail c/ Carrière, *D.* 1965, p. 494 ; R. CHAPUS, *Droit administratif général*, Tome I, 15ème édition, Paris, 2001, p. 519.

[569] Note sous CE, 3 juillet 1964, Tuset et CE, Section, 15 juillet 1964, Ministre du travail c/ Carrière, *D.* 1965, p. 494.

Les directives permettent au juge de contrôler le respect par l'administration du principe d'égalité entre les administrés. Le *« principe d'égalité et son corollaire, le raisonnement par catégorie »*[570] commande le juge à vérifier si les critères préétablis dans la directive ont été appliqués de la même manière à tous les administrés situés dans des situations identiques.

d. Assurer le bon fonctionnement des services administratifs

La reconnaissance de la directive constitue une facilité, une commodité accordée par le juge à l'administration[571]. Une appréciation d'un nombre important d'affaires au coup par coup en l'absence de critères d'appréciation prédéterminés pourrait alourdir l'action administrative[572]. Aujourd'hui, « *La fixation préalable des critères est une nécessité liée au fonctionnement de l'administration moderne. L'examen d'un nombre important de demandes suscite le besoin de références objectives, et il sera de plus en plus ainsi avec le développement de l'informatique. Il deviendra indispensable que les données de ce tri soient connues de l'administré* » [573].

Il convient de souligner que les directives constituent l'expression d'une doctrine administrative qui traduit la volonté d'engager l'activité administrative dans une orientation prédéfinie[574]. Cette exigence est d'autant plus accrue dans le domaine économique. Il est indispensable pour l'administration d'avoir « *une doctrine administrative dans le domaine d'un interventionnisme économique qui...est devenu, avant tout, affaire de prévisions et de programme ainsi que de déconcentration...une réglementation de cette sorte, en raison, tant de son caractère technique que de la nécessité d'une*

---

[570] M. CLIQUENNOIS, « Que reste-t-il des directives ? », *AJDA*, 1992, p. 6.
[571] *Ibidem*.
[572] J.-M. WOEHRLING, « Le contrôle du pouvoir discrétionnaire en France », *RA*, numéro spécial 7, 1999, p. 82.
[573] QUESTIAUX, Conclusions sur CE, Section, 23 mai 1969, *Société Distillerie Brabant*, *AJDA*, 1969, p. 643.
[574] G. KOUBI, *Les circulaires administratives, Contribution à l'étude du droit administratif*, Economica, Paris, 2003, p. 4.

adaptation constante aux fluctuations de la conjoncture, ne s'accommode guerre à la force rigide du décret...»[575].

Il est souvent très artificiel en matière économique de prendre des décisions « *cas par cas* » alors que l'interventionnisme économique de l'État implique des méthodes de décisions cohérentes et particulièrement rationnelles[576]. En cette matière, « *la fixation de critère suffisamment sûrs et stables est une condition de l'efficacité de l'action administrative. Elle oblige en effet l'Administration à définir de manière précise sa politique économique et à y voir elle-même un peu plus clair* »[577].

B. La réduction des risques d'arbitraire

La doctrine présente la motivation comme « *une garantie préventive et corrective de grande efficacité* »[578]. Une formalité substantielle, la motivation ne doit jamais être considérée comme un simple « *appareil extérieur destiné à donner plus de solennité à l'acte* ». Elle constitue une garantie offerte « *aux intéressés, au public, à l'administration elle-même contre les décisions hâtives et mal étudiées* »[579]. Cette règle de procédure administrative non contentieuse a pour conséquence « *d'éviter les décisions précipitées ou erronées imputables à une information insuffisante* »[580] dans la mesure où elle

[575] BERTRANT, Conclusions sur CE, Section, 11 décembre 1970, *Crédit Foncier de France*, *Rec.* p. 753 et 755. La Commisaire du Gouvernement Questiaux a déjà souligné qu' « il est à notre avis naturel que seul l'autorité qui a connaissance du tableau de l'évolution économique résultant des demandes individuelles et qui est à même d'apprécier leur conformité avec les objectifs de la loi puisse formuler ces critères généraux et les adapter éventuellement à l'évolution... » : Conclusions sur l'arrêt du CE, Section, 23 mai 1969, *Société Distillerie Brabant*, *AJDA*, 1969, p.p. 643 et 644.

[576] B. PACTEAU, *Le juge de l'excès de pouvoir et les motifs de l'acte administratif*, thèse, Clermont-Ferrand, 1977, p. 196.

[577] J. DELMAS-MARSALET, « Le contrôle juridictionnel des interventions économiques de l'État », *EDCE*, 1969, p.p. 154 et 155.

[578] S. SUR, « Sur l'obligation de motiver formellement les actes administratifs », *AJDA* 1974, p. 353.

[579] E. LAFERRIÈRE, *Traité de la juridiction administrative et des recours contentieux*, LGDJ, Paris, Tome 2, 1989, p. 492.

[580] R. ODENT, *Contentieux administratif*, Les cours de droit, IEPP, Paris, 1981, p. 1827.

contraint l'auteur de l'acte à « *mettre carte sur table* », à « *jouer un franc jeu* »[581]. « *C'est une pierre de touche qui peut souvent l'empêcher de prendre une fausse décision. En formulant ses motivations, elle est amenée, pour ainsi dire, à vérifier du point de vue technique sa décision fondée d'abord, peut être, sur la seule intuition* »[582].

Deux données permettent de démontrer cette idée, souvent présentée par la doctrine, selon laquelle l'obligation de motiver constitue un instrument préventif contre les risques d'arbitraire.

D'une part, au cours d'instance, l'administration défenderesse ne cesse de se prévaloir de son pouvoir discrétionnaire pour se soustraire à l'obligation de motiver[583]. C'est une tendance administrative fréquente qui consiste à éluder l'obligation de motiver lorsque le pouvoir administratif est largement discrétionnaire[584], comme si le pouvoir d'appréciation constituait une dispense de l'obligation de motiver. Ce phénomène de résistance administrative à se conformer à l'obligation de motiver témoigne de la puissance de la motivation en tant que moyen permettant de limiter et donc de rationaliser le pouvoir discrétionnaire. Le refus de motiver est dicté par le souci de l'agent de

---

[581] P. LEWALLE, *Contentieux administratif*, Larcier, 2007, p. 151.

[582] MERIKOSKI, *Le pouvoir discrétionnaire de l'administration*, 1958, p. 87, cité par G. ISAAC, *La procédure administrative non contentieuse*, thèse, LGDJ, 1968, p.547.

[583] On peut citer à titre d'illustration : TA, 1ère instance, *Jabri* c/ Ministre de la défense, 22 avril 2001, Aff. n° 16393, *inédit* ; TA, 1ère instance, *Slimani* c/ Ministre du transport, 15 juillet 2006, Aff. n° 13245, *inédit*. De même l'administration évoque son pouvoir discrétionnaire pour refuser de communiquer au juge les motifs de l'acte attaqué. TA, 1ère instance, *Sghaier* c/ Ministre de l'intérieur, 1er juin 2007, Aff. n° 15828, *inédit* ; TA, Appel, Ministre de l'intérieur c/ *Jlassi*, 11 décembre 2007, Aff. n° 25859, *inédit*.

[584] Il en est notamment de la motivation illusoire des décrets de dissolution des communes (*Cf. supra*, dans cette Partie : Chapitre I, Section 1, Paragraphe 2, B) et de l'omission de motiver les décrets portant suppression des communes et révocation des présidents de municipalité (*Cf. infra* : Deuxième Partie, Chapitre II, Section 1, Paragraphe 1, E).

protéger le pouvoir d'appréciation discrétionnaire qu'il prétend tenir de la loi[585].

La tentative administrative de vider l'obligation de motiver de toute substance en cas de pouvoir discrétionnaire révèle que l'administration n'a pas encore pu intérioriser pleinement les exigences du pouvoir discrétionnaire. Dans la conscience courante des administrateurs, le pouvoir discrétionnaire signifie que l'administration peut décider sur la base de n'importe quel motif et donc dispensée de toute obligation de motiver.

Pour combattre cette culture administrative, le TA ne cesse de rappeler qu'il « *est constamment admis en doctrine et en jurisprudence que le pouvoir discrétionnaire ne signifie pas le pouvoir absolu soustrait à tout contrôle juridictionnel. Il signifie, au contraire, la possibilité reconnue à l'administration de choisir entre deux ou plusieurs actes conformément à des motifs et buts déterminés pour chaque décision* »[586]. Étant donné que l'exercice du pouvoir discrétionnaire est toujours limité quant à l'existence des motifs et à la poursuite d'un but d'intérêt général, « *il n'y a plus d'acte discrétionnaire, mais seulement un certain pouvoir discrétionnaire dans les actes. L'acte ne peut pas être discrétionnaire dans son entier* »[587].

D'autre part, un dépouillement de l'ensemble des arrêts publiés et inédits rendus par le TA en matière de contrôle de légalité de la période allant de 1975 jusqu'à la fin de 2006[588] permet de constater que le risque pour l'administration de commettre des illégalités

---

[585] B. PACTEAU, Note sous CE, 26 janvier 1973, Ministre de la justice c/ *Lang*, *D.*, 1973, p. 607.

[586] C'est notre traduction. TA, Appel, *Saidi* c/ Ministre de l'enseignement supérieur, 15 juillet 2005, Aff. n° 24556, *Rec.* p. 209 ; TA, *Denmati* c/ Ministre de l'Intérieur, 20 décembre 2003, Aff. n° 10897, *inédit*.
Cf. en ce sens : TA, *Hazmi* c/ Ministre de la Défense nationale, 16 juin 2001, Aff. n° 15904, *inédit* et TA, *Kharslaoui* c/ Ministre de l'Éducation, 27 novembre 2002, Aff. n° 10302, *inédit*.

[587] R. BONNARD, Note sous CE 11 janvier 1935, Gras, 25 juin 1937, de la Renardière, *RDP* 1938, p. 141.

[588] Les chiffres sont déduits à partir d'un dépouillement des arrêts disponibles à la bibliothèque du TA.

diminue et augmente en fonction du respect ou non de l'obligation de motiver, comme le présente les deux schémas suivants.

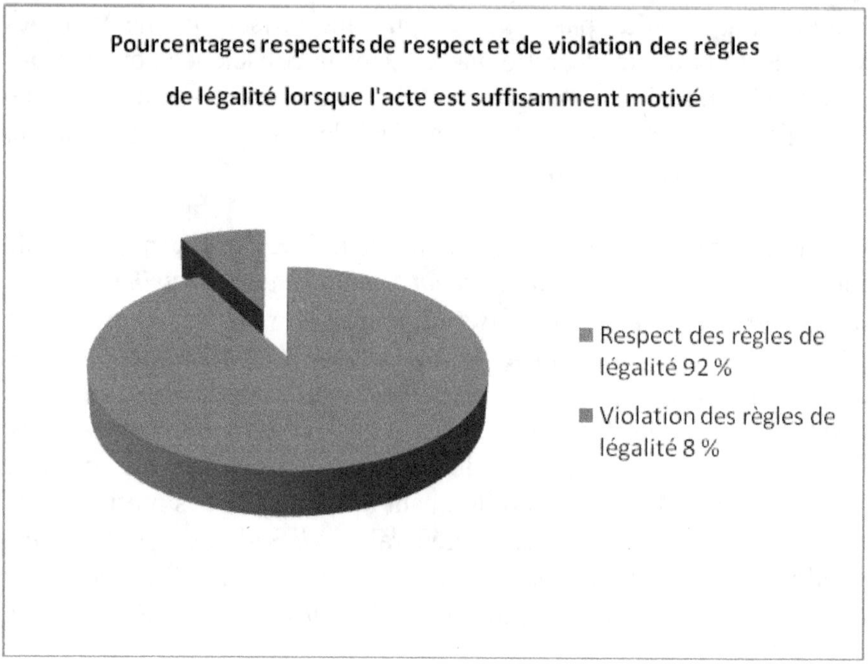

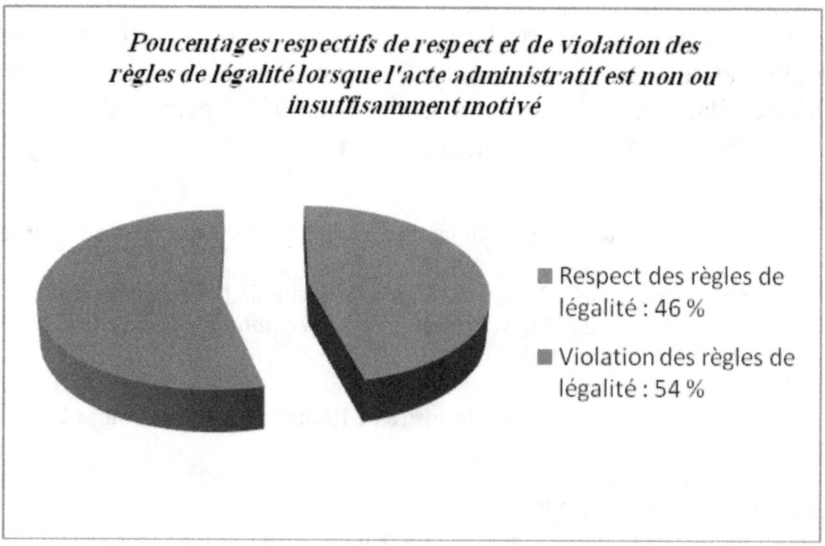

On a pu relever que lorsque l'acte attaqué est suffisamment motivé, le risque pour l'administration de commettre une illégalité est réduit à 8 %[589] alors qu'en présence d'un acte non motivé ou insuffisamment motivé, le risque de commettre une illégalité augmente à environ 54 %[590]. En d'autres termes, lorsque l'acte est bien motivé, les chances pour l'administration de se conformer aux diverses règles de légalité augmentent à 92 %. Toutefois, les potentialités de prendre une décision purgée des illégalités se réduisent à 46 % lorsque l'acte est non motivé ou insuffisamment motivé.

Cette tentative de statistique de la jurisprudence montre à quel point l'obligation de motiver garantit la soumission réelle de l'action administrative au droit. La motivation présente une contrepartie, logique dans un État de droit, à la puissance considérable que détient l'administration.

Paragraphe 2 : La transparence administrative

La transparence est « *la qualité de ce qui est psychologiquement ou intellectuellement facilement pénétrable* »[591]. La transparence désigne la propriété d'un corps qui se laisse traverser par la lumière et permet de distinguer les objets qui se trouvent derrière. La transparence est la qualité de ce qui peut être vu, connu de tous ou encore ce qui laisse

---

[589] Dans les 49 arrêts dans lesquels l'administration a suffisamment motivé l'acte attaqué, on a pu recenser que sur les 139 moyens évoqués à côté de l'absence ou de l'insuffisance de motivation (compte non tenu des moyens inopérants et des moyens irrecevables), le TA a rejeté 128 moyens soit 92 % de l'ensemble des moyens et n'a accepté que 11 moyens, soit 8%. C'est dire que les chances pour l'administration de se conformer à la légalité augmentent à 92 % et que le risque de commettre une illégalité se réduit à 8%.

[590] Dans les 73 arrêts dans lesquels l'administration a omis l'obligation de motiver ou a commis une motivation insuffisante, on a pu recenser que sur les 156 moyens évoqués à côté du vice entachant la motivation (compte non tenu des moyens inopérants et des moyens irrecevables), le TA a accepté 84 moyens, soit 54% de l'ensemble des moyens et a rejeté 72 moyens, soit 46%. Dès lors, l'absence ou l'insuffisance de motivation font augmenter le risque pour l'administration de commettre une illégalité à 54% alors que les chances de se conformer au principe de légalité diminuent à 46%.

[591] E. Littré, *Dictionnaire de la langue française*, Tome 7, Gallimard Hachette, 1965, p. 1237.

paraître la réalité toute entière, ce qui exprime la vérité sans l'altérer[592].

La transparence du pouvoir administratif signifie que l'administration doit exercer ses diverses activités sous le regard constant du public[593]. "Le *Code de conduite et de déontologie de l'agent public*" approuvée par le décret n° 2014-4030 du 3 octobre 2014[594] a défini la transparence administrative comme suit : « *La transparence est l'intelligibilité au sein d'un organisme public et dans la relation avec les citoyens (bénéficiaires du service ou bailleurs de fonds) ainsi que l'accessibilité des procédures, des buts et des objectifs* ». La transparence implique un ensemble de procédés permettant aux administrés de prendre connaissance de l'action administrative. Constituent des exigences de transparence, la clarté de l'action administrative, la communication des documents administratifs, la publicité de l'action administrative et la proximité de l'administration du public[595].

Comme le résumait Charles Debbasch, la transparence recouvre trois facettes essentielles : le droit de savoir, le droit de contrôler et le droit pour l'administré d'être un acteur et non un spectateur de l'action administrative[596].

La signification étymologique de la transparence montre à quel point cette notion « *est porteuse d'une forte charge symbolique et affective* »[597]. La transparence ramène à la « *lumière* », à « *la vérité* »,

---

[592] J. CHEVALLIER, « Le mythe de la transparence administrative », *Information et transparence administrative*, PUF, 1988, p. 252.
[593] Y. JEGOUZO, « Le droit à la transparence administrative », *EDCE*, 1991, p. 199 ; D. MAILLARD DESGREES DU LOÛ, *Droit des relations de l'administration avec ses usagers*, Puf, Paris, 2000, p. 315 ; J. CHEVALLIER, « Le mythe de la transparence », *Information et transparence administrative*, PUF, 1988, p. 239.
[594] *JORT* n° 90 du 7 novembre 2014, p. 2961.
[595] J. CHEVALLIER, « Le mythe de la transparence administrative », *Information et transparence administrative*, PUF, 1988, p. 252.
[596] Ch. DEBBASCH (dir.), *La transparence administrative en Europe*. Introduction, CNRS, 1990, p. 11.
[597] J. CHEVALLIER, « Le mythe de la transparence administrative », *Information et transparence administrative*, PUF, 1988, p. 241.

au « *droit de critique* » ; c'est « *la possibilité d'accéder à ce qui est habituellement caché,... de pénétrer dans le mystère, de tenir l'Autre sous son regard, de lui voler le secret de son intimité* [...] *Par cette dimension, la transparence accède au statut d'un véritable mythe, au sens fort du terme, c'est-à-dire d'une image simplifiée et illusoire, mais capable de produire une série d'effets sociaux tangibles par les résonnances qu'elle suscite dans la conscience collective* »[598].

La multiplicité croissante des textes consacrant la transparence administrative (A) témoigne de l'importance des fonctions de cette institution juridique (B).

A. La consécration de la transparence administrative

Les discours politiques de l'ancien régime, comme ceux des régimes actuels, étaient toujours surchargés de déclarations telles que l'amélioration de la relation entre le citoyen et l'administration, une administration proche du citoyen et la nécessité d'améliorer la transparence de l'administration.

Sur le plan juridique, les pouvoirs publics ont adopté une série de textes législatifs et réglementaires visant à améliorer la qualité des prestations administratives et à assurer la transparence de l'action administrative (1). La Constitution de 2014 a fini par proclamer le principe de la transparence administrative (2).

1. Multiplicité des textes

On peut citer à titre d'illustration le système d'information et de communication administrative[599], l'institution des plans de mise à niveau dans le but de la modernisation de l'administration[600], les

---

[598] *Ibidem*.
R. DRAÏ affirme que « l'anxiété née de l'opacité du pouvoir est de même nature que celle que provoque l'obscurité de la nuit vis-à-vis de l'enfant » : « Le dialogue administratif », *La communication administration-administré*, PUF, 1983, p. 143.

[599] Le décret n° 93-1880 du 13 septembre 1993, relatif au système d'information et de communication administrative, *JORT* n° 72 du 24 septembre 1993, p. 1579.

[600] Décret n° 96-49 du 16 janvier 1996 fixant le contenu des plans de mise à niveau de l'administration et les modalités de leur élaboration, réalisation et suivi, *JORT* n°

bureaux des relations avec les citoyens[601] et le médiateur administratif[602].

Le juge administratif a fréquemment affirmé que l'obligation pour l'administration de permettre aux citoyens de consulter les documents

---

7 du 23 janvier 1996, p. 206 ; circulaire n° 8 du 9 février 1996, fixant les modalités pratiques relatives à l'élaboration des plans de mise à niveau ministériels institués en vertu du décret n° 96-49 du 16 janvier 1996. La circulaire est disponible sur un site officiel relevant de la présidence du Gouvernement : [www.legislation.tn/fr].
Cf. : M. L. F. MOUSSA, « Le Plan de mise à niveau de l'administration (P.M.A.N) de l'administration en Tunisie Un agenda 21 pour l'administration », *Mélanges H. Ayadi*, CERP, 2000, p. 219 ; Ch. Gaddes, *Nouvelles technologies de l'information et mise à niveau de l'administration en Tunisie*, Paris, L'Harmattan, 1999.

601 Des bureaux des relations avec les citoyens ont été institués au niveau de chaque ministère et au siège de chaque gouvernorat coiffés par un bureau central des relations avec les citoyens placé auprès du premier ministère. *Cf.* : décret n°93-1549 du 26 juillet 1993, portant création des bureaux de relation avec les citoyens, *JORT* n° 57 du 3 août 1993, p. 1019 tel que modifié et complété par le décret n°93-2398 du 29 novembre 1993, *JORT* n° 94 du 10 décembre 1993, p. 2075 et le décret n° 98-1152 du 25 mai 1998, *JORT* n° 44 du 2 juin 1998, p. 1211. L'objectif de ses bureaux est « d'aider le citoyen à surmonter les difficultés qu'il pourrait rencontrer dans ses relations avec l'administration et de lui faciliter l'obtention des prestations administratives » (Article 2 du décret).
Cf. : K. REZGUI, « Le traitement des réclamations par les bureaux des relations avec les citoyens », *AJT*, n°9, 1995, p. 113-144.

602 Un médiateur administratif a été créé auprès du Président de la République par le décret n° 92-2143 du 10 décembre 1992, *JORT* n° 84 du 18 décembre 1992, p. 1587, modifié par le décret n° 97-1166 du 9 juin 1997, JORT n° 49 du 20 juin 1997, p. 1124. La loi n°93-51 du 3 mai 1993 (*JORT* n° 35 du 11 mai 1993, p. 633) a fait du médiateur administratif un établissement public à caractère administratif dénommé « Services du Médiateur Administratif », dirigé par le médiateur administratif. Ces services sont régionalisés en vertu de la loi n° 2000-16 du 7 février 2000- *JORT* n° 11 du 8 février 2000, p. 369 telle que modifiée par la loi n° 2002-21 du 14 février 2002, *JORT* du 15 février 2002, p. 437 et mise en œuvre par le décret n° 2000-884 du 27 avril 2000, *JORT* n°37 du 9 mai 2000, p. 988. L'objectif de ces services est de régler les différends entre l'administration et les administrés. *Cf.* : L. CHIKHAOUI, « Libéralisation, Mondialisation, Administration », « *Les mutations des relations entre l'administration et ses administrés* », Colloque des 11 et 12 mai 2000, Collection Forum des juristes n° 10, Tunis, 2000, p.63 ; K. REZGHI, « *Le traitement des réclamations par les bureaux des relations avec les citoyens* », AJT, n°9, 1995, pp. 55-72 ; L. TARCHOUNA, « *La médiation dans le champ administratif* », *AJT*, n°9, 1995, pp.35-54 ; R. BEN ACHOUR, Le renouvellement des relations entre les citoyens et l'administration en Tunisie, in *Mélanges Jean-Claude Hélin*, Litec, 2004, pp. 39-53 et S. DABBOU BEN AYED, « La transparence en Tunisie », *Mélanges Jacqueline Morand-Deviller*, Montchrestien 2007, pp. 267-286.

administratifs qui les concernent est la condition primordiale de transparence de l'action administrative et de rapprochement de l'administration du citoyen[603]

La forte discordance entre des textes porteurs de valeurs et d'ambitions et une pratique administrative encore hostile à la transparence n'est pas à prouver. Les contestations populaires du 17 décembre 2010 ont été déclenchées à cause d'une frustration dans un rapport entre les agents d'une administration lointaine et autoritaire et un citoyen agressé.

Aujourd'hui, l'administration est soumise à une contrainte importante imposée à l'origine par le décret-loi n°2011-41 du 26 mai 2011, relatif à l'accès aux documents administratifs des organes publics[604]. C'est le premier texte consacrant une règle générale qui reconnaît le droit du citoyen à l'accès aux documents administratifs. Aux termes de l'article 3 « *Toute personne physique ou morale a le droit d'accéder aux documents administratifs* [...] *aussi bien par divulgation proactive que divulgation sur demande de l'intéressé...* ».

La loi organique n°2016-22 du 24 mars 2016[605], relative au droit d'accès à l'information a abrogé et remplacé le décret-loi de 2011. Cette loi « *vise à assurer le droit de chaque personne physique ou morale à l'accès à l'information* »[606].

---

603 TA, Référé, *Nour Eddine* c/ Institut supérieur de la magistrature, 22 avril 2005, Aff. n° 71516, *Rec.* p. 336 ; TA, 1ère instance, *Sghaier* c/ Ministre de la culture, 27 février 2004, Aff. n° 11117, *inédit* ; et TA, Référé, *Ali* c/ Ministre de la justice, 3 mai 2006, Aff. n° 71697, *Rec.* p. 468. En outre, le TA a évoqué le principe de transparence des concours : TA, 1ère instance, *Mhadhbi* c/ Ministre de la justice, 19 novembre 2005, Aff. n° 12913, *inédit*.

604 *JORT* n° 39 du 31 mai 2011, p. 803. Le texte a été modifié par le décret-loi n° 2011-54 du 11 juin 2011, *JORT* n° 43 du 14 juin 2011, p. 923.

Cf. le commentaire de ce texte dans l'article de N. NCIRI, «L'accès aux documents administratifs en Tunisie », *Démocratie et Administration*, Actes du colloque organisé à Tunis les 10 et 11 octobre 2011 Collection « Forum des juristes », N° 14, Édition Latrach, Tunis, 2014, pp. 131-143.

605 *JORT* (en arabe) n° 26 du 29 mars 2016, p. 1029.

606 C'est notre traduction. Article 1er de la loi organique relative au droit d'accès à l'information.

Par ailleurs, à la différence du décret-loi de 2011[607], la loi organique de 2016 a limité le domaine d'application des exceptions[608] et les a entourés par certaines garanties. Les exceptions au droit à l'information sont d'abord soumises aux principes de nécessité et de proportionnalité afin de ne pas porter atteinte à la substance même du droit à l'information. Aux termes de l'article 24, lesdites exceptions ne sauraient être absolues. Elles ne peuvent être mises en œuvre que lorsque l'accès à l'information cause un préjudice grave tout en respectant la proportionnalité entre les intérêts à protéger et l'objectif de la demande d'accès. Les informations relatives à des atteintes graves aux droits de l'homme ou aux crimes de guerre et celles relatives à des menaces graves à la santé publique, à la salubrité, à l'environnement ou à un fait criminel échappent aux dérogations apportées au droit d'accès à l'information[609]. De même, toute décision portant rejet des demandes relatives à l'accès à l'information doit être consignée dans un écrit et assortie de motivation[610].

Au-delà des difficultés relatives à sa mise en œuvre[611], cette loi organique relative au droit d'accès à l'information constitue une étape décisive qui répond à une demande sociale, celle du droit du citoyen à accéder à l'information administrative.

Le droit d'accès à l'information est réaffirmé par le décret-loi n°2011-115 du 2 novembre 2011 relatif à la liberté de la presse, de

[607] Les exceptions au droit d'accès aux documents administratifs sont présentées par des formules générales : Articles 16 et 17 de l'ancien décret-loi relatif à l'accès aux documents administratifs des organes publics.

[608] L'article 24 de la loi organique relative au droit d'accès à l'information dispose que « L'organisme concerné ne peut refuser la demande d'accès à l'information que lorsqu'elle porte un préjudice à la sécurité nationale ou à la défense nationale ou aux relations internationales en ce qui leur concerne ou les droits des tiers dans la protection de sa vie privée ou de ses données personnelles ou sa propriété intellectuelle ». C'est notre traduction.

[609] Article 26 de la loi organique relative au droit d'accès à l'information.

[610] Article 14 et 24 de la loi organique relative au droit d'accès à l'information.

[611] L'article 59 de la loi organique relative au droit d'accès à l'information entre en vigueur dans un délai d'une année à partir de sa publication au journal officiel.
Quant au décret-loi relatif à l'accès aux documents administratifs des organes publics, il n'a pas été mis en œuvre alors même que son article 22 impose aux organismes publics de se conformer aux dispositions dudit décret-loi dans un délai de deux ans.

l'imprimerie et de l'édition[612]. L'article 10 de ce décret dispose : « *Le journaliste, au même titre que tout citoyen, a un droit d'accès aux informations, nouvelles données, et statistiques ; il a le droit d'en obtenir communication auprès de leurs différentes sources selon les conditions, modalités et procédures prévues par le décret-loi n°2011-41 du 26 mai 2011, relatif à l'accès aux documents administratifs des organismes publics, tel que modifié par le décret-loi n°2011-54 du 11 juin 2011* ».

De même l'article 4 du décret-loi n°2011-116 relatif à la liberté de communication audiovisuelle et portant création d'une Autorité Indépendante de Communication Audiovisuelle (*HAICA*)[613] stipule que « *Tout citoyen a le droit d'accès à l'information et à la communication* ».

Par ailleurs, le "*Code de conduite et de déontologie de l'agent public*" approuvée par le décret n° 2014-4030 du 3 octobre 2014[614] impose à l'agent public l'obligation de se conformer au principe de la transparence et de garantir le droit des citoyens à l'accès aux documents administratifs.

2. La constitutionnalisation de la transparence administrative

Sous l'égide de la nouvelle Constitution du 27 janvier 2014, le principe de la transparence administrative et son corollaire le droit d'accès à l'information ont été constitutionnalisés. L'article 15 de la Constitution dispose que « *L'administration publique est au service du citoyen et de l'intérêt général. Elle est organisée et agit conformément aux principes de neutralité, d'égalité et de continuité du service public, et* ***conformément aux règles de transparence****, d'intégrité, d'efficience et de redevabilité* ». L'article 32 de la Constitution dispose que « ***l'État garantie le droit à l'information et le droit d'accès à l'information*** ». La première exigence de la transparence administrative et du droit du citoyen à l'information est la motivation des décisions administratives. Désormais, le législateur,

---

612 *JORT* (en arabe) n° 84 du 4 novembre 2011, p. 2559.
613 *Idem*, p. 2568.
614 *JORT* n° 90 du 7 novembre 2014, p. 2961.

tout comme le juge, sont appelés à mettre en œuvre un principe général de motivation obligatoire sous peine de déroger aux règles constitutionnelles.

La redéfinition constitutionnelle des relations administration-administré est spectaculaire. L'administré n'est plus un simple assujetti placé sous la contrainte du pouvoir administratif ou un usager traité comme un consommateur docile des prestations administratives. On se voit redessiner un nouveau statut de l'administré, celui d'un citoyen qui dispose d'un ensemble de droits fondamentaux vis-à-vis de l'administration.

B. Les fonctions de la transparence administrative

Instrument de transparence administrative, la motivation joue une fonction pédagogique notable (2) permettant de démocratiser les rapports administratifs (1). À travers la transparence administrative, la motivation se présente comme une composante essentielle de l'État de droit constitutionnel (3).

1. La démocratisation des rapports administration-administré

Instrument d'explication, de contrôle et de participation, la motivation est un socle incontournable de toute démocratie réelle. En effet, « *L'autorité démocratique [...] procède d'une philosophie immanente fondée sur l'homme, individuellement considéré. Elle gravite autour d'une morale fondée sur la raison et la conviction et d'une pratique fondée sur l'échange et le dialogue. Dans la théorie démocratique, le pouvoir ne bénéficie d'aucune légitimité intrinsèque. Il est constamment appelé à se justifier [...] Les concepts fondamentaux (du droit démocratique) tournent autour de la souveraineté, de la citoyenneté, des libertés et des droits fondamentaux de la personne humaine et de la représentation* »[615].

[615] Y. BEN ACHOUR, « Au service du droit démocratique et du droit constitutionnel international. Une Cour constitutionnelle internationale », *RDP*, 2014, p. 422.

L'épanouissement de la démocratie dans l'ordre administratif s'inscrit dans la cadre de la multiplication des pratiques de surveillance et de participation du citoyen dans la gestion de la chose publique[616]. Au nom de la démocratie administrative, les administrés peuvent se prévaloir à l'égard de l'administration d'un ensemble de « *droits créances* » qui s'articulent autour du droit à une bonne administration : le droit à l'information, l'accessibilité, la simplicité, la rapidité et l'exigence de qualité du service public[617].

Permettant de placer l'administration sous le regard du public, la motivation des actes administratifs contribue à modifier en profondeur le sens des rapports administratifs. La motivation permet de rapprocher l'administration du public. Ledit rapprochement n'est pas matériel ou géographique, mais un ***rapprochement intellectuel*** : rendre l'administration intelligible aux yeux des usagers, favoriser la "*lisibilité de l'action administrative*" [618]. Dans l'arrêt *Mejri* rendu en premier ressort, le juge administratif soutien que « *L'obligation de motiver les mesures disciplinaires consolide l'État de droit proclamé par l'article 5 de la Constitution ; que l'une des exigences de l'État de droit figure la transparence de l'action administrative et le rapprochement de l'administration de ses administrés et ses agents, à côté de la consécration du principe de la confiance du citoyen dans l'État et ses institutions* »[619].

En outre, la motivation est un facteur essentiel permettant d'**humaniser les relations** entre l'administration et l'administré[620]. La justification de l'acte administratif réduit le sentiment de l'administré d'être devant une « *machine abstraite, un appareil froid,*

---

616 J.-L. AUTIN, « La motivation des actes administratifs unilatéraux entre tradition nationale et évolution des droits européens », *RFAP*, 2011, n° 137-138, p. 89.

617 J. CHEVALLIER, « De l'administration démocratique à la démocratie administrative », *RFAP*, 2011, p. 222.

618 L. CLUZEL-MÉTAYER, *Le service public et l'exigence de qualité*, Dalloz, Paris, 2006, p. 247.

619 C'est notre traduction. TA, 1ère instance, *Mejri* c/ Ministre de la défense, 22 novembre 2003, Aff. n° 19987, *inédit*.

620 P. SABOURIN, « Réflexion sur les rapports des citoyens et de l'Administration », *D*. 1978, Chronique XIV, p. 64.

insensible et inhumain »[621]. Autant l'administration se justifie, autant l'individu perçoit l'administration comme une entreprise à son service. La transparence des motifs diminue les tensions entre l'administration et les administrés. Agir sans divulguer les motifs provoque chez l'administré l'idée d'ignorance et de méconnaissance et génère une méfiance à l'égard de l'administration.

La motivation contribue à redéfinir le statut de l'administré. Ce dernier a le mérite d'accéder au statut d'un "***majeur juridique*** " capable d'être titulaire d'un ensemble de droits vis-à-vis de l'autorité administrative[622], notamment son droit d'être informé et son droit de contester utilement l'action administrative.

Plus efficace dans la voie de la démocratie administrative est l'information de l'administré des motifs de l'acte, non pas après coup, mais en cours d'élaboration. L'administré cesse d'être étranger au processus décisionnel[623] pour devenir un « ***acteur, voire un partenaire de l'administration*** »[624]. Il y a dans la motivation « *l'idée d'extériorisation, de communication à autrui* »[625]. Un dialogue se noue entre l'autorité administrative et l'administré. Au lieu de subir l'acte unilatéral, au lieu d'être un sujet passif, il devient un "*interlocuteur*" actif et participe à l'action administrative.

L'information[626] et la participation[627] constituent les deux piliers fondamentaux de toute démocratie réelle et de citoyenneté

---

[621] J. CHEVALLIER, « Le mythe de la transparence administrative », *Information et transparence administrative*, PUF, 1988, p. 248.

[622] H. PAULIAT, « La motivation des actes administratifs unilatéraux », *La motivation*, Actes de colloque, LGDJ, 2000, pp. 49-70.

[623] J. RIVERO, « À propos des métamorphoses de l'administration d'aujourd'hui : démocratie et administration », *Mélanges R. SAVATIER*, Dalloz, Paris, 1965, p.822.

[624] P. GONOD, « Devoirs du fonctionnaire et modalités de l'action administrative : quel renouveau ? », *Les Cahiers de la fonction publique et de l'administration*, n° 289, mai 2009, p. 8, cité par : M.-C. RUNAVOT, « La bonne administration : consolidation d'un droit sous influence européenne », *RFDA*, 2010, pp. 395-403.

[625] M. FABRE-MAGNAM, « L'obligation de motivation en droit des contrats », *Mélanges J. GHESTIN*, LGDJ, Paris, 2001, p. 306.

[626] J. CHEVALLIER, « Le mythe de la transparence », *Information et transparence administratives*, PUF, 1988, p. 239-275.

[627] J.-Ph. FERRIER, « La participation des administrés aux décisions de l'administration », *RDP* 1974, p. 663-690.

administrative. Le droit à l'information est présenté comme l'un des éléments constitutifs d'un « *authentique droit de citoyenneté* »[628]. La motivation contribue à élever l'usager du service à la dignité de **citoyen** avec les capacités de participation qui lui sont reconnues[629]. La citoyenneté est la seule allégeance reconnue par le droit démocratique[630].

L'article 2 de la Constitution tunisienne dispose que « *La Tunisie est un État civil, fondé sur la citoyenneté, la volonté du peuple et la primauté du droit* ». Les principes constitutionnels de citoyenneté et de primauté du droit imposent, entre autres, l'obligation pour l'autorité administrative de traiter l'administré comme un citoyen-partenaire et de lui rendre compte des décisions administratives.

Avec la prééminence des aspirations individuelles et libérales[631], les pouvoirs publics sont appelés à changer leur manière de voir et de traiter l'individu. Même si l'administration décide seule, elle doit être consciente qu'elle s'adresse à des personnes, c'est-à-dire « *des êtres doués de raison et de libertés* »[632]. Par l'explication, l'administration cherche l'adhésion des intelligences. La motivation de la décision unilatérale marque un pas essentiel dans la voie de la démocratie car l'administré cesse d'être, aux yeux de l'administrateur, une chose à laquelle on impose sa volonté pour devenir **une personne**[633].

C'est la conception de l'homme qui est au cœur du débat sur la motivation. Un procédé de concert et d'explication, la motivation

---

[628] Rapport de Comité n° 3 de la commission sur l'accès du public aux documents administratifs, *Documentation française*, 1977, n°36, p. 12.

[629] J.-L. AUTIN, « Réflexions sur le principe du contradictoire dans la procédure administrative », *EDCE*, n°52, p. 398.

[630] Y. BEN ACHOUR, « Au service du droit démocratique et du droit constitutionnel international. Une Cour constitutionnelle internationale », *RDP*, 2014, p. 422.

[631] S. PAVAGEAU, « Le Conseil d'État est-il encore le protecteur des prérogatives de l'administration ? », *RRJ*, 2005, p. 310.

[632] J. RIVERO, « À propos des métamorphoses de l'administration d'aujourd'hui : démocratie et administration », *Mélanges R. SAVATIER*, Dalloz, Paris, 1965, p.822.

[633] *Ibidem.*

traduit une certaine idée de la **dignité de la personne**[634]. Pascal nous a enseigné que « *toute la dignité de l'homme est dans sa pensée* »[635].

Le droit du citoyen à l'information est considéré comme un élément de « *la troisième génération des **droits de l'homme*** » [636]. Le préambule de la Constitution tunisienne proclame que « *l'État garantit* [...] *le respect* [...] *des droits de l'homme* ». Le droit du citoyen d'être informé des raisons qui justifient l'exercice du pouvoir est par ailleurs un **droit naturel**. « *Le droit naturel exige que tout homme qui emploie contre les membres de la société les forces qu'elle lui a confiées lui rende compte des causes qui l'y ont déterminé* »[637].

La transparence doit être considérée comme une vertu de la notion même de pouvoir public. Le qualificatif public signifie en particulier que le pouvoir est placé au service du public et donc ouvert au public. Il est particulièrement paradoxal que les services publics, censés d'être au service et donc accessibles au public, sont souvent accusés d'être opaques et illisibles[638].

Il va sans dire que dans les administrations les plus performantes, l'usager est de plus en plus assimilé à un "***client***" [639]. Aujourd'hui, les services publics doivent s'engager à satisfaire les aspirations des clients et fournir des bons résultats. Ce qui implique de renforcer la visibilité de l'action administrative et de permettre aux clients de choisir le meilleur service. Comme dans le secteur privé, « *les clients*

---

[634]J. RIVERO, « À propos des métamorphoses de l'administration d'aujourd'hui : démocratie et administration », *Mélanges R. SAVATIER*, Dalloz, Paris, 1965, p.832.

[635] Cité par J.-D. BREDIN, Préface de Justice, Ethique et Dignité, Actes de colloque organisé à limoges les 19 et 20 novembre 2004, Textes réunis par S. GABORIAU et H. PAULIAT, Poulin, 2006, p. 7.

[636] BRAIBANT (G.), « Droit d'accès et droit à l'information », *Mélanges R.-É. CHARLIER*, Édition de l'Université de l'Enseignement moderne, Paris, 1981, p. 703 ; R. LETTERON, « Le modèle français de transparence administrative à l'épreuve du droit communautaire », *RFDA*, 1995, p. 183.

[637] CONDORCET, *Réflexions d'un citoyen non gradué sur un procès bien connu*, Œuvre complète, 1804, tome XI.

[638] L. CLUZEL-MÉTAYER, *Le service public et l'exigence de qualité*, Dalloz, Paris, 2006, p. 247.

[639] Ch. BARBIER, « L'usager est-il devenu le client du service public ? », *JCP*, 1995, N°3816, p.31 ; L. ROUBANT, « Le client, l'usager et le fonctionnaire : quelle politique de modernisation pour l'administration française ? », *RFAP*, 1991, p. 435.

attendent avant tout des entreprises qu'elles leurs délivrent un produit ou un service sûr et personnalisé et ce, dans les meilleurs délais » [640].

2. La vertu pédagogique de la motivation

L'exercice pédagogique comporte une double composante : explication et persuasion (a). La force pédagogique de la motivation aboutit à des conséquences inhérentes à la notion de bonne administration (b).

a. Les exigences de l'exercice pédagogique : expliquer et persuader

La motivation répond à l'idée d'expliquer, de faire comprendre et par là même de persuader les administrés et le juge. Comme l'affirmait G. Isaac « *...c'est le propre même de la motivation d'assurer la satisfaction de ce désir indispensable au sentiment d'une véritable justice* »[641]. Cette **fonction pédagogique** notable de la motivation est soulignée par la doctrine non seulement en matière de décision administratives, mais aussi et surtout en matière de décisions juridictionnelles[642] et en matière des lois[643].

Comme la motivation des décisions juridictionnelles et la motivation des lois, la motivation des décisions administratives apparaît comme « *un moyen efficace de faire comprendre les décisions, de les faire accepter et donc de les voir reprises* »[644]. « *Tous les ingrédients d'un droit de comprendre sont inclus dans*

---

[640] L. CLUZEL-MÉTAYER, *Le service public et l'exigence de qualité*, Dalloz, Paris, 2006, p. 9.
[641] G. ISAAC, *La procédure administrative non contentieuse*, thèse, LGDJ, 1968, p. 550.
[642] *Cf.* la bibliographie présentée par F. BLANCO, dans son article intitulé : « Le Conseil d'État, juge pédagogique », *RRJ*, 2003, note n°58, p. 1524.
[643] A.-M. LEROYER, « La motivation des lois », *La motivation*, LGDJ, Paris, 2000.
[644] G. GIUDICELLI, *La motivation des décisions de justice*, thèse, Poitiers, 1979, dactyl. Tome II, p. 508, cité in F. BLACO, « Le Conseil d'État, juge pédagogique », *RRJ*, 2003, note n°58, p. 1524.

l'obligation de motivation », souligne un auteur[645]. *R.- É. Charlier* écrivait déjà en 1951 qu'« *il n'y a plus – aujourd'hui où on ne voit plus dans le pouvoir discrétionnaire une licence d'arbitraire et où la décision doit être persuasion plutôt que réquisition d'obéissance passive – de bonne raison de maintenir la vieille règle qu'en principe l'administration n'a pas à motiver* »[646].

La motivation est une argumentation. C'est un exercice intellectuel qui comporte un « *essai de persuasion* »[647] qui dépasse la simple justification impersonnelle et purement technique. La motivation formelle est une opération de transposition de la conviction de l'auteur de l'acte vers la conviction des lecteurs, c'est-à-dire les destinataires de l'acte[648]. Il s'agit de démontrer à l'administré que l'acte est légal, opportun, équitable, raisonnable et donc acceptable[649]. Un acte motivé « *remplace l'affirmation par un raisonnement et le simple exercice de l'autorité par un essai de persuasion. Il joue à ce titre dans ce qu'il est permis d'appeler l'équilibre juridique et moral de notre pays un rôle absolument essentiel* »[650].

La vertu pédagogique d'explication est une condition de moralité administrative. Il s'est avéré que « ... *l'obéissance par docilité moutonnière ou par crainte n'était ni morale ni de bon rendement, et*

---

[645] H. OBERDORFF, « L'émergence d'un droit de comprendre l'administration et le droit », *EDCE*, 1991, p. 229.

[646] R. E. CHARLIER, « La technique de notre droit est-il appropriée à sa fonction ? », *EDCE*, 1951, p. 39.

[647] T. SAUVEL, « Histoire de jugement motivé », *RDP* 1955, p. 6.

[648] Ce passage du subjectif, de ce qui persuade un auteur, à l'objectif, à ce qui devrait convaincre tous les autres a été clairement affirmé par Descartes comme un procédé de transposer ses convictions aux autres : « J'exposerai premièrement, écrit Descartes, dans ces médiations, les mêmes pensées par lesquelles je me persuade être parvenu à une certaine et évidente connaissance de la vérité, afin de voir si, par les mêmes raisons qui m'ont persuadé, je pourrai aussi persuader d'autres... » : DESCARTES, *Œuvre philosophiques*, éd. F. Alquié, Carnier, Paris, 1967, Tome 2, p. 393, cité par Chaïm PERELMAN, « La motivation des décisions de justice, essai de synthèse », *La motivation des décisions de justice*, Ch. Perelman et P. Forier (dir.), Bruylant, Bruxelles, 1978, p. 415.

[649] Chaïm PERELMAN, « La motivation des décisions de justice, essai de synthèse », *La motivation des décisions de justice*, Études publiées par Charles Perelman et P. Forier, Bruylant, Bruxelles, 1978, p. 425.

[650] T. SAUVEL, « Histoire de jugement motivé », *RDP* 1955, p. 6.

qu'il était préférable de convaincre les sujets et de gagner leur adhésion », souligne R.-É Charlier[651]. C'est ainsi qu'un syndicaliste a pu constaté que « *Le rejet pur et simple des demandes présentées ou des recours introduits est sans conteste l'une des formes d'administration les plus maladroites et l'une des celles qui "braquent" le plus sûrement les assujettis qui sont amenés à considérer, avec quelque raison apparente, que l'administration n'a même pas envers eux le minimum de correction qu'exigent les règles de la politesse la plus élémentaire* »[652].

Œuvre de raison et de persuasion, la motivation réduit le « *caractère choquant que peut parfois présenter l'action unilatérale* »[653] et contribue à mettre en place un droit démocratique qui cherche à obtenir des citoyens une adhésion raisonnée et spontanée[654].

b. Les conséquences de l'exercice pédagogique : l'exécution spontanée de l'acte

La motivation facilite le passage de l'acte administratif à la réalité, la fin ultime, voire même l'unique de tout acte juridique. J. Rivero disait qu'en tant qu'instrument d'action, « *la décision n'a qu'une fin : sa traduction dans la réalité* […] *; l'exécution demeure la raison d'être de l'acte administratif, comme de l'acte juridictionnel et de la règle législative…dans l'optique de l'exécution, l'efficacité n'est pas du côté de l'autorité, fut-elle technocratique, mais du côté de l'adhésion, c'est-à-dire de la démocratie* »[655].

La motivation constitue « *un instrument tout à la fois d'éducation et de pouvoir…un instrument de pouvoir qui se dissimule, se cache*

---

651 R. É. CHARLIER, « La technique de notre droit est-il appropriée à sa fonction ? », *EDCE*, 1951, p. 39.

652 L. GINGEMBRE, « Le syndicalisme patronal et l'Administration », *RA*, 1949, p. 595.

653 Expression empruntée à Hostiou, *Procédure et Formes*, *op. cit.* p. 110.

654 Chaïm PERELMAN, « La motivation des décisions de justice, essai de synthèse », *La motivation des décisions de justice*, Charles Perelman et P. Forier (dir.), Bruylant, Bruxelles, 1978, p. 425.

655 « À propos des métamorphoses de l'administration d'aujourd'hui : démocratie et administration », *Mélanges R. SAVATIER*, Dalloz, Paris, 1965, p. 832.

derrière celui d'éducation »[656]. La motivation trouve sa force, non dans la contrainte, mais dans la puissance de conviction qui est la fin évidente de l'explication. « *Plus une décision est claire, plus la désobéissance devient psychologiquement difficile* »[657]. Une bonne justification susceptible d'étayer la conviction de l'administré est de nature à aboutir finalement à l'exécution spontanée et volontaire de l'acte par ses destinataires.

« *La puissance des lois dépend presqu'uniquement de leur sagesse, et la volonté publique tire son plus grand poids de la raison qui l'a dictée. C'est pour cela que Platon regarde comme une précaution très-importante de mettre toujours à la tête des édits un préambule raisonné, qui en montre la justice en même temps qu'il expose l'utilité* », souligna un auteur du 18ème siècle[658]. Selon J.J. Rousseau, un droit autoritaire s'imposant par la force et non par la raison risque davantage d'être transgressé et de multiplier les infractions qu'un droit démocratique qui s'impose par la conviction de sa justesse et de son utilité[659].

« *Sur le plan de l'efficacité, il est évident que l'exécution est d'autant plus facile que la décision a été comprise ; si l'on a pris la peine d'expliquer à l'homme le pourquoi et le comment de ce qui lui est posé, sa liberté et sa raison entreront en jeu ; elles sont, pour l'action, des auxiliaires plus féconds que la hargne, ou la semi-hébétude née de la contemplation d'un imprimé rédigé dans une langue étrangère* »[660]. Même non convaincu de la légalité ou de l'équité de l'acte motivé, la motivation procure à l'administré la conviction que sa situation a été attentivement examinée, que l'acte

---

[656] G. GIUDICELLI, *La motivation des décisions de justice*, thèse, Poitiers, 1979, dactyl. Tome II, p.p. 508 et 509, cité in F. BLACO, « Le Conseil d'Etat, juge pédagogique », *RRJ*, 2003, note n°58, p. 1524

[657] J. REVERO, « Le système français de protection des citoyens contre l'arbitraire administratif à l'épreuve des faits », *op. cit.* p. 421.

[658] Honré-Gribel de Riquetti de Mirabeau, « *Errotika Biblion* », Arome de l'Imprimerie de Vatican, 1783, p. 121.

[659] J.-J. ROUSSEAU, « *Discours sur l'économie politique* », 1755, Un document produit en version numérique par Jean-Marie Tremblay, 2012, p. p. 13 et 15, http://pages.infinit.net/sociojmt.

[660] J. RIVERO, « À propos des métamorphoses de l'administration d'aujourd'hui : démocratie et administration », *Mélanges R. SAVATIER*, Dalloz, Paris, 1965, p. 828.

est purgé de toute apparence d'arbitraire et de légèreté. Ce sentiment agréable crée un climat favorable à l'exécution de l'acte administratif sans tension psychologique[661]. L'autorité de la décision administrative se trouve ainsi accrue aux yeux des administrés.

L'acte motivé joue à l'égard de la situation de l'administré un *effet régulateur*. Comme le souligne le TA, une motivation suffisante offre à l'intéressé la possibilité de régulariser sa situation sur la base des motifs qui ont fondé l'acte administratif[662]. Mieux informé de sa situation juridique, l'administré est amené à se conformer, le cas échéant, aux exigences de légalité, affirme le TA[663].

3. Le rattachement de la motivation aux exigences de l'État de droit

La transparence administrative figure parmi les éléments constitutifs de la notion de bonne administration au sens de l'article 15 de la Constitution de 2014. Une exigence élémentaire de transparence administrative, la motivation des actes administratifs est au cœur de la théorie de l'État de droit. C'est autour de la notion de transparence que s'articule une diversité de principes et de valeurs fondamentaux. « *Porteuse d'une vertu universelle* »[664], la transparence symbolise l'impartialité, la confiance du citoyen dans les institutions de l'État et l'absence d'arbitraire. La transparence exprime la vérité, la démocratie, la légitimité du pouvoir, la sécurité juridique, l'intelligibilité de l'action administrative et les exigences de justice.

Par le biais de la transparence, le TA a nettement rattaché l'obligation de motiver, à l'État de droit. Il a été jugé que « *l'obligation pour l'administration de motiver ses décisions disciplinaires consolide l'État de droit proclamé par l'article 5 de la Constitution qui parmi ses exigences la transparence de l'action*

---

[661] *Idem*, p.831.

[662] TA, 1ère instance, *Ben Soumaya* c/ Municipalités de Arianna et Raouad, 26 avril 2005, Aff. n° 12060, *inédit*.

[663] TA, 1ère instance, *Ben Alaya* c/ Ministre de l'agriculture, 19 janvier 2002, Aff. n° 19585, *inédit* ; TA, 1ère instance, *Zaibi* c/ Chef du contentieux de l'Etat au profit du Ministre de la santé, 30 novembre 2001, Aff. n° 17099, *inédit*.

[664] D. SOULEZ-LARIVIÈRE, « La transparence et la vertu », *Mélanges M. Troper*, Économica, Paris, 2006, p. 934.

administrative et le souci de rapprocher l'administration des administrés à côté de la consécration du principe de la confiance du citoyen, y compris l'agent public, dans l'État et ses institutions »[665].

Le juge administratif estime que « *L'État de droit exige la protection des droits des individus, la garantie du bon fonctionnement des services publics et la soumission de l'administration à l'ordonnancement juridique de l'État* »[666]. La finalité évidente de l'État de droit est la protection du citoyen contre l'arbitraire[667]. Or, le secret est dangereux pour les libertés[668]. Si la transparence est synonyme de vérité, le secret « *enfantait nécessairement le mensonge puis éventuellement le crime* »[669]. Le secret est porteur de violence[670]. Or, l'État de droit est un État de vérité et d'adhésion et non de mensonge. L'État de droit n'est nullement une proclamation de façade évoquée pour légitimer et occulter les abus, mais une institution destinée à apprivoiser le pouvoir.

En 1914, Maurice Hauriou affirma que « *La conscience moderne exige que l'administration agisse au grand jour. On lui a, pendant très longtemps, toléré des décisions secrètes. Maintenant, on veut que toutes ses décisions et toutes ses actions soient publiques et on a le sentiment que ce qui n'a pas été fait publiquement n'est pas régulier* »[671]. L'hostilité d'un pouvoir de se justifier présume une certaine intention préméditée d'agir avec une part d'arbitraire. La

---

[665] C'est notre traduction. TA, 1ère instance, *Mejri* c/ Ministre de l'intérieur, 22 novembre 2003, Aff. n° 19987, *inédit*.

[666] C'est notre traduction. TA, *Saidi* c/ Municipalité de Radès, 16 février 2002, Aff. n° 18454, *inédit*.

[667] J. RIVERO, « ÉTAT de droit, état du droit », *Mélanges G. Braibant*, Dalloz, 1996, p. 609.

[668] Y. PERON considère que « *le secret est inquiétant pour la liberté des citoyens* » : cité par : D. SOULEZ-LARIVIÈRE, « La transparence et la vertu », *Mélanges M. TROPER*, Économica, Paris, 2006, p. 934.

[669] D. SOULEZ-LARIVIÈRE, *Idem*, p. 934.

[670] P. SABOURIN, « Réflexion sur les rapports des citoyens et de l'Administration », *D.* 1978, Chronique XIV, p. 62.

[671] M. HAURIOU, Note sous CE, 27 mars 1914, *Laroche*, *S.* 1914.3.97.

transparence est présentée comme l'arme la plus efficace dans les terreaux où se développent les fléaux de la corruption[672].

Section 2
Instrument de bonne justice

Dans un État de droit, il ne suffit pas de rendre la justice, il faut que la justice soit « *accessible, sereine et efficace* »[673]. « *Parler de bonne administration de la justice, c'est insister, en définitive, sur le résultat à atteindre : la résolution du litige administratif par des moyens qui sont correctement adaptés à cette fin* »[674]. La bonne justice[675] ne constitue par conséquent pas une notion conceptuelle car son contenu ne saurait être « *abstraitement déterminé une fois pour toute* »[676]. C'est une notion fonctionnelle ; elle se définit par sa fonction, son utilité pratique, par le rôle qui lui est dévolu dans l'aménagement de l'état du droit[677].

---

672 S. DABBOU-BEN AYED, « La transparence en Tunisie : réalité ou apparence ? », *Mélanges Jacqueline Morand-Deviller*, Montchrestien, 2007, p. 247 ; M. BEN LTAÏEF, « La philosophie et les orientations de la nouvelle réglementation des marchés publics », *Les nouveautés du droit des marchés publics*, Faculté de Droit et des sciences Politiques de Tunis, 2005, p. 7.

673 J. ROBERT, « La bonne administration de la justice », *AJDA*, 1995, n° spécial, p. 118.

674 O. GOHIN, « La flexibilité dans le contentieux administratif », *Mélanges Paul Sabourin*, Bruylant, Bruxelles, 2001, p.164.

675 Sur la notion de « bonne administration de la justice », on consultera notamment : R. CHPUS, « George Vedel et l'actualisation d'une "notion fonctionnelle" : l'intérêt d'une bonne administration de la justice », *RDP* 2003, pp. 3-17 ; J. ROBERT, « La bonne administration de la justice », *AJDA*, 1995, N° spécial, pp. 117-132 ; N. LAVAL, « La bonne administration de la justice », *Les Petites Affiches*, 12 août 1999, pp.12-21 ; J.-M. FAVRET, « La bonne administration de la justice », *RFDA*, 2004, pp. 943-952 ; O. GABARDA, « L'intérêt d'une bonne administration de la justice, Étude de droit du contentieux administratif », *RDP* 2006, pp. 153-184.

676 G. VEDEL, *JCP* 1948, I, n° 682 et *JCP* 1950, I, n° 851.

677 R. CHAPUS, « George Vedel et l'actualisation d'une notion fonctionnelle : "l'intérêt d'une bonne administration de la justice" », *RDP* 2003, p. 3 ; J.-M. FAVRET, « La bonne administration de la justice », *RFDA*, 2004, p. 944.

Ainsi définie, la bonne justice est une finalité en vue de laquelle doivent être organisés des mécanismes juridiques. La motivation est l'un des mécanismes juridiques de bonne justice dans la mesure où elle favorise un meilleur contrôle juridictionnel (*Paragraphe 1*) et un exercice utile des droits de la défense (*Paragraphe 2*).

Paragraphe 1 : Un meilleur contrôle juridictionnel

Le contrôle de légalité de l'acte administratif est tributaire de la connaissance des motifs par le juge. Ainsi, savoir comment sont connus et extériorisés les motifs est « *l'une des questions les plus décisives de la théorie et du contentieux de l'acte administratif* »[678].

Le juge administratif détient deux instruments pour connaître les motifs de l'acte attaqué : la motivation formelle présentée au sein de l'acte attaqué et la recherche des motifs au cours d'instruction. Au cours de l'instruction de l'affaire, le juge possède le pouvoir de demander de l'administration de lui communiquer les motifs. On peut admettre que le juge bénéficie de deux procédés de motivation lui permettant de connaître les motifs et d'exercer par là même le contrôle de légalité qui lui incombe. Le premier procédé est **la motivation formelle** exprimée au sein de l'*instrumentum* de l'acte lors de la procédure de l'édiction de l'acte administratif. Le deuxième est **la motivation au cours d'instance**, recherchée lors de la procédure contentieuse et exprimée soit spontanément par l'administration soit à l'initiative du juge.

Ce dernier procédé de communication des motifs au cours d'instance ne saurait constituer un palliatif à l'obligation de motiver. La motivation formelle reste le moyen le plus favorable au contrôle juridictionnel (A). De même, la motivation formelle offre au juge la possibilité de découvrir et de contrôler les vices les plus variés de l'acte litigieux (B). En outre, lorsque l'administration n'est pas tenue de motiver l'acte administratif, les motifs exprimés spontanément par l'administration tombent sous le coup d'un double contrôle exercé sur la régularité formelle de la motivation et sur le bien-fondé interne des

---

[678] B. PACTEAU, Note sous CE, 26 janvier 1973, Ministre de la justice c/ *Lang*, *D.*, 1973, p. 607.

motifs (C). Par ailleurs, c'est pour des raisons de bonne justice que le juge neutralise les vices liés à la motivation des actes issus d'une compétence liées (D).

A. La communication des motifs au cours d'instance et la motivation formelle

L'importance de la communication des motifs au cours d'instance (1) donne l'illusion que cette technique serait de nature à remplacer la motivation. On va démontrer, toutefois, que la motivation formelle est plus efficace pour l'exercice du contrôle juridictionnel que la révélation des motifs au juge au cours du procès (2).

1. La question de l'importance de la révélation des motifs au cours d'instance

La jurisprudence administrative tend de plus en plus à faire du procédé de la communication des motifs au cours d'instance un instrument efficace d'information du juge. La communication des motifs devant le juge bénéficie d'un champ d'application étendu (a). De même, le TA exige une révélation complète des motifs (b) dans les délais impartis (c) et sanctionne la non présentation des motifs et pièces exigés (d).

a. Un champ large

À la différence de la motivation formelle, l'extériorisation des motifs au cours de la procédure contentieuse bénéficie d'un champ absolu. Cette technique peut être mise en œuvre quelle que soit la nature de l'acte attaqué et quelle que soit la nature des motifs à révéler. Le juge administratif exige la révélation des motifs de droit et de fait et de toute pièce jugée nécessaire, même à caractère confidentiel. « *Il est constamment admis dans la jurisprudence de ce tribunal que l'administration, y compris le ministère de la défense nationale, est tenu de communiquer les informations nécessaires portant sur les motifs de l'acte attaqué afin de permettre au juge administratif d'exercer son pouvoir d'examiner l'exactitude des faits sur la base desquels est fondé l'acte contesté et la qualification juridique donnée à ces faits ; que même si le procès soulève des faits impliquant la discrétion et la non divulgation des secrets liés à l'intérêt de la défense nationale, la jurisprudence administrative a toujours considéré que ces considérations ne sauraient empêcher le tribunal d'exercer ses attributions et d'étayer sa conviction tout en prenant en considération la nécessité de ne pas révéler aux parties les aspects secrets du dossier ou de restituer les documents nécessaires, après leur consultation, à l'administration concernée* »[679].

L'obligation pour l'administration de présenter les motifs à caractère confidentiel devant le juge s'effectue au détriment du principe du contradictoire dans la mesure où le juge s'abstient de communiquer lesdits motifs au requérant. Le TA estime que la non révélation des documents secrets permet de concilier entre la protection du secret administratif et la garantie des droits de défense devant le juge[680].

b. L'exigence d'une présentation complète des motifs

Si le juge administratif tolère souvent les motivations stéréotypées exprimées au sein du texte de l'acte, il fait preuve de rigueur sans faille quant à l'exhaustivité de la motivation divulguée au cours d'instance. Le juge sanctionne la présentation incomplète ou imprécise des motifs demandés. En effet, l'exigence de communication des motifs opère un transfert du risque de la preuve à l'administration défenderesse. Cette dernière est tenue de présenter une démonstration suffisante et précise sous peine de perdre le procès. « *…Si le Ministre ne répond pas ou répond d'une manière imprécise, d'une manière insuffisamment pertinente et complète, il (le juge) annulera l'acte attaqué…* »[681]. Le juge refuse « *de laisser*

---

[679] C'est notre traduction. TA, REP, *Ferjani* c/ Ministre de la défense nationale, 25 janvier 1994, Aff. n° 3028, *Rec.* p. 14. *Cf.* en ce sens : TA, REP, *Abdelwaheb* c/ Ministre de la Défense nationale, 8 octobre 1996, Aff. n° 3097, *Rec.* p. 367 ; TA, REP, *A.M.* c/ Ministre de l'éducation, 21 juin 1995, Aff. n° 3554, *Rec.* p. 274.

[680] TA, 1ère instance, *Gozgoz* c/ Ministre de l'enseignement supérieur, 13 juillet 2002, Aff. n° 18601, *inédit.*

[681] LETOURNEUR, Conclusions CE Ass., 28 mai 1954, *Barel* et autres, *RDP* 1954, p.521.

l'administration se retrancher derrière son pouvoir discrétionnaire pour échapper à la discussion contentieuse »[682].

c. L'obligation pour l'administration de répondre dans les délais

La mise en œuvre de la technique de motivation au cours d'instruction place l'administration défenderesse dans une situation défavorable. Elle est, non seulement tenue de présenter les mémoires en défense, les documents demandés et les justifications de l'acte, mais de répondre dans les délais impartis, sous peine d'annuler la décision attaquée. Le TA affirme que l'article 51 de la loi relative au TA[683] a explicitement interdit la répétition des délais au profit de l'administration afin de garantir la bonne administration de la justice. En réalité, ajoute le TA, faire bénéficier l'administration de plusieurs délais pour répondre aux prétentions du requérant affecte, en premier lieu, les droits de la défense et les garanties contentieuses reconnues au requérant et empêche ce dernier de prévaloir son droit par voie légale. La répétition des délais constitue un obstacle à l'exercice du contrôle juridictionnel sur l'action administrative. C'est pourquoi, estime le TA, la doctrine et la jurisprudence considèrent que le fait pour l'administration de ne pas répondre constitue une présomption à son encontre et au profit du requérant[684].

d. La sanction de la non présentation des motifs et pièces exigés

Comme dans la jurisprudence du Conseil d'État français[685], dans la jurisprudence du TA, le refus de l'administration de fournir les pièces

---

[682] G. VEDEL, P. DELVOLVÉ, *Droit administratief*, Tome I, P.U.F., Paris, 11ème édition, 1990, p. 527.

[683] Il s'agit de l'article 51 ancien qui prévoit que « Le Secrétaire Général du Tribunal adresse une mise en demeure au Ministre ou demandeur qui n'a pas observé le délai lui imparti ; en cas de force majeure, un nouveau et dernier délai peut être accordé ». C'est l'article 45 nouveau alinéa 2 tel que modifié par la loi n° 96-39 du 3 juin 1996 qui prévoit que « Sur demande du Président de la Chambre, le Secrétaire Général adresse une mise en demeure à la partie qui n'a pas respecté le délai qui lui est imparti. La non-observation du délai de mise en demeure ne met pas obstacle à la poursuite de l'instruction ».

[684] TA, *Hmidi* c/ Ministre des Finances, 19 juin 1987, Aff. n° 1460, *inédit*.

[685] CE, 8 janvier 1937, *Bury*, *Rec.* p. 22 ; 12 juillet 1949, *Koenig*, *Rec.* p. 348 ; 8 janvier 1983, *Brisset*, Tab., p.833 ; CE, 23 décembre 1955, *Levy*, *Rec.* p. 608 ; *Barel*,

réclamées ou des explications précises est sanctionné par l'annulation de la décision administrative. L'annulation est fondée sur une double justification : le TA estime soit qu'il *« n'a pas été mis à même d'exercer le contrôle de légalité des motifs qui lui incombait »*[686], soit que *« les allégations du requérant doivent être regardées comme établies »*[687].

L'alinéa 3 de l'article 45 de la loi relative au TA[688] prévoit que « *Le fait pour l'administration de ne pas répondre à la requête, dans le recours pour excès de pouvoir, après l'expiration du délai de la mise en demeure, est considéré un acquiescement aux prétentions indiquées dans la requête, sauf éléments contraires découlant du dossier* ». L'article susmentionné consacre une présomption légale, c'est-à-dire un indice au moyen duquel « *la loi* […] *établit l'existence de certains faits inconnus* »[689]. C'est une présomption simple susceptible d'être combattue par la preuve contraire[690]. L'administration, qui malgré une mise en demeure, ne conteste pas en défense les allégations du requérant est présumée avoir accepté lesdites allégations. La loi présume que « *si l'administration se tait c'est qu'elle n'a rien à dire, qu'elle ne peut rien dire, et donc qu'elle avoue* »[691]. Le TA admet que l'abstention de l'administration de fournir des explications ou de

---

précité ; 3 avril 1991, *Basse-Pointe*, *DA* 1991, n°301 et 8 juillet 1991, *Amato*, *Rec*. p. 686.

[686] C'est notre traduction. TA, 1ère instance, *Hannachi* c/ Ministre de la défense nationale, 24 octobre 2002, Aff. n° 12874, *inédit*.

[687] C'est notre traduction. TA, *Bahlouch* c/ Ministre de l'Agriculture, 2 novembre 1994, Aff. n° 2566, *inédit*. *Cf*. A. BELHAJ RHOUMA, *Le détournement de pouvoir ou de procédure*, Mémoire, FDS, 2005, p. 116.

[688] C'est l'équivalent de l'article R.153 du Code des tribunaux administratifs français aux termes duquel « Si malgré une mise en demeure la partie défenderesse n'a pas produit aucun mémoire, elle est réputée avoir acquiescé aux faits exposés dans la requête ».

[689] Article 479 du COC.

[690] L'alinéa 3 de l'article 45 de la loi relative au TA prévoit que « Le fait pour l'administration de ne pas répondre à la requête, dans le recours pour excès de pouvoir, après l'expiration du délai de la mise en demeure, est considéré un acquiescement aux prétentions indiquées dans la requête, ***sauf éléments contraires découlant du dossier*** ».

[691] B. PACTEAU, « Preuve », *Encyclopédie Dalloz Contentieux administratif*, II, p. 4.

contredire les prétentions du requérant équivaut à un acquiescement[692].

2-. *Les avantages de la motivation formelle en faveur d'un bon contrôle juridictionnel*

Les deux types de motivation formelle et au cours du procès comportent une révélation des motifs susceptible d'informer le juge et d'assurer le contrôle de légalité. *A priori*, la distinction entre les deux modalités d'extériorisation des motifs risque de devenir une question académique[693]. On peut penser que la révélation des motifs lors d'un litige n'est qu'une modalité équivalente à la motivation formelle. Charles Eisenmann adopte une position ferme : « *au stade final, sur le plan contentieux, les choses se passent, en somme, comme si la décision avait été motivée* »[694].

Néanmoins, la motivation au cours d'instruction n'est qu'un palliatif aléatoire à la règle de non motivation[695]. Outre qu'elle ignore les avantages de la motivation en tant qu'instrument de bonne administration[696], la communication des motifs au cours d'instance est difficilement compatible avec les exigences de bonne justice. Sur le plan contentieux, la motivation formelle présente une supériorité incontestable sur la communication des motifs au juge[697]. « *On se rend compte combien plus efficace devient le contrôle juridictionnel si l'administration est obligée de motiver ses décisions* »[698]. En effet, la motivation formelle réduit la durée de l'instruction des affaires (a), garantie l'élaboration des motifs au moment de l'édiction de l'acte (b) et diminue le nombre des recours (c).

---

692 TA, *Ben Korfi* c/ Directeur de la RTT, 4 juillet 1983, Aff. n°434, *Rec*. p. 262.
693 R. ODENT, Conclusions sur CE, 5 avril 1946, *Dame Coulon, Daupeyroux, Branet*, *S*. 1946. III. 23 ; *EDCE*, 1947, p. 48.
694 Ch. EISENMANN, *Cours de droit administratif*, Tome II, LGDJ, Paris, 1983, p. 107.
695 A. MESTRE, *Le Conseil d'État protecteur des prérogatives de l'Administration*, LGDJ, Paris, 1974, p. 156.
696 *Cf. supra* : Section 1, de ce Chapitre.
697 B. PACTEAU, Note sous CE, 26 janvier 1973, Ministre de la justice c/ *Lang*, *D*., 1973, p. 609.
698 G. LANGROD, « Procédure administrative et droit administratif », *RDP*, 1948, p. 556.

a. La réduction de la durée de l'instruction des affaires

Rendre la justice dans des délais raisonnables est une composante essentielle du procès équitable[699] et une exigence élémentaire de l'État de droit. L'article 108 de la Constitution de 2014 dispose que « *Toute personne a droit à un procès équitable et dans un délai raisonnable. Les justiciables sont égaux devant la justice* ».

Toutefois, le mécanisme de la communication *a posteriori* des motifs par le juge répond mal au droit du citoyen à une justice rendue dans un délai raisonnable. Cet instrument est de nature à allonger la durée déjà excessive des affaires[700]. Le juge administratif a nettement souligné dans l'affaire *Mejri* rendu en premier ressort que la non motivation « *contraint le juge, statuant sur la légalité de ces décisions (disciplinaires), à procéder à des mesures d'instructions supplémentaires, qu'il aurait pu éviter, afin qu'il puisse examiner la véracité des motifs de l'acte ; ce qui conduit à allonger la durée de l'examen des affaires mettant par conséquent à mal les exigences de la bonne administration de la justice* »[701].

La non motivation constitue l'un des facteurs essentiels de l'étalement de la durée de l'instruction. En effet, aux délais de l'échange des mémoires en défense et des autres pièces du dossier entre les parties du litige, s'ajoute le temps nécessaire pour que la demande adressée à l'administration pour communiquer les motifs parvienne au service compétent et le temps de réponse de l'administration[702]. La demande des motifs par le juge au cours de l'instance est qualifiée comme un « *mécanisme* [...] *très lourd* »[703].

---

[699] S. GUINCHARD, « Le procès équitable : un droit fondamental ? », *AJDA*, n° spécial, pp. 191-208.

[700] Sur les problèmes du temps dans la justice administrative, *Cf.* : M. VIALETTES, A. COURRÈGE et A. ROBINEAU-ISRAËL, « Les temps de la justice administrative », *Juger l'administration, administrer la justice, Mélanges en l'honneur de Daniel LABETOULLE*, Dalloz, 2007, p. 833-846.

[701] C'est notre traduction. TA, 1ère instance, *Mejri* c/ Ministre de la défense nationale, 22 novembre 2003, Aff. n° 19987, *inédit*.

[702] Dans la pratique du TA, le délai imparti à chaque partie pour communiquer ses documents est d'une moyenne d'un mois suivi d'une mise en demeure de vingt et un jours adressée à la partie qui néglige de communiquer les pièces durant un mois.

Au contraire, la motivation formelle est de nature à accélérer le travail du juge car, en présence d'un acte motivé, le juge serait dispensé de pratiquer la « *chasse des motifs* »[704]. La motivation expresse constitue «*le moyen le plus simple et le procédé le plus efficace d'information par l'administration sur les motifs de ses actes* »[705]. D'ailleurs, plusieurs affaires devant le TA ont illustré le caractère aventureux de la recherche des motifs au cours d'instance. Souvent l'administration refuse de communiquer les motifs en invoquant le caractère secret des informations ou le caractère discrétionnaire de l'acte litigieux.

b. Garantir l'élaboration des motifs au moment de l'édiction de l'acte

La communication des motifs au cours de la procédure contentieuse permet éventuellement à l'administration l'élaboration de justifications *a posteriori* de ses décisions[706]. Souvent, ce procédé intervient même après l'exécution de l'acte administratif[707]. Or, il est extrêmement difficile de savoir avec certitude si les motifs donnés *a posteriori* étaient déterminants au moment de l'élaboration de l'acte[708].

Toutefois, l'obligation de motivation formelle contraint l'administration à mettre en évidence les motifs justifiant l'acte au moment de son édiction. Ce qui garantie l'unité chronologique entre motifs et dispositif de l'acte[709]. La connaissance des motifs élaborés

---

Cf. : Kh. FENDRI, « Recours pour excès de pouvoir, temps et bonne administration de la justice », *L'évolution contrastée du recours pour excès de pouvoir*, École Doctorale de la Faculté de Droit de Sfax, n° 1, 2010, p. 96 ; N. KALLEL et M. ARBI, « L'instruction », Actes du Colloque, La justice administrative après la refonte du 3 juin 1996, ENA, 2002, p. 66 (en arabe).

703 B. PACTEAU, *Le juge de l'excès de pouvoir et les motifs de l'acte administratif*, Clermont-Ferrand 1977, p. 59.

704 G. LEBRETON, *Droit administratif général*, Dalloz, 4ème édition, 2007, p. 236.

705 B. PACTEAU, *Le juge de l'excès de pouvoir et les motifs de l'acte administratif*, Clermont-Ferrand 1977, p. 52.

706 *Ibidem*.

707 G. ISAAC, *La procédure administrative non contentieuse*, LGDJ, 1968, p. 554.

708 A. FISCHER, « Rapport général », *EDCE*, 1971, p. 40.

709 *Cf. supra*, dans cette Partie : Chapitre I, Section 1, Paragraphe 1, B, 3.

au moment de l'édiction de l'acte est décisive dans la mesure où l'appréciation de la légalité s'effectue en fonction des motifs existant à la date de l'édiction de l'acte[710].

c. Diminuer le nombre des recours

Imposée « *par voie de contrainte et non de conviction* »[711], la décision administrative non motivée risque fort de créer un contentieux. M. Hauriou a même considéré que la décision exécutoire « *contient de la part de l'administration une acceptation anticipée du contentieux* »[712]. Dans sa conception autoritaire, toute décision administrative portant atteinte aux droits des individus, sans expliquer le pourquoi, dissimule une sorte de clause de style formulée comme suit : "*Allez-vous plaindre*" *!* (par l'accent tunisien *"Barra Echki* "!).

Au contraire, l'acte motivé joue à l'égard de l'administré un effet dissuasif. Mieux informé par un acte dûment motivé, l'administré est « *moins porté à se lancer dans des procès téméraires ou aléatoires* »[713]. Une bonne motivation présentée dans un enchainement juridique, logique et solide diminue le caractère autoritaire et brutal de l'action administrative et pourrait persuader le requérant éventuel « *qu'un recours est inutile, que l'acte est régulier* »[714]. Par cet effet, une doctrine place la motivation dans les rubriques relatives aux *« moyens de prévenir et d'aplanir les contestations* »[715]. La motivation pourrait aboutir par conséquent à la diminution du nombre des recours[716] de nature à alléger l'encombrement des affaires devant la justice.

---

[710] TA, 1ère instance, *Ali* c/Municipalité Bouarada, 30 décembre 2010, Aff. n° 19291, *Rec.* p. 605.

[711] A. MESTRE, *Le Conseil d'État protecteur des prérogatives de l'administration*, LGDJ, 1974, p. 157.

[712] M. HAURIOU, *Précis de droit administratif et de droit public*, Sirey, 1921, p. 403.

[713] P. LEWALLE, *Contentieux administratif*, Larcier, 2007, p. 151

[714] S. SUR, « Sur l'obligation de motiver formellement les actes administratifs », *AJDA*, 1974, p. 350.

[715] P. LEWALLE, *Contentieux administratif*, Larcier, 2007, p. 43 et s.

[716] S. SUR, « Sur l'obligation de motiver formellement les actes administratifs », *AJDA*, 1974, p. 350.

Toutefois, on peut avancer un argument contraire selon lequel la motivation incite l'administré à contester les motifs évoqués par l'administration et pourrait aboutir à la multiplication des contentieux. En réalité, c'est la motivation faible, non convaincante, qui encourage la contestation contentieuse de l'acte. Une motivation solide permet, au contraire, une meilleure compréhension de l'acte et contribue à éviter la contestation[717].

Sur la question de l'impact de la motivation sur le nombre des recours, le Conseil d'État français présente un bilan nuancé[718]. En effet, quelques années après l'entrée en vigueur de la loi de 1979, le Conseil d'État estime que la motivation « *n'a guerre eu d'incidence sur le nombre des pourvois formés devant le juge administratif* »[719]. Néanmoins, en matière de motivation des décisions rendues sur recours administratif préalable obligatoire, le Conseil d'État affirme que l'expérience semble démontrer qu'une obligation de motiver permettrait « *une limitation du nombre du recours juridictionnel* »[720].

B. Pluralité des illégalités contrôlées par la motivation

Les motifs formulés au sein du texte servent de base pour découvrir et apprécier les diverses illégalités qui peuvent entacher l'acte. Sans recourir à la communication des motifs au cours d'instance, le juge commence à apprécier la légalité de l'acte dans son entier à partir des motifs qui figurent dans l'acte. Le motif est le point de départ de tout contrôle juridictionnel. Il constitue l'élément qui déclenche le processus décisionnel et détermine l'organe compétent, la procédure à suivre, l'objet à édicter et le but projeté.

L'obligation de motiver permet au juge de contrôler notamment le vice d'incompétence négative (1), ainsi que les diverses illégalités matérielle de l'acte (2).

---

[717] S. CAUDAL, « Rapport introductif », *La motivation en droit public*, S. Caudal (dir.), Dalloz, 2013, p. 17.

[718] *Ibidem*.

[719] Conseil d'État, « Étude sur la motivation des actes administratifs », *Rapports public du Conseil d'État, EDCE*, 1986, p. 16.

[720] Conseil d'État, « Les recours administratifs préalables obligatoires » *Rapports public du Conseil d'État, EDCE*, 2008, p. 72.

1. Motivation et vice d'incompétence négative

Le TA estime qu'« *il est constamment admis en doctrine administrative que le vice d'incompétence, en tant qu'un moyen d'annulation, se produit lorsqu'une autorité administrative prend un acte sans qu'elle soit investie du pouvoir juridique qu'elle a utilisé* »[721]. L'incompétence est un vice qui affecte la légalité externe d'un acte : l'administration prend une décision alors qu'elle « *ne disposait pas légalement du moyen juridique d'action qu'elle a utilisé* »[722]. L'incompétence, « *prise au sens technique et contentieux* »,[723] est donc relative à l'organe auteur de l'acte administratif. En effet, les agents publics ne peuvent exercer leurs pouvoirs que dans les limites des règles de droit qui fixent leurs attributions ; « *au-delà, ils cessent de participer à l'exercice de la puissance publique* »[724]. Fondée sur des considérations de bonne organisation des services administratifs, « *la notion de compétence est en effet la base de tout le droit public* »[725]. Elle est le moyen d'annulation le plus radical et le plus ancien[726].

De point de vue dynamique, la motivation obligatoire n'est pas seulement une règle de forme, mais aussi une exigence de compétence. À cet effet, la motivation par référence est constitutive d'une incompétence négative (a). De même, la violation de l'obligation de l'examen sérieux de chaque affaire détectée à partir de l'absence ou de l'insuffisance de motivation entache l'acte d'une incompétence négative (b). Le rapport étroit qui unit l'obligation de

---

[721] C'est notre traduction. TA, *Société Wasing* c/ Ministre des finances, 2 novembre 1994, Aff. n° 3085, *inédit*, *Cf.* : A. BELHAJ RHOUMA, *Le détournement de pouvoir ou de procédure*, Mémoire, FDS, 2005, p. 72.

[722] D. TRUCHET, *Les fonctions de la notion d'intérêt général dans la jurisprudence du CONSEIL d'État*, thèse, Paris, LGDJ, 1977, p.108.

[723] R. GOY, « La notion de détournement de procédure », *Recueil d'études en hommage à Charles Eisenmann*, Paris, Cujas, 1977, p. 335.

[724] J. RIVERO et J. WALINE, *Droit administratif, Dalloz*, 17ème édition, 1998, p. 242.

[725] Y. GAUDEMET, *Traité de droit administratif*, LGDJ, Paris, Tome 1, Paris, 16ème édition, 2001, p. 493.

[726] O. FOUQUET, « Recours en cassation », *Répertoire Dalloz, Contentieux administratif*, p. 7 ; Ch. DEBOUY, *Les moyens d'ordre public dans la procédure administrative contentieuse*, Puf, Paris, 1980, p. 19.

motiver aux règles de compétence soulève le problème du non rattachement de l'obligation de motiver aux moyens d'ordre public (c).

a. La motivation par référence, une incompétence négative

La motivation doit être l'œuvre de l'autorité compétente. Les motifs d'un acte doivent être choisis et élaborés par le titulaire de la compétence lui-même. Le titulaire d'un pouvoir qui se borne de transcrire la volonté d'un autre organe méconnaît l'étendue et même l'existence de sa propre compétence[727]. Du coup, la motivation par référence à des actes émanant d'autorités autres que le détenteur du pouvoir décisionnel entache l'acte administratif d'un vice d'incompétence négative. Il s'agit d'un « *transfert indirect* » de compétence détecté à partir d'une irrégularité formelle. Pour combattre ce phénomène, le droit allemand exige que la motivation d'une décision discrétionnaire doit « *permettre d'identifier les points de vue qui ont guidé* » l'autorité compétente dans l'exercice de son pouvoir d'appréciation[728].

Dans les arrêts du TA, on rencontre des rédactions jurisprudentielles liant l'obligation de motivation à l'exercice effectif de la compétence par l'autorité titulaire du pouvoir décisionnel. Le TA a fréquemment souligné que seule l'autorité titulaire du pouvoir décisionnel détient la compétence de motiver et de déterminer les fautes incriminées[729]. On trouve également la formule suivante : « *L'autorité disciplinaire ne peut satisfaire à l'obligation de motiver que si elle procède elle-même à l'énoncé des motifs de droit et de fait qu'elle a définitivement arrêté en vertu de son pouvoir légal d'infliger la sanction à l'encontre de son agent* »[730]. Le juge estime que l'obligation de motiver implique l'énoncé des motifs qui ont étayé la

---

[727] B. PACTEAU, *Le juge de l'excès de pouvoir et les motifs de l'acte administratif*, Clermont-Ferrand, 1977, p. 66.

[728] Allemagne, Paragraphe 39 de la loi de 1976 sur la procédure administrative.

[729] TA, 1ère instance, *Nacer* c/ Ministre de l'intérieur, 24 février 2004, Aff. n° 10768, *Rec*. p. 16.

[730] C'est notre traduction. TA, 1ère instance, *Kaiess* c/ Ministre de l'intérieur, 6 mars 2003, Aff. n° 10571, *inédit*.

conviction de l'autorité compétente[731]. On en déduit que sous couvert de l'irrégularité tirée de la motivation par référence à un avis du Conseil de discipline, le juge censure, d'une manière implicite, un vice d'incompétence négative.

La rédaction personnelle des motifs par l'auteur de l'acte prolonge « ***l'obligation pour l'administration de prendre réellement ses décisions*** »[732]. L'auteur réel de la décision administrative est celui qui a choisi et élaboré les motifs car ce sont les motifs qui déterminent l'objet de l'acte à prendre. Chaque fois que l'élaboration des motifs échappe au détenteur légal de la compétence, sa volonté décisionnelle devient illusoire. L'obligation pour l'autorité compétente de motiver elle-même la décision constitue un instrument permettant d'éviter les risques de détournement ou de bouleversement des règles de la répartition légale des compétences.

La motivation par référence constitue une atteinte à l'exercice personnel de la compétence par l'auteur de l'acte. La prohibition de la motivation par référence est « *une conséquence logique du principe d'**indisponibilité des compétences*** »[733] en vertu duquel toute autorité administrative investie d'une compétence doit l'exercer elle-même sauf texte contraire[734]. Le TA souligne que l'une des règles fondamentales en droit public figure le principe selon lequel la compétence devait s'exercer par l'autorité désignée par le texte de droit, sauf délégation expresse habilitée par le texte qui attributif la compétence[735].

Il faut également admettre que cette forme d'incompétence négative issue d'une motivation par référence à un autre organe consultatif est en fait très proche de l'incompétence proprement dite.

---

[731] TA, Appel, Ministre de l'intérieur c/ *Mhamdi*, 12 juin 2008, Aff. n° 26485, *inédit*.

[732] J. KERNINON, « L'obligation pour l'autorité administrative de prendre réellement ses décisions », *RA*, 1981, p. 479.

[733] B. PACTEAU, *Le juge de l'excès de pouvoir et les motifs de l'acte administratif*, Clermont-Ferrand, 1977, p. 66.

[734] J.-M. MAILLOT, « L'indisponibilité des compétences en droit public français », *LPA*, 2004, n° 194, p. 3.

[735] TA, 1ère instance, *Jlassi* c/ Municipalité de Douar Hicher et Mannouba, 3 avril 2007, Aff. n° 13731, *inédit* ; TA, 1ère instance, *Ben Daoued* c/ Ministre de l'intérieur, 26 décembre 2012, Aff. n° 19375.

L'auteur de l'acte s'est lié indûment à la volonté de l'organe émetteur d'un avis obligatoire, de sorte que l'acte émane en réalité d'un organe consultatif incompétent[736]. « *L'incorporation au sein des visas des propositions émanant des Conseils de discipline ne peut tenir compte de motivation juridiquement valable dès lors que l'autorité qui détient le pouvoir disciplinaire n'est pas liée par les propositions et la motivation soutenus par le Conseil* », souligne le TA[737]. Le Conseil d'État français admettait que par une telle incompétence négative « *l'ordre des compétences aurait été bouleversé* » et « *la compétence même de l'autorité qualifiée* » a été « *affectée* »[738].

b. La négligence de l'obligation de l'examen sérieux de chaque affaire, une incompétence négative

L'omission de l'obligation de motiver ou l'insuffisance des motifs présument la négligence de l'administration de l'obligation d'examiner attentivement et sérieusement les motifs avant de statuer. Cette négligence est génératrice à son tour d'une incompétence négative. En s'abstenant d'examiner les circonstances propres à chaque affaire pour choisir la décision la plus adéquate, l'administration réduit le domaine de sa compétence. En tel cas, l'administration « *sous-estime* » ses pouvoirs[739] ; elle reste en deçà des limites de sa compétence ; elle adopte « *une conception restrictive, voire étriquée de ses compétences* »[740].

---

[736] B. PACTEAU, *Le juge de l'excès de pouvoir et les motifs de l'acte administratif*, Clermont-Ferrand, 1977, p.p. 182 et 183.

[737] C'est notre traduction. TA, 1ère instance, *Nijaoui* c/ Ministre de l'intérieur, 30 novembre 2001, Aff. n° 18804, *inédit.*

Cf. en ce sens : TA, 1ère instance, *Torkhani* c/ Ministre de l'intérieur, 25 décembre 2001, Aff. n° 18850, *inédit* ; TA, 1ère instance, *Mejri* c/ Ministre de l'intérieur, 21 janvier 2003, Aff. n° 18848, *inédit.*

[738] CE, (S.), 7 janvier 1955, Ged, *Rec.* p. 11, *D.* 1955, J.69, Conclusions Mosset.

[739] L. GOLDENBERG, *Le Conseil d'État juge de fait*, Dalloz, Paris, 1932, p. 185.

[740] B. PACTEAU, *Le juge de l'excès de pouvoir et les motifs de l'acte administratif*, Clermont-Ferrand, 1977, p. 187.

La négligence d'exercer entièrement le pouvoir de choix[741] met en échec l'obligation qu'ont les autorités administratives d'« *épuiser* » leur compétence[742]. L'administration à l'obligation de « *ne pas dénaturer un pouvoir que la loi veut discrétionnaire* »[743]. L'examen particulier des motifs sanctionné à partir de l'insuffisance ou de l'absence de motivation est destiné à contraindre l'administration à exercer pleinement et sérieusement ses compétences. Ainsi, les vices inhérents à la motivation ne sont le plus souvent que l'aspect formel d'un vice d'incompétence.

c. La question du non rattachement de l'obligation de motiver aux moyens d'ordre public

Le juge refuse de reconnaître aux vices de procédure et de formes le caractère d'ordre public[744]. Dans la conviction du juge, la violation des formalités substantielles « *n'est pas suffisamment grave pour qu'elle doive être examinée en dehors des règles de droit commun de procédure contentieuse* »[745]. C'est ainsi que le TA, tout comme le juge administratif français[746], a dénié aux moyens tirés du défaut ou d'insuffisance de motivation le caractère d'ordre public[747] alors même que la motivation est susceptible de réagir directement sur le moyen d'ordre public tiré du vice d'incompétence. Il a été jugé que la motivation « *est une question relevant de l'intérêt des parties et ne*

---

741 STASSINOPOLOS, *Traité des actes administratifs*, cité par B. PACTEAU, *Le juge de l'excès de pouvoir et les motifs de l'acte administratif*, Clermont-Ferrand, 1977, p. 185.

742 B. PACTEAU, *Le juge de l'excès de pouvoir et les motifs de l'acte administratif*, Clermont-Ferrand, 1977, p. 185.

743 J.-C. VENEZIA, *Le pouvoir discrétionnaire*, LGDJ, Paris, 1959, p. 143.

744 Ch. DEBOUY, *Les moyens d'ordre public dans la procédure administrative contentieuse*, Paris, Puf, 1980, p. 49.

745 R. HOSTIOU, *Procédure et Formes de l'acte administratif unilatéral en droit français*, LGDJ, Paris, 1974, p.p. 301 et 302.

746 CE, 18 novembre 1991, Ministre de coopération et de développement c/ *Jelmoni*, Rec. p. 452. *Cf.* également : Ch. DEBOUY, *Les moyens d'ordre public dans la procédure administrative contentieuse*, Paris, Puf, 1980, p. 51, note n° 10.

747 TA, 1ère instance, *Rchid* c/ Municipalité de Sfax, 27 janvier 2006, Aff. n° 11365, *Rec.* p. 16.

saurait être soulevée d'office par le tribunal car elle n'est pas d'ordre public »[748].

Dans une jurisprudence de plus en plus protectrice des droits des individus, on peut légitimement estimer le rattachement de l'obligation de motiver à la catégorie des moyens d'ordre public, non seulement parce qu'elle évoque la question de la compétence de l'auteur de l'acte, mais aussi eu égard à la multiplicité et à la gravité des vices commis à cause de sa violation. Pour donner à l'obligation de motiver sa dimension réelle, elle aurait dû être considérée comme une question d'ordre public. Ses incidences sur la rationalisation et le bon fonctionnement de la machine administrative montrent que l'obligation de motiver dépasse les intérêts des parties aux litiges.

2. Motivation et légalité matérielle

L'obligation de motiver constitue non seulement une garantie de forme, mais aussi une garantie de fond, elle a une influence sur le fond de l'acte lui-même[749]. L'obligation de motiver offre au juge la possibilité de contrôler la légalité des motifs et de l'objet de l'acte (a) ainsi que la légalité du but poursuivi (b).

a. Contrôle de la légalité des motifs et de l'objet de l'acte

L'obligation de motiver est intimement liée aux exigences de la légalité des motifs et de l'objet de l'acte administratif. Une motivation exhaustive et précise traduisant une cohérence logique entre les motifs et le dispositif suppose que l'autorité administrative s'est livrée, avant de choisir l'acte, à un examen attentif des faits et des textes applicables. Ainsi, le refus de l'administration de motiver ou de formuler convenablement les motifs dans le texte de l'acte cache quelque part une violation de la loi car « *la forme est toujours l'écho du fond* »[750]. R. Odent constatait que « *ce sont souvent des règles de*

---

[748] C'est notre traduction. TA, Appel, *Mrazgui* c/ Ministre de l'intérieur, 8 juin 2008, Aff. n° 25805, *inédit*.

[749] G. ISAAC, *La procédure administrative non contentieuse*, *LGDJ*, 1968, p. 547.

[750] G. DUPUIS, « La présentation de l'acte administratif », *Sur la forme et la procédure de l'acte administratif*, G. Dupuis (dir.), Economica, Paris, 1979, p. 10.

forme qui ont contraint l'administration à se conformer à des règles intéressant le fond du droit »[751].

La consultation des arrêts rendus par le TA montre qu'à partir de la motivation, le juge découvre fréquemment une **erreur de droit**[752]. Un acte fondé sur un motif non prévu par les textes en vigueur à la date de son émission est vicié par une erreur de droit tiré de l'usage d'un texte en dehors de son champ d'application. L'emploi d'un texte en dehors de son champ d'application est un moyen d'ordre public soulevé d'office par le juge[753].

Souvent, l'acte non motivé ou insuffisamment motivé est entaché d'une **erreur de fait** telle que l'inexactitude matérielle des faits[754], ou une erreur manifeste d'appréciation [755] alors même que ce dernier vice n'est censuré que lorsque l'administration commet une violation flagrante et évidente aux exigences de minimum de logique et de bon sens[756].Une décision mettant un agent en retraite pour des raisons de santé est dépourvue de motifs de fait légaux dès lors que ladite

---

[751] R. ODENT, *Contentieux administratif*, Les cours de droit, IEPP, Paris, 1981, p. 1836.

[752] TA, Appel, Municipalité de Tunis c/ *Saoulajen foncière*, 27 mai 2005, Aff. n° 24966.

[753] TA, *Khalifa* c/ PDG de SONEDE, 28 octobre 2005, Aff. n° 18949, *Rec.* p. 79.

[754] On peut citer à titre d'illustration : TA, REP, *Inzi* c/ Ministre des finances, 22 juin 1994, Aff. n° 3343, *Rec.* p. 101 ; TA, REP, *Tlili* c/ Ministre des finances, 11 janvier 1995, Aff. n° 3239, *Rec.* p. 13 ; TA, REP, *Tijani* c/ Ministre de la défense, 25 juin 1996, Aff. n° 4379, *Rec.* p. 260 ; TA, REP, *Atrach* c/ Ministre de la santé, 18 juin 1997, Aff. n° 14393, *Rec.* p. 291.

[755] *Cf.* notamment : TA, 1ère instance, *Famradenva* c/ Directeur de l'ENA, 30 novembre 2006, Aff. n° 13732, *inédit* ; TA, 1ère instance, *Jabri* c/ Ministre de la défense, 8 décembre 2006, Aff. n° 13658, *inédit* ; TA, 1ère instance, *Aouadi* c/ Ministre de l'intérieur, 11 novembre 2006, Aff. n° 12909, *inédit.*

[756] D. LAGASSE, *L'erreur manifeste d'appréciation en droit administratif*, Bruylant, Bruxelles, 1986. Un auteur français a montré que « plus de 40 % des annulations prononcées… à la suite d'un recours pour excès de pouvoir sont motivées par la constatation d'une illégalité qui n'explique aucune difficulté juridique, matérielle ou politique spéciale et qu'on comprend mal que l'administration n'ait pas pu éviter » : D. De LAMOTHE, « Essai d'une théorie statistique sur la jurisprudence du Conseil d'État », *EDCE*, 1949, p. 86.

décision est fondée sur un avis non motivé pris par la commission médicale[757].

Parce que l'obligation de motiver est destinée à contraindre l'administration à se conformer aux exigences de fond, le TA opère fréquemment un glissement de l'examen formel de la motivation vers l'appréciation du bien-fondé de l'acte. Souvent, le juge renonce à l'annulation de l'acte entaché d'une insuffisance de motivation au motif que l'acte est matériellement légal[758]. En des termes toujours d'actualité, G. Berlia écrivait : « *la jurisprudence abandonnant ou n'acceptant pas une rigoureuse spécialisation des cas d'ouverture du recours pour excès de pouvoir assure avant tout le contrôle général de la légalité ou, si on veut dire, le contrôle de la légalité sous son aspect, en définitive essentiel, c'est-à-dire matériel* »[759].

b. Contrôle de la légalité du but de l'acte

La motivation peut, dans certains cas, mettre à nu les intentions de l'administration. L'expression des motifs permet au juge de détecter l'illégalité du but poursuivi par l'administration eu égard au lien étroit qui unit les motifs et le but dans le processus intellectuel de l'acte[760]. En effet, « *en considération de l'existence d'un élément objectif extérieur à lui (le motif), l'auteur de l'acte décide de tendre vers la réalisation d'un certain but* »[761]. Ainsi, une décision prise suivant une procédure non-disciplinaire est entachée d'un détournement de

---

[757] TA, 1ère instance, *Jabri* c/ Ministre de défense nationale, 8 décembre 2006, Aff. n° 13658.

[758] TA, 1ère instance, *Zaghdoudi* c/ Municipalité de Kram, 30 avril 2005, Aff. n° 12292, *inédit* ; TA, 1ère instance, *Ali* c / Ministre de la justice, 29 mars 2008, Aff. n° 13477, *inédit*. *Cf.* également : TA, 1ère instance, *Belkahia* c/ Ministre des domaines de l'État, 20 avril 2001, Aff. n° 16116, *inédit*.

[759] G. BERLIA, « Le vice de forme et le contrôle de la légalité des actes administratifs », *RDP*, 1940-1941, p. 386.

[760] A. BELHAJ RHOUMA, *Le détournement de pouvoir ou de procédure*, Mémoire de DEA, FDS, Sfax, 2004-2005, p. 42 et s. et p. 128 et s.

[761] R. VIDAL, « L'évolution du détournement de pouvoir dans la jurisprudence administrative », *RDP*, 1952, p. 291.

procédure dans un but disciplinaire dès lors que ladite décision est formellement motivée par des fautes disciplinaires[762].

De même, derrière des actes entachés d'une omission de motivation ou d'une motivation illusoire se dissimule fréquemment un vice de détournement. Le TA a souligné à cet effet que « *s'il est établi que l'autorité, auteur de l'acte, avait évoqué un motif inexistant, le vice qui entache l'acte administratif constitue un détournement de pouvoir dans un but étranger à l'intérêt général* »[763]. C'est une tentative permanente de ne pas avouer convenablement les motifs réels afin d'échapper à la censure du détournement car l'illégalité des motifs avoués présume l'intention de l'administration de poursuivre un objectif illégal.

Même si rien ne garantie la sincérité des motifs insérés dans le texte de la décision par l'administration[764], il n'en demeure pas moins vrai qu'autant la motivation est solide et convaincante, autant les éventualités du risque de détournement s'évanouiraient[765].

C. Le double contrôle de la motivation spontanée

Lorsque l'administration, alors même qu'elle n'est pas tenue de motiver, a spontanément exprimé les motifs de sa décision, la motivation tombe sous le contrôle du juge au titre de sa régularité externe (1) et de son bien-fondé interne (2).

---

[762] TA, *Ben Mohamed* c/ Ministre de l'Intérieur, 18 mai 1979, Aff. n°231, *Rec.* p.142 ; TA, *Jbeli* c/ Ministre de l'Enseignement supérieur, 16 février 1983, Aff. n°661, *Rec.* p.186.

[763] C'est notre traduction. TA, *Boubakker* c/ Ministre de la Jeunesse, 19 mai 1993, Aff. n° 2792, *inédit*.

Cf. dans le même sens : TA, *Ajroud* c/ Ministre de Transport, 7 juillet 1981, Aff. n° 364, *Rec.* p.227 et TA, *Ini* c/ Ministre de la Santé publique, 16 mars 1994, Aff. n° 2840, *inédit*.

[764] M. WALINE, *Le contrôle juridictionnel de l'administration*, Université Fouad 1er, Le Caire, 1949, p. 175.

[765] *Cf. supra* dans ce Chapitre, Sectrion 1, Paragraphe, 1, B.

1. Contrôle externe de régularité

Selon une jurisprudence établie, la motivation facultative est soumise à un contrôle exercé sur son accomplissement régulier. À l'occasion des moyens tirés de l'insuffisance de motivation invoqués à l'encontre d'une décision non soumise à une l'obligation légale de motivation, le juge n'hésite pas à examiner les exigences de régularité de la motivation comme si la motivation était obligatoire[766]. À l'instar de toute procédure facultative, en matière de motivation facultative, l'administration se trouve, dans l'obligation de prendre le risque de « *jouer correctement le jeu* »[767], sous peine de voir son acte annulé pour insuffisance de motivation. Cette technique soumet l'administrateur aux exigences de diligence et de sincérité : « *La liberté est une chose, la fantaisie en est une autre* »[768].

2. Contrôle interne du bien-fondé

Le juge contrôle non seulement l'énoncé suffisant des motifs indiqués au sein d'une motivation facultative au titre de la violation d'une formalité substantielle, mais aussi il soumet les motifs au contrôle de légalité interne. Le TA a constamment souligné qu'« *alors même que l'administration n'est tenue de motiver ses décisions que si un texte de droit le requiert, les motifs fournis spontanément au sein de l'acte tombent sous le contrôle du juge administratif au titre de la violation de la loi et de l'illégalité du résultat atteint par sa décision* »[769]. Il s'agit d'« *un principe jurisprudentiel fondamental* »[770]

---

[766] TA, REP, *Adib* c/ Municipalité de Menzel Abderrahmanne, 11 avril 1995, Aff. n° 3287, *Rec*. p. 175 ; TA, 1ère instance, *Belkahia* c/ Ministre des domaines de l'État et des affaires foncières, 20 avril 2001, Aff. n° 16116, *inédit* ; TA, 1ère instance, *Ben Smaia* c/ Municipalités de Ariana et Raouad, 26 avril 2005, Aff. n° 1206, *inédit* ; TA, 1ère instance, *Zaghdoudi* c/ Municipalité d'Elkram, 30 avril 2005, Aff. n° 12292, *inédit* ; TA, 1ère instance, *Khalfallah* c/ Municipalité de Akkouda, 7 mai 2008, Aff. n° 14884, *inédit*.

[767] Expression empruntée à R. CHAPUS, *Droit du contentieux administratif*, Montchrestien, 12ème édition, Paris, 2006, p. 1030.

[768] *Ibidem*.

[769] C'est notre traduction. TA, REP, *Chebi* c/ Ministre de l'équipement et de l'habitat, 24 juin 1988, Aff. n° 1480, *Rec*. p. 73. *Cf.* en ce sens : TA, REP, *Nemri* c/ Ministre de l'agriculture, 22 novembre 1985, Aff. n° 1136, *Rec*. p. 136 ; TA, REP, *Thamri et Chalghoumi* c/ Ministre de l'équipement et de l'habitat, 18 juin 1991, Aff.

en vertu duquel les motifs figurant dans une motivation spontanée servent de base pour contrôler les divers éléments de l'acte administratif.

Il convient de signaler que cette règle jurisprudentielle vaut non seulement pour les motifs indiqués au sein du texte de l'acte, mais aussi les motifs présentés par l'administration au cours d'instruction[771].

D. Le contrôle de l'obligation de motiver les actes relevant d'une compétence liée

La compétence liée est la situation dans laquelle l'administration se trouve obligée « *d'agir ou de s'abstenir et, en cas d'action, d'agir dans un sens déterminé* [...] *Cette automaticité de l'action administrative est, sans nul doute, le trait original, l'élément essentiel, l'origine des caractéristiques de la compétence liée* »[772].

Dans le cadre de la compétence liée, la motivation et les motifs insérés dans la motivation échappent à la censure du juge. Dans une telle hypothèse, deux techniques (1), dictées par des raisons de bonne justice (2) sont utilisées pour neutraliser le vice de forme et l'erreur des motifs.

1. Deux techniques de neutralisation du vice de forme et de l'erreur des motifs

Pour sauver de l'annulation l'acte administratif au titre du vice de forme, le juge utilise la technique des moyens inopérants (a). De

---

n° 1587, *Rec.* p. 13 ; TA, REP, *Ben Amor* c/ Ministre l'équipement et de l'habitat, 13 juillet 1994, Aff. n° 3233, *Rec.* p. 132.

[770] M. WALINE, *Droit administratif*, Dalloz, 9ème édition, n° 1093, cité par S. SUR, « Sur l'obligation de motiver formellement les actes administratifs », *AJDA*, 1974, note n° 29, p. 352.

[771] TA, 1ère instance, *Hbib* c/ Municipalité de Tunis, 25 mars 2005, Aff. n° 17971, *Rec.* p. 28. *Cf.* en ce sens : TA, REP, *Brahmi* c/ Ministre de l'éducation, 15 mars 1995, Aff. n° 3806, *Rec.* p. 140.

[772] B. KORNPROBST, « La compétence liée », *RDP*, 1961, p.p. 939 et 941.

même, le TA emploie la technique de la substitution des motifs pour sauver l'acte d'une erreur des motifs de droit ou de fait (b).

a. Le moyen inopérant

Le vice relatif à la motivation est considéré comme un moyen inopérant lorsque l'acte est pris conformément à une compétence liée[773]. La technique du moyen inopérant permet de sauver un acte entaché d'une absence ou d'une insuffisance de motivation de l'annulation.

Le moyen inopérant[774], même s'il est fondé, ne peut être retenu par le tribunal pour fonder sa décision d'annulation[775]. Le juge se borne à constater le caractère inopérant sans procéder à l'examen du moyen quant au fond. Ce qui distingue le moyen inopérant du moyen irrecevable est que le juge n'est pas tenu de répondre au moyen inopérant au cas de rejet du recours[776].

---

[773] TA, 1ère instance, *Gdacha* c/ Municipalité de Menzel Jmil, 28 novembre 2008, Aff. n° 14280, *inédit*.

[774] Font partie de la catégorie des moyens inopérants notamment les moyens de la légalité externe invoqués contre un acte issu d'une compétence liée et les moyens fondés sur un texte, un principe, un acte et une question étrangers au litige, dépourvus d'influence sur la solution du litige : J.-M. AUBY, « Les moyens inopérants dans la jurisprudence administrative », *AJDA*, 1966, pp. 5-13.

[775] TA, 1ère instance, *Gheriani* c/ Ministre des finances, 5 novembre 2002, Aff. n° 18428, *inédit*.

[776] (J.-M., AUBY, « Les moyens inopérants dans la jurisprudence administrative », *AJDA* 1966, p.p.6 et 7. Le moyen irrecevable, tels que le moyen trop vague et imprécis, le moyen que le juge est incompétent à l'examiner et le moyen dépourvu de l'intérêt du requérant se rapproche du moyen inopérant mais se distingue de ce dernier. En effet, comme le moyen inopérant, le moyen irrecevable est insusceptible d'être retenu par le juge et ne doit pas faire l'objet d'un examen quant au fond. L'intérêt de la distinction réside dans le fait « qu'alors que le juge, rejetant un recours, a l'obligation de faire mention des moyens irrecevables et de les écarter ainsi explicitement, il est dispensé de cette obligation à l'égard des moyens inopérants ; c'est-à-dire, qu'il *peut les rejeter par prétérition* »: R. CHAPUS , *Droit du contentieux administratif*, Tome I, *op. cit.*, p.742.

b. La substitution des motifs

Le juge peut procéder à une substitution de base légale si l'administration a fondé sa décision sur un texte erroné[777]. Si la substitution de base légale est une règle classique, la substitution des motifs de fait en cas de compétence liée est une technique relativement récente dans le travail du TA. En des termes analogues à la jurisprudence administrative française[778], le TA a jugé que « *même s'il est constamment admis en doctrine et en jurisprudence que ce qui importe en matière de motivation, ce sont les motifs insérés dans le corps même de l'acte et non les motifs ultérieurement invoqués par l'administration devant le juge, cette règle n'est pas applicable dans les hypothèses de compétence liée dès lors que l'administration est dans l'obligation d'agir dans le même sens et qu'elle ne détient d'aucun pouvoir d'appréciation* »[779].

En principe, seuls les motifs figurant dans le texte de l'acte peuvent servir de base au contrôle des motifs. Néanmoins, en cas de compétence liée, l'administration, qui a exprimé des motifs erronés au sein de la motivation, peut invoquer devant le juge un motif différent de celui sur lequel elle s'était initialement fondée. La substitution des motifs permet à l'administration de corriger, devant le juge, l'erreur des faits qu'elle a commise lors de l'édiction de l'acte.

---

[777] TA, REP, *Safi* c/ Ministre de l'Economie, 30 décembre 1980, Aff. n° 281, *Rec.* p. 452 ; TA, REP, *Arbi* c/ Ministre des Finances, 14 avril 1981, *Rec.* p. 119 et TA, 1ère instance, *Khoudhi* c/ Président de la municipalité de Chihiya, 27 octobre 2000, Aff. n° 17079, *inédit.*

[778] CE, Section, 23 juillet 1976, *Ministre du travail* c/ URSSAF du Jura, *Rec.* p. 362. La jurisprudence administrative française a même admis la possibilité de substitution des motifs **dans le cadre du pouvoir discrétionnaire** : CE, Section, 6 janvier 2004, Mme *Hallal*, 6 janvier 2004, Rec. p. 48 ; *AJDA*, 2004, p. 436, Chronique F. Donnat et D. Casas ; *RFDA* 2004, p. 740, Conclusion I. De Silva. En la matière, la doctrine et la jurisprudence française sont abondantes. *Cf.* à titre d'illustration : O. YEZNIKIAN, Note sous Cour administrative d'appel de Doual, 25 mai 2004, *Commune de Vred*, *RFDA*, 2004, p. 750 ; I. DE SILVA, « Substitution de motifs, deux ans d'application de la jurisprudence *Hallal* », *AJDA*, 2006, p. 690.

[779] C'est notre traduction. TA, 1ère instance, 26 novembre 2008, *Rezgue* c/ Municipalité de Sousse, Aff. n° 15316, *inédit.*

2. Deux techniques fondées sur des raisons de bonne justice

La jurisprudence qui considère le vice de forme ou l'erreur des motifs sans influence sur la légalité de l'acte en cas de compétence liée est dictée par des considérations pragmatiques[780]. L'administration était, en tout état de cause, dans l'obligation de prendre la même décision, souligne le juge administratif[781]. « *À quoi pourrait servir une annulation fondée sur un motif erroné en droit si pour un autre motif l'Administration était dans l'obligation de prendre une décision dans le même sens* »[782].

L'annulation fondée sur un moyen inopérant ou sur un motif erroné alors que l'acte relève d'un pouvoir lié contraint l'administration à prendre la même décision après avoir régularisé le vice de forme ou des motifs. Une telle annulation « *revient à faire jouer un pouvoir de sanction systématique dont l'effet ne sera qu'un report dans le temps de l'entrée en vigueur de la décision annulée* »[783]. L'annulation met, en premier temps, à la charge de l'administration l'obligation de « *rétablir intégralement la situation juridique que l'acte annulé a modifiée ou supprimée* »[784]. En deuxième temps, l'administration sera dans l'obligation de prendre une décision dans les mêmes termes que la décision annulée en vertu du texte qui lui impose l'obligation d'édicter ladite décision. Ça serait de nature à perturber, à la fois, la bonne marche des services publics et les situations juridique des administrés.

Le juge cherche à protéger les individus lors du contentieux sans entraver inutilement l'action administrative. Convaincu que l'annulation est sans intérêt pour les requérants et peut entraver

---

[780] A. MESTRE, *Le Conseil d'État protecteur des prérogatives de l'Administration*, LGDJ, Paris, 1974, p. 135.

[781] TA, Appel, Ministre de l'intérieur c/ *Nasri*, 26 octobre 2006, Aff. n° 25169, *inédit*.

[782] JOSSE, Conclusions sur CE, 8 juin 1931, *Augier*, *D.* 1934, III, 31.

[783] M. J. GUEDON, « Régularité interne de l'acte administratif et pouvoir de substitution du juge », *AJDA*, 1981, p. 443.

[784] Article 9 de la loi n°72 - 40 du 1er juin 1972 relative au Tribunal Administratif (*JORT* n°23 du 6-2 juin 1972, p.738).

l'action administrative, le juge « *ferme volontairement les yeux* »[785] pour maintenir des actes entachés d'un vice de motivation ou de motifs[786].

Il importe toutefois de signaler que cette politique purement pragmatique ignore les fonctions pédagogiques et stratégiques du contrôle de légalité. En fait, toute annulation, même d'un acte issu d'une compétence liée, permettait « *un apurement de l'ordre juridique* »[787]. Sans annulation, l'administration « *serait portée à ne prendre aucun soin des actes à propos desquels elle exerce sa compétence liée* »[788].

Paragraphe 2 : Une garantie des droits de la défense devant le juge

À côté du juge qui doit connaître les motifs pour les besoins de son contrôle, les administrés ont également le droit de savoir, avant l'introduction de l'action en justice, les raisons de l'acte pour qu'ils puissent apprécier les chances du succès d'un éventuel recours et préparer le cas échéant leurs moyens de défense appropriés. L'obligation de motiver prolonge ses effets sur le terrain contentieux comme instrument indispensable pour l'exercice des droits de la défense proclamés par l'article 108 de la Constitution : « *Le droit d'ester en justice et le droit de défense sont garantis* »

Le TA a fréquemment souligné que le rapport qui unit l'obligation de motiver avec les droits de la défense devant le juge est indissociable. On peut lire dans les arrêts rendus par le TA : « *L'obligation de motiver est rattaché aux droits de la défense érigés*

---

[785] J.-M. AUBY et R. DRAGO, *Traité du contentieux administratif*, LGDJ, Tome 2, 3ème édition 1984, p. 375.

[786] A.-S. MESCHRIAKOFF, « La compétence liée permet-elle à l'administration de violer la loi ? », *RA*, pp. 575-579.

[787] A. MESTRE, *Le Conseil d'État protecteur des prérogatives de l'Administration*, LGDJ, Paris, 1974, p. 47.

[788] J.-M. AUBY et R. DRAGO, *Traité du contentieux administratif*, LGDJ, Tome 2, 3ème édition 1984, p. 375 ; B. PACTEAU, Note sous CE, 26 janvier 1973, Ministre de la justice c/ *Lang*, *D.*, 1973, p. 607.

au rang des principes généraux de droit »[789]. C'est « *une garantie des droits de la défense* »[790] ou « *une consécration du principe des droits de la défense* »[791]. Ou encore, « *Permettre au requérant de préparer sa défense est l'objectif que le législateur entend réaliser par la consécration de la règle de l'obligation de motivation* »[792].

La motivation formelle est l'instrument nécessaire pour un exercice utile des droits de la défense (B). Cette fonction capitale de la motivation ne saurait être remplacée par le procédé de la communication des motifs au juge au cours du procès (A).

A. Les insuffisances de la communication des motifs au cours d'instance quant à l'exercice utile des droits de la défense

La communication des motifs au cours d'instance est un instrument peu compatible avec les exigences de l'exercice efficace des droits de la défense dans la mesure où elle constitue un procédé exceptionnel (2), facultatif (3) et subordonné au déclenchement d'un recours contentieux (1)

1. Un procédé subordonné à l'exercice d'un recours contentieux

L'absence de motivation oblige le destinataire de l'acte d'intenter un recours pour solliciter du juge l'intervention pour demander les motifs[793]. Ainsi, l'obligation de communication des motifs au cours d'instance « *n'existe que pour les actes faisant l'objet d'une contestation* »[794]. Tant qu'un recours n'a pas été déclenché, le principe

---

[789] C'est notre traduction. TA, 1ère instance, *Hammami* c/ Ministre de la défense nationale, 10 mai 2001, Aff. n° 13350, *inédit*.

[790] C'est notre traduction. TA, 1ère instance, *Harrath* c/ Ministre de l'éducation nationale, 19 mai 2001, Aff. n° 17814, *inédit*.

[791] C'est notre traduction. TA, 1ère instance, *Zouali* c/ Ministre de l'enseignement supérieur, 8 mai 2007, Aff. n° 15374, *inédit*.

[792] C'est notre traduction. TA, 1ère instance, *Tenjel* c/ Ministre de l'éducation nationale, 19 novembre 2002, Aff. n° 22869 *inédit*.

[793] B. PACTEAU, Note sous CE, 26 janvier 1973, Ministre de la justice c/ *Lang*, *D.* Jurisprudence, 1973, p. 609.

[794] J. RIVERO, « Le système français de protection des citoyens contre l'arbitraire administratif à l'épreuve des faits », *Mélanges J. Dabin*, Sirey, Tome 2, 1963, p. 821.

de non motivation formelle laisse l'administration dans la possibilité de taire les motifs de ses actes[795].

La doctrine a qualifié comme « *profondément choquante* »[796], comme dangereuse[797], voire même « *scandaleuse* »[798] cette possibilité offerte à l'administration de refuser de donner les raisons de sa décision tant que le juge ne les exige pas à l'occasion d'un procès dirigé contre elle. Au contraire, la motivation formelle profite directement au destinataire de l'acte. La connaissance des motifs, avant l'introduction du recours, consolide le droit du requérant d'exercer utilement son droit au recours juridictionnel.

2. Un procédé exceptionnel

Les motifs doivent être connus avant l'introduction du recours sous peine de placer le requérant dans une situation manifestement défavorable[799]. En effet, le mécanisme de la révélation des motifs au cours d'instance n'est pas exercé d'une façon automatique ; il ne se conçoit dans la pratique jurisprudentielle qu'en tant que « *procédé exceptionnel d'information du juge* »[800]. Pour ordonner une telle mesure, la jurisprudence met à la charge du requérant deux obligations cumulatives.

La **première obligation** est de **présenter une allégation précise**[801]. À l'appui de sa demande, le requérant est tenu de présenter

[795] B. PACTEAU, *Le juge de l'excès de pouvoir et les motifs de l'acte administratif*, Clermont-Ferrand 1977, p. 59.
[796] G. LEBRETON, *Droit administratif général*, Dalloz, 4ème édition, 2007, p. 235.
[797] P. SABOURIN, « Mission de service public, prérogatives de puissance publique et notion d'autorité administrative (À propos de l'arrêt du Conseil d'État du 27 novembre 1970, *Agence maritime Marseille-Fret et autres*) », *JCP*, 1971, I, n° 2407.
[798] M. FROMONT, Note sous CE, 26 janvier 1968, *Société Maison Genestal*, *D.* 1969, Jurisprudence, p. 459.
[799] *Idem*, p. 458.
[800] B. PACTEAU, *Le juge de l'excès de pouvoir et les motifs de l'acte administratif*, Clermont-Ferrand 1977, p. 59.
[801] A. BELHAJ RHOUMA, *Le détournement de pouvoir ou de procédure*, Mémoire de DEA, FDS, 2005, p. 105.

un moyen d'annulation[802], assorti de précisions suffisantes[803]. Ayant pris l'initiative de l'instance, l'administré supporte un « *minimum, irréductible, qui est de contester utilement la décision administrative* »[804]. L'exigence d'un moyen d'annulation précis ne pose pas de difficultés majeures surtout que le juge de l'excès de pouvoir détient le pouvoir de procéder à la régularisation et à l'interprétation de la requête d'instance afin de sauver le rejet des moyens en la forme[805].

La difficulté commence au niveau de la **deuxième obligation** mise à la charge du requérant. En vertu du principe "*actori imcombi probatio* ", le demandeur doit établir un **commencement de preuve ou des présomptions sérieuses** à l'appui des allégations. Or, la non motivation prive l'administré d'une source de renseignement importante. Intenter un recours pour excès de pouvoir contre une décision non motivé risque fort d'empêcher le justiciable de constituer un commencement de preuve. Comment le requérant peut-il articuler et développer des moyens de défense à l'encontre d'une décision qu'il ignorait les motifs ? Le requérant doit déclencher un combat contre

[802] On entend par moyen « *les raisons qui justifient le bien-fondé des prétentions de la requête* » (R. ODENT, Cours précités, p.559). Il s'agit dans le recours pour excès de pouvoir d'invoquer un vice qui entache la décision attaquée et qui justifie l'annulation lorsqu'il est fondé. Comme l'affirme le TA, dans le recours pour excès de pouvoir, la requête doit être fondée sur des moyens tirés de la violation de l'un des éléments de la légalité. TA, REP, *Hamrani* c/ Ministre de l'Économie, 7 avril 1999, Aff. n°14260, *Rec.* p. 118.
L'article 36 de la loi relative au TA prévoit que « La requête introductive d'instance doit mentionner… l'exposé sommaire des faits, des moyens et des demandes ». Le TA affirme qu'une requête introductive d'instance dépourvue d'un moyen est sanctionnée par la nullité de la requête parce que ce *vice procédural* relève des procédures contentieuses substantielles et que le tribunal doit l'invoquer d'office (TA, *Ben Ammar* c/ Ministre de la Santé publique, 20 mai 1977, Aff. n°87, *Rec.* p.153) .L'absence de cette condition procédurale substantielle amène le juge à déclarer irrecevable la requête quant à la forme sans procéder à l'examiner quant au fond. (TA, *Sadkaoui* c/ Ministre de l'Intérieur, 14 avril 1998, Aff. n° 13488, *Rec.* p.228).
[803] Le requérant doit préciser en quoi consiste le vice allégué.
[804] J.-Ph. COLSON, *L'office du juge et la preuve dans le contentieux administratif*, Paris, LGDJ, 1970, p.124.
[805] A. BELHAJ RHOUMA, « Le recours pour excès de pouvoir et le recours en cassation devant le tribunal administratif tunisien », *RRJ-Droit Prospectif*, 2010, p. 989.

des motifs masqués. C'est un combat périlleux « *qui nous rappelle certains films où des acteurs combattent l'homme invisible* »[806].

L'intervention active du juge pour réclamer la divulgation des motifs par l'administration devient dans une large mesure tributaire de l'attitude de l'administration elle-même. L'administration pouvait aisément paralyser la production d'un commencement de preuve par le requérant et par là même le mécanisme de communication *a posteriori* des motifs en gardant le silence sur les motifs dans l'*instrumentum* de l'acte litigieux[807]. Cette situation offre à l'administration « *un pouvoir discrétionnaire, non pas de fonder sa décision sur n'importe quel motif, mais de ne s'en expliquer ni vis-à-vis de l'intéressé, ni vis-à-vis du juge* »[808].

Le demandeur sera donc dépourvu d'une garantie contentieuse susceptible d'opérer un transfert de la charge de la preuve à l'administration. En l'absence d'une motivation formelle, le requérant pourrait encourir non seulement la perte du procès, mais aussi le risque de ne jamais connaître les motifs.

3. Un procédé facultatif

La présentation par le requérant d'une allégation précise et des présomptions sérieuses ne suffit pas à mettre en œuvre le procédé de communication des motifs. La mise en œuvre du système de communication des motifs relève de l'appréciation souveraine du juge. L'obligation de motiver au cours du procès n'existe qu'autant que le juge décide de le faire jouer[809] et en aucun cas, le requérant ne peut contraindre le juge à prendre une mesure d'instruction en vue d'assurer la communication des motifs[810]. Le juge administratif,

---

[806] C'est au sujet de la non publication des directives que M. Waline évoque cette critique : note sous CE, section, 29 juin 1923, *Société Géa*, *RDP*, 1974, p. 551.
[807] R. CHAPUS, Note sous CE, 21 décembre 1960, *Vicat-Blanc*, *D.* 1961, p. 425.
[808] G.-E. LAVAU, « Le prétendu pouvoir discrétionnaire d'exclure un candidat d'un concours administratif », *JCP*, 1953, I., 1128.
[809] J. RIVERO, « Le système français de protection des citoyens contre l'arbitraire administratif à l'épreuve des faits », *Mélanges J. Dabin*, Sirey, Tome 2, 1963, p. 821.
[810] R. CHAPUS, Note sous CE, 21 décembre 1960, *Vicat-Blanc*, *D.* 1961, p. 426.

souligne le TA, est le maître du jeu ; c'est lui qui dirige le procès et demande aux parties de fournir les éléments de preuve qu'il juge nécessaire à la solution du litige[811]. Le système de communication des motifs « *varie d'après la volonté du juge, directeur de l'instruction, qui se déterminera, en conscience, au vu des divers éléments de chaque espèce* »[812]. Ce système est « *quelque peu paternaliste* » ; il fait dépendre les possibilités de défense des administrés de la seule volonté du juge[813]. Par le jeu de son pouvoir de choix des moyens d'instruction, le juge peut priver, encore une fois, l'administré de son « *droit légitime qu'on peut lui reconnaître à savoir pourquoi telle décision a été prise à son encontre* »[814].

Si le procédé de motivation au cours d'instruction relève de l'appréciation du juge, l'obligation de motivation formelle échappe à sa discrétion. La motivation formelle assure l'information des administrés sur les motifs des actes indépendamment de l'intervention du juge. La motivation expresse « *est un moyen qui est en lui-même bien supérieur à celui qui résulte de la demande de communication des motifs par l'administration pendant l'instruction du recours pour excès de pouvoir* […] *il n'en reste pas moins anormal que les citoyens aient besoin de l'intervention du juge pour obtenir communication des raisons des actes qui les concernent* »[815].

B. Les avantages de la motivation en faveur d'un exercice utile des droits de la défense

Comme on va le démontrer[816], la motivation formelle est l'opération par laquelle s'effectue la **clôture** du parcours des droits de la défense devant l'administration. C'est le produit final, ou si l'on peut dire, le point d'arrivée du débat administratif. Toutefois, sur le

---

[811] TA, *Héritiers Nabli*, 31 janvier 1986, Aff.n°1025, *Rec.* p. 202.

[812] LETOURNEUR, Conclusions sur CE Ass., 28 mai 1954, *Barel* et autres, *RDP*, 1954, p.522.

[813] Ch. DEBBASCH, Note sous TA, Paris, 30 septembre 1963, De Crémiers, *JCP*, 1964, II, 13577 ; R. CHAPUS, Note sous CE, 21 décembre 1960, Vicat-Blanc, *D.* 1961, p. 426.

[814] B. PACTEAU, *Le juge de l'excès de pouvoir et les motifs de l'acte administratif*, Clermont-Ferrand 1977, p. 59.

[815] *Idem*, p. 52.

[816] *Cf. infra* : Deuxième Partie, Chapitre I, Section 1, Paragraphe 2, C.

terrain contentieux, la motivation formelle constitue l'opération **d'ouverture** du parcours des droits de la défense devant le juge ; c'est le point de départ du débat contentieux. Ainsi, la motivation clôture le débat administratif et ouvre le débat contentieux.

La motivation assure une double fonction intimement rattachée à l'idée d'un exercice utile des droits de la défense devant le juge : l'évaluation des chances du succès d'un éventuel recours juridictionnel (1) et la préparation des moyens de défense appropriés (2).

1. L'évaluation des chances du succès d'un éventuel recours juridictionnel

La connaissance des motifs avant l'introduction du recours contentieux est une condition nécessaire pour que l'intéressé puisse évaluer les chances du succès d'un éventuel recours. Une connaissance complète des motifs aide l'intéressé à faire un choix[817], à déterminer sa position de l'acte[818]. La jurisprudence du TA attache une grande importance à cette fonction notable de la motivation. Le juge administratif ne cesse de rappeler que sur la base des motifs avoués au sein de l'acte, l'administré peut ou bien régulariser sa situation, ou bien décider d'intenter une action en justice[819] après avoir préparé et évalué la pertinence de ses moyens de défense nécessaires. La motivation offre ainsi à l'administré la possibilité, non seulement de choisir entre agir ou ne pas agir en justice, mais aussi de se conformer, le cas échéant, aux exigences de légalité[820]. L'administré ne décide d'intenter un recours que lorsqu'il n'est pas convaincu du bien-fondé de l'acte incriminé.

---

[817] A. MAST, « La motivation comme instrument du contrôle par le Conseil d'État de l'exercice du pouvoir discrétionnaire de l'administration », *La motivation des décisions de justice*, Bruxelles, Bruylant, 1978, p. 367.

[818] TA, 1ère instance, *Nouir* c/ Municipalité de M'saken, 25 décembre 2007, Aff. n° 16002, *inédit* ; TA, 1ère instance, *Wechteti* c/ Ministre de l'enseignement supérieur, 29 janvier 2003, Aff. n° 19631, *inédit*.

[819] TA, 1ère instance, *Ben Soumaya* c/ Municipalités de Arianna et Raouad, 26 avril 2005, Aff. n° 12060, *inédit*.

[820] TA, 1ère instance, *Ben Alaya* c/ Ministre de l'agriculture, 19 janvier 2002, Aff. n° 19585, *inédit* ; TA, 1ère instance, *Zaibi* c/ Chef du contentieux de l'Etat au profit du Ministre de la santé, 30 novembre 2001, Aff. n° 17099, *inédit*.

Un acte non motivé est un acte brutal susceptible de perturber le choix de l'administré quant à la solution appropriée qu'il va décider. La non motivation prive par conséquent l'administré d'une source de renseignement importante et peut l'amener à se lancer dans un recours aléatoire. C'est pourquoi, parmi les vices de l'absence de motivation « *est d'entraîner nécessairement dans une instance des personnes qui se croient lésées par une décision administrative non motivée* »[821].

L'administré a le droit légitime de réfléchir d'une manière raisonnable et de choisir la solution adéquate sur la base des motifs avoués et des moyens de défense éventuels qu'il prétend préparer. Le temps et l'effort de réflexion que provoque la motivation dans l'esprit de l'administré sont de nature à rationaliser l'exercice du droit au recours juridictionnel.

Des motifs bien rédigés assurent au justiciable un **droit d'accès effectif au juge**. L'administré ne peut exercer utilement son droit de recours que lorsqu'il connaît avec une clarté suffisante les motifs sur lesquels l'administration s'est fondée. Comme le souligne le juge constitutionnel allemand, le principe des droits de la défense garantie l'exercice effectif du droit au recours[822].

Le TA estime que «*le lien étroit qui unit la question de motivation avec les droits de la défense érige la motivation au rang des principes généraux de droit qui s'imposent à l'administration même en l'absence d'un texte explicite... ;*

Considérant que l'une des exigences du principe général de droit susmentionné est que les décisions disciplinaires doivent être suffisamment motivées de sorte que leurs destinataires puissent connaître clairement les fautes et les comportements incriminés et ***exercer utilement leur droit de recours***»[823]. Le droit au recours juridictionnel est un principe à valeur constitutionnelle qui s'inscrit

---

[821] Ch. DEBBASCH, Note sous TA, Paris, 30 septembre 1963, *De Crémiers*, *JCP*, 1964, II, 13.577.

[822] Th. MEINDL, *La notion de droit fondamental dans les jurisprudences et doctrines constitutionnelles françaises et allemandes*, LGDJ, Paris, 2003, p. 35.

[823] C'est notre traduction. TA, 1ère instance, *Aziz* c/ Ministre de l'intérieur, 4 janvier 2001, Aff. n° 15705, *inédit*.

dans la sphère des droits fondamentaux et qui découle des principes de l'État de droit, affirme le juge administratif tunisien[824] et l'ancien Conseil constitutionnel[825].

2. La préparation des moyens de défense appropriés

Une fois l'administré a décidé de recourir au juge, la motivation lui permet de préparer les moyens de défense compatibles avec les motifs évoqués dans l'acte attaqué. Nombreux sont les arrêts dans lesquels le juge administratif met en évidence le rapport indissociable entre les exigences d'une motivation suffisante et la préparation des moyens de défense par le requérant. « *Considérant que l'une des exigences du principe des droits de la défense est que les décisions prises dans ce cadre doivent être suffisamment motivées de sorte que l'intéressé soit en mesure de connaître les fautes et les comportements sur la base desquels il a été réprimé afin qu'il puisse préparer ses moyens de défense dans les meilleures conditions* »[826]. Le TA a jugé que « *l'énoncé des motifs qui ont conduit à la sanction dans le texte de l'acte disciplinaire est de nature à faciliter au justiciable la détermination et la constitution de ses moyens de défense d'une manière compatible avec les motifs de l'acte ;*

Considérant, dès lors, que l'administration serait dans l'obligation de motiver ses décisions disciplinaires […] *dans la mesure où la question de la motivation se rapporte aux droits de la défense qui sont érigés, comme l'a constamment affirmé la jurisprudence et la doctrine, au rang des principes généraux de droit* »[827].

---

[824] TA, 1ère instance, *Mohaed* c/ Chef du contentieux de l'État pour le compte du Ministre de la défense nationale, 3 mars 2006, Aff. n° 17020, Rec. p. 31 ; TA, 1ère instance, *Abdelmalek* c/ Chef du contentieux de l'État pour le compte du Ministre du domaine de l'État et des affaires foncières, 24 juin 2005, Aff. n° 17603, *inédit*.

[825] Conseil constitutionnel, Avis n°2-2007 sur un projet de loi portant promulgation du code des douanes, *JORT* n° 47 du 10 juin 2008, p. 1808.

[826] C'est notre traduction. TA, REP, *Misaoui* c/ Ministre de la défense nationale, 25 juin 1996, Aff. n° 4379, *Rec*. p. 47. *Cf* en ce sens : TA, REP, *Zitouni* c/ Ministre du transport, 23 mai 1997, Aff. n° 14353, *inédit*.

[827] C'est notre traduction. TA, 1ère instance, *Ouertani* c/ Ministre de l'intérieur, 20 janvier 2000, Aff. n° 16946, *inédit*.

Une motivation précise, souligne le juge administratif, permet à l'intéressé d'apprécier les moyens de défense et de faire prévaloir les moyens les plus appropriés pour défendre ses intérêts[828]. Une motivation insuffisante « *complique l'exercice des droits de la défense et risque d'écarter toute possibilité d'adaptation des moyens de défense aux besoins du recours dans la mesure où le requérant sera tenu de dégager lui-même les raisons réelles qui ont été à l'origine de l'édiction de l'acte* », ajoute le TA[829].

La préparation et le choix des moyens appropriés qu'offre une divulgation suffisante des motifs au sein de l'acte montre que l'exigence de motivation, une formalité relevant de la procédure administrative non-contentieuse, prolonge ses conséquences sur le plan contentieux comme une garantie nécessaire et primordiale pour un exercice réel des droits de la défense. Le Conseil constitutionnel affirme que la motivation des décisions disciplinaires prononcées par la commission de discipline du Comité général des Assurances[830] et la commission de services financiers[831] assure la garantie des droits de la défense : « *Considérant qu'il découle de la règle du respect des droits de la défense d'une part, et de l'exercice par la justice de son pouvoir de contrôle d'autre part, l'obligation de motivation des décisions de la commission qui constituera le support des griefs du requérant et qui permettra ainsi à la justice d'exercer son contrôle* »[832].

---

[828] TA, 1ère instance, *Naceur* c/ Ministre de l'intérieur, 25 avril 2003, Aff. n° 18749, *inédit*.

[829] C'est notre traduction. TA, 1ère instance, *Kayes* c/ Ministre de l'intérieur, 6 mars 2003, Aff. n° 10571, *inédit*.

[830] Avis n° 50-2007 du Conseil constitutionnel sur un projet de loi modifiant et complétant le code des assurances, *JORT* n° 14 du 15 février 2008, p. 701.

[831] Avis n° 30-2009 du Conseil constitutionnel sur un projet de loi portant promulgation du code de prestation des services financiers aux non résidents, JORT n° 65 du 14 août 2009, p. 2361 :

« Considérant que le respect des droits de la défense d'une part et l'exercice du contrôle juridictionnel d'autre part, impliquent l'obligation de motivation des décisions de la commission, pour servir de base aux griefs de l'intéressé, et permettre à la justice d'exercer son contrôle ».

[832] Avis n° 50-2007 du Conseil constitutionnel sur un projet de loi modifiant et complétant le code des assurances, *JORT* n°14 du 15 février 2008, p. 701.

À la différence de la technique de la communication des motifs au cours d'instance qui place le requérant dans une position contentieuse défavorable, la motivation formelle se présente comme un moyen qui garantit l'égalité des armes entre les parties au litige et donc le droit à un procès équitable proclamé par les articles 108[833] et 27[834] de la Constitution de 2014.

[833] L'article 108 dispose que « Toute personne a droit à un procès équitable et dans un délai raisonnable. Les justiciables sont égaux devant la justice ».

[834] L'article 27 dispose que « Tout inculpé est présumé innocent jusqu'à l'établissement de sa culpabilité, au cours d'un procès équitable qui lui assure toutes les garanties nécessaires à sa défense en cours de poursuite et lors du procès »

CONCLUSION DE LA PREMIÈRE PARTIE

La motivation se rattache, de l'angle de vue de ses conditions de régularité, à la catégorie des « *règles jurisprudentielles souples* »[835]. Dans une règle jurisprudentielle souple, « *le concept, intentionnellement, ne se fixe qu'en apparence et révèle, en réalité, à l'examen, un contenu plus ou moins variable* »[836]. Cette catégorie de règles est favorable à la mutabilité de la jurisprudence et à la malléabilité des solutions jurisprudentielles. Elle permet au juge de faire varier l'étendue de son contrôle selon les enjeux particuliers de chaque affaire. Le juge peut adapter la règle à la grande variété des cas d'espèce sans pour autant changer son contenu. Par le jeu de ses caractéristiques intrinsèques, la règle de la motivation suffisante réserve la possibilité de développement et d'adaptation[837]. Le Conseil donnait par Hauriou est, à cet effet, significatif : « *Méfions-nous des définitions trop étroites, qui vident une matière de sa substance, qui ne lui laisse ni souplesse d'évolution, ni puissance de développement* »[838]. « *La prudence de son langage (le juge) est affaire de méthode... il préfère l'incertitude à l'erreur* »[839].

---

[835] Y. GAUDEMET, *Les méthodes du juge administratif*, Paris, LGDJ, 1972, p. 259. L'auteur distingue entre les règles jurisprudentielles souples et les règles jurisprudentielles fixatives. Ces dernières sont accompagnées par une définition exacte et précise des termes qui l'expriment. Parce qu'elles ne sont pas favorables à la mutabilité de la règle, elles demeurent exceptionnelles comme la définition de travaux publics.

[836] R. LATOURNERIE, « Essai sur les méthodes juridictionnelles du Conseil d'État », *Livre jubilaire du Conseil d'État*, Paris, Sirey, 1952, p. 199, cité par : Y. GAUDEMET, *Les méthodes du juge administratif*, Paris, LGDJ, 1972, p. 259.

[837] Y. GAUDEMET, *Les méthodes du juge administratif*, Paris, LGDJ, 1972, p. 259.

[838] HAURIOU, Note sous CE, 15 juillet 1927, *Groffe, S.* 1927, III, 121.

[839] M. QURRIEN, « Du droit jurisprudentiel au droit écrit : la part du Conseil d'État dans l'élaboration du statut de la fonction publique », *Livre jubilaire du Conseil d'État*, Paris, Sirey, 1952, p. 199, cité par : Y. GAUDEMET, *Les méthodes du juge administratif*, Paris, LGDJ, 1972, p. 261.

En matière du contrôle des exigences de la motivation suffisante, la jurisprudence est extrêmement fluctuante. Les solutions d'espèce sont souvent contradictoires, instables et imprévisibles. Il est certain que l'instabilité d'une jurisprudence n'est pas arbitraire. L'instabilité est une chose, l'arbitraire en est une autre. Au-delà d'une simple juxtaposition des solutions fournies par le juge, on a tenté de dégager des explications rationnelles à cette matière, si complexe et si nuancée qu'elle soit, afin de les systématiser en un corps de règles dotées d'une certaine intelligibilité et cohérence interne.

Néanmoins, par l'admission fréquente de la motivation par référence et de la motivation stéréotypée en fonction des circonstances de chaque affaire, le juge institue des cas de dispense aléatoires de motivation. Non seulement les avantages escomptés de la motivation s'évanouiraient, mais aussi la cohérence et l'intelligibilité des solutions jurisprudentielles se perturberaient. On risque d'être aux frontières de « *l'arbitraire absolu du juge* »[840], générateur, à son tour, d'insécurité. L'incertitude de la jurisprudence pourrait conduire à des incertitudes et des abus dans le travail administratif. L'administration peut se réfugier, sans difficultés, derrière des motivations illusoires car, dans chaque décision, elle peut interpréter à son gré la manière de motiver. Par sa tolérance excessive, le juge risque d'inciter l'administration de « *dire n'importe quoi,* [...] *de fournir n'importe quels motifs ou vagues allégations de pure forme* »[841].

Il importe de signaler que le recours systématique par l'administration à la motivation par référence et à la motivation stéréotypée dans certaines matières est de nature à éluder l'obligation de motiver. Ce qui porte atteinte à *l'essence même du droit du citoyen à l'information.* Dès lors, l'administration déroge à un principe constitutionnel posé par l'article 49 de la Constitution selon lequel les restrictions relatives aux droits et libertés ne doivent en aucun cas porter atteinte à leur substance. Si la loi ne peut porter atteinte à

---

[840] Expression empruntée à M. WALINE, « Empirisme et conceptualisme dans la méthode juridique : faut-il tuer les catégories juridiques ? », *Mélanges J. Dabin*, Sirey, Paris, 1963, Tome 1, p. 367.

[841] C. GOYARD, « Les idées de Charles Eisenmann sur la théorie du contrôle des motifs », *Recueil d'études en hommage à Charles Eisenmann*, Paris, Cujas, 1977, p. 347

l'essence même des droits et des libertés, c'est à plus forte raison que le pouvoir administratif ne saurait vider le droit à l'information de toute substance.

De l'angle de vue de ses finalités, la motivation appartient à la catégorie des instruments juridiques fonctionnels. Un instrument fonctionnel est défini à partir des objectifs qui lui sont assignés. Œuvre de raison et de persuasion, la motivation contribue à mettre en place un droit démocratique qui cherche à obtenir des citoyens une adhésion raisonnée et spontanée[842]. L'instrument de la motivation est de nature à réduire considérablement le phénomène de la légèreté et la malveillance de l'action administrative. Elle permet de soumettre l'administration à l'obligation d'exercer raisonnablement son pouvoir d'action unilatérale. Tout comme l'erreur manifeste d'appréciation, l'exigence de motivation « *a pour objet d'imposer aux autorités administratives le respect d'un minimum de logique et de bon sens* »[843].

Sur le plan contentieux, la communication des motifs au cours d'instance ne saurait constituer un palliatif à la motivation formelle. Instrument de bonne justice, la motivation est le moyen le plus favorable dans l'intérêt d'un bon contrôle juridictionnel et d'un exercice utile des droits de la défense et présente une supériorité incontestable sur la révélation des motifs devant le juge.

L'étude des fonctions de la motivation montre combien sont multiples et généreuses les fondements constitutionnels de la motivation. Il s'agit notamment du droit du citoyen à l'information et à la transparence administrative, des droits de la défense, du principe de la plénitude de l'exercice des droits par les citoyens, de la primauté du droit, des droits de l'Homme et du principe de citoyenneté.

La proclamation des principes inhérents à l'État de droit au sommet de la hiérarchie des normes constitue une véritable révolution

[842] Chaïm PERELMAN, « La motivation des décisions de justice, essai de synthèse », *La motivation des décisions de justice*, Études publiées par Charles Perelman et P. Forier, Bruylant, Bruxelles, 1978, p. 425.
[843] BRAIBANT, Conclusions sur CE, Section 13 novembre 1970, *Lampert*, cité par Labetoulle et Cabanes, *AJDA* 1971, p. 31

juridique. Elle est de nature à bouleverser les données actuelles de l'ensemble des branches du droit, à commander une mutation profonde du système juridique. Les pouvoirs publics sont aujourd'hui devant un défi majeur, celui de mettre l'ensemble des règles de droit, y compris l'état de la motivation, en conformité avec la Constitution.

La mise en œuvre d'un principe qui impose aux autorités administratives l'obligation de motiver leurs décisions sauf texte contraire et nécessaire constitue aujourd'hui une exigence urgente. « *L'État de droit ne peut se contenter d'une attente* »[844]. Toutefois, dans l'état des lieux, le champ de la motivation obligatoire demeure restreint.

[844] J. RIVERO, « État de droit, état du droit », *Mélanges Guy Braibant*, Dalloz, 1966, p. 613.

DEUXIÈME PARTIE
UN CHAMP RESTREINT

En droit tunisien, et selon un principe classique et constant, les autorités administratives n'ont pas à motiver leurs décisions en l'absence d'un texte prévoyant une telle obligation. Le champ d'application de la motivation reste encore dominé par le principe jurisprudentiel « *pas de motivation sans texte* ». Le dispositif des textes relatifs au domaine de la motivation est loin d'être homogène. Il comporte les contradictions les plus variée. Tantôt les textes exigent la motivation, tantôt ils dispensent expressément l'administration de l'obligation de motiver, tantôt ils gardent le silence.

Le principe « *pas de motivation sans texte* » se présente comme un **principe neutre**. Sa fonction exclusive est de combler les lacunes des textes qui gardent le silence sur l'obligation de motivation peu importe l'acte administratif. Tout silence vaut dispense de motivation quelle que soit la gravité de l'acte. La neutralité du principe « *pas de motivation sans texte* » empêche ce dernier de remplir une fonction plus importante, celle de corriger les contradictions inadmissibles entre les textes imposant la motivation et ceux gardant le silence. Au nom du principe de non motivation sauf texte, des actes portant sur des droits et des libertés fondamentaux ont été exclus du champ de l'obligation de motiver car les textes n'ont pas imposé la motivation. Il est particulièrement difficile de dégager une ligne directrice susceptible de conférer une certaine intelligibilité à un dispositif juridique complexe et variable. Dans la plupart des cas, le choix entre exigence de motivation et silence des textes ne semble pas obéir à des raisons perceptibles.

Mieux encore, les textes instituent souvent des **obligations de motivation fictives**. Fréquemment, on impose la motivation d'un côté et on donne la possibilité à l'administration de prendre un acte implicite, de l'autre. Ce qui est de nature à étouffer l'existence même d'une obligation de motivation car la décision implicite étant par nature non motivée.

Il est vrai qu'on assiste, sous l'influence des exigences de la transparence administrative, à une multiplicité croissante des exceptions textuelles rendant obligatoire la motivation. Il n'en reste pas moins que la multiplication croissante des cas de motivation obligatoire est accompagnée par une évolution parallèle des textes gardant le silence sur l'obligation de motiver. Les exceptions, si diverses qu'elles soient, demeurent d'une faible minorité devant l'immense variété des actes administratifs. Il est donc difficile d'affirmer avec certitude que le champ de la motivation facultative connaisse une véritable érosion. À vrai dire, seul un texte qui prévoit une obligation générale de motivation ou du moins l'exigence de motiver des catégories entières d'actes administratifs est susceptible de générer une extension réelle de l'étendue du périmètre des décisions soumises à l'obligation de motivation.

On verra que la jurisprudence du TA, même si elle a pu progressivement imposer l'obligation de motiver des catégories entières d'actes administratifs au-delà des textes, elle n'a ni bouleversé le principe « *pas de motivation sans texte* », ni multiplié les catégories d'actes soumis à la motivation. Son apport est encore limité.

De la persistance du principe « *pas de motivation sans texte* » (*Chapitre I*), accompagnée d'une timidité des exceptions (*Chapitre II*), découle un champ d'application restreint de la motivation des décisions administratives.

Chapitre I
Persistance du principe « *pas de motivation sans texte* »

Le TA a régulièrement affirmé qu'en matière de décision administrative, le principe est « *pas de motivation sans texte* ». Le principe de non motivation est transposé par mimétisme de la jurisprudence administrative française. En droit français et « *selon une jurisprudence ancienne, abondante et constante, les actes administratifs, à la différence des actes juridictionnels, ne doivent pas être motivés que lorsqu'un texte l'exige expressément* »[845]. G. Jèze voyait dans ce principe « *la première règle* » du contentieux des motifs[846].

L'étude de ses caractéristiques propres et de ses origines profondes permet d'identifier le principe « *pas de motivation sans texte* » (*Section 1*) et de démontrer par la suite qu'il constitue un principe contradictoire (*Section 2*).

---

[845] BRAIBANT, Conclusions sur CE, *Delahaye*, 24 avril 1964, p. 243 ; *Droit Social*, juillet-août, 1964, p. 441. Le Commissaire du Gouvernement français M. Gentot affirmait que « les décisions administratives n'ont pas en principe à être motivées en l'absence d'un texte prévoyant une telle obligation. Cette règle classique est rappelée avec constance par votre jurisprudence depuis une décision du 30 avril 1880 *Harouel et Morin*, *Rec.* p. 419… » (Conclusions sur CE, Ass., 27 novembre 1970, *Agence maritime Marseille-fret, compagnie générale transatlantique et autres*, *RDP*, 1971, pp. 987-1006).

[846] G. JÈZE, « Essai d'une théorie générale sur l'influence des motifs déterminants sur la validité des actes juridiques en droit public français », *RDP*, 1922, p. 386.

Section 1
L'identification du principe

Pour identifier le principe « *pas de motivation sans texte* », il importe de préciser sa signification (*Paragraphe 1*) et de chercher ses origines (*Paragraphe 2*).

Paragraphe 1 : La signification du principe

Le principe « *pas de motivation sans texte* » signifie que le silence d'un texte sur l'obligation de motiver vaut dispense de l'administration de cette formalité (A). Un texte imposant la motivation est interprété d'une façon restrictive dans la mesure où il constitue une exception au principe de non motivation (B).

A. Le silence du texte vaut dispense de motivation

Le principe de non motivation est le résultat d'une interprétation portant sur le silence des textes quant à l'obligation de motiver. La question était de savoir si le silence vaut exigence ou dispense de l'obligation de motiver. Afin de combler les lacunes de ces textes, deux interprétations étaient envisageables. La première interprétation est de considérer le silence du texte comme une exigence de motivation. Il en découle un principe d'obligation de motiver sauf si un texte particulier exclut expressément la motivation. Toutefois, dans la jurisprudence administrative, c'est l'interprétation inverse qui a prévalu. Le juge a choisi d'interpréter le silence des textes comme une dispense de motivation[847]. Le principe qui en découle est la non motivation sauf si un texte particulier l'exige expressément. Du coup, les textes imposant la motivation constituent des exceptions au principe de non motivation et non pas des applications particulières à un principe général de motivation obligatoire.

---

[847] J. RIVERO, « Le système français de protection des citoyens contre l'arbitraire administratif à l'épreuve des faits », *Mélanges J. Dabin*, Sirey, Tome 2, 1963, p. 821 ; A. MESTRE, *Le Conseil d'État protecteur des prérogatives de l'Administration*, LGDJ, Paris, 1974, p. 149.

Le principe de non motivation résulte purement et simplement du silence des textes sur l'obligation de motiver. De par sa formulation, tout texte peut lui faire exception qu'il soit un texte législatif ou réglementaire. Un simple arrêté ministériel peut imposer la motivation et écarter l'application du principe de non motivation[848].

Lorsqu'elle est prescrite par un texte, la motivation se transforme en « *une formalité substantielle dont la méconnaissance entache l'un des éléments de sa légalité externe et entraîne l'annulation de l'acte* »[849], estime le TA. En effet, toutes les formalités imposées par les textes sont réputées substantielles car un texte de droit n'est pas présumé en avoir édicté de superflue[850].

Le silence des textes dispense l'administration de l'obligation de motiver. La motivation se transforme, par le jeu du principe de non motivation, en une formalité facultative ou accessoire dont l'omission ne saurait entacher l'acte administratif d'un vice de forme.

Le premier arrêt dans lequel le TA évoque d'une manière explicite le principe de non motivation est l'arrêt *Ben Jabeur* rendu le 16 juin 1981. Le TA affirme que « *la justice administrative a constamment admis que l'administration n'est tenue de motiver ses décisions que lorsque la loi lui impose une telle formalité* »[851]. À partir de cet arrêt,

---

[848] TA, 1ère instance, *Ben Jema* c/ Ministre de l'enseignement supérieur, 30 novembre 2006, Aff. n° 11654, *inédit*.
S. SUR affirme qu'il n'est pas besoin de rechercher un fondement positif à cette règle puisqu'elle découle du silence des textes. « Lui reconnaître la valeur de principe général de droit est sans conséquence quant à sa portée puisque de par sa formulation même, il implique que tout texte, même réglementaire, puisse lui faire exception » (Sur l'obligation de motiver formellement les actes administratifs, *AJDA*, 1974, p. 452).

[849] C'est notre traduction. TA, Appel, Ministre de l'éducation c/ *Added*, 29 juin 2005, Aff. n° 24775, inédit.

[850] E. LAFERRIÈRE, *Traité de la juridiction administrative et des recours contentieux*, LGDJ, Paris, Tome 2, 1989, p. 520.

[851] TA, REP, *Ben Jabeur* c/ Ministre des finances, 16 juin 1981, Aff. n° 476, *Rec*. p. 191.
Dans deux arrêts antérieurs, le TA n'a pas soulevé d'une manière expresse le principe de non motivation. Le premier arrêt est TA, REP, *Cherif* c/ Ministre de la santé publique, 26 mars 1980, Aff. n° 270, *Rec*. p. 122. Dans cette affaire, c'est le

le juge administratif ne cesse de rappeler le principe de non motivation pour dispenser l'administration de l'obligation de motiver toutes les fois que les textes gardent le silence sur cette formalité. Les affaires qui répètent inlassablement le principe « *pas de motivation sans texte* » sont nombreuses et portent sur les matières les plus variées[852]. Ce principe « *vise tous les actes, quelle que soit leur gravité, et toutes les autorités, quelle que soit leur nature* »[853].

---

commissaire d'État Bousoffara qui a évoqué le principe « *pas de motivation sans texte* ».
Le deuxième arrêt est TA, REP, *Derbez* c/ Ministre de l'enseignement supérieur, 14 janvier 1981, Aff. n° 337, *Rec.* p. 9. Dans cette affaire, le juge applique le principe de non motivation sans l'évoquer d'une manière exprès.

852 Les décisions administratives qui échappent à l'obligation de motiver par application du principe jurisprudentiel « *pas de motivation sans texte* » sont d'une variabilité extrême. TA, REP, *Matmati* c/ Ministre de l'intérieur, 19 octobre 1981, Aff. n° 554, *Rec.* p. 278 (Décision mettant fin aux fonctions d'un chef de secteur d'une délégation) ; TA, REP, *Ben Salah* c/ Ministre du transport, 31 décembre 1984, Aff. n° 1028, *Rec.* p. 502 (Décision mettant fin à un stage) ; TA, REP, *Abidi* c/ Municipalité de Tunis, 6 mai 1985, Aff. n° 1013, *Rec.* p. 81 (Permis de bâtir) ; TA, REP, *Chabi* c/ Ministre de l'équipement et de l'habitat, 24 juin 1988, Aff. n° 1480, *Rec.* p. 73 (Refus d'autoriser l'achat d'un immeuble) ; TA, REP, *Maïmoun* et autres c/ Gouverneur de Tunis, 22 novembre 1990, Aff. n° 1495, *inédit* (Refus d'octroyer l'autorisation préalable du gouverneur à propos d'une opération immobilière relative à un immeuble appartenant à des étranger) ; TA, REP, *Dhaouadi* c/ Ministre du transport, 1er juin 1994, Aff. n° 2879, *inédit* (Retrait d'un permis de conduite) ; TA, REP, *Société d'hôtellerie et de tourisme de M'hamdia* 2 c/ Ministre du tourisme, 13 juillet 1994, Aff. n° 3254, inédit (Retrait d'une autorisation préalable pour un projet d'investissement touristique) ; TA, 1ère instance, *Ben Arbia* c/ Municipalité de M'saken, 23 avril 1999, Aff. n° 14081, *inédit* (Octroi d'une note professionnelle) ; TA, 1ère instance, *Jabri* c/ Ministre de défense, 12 avril 2001, Aff. n° 16393, *inédit* (Refus du renouvellement d'un contrat d'engagement au service militaire) ; TA, 1ère instance, *Ben Kraiem* c/ Doyen de la FDSE de Sousse, 4 juillet 2001, Aff. n° 16968, *inédit* (Refus d'annuler une inscription à la faculté) ; TA, 1ère instance, *Miled* c/ Ministre de l'enseignement supérieur, 25 janvier 2002, Aff. n° 18330, *inédit* (Refus de recrutement au titre d'assistant d'enseignement supérieur) ; TA, 1ère instance, *Whichi* c/ Ministre de l'éducation, 26 octobre 2005, Aff. n° 11639, *inédit* (Mettre fin aux fonctions d'un directeur d'école primaire) ; TA, 1ère instance, *Ben Romman* c/ Municipalité de Mornaguia, 26 octobre 2005, Aff. n° 13706, *inédit* (Décision portant démolition d'un immeuble) ; TA, 1ère instance, *Said* c/ Ministre de la justice, 14 mars 2006, Aff. n° 10061, *inédit* (Refus d'inscription au tableau des interprètes assermentés).

853 BRAIBANT, Conclusions sur CE, *Delahaye*, 24 avril 1964, p. 243 ; *Droit Social*, juillet-août, 1964, p. 441.

Qualifiée comme « *l'un des principes juridiques enracinés* »[854] ou comme « *l'une des évidences dans la jurisprudence administrative* »[855], la non motivation est dans la conscience du juge une vérité incontournable alors que dans certains pays démocratiques, comme la Suède, l'Allemagne, l'Italie et les États-Unis d'Amérique, l'obligation de motiver est la règle, la non motivation est l'exception[856].

B. Interprétation restrictive des textes imposant la motivation

Comme le juge administratif français[857], le TA[858] adopte une interprétation restrictive des textes imposant la motivation, dans la

---

[854] C'est notre traduction, TA, REP, *Maïmoun* et autres c/ Gouverneur de Tunis, 22 novembre 1990, Aff. n° 1495, *inédit*. La même formule figure également dans l'arrêt TA, 1ère instance, *Ben arbia* c/ Municipalité de M'saken, 23 avril 1999, Aff. n° 14081 *inédit*.

[855] C'est notre traduction. TA, REP, *Ben Salah* c/ Ministre du transport, 31 décembre 1984, Aff. n° 1028, *Rec*. p. 502. *Cf*. en ce sens : TA, REP, *Chabi* c/ Ministre de l'équipement et de l'habitat, 24 juin 1988, Aff. n° 1480, *Rec*. p. 73.

[856] *Cf. infra*, dans cette Partie : Chapitre II, Section 1, Paragraphe 2, C, 2.

[857] Lorsque le texte exige la motivation d'une décision portant refus d'une autorisation, il n'en résulte pas que le retrait de la décision doive l'être aussi (CE, S., 5 janvier 1955, *Les Chaumières des Pastourelles, Rec.* p. 11). R. Odent affirme à ce titre que « la règle de parallélisme des formes ne joue pas » (*Contentieux administratif, op. cit.*, p. 1830). B. Pacteau souligne que l'obligation de motiver le refus d'autorisation ne doit pas « s'étendre par analogie au régime des décisions retirant cette décision » (Le juge de l'excès de pouvoir et les motifs de l'acte administratif, Clermont-Ferrand, 1977, p. 58) En outre, l'obligation de motiver un arrêté prononçant une sanction ne s'étend pas au décret prononçant la même mesure (CE, Ass., 5 avril 1946, Roussel, Rec. p. 105, cité par R. ODENT, *Contentieux administratif, op. cit.*, note n°1, p. 1839). *Cf.* également : BRAIBANT, Conclusions sur CE, Delahaye, 24 avril 1964, *Droit Social*, juillet-août, 1964, p. 441 et G. DUPUIS, « Les motifs des actes administratifs », *EDCE*, 1975, p. 22 ; P. GONOD, « Le contentieux de la motivation des actes administratifs unilatéraux », S. CAUDAL (dir.), *La motivation en droit public*, Dalloz, 2013, p. 94.

[858] Il est rare que le TA exige la motivation au-delà des actes expressément mentionnés dans le texte imposant la motivation. On peut citer à titre d'illustration l'arrêt dans lequel le TA a considéré que l'obligation légale de motiver le refus du permis de bâtir s'étend au refus de la demande relative à la prorogation du délai de validité du permis de bâtir : TA, REP, *Sidane* c/ Municipalité d'Ariana, 1er mars 1994, Aff. n° 2261, *inédit*. *Cf.* : W. FERCHICHI, *Aménagement des espaces, urbanisme et occupation du sol en droit tunisien*, Tunis, Centre d'Étude Juridique et

mesure où l'interprétation porte sur des exceptions au principe de non motivation. Le TA a précisé qu'« *il est admis en doctrine et en jurisprudence que l'autorité administrative n'est tenue de motiver qu'en vertu d'une disposition expresse des textes législatifs ou réglementaires régissant la matière dans le cadre de laquelle s'inscrit la décision attaquée* »[859].

L'obligation de motiver ne peut dépasser les limites des actes définis par le texte imposant la motivation. De l'interprétation restrictive des exceptions, le principe « *pas de motivation sans texte* » prolonge un principe qu'on peut appeler "***pas de motivation au-delà des textes***". Un texte imposant la motivation d'un acte bien déterminé ne saurait s'étendre à des décisions situées en dehors de son champ d'application. L'interprétation *par analogie* n'est pas permise. Ainsi, l'obligation de motiver des décisions disciplinaires déterminées ne s'étend pas du même coup à d'autres mesures disciplinaires auxquelles les textes gardent le silence quant à l'obligation de motiver[860].

Judiciaire, 2010, p. 152. De même, en droit français, il est rare que le juge procède à élargir l'exigence de motivation en dehors des cas expressément prévus par les textes. *Cf.* notamment : B. PACTEAU, *Le juge de l'excès de pouvoir et les motifs de l'acte administratif*, Clermont-Ferrand, 1977, p. 56.

[859] TA, Appel *Hédi* c/ Ministre de l'enseignement supérieur et Chef du contentieux de l'État pour le compte du ministère de l'enseignement supérieur, 14 juillet 2004, Aff. n° 25318, *Rec.* p. 223 .

[860] TA, REP, Ben *Jabeur* c/ Ministre des finances, 16 juin 1981, Aff. n° 476, *Rec.* p. 191.
L'obligation de motiver les mesures disciplinaires prises à l'encontre des fonctionnaires soumis au SGFP ne s'étend pas par analogie aux agents soumis au statut général des forces de sécurité intérieur (TA, 1ère instance, *Bilel* c/ Ministre de l'intérieur, 23 décembre 2000, Aff. n° 17661, *inédit*) ou au statut général des militaires (TA, 1ère instance, *Ben Ouni* c/ Ministre de la défense nationale, 23 décembre 2000, Aff. n° 17699, *inédit*).
Cette jurisprudence relève de la période antérieure à la consécration d'un principe général de motivation des mesures disciplinaires. Le principe général de motivation des mesures disciplinaires est, aujourd'hui, fondé, entres autres, sur une interprétation large de l'article 51 du SGFP imposant la motivation des sanctions infligées à l'encontre des fonctionnaires. *Cf. infra*, dans cette Partie, Chapitre II, Section 2, Paragraphe 1, A, 2.

De même, le champ de l'obligation de motivation ne peut être élargi par une interprétation *a fortiori*. À cet effet, l'obligation de motiver les sanctions de premier degré ne s'étend pas aux mesures disciplinaires de deuxième degré[861]. En outre, la possibilité offerte aux candidats non admis à un concours de recrutement des enseignants supérieurs de consulter le jury pour prendre connaissance « *des raisons scientifiques et pédagogiques qui ont motivé la décision* » ne signifie pas qu'à plus forte raison l'acte portant refus de recrutement doit être motivé. « *Tant que le législateur n'a pas imposé expressément l'obligation d'indiquer les motifs au sein du texte de l'acte* », l'administration reste dispensée de l'obligation de motivation, souligne le TA[862].

La question qui s'impose est la suivante : ***Quelles sont les raisons qui expliquent la persistance du principe jurisprudentiel de non motivation ?***

L'origine profonde qui explique le maintien du principe « *pas de motivation sans texte* » réside dans l'approche essentiellement contentieuse à partir de laquelle est appréhendée l'institution de la motivation.

Paragraphe 2 : Les origines du principe

Le principe « *pas de motivation sans texte* » est transposé par mimétisme de la jurisprudence administrative française. Ce principe constitue traditionnellement l'une des conséquences de la dissociation de l'acte administratif proprement dit et des décisions administratives de type juridictionnel (A). Au fond, le principe « *pas de motivation*

---

[861] TA, *Derbez* c/ Ministre de l'enseignement supérieur, 14 janvier 1981, Aff. n° 337, *Rec.* p. 9. *Cf.* en ce sens : TA, *Ben Jabeur* c/ Ministre des finances, 16 juin 1981, Aff. n° 476, *Rec.* p. 191 ; TA, *Matmati* c/ Ministre de l'intérieur, 19 octobre 1981, Aff. n° 554, *Rec.* p. 278.

[862] C'est notre traduction. TA, 1ère instance, *Miled* c/ Ministre de l'enseignement supérieur, 25 janvier 2002, Aff. n° 18330, *inédit*.

Cf. en ce sens : TA, 1ère instance, *Saïed* c/ Ministre de l'enseignement supérieur, 23 mai 2003, Aff. n° 18332, *inédit* ; TA, 1ère instance, *Azizi* c/ Ministre de l'enseignement supérieur, 28 octobre 2005, Aff. n° 18331, *inédit* ; TA, *Ben Jema* c/ Ministre de l'enseignement supérieur, 30 novembre 2006, Aff. n° 11654, *inédit*.

sans texte » est un prolongement d'une conception traditionnelle en vertu de laquelle la protection des particuliers contre l'arbitraire de l'administration s'effectue essentiellement devant le juge lors du contentieux et non devant l'administration active lors de la procédure d'édiction de l'acte. Dès son apparition dans la jurisprudence administrative française, le principe « *pas de motivation sans texte* » trouvait ses raisons dans l'orientation contentieuse de la protection des particuliers contre l'arbitraire de l'administration[863]. Cette approche contentieuse est à l'origine de la conception classique de l'acte administratif qui est incompatible avec la motivation (B). En outre, la non motivation relève d'une idée classique selon laquelle les droits de la défense devant l'administration constituent un palliatif à l'obligation de motiver (C). Tout cela a conduit à la consécration d'une obligation de motiver devant le juge au cours d'instance au détriment d'une obligation de motivation formelle au sein du texte de l'acte lors de la procédure administrative non contentieuse (D).

A. La dissociation de l'acte administratif et de l'acte juridictionnel

L'origine du principe de non motivation remonte à l'époque du Ministre-juge où l'on opposait les décisions juridictionnelles qui selon les textes[864] devaient être motivées et les décisions non juridictionnelles qui ne devaient pas l'être[865]. « *Cette solution en*

---

[863] J. RIVERO, « Le système français de protection des citoyens contre l'arbitraire administratif à l'épreuve des faits », *Mélanges J. Dabin*, Sirey, Tome 2, 1963, p.p. 821 et 822.

[864] La loi française des 16-24 août 1790 consacra l'obligation de motiver, comme réaction des révolutionnaires à l'égard des Parlements. Dans ses dispositions relatives à la présentation des jugements, la loi précise que « Les résultats des faits reconnus ou contestés par l'instruction et les motifs qui auront déterminé le juge seront exprimés » (Titre V, Article 15). L'obligation de motiver fut érigée au rang constitutionnel par la constitution de l'An III, puis reprise dans la loi du 20 avril 1810 sur « l'organisation judiciaire et l'administration de la justice » et figure dans les codes de procédure civile et de procédure pénale.

[865] J. LEMASURIER, « Vers une démocratie administrative : Du refus d'informer au droit d'être informé », *RDP*, 1980, p. 1247 ; B. DELAUNAY, *L'amélioration des rapports entre l'administration et les administrés*, Paris, LGDJ, 1993, p. 471 ; S. SUR, « Sur l'obligation de motiver formellement les actes administratifs », *AJDA*, 1974, p. 351 et G. DUPUIS, « Les motifs des actes administratifs », *EDCE*, 1975, p. 22 et 23.

matière de motivation constitue d'ailleurs traditionnellement l'un des intérêts et l'une des conséquences pratiques qui s'attache à la distinction entre les actes administratifs proprement dits, et les décisions administratives de type juridictionnel auxquelles le Conseil d'État statuant comme juge de cassation impose le principe d'une obligation de motiver »[866].

En effet, le principe de séparation des autorités administratives et judiciaires consacré par l'article 13 de la loi des 16 et 24 août 1791 a eu pour conséquence d'accroître la confusion qui existait entre la fonction d'administrer et celle de juger l'administration[867]. La formule est maintes fois reprise au cours des temps : « *juger l'administration, c'est encore administrer* » ou « *C'est encore et ce doit être encore administrer*»[868]. À l'origine, et en conséquence de l'absence de la distinction nette entre la décision administrative et la décision juridictionnelle, le recours pour excès de pouvoir et le pourvoi en cassation administrative étaient confondus au sein du recours "*omisso medio*". Il s'agissait d'un recours en annulation porté devant le Conseil d'État et fondé sur la loi des 7 et 14 octobre 1790[869]. À cette époque, aucune formalité particulière ne caractérise la décision rendue en matière contentieuse[870].

---

[866] B. PACTEAU, *Le juge de l'excès de pouvoir et les motifs de l'acte administratif*, Clermont-Ferrand, 1977, p. 48.

[867] E. UNTERMAIER, « Regard critique sur le droit administratif français à l'aune de quelques exemples en droit comparé », *La motivation en droit public*, S. Caudal (dir.), Dalloz, 2013, p. 109.

[868] R. CHAPUS, *Droit du contentieux administratif*, Montchrestien, 12ème édition, Paris, 2006, p. 44.

[869] S. BOUSSARD, *L'étendue du contrôle de cassation devant le Conseil d'État, un contrôle tributaire de l'excès de pouvoir*, Dalloz, 2002, p. 6 et s. ; R. CHAPUS, Droit *du contentieux administratif*, Montchrestien, 12ème édition, Paris, 2006, p. 1236 ; A. BARJOT, « Le recours en cassation devant le Conseil d'État, sa place par rapport au recours pour excès de pouvoir et au recours en cassation devant la cour de cassation », *EDCE*, 1951, p. 65.

[870] J. CHEVALLIER, *L'élaboration historique du principe de séparation de la juridiction administrative et de l'administration active*, Paris, LGDJ, 1970, Tome 1, p. 97.

Sous l'influence de certains auteurs[871], la séparation progressive entre les fonctions administratives et juridictionnelles à partir de la seconde moitié du XIXème siècle va aboutir à l'abandon de la théorie du Ministre-juge par l'arrêt *Cadot* rendu en 1889[872]. Cette séparation a commandé une distinction entre l'acte administratif et l'acte de juridiction et a déclenché une évolution vers une scission du contentieux d'annulation en deux branches : le REP et le recours en cassation[873].

Alors que l'acte administratif est régi par un formalisme modéré, la décision juridictionnelle est soumise à des formalités scrupuleuses. « *Les décisions juridictionnelles sont plus formalisées que les décisions administratives* »[874]. L'une des conséquences de ce décalage au niveau de l'intensité des formalités est que l'acte administratif n'a pas à être motivé. Par contre, l'acte de juridiction est obligatoirement motivé. Par deux arrêts *Harouel*[875] et *Maillard*[876] rendus en 1880, le Conseil d'État soutint que le Ministre est dispensé de la motivation de la décision portant liquidation des dettes de l'État. Le commentateur de l'arrêt *Maillard*[877] souligna « *Malgré le laconisme de cette décision, on est porté à penser que le Conseil d'État a voulu appliquer ici la théorie suivant laquelle on doit considérer non comme des jugements, mais comme de simples actes de gestion, les arrêts ministériels qui interviennent à propos de l'exécution de marchés de fournitures ou même, d'une manière plus générale, les actes par lesquels les ministres liquident la dette de l'État. Ces actes n'ayant pas le*

---

871 Notamment : A. Bouchré-lefer, E. Laferrière et P Gonod, cités par E. UNTERMAIER, « Regard critique sur le droit administratif français à l'aune de quelques exemples en droit comparé », *La motivation en droit public*, S. Caudal (dir.), Dalloz, 2013, p. 109.

872 CE, 13 décembre 1889, *Cados*, *S*. 1892. III. 17, Conclusions H. Jagerschmidt et note M. Hauriou.

873 Pour une analyse plus détaillée, voir : S. BOUSSARD, *L'étendue du contrôle de cassation devant le Conseil d'État*, Dalloz, 2002, p. 6 et s. et R.- J. DUPUY, « Le pourvoi en cassation et la dualité du contentieux d'annulation », *RDP*, 1951, p. 505.

874 G. BRAIBANT et B. STIRN, *Le droit administratif français*, PUSP et Dalloz, 7ème édition, 2005, p.589.

875 CE, 30 avril 1880, *Leb*. p. 187, Conclusions Gomel.

876 CE, *Maillard*, 2 juillet 1880, *Leb*., p.631, Note H.D.

877 H.D., Note sous CE, *Maillard*, 2 juillet 1880, *Leb*. p.631.

caractère de jugement, on peut en conclure qu'ils n'ont pas besoin d'être motivés ».

En motivant ses décisions contentieuses, le Conseil d'État français contribua à la dissociation entre activité juridictionnelle et activité administrative[878]. La motivation de l'acte juridictionnel se présente comme un élément qui l'a distingue de l'acte administratif au point que l'absence de motivation permet de déduire avec certitude la nature administrative d'une décision[879].

Il importe de souligner que contrairement à la conception française, dans les pays anglo-saxons, toute **décision individuelle** ayant pour effet de modifier ou de préciser une situation de droit est assimilée à une **activité juridictionnelle**. Aux États-Unis d'Amérique, l'administration est considérée comme un prolongement de l'appareil juridictionnel lorsqu'elle agit par actes individuels. Cette vision est donc diamétralement opposée à celle qui prédomine le système français : pas de scission nette entre acte administratif et acte juridictionnel[880]. Assimilés à des actes juridictionnels, les actes individuels pris par les agences, « *les unités de base de l'administration américaines* », sont soumises à un principe d'obligation de motivation en vertu de la loi sur la procédure administrative, adoptée en 1946[881]. Les procédures régissant l'action administrative américaine sont comparables à celles imposées en France par le Conseil d'État pour les décisions des juridictions

---

[878] A. BELHAJ RHOUMA, « Le recours pour excès de pouvoir et le recours en cassation devant le tribunal administratif tunisien », *RRJ -Droit Prospectif*, 2010, pp. 975-1009.

[879] J.-M. AUBY et R. DRAGO, *Traité de contentieux administratif*, Tome II, LGDJ, 3ème édition, Paris, 1984, p. 61 ; J. MANESSE, *Le problème de la motivation des décisions administratives*, Thèse, Université d'Économie et de Sciences Sociales de Paris, p. 30 et s.).

[880] Pour plus de détails sur la question, *cf.* E. UNTERMAIER, « Regard critique sur le droit administratif français à l'aune de quelques exemples en droit comparé », *La motivation en droit public*, S. Caudal (dir.), Dalloz, 2013, pp. 111-114 et la bibliographie citée par le même auteur à la note n° 43, p. 112.

[881] Les agences constituent les « unités de base de l'administration américaine » et sont créés par le Congrès qui leur délègue des pouvoirs législatifs, exécutifs et/ou juridictionnels. E. UNTERMAIER, *Idem*, note n° 42, p. 111.

administratives[882]. L'obligation de motiver découle en droit américain du concept constitutionnel de *"due process of law"* (la procédure régulière du droit) selon lequel les mesures protectrices de procédure doivent être observées par l'administration active même en l'absence d'une disposition législative expresse[883].

Mais, pourquoi le formalisme ne s'est-il pas imposé avec la même intensité à l'acte administratif suite à la scission entre l'acte administratif et l'acte juridictionnel ?

Le formalisme, y compris la motivation, ne s'est pas imposé à l'acte administratif dans la mesure où les deux actes ne remplissent pas matériellement les mêmes fonctions. Si la mission d'administrer est de faire fonctionner un service public, la mission du juge est de dire le droit[884]. La fonction de la magistrature est de garantir « *l'instauration de la justice, la suprématie de la Constitution, la souveraineté de la loi et la protection des droits et libertés* », proclame l'article 102 de la Constitution de 2014. Il s'ensuit que l'acte juridictionnel est un acte de raisonnement, un acte de syllogisme[885] et de conviction et non un acte de souveraineté ou d'autorité au sens fort du terme. Ça va de soi que la solution juridique donnée à un litige a une force de vérité légale qu'une décision administrative ne peut atteindre[886]. C'est pourquoi, le vice de forme est sanctionné « *avec un soin particulier, puisque la procédure selon laquelle a été prise la décision incriminée est, par hypothèse, juridictionnalisée* »[887]. La décision juridictionnelle est

---

[882] B. SCHWARTZ, « La procédure administrative aux États-Unis », *RIDC*, 1951, vol. 3, n°2, p. 253.

[883] *Idem*, p. 253. Il s'agit de l'exigence d'une notification, le droit d'être entendu d'une manière équitable et impartiale avant qu'une décision qui pourrait affecter les biens ou la personne des intéressés ne soit prise et la motivation en fait et en droit de la décision.

[884] A. BARJOT, « Le recours en cassation devant le Conseil d'État, sa place par rapport au recours pour excès de pouvoir et au recours en cassation devant la cour de cassation », *EDCE*, 1951, p. 66.

[885] UNTERMAIER, « Regard critique sur le droit administratif français à l'aune de quelques exemples en droit comparé », *La motivation en droit public*, S. Caudal (dir.), Dalloz, 2013, p. 110.

[886] R. ODENT, *Contentieux administratif*, Les cours de droit, IEPP, Paris, 1981, p.p. 2070 et 2071 ; R.- J. DUPUY, « Le pourvoi en cassation et la dualité du contentieux d'annulation », *RDP*, 1951, p. 517.

[887] LIET-VEAUX, Notes au *S.* 47.349

rendue suite à un débat contentieux qui « *met en présence des adversaires qui ont des intérêts opposés* [...] *c'est un combat, mais un combat juridique qui doit être organisé et obéir à des règles destinées à assurer la loyauté des méthodes utilisées par les parties en cause, à garantir entre elles une certaine égalité* »[888]. Ce qui implique un ensemble de règles « *destinées à assurer au travail juridictionnel sa valeur et sa qualité* »[889]. « ... *Même si le juge procède régulièrement, il ne peut pas résoudre le même cas différemment selon son bon plaisir ; il ne fait pas acte de volonté à proprement parler* », souligna L. Duguit[890].

À la différence du juge qui doit dire le droit et donc argumenter son jugement, l'administrateur doit assurer le bon fonctionnement de la machine administrative et faire face aux difficultés quotidiennes les plus variées. De ce fait, il se livre à des appréciations subtiles, il prend l'initiative et assure les risques de la responsabilité qu'implique le bon déroulement du service. Les formalités trop rigoureuses sont gênantes et risquent de paralyser l'efficacité nécessaire de l'action administrative. L'acte administratif se présente alors comme un véritable acte d'autorité, une prérogative de puissance publique par excellence et qui bénéficie du privilège du préalable.

B. La conception classique de l'acte administratif

Dans sa conception originaire, l'acte administratif est un acte d'autorité qui n'a pas besoin d'être motivé. Ce concept trouve ses origines dans le privilège du préalable (1), la vieille notion d'acte discrétionnaire (2) et le souci de protéger les prérogatives de l'administration active (3).

---

[888] R. ODENT, *Contentieux administratif*, Les cours de droit, IEPP, Paris, 1981, p. 878.
[889] *Idem.*, p. 2016.
[890] L. DUGUIT, « L'acte administratif et l'acte juridictionnel », *RDP*, 1906, p. 451.

1. Le privilège du préalable

L'acte administratif exécutoire est la prérogative de la puissance publique la plus caractéristique dont dispose l'administration[891]. En vertu du privilège du préalable, « *l'administration fait naître unilatéralement des obligations et éventuellement des droits au profit ou à la charge des tiers sans le consentement de ceux-ci* » [892] et sans l'intervention préalable du juge[893]. Ainsi, la puissance publique « *agit par voie de commandement* [...] *l'ordre une fois donné* [...] *les citoyens sont tenus d'obéir* »[894]. L'acte administratif implique alors l'exclusion totale de la volonté de l'administré. Ce dernier est « *éclipsé par la volonté de l'administration* »[895]. L'autorité administrative agit indépendamment du consentement des destinataires de l'acte[896] et exerce ses droits sans s'adresser préalablement au juge[897]. L'acte unilatéral n'est ni un acte de consentement, ni un acte de conviction et donc, n'a pas à être motivé.

Confronté à cette emprise, l'administré ne se voit reconnaitre que la possibilité de recourir au juge pour défendre ses droits et se protéger contre les agissements abusifs de l'administration[898]. Il en découle que le privilège du préalable de l'acte administratif crée par sa nature même un contentieux. M. Hauriou a affirmé en des termes pertinents qu'« *il est logique que la décision exécutoire soit l'objet d'un contentieux, c'est-à-dire d'un litige porté devant le juge* [...] *non seulement elle sera l'objet d'un contentieux, mais elle crée un*

---

891 G. VEDEL et P. DELVOVÉ, *Droit administratif*, Tome I, P.U.F., Paris, 11ème édition, 1990, p. 233.

892 *Ibidem.*

893 P. DELVOVÉ, *L'acte administratif*, Paris, Sirey, 1983, p. 28.

894 ROMIEU, Conclusions sur TC, 2 décembre 1902, *Société immobilière de Saint Just*, *S.* 1904, 3.17.

895 M. EL YAAGOUBI, *La motivation des actes administratifs*, thèse, Université des Sciences Sociales de Grenoble, UER Droit 1981, p. 33.

896 G. DUPUIS, « Définition de l'acte unilatéral », *Recueil d'étude en hommage à Charles Eisenmann,* Paris, Cujas, 1977, p. 205 : « L'acte unilatéral est une décision dont la valeur juridique est indépendante du consentement de ses destinataires. En d'autres termes,... l'acte unilatéral met des droits ou des obligations au compte de ses sujets, actifs ou passifs, indépendamment de leurs consentement ».

897 A. MESTRE, *Le Conseil d'État protecteur des prérogatives de l'Administration*, LGDJ, Paris, 1974, p. 135.

898 P. DELVOVÉ, *L'acte administratif*, Paris, Sirey, 1983, p. 28.

contentieux contre elle-même [...] *ce n'est pas assez dire ;* [...] *qu'elle contient, de la part de l'administration, une acceptation anticipée de l'instance* »[899]. Cette conception de l'acte administratif exécutoire implique que la protection de l'individu contre les éventuels abus de l'administration s'effectue essentiellement sur le plan contentieux et non à l'occasion de la procédure administrative non contentieuse.

Parce que le juge intervient ultérieurement pour rétablir le particulier dans ses droits, les garanties préalables, comme celle de la motivation, n'étaient pas nécessaires[900]. Il s'ensuit que l'administration n'a pas à motiver ses décisions et même lorsque la loi impose la motivation, cette formalité n'était destinée, ni à informer l'administré et à améliorer son rapport avec l'administration, ni même à protéger les individus dans le cadre de la procédure administrative non contentieuse. C'est un moyen qui ne s'impose que pour les besoins du contrôle et ne concerne que les rapports de l'administration avec son juge[901].

2. La vieille notion d'acte discrétionnaire

Dans le cadre de « *la vieille notion d'acte discrétionnaire soustrait à l'appréciation du juge pourvu que la légalité extérieure ait été respectée* »[902], le Conseil d'État français jugeait, dans l'arrêt *Fontenilles* du 21 novembre 1879[903], que l'acte qui relève du pouvoir discrétionnaire « *n'a pas à être motivé* [...] *en l'absence d'une disposition spéciale portant obligation de motiver* ». La raison de la non exigence de motivation était évidente : « ... *ne sont soumises, quant au fond, à aucun contrôle, les décisions émanant... du pouvoir*

---

899 M. HAURIOU, *Précis de droit administratif et de droit public*, 12ème édition, Dalloz, Sirey, 2002, p. 381.
900 J. RIVERO, « Le système français de protection des citoyens contre l'arbitraire administratif à l'épreuve des faits », *Mélanges J. Dabin*, Sirey, Tome 2, 1963, p. 820.
901 *Idem*, p. 821.
902 VIDAL (R.), « L'évolution du détournement de pouvoir dans la jurisprudence administrative », *RDP*, 1959, p. 286.
903 *Leb.*, p. 740.

discrétionnaire... n'ont pas, dès lors, à exprimer de motifs »[904]. Cette explication était retenue par le Commissaire du Gouvernement français *Letourneur* dans un arrêt *Billard* rendu le 24 janvier 1950[905] : « *Le principe est actuellement formel dans votre jurisprudence : en l'absence de texte prévoyant l'obligation de motiver, les actes administratifs n'ont pas à être assortis de motifs* [...] *Cette jurisprudence est née, puis s'est développée en un temps où les actes administratifs étaient, en règle très générale, soit à compétence liée, soit, au contraire, pris par l'administration d'une manière discrétionnaire, ne mettant en cause que des questions d'opportunité, de pure appréciation, intervenant sans que l'autorité compétente soit limitée dans son action* ».

Si un texte l'exige, la non motivation était sanctionnée au titre du vice de forme[906]. En l'absence d'un texte, la motivation était considérée, dans tous les cas, inutile car elle n'apporte rien au contrôle du juge. Ou bien l'acte en cause est discrétionnaire et échappe au contrôle quant au fond et donc n'a pas besoin à être motivé[907]. Ou bien la compétence de l'administration est liée, et, le motif étant prédéterminé par le texte[908] et de ce fait « *automatiquement connu* »[909]. La motivation est donc sans intérêt. Le principe est alors « *pas de motivation sauf disposition expresse qui l'exige* ».

Le TA n'était pas à l'abri de la vieille notion d'acte discrétionnaire. Le commissaire d'État Ben Abdallah dans une affaire en date du 16

---

904 Rapport reproduit dans l'arrêt *Fontenilles* du 21 novembre 1879, *Leb*. p. 740, cité par S. SUR, « Sur l'obligation de motiver formellement les actes administratifs », *AJDA*, 1974, p. 351.
905 *S.* 1950, III, 41.
906 G. MORANGE, « Le secret en droit public français », *D.* 1978, Chronique, I, p. 4.
907 Ch. EISENMANN, *Centralisation et décentralisation*, LGDJ, 1948, p. 175. D'après l'auteur, l'autorité de tutelle exerce un pouvoir discrétionnaire ; « elle ne doit de compte à personne sur ce qu'elle a décidé ni sur ses raisons : pas de règles, pas de contrôle. N'importe quelle décision est acceptée dans chaque cas parce que tous motifs sont *a priori* admis et valables. Par suite elle n'est pas tenue d'indiquer aucun motif ».
908 S. SUR, « Sur l'obligation de motiver formellement les actes administratifs », *AJDA*, 1974, p. 351.
909 LETOURNEUR, Conclusion sur CE, 24 janvier 1950, *Billard*, *S.* 1950, III, 41.

février 1981[910] a affirmé que le moyen tiré de la non motivation n'est pas fondé dès lors que l'administration détient un pouvoir discrétionnaire. Le TA a expressément adopté cette position dans un arrêt rendu en 1983 : « *l'administration n'est pas tenue de motiver ses décisions de nature discrétionnaire* »[911]. La corrélation entre le pouvoir discrétionnaire et la dispense de l'obligation de motiver demeure très accidentelle dans les arrêts rendus par le TA[912]. Elle est fondée sur l'utilité contentieuse de la motivation et découle de la conception classique de l'acte discrétionnaire selon laquelle l'acte n'avait pas à être motivé car les motifs sont exonérés du contrôle juridictionnel.

3. La protection des prérogatives de l'administration

La conception classique de l'acte administratif attache une grande importance à la protection des prorogatives de l'administration. Soustraire l'administration à l'obligation de se justifier vise à faciliter l'action administrative (a) et à protéger le secret administratif (b).

a. Faciliter l'action administrative

Une partie de la doctrine soutient que la motivation facultative facilite le fonctionnement des services[913]. La motivation obligatoire présente un risque d'alourdissement et de ralentissement de l'activité administrative. C'est une charge très lourde de motiver des milliers de décisions que les administrations prennent chaque jour[914]. A. Mestre a souligné que « *le Conseil d'État attribue à l'administration certains*

---

[910] Conclusions sur TA, REP, *Matmati* c/ Ministre de l'intérieur, 19 octobre 1981, Aff. n° 554, *Rec.* p. 278.

[911] C'est notre traduction. TA, REP, *Jbali* c/ Ministre de l'enseignement supérieur, 16 février 1983, Aff. n° 661, *Rec.* p. 186.

[912] Cette attitude du juge administratif a été réaffirmée, à notre connaissance, en 2001 : TA, 1ère instance, *Jabri* c/ Ministre de la défense, 22 avril 2001, Aff. n° 16393, *inédit*.

[913] CHAPUS, *Droit administratif général*, Tome I, 15ème édition, Paris, 2001, p.p. 1131 et 1132 ; Ch. DEBBASCH, *Science administrative*, Dalloz, Paris, 5ème édition, 1989, p.p. 108 et 109 ; Paul LEWALLE, *Contentieux administratif*, Larcier, 2007, p.p. 151 et 152.

[914] M. GENTOT, Conclusions sur CE, Ass. 27 novembre 1970, *Agence Maritime Marseille-fret, Cie générale transatlantique et autres*, cité in Chronique Labetoulle et Cabanes, *AJDA*, 1971, p. 150.

pouvoirs destinés à faciliter la procédure d'élaboration de l'acte administratif [...] Comment fonder cette jurisprudence traditionnelle (pas de motivation sans texte) si ce n'est par la volonté de faciliter l'action administrative »[915]. Un Commissaire du Gouvernement français affirmait que le principe de non motivation répondait à de légitimes soucis : « *Ne pas enserrer l'activité administrative dans un carcan d'obligations trop stricts, ne pas alourdir la procédure d'élaboration d'une décision, ne pas multiplier les occasions d'annulation pour vice de forme* »[916].

Dans les rapports administration-administré, le souci d'efficacité de l'action administrative l'emporte sur les préoccupations des garanties[917]. L'exemption de l'administration de l'obligation de motiver les actes administratifs repose sur des considérations de « *bonne gestion administrative demandant souplesse, rapidité, initiative dans l'élaboration de l'acte* »[918].

Toutefois, il serait fallacieux d'invoquer la perte du temps et d'effort comme argument à l'encontre de la motivation parce que « *ce qui se conçoit aisément, s'énonce clairement* [...] et *sans délais* »[919].

Le poids de l'héritage jurisprudentiel sur le principe « *pas de motivation sans texte* » qui règne jusqu'aux nos jours l'acte administratif est frappant. Le juge administratif trouvait dans le principe de non motivation un moyen de « *concilier les droits de*

---

[915] A. MESTRE, *Le Conseil d'État protecteur des prérogatives de l'Administration*, LGDJ, Paris, 1974, p.p. 137 et 150.

[916] M. GENTOT, Conclusions sur CE, Ass. 27 novembre 1970, *Agence Maritime Marseille-fret, Cie générale transatlantique et autres*, cité in Chronique Labetoulle et Cabanes, *AJDA*, 1971, p. 150.

[917] J. RIVERO, « Le système français de protection des citoyens contre l'arbitraire administratif à l'épreuve des faits », *Mélanges J. Dabin*, Sirey, Tome 2, 1963, p. 820.

[918] P. SABOURIN, « Mission de service public, prérogatives de puissance publique et notion d'autorité administrative (À propos de l'arrêt du Conseil d'État du 27 novembre 1970, agence maritime Marseille-Fret et autres) », *JCP*, 1971, I, n° 2407.

[919] N. BOILEAU, *Art poétique, Chant I*, vers 152-154, cité par S. CAUDAL, « Rapport introductif », *La motivation en droit public*, S. Caudal (dir.), Dalloz, 2013, p. 16.

l'État avec les droits privés »[920]. Le principe de non motivation permet de protéger les prérogatives de l'administration[921] alors que l'obligation pour l'administration de s'expliquer devant le juge permet de protéger les droits des administrés. Ainsi, le juge administratif a pu trouver un certain équilibre entre les intérêts d'une administration « *douée de puissance publique* »[922] et les droits d'un administré qui subit l'acte administratif, mais peut défendre ses intérêts devant le juge. L'administré trouve son gain sur le plan contentieux. B. Pacteau relève qu'« *en somme, si le Conseil d'État a maintenu le principe pas de motivation sans texte, c'est qu'il ne lui a pas paru nécessaire de revenir sur lui pour les besoins de son information et pour la protection des intérêts des administrés* »[923]. Par ailleurs, en droit français, les extensions jurisprudentielles du domaine de l'obligation de motiver au-delà des textes ont été dictées par un souci de garantir au juge la connaissance des motifs afin qu'il puisse exercer pleinement son contrôle[924].

b. Protéger le secret administratif

Sous couvert du secret administratif, l'administration refuse souvent de communiquer les documents et les motifs de sa décision[925], comme si, elle aussi, voulait avoir « *sa vie privé* » [926]. La non motivation « *répond à une tradition solide : lorsque l'administration élabore, elle élabore seule, sans engager le dialogue* » avec l'administré. Ce dernier « *subit la décision ; il est vis-à-vis d'elle en*

---

[920] TC, 8 février 1873, *Blanco*, *Rec.* 1er supplt 61, concl. David, *D.* 1873.3.17, concl., *S.* 1873.2.153.

[921] A. MESTRE, *Le Conseil d'État protecteur des prérogatives de l'Administration*, LGDJ, Paris, 1974, p. 135 et s.

[922] Expression empruntée à M. HAURIOU, *Précis de droit administratif et de droit public*, 12ème édition, Dalloz, 2002, p. 381.

[923] B. PACTEAU, Note sous, CE, Ass., 27 novembre 1970, *Agence maritime Marseille-fret, compagnie générale translantique et autres*, *D.* 1971, p. 346.

[924] LETOURNEUR, Conclusion sur CE, 24 janvier 1950, *Billard*, *S.* 1950, III, 41.

[925] J. LEMASURIER, « Vers une démocratie administrative : Du refus d'informer au droit d'être informé », *RDP*, 1980, p. 1244.

[926] J. SOUBEYROL, « La communication des documents administratifs aux administrés », *AJDA*, 1958, p. 43.

situation de sujet »[927]. Le principe de non motivation « *relevait du concept traditionnel d'une administration de souveraineté et de commandement, hiérarchisée et centralisée à l'extrême, aux "décisions de type militaire", unilatérales, impératives, contraignantes, fondées sur l'assujettissement de l'individu à la puissance publique et ses prérogatives : une administration qui interdit, ordonne réglemente, accorde ou refuse ses bienfaits, sans rendre comptes aux administrés* »[928]. Il n'est pas un hasard de langage si les chefs des administrations portent jusqu'aujourd'hui des titres qui dérivent du mot « *secret* » tels que « *Secrétaire général* » ou « *Secrétaire d'État* ».

De toutes les manifestations du secret administratif, la règle de non motivation est « *la plus grave dans ses conséquences* »[929]. Le secret administratif place l'administré en situation de sujet complètement étranger au processus décisionnel. L'administré subit la décision sans connaître, ni le déclenchement de l'opération décisionnelle, ni les motifs de la mesure prononcée à son encontre.

L'obligation de discrétion professionnelle qui pèse sur l'agent public[930] et la protection des données personnelles des individus[931] peuvent justifier le secret administratif. Le secret administratif peut également être justifié par des secrets d'État relatifs à la défense nationale, à la politique extérieure, à la monnaie ainsi qu'à la sûreté de l'État et à la sécurité publique[932]. C'est ainsi que l'article 24 de la loi

---

[927] J. RIVERO, « Le système français de protection des citoyens contre l'arbitraire administratif à l'épreuve des faits », *Mélanges J. Dabin*, Sirey, Tome 2, 1963, p. 822.

[928] J. LEMASURIER, « Vers une démocratie administrative : Du refus d'informer au droit d'être informé », *RDP*, 1980, p. 1239.

[929] G. MORANGE, « Le secret en droit public français », *D.* 1978, Chronique, p. 1.

[930] Article 7 de la loi n° 83- 112 du 12 décembre 1983, portant statut général des personnels de l'État, des collectivités publiques locales et des établissements publics à caractère administratif (*JORT* n° 82 du 16 décembre 1983, p. 3214. Pour les Statuts autonomes, *Cf.* par exemple l'article 7 de la loi n° 82-70 du 6 août 1982, portant Statut général des forces de sécurité intérieur, *JORT* n° 54 du 13 août 1982, p. 1698.

[931] L. PECH, « *La liberté d'expression et sa limitation* », LGDJ, Paris, 2003, p. 204.

[932] L. CLUZEL-METAYER « *Le service public et l'exigence de qualité* », Paris, Dalloz, 2006, p. 253.

organique du 24 mars 2016 relative au droit d'accès à l'information[933] dispose que « *L'organisme concerné ne peut refuser la demande d'accès à l'information que lorsqu'elle porte un préjudice à la sécurité nationale ou à la défense nationale ou aux relations internationales en ce qui leur concerne ou les droits des tiers dans la protection de sa vie privée ou de ses données personnelles ou sa propriété intellectuelle* »[934]. La divulgation par un agent de la garde nationale de documents secrets portant atteinte à la sécurité de l'économie nationale constitue une faute grave qui justifie la révocation de l'agent public, affirme le juge administratif[935]. En réalité, « *Toute société a besoin de zones d'ombre, d'espace de confidentialité, qui assurent la préservation d'une sphère d'autonomie individuelle, mais aussi la protection d'intérêts publics majeurs* »[936].

Le secret administratif trouve sa justification la plus profonde dans la notion de la raison d'État. Il s'agit de l'intérêt supérieur de la nation au nom duquel peuvent se justifier des dérogations au droit et à la morale. En vertu de la raison d'État, les actions publiques échappent au regard du public. Ce qui exclut toute possibilité de publicité et donc de motivation. Charles Saint-Évremond affirma, au dix-septième siècle, que « *la raison d'État est une raison mystérieuse inventée par la politique pour autoriser ce qui se fait sans raison* »[937].

Souvent, l'administration évoque des raisons liées à l'intérêt de la défense nationale ou à l'ordre public pour se soustraire à l'obligation de justifier ses actes. Le TA a fréquemment affirmé que le secret administratif n'empêche pas le juge de consulter les motifs à caractère confidentiel pour qu'il puisse exercer le contrôle de légalité qui lui est dévolu[938].

---

[933] *JORT* (en arabe) n° 26 du 29 mars 2016, p. 1029.

[934] C'est notre traduction.

[935] TA, 1ère instance, *Ben Othmène* c/ Ministre de l'intérieur, 26 avril 2003, Aff. n° 18667, *inédit*.

[936] J. CHEVALLIER, « Le mythe de la transparence administrative », *Information et transparence administrative*, PUF, 1988, p. 260.

[937] [http://la-philosophie.com/].

[938] *Cf.* en ce sens : TA, REP, *A.M.* c/ Ministre de l'éducation, 21 juin 1995, Aff. n° 3554, *Rec.* p. 274 ; TA, REP, *Abdelwaheb* c/ Ministre de la Défense nationale, 8 octobre 1996, Aff. n° 3097, *Rec.* p. 367.

C. Les droits de la défense devant l'administration

Alors que certains textes et arrêts rendus par le TA adoptent une solution classique selon laquelle la soumission de l'acte aux droits de la défense exclut l'obligation de motiver (2), il n'en demeure pas moins vrai que les deux techniques sont complémentaires (3). Il importe d'abord d'identifier la notion des droits de la défense (1)

1. L'identification des droits de la défense devant l'administration

Il s'agit de déterminer les origines (a), la valeur (b) et les exigences des droits de la défense (c).

a. Les origines

La notion des droits de la défense[939] est d'origine essentiellement contentieuse[940]. Sa consécration au sein de la procédure non contentieuse est le résultat d'un « *phénomène de contamination, d'irradiation* [...] *; dans certaines matières qui, par nature, s'apparentent à celles relevant du domaine juridictionnel, les autorités administratives se trouvent ainsi en présence du problème des doits de la défense* [...], *dans ces hypothèses l'essentiel des garanties des droits de la défense a été transposé dans la procédure purement administrative* »[941].

En effet, dans bien des cas, l'administration est amenée à prendre des décisions qui ont pour objet de trancher un litige entre l'autorité administrative et un particulier. Ces décisions qui s'apparentent à des décisions juridictionnelles[942] impliquent la nécessité d'une procédure

---

[939] Au sujet des droits de la défense devant l'administration, *Cf.* notamment : R. ODENT, « Les droits de la défense », *EDCE*, 1953, p. 55 et « De la décision *Trompier* à la décision *Garysas*, Réflexion sur une évolution de jurisprudence », *EDCE*, 1962, p. 43 et G. MORANGE, « Le principe des droits de la défense devant l'administration active », *D.* 1956, Chronique, p. 121 ; J. PUISOYE, « La jurisprudence sur le respect des droits de la défense, devant l'administration », *AJDA*, 1962, p. 73.

[940] G. ISAAC, *La procédure administrative non contentieuse*, L.G.D.J., 1968, p.547.

[941] R. ODENT, « Les droits de la défense », *EDCE*, 1953, p. 49.

[942] R. HOSTIOU, *Procédure et Formes de l'acte administratif unilatéral en droit français*, LGDJ, Paris, 1974, p.p. 301 et 302.

contradictoire comme s'il s'agissait d'un débat contentieux[943]. Comme l'exprime nettement R. Odent, « *dans les hypothèses où elle inflige une sanction, (l'administration) exerce un pouvoir répressif qui s'apparente à celui que détiennent les tribunaux* »[944]. Le principe des droits de la défense devant l'administration échappent aux règles habituelles d'élaboration de l'acte administratif[945] en vertu desquelles l'administré demeure étranger au processus décisionnel. Normalement, l'administré « *ne connaît, par définition, que le visage extérieur que l'administration lui offre,* [...] *le résultat externe de l'activité administrative* »[946].

b. La valeur

Dès les premières années de son fonctionnement, le TA considère que le respect des droits de la défense constitue un principe général de droit applicable même sans texte[947]. D'ailleurs, le juge administratif a pris l'initiative de rattacher les droits de la défense à la catégorie des droits fondamentaux de l'individu[948]. Le principe du respect des droits de la défense est promu au rang des principes à valeur constitutionnelle, affirme le juge administratif. Ce faisant, le TA reprend à son compte la même position du Conseil constitutionnel[949].

---

[943] R. ODENT, Conclusions sur CE, 26 octobre 1945, *Armu et autres*, *S.* 1946, III, 1.

[944] R. ODENT, « Les droits de la défense », *EDCE*, 1953, p. 49.

[945] *Idem,* p. 61 ; R. HOSTIOU, *Procédure et Formes de l'acte administratif unilatéral en droit français*, LGDJ, Paris, 1974, p.p. 301 et 302.

[946] J.-Ph. COLSON, L'office du juge et la preuve dans le contentieux administratif, thèse, Paris, LGDJ, 1970, p. 110.

[947] TA, REP, *Saidi* c/ Ministre de l'éducation, 15 février 1978, Aff. n° 134, *Rec*. p. 39 ; TA, REP Mhadhbi c/ Ministre de l'éducation, 27 février 1980, Aff. n° 223, *Rec.* p. 87.

[948] TA, REP, *A. M.* c/ Ministre de la justice, 11 juillet 1995, Aff. n° 3377, *Rec*., p. 303.

[949] *Cf.* notamment : Avis n° 50-2005 concernant un projet de loi modifiant et complétant la loi n°94-70 du 20 juin 1994 portant institution d'un système national d'accréditation des organismes d'évaluation de conformité, JORT n° 79 du 4 octobre 2005, p. 2593 ; Avis n° 51 concernant un projet de loi relatif aux parcs urbains, JORT n° 79-2005 du 4 octobre 2005, p. 2596 ; Avis n° 13-2006 sur un projet de loi portant simplification des procédures dans le domaine des autorisations administratives relatives au secteur touristique, JORT n° 42 du 26 mai 2006, p. 1392 et Avis n° 50 sur le projet de loi modifiant et complétant le code des assurances, JORT n° 14 du 15 février 2008, p. 701.

Les droits de la défense sont élevés au rang constitutionnel situé au sommet de la hiérarchie des normes par application des articles 7 et 12 de la Constitution comme l'a consacré le Conseil constitutionnel, souligne le juge administratif[950].

c. Les exigences

« Le principe du respect des droits de la défense exige de fournir le maximum des garanties à l'agent introduit devant le Conseil de discipline »[951], affirme le TA. Le respect des droits de la défense devant l'administration suppose que l'intéressé soit complètement informé de la mesure envisagée[952] et des griefs formulés à son égard[953] afin de lui permettre de formuler toutes les observations et les moyens de défense qu'il jugera utiles[954].

Ainsi, le respect des droits de la défense met à la charge de l'administration **l'obligation de communiquer à l'intéressé les raisons qui motivent son intention d'infliger une sanction**. Le TA admet que les principes généraux de droit exige que les motifs qui ont amené l'administration à engager le processus décisionnel soient préalablement portés à la connaissance de l'intéressé afin qu'il puisse présenter le cas échéant sa défense[955]. Il en découle qu'une décision administrative pourrait être soumise à une double motivation : l'une est effectuée lors de l'exercice des droits de la défense lorsque l'acte est en cours d'élaboration, l'autre est insérée dans le texte de l'acte

---

[950] TA, 1ère instance, *Gouider* c/ Ministre de l'intérieur, 5 mai 2007, Aff. n° 13003, *inédit* ; TA, 1ère instance, *Shili* c/ Ministre de l'intérieur, 27 juin 2008, Aff. n° 14241, *inédit*.

[951] C'est notre traduction. TA, Appel, Ministre de l'enseignement supérieur c/ *Hbini*, 27 février 2004, Aff. n° 23957, *inédit*.

[952] TA, REP, *La ligue tunisienne de la défense des droits de l'Homme* c/ Ministre de l'Intérieur, 21 mai 1996, Aff. n° 3643, *Rec*. 185.

[953] TA, REP, *Tahari* c/ Ministre de l'économie et des finances, 26 janvier 1994, Aff. n° 2762, *Rec*. p. 26 ; TA, REP, *Boukriah* c/ Ministre de l'équipement et de l'habitat, 22 novembre 1995, Aff. n° 2582, *inédit*.

[954] TA, 1ère instance, *Ayadi* c/ Ministre de la justice, 29 octobre 2008, Aff. n° 13368, *inédit* ; TA, 1ère instance, *Ben Mrad* c/ Ministre de l'enseignement supérieur et Doyen de la faculté des sciences humaines et sociales de Tunis, 28 février 2000, Aff. n° 16295 et 16350, *inédit*.

[955] TA, REP, *Jraidi* c/ Ministre des finances, 17 mai 1995, Aff. n° 2720, *inédit*.

final lorsque l'acte est définitivement élaboré. Dans certains cas, la loi impose une motivation formelle de l'acte portant déclenchement du processus décisionnel afin d'assurer « *un débat contradictoire serein, franc et efficace* »[956]. Il s'agit notamment de la motivation de la notification de redressement dans la procédure d'imposition[957] et de l'obligation de motiver le rapport de l'introduction de l'agent devant le Conseil de discipline[958].

2. La solution classique : deux procédés exclusifs

Certains textes juridiques (a) et une jurisprudence ancienne du TA (b) ont adopté l'idée en vertu de laquelle les droits de la défense devant l'administration constituent un palliatif à l'obligation de motivation.

a. Les textes

Le statut général de la fonction publique de 1968[959] ainsi que le statut général des forces de sécurité intérieure[960], avant sa modification en 2000, adoptent une approche selon laquelle les droits

---

[956] J. AJROUD, *Le principe du contradictoire dans la procédure d'imposition*, CPU, 2008, p. 198.

[957] L'obligation de motiver la notification de redressement découle de l'article 43 du CDPF et de la note commune n° 23 / 2005 disponible sur le site officiel du ministère des finances [www.impots.finances.gov.tn]. *Cf. infra*, dans cette Partie, Chapitre II, Section 1, Paragraphe 1, D, 2, b.

[958] Aux termes de l'article 51 alinéa 9 du statut général des personnels de l'État, des collectivités publiques locales et des établissements publics à caractère administratif « Le rapport indique clairement les faits reprochés au fonctionnaire et, s'il y a lieu, les circonstances dans lesquelles ils ont été commis ».

[959] L'alinéa 2 de l'article 47 de la loi n° 68-12 du 3 juin 1968, portant statut général des personnels de l'État, des collectivités locales et des établissements publics à caractère administratif (*JORT* n° 24 du 7 novembre 1968, p. 625) dispose que « Les sanctions du premier degré sont prononcées par décision motivée, sans consultation du Conseil de discipline. Celles du second degré ne peuvent être prononcées qu'après avis du Conseil ».

[960] L'article 50, alinéa 3 de la loi n° 82-70 du 6 août 1982, portant statut général des forces de sécurité intérieure (*JORT* n° 54 du 10-13 août 1982, p. 1693) disposait « Les sanctions du premier degré sont prononcées par décisions motivées et sans consultation, selon le cas du Conseil supérieur ou du Conseil d'honneur du corps concerné. Toutefois, les sanctions du deuxième degré ne peuvent être prononcées qu'après consultation dudit Conseil ».

de la défense et la motivation constituent deux procédés dont l'un exclut l'autre. En effet, pour les sanctions du premier degré, le législateur impose la motivation sans exiger les garanties des droits de la défense. Pour les sanctions du second degré, le législateur impose le respect des droits de la défense et garde le silence sur l'obligation de motiver. Il en découle que dans l'intention du législateur, les droits de la défense constituent un palliatif à l'obligation de motivation.

Interprétant l'alinéa 2 de l'article 47 de l'ancien Statut général de la fonction publique de 1968, qui n'a exigé que la motivation des sanctions du premier degré, le commissaire d'État Abdallah dans ses conclusions sur l'arrêt *Derbez* en date du 14 janvier 1981 écrivait : « *S'agissant des sanctions du second degré, elles ne peuvent être prononcées qu'après avoir consulté le Conseil de discipline ; il n'est donc pas nécessaire qu'elles soient motivées dans la mesure où la possibilité offerte au fonctionnaire incriminé lors de son introduction devant le Conseil de discipline de connaître les fautes qui lui sont reprochées et de se défendre en les contestant ou en les justifiant est susceptible de lui fournir une connaissance parfaite des motifs de la sanction qui sera infligée à son encontre. Ce qui serait de nature à dispenser l'administration de l'obligation de motiver l'acte prononcé à son encontre. Voilà à notre avis l'idée qui découle de l'article 47, alinéa 2*»[961]. Impliquant une connaissance des motifs, les droits de la défense devant l'administration sont traités alors comme étant un procédé équivalent à la motivation.

b. La jurisprudence du TA

L'idée que les droits de la défense remplacent l'exigence de la motivation a été explicitement soulignée par le TA lorsqu'il a jugé en 1976 que l'administration n'est pas tenue de motiver la révocation d'un agent temporaire dans la mesure où il ressort des circonstances dans lesquelles les fautes ont été commises que l'agent incriminé a connu les motifs exacts qui ont conduit à sa répression lors de

---

[961] C'est notre traduction. N. ABDALLAH, Conclusions sur TA, REP, *Derbez* c/ Ministre de l'enseignement supérieur, 14 janvier 1981, Aff. n° 337, *Rec*. p. 9.

l'exercice des droits de la défense[962]. La connaissance des motifs au cours de l'exercice par l'agent de ses droits de la défense couvre l'absence de motivation.

D'ailleurs, dans certaines affaires, le juge estime qu'une motivation d'ordre général[963] ou par référence[964] suffit à motiver l'acte litigieux lorsque l'agent incriminé a déjà exercé utilement ses droits de la défense au cours de la préparation de l'acte[965].

Il faut cependant admettre que cette position souffre d'une incohérence majeure. L'exercice des droits de la défense devant l'administration ne permet de connaître que *les motifs en cours d'élaboration* et non les *motifs finals* adoptés par l'auteur de l'acte. Ce qui revient à mettre en cause l'exercice éventuel des droits de la défense devant le juge. Le TA lui-même a nettement souligné, dans un arrêt rendu le 27 juin 2008, que « *L'obligation de motiver est une formalité substantielle qui se rapporte à la décision disciplinaire ; elle ne saurait être déduite des poursuites disciplinaires ou pénales. Le chef d'administration n'est pas lié par lesdites poursuites lors de l'édiction de ce genre d'acte portant atteinte grave à la situation juridique de son destinataire* ». L'administration qui s'abstient de dévoiler clairement les motifs de l'acte incriminé empêche le requérant de présenter ses moyens de défense devant le juge, ajoute le TA[966]. Dans une autre affaire, on peut lire : « *Considérant que l'abstention de citer les motifs qui ont conduit l'administration à prendre l'acte prive le requérant de la possibilité de déterminer ses moyens de défense et empêche le tribunal de statuer sur les motifs qui ont conduit à la répression disciplinaire du requérant* »[967].

---

[962] TA, REP, *Hazaoui* c/ Ministre du transport, 24 février 1976, Aff. n° 16, *Rec.* p. 41 (Ce considérant est tiré d'une copie de la version originale de l'arrêt. L'arrêt tel que publié comporte des anomalies et désordre).

[963] TA, Appel, Ministre de la défense nationale c/ *Mejri*, 15 février 2006, Aff. n° 25031, *inédit.*

[964] TA, Appel, Ministre de l'intérieur c/ *Mrad*, 28 mai 2005, Aff. n° 24402, *inédit.*

[965] *Cf. supra* : 1ère Partie, Chapitre I, Section 2.

[966] TA, Appel, Ministre des finances c/ *Dahmani*, 27 juin 2008, Aff. n° 26441, *inédit.*

[967] C'est notre traduction. TA, 1ère instance, *Hammami* c/ Ministre de la défense nationale, 10 mai 2001, Aff. n° 13350, *inédit.*

3. La réalité : deux procédés complémentaires

Droits de la défense et obligation de motivation constituent deux modalités complémentaires dont l'une ne peut remplacer l'autre. Relevant de deux régimes distincts (a), les deux procédés sont indissociables (b). Ils sont tellement complémentaires que le législateur et le juge tendent vers la généralisation de l'obligation de motiver les actes soumis aux droits de la défense (c).

a. Deux procédés distincts

La communication des motifs au cours de l'exercice des droits de la défense ne s'identifie pas avec la notion de motivation formelle. Les deux modes d'information relèvent **de deux phases distinctes**. L'information des motifs à l'occasion de l'exercice des droits de la défense fait partie de la procédure de l'édiction de l'acte, le "*negotium*". Toutefois, l'information des motifs assurée par le moyen de la motivation relève de la forme extérieure de l'acte, l'"*instrumentum*". Il s'ensuit que la motivation dans le cadre de l'exercice des droits de la défense s'effectue antérieurement à l'édiction de l'acte alors que la motivation formelle est une opération concomitante à l'acte.

En plus, les deux techniques de motivation portent sur **deux catégories différentes de motifs**. Les motifs portés à la connaissance de l'intéressé dans le cadre des droits de la défense justifient le déclenchement du processus décisionnel et non l'acte final. Ce sont des motifs éventuels, en cours d'élaboration. Toutefois, les motifs présentés dans la motivation fondent la décision finale. Ils sont définitivement retenus par le détenteur du pouvoir décisionnel. Les motifs arrêtés par l'auteur de l'acte au sein de la motivation formelle ne traduisent pas forcément les griefs négociés à l'occasion de l'exercice des droits de la défense. L'autorité qui détient le pouvoir décisionnel peut adopter des motifs différents de ceux qui ont été à l'origine de la poursuite discipline. Dans plusieurs affaires, le juge administratif estime qu'en matière de motivation par référence, la citation des motifs de l'introduction de l'agent devant le Conseil de discipline au sein de l'acte ne peut remplacer la motivation, sinon le requérant sera dépourvu de connaître les motifs adoptés par l'auteur de l'acte[968]. Ce qui privait le requérant de son droit d'exercer utilement ses droits de défense devant le juge[969], souligne le TA.

Le droit de l'administré à la connaissance des motifs préalables qui ont engagé la procédure disciplinaire s'ajoute à son droit de connaître les motifs finals de l'acte et ne se confond pas avec ledit droit.

b. Deux procédés indissociables

La motivation et les droits de la défense répondent, tous les deux, à « *un souci très pratique de moralité et d'efficacité administratives afin de réduire les risques d'arbitraire et d'erreur* »[970].

Il importe de souligner d'abord qu'outre la décision finale, les actes préparatoires lors de la procédure administrative peuvent être soumis par la loi à l'obligation de motivation. Il s'agit notamment du rapport de l'introduction de l'agent devant le Conseil de discipline[971], de l'avis du Conseil[972] et de la notification de redressement dans la procédure de la taxation d'office[973]. L'objectif de la motivation de ces actes est de permettre à l'agent d'exercer utilement ses droits de défense. À ce stade, la motivation des actes préparatoires constitue une composante du processus même de l'exercice des droits de la défense.

Faut-il ajouter que les droits de la défense lors de la préparation de l'acte et la motivation de l'acte final constituent deux opérations

---

968 TA, 1ère instance, *Karoui* c/ Ministre de l'intérieur, 7 juin 2001, Aff. n° 17595, *inédit* ; TA, 1ère instnce, *Amri* c/ Ministre de l'intérieur, 4 juillet 2002, Aff. n° 19122, *inédit* ; TA, Appel, Ministre de l'intérieur c/ *Karkni*, 25 juin 2003, Aff. n° 24336, *inédit.*

969 TA, 1ère instance, *Hammami* c/ Ministre de la défense nationale, 10 mai 2001, Aff. n° 13350, *inédit.*

970 R. ODENT, Conclusions sur CE, 26 octobre 1945, *Armu et autres, S.* 1946, III, 1.

971 Article 51 alinéa 7 du statut général de la fonction publique : « Le rapport indique clairement les faits reprochés au fonctionnaire et, s'il y a lieu, les circonstances dans lesquelles ils ont été commis ». L'article 50 (nouveau) du statut général des forces de sécurité intérieure, tel que modifié en 2000, comporte une disposition similaire.

972 Article 54 du statut général de la fonction publique et 52 du statut général des forces de sécurité intérieure.

973 Article 43 du CDPF.

successives qui forment un ensemble homogène. Le caractère inséparable de ces deux procédés se concrétise à deux niveaux.

b.1 : Le premier niveau : l'exercice des droits de la défense, un préalable nécessaire pour une motivation suffisante de l'acte final

L'exercice utile des droits de la défense est nécessaire pour que l'administration puisse connaitre l'ensemble des infractions et des circonstances dans lesquelles elles ont été commises. Ce qui permet à l'administration de présenter une motivation exhaustive et circonstanciée. Les droits de la défense sont destinés « *à réduire le risque que des sanctions soient prononcées en mauvaise connaissance de cause* »[974]. L'article 53 du statut général de la fonction publique dispose par ailleurs que « *S'il ne se juge pas suffisamment éclairé sur les faits reprochés au fonctionnaire ou sur les circonstances dans lesquelles ces faits ont été commis, le Conseil de discipline peut ordonner une enquête* ».

Afin qu'elle dispose d'une information suffisante sur les faits, l'administration doit informer l'administré des motifs de la poursuite disciplinaire et lui permettre d'exposer utilement son point de vue. Il s'agit d'une phase préalable et nécessaire permettant à l'auteur de l'acte de préparer les motifs qui seront exposés au sein du texte de l'acte.

b.2 : Le deuxième niveau : la motivation de la décision finale, une dernière étape du processus des droits de la défense

La motivation de la décision finale devait être considérée comme une composante essentielle des droits de la défense[975]. En effet, une

---

[974] R. CHAPUS, *Droit administratif général*, Tome I, n°1318, 15ème édition, Paris, 2001, p. 1118.

[975] En matière juridictionnelle le TA juge de cassation adopte une distinction délicate entre les deux moyens. Selon le juge de cassation, les droits de la défense exigent que les parties soient à même de préparer et de présenter leurs moyens de défense d'une part, et qu'ils soient entendus par le juge lors de la présentation de leurs points de vue d'autre part. Le TA considère, cependant, que l'obligation pour le juge du fond de répondre aux éléments de preuve et de discuter tout moyen

motivation sérieuse est celle qui introduit au sein du texte de l'acte une réponse plus ou moins explicite aux arguments de l'administration et ceux développés par l'administré à l'occasion de l'exercice des droits de la défense. Cette exigence est expressément prévue par la loi en matière de motivation de l'avis qu'émet le Conseil de discipline. L'article 53 du statut général de la fonction publique exige que le Conseil de discipline émette un avis motivé sur la sanction disciplinaire « *compte tenu des observations écrites produites devant lui et, le cas échéant, des déclarations verbales de l'intéressé, des témoins et du défenseur ainsi que des résultats de l'enquête à laquelle il a pu être procédé* »[976].

Tout comme l'organe consultatif, le titulaire du pouvoir décisionnaire est appelé à choisir la sanction convenable et à élaborer les motifs après avoir apprécié les arguments échangés par les parties à l'occasion de la procédure contradictoire et le contenu de l'avis émis par l'organe consultatif. L'article 50 du CDPF exige que la motivation de l'arrêté de taxation d'office s'effectue « *sur la base des résultats de la vérification fiscale et de la réponse y afférente du contribuable si elle existe* ». Dès lors, « *L'autorité auteur de l'arrêté de taxation d'office doit* ***arbitrer*** *entre l'argumentaire du vérificateur et l'argumentaire du contribuable* »[977] pour finir à élaborer elle-même les motifs de l'acte.

---

sérieux soutenu par les parties ne constitue pas un élément des droits de la défense, mais une exigence de la motivation du jugement (TA, Cass., 30 janvier 2006, Aff. n° 35667, *Rec.* p. 275 ; TA, Cass., 3 mai 2004, Aff. n° 34516, *Rec.*, p. 186). Cette position est à l'origine d'un nombre très élevé du rejet en la forme des moyens tirés de la violation des droits de la défense. Nombreux sont les arrêts dans lesquels le requérant soutient, dans le cadre du moyen tiré de la violation des droits de défense, que le juge du fond n'a pas discuté ses éléments de défense. Le TA n'hésite pas à rejeter le moyen en la forme au motif qu'il relève du vice tiré de l'insuffisance de motivation et non de la violation des droits de défense (TA, Cass., 10 juillet 2000, Aff. n° 31609, *Rec.* p. 568 ; TA, Cass. 16 janvier 2006, Aff. n° 35672, *Rec.* p. 269). *Cf.* : N. BACCOUCHE, *Droit fiscal général*, Novaprint, Sfax, 2008, p. 452 et s. et A. BELHAJ RHOUMA, « Le recours pour excès de pouvoir et le recours en cassation devant le tribunal administratif tunisien », *RRJ-Droit Prospectif*, 2010, p. 998.

[976] Loi n° 83-112 du 12 décembre 1983, portant statut général des personnels de l'État, des collectivités publiques locales et des établissements publics à caractère administratif (*JORT* n° 24 du 11 juin 1968, p. 625).

[977] N. BACCOUCHE, *Droit fiscal général*, Novaprint, Sfax, 2008, p. 289.

Cette exigence de répondre aux arguments fournis lors de la procédure contradictoire constitue d'abord une traduction dans le texte de l'acte de l'effectivité de l'exercice des droits de la défense. La réponse aux arguments signifie que l'administré a réellement présenté ses moyens de défense et a été effectivement entendu par l'administration. De même, l'obligation pour l'administration de répondre aux arguments échangés constitue un prolongement normal du débat entre les deux parties. Il s'agit d'une exigence essentielle du principe du contradictoire[978]. Le Conseil constitutionnel considère que « *le fait d'une part, de permettre au contribuable, dans les cas prévus à l'article 44 bis de s'opposer aux résultats de la vérification fiscale et, d'autre part, d'obliger les services fiscaux à répondre par écrit à cette opposition et à motiver leur décisions de rejet, s'insère dans le cadre de la consécration et la promotion des droits de la défense* »[979].

La motivation de la décision est la phase finale qui intervient pour **clôturer le parcours des droits de la défense devant l'administration**. Les motifs retenus définitivement par l'auteur de l'acte devraient être considérés comme le produit final de la procédure contradictoire. C'est pourquoi, l'auteur de l'acte qui ignore de répondre au sein du texte même de l'acte aux moyens de défense échangés dans le cadre de la procédure contradictoire risque d'anéantir tout le processus des droits de la défense. On a pu affirmer à juste titre qu'« *au regard des droits de la défense, la motivation se situe au sommet de leurs hiérarchisation* »[980].

La réponse aux arguments présentés par le destinataire de l'acte réduit le caractère autoritaire de l'acte. C'est une exigence

---

[978] N. BACCOUCHE, « Le problème de la motivation de l'arrêté de taxation d'office », *RTF* 2005, p. 41.

[979] Avis n° 51-2006 du 26 décembre 2006 concernant certaines dispositions du projet de la loi de finances pour la gestion 2007, *JORT* n° 103, p. 4497.

[980] S. GJIDARA, « La motivation des décisions de justice : impératifs anciens et exigences modernes », *LPA*, 2004, n° 105, p. 14.

démocratique qui a le mérite de rendre la décision unilatéral le « *reflet d'un dialogue* » au lieu d'être un monologue[981].

c. Une tendance vers la généralisation de l'obligation de motiver les actes soumis au principe des droits de la défense

À l'origine, les sanctions du second degré n'ont été soumises qu'aux droits de la défense. Par la suite, le législateur est intervenu pour étendre le champ de l'obligation de motivation à ces mesures. Il s'agit de l'article 51 du statut général de la fonction publique de 1983[982] et l'article 50 nouveau du statut général des forces de sécurité intérieure[983]. Par ailleurs, la multiplicité croissante des textes imposant à la fois les garanties des droits de la défense et la motivation des sanctions administratives[984] témoigne d'une prise de conscience de la

---

[981] M. EL YAAGOUBI, *La motivation des actes administratifs*, thèse, Université des Sciences Sociales de Grenoble, UER Droit 1981, p. 427.

[982] Article 51, alinéa 8 de la loi n° 83-112 du 12 décembre 1983, portant statut général des personnels de l'État, des collectivités publiques locales et des établissements publics à caractère administratif (*JORT* n° 24 du 11 juin 1968, p. 625) prévoit que « Les sanctions sont prononcées **par décision motivée** émanant de l'autorité qui a le pouvoir disciplinaire ou du cadre supérieur qui a délégation d'exercer le pouvoir disciplinaire ou de signer les sanctions disciplinaires ».

[983] En des termes identiques à l'article 51, alinéa 8 du statut général de la fonction publique de 1983, l'alinéa 7 de l'article 50 nouveau modifié par la loi n° 2000-58 du 13 juin 2000, modifiant et complétant la loi n° 82-70 du 6 août 1982, portant statut général des forces de sécurité intérieur (*JORT* n° 48 du 16 juin 2000, p. 1457) prévoit que « Les sanctions sont prononcées par décision motivée émanant de l'autorité qui a le pouvoir disciplinaire ou du cadre supérieur qui a délégation d'exercer le pouvoir disciplinaire ou de signer les sanctions disciplinaires ».

[984] *Cf.* à titre illustratif :

-Les sanctions prononcées par le Conseil du marché financier érigé en Conseil de discipline (Article 42 de la loi n° 94-117 du 14 novembre 1994, portant réorganisation du marché financier).

-Les mesures prises par l'instance nationale de télécommunication. Les articles 68 et 69 offrent les garanties des droits de défens et l'article 75 impose l'obligation de motivation (Loi n° 2001-1 du 15 janvier 2001 portant promulgation du code de télécommunication.

-L'article 65 alinéa 5 du code d'incitation aux investissements : « Le retrait des avantages et le remboursement des primes sont effectués par arrêté motivé du Ministre des finances après avis ou sur proposition des services concernés et ce après l'audition des bénéficiaires par ces services ».

part du législateur de cette conception de complémentarité des deux garanties.

De plus, la jurisprudence tend vers la consécration d'une obligation générale de motiver les décisions soumises au respect du principe des droits de la défense devant l'administration[985]. Une telle tendance montre que dans la conviction du juge la motivation est un prolongement de la procédure contradictoire menée à l'occasion de l'édiction de l'acte. L'administration est dans l'obligation de motiver « *les actes susceptibles de mettre en cause les droits fondamentaux et les droits de la défense surtout les mesures disciplinaires* », souligne le juge administratif[986]. La corrélation étroite entre la motivation et les droits de la défense est affirmée par le TA dans les termes les plus nettes[987] : « *Considérant que... le lien étroit qui unit la question de la motivation avec les droits de la défense l'érige au rang des principes généraux de droit que l'administration doit le respecter même en l'absence d'un texte explicite toutes les fois qu'il s'agit d'une décision de nature disciplinaire* »[988].

Le caractère indissociable des deux procédés entraîne des conséquences notables sur le champ et la valeur de l'obligation de motiver les décisions régies par le principe des droits de la défense. À l'instar du droit français[989], le législateur et le juge sont appelés à étendre l'obligation de motiver à l'ensemble des mesures soumises au principe des droits de la défense. À cet effet, l'hésitation jurisprudentielle de consacrer une véritable obligation de motiver les mesures prises en considération de la personne est incompatible avec les exigences du principe des droits de la défense. La catégorie des

---

985 Cf. *infra* : Chapitre II, Section 2, Paragraphe 2 dans cette Partie.

986 TA, 1ère instance, *Bjaoui* c/ Municipalité de Mater, 3 février 2007, Aff. n° 12917, *inédit*.

987 Même s'il est parfois difficile de savoir avec certitude si le juge fonde l'obligation de motiver sur le respect des droits de la défense exercés devant l'administration ou ceux exercés devant le juge.

988 TA, 1ère instance, *Aziz* c/ Ministre de l'intérieur, 4 janvier 2001, Aff. n° 15705, *inédit*.

989 L'article 24 de la loi du 12 avril 2000 relative aux droits des citoyens dans leurs relations avec les administrations.

actes pris en considération de la personne a été créée pour qu'elle soit rattachée au régime disciplinaire[990].

Pour les besoins de son contrôle, la jurisprudence, au lieu d'imposer une obligation générale de motivation formelle, a consacré une obligation contentieuse en vertu de la quelle l'administration est tenue de communiquer les motifs au cours de l'instruction de l'affaire.

D. La consécration d'une obligation de communiquer les motifs au cours d'instance au détriment d'une obligation générale de motivation

En droit français, c'est la jurisprudence *Barel* (1) qui a consacré l'obligation pour l'administration de communiquer au juge les motifs de l'acte attaqué pour les besoins du contrôle juridictionnel au détriment d'une obligation de motivation formelle. Une analyse comparative entre la position du juge de l'excès de pouvoir à l'égard de la motivation de l'acte administratif et celle du juge de cassation à l'égard de la motivation de l'acte juridictionnel permet de démonter à quel point l'instrument de motivation est dominé par une approche contentieuse (2). Une telle optique contentieuse a généré des conséquences critiquables (3).

1. La jurisprudence Barel[991]

La jurisprudence *Barel*, adoptée par le juge administratif tunisien[992] établit ce qu'une doctrine a pu appeler « *le droit du juge à la*

---

[990] *Cf. infra*, dans cette Partie, Chapitre II, Section 2, Paragraphe 2, A.

[991] CE Ass., 28 mai 1954, *Barel* et autres, *RDP* 1954, p.521, Conclusions Letourneur ; *Les Grands Arrêts de la jurisprudence administrative*, 14ème édition, 2003, Dalloz, n° 73, p. 473. *Cf.* également : CE Sect. 26 janvier 1968, *Société « Maison genestal »*, *Rec.*, p. 62, Conclusions, Bertrand. Dans cet arrêt, le Conseil d'État a accentué son pouvoir inquisitorial dans la mesure où il n'a pas exigé que le requérant fournisse des présomptions sérieuses, précises et concordantes à l'appui de ses allégations. Une simple « argumentation développée » suffit pour provoquer l'intervention du juge pour demander au Ministre « les raisons de fait et de droit » de sa décision : GA 73 précité, p. 477.

[992] Le TA a mis en œuvre cette technique dès les premières années de sa mise en place. À partir d'un arrêt rendu en matière du REP le 8 février 1978 (*Gharbi* c/ Ministre de la jeunesse, Aff. n° 86, *Rec.* p. 20), on peut constater les prémisses de

connaissance des motifs de l'acte administratif»[993]. Il s'agit d'un mécanisme de communication *a posteriori* des motifs au cours d'instance. Ce mécanisme constitue à la fois la conséquence logique[994] et la cause profonde de la non consécration par la jurisprudence d'un principe général de motivation formelle. Il a été jugé que tout acte administratif est censé être pris sur la base d'un motif de fait dont l'administration est tenue de le faire révéler à la demande du juge afin qu'il puisse le contrôler[995]. Le TA admet, également, que la soumission du pouvoir discrétionnaire au principe de la légalité exige que l'administration présente au juge les motifs de sa décision[996].

Le juge de l'excès de pouvoir fait prévaloir la révélation des motifs au cours d'instruction au détriment de la motivation formelle de l'acte. Tout en dispensant l'administration d'une obligation générale de motivation formelle, le juge impose à l'administration, toutes les fois qu'il juge nécessaire, l'obligation de communiquer les motifs.

Dans ses conclusions sur l'arrêt *Barel* rendu par le CE, Letourneur fait écrit : « *...le principe suivant lequel les actes administratifs n'avaient pas, sauf texte contraire, besoin d'être motivés* [...] *a pour conséquence de supprimer à leur égard le vice de forme tiré du défaut de motifs ; elle n'a ni pour but, ni pour effet de soustraire l'administration à l'obligation de faire connaître au juge de l'excès de pouvoir les motifs des actes attaqués devant lui, obligation qui résulte de l'existence même du contrôle juridictionnel, qui est la condition indispensable de l'exercice de ce contrôle et qui est totalement*

---

cette jurisprudence. Puis, les arrêts sont devenus de plus en plus explicites et nombreux en la matière. On peut citer à titre d'illustration : TA, REP, *Zouaghi* c/ Ministre de l'agriculture, 16 juillet 1983, Aff. n° 805, *Rec.* p. 301 et TA, 1ère instance, *Ben Zayed* c/ Ministre de la justice, 21 mai 1999, Aff. n° 16204, *inédit.*

993 B. PACTEAU, *Le juge de l'excès de pouvoir et les motifs de l'acte administratif*, Clermont-Ferrand 1977, p. 44.

994 *Idem*, p. 69.

995 TA, *Kachi* / Ministre de l'Education, 31 octobre 2000, Aff. n° 16791, *inédit* ; TA, *Nammouchi* c/ Ministre de la Défense national, 20 juin 1990, Aff. n° 3613, *inédit*, *Cf.* : A. BELHAJ RHOUMA, *Le détournement de pouvoir ou de procédure*, Mémoire, FDS, 2004-2005, p. 115.

996 TA, *Hammami* c/ Gouverneur d'Ariana, 24 avril 1997, Aff. n°13586, *inédit.*

étrangère à ce qui n'est qu'une pure règle de forme »[997]. L'administration défenderesse est tenue de verser au dossier de l'affaire « *les renseignements nécessaires pour que le juge statue en pleine connaissance de cause* »[998].

Le TA a nettement souligné, en des termes analogues à l'arrêt *Barel,* que « *même si les autorités administratives ne sont tenues de motiver leurs décisions sauf textes législatifs et réglementaires contraires, il n'en demeure pas moins que ces autorités sont tenues, en toutes hypothèses, de faire connaître, de démontrer et d'expliquer en défense au juge administratif tous les motifs de fait et de droit qui sont à la base de l'acte attaqué d'excès de pouvoir sous peine de considérer sa décision non fondée et passible d'annulation* »[999]. Le juge considère que « *l'administration est* ***tenue de motiver ses décisions devant le juge*** *afin que le tribunal puisse examiner la légalité de l'acte qui lui est soumis* »[1000]. L'absence d'une règle d'obligation de motiver formellement l'acte ne peut en aucun cas dispenser l'administration de rendre compte des raisons de sa décision à l'occasion d'un litige.

La motivation, en tant que formulation écrite des motifs dans l'*instrumentum* de l'acte, n'est qu'un problème de forme. Faire connaître au juge les motifs de l'acte devient, sur le plan contentieux, l'instrument indispensable pour l'exercice du contrôle de légalité. Or, pour le juge de cassation, c'est la motivation formelle de l'acte juridictionnel qui constitue l'instrument indispensable pour exercer son contrôle.

---

[997] LETOURNEUR, Conclusions sur CE Ass., 28 mai 1954, *Barel* et autres, *RDP* 1954, p.521.

[998] CE, 1er juin 2011, *Beddiaf,* req. n° 33799, note Delabie, *AJDA*, 2011, p. 2182.

[999] C'est notre traduction. TA, REP, *Khouaja* c/ Ordre de médecins, 28 mars 2000, Aff. n° 2575, *inédit. Cf.* en ce sens : TA, Appel, Ministre de la défense nationale c/ *Mardasi*, 17 juin 2006, Aff. n° 23451, *inédit.*

[1000] C'est notre traduction. TA, 1ère instance, *Abida* c/ Gouverneur de Ariana, 22 juin 2006, Aff. n° 12801, *inédit.*

2. La position du juge de l'excès de pouvoir et du juge de cassation à l'égard de la motivation de l'acte attaqué

La comparaison entre la position du juge de cassation à l'égard de la motivation des décisions juridictionnelles et celle du juge de l'excès de pouvoir vis-à-vis des décisions administratives permet de saisir l'approche contentieuse qui domine l'institution de la motivation[1001]. Juge du jugement et non du litige, le juge de cassation ne peut chercher les motifs au-delà des pièces versées au dossier de l'affaire. Le juge de cassation est donc dépourvu du pouvoir de demander la communication des motifs par le juge du fond. Ainsi, la motivation du jugement constitue l'instrument unique et indispensable pour connaître les motifs et exercer sa fonction de contrôle de légalité des décisions juridictionnelle[1002]. La solution logique est alors, tout jugement devait être motivé sous peine de rendre le contrôle juridictionnelle bien souvent illusoire ou simplement aléatoire.

Au contraire, pour le juge de l'excès de pouvoir, la motivation formelle de l'acte administratif ne constitue pas l'unique moyen pour connaître les motifs. Saisi d'un acte non motivé, le juge peut exercer son pouvoir inquisitorial lui permettant de demander de l'administration au cours d'instance de lui fournir les motifs de l'acte et toute pièce jugée nécessaire même à caractère confidentiel, sous peine de perdre le procès[1003]. En tout état de cause, l'information du juge de l'excès de pouvoir est garantie au niveau de l'instruction de l'affaire[1004]. Par l'effet de cette obligation de révélation des motifs au cours d'instance pesant sur l'administration, on ne peut « *plus dire que l'absence de motivation formelle est un obstacle à l'examen par le juge des motifs des actes administratifs* »[1005].

[1001] A. BELHAJ RHOUMA, « Le recours pour excès de pouvoir et le recours en cassation devant le tribunal administratif tunisien », *RRJ-Droit Prospectif*, 2010, p. 997.

[1002] G. PEISER, *Le recours en cassation en droit administratif français*, Sirey, Paris, 1958, p.353 et s.

[1003] TA, Appel, Ministre de l'éducation c/ *Oueslati*, 23 février 2004, Aff. n° 24512, *inédit*.

[1004] B. PACTEAU, *Le juge de l'excès de pouvoir et les motifs de l'acte administratif*, Clermont-Ferrand 1977, p. 45.

[1005] L. DI QUAL, *La compétence liée*, Lille, LGDJ, 1964, p. 186.

C'est ainsi que le juge de l'excès de pouvoir français n'impose la motivation au-delà des textes que lorsqu'il s'avère que la technique de la communication des motifs au cours d'instruction risque de ne pas lui fournir de suffisantes garanties d'information[1006]. Les occasions dans lesquels, le juge administratif a jugé que l'administration est tenue de motiver en l'absence d'un texte le prévoyant demeurent de portée limitée [1007] et constituent, selon une certaine doctrine, des solutions d'espèce[1008] résultant d'une « *vision contentieuse du droit, qui mesure l'efficacité des garanties au perfectionnement de la*

[1006] CE, Ass., 27 novembre 1970, *Agence maritime Marseille-fret, compagnie générale transatlantique et autres*, *RDP*, 1971, pp. 987-1006, Conclusions Gentot ; *D*. 1971, p. 344, note B. Pacteau ; *JCP*, 1971, II. n° 16757, note F. Moderne ; CE, 26 janvier 1973, Ministre de la justice c/ Lang, *D*., 1973, p. 606 et s., note B. Pacteau. Gentot relevait deux difficultés majeures de mise en œuvre de la demande de communication des motifs par le juge. D'une part, la commission permanente du groupement des armateurs français est un organisme en marge des structures administratives proprement dites. Son éloignement vis-à-vis de la hiérarchie, l'absence de toute participation administrative directe à sa prise de décision, le doute qu'on peut avoir sur sa personnalité juridique font en effet que « le juge n'aura pas de certitude, de connaitre *a posteriori*, les raisons de fait et de droit qui ont inspiré ladite décision ». D'autre part, le caractère collégial de la commission rend en tout état de cause bien difficile d'obtenir, plus ou moins longtemps après sa réunion, communication des motifs qui ont emporté la décision collective si, sur le moment, on n'a pas pris le soin de les fournir nettement.

[1007] B. PACTEAU, Note sous, CE, Ass., 27 novembre 1970, *Agence maritime Marseille-fret, compagnie générale translantique et autres*, *D*. 1971, p. 347 : « Tout comme dans l'arrêt *Billard*, le Conseil prend un soin évident à multiplier les raisons de son admission de la règle de motivation obligatoire, comme s'il ne voulait en privilégier aucune ».

[1008] Dans l'arrêt *Agence maritime Marseille-fret*, le Conseil d'État considère « qu'eu égard à la nature, à la composition et aux attributions de cet organisme professionnel auquel les pouvoirs publics ont conféré le pouvoir d'arrêter les droits de chaque armement dans l'exploitation du trafic général sur la relation France-Sud-Algérie, les décisions prises par ladite commission doivent être motivées » A. MESTRE, (*Le Conseil d'État protecteur des prérogatives de l'Administration*, LGDJ, Paris, 1974, p. 152) fait écrit : « En réalité, c'est une solution d'espèce qui est retenue par la Haute Juridiction ». De même Labetoulle et Cabanes ont noté que le considérant en cause n'avait rien d'un considérant de principe (Chronique, *AJDA*, 1971, p. 152). *Cf.* dans le sens contraire : F. MODERNE, note sous CE, Ass., 27 novembre 1970, *Agence maritime Marseille-fret, compagnie générale transatlantique et autres* *JCP*, 1971, II. n° 16757 : « Malgré la prudence que dénote la rédaction de l'arrêt, il est probable que nous somme en présence d'une position de principe, relativement nouvelle... ».

technique juridictionnelle »[1009]. « *Ce qui importe pour que le contrôle de légalité existe, ce n'est pas que les décisions soient motivées, c'est que le juge soit en mesure, à un moment donné de la procédure, de connaître les motifs de l'action administrative et d'en tirer les conséquences* », soulignait le Commissaire du Gouvernement Gentot[1010].

3. *Des conséquences critiquables*

La position du juge de faire prévaloir le procédé de communication des motifs au cours du procès au détriment de la motivation formelle souffre d'une double incohérence. D'une part, l'intensité croissante du contrôle des motifs n'a pas été poursuivie par un élargissement parallèle du champ de la motivation (a). D'autre part, le juge administratif a négligé les avantages de la motivation sur le plan non contentieux (b).

a. Intensité croissante du contrôle des motifs et maintien de la règle de non motivation

Avec l'apparition du contrôle des faits dans le recours pour excès de pouvoir, la théorie d'acte discrétionnaire a été abandonnée. « *Il n'y a plus d'acte discrétionnaire, mais seulement un certain pouvoir discrétionnaire dans les actes. L'acte ne peut pas être discrétionnaire dans son entier* »[1011]. Pourtant, le Conseil d'État français n'a pas abandonné le principe « *pas de motivation sans texte* ». Au lieu d'imposer une obligation générale de motivation pour assurer le contrôle des faits, le Conseil d'État à imposé, dans la jurisprudence *Barel*, l'obligation pour l'administration de communiquer les motifs au cours d'instance. Cette jurisprudence a empêché,

---

[1009] S. SUR, « Sur l'obligation de motiver formellement les actes administratifs », *AJDA*, 1974, p. 350 et s.

[1010] GENTOT, Conclusions sur CE, Ass., 27 novembre 1970, *Agence maritime Marseille-fret, compagnie générale transatlantique et autres*, *RDP* 1971, pp. 996.

[1011] R. BONNARD, Note sous CE, 11 janvier 1935, *Gras*, 25 juin 1937, *de la Renardière*, *RDP*, 1938, p.141 ; S. 1937. III. p. 121. La formule devenue célèbre est employée par les grands juristes français comme L. Duguit, M. Hauriou et M. Waline.

TA, *Fehri* c/ Ministre des affaires sociales, 27 juin 1990, Aff. n° 1574, *inédit*.

jusqu'aujourd'hui, l'évolution de la jurisprudence vers le renversement du principe de non motivation. La technique de la communication des motifs au cours d'instance offre au juge la possibilité de connaître et de contrôler les motifs de sorte que le développement du contrôle des motifs n'est pas tributaire de l'exigence d'une motivation formelle.

La dissociation entre la motivation formelle et la motivation au cours du procès a eu pour conséquence que l'intensité croissante du contrôle juridictionnel sur les motifs des actes administratifs n'a pas été accompagnée d'un développement parallèle de l'obligation de motiver[1012]. En mettant en œuvre la technique de la motivation au cours d'instruction, le contrôle des motifs pourrait s'approfondir sans imposer une obligation générale de motivation obligatoire.

En l'absence d'une obligation générale de motivation formelle, l'obligation de motiver au cours d'instruction sous peine d'annuler l'acte attaqué reste « *le moyen le plus efficace de compléter un contrôle qui risquerait, sans cela, de demeurer bien souvent illusoire, ou simplement virtuel* »[1013]. Si le TA, tout comme le Conseil d'État français, a maintenu le principe « *pas de motivation sans texte* », c'est qu'il ne lui pas paru nécessaire pour les besoins de son information et pour la protection des intérêts des administrés[1014].

b. La négligence des avantages de la motivation formelle sur le terrain non contentieux

Le but primordial de la motivation est situé au niveau du rapport administration-administré. Il s'agit d'accorder des garanties préalables et préventives au profit des administrés avant l'introduction du recours contentieux. Toute cette jurisprudence de l'arrêt *Barel*, relativement

---

[1012] R. DRAGO, Note sous CE, 24 janvier 1950, *Billard*, *S.* 1950, III, 41 ; G. MORANGE, « Le secret en droit public français », *D.* 1978, Chronique, I, p. 4 et S. SUR, « Sur l'obligation de motiver formellement les actes administratifs », *AJDA*, 1974, p. 349.

[1013] J.-Ph. COLSON, *L'office du juge et la preuve dans le contentieux administratif*, Paris, LGDJ, 1970, p. 128.

[1014] B. PACTEAU, Note sous, CE, Ass. 27 novembre 1970, *Agence Maritime Marseille-fret*, *Dalloz Sirey*, 1971, p. 364.

protectrice des intérêts des requérants sur le terrain contentieux, ne présente aucune des garanties de la motivation au niveau de la procédure administrative non contentieuse[1015].

Outre son incompatibilité non négligeable avec les exigences de bonne justice[1016], la motivation au cours d'instance *« concerne les rapports de l'administration avec son juge, non ses rapports avec l'administré »*[1017]. « *Cette obligation, liée à l'exercice d'un recours, n'existait qu'au profit du juge. Elle ne pouvait se confondre avec la motivation obligatoire, destinée à éclairer l'administré sur les raisons de la décision qui le concerne* »[1018].

Il importe de préciser que la révélation des motifs au cours du procès constitue une règle de procédure administrative contentieuse. La motivation formelle, au contraire, est une condition de forme de l'acte. La distinction entre les deux types d'extériorisation des motifs n'est pas académique. Comme l'affirme G. Isaac, « *L'idée fondamentale du régime de la motivation est qu'elle accompagne l'acte lui-même ; elle produit ses effets les plus importants en dehors de tout contentieux* […] *; si elle facilite, de surcroît, le contrôle du juge, il ne faut pas prendre cet effet secondaire pour le contenu même de la motivation. Le juge, au premier chef, doit prendre une vue réaliste de la motivation des actes administratifs, dépasser son propre intérêt égoïste qui peut se contenter de la règle contentieuse de la communication des motifs et être persuadé que l'intérêt de la motivation se situe d'abord au niveau non contentieux* » [1019].

La persistance de « *la vision contentieuse du droit qui mesure l'efficacité des garanties au perfectionnement de la technique jurisprudentielle* »[1020] fait obstacle à la consécration prétorienne d'un

---

[1015] G. ISAAC, *La procédure administrative non contentieuse*, LGDJ, 1968, p. 554.
[1016] *Cf. supra.* : Première Partie, Chapitre II, Section 2.
[1017] J. RIVERO, « Le système français de protection des citoyens contre l'arbitraire administratif à l'épreuve des faits », *Mélanges J. Dabin*, Sirey, Tome 2, 1963, p. 821.
[1018] J. RIVERO et M. WALINE, *Droit administratif*, Dalloz, 17ème édition, 1998, p. 105. (*Cf.* 22ème édition, 2008, p. 394)
[1019] G. ISAAC, *La procédure administrative non contentieuse*, LGDJ, 1968, p. 554.
[1020] S. SUR, « Sur l'obligation de motiver formellement les actes administratifs », *AJDA*, 1974, 350.

principe général de motivation obligatoire. Or, il est plus efficace d'introduire un instrument susceptible d'inciter l'administration à respecter spontanément le droit que de consolider des techniques de contrôle pour redresser ses manquements.

Section 2
Les contradictions du principe

Le principe « *pas de motivation sans texte* » se présente comme un principe contradictoire. La contradiction la plus flagrante est celle qui découle de l'incompatibilité manifeste entre la règle de non motivation et l'ensemble des fonctions de la motivation qui, comme on l'a déjà démontré[1021], sont intimement rattachées à une diversité de principes constitutionnels inhérents à l'État de droit. Cet aspect caractérise le mieux l'ambivalence de l'arsenal juridique tunisien, la discordance entre l'état du droit administratif et l'État de droit constitutionnel.

Au-delà de cette contradiction, le principe de non motivation est incompatible avec l'audace habituelle du juge administratif (*Paragraphe 1*). Ensuite, et de point de vue de la cohérence interne des éléments de l'acte administratif, la non motivation crée un décalage entre le régime des motifs et celui de la motivation (*Paragraphe 2*). Enfin, l'étude de la motivation des actes administratifs en fonction de la motivation de la loi et des jugements émanant respectivement du pouvoir législatif et du pouvoir juridictionnel entache la cohérence globale de l'institution de la motivation dans l'ensemble du système juridique tunisien (*Paragraphe 3*). C'est là un contraste majeur, surtout que les actes réglementaires échappent au champ de la motivation obligatoire (*Paragraphe 4*).

[1021] *Cf. supra*, Première Partie, Chapitre II.

Paragraphe 1 : Rupture avec l'audace habituelle du juge

La position réticente du juge de l'excès de pouvoir à l'égard de la motivation des décisions administratives n'est pas à la mesure de son audace habituelle et de sa subtilité remarquable qu'il fait preuve dans d'autres matières. En matière de procédure administrative contentieuse, la position du juge est tellement protectrice des droits des administrés au point qu'on peut estimer que la juridiction administrative « *humanise le procès administratif* »[1022] vers une justice située aux frontières d'une justice d'équité. L'on sait que le TA a édifié « *une œuvre prétorienne importante* […] *avec des solutions énergétiques et imaginatives* »[1023]. Nombreux sont les principes généraux de droit créés par le TA pour favoriser un accès facile au juge et défendre l'administré contre l'arbitraire administratif. Il en est notamment du principe des droits de la défense, le caractère de droit commun du recours pour excès de pouvoir, le contrôle de proportionnalité des mesures de police administrative et la théorie des actes relatifs aux droits permanents. En matière de recours pour excès de pouvoir, H. Ayadi a soutenu que « *le contentieux de l'excès de pouvoir a aujourd'hui le vent en poupe* […] *: il fait l'objet de la part du juge d'une théorisation extrêmement poussée* »[1024].

L'ingéniosité est le caractère original de la justice administrative. En des termes empruntés à la thèse d'Achille Mestre[1025], le TA

[1022] Expression empruntée à F. JAQUELOT, « Droit au recours juridictionnel et régularisation des requêtes en contentieux administratif », *RRJ*, 2006, p. 219.

[1023] M. A. BEN HMIDA, « La responsabilité publique suivant la jurisprudence du Tribunal Administratif », *L'œuvre jurisprudentielle du Tribunal administratif*, S. Belaid (dir.), CERP, Tunis, 1990, p. 421.

[1024] H. AYADI, « La discontinuité du contentieux de la cassation fiscale », *Mélanges en l'honneur du Doyen Yadh Ben Achour*, Droits et culture, Tunis, CPU, 2008, p. 630. Consulter : N., NSRI, *Le rôle de la jurisprudence dans l'élaboration du droit administratif tunisien*, Thèse, FDSPT, 2009.

[1025] A. MESTRE, *Le Conseil d'État protecteur des prérogatives de l'Administration*, LGDJ, Paris, 1974, p. 250 : « … le juge judicaire ne peut qu'interpréter et appliquer les textes existants…Le juge administratif se reconnait, à l'inverse, un pouvoir créateur : indépendamment des textes qui étaient jadis assez rares et sont demeurés épars, il forge les normes auxquelles il entend soumettre les activités de la puissance publique »

affirme qu'« *il est incontestable que la justice administrative s'écarte foncièrement de la justice judiciaire. Ce dernier se contente d'appliquer le droit et de dégager l'intention du législateur à partir du texte juridique. En revanche, la justice administrative est loin d'être une simple justice d'application. Sa caractéristique la plus dominante est qu'elle constitue une justice créatrice qui invente les solutions adéquates pour les rapports juridiques entre l'administration dans sa gestion des services publics et les particuliers* »[1026].

Le juge administratif n'a-t-il pas failli à sa tâche en s'abstenant à consacrer un principe général de motivation obligatoire[1027] ? Le TA a, par ailleurs, évoqué, à maintes reprises, l'exigence de transparence administrative[1028] sans pour autant imposer le principe de motivation. On peut néanmoins soutenir que « *le juge administratif n'a pas le pouvoir de créer la démocratie administrative, le juge administratif n'a pas le pouvoir de faire accéder le citoyen au statut de majeur juridique face à l'administration* » et qu'une intervention du législateur est inévitable[1029]. Or, la réserve du juge d'étendre le domaine de motivation obligatoire hors des cas non établis par les textes ne peut s'expliquer par la seule crainte du juge de l'excès de pouvoir « *de faire œuvre de législateur. C'est d'ailleurs, "sans texte" que dans le cadre du recours en cassation, il a astreint les divers juridictions administratives à toujours motiver leurs jugements* »[1030].

[1026] C'est notre traduction. TA, Appel, *Zouari* c/ Chef du contentieux de l'État, 15 mai 1989, Aff. n° 493, *inédit*.

[1027] H. PAULIAT, « La motivation des actes administratifs unilatéraux », *La motivation*, Actes de colloque, LGDJ, 2000, p. 51.

[1028] TA, Référé, *Nour Eddine* c/ Institut supérieur de la magistrature, 22 avril 2005, Aff. n° 71516, *Rec.* p. 336 et TA, Référé, *Ali* c/ Ministre de la justice, 3 mai 2006, Aff. n° 71697, *Rec.* p. 468.

[1029] H. PAULIAT, « La motivation des actes administratifs unilatéraux », *La motivation*, Actes de colloque, LGDJ, 2000, p. 51.

[1030] B. PACTEAU, Note sous CE, 27 novembre 1970, *Agence Maritime*, *D.* 1971, p. 346. C'est le cas pour le TA tunisien. *Cf. infra*, dans cette section : Paragraphe 3, B, 2.

Paragraphe 2 : Incohérence entre le régime du contrôle des motifs et le principe de non motivation

Le principe de non motivation crée une double discordance entre motifs et motivation qui risque de perturber la cohérence logique du régime de la légalité de l'acte administratif. La première discordance réside dans le fait que l'administration est en principe dispensée de l'obligation d'exprimer les motifs alors que tout acte administratif est nécessairement fondé sur un motif (A). D'un autre côté, la décision administrative est censée être fondée sur un motif légal même dans le cas où la décision administrative est entachée d'une absence de motivation. Dès lors, la non motivation n'est pas de nature à combattre la présomption de la légalité des motifs (B).

A. Principe de non motivation et exigence de l'existence des motifs

Un acte sans raison est le produit d'un « *administrateur fou* » [1031]. S'il n'avait aucun motif, l'acte administratif, comme tout acte de volonté, « *serait un monstre absurde ou dérisoire* [...] *et son auteur serait un insensé, un détraqué, un fou* »[1032]. C'est une exigence de bon sens que la validité de l'acte administratif soit conditionnée par l'existence de motifs valables. La jurisprudence a forgé un « *véritable principe général de droit selon lequel un acte administratif doit reposer sur des motifs* »[1033].

Pourtant, l'expression des motifs dans le texte de l'acte est en principe facultative. Il est particulièrement contradictoire d'affirmer en même temps que la validité de l'acte administratif dépend de l'existence des motifs et que son auteur n'est pas tenu d'avouer ces motifs dans le texte de l'acte[1034]. Pour garantir la légalité des motifs,

---

[1031] P.-L. FRIER, *Précis de droit administratif, Montchrestien*, Paris, 2ème édition, 2003, p. 297.

[1032] G. DUPUIS, « Les motifs des actes administratifs », *EDCE*, 1975, p. 17.

[1033] A. DE LAUBADERE, *Traité élémentaire de droit administratif*, LGDJ, 1967, Tome 1, p. 214.

[1034] J. COPPER, Note sous TA Lille, Dubois, *AJDA*, 1955, p. 110 ; P. SABOURIN, « Réflexions sur les rapports des citoyens et de l'administration », *D.* 1978, Chronique, XIV p. 63.

c'est le principe d'obligation de motiver qui devait être mis en œuvre. Par ailleurs, à la question de savoir qu'elle pourrait être la source d'une obligation de motiver, R. Bonnard, considérait qu'à défaut de toute disposition légale, on pouvait se référer à « *un principe de droit d'ordre rationnel, c'est-à-dire imposé au monde du droit par la pure raison* »[1035].

B. La présomption de la légalité des motifs des actes non motivés

« *La décision non motivée est présumée fondée sur son motif légal et celui qui prétend le contraire doit en apporter la preuve* » [1036], souligne le TA. Le TA considère que l'absence de motivation n'est pas de nature à combattre la présomption de la légalité des motifs et de renverser, par conséquent, la charge de la preuve sur l'administration. La violation de l'obligation de motiver, en tant que formalité substantielle, est sans incidence sur la présomption du bien-fondé des motifs. Cette position du TA de maintenir la présomption de la légalité des motifs des actes entachés de non motivation crée une double incohérence.

D'un côté, si la non motivation formelle ne crée pas une présomption d'illégalité des motifs, le refus de l'administration de communiquer au tribunal les motifs au cours de l'instruction présume, d'après le TA, l'illégalité des motifs[1037]. Ainsi, le TA conserve la présomption de la légalité des motifs en cas de non motivation

---

[1035] R. BONNARD, *Précis de droit administratif*, 4ème édition, LGDJ, 1943, p. 105.

[1036] C'est notre traduction. TA, REP, *Nemri* c/ Ministre de l'agriculture, 22 novembre 1985, Aff. n° 1136, *Rec*. p. 136.

[1037] TA, 1ère instance, *Arfaoui* c/ Ministre de Défense, 30 mars 1999, Aff. n°15828, *inédit*.

Il s'agit d'une application de l'alinéa 3 de l'article 45 de la loi relative au TA prévoit que « Le fait pour l'administration de ne pas répondre à la requête, dans le recours pour excès de pouvoir, après l'expiration du délai de la mise en demeure, est considéré un acquiescement aux prétentions indiquées dans la requête, sauf éléments contraires découlant du dossier ». L'article susmentionné consacre une présomption légale, c'est-à-dire un indice au moyen duquel « la loi… établit l'existence de certains faits inconnus » (Article 479 du Code des obligations et des contrats).

formelle, mais renverse ladite présomption en cas de refus de motivation au cours d'instance.

Bien qu'elles constituent deux procédés d'information du juge sur les motifs de l'acte administratif, la motivation formelle et la motivation au cours d'instruction obéissent à deux régimes distincts de légalité. La non motivation formelle est sans influence contentieuse sur la légalité des motifs. Elle aboutit à l'annulation de l'acte sur la base d'une illégalité externe, celle de la violation d'une formalité substantielle. Pour la non motivation au cours d'instance, elle est destinée à sanctionner les illégalités internes, notamment les vices relatifs aux motifs de l'acte. Elle est par conséquent de nature à combattre la présomption de légalité des motifs afin d'annuler l'acte sur la base de l'illégalité des motifs.

D'un autre côté, les cas d'espèce examinés par le juge administratif montrent que la violation de l'obligation de motiver conduit fréquemment à l'illégalité des motifs. La multiplicité des erreurs manifestes d'appréciation commises à l'occasion des actes non motivés en témoigne. La non motivation est un indice sérieux de l'illégalité des motifs. Il est évident que si les motifs sont bien fondés et ont été bien examinés, leur traduction écrite ne posera, normalement, ni de difficultés techniques, ni d'obstacles psychologiques pour l'auteur de l'acte. Du coup, ne pas avouer spontanément les motifs présume que ces motifs sont inavouables et donc illégaux[1038].

Il faut admettre que la motivation formelle offre au juge une potentialité qu'il pourrait l'exploiter sur le terrain contentieux de la légalité interne. De l'omission ou de l'irrégularité de la motivation, le juge pourrait tirer une présomption d'inexactitude matérielle des motifs. Ladite présomption place à la fois le juge et l'administré dans une situation favorable. Pour le juge, la présomption lui dispense de la procédure lourde de la recherche, souvent aléatoire, des motifs réels au-delà du texte de l'acte litigieux. Pour l'administré, la présomption d'illégalité des motifs le protège contre les aléas du risque de la

---

[1038] J. MANESSE, *Le problème de la motivation des décisions administratives*, thèse, Université de Droit d'Economie et de Science Sociale de Paris 2, 1976, p. 4.

preuve. Par l'effet du déplacement de la charge de la preuve à l'administration, cette dernière sera dans l'obligation de prendre elle-même l'initiative au cours du procès pour combattre la présomption d'illégalité des motifs. C'est de l'administration que le juge attend une démonstration sur la légalité interne des motifs dont l'insuffisance ou l'imprécision sera sanctionnée par l'annulation de l'acte attaqué.

D'ailleurs, en matière des demandes des congés de maladie, le juge a déduit une présomption de d'illégalité matérielle des faits à partir de l'illégalité externe de non motivation[1039]. En effet, la non motivation des avis conformes de rejet des demandes de congés de maladie prononcés par les commissions médicales entraine l'illégalité des motifs de fait de tout acte pris par le chef d'administration conformément à l'avis de la commission. La non motivation de l'avis préalable se répercute directement sur le bien-fondé de la décision finale de rejet du congé[1040], de la suspension de versement du salaire[1041] et de la sanction disciplinaire. « *Considérant que l'acte litigieux est dépourvu de motifs de fait valable dès lors qu'il est fondé sur un refus abstrait et non motivé émanant de la commission médicale des congés de maladies* »[1042].

La consécration d'un principe d'obligation de motivation est susceptible non seulement de réaliser la cohérence nécessaire au sein du régime intrinsèque de la légalité de l'acte administratif, mais aussi et surtout la cohérence de la motivation des actes administratifs dans l'ensemble du système juridique, notamment à l'égard de la motivation de la loi et des décisions de justice.

1039 *Cf. infra.* : Cette Partie, Chapitre II, Section II, Paragraphe 1, B.

1040 TA, 1ère instance, *Bouthouri* c/ Gouverneur de Ben Arousse, 27 décembre 2002, Aff. n° 19543, *inédit* ; TA, Appel, Ministre de la santé publique c/ *Nour Eddine*, 5 janvier 2005, Aff. n° 23792, *Rec.* p. 109.

1041 TA, 1ère inst., *Dridi* c/ Municipalité de Hammam Chatte, 29 mai 2003, Aff. n° 10415, *inédit* ; TA, *Oueslati* c/ Ministre de l'éducation, 18 mars 2006, Aff. n°11278, *inédit* ; TA, 1ère instance, *Blouk* c/ Ministre de l'intérieur, 30 décembre 2003, Aff. n° 11104 et 11412, *inédit.*

1042 C'est notre traduction. TA, 1ère instance, *Rached* c/ Ministre de l'éducation, 23 février 1999, Aff. n° 16226, *Rec.* p. 80.

Paragraphe 3 : Un principe incohérent avec la motivation de la loi et des décisions de justice

Il est utile d'intégrer la motivation des actes administratifs dans l'ensemble du système juridique pour savoir si elle fait partie d'un corps de règles homogènes. On constate que le principe de non motivation des actes administratif n'est pas en harmonie avec la majorité des actes émanant des organes de l'État. Alors que la décision administrative demeure régie par le principe de non motivation, les **traités** comportent une motivation formelle intégrée au préambule[1043]. En outre, les **avis de l'ancien Conseil constitutionnel** étaient motivés[1044]. « *La motivation revêt une importance considérable, elle permet de connaître la base constitutionnelle sur laquelle s'est fondé le Conseil* [...] *les avis du Conseil sont donc fondés sur un raisonnement juridique, des arguments solides et des*

[1043] M. GOUNELLE, *La motivation des actes juridiques en droit international public*, Paris, PEDONE, 1979 ; J.-M. SOREL, La motivation des actes en droit international, *La motivation en droit public*, S. Caudal (dir.), Dalloz, 2013, pp. 195-205.

De même, la motivation se pose mais d'une façon très nuancée dans le cadre des contrats. Sur la motivation des contrats, *Cf.* : M. FABRE-MAGNAM, « *L'obligation de motivation en droit des contrats* », *Mélanges J. Ghestin*, LGDJ, Paris, 2001, pp. 301-330 et S. FRÉMEAUX, « Le contrôle des motifs des actes juridiques », *RRJ*, 2000, pp. 977-989 ; Ch. ROUX, « La motivation en droit des contrats administratifs », *La motivation en droit public*, S. Caudal (dir.), Dalloz, 2013, p. 123-145.

[1044] Le décret n° 87-1414 du 16 décembre 1987 portant création du Conseil constitutionnel de la République gardait le silence sur la motivation des avis du Conseil (*JORT* n°88 du 18 décembre 1988, p. 1546). C'est la loi n°90-39 du 18 avril 1990 relative au Conseil constitutionnel qui exigeait dans son article 10 la motivation des avis du Conseil, tout en préservant leur caractère secret (*JORT* n°27 du 20 avril 1990, p. 527). Le Conseil constitutionnel a été constitutionnalisé par la loi constitutionnelle n°95-90 du 6 novembre 1995 (*JORT* n° 90 du 10 novembre 1995, p. 2095). La motivation des avis devient, par conséquent, une obligation constitutionnelle consacrée dans l'article 75 de la constitution qui dispose que « *L'avis du Conseil constitutionnel doit être motivé* ». En outre, la loi organique n°2004-52 du 12 juillet 2004, relative au Conseil constitutionnel a imposé, dans son article 28, l'obligation de publier les avis du Conseil dans le JORT (*JORT* n° 56 du 13 juillet 2004, p. 1812).

preuves ; ils sont donc comparables aux décisions rendues par les juridictions constitutionnelles »[1045].

Les décisions du juge constitutionnel sont assorties de motivation[1046]. Il en est de l'instance provisoire de contrôle de constitutionnalité des projets de lois créée en 2014 qui statue par décisions motivées[1047]. De même, la **Cour constitutionnelle**, créée par la Constitution tunisienne de 2014, est tenue de rendre des décisions motivées aussi bien dans le cadre du contrôle de constitutionnalité par voie d'action[1048] que dans le cadre du contrôle exercé par voie d'exception[1049].

Mieux encore, l'obligation de motiver est imposée d'une manière déséquilibrée entre les trois pouvoirs de l'État. Si les lois (A) et les jugements (B) sont motivés, les actes administratifs sont en principe dispensés de l'obligation de motiver. Une telle situation paradoxale rend particulièrement problématique la persistance du principe de non motivation des actes administratifs dans l'ordre juridique tunisien.

A. La motivation de la loi

L'idée qu'une loi doit être accompagnée d'une motivation remonte à l'Antiquité. Le Code d'Hamourabi était motivé[1050] et de grands auteurs comme Platon[1051] et Jean-Jacques Rousseau[1052] ont insisté sur

---

1045 F. ABDENNADHER, « Le Conseil constitutionnel », *Revue Servir*, 2002, n° 33, p. 54.

1046 M. TROPER, « La motivation des décisions constitutionnelles », *La motivation des décisions de justice*, Bruxelles, Bruylant, 1978, p. 272 ; W. MASTOR, « La motivation des décisions des cours constitutionnelles », *La motivation en droit public*, S. Caudal (dir.), Dalloz, 2013, pp. 240-261.

1047 Article 21 de la loi n°2014-14 du 18 avril 2014 relative à l'instance provisoire de contrôle de constitutionnalité des projets de lois, *JORT* n° 32 du 22 avril 2014, p. 339.

1048 Article 121 de la Constitution.

1049 Article 123 de la Constitution.

1050 M. PHILIP-GAY, « La motivation des lois », *La motivation en droit public*, S. Caudal (dir.), Dalloz, 2013, p. 162.

1051 Dans son dialogue, *Les Lois*, Livre IV.

1052 J. J. ROUSSEAU, « *Discours sur l'économie politique* », 1755, Un document produit en version numérique par Jean-Marie Tremblay, 2012, p. p. 13 et 15, http://pages.infinit.net/sociojmt.

la nécessité de mettre à la tête des lois les raisons qui en justifient l'utilité et la justice. « *La puissance des lois dépend encore plus de leur propre sagesse que de la sévérité de leur ministres, et la volonté publique tire son plus grand poids de la raison qui l'a dictée : c'est pour cela que Platon regarde comme une précaution très importante de mettre toujours à la tête des édits un Préambule raisonné qui en montre la justice et l'utilité. En effet, la première des lois est de respecter les lois* »[1053].

À côté de l'exposé des motifs, mode classique de motivation des lois (1), la démocratie contemporaine connaît une prolifération de nouvelles modalités de motivation des lois (2).

1. L'exposé des motifs

En droit tunisien, l'initiateur du projet de la loi doit présenter un exposé des motifs lors des travaux préparatoires du texte de la loi. Une circulaire du Premier Ministre en date du 28 janvier 1998[1054] exige que tout projet de loi « *doit être accompagné d'un exposé des motifs qui doit exposer les raisons qui justifient la proposition du projet* [...] *La lecture d'un exposé des motifs doit préparer à l'examen approfondi du texte en donnant une idée d'ensemble claire à la fois des motifs et de l'objet. Loin d'être une formalité, l'exposé des motifs doit aider à la compréhension du projet et pouvoir servir de fondement à l'interprétation du texte lors de son application* ». Les exposés des motifs des projets de lois sont publiés au journal officiel des travaux préparatoires des députés[1055].

[1053] *Ibidem.*

[1054] Circulaire n° 10 / 1988 du 28 janvier 1988, ayant pour objet l'élaboration et la présentation des lois, de décrets-lois, de décret et d'arrêtés. La circulaire est disponible sur un site officiel relevant de la présidence du Gouvernement : [www.legislation.tn/fr].

[1055] Dans les rapports des séances publiques de l'ancienne chambre des députés et de l'ancienne assemblée nationale constituante publiés au journal officiel des travaux préparatoires des députés, ont peut dégager, entres autres, les motifs de la loi exprimés par l'initiateur du projet de loi et par les députés lors des discussions parlementaires. Les rapports des séances publiques sont publiés au journal officiel des travaux préparatoires en vertu de l'article 26 du règlement intérieur de l'ancienne chambre des députés et de l'article 76 du règlement intérieur de

Il est paradoxal que l'acte administratif, même individuel, demeure en principe dispensé de l'obligation de motiver alors que chaque loi, expression de la volonté générale, est accompagnée d'un exposé des motifs qui en montre la justesse et l'utilité. Comment peut-on concevoir qu'un Président d'une municipalité, par exemple, n'est pas tenu de motiver les mesures de polices portant atteinte aux libertés des citoyens municipaux, alors que le législateur prend des lois motivées ?

Cette situation devient plus curieuse lorsqu'on sait que dans sa **conception classique**, la loi n'a pas besoin de se justifier[1056]. Elle est l'expression de la volonté générale, puisque par leurs représentants, les citoyens ont la possibilité de participer à sa formation[1057]. « *La loi devient l'incarnation de la Raison, dès l'instant qu'elle est adoptée par le peuple en corps formé de citoyens n'ayant en vue que le bien commun de la société, elle ne saurait être injuste ou oppressive et se trouve mise à l'abri de toute contestation... Incarnation de la Vérité, de la Raison, de la Justice, la Loi est perçue comme un acte incontestable et dont le bien-fondé ne saurait être mis en doute* »[1058]. Pourtant, la loi comportait un exposé des motifs, comme exigence de démocratie et de transparence.

Force est de constater que le caractère sacré de la loi a laissé ses traces sur le caractère autoritaire qui domine jusqu'aujourd'hui le régime de l'acte administratif et dont le principe de non motivation constitue l'une des manifestations les plus éloquentes. Dans sa conception originaire, l'acte administratif n'est qu'un prolongement de la volonté du souverain car l'action administrative assure la traduction de la loi dans les faits[1059]. Cette tradition autoritaire de l'administration, issue de la souveraineté de la loi, « *réduisait*

---

l'ancienne assemblée nationale constituante. Aujourd'hui, les travaux des séances publiques sont publiés au journal officiel des travaux préparatoires des députés par application de l'article 103 du règlement intérieur de l'actuel parlement.

[1056] A.-M. LEROYER, « La motivation des lois », *La motivation*, Actes de colloque, Travaux de l'association Henri Capitan, LGDJ, 2000, p. 87. Toutefois, l'auteur affirme que, historiquement, le préambule existe depuis l'antiquité (*Cf.*, p. 102).

[1057] J. CHEVALLIER, « La dimension symbolique du principe de légalité », *Figures de la légalité*, Publisud, p. 62.

[1058] *Idem*, p.p. 62 et 67.

[1059] J. RIVERO, « L'administré face au droit administratif », *AJDA*, 1995, n° spécial, p. 147.

l'administré à la qualité de sujet [...] *L'administré est d'autant plus lié par la décision administrative que celle-ci n'est pas dissociable de la volonté générale* »[1060] et donc n'a pas besoin d'être motivée.

Néanmoins, avec l'émergence de l'idée de l'État de droit et la mise en place d'un système de contrôle de constitutionnalité des lois, la loi n'apparaît plus comme un acte « *de sagesse, de justice et de raison* » qu'elle était dans le passé[1061]. La loi ne bénéficie plus du privilège d'incontestabilité et de souveraineté[1062]. D'ailleurs, la multiplication croissante des lois, leur dégradation, leur raffinement byzantin[1063] ont abouti à l'alourdissement du poids des « *contraintes juridiques* » et à une « *réduction croissante de la marge d'autonomie individuelle* »[1064]. La loi devient elle-même source d'insécurité[1065]. Ce que le citoyen gagne auprès d'une administration soumise à la loi, « *il perd avec un législateur qui se déchaine en normes* »[1066]. Le citoyen tend à être « *à la merci du législateur* », tout comme dans le passé, il dépendait de l'arbitraire administratif[1067]. Dans ces conditions, la motivation de la loi se présente à la fois comme un remède à la crise de la loi et un symptôme de son déclin[1068].

1060 *Ibidem.*

1061 A.-M. LEROYER, « La motivation des lois », *La motivation*, Actes de colloque, LGDJ, 2000, p. 88.

1062 J. CHEVALLIER, La dimension symbolique du principe de légalité, in Figures de la légalité, Publisud, p.p. 67 et 73.

1063 Rapport public du Conseil d'État, 1991, *EDCE*, n° 43, p. 32 et s. *Cf.* également : E. PAILLÉ, « La motivation des lois », *RRJ* 2013-4, p. 1553 ; N. CUZACQ, « *La qualité de la loi : un oxymore en droit contemporain ?* », *RRJ* 2012-1, p. 15 et s.

1064 J. CHEVALLIER, « La dimension symbolique du principe de légalité », *Figures de la légalité*, Publisud, p. 77.

1065 B. GIORGIO MATTARELLA, « Codification et État de droit : l'expérience italienne », *AJDA* 1997, pp. 665-671.

1066 W. LEISNER, « L'État de droit : une contradiction ? », *Recueil d'étude en hommage à Charles Eisenmann*, Paris, Cujas, 1977, p. 77.

1067 J. CHEVALLIER, « La dimension symbolique du principe de légalité », *Figures de la légalité*, Publisud, p.p. 76 et 77.

1068 A.-M. LEROYER, « La motivation des lois », *La motivation*, Actes de colloque, LGDJ, 2000, p. 89.

2. Prolifération de nouveaux modes de motivation des lois

Le phénomène du déclin de la légitimité de la loi a conduit à une prolifération croissante de nouveaux modes de motivation de la loi. En effet, plusieurs lois comportent un **article premier** sous forme d'un préambule, ayant pour principal objet la justification des dispositions subséquentes[1069]. Désigné comme « *l'âme de la loi* »[1070], l'article premier de ces lois constitue une véritable motivation dans laquelle le législateur annonce les objectifs de la loi[1071]. Même si sa force normative est douteuse[1072], cette expression solennelle dans le corps même du texte législatif des motifs qui en justifient l'utilité et le bien-fondé permettait de restaurer la légitimité et la rationalité de la loi.

Dans une démocratie politique, les sources de motivation des lois se multiplient. Les **lois d'orientation**[1073] et les **études d'impact**

[1069] G. ROUCHETTE, « L'article 1er des lois », *Les mots de la loi*, N. Molfessis (dir.), Economica, Paris, 1999, pp. 37-54.

[1070] *Idem*, p. 39.

[1071] *Cf.* à titre d'illustration : Article 1er du code d'incitation aux investissements du 27 décembre 1993 ; Article 1er de la loi n°2003-75 du 10 décembre 2003, relative au soutien des efforts internationaux de lutte contre le terrorisme et à la répression du blanchiment d'argent, *JORT* n° 99 du 12 décembre 2003, p. 3592 ; Article 1er de la loi n° 95-34 du 17 avril 1995, relative au redressement des entreprises en difficultés économiques, *JORT* n°33 du 25 avril 1995, p. 792 : « Le régime de redressement tend essentiellement, à aider les entreprises qui connaissent des difficultés économiques à poursuivre leurs activité, a y maintenir les emplois et à payer leurs dettes » ; Article 1er de la loi n° 2007- 69 du 27 décembre 2007, relative à l'initiative économique, *JORT* n° 104 du 28-31 décembre 2007, p. 4337 ; Article 1er de la loi n° 94-104 du 3 août 1994, portant organisation et développement de l'éducation physique et des activités sportives, *JORT* n° 62 du 9 août 1994, p. 1292 et Article 1er de la loi n°2007-54 du 8 août 2007, relative à la lutte contre le dopage dans le sport, *JORT* n° 64 du 10 août 2007, p. 2733.

[1072] M. PHILIP-GAY, « La motivation des lois », *La motivation en droit public*, S. Caudal (dir.), Dalloz, 2013, p. 162.

[1073] La loi d'orientation (loi cadre ou loi de programmation : des appellations qui répondent à la même définition juridique) définit les grandes orientations d'une politique à suivre et les principes essentiels d'une réforme dans un domaine bien déterminé. C'est un programme politique de l'État dans un secteur déterminé qui prend la forme d'une loi. La loi d'orientation constitue la motivation indirecte d'autres lois et des textes d'application.

Les exemples des lois cadre dans la législation tunisienne sont multiples : la loi d'orientation de l'éducation et de l'enseignement supérieur (23 juillet 2002), la loi d'orientation de la formation professionnelle (17 février 1993) et loi d'orientation

pourraient être considérées comme des modalités de motivation à côté de l'exposé des motifs et des articles premiers des lois. D'ailleurs, depuis 2008, la Constitution française impose que la présentation des projets de lois soit précédée de l'exposé des motifs et d'une étude d'impact[1074]. Ces modes de motivation permettent au législateur de respecter les objectifs de valeur constitutionnelle d'intelligibilité et d'accessibilité des lois en vertu desquels le législateur est dans l'obligation d'« *adopter des dispositions suffisamment précises et des formules non équivoques afin de prémunir les sujets de droit contre une interprétation contraire à la Constitution ou contre le risque d'arbitraire* »[1075].

Les différentes modalités de motivation servent de base à déceler l'intention du législateur. Selon la méthode exégétique, l'interprétation de la règle de droit est fondée sur la recherche de l'intention du législateur[1076]. Ces modalités de révélation des motifs peuvent également servir au contrôle de constitutionnalité des lois[1077].

La motivation est un instrument de réflexion permettant de peser les avantages et les inconvénients éventuels de la loi. Cet instrument redoutable est de nature à rationaliser le processus de fabrication des lois et garantit par conséquent l'appropriation sociale de la loi et donc son exécution spontanée. L'on sait que le succès d'une loi est

---

relative à la recherche scientifique et au développement technologique (31 janvier 1993).

[1074] L'article 39 de la Constitution dispose que « La présentation des projets de loi déposés devant l'Assemblée nationale ou le Sénat répond aux conditions fixées par une loi organique ». Les articles 7 et 8 de la loi organique n°2009-403 du 15 avril 2009 relative à l'application des articles 34-1, 39 et 44 de la Constitution disposent que les projets de lois sont précédés d'un exposé des motifs et d'une étude d'impact.

[1075] France, Conseil constitutionnel, Décision n° 2005-512, 21 avril 2005, Loi d'orientation et de programme pour l'avenir de l'école.

[1076] S. MELLOULI, *Droit civil*, Introduction à l'étude du droit, *IORT*, 2000, pp. 142-144.

[1077] Avis n° 07-2009 sur un projet de loi portant dispositions exceptionnelles relatives à la retraite des professeurs de l'enseignement supérieur, *JORT* n° 30 du 14 avril 2009, p. 1041 : « Considérant que… les dispositions contenues dans le projet de loi soumis… vise… en l'occurrence, tel que précisé dans l'exposé des motifs accompagnant le projet et eu égard aux circonstances pertinentes pouvant le justifier, à prévoir un mécanisme qui est à même de parvenir à la concrétisation du droit à l'instruction consacré par le préambule de la constitution ».

fortement tributaire de son adaptation avec son milieu social et d'une conviction partagée de ses enjeux, de ses objectifs, de son utilité et de ses raisons d'être.

La prolifération des procédés de motivation des actes législatifs n'a pas été accompagnée par une consécration d'une obligation générale de motivation des actes administratifs. Il s'ensuit que le droit tunisien crée une certaine **ambivalence au niveau de la qualité de l'individu** vis-à-vis des deux pouvoirs législatif et administratif. Une certaine dissociation semble être adoptée par le droit tunisien entre la situation de l'individu face au pouvoir législatif et face au pouvoir administratif. **Citoyen** à l'égard du pouvoir législatif, il demeure un simple **sujet** vis-à-vis de l'autorité administrative[1078]. Par ailleurs, le pouvoir juridictionnel prononce des jugements motivés.

B. La motivation des décisions de justice

Alors que l'obligation de motiver les jugements et celle des actes administratifs coïncident au niveau des fonctions (1), elles s'écartent au niveau de leurs champs d'application respectifs (2).

1. Coïncidences au niveau des fonctions

La doctrine considère que la motivation des jugements « *traduit une exigence de la démocratie : statuant au nom du peuple*[1079], [...] *les juges doivent lui rendre compte des raisons par lesquelles ils se sont déterminés. Elle (la motivation)...permet aux parties d'apprécier les chances du succès d'une éventuelle voie de recours. Enfin, elle*

[1078] Le droit français n'est pas étranger à cette situation. Jean Rivero souligne que « La tradition du droit public français accepte... une dissociation évidente entre la situation de l'homme face au pouvoir politique, et face au pouvoir administratif ; citoyen à l'égard de l'un, appelé à l'exercice de la souveraineté par ses représentants élus, il n'est plus, vis-à-vis de l'autre, qu'un sujet » : « À propos des métamorphoses de l'administration d'aujourd'hui : démocratie et administration », *Mélanges R. Savatier*, Paris, Dalloz, 1965, p. 825.

[1079] L'article 111 de la Constitution tunisienne de 2014 dispose que « Les jugements sont rendus au nom du peuple... »

concoure à une bonne administration de la justice en contraignant les juges à la rigueur et au scrupule et en mettant la juridiction supérieure en mesure d'apprécier le bien-fondé des jugements déférés à sa censure »[1080].

La motivation du jugement permet au justiciable de se persuader de son bien-fondé ou de le contester devant le tribunal et offre au juge de cassation la possibilité d'exercer son contrôle de légalité[1081]. La motivation du jugement permet à chaque partie de connaître ses droits et ses obligations, souligne le juge de cassation administrative[1082]. De son côté, la Cour de cassation présente la motivation des jugements comme une garantie des droits de la défense[1083]. En des termes pertinents, la Cour de cassation affirme que « *l'obligation légale de motivation des jugements garantit l'appréciation des allégations et des revendications soutenues par les parties au litige et la compréhension des questions juridiques qui l'entourent et permet à la Cour de cassation d'exercer son contrôle sur la bonne application du droit par les juridictions du fond. D'autant plus qu'une justice motivée offre une tranquillité psychologique chez les justiciables...* »[1084].

Ces objectifs assignés à la motivation des jugements ne sont pas étrangers au juge de l'excès de pouvoir lorsqu'il présente les finalités de la motivation des décisions administratives. Tout comme la motivation des jugements, la motivation des actes administratifs « *constitue une garantie essentielle permettant à la fois aux individus et au juge de contrôler la légalité* »[1085]. Elle permet à l'administré de

---

[1080] R. CHAPUS, *Droit du contentieux administratif*, Montchrestien, 12ème édition, Paris, 2006, p. 1000.

[1081] TA, Cass., DGI c/ *Société Khousousiat Sayara*, 3 décembre 2007, Aff. n° 36441, *Rec.* p. 477. *Cf.* notamment : TA, Cass. *Saleh* c/ DGCF, 18 juin 2001, Aff. n° 32327, *Rec.* p. 398.

[1082] TA, Cass., Chef du contentieux de l'État pour le compte du ministère de l'intérieur c/ *Hammami*, 6 juin 2005, Aff. n° 36481, *inédit*.

[1083] Cass. civile, *Société d'assurances mutuelles agricoles* c/ Héritiers Tgougi, 20 décembre 1994, Aff. n° 43985.

[1084] C'est notre traduction. Cass. civile, *Héritiers Chibani* c/ Héritiers Tlik, 13 février 1995, Aff. n° 34328, *Rec.* p. 67.

[1085] C'est notre traduction. TA, REP, *Ben Youssef* c/ Ministre du transport, 31 janvier 1996, Aff. n° 3628, *Rec.* p. 37.

connaître les motifs afin qu'il puisse, le cas échéant, régulariser sa situation[1086] ou exercer utilement son droit de recours en toute connaissance de cause[1087]. Des motifs exprimés dans l'acte facilite la tache du requérant. Ce dernier peut, sans difficultés, « *déterminer et préparer ses moyens de défense appropriés et compatibles avec les motifs avoués* », estime le juge de l'excès de pouvoir[1088].

La motivation est une exigence de transparence et d'amélioration du rapport entre l'individu et le pouvoir tant administratif que juridictionnel. La transparence de l'acte administratif, tout comme celle de l'acte juridictionnel, est indispensable pour une véritable justice. Comme le dit l'adage du droit anglais : « *Il ne suffit pas de rendre la justice, il faut aussi qu'elle soit sous le regard du public pour qu'elle soit rendue* »[1089].

2. Divergence au niveau du champ

Si l'acte administratif est dominé par le principe « *pas de motivation sans texte* », l'acte juridictionnel doit être obligatoirement motivé en vertu d'un principe général de droit proclamé partout mais à contenu variable[1090]. Dans ses conclusions sur l'arrêt *Matmati*, le commissaire d'État Abdallah souligne qu'« *alors que les décisions de justice rendues par les divers tribunaux doivent être motivées afin de tranquilliser le citoyen concerné par un jugement, les décisions*

[1086] TA, 1ère instance, *Ben Alaya* c/ Ministre de l'agriculture, 19 janvier 2002, Aff. n° 19585, *inédit*.
[1087] TA, 1ère instance, *Ouled Aziz* c/ Ministre de l'intérieur, 4 janvier 2001, Aff. n° 15705, *inédit* ; TA, 1ère instance, *Ben Soumaya* c/ Municipalités de Ariana et de Raouede, 26 avril 2005, Aff. n° 12060, *inédit*.
[1088] C'est notre traduction. TA, 1ère instances, *Hosni* c/ Rectorat des lettres, arts et sciences humaines, 8 juillet 2003, Aff. n° 19534, *inédit*.
[1089] « *Justice must not only be done, it must also be seen to be done* ».
[1090] S. GJIDARA, « La motivation des décisions de justice : impératifs anciens et exigences modernes », *LPA*, 2004, n° 105, p. 4. *Cf.* également : T. SOVEL, « Histoire de jugement motivé », *RDP*, 1955, pp. 5-53.

administratives n'ont pas, sauf texte contraire, besoin d'être motivées»[1091].

Le principe de motivation des décisions juridictionnelles est devenu une règle fondamentale de procédure contentieuse[1092] au point qu'il est pris comme critère de distinction entre l'acte juridictionnel et l'acte administratif[1093]. En droit belge, la motivation des jugements est érigée au rang des normes constitutionnelles. L'article 149 de la Constitution belge prévoit que « *Tout jugement est motivé. Il est prononcé en audience publique* ».

Le droit tunisien comporte des règles générales imposant la motivation des jugements rendus en matière civile[1094] et pénale[1095]. L'obligation de motiver est qualifiée par la Cour de cassation comme une « *condition de régularité des jugements* »[1096], « *une règle*

[1091] C'est notre traduction. N. *Ben Abdallah*, Conclusions sur TA, REP, *Matmati* c/ Ministre de l'intérieur, 19 octobre 1981, Aff. n° 554, *Rec*. p. 278.

[1092] R. CHAPUS affirme que « l'obligation de motiver les jugements est consacrée, tant par différents textes, que par la jurisprudence administrative sous forme de règle générale de procédure s'imposant, sans texte, à toutes les juridictions et que seule peut écarter une disposition législative expresse » (*Droit du contentieux administratif*, Montchrestien, 12ème édition, Paris, 2006, p. 1000).

[1093] J.-M. AUBY et R. DRAGO, *Traité de contentieux administratif*, Tome II, LGDJ, 3ème édition, Paris, 1984, p. 61 ; J. MANESSE, *Le problème de la motivation des décisions administratives*, Thèse, Université d'Economie et de Sciences Sociales de Paris, p. 30 et s. L'obligation de motiver constitue un indice du caractère juridictionnel de l'acte et l'absence de motivation permet de déduire avec certitude la nature administrative d'une décision. *Cf. supra*, dans ce Chapitre, Section 1, Paragraphe 2, A.

[1094] Article 123 du code de procédure civile et commerciale (CPCC) : « Tout jugement doit contenir … 5) les motifs en fait et en droit… ». Même si l'obligation de motiver posée par l'article 123 du CPCC est située dans le cadre de la procédure devant les tribunaux de première instance, elle s'étend aux jugements rendus par le juge cantonal (Article 50 du CPCC), par le juge d'appel (Article 140 CPCC) et aux décisions rendues par la Cour de cassation (Article 197).

[1095] Article 168 du code de procédure pénale : « Tout jugement indique : … 4- les motifs en fait et en droit de la décision… ». L'article 168 CPP est l'une des « dispositions communes » (Chapitre II du Livre II) à tout jugement rendu en matière pénale.

[1096] C'est notre traduction. Cass. civile, *Héritiers Saidi* c/ Héritiers Sghaier, 24 octobre 1995, Aff. n° 37107, *Rec*. p. 107.

fondamentale » imposée par la loi[1097] ou « *une condition substantielle de régularité des jugements* »[1098].

En matière de contentieux administratif, la loi relative au TA a gardé le silence sur l'exigence de motivation[1099] à la différence de la plupart des textes créant des juridictions administratives spécialisées soumises au contrôle du TA[1100]. Toutefois, le TA juge de cassation administrative a toujours imposé la règle de l'obligation de motiver les jugements[1101] même si la loi relative au TA n'a pas imposé expressément cette obligation. Le juge de cassation souligne que « *l'obligation de motivation des jugements, qui s'impose aux autorités*

[1097] C'est notre traduction. Cass. Civile, *Société d'assurances mutuelles agricoles* c/ Héritiers Tgougi, 20 décembre 1994, Aff. n° 43985, *inédit*.

[1098] C'est notre traduction. Cass. Civile, *Société Soriale* c/ Salah, 17 mars 2008, Aff. n° 15836, *Rec.* p. 128.

[1099] Ni l'article 69 ancien, ni l'article 53 nouveau (après la modification de la loi relative au TA en 1996) ne mentionne l'obligation de motiver les jugements rendus par le TA. Néanmoins, l'ancien article 71 du CIR exigeait la motivation des décisions rendues par les commissions spéciales de taxation d'office qui sont susceptibles de pourvoi en cassation devant le TA.

[1100] On peut citer à titre d'illustration :
- Article 69 de la loi relative à la profession d'avocat, Loi n° 89-87 du 7 septembre 1989, *JORT* n° 61 du 12 septembre 1989, p. 1385 : « le Conseil de discipline prend une décision motivée conformément aux prescriptions de cette loi » ;
- Article 68 de la loi organisant la profession pharmaceutique prévoit que « les décisions du Conseil de discipline doivent être motivées » (Loi n° 73-55 du 3 août 1973, *JORT* n° 30 du 14 août 1973, p. 1254 ;
- Article 44, alinéa 5 de la loi relative aux établissements de crédit : « les décisions de la commission bancaire sont motivées » (Loi n° 2001-65 du 10 juillet 2001, JORT n° 55 du 10 juillet 2001, p. 1671) ;
- Article 194 de la loi n° 2008-8 du 13 février 2008 modifiant et complétant le code des assurances (*JORT* n° 14 du 15 février 2008, p. 677) prévoit que « les décisions de la commission de discipline (du comité générale des assurances) sont motivées » ;
- Article 126 de la loi n° 2009-64 du 12 août 2009, portant promulgation du code de prestation des services financiers aux non résidents (*JORT* n° 65 du 14 août 2009, p. 2316) : « Les décisions de la commission des services financiers sont motivées ».
Cependant, la loi n° 91-64 du 29 juillet 1991 relative à la concurrence et aux prix (*JORT* n° 55 du 6 août 1991, p. 1671) ainsi que les modifications ultérieures n'ont pas imposé l'obligation de motiver les décisions prises par le Conseil de la concurrence.

[1101] TA, Cass., *Smaoui* c/ Administration des impôts, 15 juin 1978, Aff. n° 38, *Rec.* p. 134.

juridictionnelles, exige l'énoncé des motifs de droit et de fait qui ont fondé le jugement pour que le juge de cassation puisse le cas échéant contrôler la bonne application de la règle de droit »[1102]. Le TA qualifie la motivation comme un « *attribut de la fonction juridictionnelle* » et comme « *une exigence procédurale* »[1103]. L'obligation de motiver les jugements coule de source car en l'absence de motivation, le contrôle de cassation devient aléatoire[1104].

Mieux encore, la consultation des arrêts rendus par le TA permet facilement de constater une évolution au niveau de la qualité de la motivation des jugements. La motivation est de plus en plus détaillée et explicite. Dans certains cas d'espèce, le TA trouve l'occasion pour présenter une sorte de leçons pédagogiques portant sur l'interprétation et la raison d'être des règles applicables et des invitations pour les agents publics à agir dans le sens de la bonne administration. De telles motivations sont plus doctrinales que juridictionnelles[1105]. La juridiction administrative s'apparente de cet angle de vue comme un « *foyer de réflexion juridique* » ayant une « *véritable puissance doctrinale* »[1106].

Il semble que cet œuvre pédagogique exercé par le juge est animé par une double considération au moins. Par une motivation exhaustive et convaincante, le TA pourrait imposer son autorité vis-à-vis de l'administration et des administrés. Le juge administratif joue le rôle d'« *un véritable organe régulateur de l'administration* »[1107]. Le juge administratif n'est là que pour fixer les règles d'une bonne

[1102] C'est notre traduction. TA, Cass. *Société SOCOPRIM* c/ DGI, 31 décembre 2007, Aff. n° 36152, *Rec*. p. 490.

[1103] C'est notre traduction. TA, Cass., *X*/ Administration des impôts, 21 juin 1984, Aff. n° 585, *Rec*. p. 445.

[1104] *Cf. supra* dans ce Chapitre : Section 1, Paragraphe 2, D, 2.

[1105] C'est le cas également dans la jurisprudence administrative française. *Cf.* : R. CHAPUS, « George Vedel et l'actualité d'une notion fonctionnelle : "l'intérêt d'une bonne administration de la justice" », *RDP*, 2003, p. 9.

[1106] J. CAILLOSSE, « Le juge administratif et la question de l'"efficacité" », *RDP*, 2013, p. 43.

[1107] M. NOEL, « Les motifs dans les décisions des juridictions administratives », *RDP*, 1924, p. 383.

administration et en demander le respect[1108]. En outre, par de telles motivations exhaustives des jugements, le TA voudrait donner l'exemple à une administration encore hostile à l'égard de la motivation des actes administratifs.

Ni le législateur, ni la jurisprudence n'ont ressenti le besoin d'imposer le principe de motivation des décisions administrative afin de réaliser la cohérence globale de l'institution de motivation au sein du système juridique. La persistance du principe de non motivation des actes administratifs place l'individu dans une situation, encore une fois[1109], ambivalente. Il est citoyen à l'égard du pouvoir juridictionnel, mais un simple sujet vis-à-vis de l'autorité administrative.

Paragraphe 4 : La non soumission des actes réglementaires à l'obligation de motiver

Au nom du principe « *pas de motivation sans texte* », les actes réglementaires restent en dehors du champ d'application de l'obligation de motiver. L'état du droit de la motivation des actes réglementaires (A) répond mal à la multiplicité des raisons logiques et juridiques en faveur d'une obligation de motivation en la matière (B).

A. L'état du droit positif

En droit tunisien[1110], comme en droit français[1111], l'obligation de motivation des actes réglementaires est très exceptionnelle. La

---

[1108] A. MESTRE, *Le Conseil d'État protecteur des prérogatives de l'Administration*, LGDJ, Paris, 1974, p. 261.

[1109] *Cf. supra* : A- la motivation de la loi dans ce Paragraphe.

[1110] En droit tunisien, on peut citer deux exemples : la suppression des communes et la dissolution des Conseils municipaux. (*Cf. infra*, dans cette Partie : Chapitre II, Section 1, Paragraphe, 1, E). En dépit de l'incertitude de leur nature, ces deux types de décisions peuvent être rattachés à la catégorie des décisions réglementaires dans la mesure où ils s'inscrivent dans le cadre de l'organisation d'un service public et donc ils édictent des normes générales et impersonnelles. *Cf.* : P. DELVOVÉ, *L'acte administratif*, Sirey, Paris, 1983, p.p.118 et 119.

[1111] En droit français, l'obligation de motiver les actes réglementaires est rare. Il s'agit par exemple de l'article 98, al.2 du code d'administration communale qui dispose que les restrictions à la circulation et au stationnement sur la voie publique dans les agglomérations doivent être prononcées par arrêté municipal motivé. Par

législation italienne sur la procédure administrative et l'accès aux documents administratifs, tout en consacrant une obligation générale de motivation, a dispensé expressément l'administration de l'obligation de motiver les actes réglementaires : « *1. Tous les actes administratifs, y compris ceux concernant l'organisation administrative, le déroulement des concours et le personnel, doivent être motivés* [...] *2. La motivation n'est pas exigé pour les actes réglementaires et les actes à contenu général*»[1112].

Les actes réglementaires constituent, comme la loi, des règles de droit. L'administration détient, à côté du législateur, le pouvoir d'édicter des normes à caractère général et impersonnel. À l'égard des deux catégories de règles de droit, le droit tunisien adopte deux solutions contraires : des lois motivées et des actes réglementaires pris sans motivation. Pourtant, la loi est supérieure aux actes réglementaires dans la hiérarchie des normes.

Quant aux décrets réglementaires, même s'ils sont publiés au *Journal Officiel*, leur élaboration, contrairement aux lois, n'offre ni les garanties des débats publics et contradictoires du Parlement, ni l'exigence de motivation formelle ou d'un exposé des motifs publié[1113]. Les exposés des motifs des décrets réglementaires, élaborés par les cabinets et départements ministériels et débattus par la suite au sein des Conseils des ministres, restent toujours dissimulés dans les tiroirs des services juridiques de la machine administrative. Dans la plupart des cas, l'administré subit un texte dont il connaît mal les critiques qu'il a pu susciter et le but exact qu'il poursuit[1114].

---

ailleurs, en vertu de la loi du 11 juillet 1979, la motivation ne s'applique qu'aux décisions individuelles.

1112 Italie, Loi n°241/1990 du 7 août 1990 sur la procédure administrative et l'accès aux documents administratifs. *Cf.* : J.-L. AUTIN, « La motivation des actes administratifs unilatéraux entre tradition nationale et évolution des droits européens », *RFAP*, 2011, n° 137-138, p. 94 ; E. UNTERMAIER, « Regard critique sur le droit administratif français à l'aune de quelques exemples en droit comparé », *La motivation en droit public*, S. Caudal (dir.), Dalloz, 2013, p. 105.

1113 J. LEMASURIER, « Vers une démocratie administrative : du refus d'informer au droit d'être informé », *RDP*, 1980, p. 1242.

1114 G. MORANGE, « Le secret en droit public français », *D.* 1978, Chronique, I, p. 3.

Il va sans dire que la dispense de l'obligation de motiver est de nature à accentuer le décalage de légitimité entre la loi et le décret réglementaire notamment le décret autonome. La motivation des décrets par le moyen d'un exposé des motifs qui en établissent la justesse et la nécessité, à l'instar des lois, contribue à rétablir la légitimité du pouvoir normatif de l'exécutif. Comme l'exprimait *Aurillac*, rapporteur pour la commission des lois de l'assemblée nationale française, ces actes administratifs doivent être précédés, comme le sont les lois, d'un exposé des motifs qui en favorisent la compréhension et donc l'application[1115].

On doit souligner à cet effet, qu'à la différence du droit administratif tunisien, inspiré du modèle français, dans de nombreux systèmes administratifs comme celui des États-Unis d'Amérique et ceux inspirés du modèle allemand comme la Pologne et l'Autriche, les actes réglementaires édictés par les autorités administratives ne constituent pas des actes administratifs mais des actes de législation déléguée[1116]. Dans ces systèmes, plus réalistes que le système français, les règlements de l'administration sont précédés, tout comme les lois, par une motivation sous forme d'exposé des motifs ou de la mention du fondement juridique de l'habilitation en amont du texte[1117].

[1115] Rapport établi à l'occasion des débats parlementaires portant sur le projet de loi du 11 juillet 1979, cité par : J.- Y. FABERON, « La réforme de la motivation des actes administratifs et des actes des organismes d'aide sociale par la loi du 11 juillet 1979 », *JCP*, 1980, I, n° 2980. *Cf.* également : B. DELAUNAY, *L'amélioration des rapports entre l'administration et les administrés*, LGDJ, Paris, 1993, p. 475.
Thyraut, rapporteur pour la commission des lois au Sénat français, estimait qu'« on peut regretter que les autorités qui, depuis 1958, disposent d'un pouvoir réglementaire autonome, soient dispensées de motiver les décrets. Ce qui s'impose aux autorités communautaires dont les directive et règlements sont obligatoirement motivés, pourrait fort bien s'appliquer en France » (Rapport fait au nom de la commission des lois, Doc. Sénat, n° 352, 2ème session ord. 1978-1979, p. 16, cité par J.- Y. FABERON, « La réforme de la motivation des actes administratifs et des actes des organismes d'aide sociale par la loi du 11 juillet 1979 », *JCP*, 1980, I, n° 2980).

[1116] C. CAPELLE, « Acte administratif et justice administrative en Europe », *RFDA*, 2008, pp. 258-266.

[1117] E. UNTERMAIER, « Regard critique sur le droit administratif français à l'aune de quelques exemples en droit comparé », *La motivation en droit public*, S. Caudal (dir.), Dalloz, 2013, p. 116.

B. Pluralité des raisons en faveur d'une obligation de motiver les actes réglementaires

Il est incontestable que dans le cadre des décisions individuelles, la motivation est d'une importance notable dans la mesure où les droits et les intérêts des particuliers sont directement en cause[1118]. Néanmoins, l'utilité de la motivation, en tant que garantie préventive contre les abus de l'administration, se trouve renforcée en matière d'acte réglementaire et ce, pour plusieurs raisons.

La première raison tient au **champ d'application étendu de l'acte réglementaire** découlant de son caractère général. Contrairement à l'acte individuel qui statue soit pour une personne nommément désignée soit pour un cas d'espèce, l'acte réglementaire pose, comme la loi, une règle générale et impersonnelle destinée à des catégories de sujets de droit indéterminés[1119].

En outre, **les recours contentieux sont rarement intentés** à l'encontre des actes réglementaires du fait que ces actes ne touchent pas directement les situations juridiques des particuliers. Cette catégorie d'actes demeure généralement à l'abri du contrôle juridictionnel à cause de la réticence des justiciables. Eu égard à la rareté des recours contentieux intentés à l'encontre des actes réglementaires, l'exigence de motivation prend une allure particulière, comme moyen préventif contre l'arbitraire administratif[1120].

De même, l'intérêt de la motivation se trouve accru eu égard au **pouvoir discrétionnaire** que détient l'administration et les risques des abus qui peuvent en résulter. « *L'administration bénéficie d'un pouvoir discrétionnaire pour modifier ou supprimer les dispositions réglementaires dans la mesure où elles n'affectent pas directement les*

[1118] S. SUR, « Sur l'obligation de motiver formellement les actes administratifs », *AJDA*, 1974, p. 365.

[1119] J. MORAND-DEVILLER, *Cours de droit administratif*, Montchrestien, Paris, 7ème édition, 2001, p. 318 ; J. RIVERO et J. WALINE, *Droit administratif*, Dalloz, 17ème édition, Paris, p.100.

[1120] S. SUR, « Sur l'obligation de motiver formellement les actes administratifs », *AJDA*, 1974, p. 365.

situations juridiques des particuliers », souligne le TA[1121]. La motivation contribue à rationnaliser le pouvoir discrétionnaire et impose à l'administration l'obligation d'exercer réellement son pouvoir d'appréciation.

L'utilité de la motivation est d'autant plus marquée lorsque l'administration décide de modifier ses actes réglementaires. Le TA souligne à ce titre qu'« *en application du principe de la confiance légitime qui exige la clarté des règles sur la base desquelles est fondée l'action administrative, l'administration ne peut modifier brusquement le contenu de ces règles qu'en cas de nécessité eu égard au contenu du procédé ou les finalités qu'elle entend réaliser* »[1122].

[1121] C'est notre traduction. TA, 1ère instance, *Nadhem* c/ Ministre de l'intérieur, 29 mars 2000, Aff. n° 16891, *Rec.* p. 116 ; *Cf.* dans le même sens : TA, 1ère instance, *Atafi* c/ Ministre de l'agriculture, 10 mai 2000, Aff. n° 17257, *inédit* et TA, 1ère instance, *Haj Tayeb* c/ Ministre de l'agriculture, 1er novembre 2000, Aff. n° 16453, *inédit*.

[1122] C'est notre traduction. TA, 1ère instance, *Nadhem* c/ Ministre de l'intérieur, 29 mars 2000, Aff. n° 16891, *Rec.* p. 116 ; TA, 1ère instance, *Atafi* c/ Ministre de l'agriculture, 10 mai 2000, Aff. n° 17257, *inédit* et TA, 1ère instance, *Haj Tayeb* c/ Ministre de l'agriculture, 1er novembre 2000, Aff. n° 16453, *inédit*.

Toute perturbation brutale des situations juridiques non justifiée par une nécessité provenant de nouvelles circonstances heurte le principe de la confiance légitime et son corollaire le principe de la sécurité juridique. À cet effet, l'obligation de motiver contraint l'administration à apprécier sérieusement les motifs justifiant la modification de l'acte réglementaire. De même, en l'absence d'une motivation formelle comportant les motifs de fait qui avaient initialement fondé l'acte, il peut être difficile, de reconstituer lesdits motifs. La motivation de l'acte initial facilite la tache du requérant, comme du juge, pour apprécier le changement des circonstances qui a rendu nécessaire la modification de l'acte[1123]. Aussi, la motivation pourrait-elle contribuer à garantir la cohérence des textes établis par l'administration. La motivation permettait à l'appareil administratif « *de mieux assurer l'adaptation des textes réglementaires à l'évolution des circonstances* »[1124].

[1123] S. SUR, « Sur l'obligation de motiver formellement les actes administratifs », *AJDA*, 1974, p. 366.
[1124] *Ibidem.*

Chapitre II
Timidité des exceptions

Selon le principe « *pas de motivation sans texte* » et son corollaire "*pas de motivation au-delà des textes*", les exceptions ne peuvent intervenir qu'en vertu d'un texte juridique. Toutefois, le juge administratif a imposé des obligations de motivation sans texte, c'est-à-dire au-delà des textes[1125]. Ainsi, deux types d'exceptions frappent le principe de non motivation : des exceptions ***par les textes*** et des exceptions jurisprudentielles ***sans textes*** ou au-delà des textes.

Les exceptions au principe de non motivation sont timides. Les textes législatifs et réglementaires ont institué des exceptions contrastées (*Section 2*) et le TA, fidèle au principe traditionnel « *pas de motivation sans texte* », a imposé des exceptions limitées (*Section 2*).

Section 1
Les textes : des exceptions contrastées

Tout texte exprès, qu'il soit législatif ou réglementaire, peut faire exception au principe de non motivation. Néanmoins, les exceptions textuelles cumulent les contradictions les plus variées et forment un dispositif peu cohérent (*Paragraphe 1*). L'adoption d'un décret du 3 mai 1993 fixant le cadre général de la relation entre l'administration et ses usagers, quoiqu'ambitieux en apparence, n'a ni bouleversé l'état des lieux, ni imposé de véritables cas d'obligation de motiver. Son apport est extrêmement limité (*Paragraphe 2*).

Paragraphe 1 : Un dispositif peu cohérent

Des illustrations tirées des droits et des libertés fondamentaux (A), du droit de la nationalité (B), du commerce et de l'industrie (C), de la matière fiscale (D) et des décisions prises dans le cadre des

---

[1125] Les extensions jurisprudentielles constituent, si on peut dire, des exceptions aux exceptions du principe « *pas de motivation sans texte* ».

collectivités locales (E) permettent de traduire l'incohérence du droit positif tunisien en matière de motivation.

A. Les droits et les libertés fondamentaux

En matière des droits et des libertés fondamentaux, l'état des lieux des textes est paradoxal. Des mesures restrictives des droits et des libertés fondamentaux sont tantôt soumises à l'obligation de motiver (1), tantôt exclues du champ de la motivation obligatoire (2).

1. Exigence légale de motivation

Le législateur a imposé l'obligation de motiver des actes inhérents à la liberté d'association (a) et à la liberté de constituer un parti politique (b).

a. La liberté d'association

La liberté d'association constitue un droit fondamental proclamé par la Constitution[1126] et le Pacte international relatif aux droits civils et politiques[1127]. Aux termes de l'article 22 du pacte susmentionné, « *L'exercice de ce droit ne peut faire l'objet que des seules restrictions prévues par la loi et qui sont nécessaires dans une société démocratique, dans l'intérêt de la sécurité nationale, de la sûreté publique, de l'ordre public ou pour protéger la santé ou la moralité publiques ou les droits et les libertés d'autrui* ».

[1126] L'article 8 de la Constitution de 1959 dispose que « Les libertés d'opinion, d'expression, de presse, de publication, de réunion et d'association sont garanties et exercées dans les conditions définies par la loi ». La Constitution du 27 janvier 2014 reconnaît également la liberté d'association. L'article 35 dispose : « La liberté de constituer des partis politiques, des syndicats et des associations est garantie ».

[1127] La Tunisie a adhéré au Pacte international relatif aux droits économiques, sociaux et culturel et au Pacte international relatif aux droits civils et politiques par la loi n° 68-30 du 29 novembre 1968, *JORT* n° 51 du 3 décembre 1968, p. 1260. Ces deux pactes ont été publiés au journal officiel par le décret n° 83-1098 du 21 novembre 1983, *JORT* n° 79 du 6 décembre 1983, p. 3143. *Cf.* également : TA, *La ligue tunisienne de la défense des droits de l'Homme* c/ Ministre de l'Intérieur, 21 mai 1996, Aff. n° 3643, *Rec.*, p. 185.

Dans sa version initiale de 1959, la loi relative aux associations[1128] a opté pour un régime incompatible avec la liberté d'association. La loi exigeait une autorisation préalable pour constituer une association tout en consacrant la solution du silence-rejet[1129].

Alors que la décision de **dissolution** est prise par décision motivée[1130], le **refus d'autorisation** de constituer une association n'a pas à être motivé. L'absence d'une exigence de motiver le refus d'autorisation risque fort de transformer le pouvoir discrétionnaire reconnu à l'administration par la loi[1131] en un pouvoir arbitraire.

Les textes législatifs ont connu une évolution qui vise à assurer l'exercice de la liberté d'association. La modification de 1988 a remplacé l'autorisation par le procédé de déclaration préalable[1132]. Aussi le législateur a-t-il imposé la motivation de la décision de **refus de constituer une association**[1133]. L'exigence de motivation permet de garantir le caractère exceptionnel des restrictions de la liberté

[1128] Loi n° 59-154 du 7 novembre 1959, relative aux associations, *JORT* n° 63 du 22 décembre 1959, p. 1534.

[1129] L'article 4 de la loi du 7 novembre 1959, relative aux associations, disposait : « Une association ne peut légalement exister qu'après visa (c'est-à-dire autorisation) des statuts par le secrétaire d'État à l'intérieur.
Le silence de l'administration pendant quatre mois après le dépôt des statuts équivaut au refus du visa… »

[1130] Le pouvoir de dissolution des associations était réparti entre le pouvoir judiciaire et le pouvoir administratif et la loi imposait à l'administration l'obligation de motiver les décisions de dissolution des associations. L'article 25 ancien de la loi 7 novembre 1959, relative aux associations, stipulait : « Sera dissoute, par arrêté motivé du secrétaire d'État à l'intérieur, toute association dont le but réel, l'activité ou les agissements se seraient révélés contraires à l'ordre public et aux bonnes mœurs ».

[1131] L'alinéa 3 de l'article 4 de la loi relative aux associations de 1959 prévoit que « Le secrétaire d'État à l'intérieur dispose d'un pouvoir discrétionnaire pour accorder ou refuser le visa »

[1132] Loi organique n° 88-90 du 2 août 1988 modifiant et complétant la loi relative aux associations de 1959, *JORT* n° 52 du 2 août 1988, p. 1100. L'article 4 nouveau dispose : « À l'expiration d'un délai de trois mois à compter de la date de déclaration…, l'association sera légalement constituée ».

[1133] En vertu de l'article 5 nouveau « Le Ministre de l'intérieur peut, avant l'expiration d'un délai de trois mois à compter de la date de la déclaration…, prendre une décision de refus de la constitution de l'association.
La décision de refus de constitution doit être motivée et notifiée aux intéressées… »

d'association. C'est ainsi que la loi a également soumis les mesures portant **fermeture des locaux** des associations**, la suspension de son activité et la réunion** de ses membre à l'obligation de motivation[1134]. Avec la modification de 1988, **la dissolution** est devenue une compétence exclusive du pouvoir judicaire[1135]. Toute dissolution est désormais prononcée par jugement motivé[1136].

Le décret-loi du 24 septembre 2011[1137] portant organisation des associations a abrogé la loi du 7 novembre 1959. Il stipule dans son article 1er que « Le *présent décret-loi garantit la liberté de constituer des associations, d'y adhérer, d'y exercer des activités et le renforcement du rôle des organisations de la société civile ainsi que leur développement et le respect de leur indépendance* ». Le décret-loi dispose que la constitution des associations est régie par le régime de déclaration[1138].

Ce nouveau texte passe sous silence la motivation du **refus de constituer une association** pris par le Secrétaire Général du Gouvernement. Néanmoins, le décret-loi exige que le Secrétaire Général du Gouvernement intervienne par décision motivée lorsqu'il refuse d'inscrire une association étrangère[1139].

1134 Ces décisions constituent des mesures conservatoires qui peuvent être prononcées dans deux cas différents. Le premier cas est prévu par l'alinéa 1er de l'article 10 de la loi relative aux associations : lorsqu'une action judicaire visant à déclarer inexistante une association constituée en violation de la loi est en cours, le Ministre de l'intérieur « peut, par arrêté motivé, à charge pour lui d'assigner dans les huit jours, procéder à la fermeture des locaux». Le deuxième cas prévu par l'article 23 nouveau concerne l'urgence absolue et la crainte d'un trouble de l'ordre public : « … le Ministre de l'intérieur peut en cas d'extrême urgence et en vue d'éviter que l'ordre public ne soit troublé prononcer par décision motivée la fermeture provisoire des locaux appartenant ou servant à l'association en cause et suspendre toute activité de cette association et toute réunion ou attroupement de ses membres ».

1135 Article 25 nouveau.

1136 Aux termes de l'alinéa 2 de l'article 25, « L'action en dissolution prévue par le présent article est soumise aux règle du code de procédure civile et commerciale ». Le jugement prononçant la dissolution d'une association doit être motivé par application de l'article 123 du CPCC.

1137 Décret-loi n°88-2011, *JORT* n° 74 du 30 septembre 2011, p. 1977.

1138 Article 10, 11et 12 du décret-loi.

1139 Article 22 du décret-loi.

Pour la **suspension d'activité** d'une association, elle est décidée par ordonnance sur requête rendue par le Président du tribunal de première instance de Tunis. « *Les ordonnances rendues n'ont pas besoin d'être motivées* » selon les termes de l'article 216 du CPCC. Quant à la **dissolution**, elle est prononcée par jugement rendu par le tribunal de première instance de Tunis. Cet acte juridictionnel est motivé par application de l'article 123 du CPCC[1140].

b. La liberté de constituer un parti politique

Si la constitution d'une association nécessite une simple déclaration préalable, la constitution d'un parti politique est soumise au régime de l'autorisation préalable[1141]. Dans la loi de 1988[1142] ainsi que dans le décret-loi de 2011[1143], le silence constaté par l'administration vaut acceptation de la demande de constituer un parti politique. Cette solution est compatible avec la liberté constitutionnelle de constituer un parti politique[1144]. Ladite liberté est consolidée par l'obligation de motiver la décision de **refus de l'autorisation de constitution** d'un parti politique[1145].

[1140] L'article 45 infine dispose : « Les procédures judiciaires relatives à la dissolution de l'association et à la liquidation de ses biens sont régies par les dispositions du code des procédures civiles et commerciales ».

[1141] Loi n° 88-32 du 3 mai 1988 organisant les partis politiques, *JORT* n° 31 du 6 mai 1988, p. 703 abrogée et remplacée par le décret-loi n°97 du 24 septembre 2011, *JORT* n° 74 du 30 septembre 2011 p. 1969.

[1142] L'article 9 de la loi n° 88-32 du 3 mai 1988 dispose : « Le silence de l'administration jusqu'à l'expiration d'un délai de quatre mois à compter de la date du dépôt de la déclaration et des statuts… équivaut à acceptation ».

[1143] Le dernier alinéa de l'article 10 du décret-loi du 24 septembre 2011 stipule que « Le non-retour de l'accusé de réception dans les soixante (60) jours suivant l'envoi de la lettre susvisée à l'article 9 vaut décision tacite de non objection à la constitution du parti politique ».

[1144] Article 8 de l'ancienne Constitution de 1959 et article 35 de la Constitution de 2014. L'article premier du décret-loi de 2011 prévoit que « Ce décret-loi garantit la liberté de constituer des partis politiques, d'y adhérer et d'y exercer des activités. Il a pour objectif de consacrer la liberté de s'organiser politiquement, appuyer et promouvoir le pluralisme politique et de consolider le principe de transparence dans la gestion des partis politiques ».

[1145] L'article 9, alinéa 3 de la loi organisant les partis politiques de 1988 prévoyait que « **La décision de refus d'autorisation doit être motivée** et notifiée aux

Sous l'égide de la loi de 1988, les mesures portant fermeture provisoire des locaux du parti, suspension de son activité et réunion de ses membre relèvent du pouvoir administratif et doivent être prononcées par décisions motivées[1146]. Aujourd'hui, en vertu du décret-loi de 2011, la suspension d'activité est prononcée par ordonnance sur requête prise par le président du tribunal de première instance de Tunis[1147]. Les ordonnances sur requêtes n'ont pas à être motivées par application de l'article 216 du CPCC.

La dissolution des partis politiques échappe, comme celle des associations, au pouvoir administratif. La dissolution relève de la compétence du tribunal de première instance de Tunis[1148] et prononcée par jugement motivé[1149].

2. Multiplicité d'actes non soumis à l'obligation de motiver

Nombreuses sont les décisions administratives restrictives des droits et des libertés fondamentaux qui échappent au champ de motivation obligatoire. Il s'agit notamment d'actes restrictifs de la liberté de circulation (a), de la liberté d'expression et de presse (b) et du droit de propriété (c).

a. La Liberté de la circulation

Les mesures portant atteinte au droit de la circulation constituent un exemple significatif d'une législation peu favorable à l'exigence de

---

intéressés dans un délai maximum de quatre mois à compter de la date du dépôt visé à l'article 11 de la présente loi ».
L'article 10 du décret-loi n°87 du 24 septembre 2011, portant organisation des partis politiques dispose : « En cas de contradiction entre les dispositions des statuts et celles des articles 3 et 4 du présent décret-loi, le Premier Ministre peut prendre une **décision motivée de refus de constitution du parti** et ce, dans un délai de soixante (60) jours à compter de la date de réception de la lettre ».

[1146] Article 18 de la loi de 1988, organisant les partis politiques.

[1147] Article 28 du décret-loi de 2011, portant organisation des partis politiques.

[1148] Article 28 du décret-loi de 2011, portant organisation des partis politiques. La même solution a été consacrée par l'article 19 de la loi de 1988, organisant les partis politiques.

[1149] Le tribunal est tenu de motiver en vertu des règles générales de procédure prévues dans le CPCC (Article123).

motivation. La question de la motivation en la matière remonte à un arrêté du résident général de France à Tunis, du 30 septembre 1943, réglementant la circulation des personnes en Tunisie[1150]. L'article 6 dudit arrêté comporte une exonération expresse de l'obligation de motiver la décision de refus d'un laissez-passer : « *Nul ne peut invoquer un droit à la délivrance d'un laissez-passer. La décision de refus n'a pas à être motivée* ». Une telle exclusion de l'exigence de motivation était justifiée par des considérations coloniales.

La consécration du principe de la liberté de circulation dans le texte de la Constitution[1151] et sa proclamation par le pacte international relatif aux droits civils et politiques[1152] rendent particulièrement problématique l'absence d'une obligation de motiver les décisions portant atteinte au droit de circulation. Le caractère exceptionnel de toute limitation du droit de circulation exige que l'acte administratif soit assorti des raisons de fait et de droit qui en justifient le bien-fondé.

Les mesures relatives aux passeports (a.1) aux retraits du permis de conduire (a.2) et celles relatives aux étrangers (a.3) constituent des illustrations significatives à ce sujet.

a.1 : Les mesures relatives aux passeports

La loi du 14 mai 1975 relative aux passeports et aux documents de voyage[1153] a consacré le principe du droit de tout ressortissant tunisien à la délivrance, au renouvellement ou à la prorogation d'un passeport sous réserve de certaines exceptions[1154]. Toutefois, les décisions de retrait ou ceux portant refus de délivrer, de renouveler, de proroger[1155]

[1150] *JOT* du 9 octobre 1943, p. 668.

[1151] Article 24, alinéa 2 de la Constitution de 2014 et article 10 de l'ancienne Constitution de 1959.

[1152] Article 6 du pacte, *JORT* n° 79 du 6 décembre 1983, p. 3143. *Cf.* également : Conseil constitutionnel, Avis n° 70-2007 sur un projet de loi organique modifiant la loi n° 75-40 du 14 mai 1975, relative aux passeport et aux documents de voyage, *JORT* n° 16 du 22 février 2008, p. 783 ; TA, *Chriti* c/ Ministre de l'intérieur, 12 juin 2001, Aff. n° 186115, *inédit.*

[1153] *JORT* n° 34 du 20 mai 1975, p. 1069.

[1154] Article 13.

[1155] Article 15.

un passeport ou un laissez-passer n'ont pas fait l'objet d'une disposition imposant la motivation alors même que ces décisions limitent l'exercice d'une liberté fondamentale. « *Le droit à l'octroi d'un passeport est l'un des droits fondamentaux reconnus à chaque citoyen tunisien eu égard à son rattachement à la liberté de circulation proclamée par l'article 10 de la Constitution. Il s'ensuit que le droit à l'octroi d'un passeport ne peut être écarté ou limité que dans des limites expressément prévues par la loi. Toute exception qui restreigne l'exercice de ce droit par le citoyen doit être interprétée d'une manière restrictive* »[1156].

L'absence de motivation formelle des mesures restrictives de la liberté de circulation répond mal à l'exigence de rationnaliser un pouvoir administratif attribué pour qu'il soit exercé à titre exceptionnel. Le recours fréquent à ces mesures prises par décisions non motivées risque de vider la liberté de circulation de toute substance. La méconnaissance de la liberté de circulation heurte la théorie de l'État de droit, souligne le TA [1157].

On doit mettre l'accent sur les mesures relatives au refus de délivrer les passeports et au retrait des passeports.

- ***Refus de délivrer les passeports***

La consultation des arrêts rendus par le TA permet de constater qu'il existe dans la pratique administrative une tendance habituelle de refuser la délivrance des passeports sans dévoiler les raisons réelles du refus. Au cours d'instance, l'administration se contente de se prévaloir de son pouvoir discrétionnaire quant à l'octroi des passeports[1158] et évoque des raisons d'ordre général sans consistance précise[1159].

[1156] C'est notre traduction. TA, Appel, Ministre de l'intérieur c/ *Zrahi*, 21 novembre 2007, Aff. n° 25673, *inédit*.

[1157] TA, 1ère instance, *Sahbi* c/ Gouverneur d'Elkef, 13 mars 2004, Aff. n° 11188, *Rec*. p. 22.

[1158] TA, Appel, Ministre de l'intérieur c/ *Jouini*, 31 décembre 2008, Aff. n° 26683, *inédit*.

[1159] Telles que formulées dans l'article 13-d de la loi du 14 mai 1975 relative aux passeports et aux documents de voyage de 1975 : « Tout ressortissant tunisien a droit à la délivrance, au renouvellement ou à la prorogation d'un passeport, sous

Souvent l'administration soutient que l'octroi d'un passeport au requérant est de nature à porter atteinte à l'ordre public, à la sécurité ou à la bonne réputation du pays sans apporter aucune indication sur le contenu de ces considérations[1160]. Se refugier derrière des motifs d'ordre général présume que l'administration cache quelque part un abus ou un arbitraire. C'est pourquoi le juge n'hésite pas à contraindre l'administration au cours d'instance à fournir une motivation suffisante, sous peine d'annuler l'acte pour inexactitude matérielle des faits[1161].

L'administration est en tout état de cause tenue de clarifier ses prétentions et d'apporter à l'appui de ses allégations des éléments de preuve susceptibles d'étayer la conviction du juge quant à la véracité des motifs de fait[1162]. Cette exigence de motivation sérieuse devant le juge lors du contentieux imposée pour des nécessités de contrôle ne saurait exclure l'exigence d'une motivation précise et exhaustive au sein de l'acte administratif pour prévenir aux risques d'arbitraire et faciliter le contrôle juridictionnel.

- ***Retrait des passeports***

La compétence du retrait des passeports était répartie entre le pouvoir administratif et le pouvoir judiciaire[1163]. En 1998 le législateur est intervenu pour attribuer une compétence exclusive de retrait des passeports au profit du pouvoir judiciaire[1164]. La

---

réserve des restrictions suivantes : …d- Pour des raisons d'ordre public et de sécurité, ou de nature à nuire à la bonne réputation de la Tunisie ».

[1160] TA, 1ère instance, *Meddeb* c/ Ministre de l'intérieur, 14 juillet 2001, Aff. n° 14731, *inédit*.

TA, Appel, Ministre de l'intérieur c/ *Jlassi*, 11 décembre 2007, Aff. n° 25859, *inédit*.

[1161] TA, Appel, Ministre de l'intérieur c/ *Abidi*, 26 novembre 2008, Aff. n° 26629, *inédit*.

[1162] TA, 1ère instance, *Sghaier* c/ Ministre de l'intérieur, 1er juin 2007, Aff. n° 15828, *inédit*.

[1163] Article 15 ancien de la loi relative aux passeports et aux documents de voyage. En vertu dudit article, l'administration peut retirer le passeport « pour des raisons d'ordre et de sécurité publics ». Ce qui offre à l'administration une marge d'intervention très extensive.

[1164] Article 15 nouveau de la loi relative aux passeports et aux documents de voyage (*JORT* n° 34 du 20 mai 1975, p. 1069) tel qu'adopté par la loi organique n° 98-77 du

reconnaissance d'une telle compétence judiciaire présente une garantie au profit des citoyens. L'acte juridictionnel bénéficie, par rapport à la décision administrative, « *d'une présomption beaucoup plus solide de légitimité et de correction légale* »[1165].

Néanmoins, le transfert de la compétence du retrait des passeports au pouvoir judiciaire n'est pas de nature à faire intégrer l'ensemble des actes de retrait dans le champ de l'obligation de motiver. Échappent à l'obligation de motiver, les retraits de passeports prononcés par ordonnances sur requête du président du tribunal de première instance. Le code de procédure civile et commerciale dispense d'une manière explicite le juge de l'obligation de motiver : « *Les ordonnances rendues n'ont pas besoin d'être motivées* »[1166].

a.2 : Le retrait du permis de conduire

Le retrait du permis de conduire prononcé par arrêté ministériel n'a pas à être motivé[1167] alors même que le retrait du permis constitue, comme le souligne le TA, une mesure grave portant atteinte à une liberté constitutionnellement protégée[1168]. Les textes n'ont même pas

---

2 novembre 1998, *JORT* n° 89 du 6 novembre 1998, p. 2180. Le retrait des passeports s'effectue par ordonnance prononcée, selon le cas, par le juge civil (président du tribunal de première instance) ou par le juge pénal (juge d'instruction, chambre d'accusation et ministère public).

1165 R. ODENT, *Contentieux administratif*, *op. cit.*, p. 2070.

1166 Article 216 du code de procédure civile et commerciale. L'ordonnance prononcée par le juge d'instruction doit être motivé par application de l'article 104, alinéa 3 du code de procédure pénale : « L'ordonnance contient l'exposé sommaire et la qualification légale du fait, les motifs pour lesquels il existe ou non des charges suffisantes, puis la décision du juge d'instruction ». Quant aux ordonnances prononcées par la chambre d'accusation, le ministère public, le code de procédure pénal garde le silence sur l'obligation de motiver.

1167 L'article 95 du code de la route (promulgué par la loi n° 99-77 du 26 juillet 1999, *JORT* n° 61 du 30 juillet 1999, p. 1239) dispose : « Les arrêtés de retrait des permis de conduire sont pris par le Ministre chargé des transports après avis d'une commission technique dont la composition, les attributions et les modalités de fonctionnement sont fixées par décret ».

1168 TA, 1ère instance, *Sahbi* c/ Gouverneur d'Elkef, 13 mars 2004, Aff. n° 11188, *Rec.* p. 22.

imposé la motivation de l'avis des commissions techniques consultatives de retrait des permis de conduire[1169].

a.3 : Les mesures relatives aux étrangers

La loi relative à la condition des étrangers en Tunisie n'a pas imposé la motivation du retrait des cartes de séjour des étrangers[1170]. De même, l'expulsion des étrangers du territoire tunisien n'a pas à être motivée[1171]. L'article 18 de la loi se contente de conditionner la décision d'expulsion par la menace à l'ordre public : « *Le secrétaire d'État à l'intérieur peut prendre un arrêt d'expulsion à l'encontre de tout étranger dont la présence sur le territoire tunisien constitue une menace pour l'ordre public* ».

Dans ces conditions, l'étranger en Tunisie est sous la contrainte des actes d'expulsion. Il subit l'acte sans connaître les motifs et sans avoir la possibilité de se défendre. Ce régime autoritaire n'est pas à la mesure des garanties offertes par le pacte international relatif aux droits civils et politiques. L'article 13 dudit pacte prévoit que tout étranger expulsé « *doit avoir la possibilité de faire valoir les raisons qui militent contre son expulsion* ». Le pacte donne à la personne menacée par une décision d'expulsion la possibilité de se défendre tout en imposant aux autorités compétentes l'obligation de l'examen particulier des circonstances entourant l'acte d'expulsion.

b. La liberté d'expression et de presse

La liberté d'expression est la manifestation extériorisée de la liberté de pensée[1172]. Quant à la liberté de la presse, elle constitue un moyen qui garantit la liberté d'expression. « *S'exprimer librement c'est donc*

[1169] Décret n° 2000-141 du 18 janvier 2000, fixant la composition, et les modalités de fonctionnement des commissions techniques consultatives de retrait des permis de conduire, *JORT* n° 8 du 28 janvier 2000, p. 148.

[1170] Articles 11 (retrait de la carte de séjour temporaire) et article 16 (retrait de la carte de séjour ordinaire) de la loi n° 68-7 du 8 mars 1968, relative à la condition des étrangers en Tunisie, *JORT* n° 11 du 8-12 mars 1968, p. 251.

[1171] Article 18 de la loi relative à la condition des étrangers en Tunisie (*JORT* n° 11 du 8-12 mars 1968, p. 251).

[1172] L. FAVOREU *et al.*, *Droit constitutionnel*, Dalloz, Paris, 2001, p. 776.

aussi communiquer librement »[1173]. Il va sans dire que la liberté de la presse est une « *liberté fondamentale d'autant plus précieuse que son exercice est l'une des garanties essentielles du respect des autres droits et de la souveraineté nationale* », déclare le Conseil constitutionnel français[1174].

Les libertés fondamentales d'opinion, de pensée, d'expression, de publication, de presse et de réunion[1175] font l'objet de mesures restrictives sans exigence de motivation. Le législateur a attribué aux autorités administratives le pouvoir d'interdire toute réunion[1176] ou manifestation[1177] susceptibles de troubler la sécurité et l'ordre publics sans exiger la motivation. La flexibilité des notions de sécurité et d'ordre publics offre à l'administration un pouvoir d'appréciation extrêmement étendu. L'absence d'une obligation légale de motivation montre la carence législative d'imposer cet instrument qui contribue à encadrer dans des limites raisonnables l'exercice du pouvoir discrétionnaire. L'obligation de motiver contraint l'administration à examiner attentivement et à mettre en évidence les circonstances de faits constitutives d'un trouble ou menace de trouble à la sécurité et à l'ordre publics.

L'article 1er de l'ancien code de la presse[1178] dispose que « *L'imprimerie, la presse et la librairie sont libres dans les conditions définies par le présent code* ». Alors que dans cette matière, la liberté est la règle et la restriction l'exception, le législateur n'a pas entouré

1173 *Ibidem.*

1174 Décision n° 84-181 des 10-11 octobre 1984, Entreprise de presse, *GD* n° 36.

1175 Articles 31, 32 et 37 de la Constitution de 2014 et article 8 de l'ancienne Constitution de 1959.

1176 L'article 1er et 2 de la loi n° 69-4 du 24 janvier 1969, réglementant les réunions publiques, cortèges, défilés, manifestations et attroupement (*JORT* n° 4 du 31 janvier 1969, p. 117) consacre la liberté de réunion et soumet les réunions au régime de déclaration préalable. Toutefois, l'article 7 dispose : « Les autorités responsables peuvent interdire par arrêté toute réunion susceptible de troubler la sécurité et l'ordre. Notification de cet arrêté sera faite aux organisateurs de la réunion par les agents de la sûreté ».

1177 L'article 12 de la loi de 1969 précitée prévoit que « Les autorités responsables peuvent interdire par arrêté toute manifestation susceptible de troubler la sécurité et l'ordre public ».

1178 Loi n° 75-32 du 28 avril 1975, portant promulgation du code de la presse, *JORT* n° 29 du 29 avril 1975, p. 845.

les restrictions à l'exercice des libertés par la garantie de la motivation. Aux termes de l'article 121 bis du code pénal[1179], « *Le ministère de l'intérieur procède à la saisie administrative des exemplaires et des reproductions des œuvres interdites* ». De même, l'ancien code de la presse offre au Ministre de l'intérieur le pouvoir d'« *ordonner la saisie de tout numéro d'un périodique dont la publication sera de nature à troubler l'ordre public* »[1180].

L'ordre public est une notion à contenu variable. Il faut non seulement définir avec un minimum de certitude les éléments constitutifs d'une atteinte à l'ordre public, mais aussi imposer à l'autorité administrative l'obligation d'exprimer ouvertement les éléments de faits à partir desquels elle a pu déduire qu'une publication déterminée sera de nature à troubler l'ordre public. C'est là une exigence essentielle si on veut que la liberté de la presse soit la règle et la restriction l'exception.

Ce genre de pouvoir fondé sur la mystérieuse notion d'ordre public est loin d'assurer une liberté réelle de la presse. L'exercice réel des libertés et son corollaire le principe de sécurité juridique implique que l'individu ait la possibilité de mesurer avec un minimum de fiabilité les conséquences de ses actes[1181]. Par le jeu de la notion d'ordre public, les limites entre le permis et l'interdit sont difficiles à déterminer de sorte que l'incertitude est trop souvent la seule attitude offerte aux acteurs de la presse.

Par le décret-loi n°2011-115 du 2 novembre 2011 relatif à la liberté de la presse, de l'imprimerie et de l'édition[1182], le législateur a fini par abroger le code de la presse et a attribué le pouvoir de prendre des mesures restrictives à la liberté de la presse à l'autorité

[1179] Il s'agissait de l'alinéa 2 de l'article 61 tel que retiré du code de la presse et transféré au code pénal par la loi organique n° 2001-43 du 3 mai 2001, portant amendement du code de la presse (*JORT* n° 36 du 4 mai 2001, p. 1008).

[1180] Article 73 nouveau du code de la presse tel que abrogé et remplacé par la loi organique n° 93-85 du 2 août 1993, portant amendement du code de la presse, *JORT* n° 58 du 6 août 1993, p. 1116.

[1181] A.-L. VALEMBOIS, *La constitutionnalisation de l'exigence de sécurité juridique en droit français*, LGDJ, 2005, p. 14 et s.

[1182] *JORT* n°84 du 4 novembre 2011, p. 2419.

juridictionnelle. Ce nouveau texte est considéré par les opérateurs du secteur de la presse comme « *un standard minimal de protection* » de sorte que « *toute modification ne pourra se faire que dans un sens plus protecteur* »[1183]. L'article 1er dudit décret-loi a proclamé que toute restriction à la liberté d'expression ne peut être prise qu'en vertu d'un texte législatif et pour des raisons d'ordre public ou pour protéger les droits d'autrui et doit être nécessaire et proportionnée.

Toutefois, on constate que les dispositions d'incrimination insérées dans le décret-loi se présentent comme un code pénal spécial. Parfois, et tout comme dans l'ancien code de la presse, l'incrimination est justifiée par l'atteinte portée à l'ordre public[1184].

Pour la Haute Autorité Indépendante de la Communication Audiovisuelle, créée par le décret n°2011-116[1185], ses décisions sont motivées[1186].

c. Le droit de la propriété

Le droit de la propriété est un droit fondamental[1187]. Le principe de proportionnalité des lois portant atteinte à l'exercice des droits par les citoyens exige que la limitation du droit de propriété soit « *assortie de garanties qui sont de nature à établir l'équilibre nécessaire entre les exigences du respect dudit droit, d'une part et les impératifs justifiant sa limitation, d'autre part* »[1188]. Ainsi, une loi portant restriction du

---

1183 Comité juridique de Reporters Sans Frontières, Analyse du décret-loi n°2011-115 du 2 novembre 2011 relatif à la liberté de la presse, de l'imprimerie et de l'édition, 14février 2012.
[http://fr.rsf.org/IMG/pdf/120227_code_de_la_tunisie.pdf], p. 1.

1184 Article 54 du décret-loi.

1185 Décret-loi n°116-2011 relatif à la liberté de la communication audiovisuelle et portant création d'une Haute Autorité Indépendante de la Communication Audiovisuelle (HAICA), *JORT* n° 84 du 4 novembre 2011, p. 2430.

1186 Article 30 et 35 du décret.

1187 Article 14 de la Constitution de 1959 et article 41 de la Constitution de 2014. De même, l'article 20 du code des droits réels prévoit que « « Nul ne peut être contraint de céder sa propriété sauf dans les cas prévus par la loi et moyennant une juste indemnité ».

1188 Conseil constitutionnel, Avis n° 13-2009 sur un projet de loi relatif aux aires marines et côtières protégées, *JORT* n° 58 du 21 juillet 2009, p. 1972 ; Avis n° 2-2007 sur un projet de loi portant promulgation du code des douanes, *JORT* n° 47 du

droit de propriété doit à la fois offrir des garanties au profit du propriétaire et être justifiée par des impératifs d'intérêt général, sous peine de banaliser les atteintes aux droits de propriété, voire de vider un droit fondamental de toute substance.

Pour garantir que les mesures administratives portant atteintes au droit de propriété soient mises en œuvre dans les limites nécessaires, il faut imposer l'obligation pour l'administration d'exprimer les raisons qui en justifient la nécessité et la proportionnalité.

Toutefois, plusieurs décisions administratives qui restreignent l'exercice du droit de propriété n'ont pas à être motivées telles que la dépossession d'un promoteur de son droit de propriété d'un immeuble[1189], le refus de délivrer le certificat de vocation d'immeuble[1190] et l'ancien droit de préemption exercé par le Ministre des finances au profit du trésor sur les immeubles, droits immobiliers, fonds de commerce et tous droits sociaux dont il estime le prix de vente insuffisant[1191].

---

10 juin 2008, p. 1805 et Conseil constitutionnel, Avis n° 13-2009 sur un projet de loi relatif aux aires marines et côtières protégées, *JORT* n° 58 du 21 juillet 2009, p. 1972 : La loi « ne doit pas se borner à établir les limites à l'exercice de ce droit, aussi doit-elle poser des règles qui sont à même d'offrir un ensemble de garanties assurant un équilibre entre le respect de ce droit et les exigences de sa limitation »

[1189] Article 6 du décret n° 92-127 du 20 janvier 1992, fixant l'organisation administrative et financière et les modalités de fonctionnement de l'agence foncière industrielle, *JORT* n° 7 du 31 janvier 1992, p. 141. En vertu de l'article 4 dudit décret, l'agence foncière industrielle cède les terrains et immeubles aux promoteurs en vue d'y implanter leurs projets. Au cas où le promoteur ne respecte pas ses obligations, il encourt la déchéance totale ou partielle de son droit de propriété prononcée par arrêté émanant du Ministre de l'économie nationale (Article 6 du décret).

[1190] Décret-loi n° 87-13 du 15 octobre 1987, instituant un « certificat de vocation d'immeuble », *JORT* n°71 du 9 octobre 1987, 1261. Ledit certificat, délivré, selon le cas, par le président de la commune ou le président du Conseil de gouvernorat (Article 3) est nécessaire pour la validité de tout acte de transfert de propriété portant sur des immeubles situés à l'intérieur des périmètres communaux et dans un rayon de cinq kilomètres autour de ces périmètres (Articles 1 et 6).

[1191] Loi n° 73-53 du 2 août 1973, relative aux droits d'enregistrement, *JORT* n° 29 du 3-7 août 1973, p. 1191 modifiée par l'article 86 de la loi n° 74-101 du 25 décembre 1974 portant loi des finances pour la gestion 1975, *JORT* n° 60 du 31 décembre 1974, p. 2921. Cette loi a été reprise par l'article 113 du code

L'exemple le plus significatif est l'expropriation pour cause d'utilité publique[1192]. Une exception au droit de propriété[1193], l'expropriation est qualifiée par le TA comme l'une des prérogatives les plus notables de la puissance publique : « *L'expropriation est un procédé autoritaire en vertu duquel la propriété d'un immeuble est transférée par la contrainte au profit d'une autorité administrative afin de réaliser un projet d'intérêt général moyennant préalablement une indemnité équitable. Il constitue de ce fait l'une des prérogatives les plus exorbitantes d'autorité publique dans la mesure où il porte directement atteinte au droit de la propriété privée garantie par la Constitution et défini par l'article 17 du code des droits réels comme étant le droit qui confère à son titulaire le droit exclusif d'user de sa chose, d'en jouir et d'en disposer* » [1194]. Par ailleurs, le juge administratif s'est reconnu le pouvoir d'exercer un contrôle d'adaptation du choix des immeubles à exproprier à l'intérêt général. L'expropriation d'un immeuble déterminé n'est légale que lorsqu'elle est justifiée par la nécessité de réaliser un intérêt général qu'exigent les circonstances particulières de l'espèce[1195].

En dépit de la gravité de l'expropriation sur le droit de la propriété, la loi se contente de prévoir que « *Le décret d'expropriation devra mentionner le projet dont la réalisation est prévue sur l'immeuble, objet de cette opération d'expropriation* »[1196]. La simple mention du projet objet de l'expropriation ne suffit pas à motiver la décision. La motivation exige de mentionner les raisons économiques ou sociales qui justifient la nécessité de sacrifier l'intérêt privé du droit de

---

d'enregistrement et de timbre de 1993 promulgué par la loi n° 93-53 du 17 mai 1993, *JORT* n° 39 du 25 mai 1993, p. 715. Le droit de préemption a été supprimé par l'article 7 de la loi 98-73 du 4 août 1998, *JORT* n° 64 du 11 août 1998, p. 1736.

1192 Loi n° 76-85 du 11 août 1976, portant refonte de la législation relative à l'expropriation pour cause d'utilité publique, *JORT* n° 51 du 13-17 août 1976, p. 1931telle que modifiée par la loi n°2003-26 du 14 avril 2003.

1193 TA, 1ère instance, *Salah et autres* c/ Ministre des domaines de l'État et des affaires foncières, 28 décembre 2001, Aff. n° 16681, *inédit.*

1194 C'est notre traduction. TA, 1ère instance, *Bania* c/ Premier Ministre, 18 avril 2006, Aff. n° 19330, *inédit.*

1195 A. BELHAJ RHOUMA, *Le détournement de pouvoir ou de procédure*, Mémoire DEA, 2005, p. 89.

1196 Article 2 de la loi du 11 août 1976, portant refonte de la législation relative à l'expropriation pour cause d'utilité publique, *JORT* n° 51 du 13-17 août 1976, p. 1931.

propriété au profit de l'intérêt général. En d'autres termes, une véritable motivation doit établir la preuve qu'eu égard aux besoins des citoyens et à l'importance du projet, il est indispensable de procéder à l'expropriation pour satisfaire à l'intérêt général. En droit français, la loi du 27 février 2002 relative à la démocratie de proximité prévoit que l'acte déclaratif d'utilité publique doit être « *accompagné d'un document qui expose les motifs et les considérations justifiant le caractère d'utilité publique de l'opération* »[1197].

B. Le droit de la nationalité

La question de la motivation des décisions relatives à la nationalité a fait l'objet d'un dispositif législatif peu cohérent. Dans le code de la nationalité[1198], le législateur adopte trois solutions différentes. Il exige la motivation de certaines décisions et dispense expressément l'administration de l'obligation de motiver certaines d'autres. Pour le reste, la loi garde le silence.

En effet, le code de la nationalité a attribué au président de la République le pouvoir de prononcer la **perte**[1199], la **déchéance**[1200] et le **retrait**[1201] de la nationalité sans imposer la motivation de ces actes. Toutefois, la décision portant **refus d'enregistrer les déclarations** en vue de réclamer ou de répudier la nationalité prise par le Ministre de la justice doit être assortie de motivation. Aux termes de l'article 41 du code de la nationalité, « *Si l'intéressé ne remplit pas les conditions requises par la loi, le secrétaire d'État à la justice (Ministre de la justice) refuse d'enregistrer la déclaration. Cette décision est notifié*

[1197] Article 145 I de la loi n°2002-276 du 27 février 2002 relative à la démocratie de proximité, *JORF* du 28 février 2002, p. 3808.

[1198] Promulgué par le décret du 26 janvier 1956, *JOT* n° 8 du 27 janvier 1957, p. 101 et modifié notamment par le décret-loi n° 63-6 du 28 février 1963, *JORT* n° 11 du 5 mars 1963, p. 259. L'article 25 de la Constitution de 2014 dispose « Aucun citoyen ne peut être déchu de la nationalité tunisienne ». La déclaration universelle des droits de l'homme du 10 décembre 1948 déclare dans son article 15 « 1- Tout individu a droit à une nationalité 2- Nul ne peut être arbitrairement privé de sa nationalité, ni du droit de changer sa nationalité ».

[1199] Articles 30, 31 et 32 du code de la nationalité.

[1200] Articles 33, 34 et 35 du code de la nationalité.

[1201] Articles 36, 37 et 38 du code de la nationalité.

avec ses motifs au déclarant, qui peut se pourvoir devant le tribunal de première instance ».

Quant aux décisions relatives aux **naturalisations**, la loi impose la motivation de la décision du Ministre de la justice portant irrecevabilité de la demande de naturalisation[1202]. Les **décisions finales d'octroi ou de rejet de la naturalisation** ainsi que les décisions d'**ajournement** des demandes sont de l'apanage du président de la République. L'alinéa 2 de l'article 45 du code de la nationalité dispense expressément le Président de la République de l'obligation de motiver : « *Les décisions du président de la République ne sont pas motivées* »[1203]. La loi a non seulement dispensé le Président de la République de l'obligation de motiver le refus de naturalisation mais aussi, il a ignoré de définir les conditions de fond[1204] qui doivent être réunies pour que le demandeur puisse bénéficier d'une naturalisation. Le décret de naturalisation s'apparente à un ***acte de souveraineté***. Loin d'être un droit, l'obtention de la nationalité tunisienne par naturalisation est conçue comme une faveur résultant de l'exercice d'un pouvoir souverain d'appréciation qui peut l'accorder ou le refuser à son gré.

Il importe de noter que le droit comparé n'est pas uniforme en la matière. En droit belge, l'octroi de la naturalisation est réservé au pouvoir législatif sans obligation de motiver, ni possibilité de recours[1205]. En droit suisse, le rejet des demandes de naturalisation relève des autorités exécutives et doit être consigné dans un acte

---

[1202] Article 43 du code de la nationalité : « Si les conditions requises par la loi ne sont pas remplies, le Ministre de la justice déclare la demande irrecevable. Sa décision est motivée. Elle est notifiée à l'intéressé ».

[1203] Cette disposition a été introduite dans le code en vertu de la modification de 1963 (Décret-loi n° 63-6 du 28 février 1963, portant refonte du code de nationalité tunisienne, *JORT* n° 11 du 5 mars 1963, p. 259). Dans le texte initial du code de la nationalité, le législateur a curieusement attribué au Conseil des ministres la compétence de statuer sur les demandes de naturalisation. L'article 47 disposait que « La décision du Conseil n'exprime pas de motifs ».

[1204] Le code de la nationalité n'a exigé que des conditions de forme prévues à l'article 39.

[1205] J.-Y. CARLIER et S. SAROLÉA, *Droit des étrangers et nationalité*, Larcier, 2005, p.p. 33 et 55.

motivé[1206]. En droit français, le rejet d'une demande de naturalisation est pris par décret motivé[1207].

C. Le commerce et l'industrie

Proclamée par le Pacte Fondamental du 10 décembre 1857[1208] et par la Constitution du 26 avril 1861[1209], la liberté du commerce et de l'industrie figure dès l'indépendance, parmi les choix stratégiques des pouvoirs publics[1210].

Le TA a affirmé qu'en matière du commerce et de l'industrie « *la liberté est la règle et la restriction de police l'exception* »[1211]. Cette règle découle d'un principe constitutionnel en vertu duquel l'exercice des droits par les citoyens est la règle et la restriction l'exception[1212]. Du coup, l'acte portant restriction de la liberté d'entreprendre doit être justifié par des circonstances particulières qui exigent la restriction de

---

[1206] Article 15-b de la loi du 29 septembre 1952 sur la nationalité ajouté par la loi fédérale suisse du 21 décembre 2007 sur l'acquisition et la perte de la nationalité suisse.

[1207] Article 27 du Code civil tel que modifié par la loi n° 99-1141 du 29 décembre 1999.

[1208] L'article IX du Pacte proclamait : « Le Gouvernement s'interdit toute espèce de commerce et n'empêchera personne de s'y livrer ».

[1209] Les deux articles 97 et 98 ont proclamé respectivement la liberté d'industrie et la liberté de commerce.

[1210] Dans son discours devant l'Assemblée Nationale Constituante, Habib Bourguiba disait : « Nous écartons des méthodes de contrainte et d'autarcie, nous voulons fonder notre essor économique sur la confiance, le libéralisme et l'économie du marché...Notre politique est une politique libérale ». Cette ère libérale est confirmée en 1999 : « ... nous annonçons aujourd'hui que le principe à adopter dorénavant sera le suivant : la liberté est la règle, l'autorisation l'exception » : extrait du discours de Ben Ali au cours de sa compagne électorale pour les élections présidentielles et législatives de 1999 annoncée le 10 novembre 1999, *Le Renouveau*, 11 novembre 1999.

[1211] TA, *Société krichen* c/ Municipalité de Gasserine, 14 mars 1995, Aff. n° 3879, *Rec.* p.128.
Le TA confirme la formule apportée par Corneille, Conclusions sur CE, 10 août 1917, *Balby*, *Rec.* p. 637. *Cf.* la thèse de H. BEN M'RAD, *La liberté du commerce et de l'industrie*, FDSP de Tunis, 1998 et la thèse d'I. SAOULI, *Ordre public et libertés : recherches sur la police administrative en Tunisie*, Tunis, 1998.

[1212] Proclamé par l'article 7 de l'ancienne constitution de 1959. Ledit principe est consacré par l'article 49 de la nouvelle Constitution de 2014.

la liberté. L'obligation de motivation permet de préserver le caractère exceptionnel et nécessaire des interventions administratives en la matière.

En droit français, une décision qui restreint l'exercice des libertés publiques, au nombre desquelles figure la liberté du commerce et de l'industrie devait être motivée en application de l'article 1er de la loi du 11 juillet 1979[1213].

En droit tunisien, la question de la motivation des actes portant atteinte à la liberté du commerce et de l'industrie fait l'objet d'un dispositif juridique hétéroclite. À titre d'illustration, le refus d'une autorisation d'exploitation de carrière est soumis à la motivation[1214]. Toutefois, le refus ou le retrait d'autorisation d'exercer le commerce des matières explosives[1215], d'exploiter ou d'installer des réseaux privés de télécommunication[1216] et de créer un établissement d'enseignement privé[1217] sont prononcés par décisions non motivées. De même, tout en imposant la motivation de l'acte portant fermeture des établissements du commerce de distribution[1218], les textes n'ont

[1213] C. MONTGOLFIER, Conclusions sur CE, Sect., 30 novembre 1990, *Woodner et Société Alex wengraf Limited*, *RFDA*, 1991, p. 780.

[1214] Article 7 de la loi n° 89- 20 du 22 février 1989, *JORT* n° 16 du 3 mars 1989, p. 340.

[1215] Décret relatif à l'exploitation des matières explosives pour des fins civiles, *JORT* n° 54 du 7 juillet 2000, p. 1632.

[1216] Article 31 et 31 bis du code de télécommunication promulgué par la loi n° 2001-1 du 15 janvier 2001, *JORT* n° 5 du 16 janvier 2001, p. 83. La modification du code de télécommunication par la loi n° 2008-1 du 8 janvier 2008 (*JORT* n° 4 du 11 janvier 2008, p. 107) a exonéré l'installation et l'exploitation des réseaux internes de l'autorisation administrative.

[1217] Loi n° 91-65 du 29 juillet 1991, relative au système éducatif, *JORT* n° 55 du 6 août 1991, p. 1398 ; Décret n° 2000-2125 du 25 septembre 2000, définissant les conditions et les réglementations d'octroi d'une autorisation en vue de la création d'un établissement privé d'enseignement supérieur, *JORT* n° 78 du 29 septembre 2000, p. 2310. En outre, ni l'arrêté du Ministre de l'enseignement supérieur du 26 juin 2000, ni celui du Ministre de l'éducation du 24 février 1998, fixant la liste des prestations nécessitant une réponse motivée en cas de refus n'a cité l'autorisation de création d'un établissement d'enseignement privé. (*Cf.* : TA, REP, *Kbir* c/ Gouverneur de Bèja, 15 mars 1995, Aff. n° 3232, *Rec.* p. 134).

[1218] Alinéa 2 de l'article 10 de la loi n° 70-19 du 22 avril 1970, portant réglementation du commerce de distribution, *JORT* n° 37 du 27 avril 1970, p. 482. Cette loi a été abrogée par la loi n° 91-44 du 1er juillet 1991, portant organisation du

pas imposé la motivation de la fermeture des locaux d'exploitation des débits de boissons et établissements similaires[1219].

En l'absence d'une règle générale de motivation des actes portant restriction des libertés, une obligation de motiver en matière du commerce et de l'industrie pouvait être fondée sur le principe de la liberté du commerce et de l'industrie et sur le principe d'égalité des citoyens que l'administration est souvent amenée à transgresser pour des raisons de politique économique[1220]. L'administration ne peut qu'apporter des atteintes justifiées à des principes généraux de droit, souligne un auteur[1221].

D. La matière fiscale

Une pluralité de prérogatives administratives ont été mises en place pour contraindre le contribuable à accomplir ses obligations fiscales[1222]. « *L'impôt est à l'évidence un acte de puissance publique, son prélèvement est établi et perçu par voie d'autorit*é »[1223].

Néanmoins, en matière de motivation des décisions administrative, la législation fiscale est extrêmement hésitante. Tantôt les textes imposent la motivation (2), tantôt ils gardent le silence (3) en dépit de l'importance capitale et de la multiplicité des fondements en faveur de l'obligation de motivation (1).

---

commerce de distribution, *JORT* n° 49 du 9 juillet 1991, p. 1263. Cette dernière a adopté le principe de non soumission de l'exercice de l'activité de commerce de distribution à l'agrément préalable et n'a pas prévu la sanction de fermeture des locaux du commerce de distribution.

1219 Loi n° 59-147 du 7 novembre 1959 portant réglementation des débits de boissons et établissements similaires, *JORT* n° 57 du 20 novembre 1957, p. 1260.

1220 J. DEMMAS-MARSALET, « Le contrôle juridictionnel des interventions économiques de l'État », *EDCE*, 1969, p. 149.

1221 *Ibidem*.

1222 N. BACCOUCHE, *Droit fiscal général*, Novaprint, Sfax, 2008, p.p. 35 et 54. D'ailleurs, le droit fiscal est défini comme étant « la branche du droit qui règle les droits du fisc et leurs prérogatives d'exercice » : L. TROTABAS, « Essai sur le droit fiscal », *RSLF*, 1928, p. 201.

1223 L. MEHL et P. BELTRAME, *Science et technique fiscales*, PUF, Paris, 1984, p. 63.

1. Pluralité des fondements de la motivation en matière fiscale

En matière fiscale, l'exigence de motiver les actes administratifs est fondée sur un ensemble de principes constitutionnels qui gouvernent l'impôt (a). De même, l'obligation de motiver est destinée à rationaliser l'exercice du pouvoir d'imposition (b) et à améliorer les rapports entre l'administration et le contribuable (c).

a. Les principes constitutionnels de l'impôt

L'impôt est soumis essentiellement à trois principes constitutionnels. En premier lieu, l'impôt est soumis au **principe de nécessité**[1224] dès lors qu'il constitue une limite au droit de propriété. «*Un prélèvement sur la propriété privée* »[1225], l'impôt ne peut être institué que lorsque des objectifs économiques et sociaux justifient la nécessité de sacrifier l'intérêt privé du droit de propriété au profit de l'intérêt général. La nécessité de l'impôt permet de garantir le principe de la plénitude de l'exercice des droits par les citoyens et donc le caractère exceptionnel des restrictions apportées à ces droits. Le principe de nécessité implique que tout prélèvement fiscal soit assorti de garanties nécessaires afin de ne pas banaliser le recours aux instruments d'imposition de nature à porter atteinte à l'essence même du droit de propriété. Le principe de nécessité de l'impôt constitue une application particulière du principe de la nécessité des mesures législatives qui restreignent l'exercice des droits et des libertés fondamentaux posé par l'article 49 de la Constitution du 27 janvier 2014.

En deuxième lieu, le payement de l'impôt est soumis au **principe d'équité**[1226]. L'article 10 de la Constitution de 2014 prévoit que « *Le*

[1224] Sur le principe de nécessité de l'impôt, *Cf.* : S. HUET et F. GORLIER, « La frontière entre Dieu et César : Le Conseil constitutionnel et le principe de nécessité de l'impôt », *Dieu et l'impôt*, J.-C. Martinez (dir.), Godefroy de Bouillon, 2001, pp. 185-203 ; L. PHILIP, « Le contrôle de la constitutionnalité des lois fiscales en France », *RFFP*, 1999, n° 68, pp. 159-170.

[1225] P. BELTRAME, « Rapport de synthèse » du colloque *Avantages fiscaux et politique de développement*, *RTF*, n° 14, 2010, p. 379.

[1226] S. BESBES, « La fonction normative de l'équité fiscale », *EJ*, n° 17, 2010, p. 195.

paiement de l'impôt et la contribution aux charges publiques constituent un devoir, conformément à un régime juste et équitable »[1227]. L'équité fiscale exige notamment de moduler l'imposition en fonction de la « *capacité contributive* » des contribuables. L'impôt joue à cet effet une fonction de justice et de solidarité sociale.

En troisième lieu, l'impôt est gouverné par le **principe** constitutionnel **de la légalité**[1228] et son corollaire le principe "*politique*" du consentement à l'impôt. Dans les pays démocratiques, « *le principe de la légalité est la pierre angulaire du système fiscal* [...]. *Le peuple souverain constate, directement ou par ses représentants, la nécessité de l'impôt* » [1229].

Sur la base de ces trois principes constitutionnels de nécessité, d'équité et de légalité de l'impôt, s'impose la motivation des mesures fiscales, comme une garantie de rationalisation du pouvoir fiscal.

b. La rationalisation du pouvoir fiscal

L'administration fiscale est dotée d'une multiplicité de prérogatives lui permettant d'accomplir son obligation de percevoir l'impôt annuellement autorisé par le parlement[1230]. L'article 10 de la Constitution de 2014 met à la charge de l'État l'obligation de mettre « *en place les mécanismes à même de garantir le recouvrement de l'impôt et la lutte contre l'évasion et la fraude fiscale* ». Eu égard aux prérogatives qu'il détient, le fisc est exposé aux risques d'arbitraire. L'arbitraire fiscal, écrit le professeur H. Ayadi, est « *intolérable et le pouvoir ne peut décider à sa guise du nombre d'impôts à prélever et de leur montant. Il doit le faire selon les règles préétablies et suivant*

[1227] C'est l'équivalent de l'article 16 de l'ancienne constitution de 1959.

[1228] Article 65 de la Constitution de 2014 « Sont pris sous forme de lois ordinaires, les textes relatifs à […] la détermination de l'assiette de l'impôt, de ses taux et des procédures de son recouvrement ». (Article 34 de l'ancienne Constitution de 1959).

[1229] S. HUET et F. GORLIER, « La frontière entre Dieu et Cézar : Le Conseil constitutionnel et la nécessité de l'impôt », *Dieu et impôt*, J.-C. Martinez (dir.), Godefroy de Bouillon, 2001, p. 185.

[1230] N. BACCOUCHE, *Droit fiscal général*, Novaprint, Sfax, 2008, p. 96.

une procédure garantissant les droits du contribuable »[1231]. L'obligation de motiver les actes pris par l'administration fiscale participe à la rationalisation du système fiscal. Un système fiscal rationnel est celui « *qui garantie une cohabitation harmonieuse entre une administration fiscale puissante par ses prérogatives et un contribuable fort par ses droits* »[1232].

c. L'amélioration des rapports administration-contribuable

L'amélioration des rapports entre l'administration et le contribuable sur la base de la confiance, la sincérité et la transparence est une condition nécessaire de performance et de rentabilité des services fiscaux. « *L'expérience montre qu'il existe un lien entre la qualité du service et le niveau de l'observation de l'obligation fiscale* »[1233]. Un auteur a souligné que « *les administrations fiscales les plus performantes n'hésitent pas à assimiler leur relations avec les contribuables comme des services à des clients* »[1234].

La multiplication des prérogatives exorbitantes destinées à lutter contre la fraude fiscale doit être accompagnée par une évolution parallèle des garanties notamment l'obligation de motiver sous peine de pousser le contribuable à la fraude. La transparence des décisions de l'administration fiscale contribue à substituer « *à la culture ancienne de suspicion vis-à-vis des contribuables, une culture de collaboration et d'acceptation de l'obligation fiscale* »[1235]. L'obligation de motiver les actes pris par le fisc conditionne un système fiscal moderne fondé sur « *une recherche de stabilisation,*

[1231] H. AYADI, *Droit fiscal*, CERP, 1989, p. 22.

[1232] S. BESBES, « La fonction normative de l'équité fiscale », *EJ*, n° 17, 2010, p. 224.

[1233] H. AYADI, *Les droits d'enregistrement et de timbre et leur contentieux*, CPU, Tunis, 2008, p. 20.

[1234] B. PLAGNET, « Les facteurs de la compétitivité fiscale d'un pays », *EJ*, 2003, p. 19.

[1235] H. AYADI, *Les droits d'enregistrement et de timbre et leur contentieux*, CPU, Tunis, 2008, p. 20.

d'un équilibre accru entre l'exercice du pouvoir fiscal et les droits des contribuables »[1236].

En droit belge, la motivation en matière de recouvrement et d'établissement de l'impôt est considérée comme « *un devoir actif d'information pour l'autorité, qui répond à un droit fondamental de l'administré à connaître et comprendre ses relations administratives* »[1237].

2. Des textes imposant la motivation

En matière fiscale, la motivation est imposée dans des domaines très variés (a). La procédure d'imposition mérite une attention particulière (b).

a. Variabilité des actes soumis à la motivation

Le droit fiscal a imposé l'obligation de motiver certaines décisions administratives portant atteinte grave à la situation du contribuable. Il en est de l'article 29 du code des droits et procédure fiscaux (CDPF)[1238] et de l'article 17 du code des douanes[1239] qui exigent la motivation du **refus total ou partiel de la demande en restitution des sommes perçues en trop**. Cette obligation de motivation se trouve néanmoins éludée par la possibilité offerte à l'administration de rejeter la demande par le silence. Le défaut de réponse à la demande, dans le délai de six mois, à compter de la date de son dépôt, vaut refus

[1236] M.-Ch. ESCLASSAN, « À propos de la juridicisation du droit fiscal. Quelques éléments d'analyse », *RFFP*, 1993, n° 41, p. 75.

[1237] Circulaire du 14 février 1992, cité par M. DEPREZ, « La transparence de l'administration fiscale », *Transparence et droit à l'information*, Commission Université-Palais, Formation permanente Cup, 2002, p. 163.

[1238] Loi n° 2000-82 du 9 août 2000, portant promulgation du code des droits et procédures fiscaux, *JORT* n°64 du 11 août 2000, p. 1874.

[1239] Loi n°2008-34 du 2 juin 2008 portant promulgation du code de douane, *JORT* n° 47 du 10 juin 2008, p. 1748. L'obligation de motiver le refus du remboursement des droits de douanes perçus à l'importation figure également dans l'arrêté du Ministre des finances du 28 décembre 1995, fixant la liste des questions relatives aux prestations administratives relevant du ministère des finances, des établissements publics et des entreprises publiques y relevant et dont la réponse aux réclamation doit être motivée en cas de refus, *JORT* n° 3 du 9 janvier 1996, p. 37.

implicite de la demande en restitution. Le législateur a posé deux règles radicalement opposées : une exigence de motiver le refus et une dispense de motivation à travers la possibilité du refus implicite. En instituant une obligation illusoire de motivation, les rédacteurs du texte ont commis une « *grossière malfaçon législative* »[1240].

Encore, les deux parties sont-elles placées dans une position extrêmement inégalitaire : si l'administration bénéficie de la prérogative de la non motivation par le recours à la technique de l'acte implicite, le contribuable se trouve dans l'obligation d'introduire « *le recours en restitution* [...] *au moyen d'une demande écrite motivée* »[1241]. Comment le requérant peut-il articuler la motivation de sa demande d'introduction du recours à l'encontre d'une décision qu'il ignorait les motifs ?

Une obligation de motiver accompagnée de la possibilité du refus implicite est également prévue dans un décret fixant les conditions et les modalités de **délivrance du quitus fiscal** pour départ définitif aux étrangers résidents ou exerçant une activité en Tunisie[1242]. Après avoir imposé aux bureaux du contrôle des impôts l'obligation d'informer le demandeur par écrit en indiquant les raisons ayant motivé le refus de délivrance du quitus fiscal[1243], le décret dispose que le silence constaté par l'administration pendant cinq jours à compter de la date du dépôt de la demande vaut refus implicite[1244]. Encore une fois, le texte institue une obligation fictive de motivation. La dispense de l'obligation de motiver par la technique de l'acte implicite de rejet ne favorise ni la transparence, ni le sérieux dans le travail des services fiscaux.

[1240] Expression empruntée à M. Waline, note sous CE, 30 juin 1978, Lenert, *RDP*, 1978, p. 1725.

[1241] Article 29 du CDPF.

[1242] Décret n° 98-2109 du 2 novembre 1998, *JORT* n° 90 du 10 novembre 1998, p. 2204.

[1243] Article 5 du décret. *Cf.* également l'arrêté du Ministre des finances du 28 décembre 1995, fixant la liste des questions relatives aux prestations administratives relevant du ministère des finances, des établissements publics et des entreprises publiques y relevant et dont la réponse aux réclamation doit être motivée en cas de refus, *JORT* n° 3 du 9 janvier 1996, p. 37.

[1244] Article 6 du décret.

L'obligation de motiver s'étend à des décisions ayant une incidence grave sur la situation pécuniaire du contribuable. C'est le cas de la motivation du **retrait du régime forfaitaire** dont bénéficient les petits exploitants, en cas de non respect des conditions légales[1245]. De même, le code d'incitation aux investissements dispose que « *Le* ***retrait des avantages et le remboursement des primes*** *sont effectués par arrêté motivé du Ministre des finances* »[1246]. L'administration est dans l'obligation d'indiquer les raisons du retrait, faute de quoi la décision doit être annulée, indique le TA[1247].

En outre, le code des douanes prescrit aux services de douane l'obligation de faire connaître par écrit à l'importateur les raisons qui ont motivé la décision portant **inacceptation de la valeur transactionnelle** des marchandises importées[1248].

b. La procédure d'imposition

À côté de l'arrêté de taxation d'office (b.2), un ensemble d'actes préparatoires de la taxation d'office sont soumis à l'obligation de motivation (b.1).

b.1 : Les actes préparatoires de la taxation d'office

Dans le cadre de la procédure d'imposition, plusieurs actes préparatoires préalables à la taxation d'office sont soumis à l'obligation de motiver.

[1245] Article 44 IV- 2 du code de l'impôt sur le revenu des personnes physiques et de l'impôt sur les sociétés : « Le régime forfaitaire est retiré par décision motivée du Ministre des finances ou par toute personne déléguée par le Ministre des finances à cet effet… ».

[1246] Article 65 alinéa 4.

[1247] TA, Appel, *Krimi* c/ Ministre des finances, 5 mai 2005, Aff. n° 24842, *inédit*.

[1248] Articles 35 du code des douanes de 2008 : « Si… les services de douanes ont encore des doutes raisonnables au sujet de la véracité ou de l'exactitude des renseignements et des documents relatifs à la valeur déclarée, ils peuvent considérer que la valeur transactionnelle est inacceptable.
Lorsqu'une décision finale aura été prise, les services des douanes doivent la faire connaître par écrit à l'importateur ainsi que les raisons qui l'ont motivée dans un délai raisonnable ».

- ***Le rejet de la comptabilité***

Sans imposer d'une manière explicite la motivation du rejet de comptabilité, l'article 43 du CDPF se contente d'exiger la mention des chefs de redressement dans la notification de redressement adressée au contribuable. Interprétant l'article 43 susmentionné, l'administration fiscale souligne que le rejet de comptabilité, « *doit être suffisamment motivé. La motivation doit reposer sur des anomalies et des irrégularités, au niveau du fond ou de forme, qui sont de nature à altérer la sincérité et le caractère probant de la comptabilité* »[1249].

La motivation du rejet de la comptabilité est une garantie importante au profit des contribuables eu égard aux incidences du rejet sur la situation du contribuable. Le rejet de la comptabilité permet d'effectuer le redressement de l'assiette imposable sur des données extracomptables[1250] et entraine le transfert de la charge de la preuve au contribuable. Ce dernier perd le bénéfice de la présomption d'exactitude de sa comptabilité et supporte, par conséquent, le risque de la preuve de la sincérité de ses déclarations comptables[1251]. En outre, le rejet de la comptabilité constitue une condition préalable pour recourir à la taxation d'office. Selon un principe essentiel posé par le TA, le recours à la taxation d'office n'est possible qu'après rejet motivé de la comptabilité[1252].

[1249] Note Commune n° 23/2005, disponible sur le site officiel du ministère des finances [www.impots.finances.gov.tn]. D'ailleurs, dans une Note Commune n° 16 du 2 mai 1967, la direction générale des impôts a imposé à ses agents l'obligation d'une motivation sérieuse réelle et suffisante du rejet de comptabilité. La direction générale des impôts affirme qu'elle ne se contentera plus du rejet de la comptabilité non motivée, appuyée simplement par des affirmations, la plupart du temps gratuites et laconiques. *Cf.* : F. BOUASSIDA, *Le formalisme en droit fiscal*, Mémoire pour l'obtention du mastère en droit des affaires, FSJPS de Tunis, 2004-2005, p. 51.

[1250] F. DERBEL, « Comptabilité et vérification fiscale », *RCF*, n° 49, 2000, p. 39.

[1251] F. KAMMOUN, *La preuve en droit fiscal*, Mémoire de DEA, FDS, 2002, p. 71 ; F. BOUASSIDA, *Le formalisme en droit fiscal*, Mémoire pour l'obtention du mastère en droit des affaires, FSJPS de Tunis, 2004-2005, p. 51.

[1252] N. BACCOUCHE, *Droit fiscal général*, Novaprint, Sfax, 2008, p.p. 282 et 283. L'auteur a cité TA, Cass. *Lachheb* c/ DGCF, 10 mai 1993, Aff. n° 1055, *inédit* et TA, Cass. *Société comptoir du bâtiment du Kef* c/ DGCF, 13 novembre 2000, Aff. n° 32434, *inédit*.

- ***La notification de redressement***

Le redressement est « *l'acte de clôture de la vérification* »[1253]. La notification de redressement doit être motivée. L'article 43 du CDPF dispose : « *L'administration fiscale notifie au contribuable, par écrit, les redressements relatifs à sa situation fiscale* [...] *La notification comporte notamment :* [...]- *les chefs de redressement et la méthode retenue pour l'établissement des nouvelles bases d'imposition* ». Le législateur exige alors la formulation écrite des raisons de redressement au sein du texte de la notification[1254].

La motivation de la notification de redressement est le résultat d'un raisonnement en deux temps. En premier temps, l'administration doit formuler les raisons sur la base desquelles elle a rejeté les informations fournies par le contribuable. Ensuite, l'administration indique les nouvelles données à partir desquelles elle a pu parvenir à la nouvelle base d'imposition[1255]. Dans une note commune n° 23/2005, l'administration fiscale a imposé à ses agents l'obligation d'effectuer une motivation sérieuse et détaillée de la notification de redressement afin de permettre au contribuable d'organiser sa défense devant l'administration et, le cas échéant, devant le juge[1256]. La motivation de redressement permet de combattre les abus de l'administration et offre au contribuable la possibilité d'apprécier le bien-fondé des redressements. Compte tenu de la pertinence de la

---

[1253] Note Commune n°20/2002, Texte n° DGI 2002/33, p. 189, disponible sur le site officiel du ministère des finances [www.impots.finances.gov.tn] ; N. BACCOUCHE, *Droit fiscal général*, Novaprint, Sfax, 2008, p. 279.

[1254] D'après la doctrine administrative, « les chefs de redressements » dégagés par les vérificateurs désignent « les erreurs relatives à l'assiette de l'impôt, à ses taux ou à sa liquidation et leurs justifications telles que la référence légale ou la référence des opérations objet du redressement ». « La méthode retenue pour l'établissement des nouvelles bases d'imposition » signifie « les moyens de preuve retenus et la méthode de « reliquidation » de l'impôt exigible » : Note commune n° 20/2002, Texte n° DGI 2002/33, p. 200, disponible sur le site officiel du ministère des finances [www.impots.finances.gov.tn].

[1255] G. GOULARD, « La motivation des notifications de redressement : où en est-on ? », *RJF* 3/95, 1995, p. 166 ; M. BOUZID-AJROUD, *La taxation d'office en droit fiscal tunisien*, Thèse, Faculté de Droit et des Sciences Politiques d'Aix-Marseille, soutenue le 28 mars 2009, p.p. 155 et 156.

[1256] La Note Commune est disponible sur le site officiel du ministère des finances : [www.impots.finances.gov.tn].

motivation, le contribuable décide soit d'accepter la taxation projetée, soit de présenter ses propres moyens de défense[1257]. L'absence d'une motivation effective de la notification de redressement empêche la procédure d'imposition de réaliser pleinement « *son objectif principal, celui d'atteindre la réalité de la base imposable* » [1258].

- ***Le rejet de l'opposition aux résultats de la vérification fiscale***

Afin de consolider l'exercice des droits de la défense, le législateur a consacré en 2006[1259], l'obligation pour l'administration de justifier le rejet partiel ou total de l'opposition formulée par le contribuable aux résultats de la vérification fiscale. L'exigence de motivation témoigne de « *l'importance qu'occupe aujourd'hui le principe du contradictoire dans le système de protection des droits* »[1260]. Le Conseil constitutionnel considère que « *le fait d'une part, de permettre au contribuable, dans les cas prévus à l'article 44 bis de s'opposer aux résultats de la vérification fiscale et, d'autre part, d'obliger les services fiscaux à répondre par écrit à cette opposition et à motiver leur décisions de rejet, s'insère dans le cadre de la consécration et la promotion des droits de la défense* »[1261]. Est sanctionnée par l'annulation de l'arrêté de la taxation d'office, l'omission de motiver les actes de rejet de comptabilité ou de la notification de redressement ou du rejet des arguments présentés par le contribuable suite à l'opposition aux résultats de la vérification fiscale.

a.2 : La taxation d'office

Le contribuable encourt la taxation d'office en cas de défaut de dépôt de déclarations fiscales ou de réponse à la notification de redressement ou en cas de désaccord entre l'administration et le

---

[1257] J. AJROUD, *Le principe du contradictoire dans la procédure d'imposition*, CPU 2008, p. 197.

[1258] *Ibidem*.

[1259] Article 44 bis du CDPF ajouté par l'article 57 de la loi des finances n° 2006-85 du 25 décembre 2006, *JORT* n° 103 du 26 décembre 2006, p. 4380.

[1260] N. BACCOUCHE, *Droit fiscal général*, Novaprint, Sfax, 2008, p. 278.

[1261] Avis n° 51-2006 du 26 décembre 2006 concernant certaines dispositions du projet de la loi de finances pour la gestion 2007, *JORT* n° 103, p. 4497.

contribuable sur les résultats de la vérification[1262]. La taxation d'office est une décision lourde de conséquences : l'administration reconstitue et détermine d'une manière unilatérale l'assiette imposable.

En dépit de la gravité de la taxation d'office sur les droits des contribuables, les textes antérieurs[1263] au CDPF n'ont pas imposé expressément la motivation. Le juge fiscal a même considéré qu'il n'est plus question d'étendre l'application de l'article 123 du CPCC relatif à la motivation des jugements aux arrêtés de taxation d'office eu égard à leur nature et leur régime spécifiques[1264]. Il a été jugé que « *le demandeur n'est pas fondé à soutenir que l'article 123 du CPCC puisse justifier l'obligation de motiver l'arrêté de taxation d'office. Ce dernier revêt une double nature : il est administratif eu égard à son auteur qui est le Ministre des finances et juridictionnel par la voie de recours dont il est susceptible qui est l'appel (en vertu des dispositions de l'article 67 et suivant du CIR). L'article 123 ne concerne que les jugements rendus par les juridictions judiciaires ; que dès lors, il n'est plus question d'étendre son champ d'application aux arrêtés de taxation d'office eu égard aux écarts qui séparent l'arrêté de taxation d'office aux jugements rendus par les tribunaux au sens de l'article précité* »[1265].

Une doctrine estime qu'une obligation de motiver l'arrêté de taxation d'office découle du caractère répressif du contrôle fiscal et de la présomption de sincérité de toutes écritures comptables régulières en la forme[1266].

Le législateur a fini par exiger, dans l'article 50 du CDPF, que la taxation d'office soit « *établie au moyen d'un arrêté motivé du*

[1262] Article 47 du CDPF.

[1263] Article 58 de l'ancien code de la patente et article 67 du CIR.

[1264] T. DRIRA, Chronique de la jurisprudence fiscale tunisienne (Première instance), RTF, n° 5, 2006, p. 210. L'auteur a cité : Tribunal de 1ère instance de Sfax, 12 mai 2006, Affaire n° 76 ; Tribunal de 1ère instance de Sfax, 30 juin 2004, Aff. n° 46 et Tribunal de 1ère instance de Sfax, *F.K.* c/ La mission des enquêtes et du contrôle national polyvalent, 30 juin 2004, Aff. n° 55 .

[1265] C'est notre traduction. Tribunal de 1ère instance de Sfax, *F.K.* c/ La mission des enquêtes et du contrôle national polyvalent, 30 juin 2004, Aff. n° 55 .

[1266] H. AYADI, *Droit fiscal* : *TVA, droits de consommation et contentieux fiscal*, CPU, Tunis, 1996, p. 233.

Ministre des finances ». L'obligation de motiver l'arrêté de taxation d'office signifie, selon la doctrine administrative, que l'administration « *doit présenter les fondements juridiques des redressements apportés à la situation fiscale du contribuable et elle doit indiquer les présomptions de droit ou de fait sur la base desquelles la taxation a été établie en cas de recours aux présomptions* »[1267]. L'administration est donc tenue de citer les fondements qui ont servi de base à l'édiction de l'arrêté de taxation[1268]. Lorsqu'elle décide que l'impôt sur le revenu est soumis à une retenue à la source au titre des marchés au sens de l'article 52 I-g du CIR, « *l'administration fiscale se trouve dans l'obligation d'établir la réunion des éléments constitutifs du marché par application de l'article 50 du CDPF qui a exigé la motivation de l'arrêté de taxation d'office* », souligne le juge fiscal[1269].

La motivation de l'arrêté de taxation, telle que prévue par le CDPF a le mérite de garantir les droits de la défense et d'atténuer le caractère unilatéral de l'acte dans la mesure où l'auteur de l'arrêté de taxation d'office doit élaborer les motifs après avoir ***arbitré*** les arguments du vérificateur et ceux du contribuable[1270]. La motivation s'effectue, selon l'article 50 du CDPF « *sur la base des résultats de la vérification fiscales et de la réponse y afférente du contribuable* ». Or, comme on l'a déjà vu[1271], cette exigence légale a été altérée par le recours systématique à la motivation par référence au rapport de vérification fiscale établi par les agents vérificateurs.

[1267] Note Commune n° 10/2002, BODI, Texte n° DGI 2002/23, p. 113, disponible sur le site officiel du ministère des finances [www.impots.finances.gov.tn].

[1268] Cour d'appel de Tunis, 5 novembre 2008, Aff. n° 64808, cité par M. A. BETTAÏEB, *Code des droits et procédures fiscaux* (actualisé et annoté par la doctrine fiscale et jugements et décisions juridictionnelles), Éditions Anis BETTAÏEB, 2009, p. 58.

[1269] Tribunal de 1ère instance de Sfax, *Société T.M.* c/ Centre régional de contrôle fiscal de Sfax, 3 mars 2004, Aff. n° 230, cité par T. DRIRA, Chronque de la jurisprudence fiscale tunisienne (Première instance), *RTF*, n° 5, 2006, p. 211.

[1270] N. BACCOUCHE, *Droit fiscal général*, Novaprint, Sfax, 2008, p. 289.

[1271] *Cf.* : 1ère Partie, Chapitre I, Section 1, Paragraphe 1, B, 2.

3. Pluralité des textes gardant le silence

Une grande partie de l'action administrative en matière fiscale échappe à l'obligation de motiver. Plusieurs textes dans le domaine de l'investissement fiscal (a) et en matière douanière (b) gardent le silence sur l'obligation de motiver. En outre, les sanctions administratives et les titres de poursuite(c) n'ont pas à être motivés.

a. L'investissement fiscal

En matière d'investissement, le code d'incitation aux investissements (CII) et la loi relative à l'initiative économique[1272] n'ont pas exigé une obligation générale de motiver les décisions portant **refus d'autorisation préalable** pour exercer les activités soumises à l'autorisation[1273]. Force est de souligner que la non consécration d'une obligation de motiver le refus des autorisations heurte le principe de la liberté d'entreprendre proclamé par les deux lois[1274] et s'adapte mal avec les objectifs annoncés dans la motivation des deux lois[1275].

[1272] Loi n° 2007-69 du 27 décembre 2007, relative à l'initiative économique, *JORT* n° 104 du 28-31 décembre 2007, p. 4337.

[1273] Article 2 alinéa 3 du CII et article 1er alinéa 2 de la loi du 27 décembre 2007, relative à l'initiative économique. Même si plusieurs autorisations administratives ont été citées dans les arrêtés ministériels fixant la liste des prestations administratives dont la réponse doit être motivée en cas de refus, le décret du 3 mai 1993 comporte une dispense de l'obligation de motiver par la possibilité offerte aux services administratifs de rejeter les demandes d'une manière implicite.

[1274] - Article 2 du CII : « Les investissements dans les activités prévues par l'article 1er du présent code sont réalisés librement… ».

- Article 1er alinéa 1er de la loi relative à l'initiative économique : « L'initiative économique constitue une priorité nationale à la consécration de laquelle œuvrent tous les acteurs économiques et sociaux dans le cadre de la garantie du principe d'égalité des chances et sur la base de la liberté comme principe et l'autorisation comme exception ».

Sur la motivation de la loi : *Cf. supra*, 2ème Partie, Chapitre I, Section 2, Paragraphe 3, A.

[1275] Article 1er du CII : « Le présent code fixe le régime de création de projets et d'incitations aux investissements … conformément à la stratégie globale de développement qui vise notamment l'accélération du rythme de la croissance et des créations d'emploi».

En outre, l'octroi et le **refus d'octroi des avantages fiscaux** n'ont pas à être motivés, alors que le **retrait** de ces avantages est prononcé par décision motivée[1276]. Pourtant, refus d'octroi et retrait des avantages fiscaux sont comparables au niveau des incidences. Les décisions de refus d'octroi des avantages fiscaux ne figurent même pas dans la liste des prestations administratives dont la réponse aux demandes des citoyens doit être motivée en cas de refus[1277]. L'arrêté ministériel a cité seulement le refus de la demande d'une attestation de bénéfice d'un avantage fiscal.

Il importe de signaler que le législateur a soumis l'octroi de certains avantages supplémentaires prévus par les articles 52 du CII à des conditions souples et incertaines. Le législateur emploie des formules telles que «*les investissements [qui] revêtent un intérêt particulier pour l'économie nationale ou pour les zones frontalières* »[1278] ou « *des projets importants de point de vue volume d'investissement et création d'emploi* »[1279]. Or, la flexibilité des termes employés est source d'abus et de détournement de pouvoir.

En matière d'investissement, l'intervention par décisions non motivées risque fort de démotiver l'investisseur. Génératrice d'abus administratif et de méfiance à l'égard de l'administration et de ses agents, la non motivation est susceptible de « *créer des blocages et d'engendrer une psychose défavorable à l'investissement* [...] *On ne peut en aucune manière vouloir un libéralisme économique et maintenir en même temps "une sorte de socialisme administratif"*»[1280].

1276 Article 65 du CII.

1277 Arrêté du Ministre des finances du 28 décembre 1995, fixant la liste des questions relatives aux prestations administratives relevant du ministère des finances, des établissements publics et des entreprises publiques y relevant et dont la réponse aux réclamation doit être motivée en cas de refus, *JORT* n° 3 du 9 janvier 1996, p. 37.

1278 Article 52 alinéa 2.

1279 Article 52 bis alinéa 1er.

1280 N. BACCOUCHE et I. BEN HAMDEN, « L'investissement : Cadre juridique et tutelle administrative en question », *RJ*, 1997, p.p. 24 et 29.

b. La matière douanière

Le code des douanes a attribué au Ministre des finances un large pouvoir discrétionnaire quant au refus d'accorder l'agrément de commission en douane[1281]. En cette matière, l'administré est complètement en position de sujet. Il n'a ni le droit de connaitre les motifs, ni droit à réparation[1282]. Mieux encore, la loi offre au Ministre le pouvoir de « *subordonner l'octroi de l'agrément à des conditions déterminées qu'il juge nécessaires ou limiter le bénéfice de l'agrément à certaines opérations ou certaines marchandises* »[1283]. Ce pouvoir d'octroi de l'agrément de commission en douane est situé aux frontières d'un pouvoir souverain incompatible avec les exigences de l'État de droit.

Par ailleurs, une infinité de prérogatives ont été reconnues à l'administration des douanes sans qu'elles soient accompagnées d'une exigence légale de motivation[1284].

c. Les sanctions fiscales administratives et les titres de poursuites

Le législateur a mis en place un arsenal de sanctions fiscales administratives pour contraindre le contribuable à accomplir ses obligations fiscales. En dépit de leur caractère répressif, la loi est restée muette sur l'obligation de motivation[1285].

Dans le cadre du recouvrement de l'impôt, l'autorité administrative détient le pouvoir d'édicter des titres de poursuite pour parvenir à l'exécution de l'obligation de payer l'impôt[1286]. Le titre de poursuite

---

1281 Article 102 du code des douanes.

1282 Article 104-2 du code des douanes : « En aucun cas, le refus de l'agrément ne peut ouvrir droit à indemnité ou dommages-intérêt ».

1283 Alinéa 2 de l'article 102-3.

1284 *Cf.* à titre d'illustration, les articles 118 ; 120 ; 196 ; 203 ; 224 ; 229 ; 235 ; 245….du code des douanes

1285 Les articles 81 à 88 du CDPF.

1286 N. BELAID, *Les modes de recouvrement de l'impôt,* Mémoire de DEA de droit public, FDSPE de Tunis, 1982, p. 1.

porte l'obligation pour le contribuable de payer les sommes restant à sa charge[1287]. L'article 26 du code de la comptabilité publique (CCP) dispose : « *Le recouvrement forcé des créances est poursuivi par les voies de droit en vertu d'un titre ayant force exécutoire* ».

Il convient de remarquer à ce titre qu'en mettant à la charge du contribuable l'obligation de motiver l'opposition à l'état de liquidation lors du contentieux de recouvrement[1288], le législateur a curieusement omis de contraindre l'administration à motiver les titres de poursuite[1289]. Dès lors, l'auteur du recours se retrouve dans une situation à la fois défavorable et paradoxale. Il est légalement tenu de motiver la contestation d'une décision administrative non justifiée. Par cet effet, l'égalité des armes entre les parties au litige, l'une des composantes essentielles du procès équitable[1290]est mise à mal.

E. Les décisions prises dans le cadre des collectivités publiques

Dans le cadre des collectivités locales, on peut envisager deux types de décisions. Le premier type est celui des actes administratifs pris par les autorités locales à l'occasion de l'exercice de leurs attributions. La motivation de ces décisions répond aux exigences de démocratie et de citoyenneté locales (1). Le deuxième type d'actes correspond à ceux pris par le pouvoir central et qui portent sur les collectivités locales notamment les actes de tutelle. Comme l'affirmait l'ancien Conseil constitutionnel[1291], l'obligation pour l'autorité de

---

[1287] S. KRAIEM, *Le juge compétent en matière fiscale en Tunisie*, L'Harmattan, Paris, 2007, p. 183.

[1288] Article 27 du CCP : « L'opposition à l'état de liquidation… doit être motivée et comporter assignation à jour fixe devant la cour d'appel de la circonstance du bureau d'où émane le titre de poursuite… ». *Cf.* S. KRAIEM, *Le juge compétent en matière fiscale en Tunisie*, L'Harmattan, Paris, 2007, p. 194.

[1289] *Cf.* notamment : article 26 du CCP ; article 321 du code des douanes promulgué en 2008 et article 10 du code de la fiscalité locale.

[1290] S. GUICHARD, « Le procès équitable : droit fondamental ? », *AJDA*, 1998, n° spécial, p. 191.

[1291] Avis n° 75-2005 sur un projet de loi organique modifiant et complétant la loi organique des communes, *JORT* n° 59 du 25 juillet 2006, p. 1931.

tutelle de motiver ses décisions garantit un minimum de stabilité et de continuité des services locaux (2).

1. Les actes pris par les autorités locales

Le tâtonnement législatif quant à l'obligation de motiver les actes pris par les autorités locales se traduit en matière d'urbanisme (a) et de police administrative (b).

a. L'urbanisme

Le refus des demandes d'approbation du lotissement[1292] et le refus du permis de bâtir ou de sa prorogation[1293] doivent être consignés dans une décision motivée. Par ailleurs, la motivation du refus du permis de bâtir n'a pas fait l'objet d'une évolution législative homogène. Le décret beylical du 24 juillet 1943 relatif aux autorisations de bâtir[1294] n'a pas exigé la motivation. Il faut attendre la loi n° 76-34 du 4 février 1976 relative aux autorisations de construire[1295] qui disposait dans son

---

[1292] L'article 61 de la loi n° 94-122 du 28 novembre 1994, portant promulgation du code de l'aménagement du territoire et de l'urbanisme (*JORT* n° 96 du 6 décembre 1994, p. 1930) dispose que « La décision (relative à la demande d'approbation du lotissement) est notifiée au demandeur du lotissement dans un délai d'un mois à compter de la date à laquelle celle-ci est prise. Elle doit être motivée en cas de refus ».
L'arrêté du Ministre de l'intérieur du 28 décembre 1995, fixant la liste des prestations administratives fournies par les services du ministère de l'intérieur et les collectivités publiques locales dont la réponse aux réclamations des citoyens doit être motivée en cas de refus (*JORT* n° 3 du 9 janvier 1996, p. 35) a cité parmi les prestations fournies par les collectivités publiques (locales ou régionales) l'arrêté de lotissement.

[1293] Le TA a considéré que l'obligation légale de motiver le refus du permis de bâtir s'étend au refus de la demande relative à la prorogation du délai de validité du permis de bâtir : TA, REP, *Sidane* c/ Municipalité d'Ariana, 1er mars 1994, Aff. n° 2261, *inédit*. *Cf.* : W. FERCHICHI, *Aménagement des espaces, urbanisme et occupation du sol en droit tunisien, Tunis*, Centre d'Étude Juridique et Judiciaire, 2010, p. 152.

[1294] *JOT* du 24 juillet 1943, p. 449.

[1295] *JORT* n° 9 du 6 février 1976, p. 327.

article 9 : « *Le refus d'autorisation de construire doit être motivé et notifié à l'intéressé* »[1296].

Toutefois, le code de l'aménagement du territoire et de l'urbanisme de 1994 a passé sous silence la motivation en la matière. L'article 69 dudit code dispose : « *Les permis visés à l'article 68 du présent code sont délivrés par le président de la municipalité ou le gouverneur, selon le cas, sous forme d'arrêté après avis d'une commission technique* ». De même, l'article 29 de la loi du 4 février 1989[1297] relative aux Conseils régionaux s'est contenté du silence quant à la motivation des autorisations de bâtir délivrées par le président du Conseil régional en dehors des limites municipales. L'obligation de motivation découle aujourd'hui d'un arrêté du Ministre de l'intérieur du 28 décembre 1995 qui a cité l'autorisation de construction d'un immeuble, parmi les prestations fournies par les collectivités publiques locales ou régionales et dont la réponse doit être motivée en cas de refus[1298].

Alors que les refus du permis de bâtir et de lotir sont prononcés par actes motivés, la décision de démolition[1299] n'a pas à être motivée. Le juge administratif ne cesse de rappeler que les décisions de démolition échappent au champ de la motivation obligatoire par application du principe « *Pas de motivation sans texte* »[1300]. Cette situation est

---

[1296] Un arrêté du Ministre de l'Équipement en date du 12 mars 1976, relatif aux formes des demandes et aux décisions en matière d'autorisation de construire (*JORT* n° 20 du 19 mars 1976, p. 666) s'est contenté de prévoir dans son article 7 que « Le refus d'autorisation s'exerce par voie d'arrêté » en ignorant l'obligation de motivation. Dans un arrêt *Abidi* c/ Municipalité de Tunis, 6 mai 1985, Aff. n° 1013, *Rec.* p. 81, le TA, sans se référer aux dispositions de la loi de 1976, a jugé que le refus du permis de bâtir n'a pas à être motivé dès lors que l'article 7 de l'arrêté ministériel n'a pas imposé la motivation. Le TA déroge par conséquent aux exigences de la hiérarchie des normes.

[1297] Loi organique n° 89-11 du 4 février 1989, relative aux Conseils régionaux, *JORT* n° 10 du 10 février 1989, p. 218.

[1298] *JORT* n° 3 du 9 janvier 1996, p. 35.

TA, 1ère instance, *Mansar* c/ Municipalité de Menzel Kamel, 27 octobre 2009, Aff. n° 15202, *inédit.*

[1299] Article 83 du code de l'aménagement du territoire et de l'urbanisme de 1994.

[1300] TA, 1ère instance, *Dhamer* c/ Gouverneur de Ben Arous, 27 octobre 2011, Aff. n° 121756, *inédit* ; TA, *Khalfate* c/ Municipalité d'Ezzahra, 28 juin 2008, Aff. n° 16711, *inédit*

paradoxale : démolir un immeuble est une mesure plus grave que le refus d'autoriser de lotir ou de bâtir un immeuble.

En vertu de l'article 84 du code de l'aménagement du territoire et de l'urbanisme de 1994, avant de prendre un arrêté de démolition, le gouverneur ou le président de la municipalité est tenu d'inviter le contrevenant pour audition dans un délai maximum de trois jours à compter de la date de notification de sa convocation sur chantier[1301]. Néanmoins, ces droits de la défense reconnus au profit du contrevenant avant la prise de la décision de démolition ne peuvent substituer à l'exigence de motivation. Les droits de la défense et l'obligation de motiver constituent deux procédés nécessairement complémentaires dont l'un ne peut exclure l'autre[1302].

b. La police administrative

Contrairement au droit français[1303], en droit tunisien[1304], les mesures de police n'ont pas à être motivées en dépit de leur gravité sur les situations juridiques des particuliers. Ce genre d'actes limite, par définition, l'exercice des libertés individuelles. Le législateur s'est contenté de déterminer les raisons d'ordre public susceptibles de justifier les mesures de police[1305] sans pour autant contraindre l'administration d'avouer ces raisons. Le TA a régulièrement souligné

[1301] TA, Appel, Municipalité d'Ariana c/ *Elloumi*, 21 novembre 2008, Aff. n° 26689, *inédit*.

[1302] *Cf. infra* : Deuxième Partie, Chapitre I, Section 1, Paragraphe 2, C, 3.

[1303] Selon le Conseil d'État français, « l'exigence de motivation instituée pour les décisions individuelles défavorables (au sens de la loi du 11 juillet 1979) vise l'ensemble des mesures de police » : CE, 6 mars 1985, *préfet de police Paris*, c/ SARL Vidéo de spectacles, *DA* 1985, p. 176 ; J.-Y. VINCENT, « Motivation de l'acte administratif », *Juris-classeur administratif*, 2006, fascicule 107-30, 2006, p. 11, n°45.

[1304] Articles 74 et 75 de la loi n° 75-33 du 14 mai 1975, portant promulgation de la loi organique des communes (*JORT* n° 34 du 20 mai 1974, p. 1056) tel que reclassé aux articles 81 et 82 par la loi organique n° 2006-48 du 17 juillet 2006, modifiant et complétant la loi organique des communes, *JORT* n° 59 du 25 juillet 2006, p. 1923 ; Article 34 de la loi organique n° 89-11 du 4 février 1989, relative aux Conseils régionaux, *JORT* n° 10 du 10 février 1989, p. 218.

[1305] Il s'agit, selon les deux articles 74 et 75 de la loi organique des communes, de la sureté, tranquillité et hygiène publiques.

que les mesures de police n'ont pas à être motivées[1306]. « *L'absence de motivation des mesures de police générale prises par la commune est sans influence sur leur légalité dès lors que la loi organique des communes n'a pas imposé la motivation en la matière* »[1307].

L'absence de motivation des actes de police heurte les exigences de transparence et de démocratie locales et éloigne le citoyen des administrations locales. En outre, l'on sait que les mesures de police sont subordonnées, sous le contrôle du juge, aux exigences de nécessité et de proportionnalité[1308]. À cet effet, l'obligation de justifier l'acte contraint l'administration à balancer soigneusement les deux piliers de l'acte de police : le degré d'atteinte ou la menace d'atteinte à l'ordre public, d'un autre côté et le degré de limitation des libertés individuelles, d'un autre côté. Ça serait de nature à garantir que l'intervention de l'administration soit juste et équitable.

2. Les actes pris par le pouvoir central

L'incertitude de l'obligation de motiver s'étend aux actes touchant à l'existence même des communes (création et suppression des communes) (a), les actes touchant à leur organisation (b), ainsi que les actes de tutelle (c).

[1306] Dans l'arrêt, 1ère instance, *Ali* c/ Municipalité de Bouarada, 30 décembre 2010, Aff. n° 19291, *Rec.* p. 605, le TA a curieusement adopté une position d'espèce selon laquelle seules les décisions de police restrictives des libertés sont soumises à l'obligation de motiver.

[1307] C'est notre traduction. TA, 1ère instance, *Zrah* c/ Municipalité d'Elkram, 16 juin 2006, Aff. n° 14120, *inédit*.

Cf. en ce sens : TA, 1ère instance, *Mehrez* et autres c/ Municipalité de Bizerte, 28 avril 2006, Aff. n° 13262, *Rec.* p. 62 ; TA, 1ère instance, *Chabenne* c/ Municipalité de Skiat Ezitte, 18 février 2006, Aff. n° 12645, *inédit*.

De même, par application du principe « *pas de motivation sans texte* », le juge a dispensé le Ministre de l'intérieur, en tant qu'autorité de police spéciale, de motiver les mesures portant fermeture des cafés. TA, 1ère instance, *Ben Said* c/ Ministre de l'intérieur, 13 juillet 2001, Aff. n° 16971, *inédit*.

[1308] I. BEN HASSEN, *Le contrôle des motifs de fait dans le recours pour excès de pouvoir*, Publisud, Paris, 2011, p. 204 et s. ; A. BELHAJ RHOUMA, « Le contrôle du pouvoir discrétionnaire de l'administration publique par le tribunal administratif », Article en cours de publication (en arabe) aux *Mélanges en l'honneur au doyen Hafedh Ben Salah*, 2016.

a. Actes touchant à l'existence des communes

Le président de la République (aujourd'hui le Chef du Gouvernement)[1309] intervient par décrets pour créer ou supprimer les communes[1310]. Alors que le décret portant **création de commune** n'a pas à être motivé[1311], la **suppression des communes** est décidée par décret motivé[1312]. Il est vrai que la décision de suppression est la mesure la plus grave car elle affecte l'existence même de la commune. Mais la création d'une commune mérite également d'être motivée eu égard à ses incidences vis-à-vis des citoyens communaux.

On constate que l'obligation législative de motiver les décrets de suppression des communes est annihilée par la pratique administrative. En effet, les décrets portant suppression des communes ne comportent aucune motivation et sont par conséquent entachés d'une omission pure et simple de l'exigence légale de motivation[1313].

[1309] L'ensemble des compétences attribuées par la loi organique des communes au profit du Chef de l'État relèvent aujourd'hui de la compétence du Chef du Gouvernement. Ce dernier bénéficie d'une compétence de principe pour édicter les décrets à caractère réglementaire et individuel et ce, en vertu d'une **clause générale de compétence** prévue par l'article 94 de la Constitution du 27 janvier 2014 qui dispose que « Le Chef du Gouvernement exerce le pouvoir réglementaire général ; il prend des décrets à caractère individuel qu'il signe après délibération en Conseil des ministres ». Quant aux prérogatives reconnues au Chef de l'État pour prendre des décrets réglementaires et individuels, elles sont limitativement énumérées par la Constitution et constituent dès lors des compétences d'exception ou d'attribution.

[1310] Article 2 de la loi n°75-33 du 14 mai 1975, portant promulgation de la loi organique des communes.

[1311] Aux termes de l'article 2 de la loi organique des communes, « le décret portant création de commune indique son nom et son siège et fixe ses limites territoriales ». Les décrets de création des communes tels que publiés au journal officiel comportent les visas, un article premier fixant le nom de la commune, son lieu, son siège et le nombre de ses membres et un article 2 délimitant le territoire de la commune. Lesdits décrets ne font aucune référence aux motifs de la création de la commune. *Cf.* à titre d'illustration les 7 décrets créant 7 communes, *JORT* n° 22 du 22 mars 1994, p. 483.

[1312] Article 9 de la loi organique des communes.

[1313] *Cf.* à titre d'illustration : Décret n° 76-766 du 30 avril 1976, portant suppression de la commune de Ksibet-Zaouia-Thrayet et le rattachement de son périmètre à la commune de Sousse, *JORT* n° 55 du 14 septembre 1972, p. 2151 ; Décret n° 77-1057 du 30 novembre 1977, portant suppression des communes de Menzel Djemil et

L'obligation de motiver telle que prévue par l'article 2 de la loi organique des communes implique l'énoncé dans le texte du décret des bases juridiques et des circonstances de faits qui justifient la nécessité de supprimer la commune.

b. Actes touchant à l'organisation des communes

Une diversité de mesures touchant à l'organisation des communes sont attribuées au pouvoir central sans obligation légale de motivation. Le changement de nom[1314] et les modifications des limites territoriales[1315] sont prononcés par décrets non motivés. De même, la division du territoire communal en deux ou plusieurs circonscriptions est décidée par le gouverneur par arrêté, encore une fois, non motivé[1316].

Dans son avis n° 75-2005 sur un projet de loi organique modifiant et complétant la loi organique des communes[1317], le Conseil constitutionnel a statué sur la constitutionnalité d'un article 6 nouveau qui dispose que « *Les communes sont fusionnées ou scindées par décret, sur proposition du Ministre de l'intérieur, après avis du ou des gouverneurs et consultation des Conseils municipaux concernés* ». La fusion ou scission de commune implique, conformément à l'article 7 de la loi organique des communes, la dissolution de plein droit des Conseils municipaux. Le Conseil constitutionnel constate que le projet de l'article 6 a écarté le délai de deux années au cours duquel aucune fusion ou scission de commune ne peut avoir lieu sans pour autant remplacer cette garantie par l'exigence de motivation qui s'impose en cas de dissolution des Conseils municipaux au sens de l'article 12 de la loi organique des communes.

Menzel Abderrahman et le rattachement de leurs circonscriptions à la commune de Bizerte, *JORT* n° 83 du 20 décembre 1977, p. 3491

1314 Article 3 de la loi n°75-33 du 14 mai 1975, portant promulgation de la loi organique des communes.

1315 Alinéa 1er de l'article 6 (nouveau) de la loi organique des communes tel que modifié et reclassé à l'article 5 par la loi organique n° 2006-48 du 17 juillet 2006, (*JORT* n° 59 du 25 juillet 2006, p. 1923).

1316 Article 10 de la loi organique des communes tel que modifié et reclassé à l'article 8 en 2006.

1317 *JORT* n° 59 du 25 juillet 2006, p. 1931.

Sur la base de l'article 71 de la Constitution de 1959, qui dispose que les Conseils municipaux gèrent les affaires locales dans les conditions prévues par la loi, le Conseil constitutionnel souligne que « *les Conseils municipaux étant des Conseils élus, la procédure relative à la fusion ou à la scission des communes doit être assortie des limites qu'exige la nécessité d'une organisation objective* ». Le Conseil a déduit que « *la fusion des communes ou leur scission aboutit à la dissolution des Conseils municipaux,* ***ce qui implique d'offrir au moins la garantie de la motivation*** *du fait même que le projet soumis écarte celle de l'impossibilité d'opérer une fusion ou une scission dans le délai de deux ans suivant le renouvellement intégral des Conseils municipaux* ». La gestion des affaires locales, conformément à l'article 71 de la Constitution « *nécessite une certaine stabilité et continuité des Conseils municipaux, ce qui implique un minimum de garanties leur permettant d'exercer leurs missions* », ajoute le Conseil.

Il faut souligner que le raisonnement du Conseil vaut pour toute décision affectant l'existence, l'organisation et le fonctionnent de la commune. L'obligation pour le pouvoir central de motiver est l'un des instruments qui garantissent un minimum de stabilité et de continuité d'une institution constitutionnelle dont l'autonomie est garantie par la Constitution.

Néanmoins, pour le Conseil constitutionnel, l'obligation de motiver n'est pas une condition *sine qua non* de stabilité et de continuité des Conseils municipaux. L'exigence d'un délai de deux années au cours desquelles aucune scission ou fusion ne peut avoir lieu peut remplacer la garantie de la motivation. Les rédacteurs de la modification de la loi organique des communes ont choisi de réintégrer dans le deuxième projet de l'article 6 la prohibition de procéder à la fusion ou la scission des communes au cours des deux années suivant les élections organisées en vue du renouvellement intégral des Conseils municipaux. Le Conseil constitutionnel affirme dans son deuxième avis sur le même projet de loi[1318] que cette disposition « *offre un minimum de garanties au profit de ces Conseils pour gérer les affaires*

[1318] Avis n° 81-2005 concernant un projet de loi organique modifiant et complétant la loi organique des communes, *JORT* n° 59 du 25 juillet 2006, p. 1936

locales avec une certaine stabilité et continuité tel que cela a été souligné par le Conseil dans son avis n° 75-2005 ».

Or, l'exigence de continuité et de stabilité des affaires locales nécessite l'obligation pour le pouvoir central d'exprimer ouvertement les raisons qui justifient l'utilité d'une décision portant atteinte à l'autonomie de gestion des Conseils locaux. Le Conseil constitutionnel a déjà proclamé dans un autre avis que « *Le service public constitue l'un des piliers des rouages de l'État ; que le législateur est, par conséquent, appelé, de façon générale, à prévoir des mesures qui sont à même de garantir sa continuité tirée elle-même de la continuité de l'État (qui ressort de l'article 41 de la Constitution de 1959)* »[1319].

c. Actes de contrôle de tutelle

Le contrôle de tutelle sur les actes et sur les personnes des collectivités locales est souvent accompagné d'une obligation de motivation. L'exigence de motivation des actes de tutelle est une conséquence logique du caractère exceptionnel du contrôle de tutelle et de l'autonomie de principe dont bénéficient les autorités locales. «*À l'égard de l'autorité décentralisée, la liberté est la règle et le contrôle l'exception,* [...] *En dehors ou au-delà des prescriptions légales, la tutelle s'arrête et la liberté reprend son empire, d'où les formules classiques "Pas de tutelle sans texte, pas de tutelle au-delà des textes"* »[1320].

Motiver, c'est d'abord contraindre le pouvoir central à exercer le contrôle de tutelle en vertu et dans les limites des textes attributifs de compétence. L'obligation de motiver oblige, en outre, le pouvoir central à mettre en évidence les raisons de fait qui justifient la nécessité de restreindre la libre administration des affaires locales afin de garantir la continuité du service public. Il s'ensuit que la motivation se présente comme un instrument qui contribue à concilier le principe

---

[1319] Avis n° 49-2006 sur un projet de loi organique portant modification de la loi organique n° 95-11 du 6 février 1995 relative aux structures sportives, *JORT* n° 101 du 19 décembre 2006, p. 4304.

[1320] J. RIVERO et J. WALINE, *Droit administratif*, Paris, Dalloz, 17ème édition, 1998, p. 305.

constitutionnel de la libre administration des affaires locales[1321] avec les principes constitutionnels de continuité des services publics[1322] et de l'unité de l'État[1323].

Dans le cadre du **contrôle de tutelle exercé sur les actes** des collectivités, la nullité de plein droit[1324] et l'annulabilité[1325] des délibérations et des arrêtés pris pour leurs exécutions sont prononcées par décisions motivées.

Dans le cadre de l'exercice du **contrôle de tutelle sur les personnes** des collectivités, la dissolution des Conseils régionaux[1326]

[1321] Article 123 de la Constitution de 2014.

[1322] Article 15 de la Constitution de 2014.

[1323] Article 72 de la Constitution de 2014.

[1324] - Article 38 (nouveau) tel que modifié en 2006 et reclassé à l'article 23 de la loi organique des communes, : « Sont nuls de droit et ne seront pas réputés approuvés, au sens de l'article 45 de la présente loi, les délibérations du Conseil municipal et les arrêtés pris pour leurs exécutions, portant sur des questions ne relevant pas de ses attributions ou prises hors ses réunions légales, ou en violation des textes législatifs et réglementaires.
Le gouverneur doit déclarer la nullité d'office, ou à la demande de tout intéressé, par **arrêté motivé** dans un délai de deux mois à partir de la date de dépôt au siège du gouvernorat d'une copie de la délibération et de l'arrêté pris pour son exécution ».
L'obligation de motiver s'étend également aux actes prévus par l'article 30 de la loi organique des communes qui dispose : « Il est interdit à tout Conseil municipal, soit de publier des proclamations et adresses soit d'émettre des vœux politiques.
La nullité des actes et des délibérations prises en violation du présent article est prononcée dans les formes indiquées aux articles 38 et 39 de la présente loi ».
-Article 19 de la loi relative aux Conseils régionaux : « Le Ministre de l'intérieur peut, de sa propre initiative ou à la demande de toute partie concernée, annuler par **arrêté motivé** les délibérations prévues à l'article 18 précédent ».

[1325] - Article 40 (nouveau) tel que modifié en 2006 et reclassé à l'article 24 de la loi organique des communes : « Les délibérations et les arrêtés qui leur sont consécutifs sont susceptibles d'annulation s'ils y ont participé des membres municipaux concernés par leur objet soit personnellement soit pour le compte d'autrui ».
L'annulation a eu lieu à l'initiative du gouverneur, par **arrêté motivé**, dans un délai de quinze jours à partir de la date du dépôt, au siège du gouvernorat, d'une copie du procès-verbal de la délibération et de l'arrêté pris pour son exécution ».
-Article 21 de la loi relative aux Conseils régionaux : « La nullité est déclarée par **arrêté motivé** du Ministre de l'intérieur dans un délai maximum d'un mois à compter de la date de réception du procès-verbal par le Ministre de l'intérieur ».

[1326] L'article 9 de la loi n° 89-11 du 4 février 1989 relative aux Conseils régionaux,(*JORT* n° 10 du 10 février 1989, p. 218) dispose : « Le Conseil régional ne peut être

est également prononcée par décret motivé. De même, la dissolution et la suspension des Conseils municipaux[1327] doivent être motivées. On a déjà démontré[1328] à quel point la pratique administrative de la motivation stéréotypée des décrets de dissolution des communes a-t-elle anéanti l'obligation légale de motivation.

La loi organique des communes a imposé la motivation des décisions portant suspension[1329] ou révocation du président de la municipalité et ses adjoints[1330]. Toutefois, les décrets de révocation, tels que publiés au journal officiel, ne comportent ni de visas, ni de motivation. Une formule de style est souvent employée : « *Par décret* [...] *Monsieur* [...] *est révoqué de ses fonctions de président de commune de* [...] *à partir de la publication du présent décret* »[1331]. Sous l'égide de la loi municipale de 1957[1332], l'attitude du pouvoir de tutelle était plus favorable à l'égard de l'obligation de motiver les décrets portant révocation des présidents de communes ou leurs

---

dissout que par **décret motivé**. En cas d'urgence, il peut être suspendu provisoirement par arrêté du Ministre de l'intérieur, après avis du gouverneur ».

[1327] Aux termes de l'article 12 tel que reclassé en 2006 à l'article 11 de la loi organique des communes : « le Conseil municipal ne peut être dissout que par **décret motivé**. S'il y a urgence, il peut être provisoirement suspendu par **arrêté motivé** du Ministre de l'intérieur… ». L'article 25, alinéa 1er du décret du 14 mars 1957, portant loi municipale, *JOT* n° 22 du 15 mars 1957, p. 296 dispose : « Le Conseil Municipal ne peut être dissout que par **décret motivé** du Premier Ministre, Président du Conseil des Ministre et publié au Journal Officiel Tunisien ». Une disposition analogue figure dans l'article 14, alinéa 1er du décret du 20 décembre 1952, relatif à l'organisation et au fonctionnement des municipalités en Tunisie, *JOT* n° 103 du 23 décembre 1952, p. 1848.

[1328] *Cf. supra* : Première Partie, Chapitre I, Section 1, Paragraphe 2, B.

[1329] Alinéa 1er de l'article 57 de la loi organique des communes tel que reclassé à l'article 67 par la modification de 2006 : « Le président et adjoints, après avoir été entendus ou invités à fournir ses explications écrites sur les faits qui leur seraient reprochés, peuvent être suspendus par un **arrêté motivé** du Ministre de l'intérieur pour un temps qui n'excèdera pas trois mois ».

[1330] Article 57 alinéa 2 de la loi organique des communes : « Ils (le président et adjoints) ne peuvent être révoqués que par un **décret motivé** ».

[1331] *Cf.* à titre d'illustration : décret n° 89-944 du 8 juillet 1989, *JORT* n° 52 du 28 juillet 1989, p. 1132 ; décret n° 83-783 du 27 août 1983, *JORT* n° 57 du 2 septembre 1983, p. 2335.

[1332] Article 68 du décret du 14 mars 1957, portant loi municipale, (*JOT* n° 22 du 15 mars 1957, p. 296) prévoit que les présidents et adjoints des Conseils communaux peuvent être suspendus par arrêté motivé du Ministre de l'intérieur et peuvent être révoqués par décret motivé.

adjoints. À l'époque, si la plupart des décrets de révocation se contentaient d'énoncer des raisons de fait sans signification précise[1333], certains décrets comportaient des indications relativement satisfaisantes sur les motifs de fait justifiant la révocation[1334].

Toutefois, le législateur passe sous silence l'exigence de motiver une multiplicité de décisions. Échappent à l'obligation de motivation, la non approbation des délibérations et des arrêtés pris pour leur exécution[1335], le refus de visa ou l'annulation des arrêtés pris par le président de la commune concernant le personnel[1336], la non approbation des arrêtés de délégation pris par le président de la municipalité[1337] ainsi que la non acceptation de la démission d'office des Conseillers municipaux[1338].

Il convient de remarquer que les textes imposant la motivation des actes du pouvoir central n'ont pas défini les motifs qui peuvent servir de base aux décisions prises par les autorités centrales. Ces dernières

---

[1333] Décret n° 59-62 du 21 février 1959, portant révocation d'un adjoint à la municipalité de Nabeul, (*JORT* n° 12 du 24 février 1959, p. 168 : « … Considérant les irrégularités administratives commises par monsieur Taïeb Louati, adjoint municipal » ; Décret n° 58-72 du 10 mars 1958, portant révocation du président de la commune de Sidi Amor Bou Hajla (*JORT* n° 20 du 14 mars 1958, p. 250) : « considérant que la conduite du président de la commune de Sidi Amor Bou Hajla est contraire aux règles morales dont le strict respect s'impose particulièrement à une autorité de ce genre ».

[1334] Décret n° 59-61 du 21 février 1959, portant révocation du président de la commune de Gafour, (*JORT* n° 12 du 24 février 1959, p. 168) : « …Considérant qu'il est apparu, après enquête, que le président de la commune de Gafour a utilisé les deniers publics à des fins personnelles » ; Décret n° 57-186 du 31 décembre 1957, portant révocation du président de la commune de Téboursouk (*JORT* n° 3 du 10 janvier 1958, p. 27) : « … Considérant que le président de la commune de Téboursouk a détourné de leurs fins les pouvoirs qui lui ont été confiés, et ce à son propre profit ».

[1335] Alinéa 3 de l'article 38 (nouveau) tel que modifié en 2006 et reclassé à l'article 23 de la loi organique des communes et Article 42 (nouveau) tel que modifié en 2006 et reclassé à l'article 25 de la loi organique des communes.

[1336] Article 118 de la loi organique des communes tel que modifié en 1995 et reclassé à l'article 101 par la modification de 2006.

[1337] Article 55 de la loi organique des communes tel que modifié en 1995 et reclassé à l'article 64 par la modification de 2006.

[1338] Article 27 de la loi organique des communes tel que reclassé à l'article 44 par la modification de 2006.

détiennent un pouvoir discrétionnaire étendu et peuvent agir en légalité comme en opportunité[1339]. Cette marge de manœuvre reconnue aux autorités centrales répond mal aux exigences du contrôle de tutelle institué pour être exercé à titre exceptionnel.

Encore, l'obligation de motiver est-elle souvent anéantie par la pratique administrative. Il en est de la motivation illusoire des décrets de dissolution des communes, l'omission de motiver les décrets portant suppression des communes et révocation des présidents de municipalité. Cette hostilité excessive de l'administration de tutelle à l'égard de l'obligation de motiver est l'un des indicateurs qui montrent qu'en Tunisie la décentralisation est loin d'être réelle. Le pouvoir central marque un manque de conscience que les collectivités locales sont juridiquement dotées d'une personnalité juridique propre et que l'obligation de motiver n'est pas une règle de pure forme, mais une condition nécessaire pour une décentralisation réelle. La liberté de gestion des affaires locales et son corollaire le caractère exceptionnel du contrôle de tutelle imposent à l'autorité administrative l'obligation de justifier toute décision portant atteinte à la liberté de l'autorité décentralisée.

À cause de la « *psychologie politique régnante* »[1340], l'autorité centrale exerce un contrôle de tutelle situé aux frontières d'un contrôle hiérarchique. La « *densité maximale de la tutelle* » sur les actes et sur les personnes des collectivités locales conjuguée par une pratique du pouvoir central défavorable à l'obligation de se justifier permet légitimement de soutenir « *qu'en Tunisie, la tutelle est la règle et l'autonomie l'exception* »[1341].

1339 Y. BEN ACHOUR, *Droit administratif*, 2ème édition, CPU, Tunis, 2000, p.p. 193 et 199.
1340 *Idem,* p. 193.
1341 L. TARCHOUNA, *Décentralisation et déconcentration en Tunisie*, Thèse, Faculté de droit et des sciences politiques, Université de Tunis-Elmanar, 2004-2005, p. 124.

Paragraphe 2 : Apport limité du décret du 3 mai 1993, fixant le cadre général de la relation entre l'administration et ses usagers [1342]

Comme l'indique son intitulé, le décret n° 93-982 du 3 mai 1993, fixant le cadre général de la relation entre l'administration et ses usagers[1343] s'inscrit dans un contexte plus large, celui d'améliorer les rapports entre l'administration et les administrés.

Le décret du 3 mai 1993 comporte douze articles qui portent sur trois questions réparties en trois Titres. Le premier Titre est relatif à l'« *exercice des activités économiques dans le cadre d'un cahier des charges* »[1344]. Le deuxième Titre porte sur « *l'attestation administrative et la réclamation sur l'honneur* »[1345]. La question de la motivation a été traitée dans le troisième Titre consacré aux « *demandes présentées pour l'obtention d'une prestation administrative* »[1346]. Ce dernier Titre impose à la charge des autorités administratives deux obligations complémentaires.

La première obligation est de « *répondre par écrit par l'acceptation ou le refus à toute demande relative à l'obtention d'une prestation administrative relevant de leurs attributions* » [1347]. Le décret a confié aux ministres d'arrêter « *les listes actualisées des prestations administratives* »[1348]. Cette obligation de répondre par

---

[1342] Le décret n° 93-982 du 3 mai 1993, fixant le cadre général de la relation entre l'administration et ses usagers (*JORT* n°36 du 14 mai 1993, p. 651, tel que modifié successivement par le décret n° 2007- 1259 du 21 mai 2007, *JORT* du 29 mai 2007 p. 1819, le décret n° 2008-344 du 11 février 2008, *JORT* n° 14 du 15 février 2008, p. 727 et le décret n° 2010-1882 du 26 juillet 2010, *JORT* n° 63 du 6 août 2010, p. 2123.

[1343] L'intitulé du décret n° 93-982 du 3 mai 1993 relatif à la relation entre l'administration et ses usagers a été modifié par le décret n° 2007- 1259 du 21 mai 2007 comme suit : Décret n° 93-982 du 3 mai 1993, fixant le cadre général de la relation entre l'administration et ses usagers.

[1344] Les articles 2 et 3.

[1345] Les articles 4, 5 et 6.

[1346] Les articles de 7 à 11.

[1347] Paragraphe 1er de l'article 8 (nouveau) tel que modifié par le décret du 21 mai 2007.

[1348] Article 8.

écrit aux demandes est entourée de deux garanties essentielles en faveur des usagers.

D'une part, afin d'assurer l'accès aux services administratifs, le décret prévoit que les arrêtés ministériels, fixant les listes actualisées des prestations administratives, seront publiées aux sites web relevant des structures administratives concernées[1349] et « *doivent obligatoirement indiquer les procédures à suivre et les pièces administratives exigées des usagers de l'administration pour l'obtention desdites prestations* »[1350].

D'autre part, le décret exige que la réponse aux demandes soit fournie « *dans les délais prévus par les dispositions législatives et réglementaires en vigueur* »[1351]. Le décret prévoit un délai de droit commun de deux mois à compter de la date de la réception de la demande par les services concernés[1352].

La deuxième obligation est que « *la réponse aux demandes présentées pour l'obtention d'une prestation administrative doit se baser sur des dispositions légales et réglementaires en vigueur chaque fois qu'il s'agit de décisions nécessitant une motivation* » [1353]. Le deuxième alinéa de l'article 10 ajoute : « *Les ministres concernés arrêtent les listes des décisions qui doivent être motivées ; ces listes sont publiées au Journal Officiel de la République Tunisienne et sont mises à jours chaque fois que possible* ».

La question qui s'impose est de savoir si l'article 10 alinéa 2 invite simplement les ministres à rassembler les cas d'obligation de motiver qui figurent dans les textes antérieurs dans des listes actualisées ou bien, il offre aux ministres la latitude d'aller au-delà des textes antérieurs. Ni la formule de l'article 10, ni une circulaire n°34 du

---

[1349] Article 8 (nouveau), paragraphe 3 tel que modifié par le décret du 21 mai 2007.
[1350] 3ème paragraphe nouveau de l'article 8 tel que modifié par le décret du 11 février 2008.
[1351] Article 9 (nouveau), paragraphe 1er tel que modifié par le décret du 21 mai 2007.
[1352] Article 9 (nouveau), paragraphe 2 tel que modifié par le décret du 21 mai 2007. Dans sa version initiale, le décret du 3 ami 1993, prévoit un délai de quatre mois pour la réponse de l'administration (Article 9 ancien, alinéa 3).
[1353] Article 10.

Premier Ministre en date du 26 mai 1993, portant interprétation du décret du 3 mai 1993[1354], ne donnent une réponse tranchée à la question. La consultation des arrêtés ministériels montre néanmoins que les listes comprennent des décisions non soumises à l'obligation de motivation par les textes antérieurs[1355]. La doctrine affirme que c'est par un souci de sécurité juridique, que ces arrêtés étendent le champ de l'obligation de motiver au-delà des limites tracées par le décret[1356].

Force est de constater que le décret de 1993, qui prescrit aux autorités administratives l'obligation de motiver, est lui-même dépourvu de motivation. Il est légitime de s'interroger si un décret non motivé puisse instituer des véritables cas d'obligation de motiver.

Le décret du 3 mai 1993, fixant le cadre général de la relation entre l'administration et ses usagers, quoiqu'ambitieux au niveau de son intitulé, ne représente qu'un progrès très limité en raison de son caractère casuistique et des tempéraments multiples qui lui sont apportés. À côté de la multiplicité des restrictions apportées à son domaine d'application (A), le décret de 1993 a dispensé l'administration de l'obligation de motiver en lui donnant la possibilité de prendre des décisions implicites (B). La méthode

---

[1354] La circulaire est disponible sur un site officiel relevant de la présidence du Gouvernement : [www.legislation.tn/fr].

[1355] On peut citer à titre d'illustration : l'arrêté du Ministre du transport du 19 décembre 1996 qui cite parmi les cas nécessitant une réponse motivée en cas de refus la carte d'exploitation pour les voitures de louage, taxi et transport rural (*JORT* n° 104 du 27 décembre 1996, p. 2549) et l'arrêté du Ministre de l'intérieur du 28 décembre 1995 qui exige la motivation du refus du permis de circulation d'un routier « TAXI » (*JORT* n° 3 du 9 janvier 1996, p. 36) alors que le décret n° 89-1233 du 25 août 1989 réglementant les transports des personnes par voitures de taxis ou de louages, (*JORT* n° 61 du 12 septembre 1989, p. 1399) n'a pas imposé la motivation de ces décisions. De même la loi n° 94-122 du 28 novembre 1994, portant promulgation du code de l'aménagement du territoire et de l'urbanisme (*JORT* n° 96 du 6 décembre 1994, p. 1930) n'a pas exigé la motivation du refus du permis de bâtir. L'arrêté du Ministre de l'intérieur du 28 décembre 1995 (*JORT* n° 3 du 9 juin 1996, p. 35) a cependant cité l'autorisation de construction d'un immeuble parmi les décisions devant être motivées en cas de refus.

[1356] Y. BEN ACHOUR, *Droit administratif*, 2ème édition, CPU, Tunis, 2000, p. 387 ; S. DABBOU-BEN AYED, « La transparence en Tunisie : réalité et apparence », *Mélanges Jacqueline Morand-Dévriller*, Montchrestien, Paris, 2007.

énumérative et la multiplicité des tempéraments risquent de vider l'obligation de motivation de sa substance. En Tunisie, l'obligation de motiver prévue par le décret du 3 mai 1993 est encore en retrait par rapport aux expériences opérées dans des pays étrangers (C).

A. Pluralité des restrictions

Les cas d'obligation de motiver prévus par le décret de 1993 et les textes d'application sont cantonnés dans un domaine très réduit à cause de la pluralité des limites qui lui sont apportées. L'obligation de motiver ne s'étend qu'à un type bien défini d'actes administratifs. Pour que la motivation obligatoire prenne effet, il faut qu'il y ait une réponse à une demande (1) par le refus (2) de fournir l'une des prestations administratives fixées par arrêtés ministériels (3).

1. Une réponse aux demandes

Rappelons tout d'abord, que la modification du décret en 2007 a changé l'expression « *réponse aux réclamations* » par l'expression « *réponse aux demandes* ». Cette nouvelle formule est plus commode dans la mesure où l'administré peut demander une prestation sans avoir l'intention de contester l'administration. En plus, l'expression « *réclamations* » s'accorde mal avec le contexte général d'un décret ayant pour objet d'améliorer le rapport administration-administré. La réclamation est une notion péjorative qui évoque l'idée d'un rapport de contestation et d'hostilité entre l'administration et ses usagers, d'une administration défaillante et négligente des besoins de ses usagers.

Le décret de 1993 exige la motivation de la « *réponse aux demandes* ». Par le jeu de cette formule restrictive, trois catégories d'actes échappent au domaine de l'obligation de motiver.

D'abord, les décisions de refus des demandes se présentent, dans tous les cas, sous la forme d'une **décision individuelle**. Ainsi, la catégorie d'actes à caractère réglementaire est située en dehors du champ d'application du décret. Il convient de signaler que la loi italienne sur la procédure administrative et l'accès aux documents administratifs exclut expressément les actes réglementaires du champ de la motivation obligatoire[1357].

Ensuite, l'expression « *réponse aux demandes* » signifie que seules les **décisions provoquées** par les administrés s'insèrent dans la sphère de la motivation obligatoire. Dès lors, toute décision prise à l'initiative de l'administration et non provoquée par l'administré sera exclue du périmètre des actes soumis à l'obligation de motiver. Cette restriction est confirmée par une circulaire n° 34 du Premier Ministre en date du 26 mai 1993, portant interprétation du décret du 3 mai 1993. Le Premier Ministre souligne que le décret de 1993 « *insiste dans son article 10 sur l'obligation de motiver la* ***réponse*** *sur la base des dispositions législatives et réglementaires en vigueur qui justifient le contenu de l'acte, et ce, afin d'assurer la transparence de la décision* »[1358].

Enfin, l'exigence de motiver les décisions de réponse aux demandes des administrés ne saurait englober le **retrait de l'acte initial**. Par application du principe qu'on a appelé « *pas de motivation au-delà des textes* », le silence du décret quant à l'exigence de motiver le retrait des autorisations administratives vaut dispense de motivation. Interprétant d'une manière restrictive les exceptions à l'obligation de motiver, le juge administratif français considère que lorsqu'un texte prévoit que le refus d'une autorisation doit être motivé, il n'en résulte pas que la décision retirant ladite autorisation doive l'être aussi. En cette matière, « *la règle de parallélisme des formes ne joue pas* »[1359].

Par l'effet de cette triple restriction, tout un pan de l'activité administrative échappe au champ d'application de la motivation obligatoire instituée par le décret de 1993.

[1357] Article 3 de la loi 241/90 sur la procédure administrative et l'accès aux documents administratifs.

[1358] C'est notre traduction. La circulaire est disponible sur un site officiel relevant de la présidence du Gouvernement : [www.legislation.tn/fr].

[1359] R. ODENT, *Contentieux administratif*, *op. cit.*, p. 1830.

2. Une réponse par le rejet des demandes

L'obligation de motiver ne concerne pas toutes les décisions de réponse aux demandes, mais seulement les décisions de refus. Les **décisions d'acceptation** ne sont pas inclues dans le domaine de l'obligation de motiver. Cette restriction n'est pas expressément prévue par l'article 10 du décret de 1993. L'article 10 dudit décret se contente d'utiliser l'expression de « *décisions qui doivent être motivées* ».

L'obligation de motiver les seuls actes de rejet découle clairement du décret du 16 janvier 1996, fixant le contenu des plans de mise à niveau de l'administration[1360]. Ce dernier texte dispose dans son article 3 que chaque plan de mise à niveau ministériel comprend entre autres « *les cas nécessitant une réponse aux réclamations et demandes des citoyens* ***avec motivation en cas de refus*** ».

Par ailleurs, les arrêtés ministériels pris sur la base de l'article 10 du décret de 1993 comportent dans leurs articles premiers des formules semblables présentées en ces termes : « *Est fixé comme suit, la liste des questions relatives aux prestations administratives relevant du ministère de* [...] *et dont la réponse aux réclamation doit être motivée* ***en cas de refus*** ».

Comme en droit tunisien, plusieurs législations étrangères ont exclu les actes d'acceptation du champ de l'obligation de motiver. La loi allemande sur la procédure administrative non contentieuse prévoit qu'« *une motivation n'est pas nécessaire lorsque l'autorité administrative fait droit à une requête ou se range à une déclaration et que l'acte administratif ne porte pas atteinte aux droits d'autrui* »[1361]. La loi française du 11 juillet 1979 prescrit uniquement la motivation des décisions administratives individuelles défavorables. En outre le code de procédure administrative polonaise dispose que

---

[1360] Décret n° 96-49 du 16 janvier 1996 fixant le contenu des plans de mise à niveau de l'administration et les modalités de leur élaboration, réalisation et suivi, *JORT* n° 7 du 23 janvier 1996, p. 206.

[1361] Article 39-2, cité par : E. UNTERMAIER, « Regard critiques sur le droit administratif français à l'aune de quelques exemples en droit comparé », *La motivation en droit public*, S. Caudal (dir.), Dalloz, 2013, p. 105.

« *L'organe peut s'abstenir de motiver la décision si elle fait intégralement droit à la demande de la partie* »[1362]. En droit suédois, « *Les motifs de la décision peuvent, dans leur totalité ou partiellement, ne pas être exprimés, si la décision n'est pas défavorable à aucune des parties* »[1363]. Toutefois, en Italie, en Grèce, en Belgique et en Espagne, une telle exonération de l'obligation de motiver les décisions qui font droit à une requête n'existe pas[1364].

Il est vrai que l'exigence de motiver les décisions de refus vise à protéger les intérêts de leurs destinataires. L'information de l'intéressé des motifs de rejet lui permet soit de régulariser sa situation soit d'intenter un recours en toute connaissance de cause. Il n'en reste pas moins que par cette exclusion des actes d'acceptation du domaine de la motivation obligatoire les rédacteurs du décret de 1993 ont négligé l'intérêt général de la légalité. Le principe de légalité s'impose quelle que soit la nature de l'acte pris par l'administration. « *Le trouble causé à la légalité peut être aussi important que celui qui résulte d'une décision négative* »[1365], souligne un auteur. En outre, si la décision d'acceptation fait satisfaction aux intérêts du demandeur, elle peut néanmoins porter préjudice aux intérêts des tiers. Ces derniers ont intérêt à connaître les motifs pour qu'ils puissent contester utilement l'acte administratif.

Par conséquent, l'exclusion, sans conditions, ni nuances, des décisions d'acceptation des demandes du domaine de la motivation obligatoire ne parait découler d'aucune exigence logique ou juridique. Une telle dissociation catégorique entre les actes de rejet devant être motivés et les actes d'acceptation des demandes dispensés de l'obligation de motiver semble artificielle. C'est pourquoi certaines législations adoptent une solution nuancée afin de protéger les intérêts des tiers. La loi fédérale suisse sur la procédure administrative du 20 décembre 1968 prévoit que l'administration est dans l'obligation de

---

[1362] Pologne, Article 107, Paragraphe 4 du code de procédure administrative, cité par : E. UNTERMAIER, *ibidem*.

[1363] Suède, Section 1 de la loi sur la procédure administrative de 1986, cité par : E. UNTERMAIER, *ibidem*.

[1364] *Cf.* : E. UNTERMAIER, *ibidem*.

[1365] S. SUR, « Sur l'obligation de motiver formellement les actes administratifs », *AJDA*, 1974, p. 363.

motiver la décision d'acceptation susceptible de toucher les droits et les obligations de certaines personnes[1366]. De même, en droit allemand, l'acte d'acceptation est obligatoirement motivé lorsqu'il porte atteinte aux droits des tiers[1367].

3. Un refus de fournir l'une des prestations fixées par arrêtés ministériels

Pour que l'administration soit tenue de motiver, il ne suffit pas que l'administration prenne une décision de refus d'une demande de prestation administrative quelconque, encore faut-il que ladite prestation figure dans les listes fixées par arrêtés ministériels. En effet, par application de l'alinéa 1er de l'article 10 du décret du 3 mai 1993, chaque Ministre arrête la liste des décisions qui doivent être motivées[1368].

Cette méthode énumérative forme un dispositif juridique à la fois hétérogène (a) et contradictoire (b) qui répond mal aux exigences de bonne administration (c).

[1366] Articles 6 et 35 de la loi fédérale suisse sur la procédure administrative du 20 décembre 1968. *Cf.* : E. UNTERMAIER, « Regard critiques sur le droit administratif français à l'aune de quelques exemples en droit comparé », *La motivation en droit public*, S. Caudal (dir.), Dalloz, 2013, p. 105.

[1367] Article 39-2 de la loi allemande sur la procédure administrative non contentieuse, cité par : E. UNTERMAIER, « Regard critiques sur le droit administratif français à l'aune de quelques exemples en droit comparé », *La motivation en droit public*, S. Caudal (dir.), Dalloz, 2013, p. 105.

[1368] *Cf.* à titre d'illustration : Arrêté du Ministre des affaires religieuses du 29 avril 1995, relatif à l'établissement de la liste des questions se rapportant aux prestations administratives relevant des attributions du ministère des affaires religieuses et nécessitant une réponse motivée en cas de refus, *JORT* n° 39 du 6 mai 1995, p. 1119 ; Arrêté du Ministre de l'agriculture du 14 février 1995, fixant la liste des décisions nécessitant une motivation pour répondre aux réclamations dont l'origine est connue, *JORT* n° 22 du 17 mars 1995, p. 487 ; Arrêté du Ministre des communications du 15 août 1995, fixant la liste des questions relatives aux prestations administratives relevant des attributions du ministère des communications et nécessitant des réponses motivées en cas de refus, aux réclamations des citoyens, *JORT* n° 68 du 25 août 1995, p. 1740 ; Arrêté du Ministre de l'intérieur du 28 décembre 1995, fixant la liste des questions relatives aux prestations administratives fournies par les services du ministère de l'intérieur et les collectivités publiques locales dont la réponse aux réclamations des citoyens doit être motivée en cas de refus, *JORT* n° 3 du 9 janvier 1996, p. 35.

a. Un dispositif hétérogène

On constate d'abord que l'étendue des listes fixant les prestations nécessitant une réponse motivée en cas de refus est d'une variabilité extrême. À titre d'illustration, si la liste arrêtée par le ministère des affaires religieuses comporte 2 cas[1369] et celle du ministère de la défense nationale contient 4 cas[1370], le Ministre des affaires sociales présente une liste de 156 cas[1371] et le Ministre du transport a arrêté une liste de 186 cas[1372]. De même, les listes de décisions qui doivent être motivées « *sont mises à jours chaque fois que nécessaire* » aux termes de l'article 10, alinéa 2 du décret du 3 mai 1993[1373]. Par le jeu de cette disposition, le champ de l'obligation de motiver est *sujet « à modifications illimitées par arrêté du Ministre concerné »*[1374].

À côté des listes fixant les cas de motivations obligatoire au sens de l'article 10 du décret, les ministres ont été également appelés par trois décrets[1375] à arrêter des listes actualisées des prestations

---

[1369] Arrêté du Ministre des affaires religieuses du 29 avril 1995, *JORT* n° 39 du 16 mai 1995, p. 1119.

[1370] Arrêté du Ministre de la défense nationale du 16 septembre 1995, *JORT* n° 76 du 22 septembre 1995, p. 1835.

[1371] Arrêté du Ministre des affaires sociales du 3 avril 1995, *JORT* n° 32 du 21 avril 1995, p. 770.

[1372] Arrêté du Ministre du transport du 19 décembre 1996, portant modification de l'arrêté du 16 décembre 1995, *JORT* n° 104 du 27 décembre 1996, p. 2549.

[1373] *Cf.* notamment : Arrêté du Ministre de l'éducation du 24 février 1998, *JORT* n° 8 du 3 mars 1998, p. 425 qui a abrogé l'arrêté du 28 juillet 1995 ; Arrêté du Ministre de l'équipement et de l'habitat du 14 août 1997 modifiant l'arrêté du 14 février 1995, *JORT* n° 67 du 22 août 1997, p. 1560 ; Arrêté du Ministre de la santé publique du 2 décembre 1997 qui abrogé les dispositions de l'arrêté du 19 juin 1995, *JORT* n° 99 du 12 décembre 1997, p. 2306.

[1374] M. S. BEN AISSA, « Citoyen et administration », *Le citoyen et la Constitution*, Académie Internationale de Droit Constitutionnel, 12ème session, Tunis, Presses de l'Université de sciences sociales de Toulouse, 1996, p.17.

[1375] Les arrêtés ministériels fixant les listes relatives aux prestations administratives sont pris par application de trois décrets différents.

-Le premier décret est celui du 3 mai 1993 (article 8 nouveau) fixant le cadre général de la relation entre l'administration et ses usagers qui confie aux ministres de fixer « les listes actualisées des prestations administratives » que l'administration doit répondre par écrit et dans les délais prescrits. Avec cette remarque que la circulaire du Premier Ministre n°34 du 26 mai 1993 n'a pas évoqué les listes de prestation au sens de l'article 8 nouveau (Article 7 ancien).

administratives rendues par les services de chaque ministère et les conditions de leur octroi[1376]. Ainsi, on est en présence de deux types de listes ministérielles : les unes fixent **l'ensemble des prestations fournies par chaque ministère** et les autres définissent **les prestations dont la réponse doit être motivée en cas de refus**.

La comparaison entre les deux types de listes permet de relever que plusieurs prestations administratives fixées par les arrêtés ministériels ne figurent pas dans les listes relatives aux décisions qui doivent être motivées. À titre d'illustration, sur les 36 prestations relatives aux forêts fournies par le ministère de l'agriculture[1377], 23 seulement sont soumises à l'obligation de motiver en cas de refus[1378]. De même, si le

---

-**Le deuxième décret** qui exige d'arrêter les listes de prestation est **le décret n° 93-1880 du 13 septembre 1993, relatif au système d'information et de communication administrative**, *JORT* n° 72 du 24 septembre 1993, p. 1579. L'article 3 du même décret dispose « La liste des prestations administratives et les formalités nécessaires pour leur obtention, à inclure dans le système d'information et de communication administrative, sont fixées par arrêté du Ministre concerné ».
-**Le troisième texte** qui fonde lesdites listes est **le décret n° 96-49 du 16 juin 1996 fixant le contenu des plans de mise à niveau** de l'administration et les modalités de leur élaboration, réalisation et suivi, *JORT* n° 7 du 23 janvier 1996, p. 206. Aux termes de l'article 2 de ce même décret « Le plan de mise à niveau de chaque ministère comprend « ...16) les prestations administratives fournies par les services du ministère aux usagers et les conditions de leur octroi,... ».

[1376] On peut citer à titre d'illustration : Arrêté du Ministre des affaires sociales du 20 septembre 2001, relatif aux prestations administratives rendues par les services relevant du ministère des affaires sociales et aux conditions de leur octroi, *JORT* n° 82 du 12 octobre 2001, p. 3563 ; Arrêté du Ministre des domaines de l'État et des affaires foncières du 17 novembre 1994, relatif aux prestations administratives rendues par les services et les établissements relevant du ministère des domaines de l'État et des affaires foncières et les conditions de leurs octroi, *JORT* n° 99 du 19 décembre 1994, p. 1982 ; Arrêté du Ministre de l'éducation du 6 juin 1995 relatif aux prestations administratives fournies par les services du ministère de l'éducation et les conditions de leur octroi, *JORT* n° 47 du 13 juin 1995, p. 1290 modifié par l'arrêté du 6 mars 1996, *JORT* n° 24 du 22 mars 1996, p. 607.

[1377] Arrêté du Ministre de l'agriculture du 5 décembre 1994, relatif aux prestations administratives rendues par les services relevant du ministère de l'agriculture et aux conditions de leur octroi, *JORT* n° 6 du 20 janvier 1995, p. 100.

[1378] Arrêté du Ministre de l'agriculture du 14 février 1995, fixant la liste des décisions nécessitant une motivation pour répondre aux réclamations dont l'origine est connue, *JORT* n° 22 du 17 mars 1995, p. 487. Par exemple, les autorisations de vente de gré à gré des produits forestiers, d'exercice du droit d'usage dans le

ministère des domaines de l'État et des affaires foncières fournit 20 prestations[1379], il n'est tenu de motiver que 8 décisions[1380].

b. Un dispositif contradictoire

Le dispositif de motivation issu du décret du 3 mai 1993 fait ressortir des incohérences et des contradictions difficiles à expliquer. À titre d'illustration, le refus d'inscription des étudiants aux établissements d'enseignement supérieur est pris par acte motivé[1381] alors que le refus d'inscription des élèves dans les écoles primaires et dans les lycées secondaires n'a pas à être motivé[1382]. En l'absence d'un dénominateur commun susceptible de systématiser la diversité des cas exclus du champ de l'obligation de motiver, il est particulièrement difficile de savoir avec certitude pourquoi certaines prestations administratives n'ont pas été inclues dans la listes des décisions nécessitant une motivation obligatoire. Des actes analogues sont tantôt soumis à l'obligation de motiver, tantôt exclus du champ de l'obligation de motiver. Il semble que la faible coordination entre les départements ministériels est l'une des raisons fondamentales qui expliquent l'incohérence du dispositif juridique.

---

domaine forestier de l'État et d'exploitation de gibier réservé aux touristes chasseurs ne figurent pas dans la liste des actes nécessitant une motivation.

[1379] Arrêté du Ministre des domaines de l'État et des affaires foncières du 17 novembre 1994, relatif aux prestations administratives rendues par les services et les établissements relevant du ministère des domaines de l'État et des affaires foncières, *JORT* n° 99 du 16 décembre 1994, p. 1982.

[1380] Arrêté du Ministre des domaines de l'État et des affaires foncières du 29 avril 1995 fixant la liste des questions relatives aux prestations administratives relevant des services du ministère des domaines de l'État et des affaires foncières et des établissements publics qui lui sont rattachés dont la réponse aux réclamations des citoyens doit être motivée en cas de refus, *JORT* n° 39 du 16 mai 1995, p. 1122.

[1381] Arrêté du Ministre de l'enseignement supérieur du 26 juin 2000, fixant la liste des questions relatives aux prestations administratives relevant des attributions du ministère de l'enseignement supérieur et des établissements publics sous sa tutelle et nécessitant une réponse motivée en cas de refus aux réclamations des citoyens, *JORT* n° 54 du 7 juillet 2000, p. 1645.

[1382] Arrêté du Ministre de l'éducation du 24 février 1998, fixant la liste des questions relatives aux prestations administratives relevant du ministère de l'éducation, des établissements publics et des entreprises publiques sous sa tutelle et dont la réponse aux réclamations des citoyens doit être motivée en cas de refus, *JORT* n° 8 du 3 mars 1998, p. 425.

L'interprétation restrictive des exceptions au principe de non motivation empêche de corriger les contradictions inadmissibles entre les listes. La motivation obligatoire ne peut dépasser les cas limitativement énumérés par les arrêtés ministériels dans la mesure où l'énumération des cas de motivation obligatoire est effectuée à titre limitatif[1383].

c. Un dispositif incompatible avec les exigences de bonne administration

La multiplicité, l'instabilité et la méthode énumérative des arrêtés ministériels rendent particulièrement complexe un dispositif juridique édicté pour faciliter l'accès aux services publics. On ne peut favoriser la transparence et la qualité des services publics à travers un dispositif complexe et difficile à accéder. Les incertitudes et la complexité du dispositif juridique risque, non seulement de compliquer le travail de l'administrateur, mais aussi de mettre en cause la sécurité juridique des citoyens. Le citoyen éprouve bien des difficultés à suivre régulièrement et sans risques d'erreurs l'ensemble des listes des prestations et des actes soumis à l'obligation de motiver[1384].

À l'occasion de chaque demande relative à une prestation administrative, l'administré se trouve dans l'obligation de parcourir les textes juridiques et d'effectuer une lecture combinée de deux arrêtés ministériels différents. Dans un premier temps, et pour savoir s'il a le droit de bénéficier d'une réponse écrite dans les délais prescrits, l'usager se trouve tenu de vérifier au préalable si la prestation qu'il demande figure dans l'arrêté fixant la liste des prestations rendues par les services du ministère concerné. Ensuite, l'administré doit consulter le deuxième arrêté fixant la liste des décisions qui doivent être motivée en cas de refus pour savoir si sa demande nécessite une réponse motivée en cas de refus.

[1383] M. R. JENAYAH, « De l'existence des règlements autonomes en Tunisie », *RTD*, 1979, p. 242 : « En vertu d'un principe traditionnel,… toute énumération est limitative sauf mention expresse contraire »

[1384] M. S. BEN AISSA, « Citoyen et administration », *Le citoyen et la Constitution*, Académie Internationale de Droit Constitutionnel, 12ème session, Tunis, Presses de l'Université de sciences sociales de Toulouse, 1996, p.p. 77 et 78.

On aurait dû instituer une règle générale imposant à l'administration l'obligation de motiver toute décision relevant de ses attributions, sauf exceptions. Une telle solution répond aux exigences d'intelligibilité des textes juridiques et son corollaire la sécurité juridique ainsi qu'aux exigences de transparence et de simplification de la tâche des citoyens et de l'agent administratif.

Par ailleurs, par la possibilité reconnue à l'administration de garder le silence à l'égard des demandes de prestations administratives, le décret de 1993 a curieusement institué une véritable dispense de l'obligation de motiver.

B. La dispense de l'obligation de motiver : les actes implicites

Le décret de 1993 a exonéré l'administration de l'obligation de motiver et ce, par la possibilité offerte à l'administration de garder le silence vis-à-vis des demandes de prestations administratives. À l'égard du silence de l'administration durant les délais de réponse, l'article 9 (nouveau) du décret a envisagé deux solutions : une solution de principe : le silence de l'administration vaut rejet de la demande (2) et une solution d'exception : « *le silence vaut acceptation implicite de la demande* » (1).

1. La solution d'exception : le silence-acceptation

La solution d'exception du silence-acceptation est une application de l'adage « *qui ne dit mot consent* ». Cet adage n'a pas une origine connue, il est « *venu on ne sait d'où par les chemins aventureux de la coutume* »[1385].

L'acte implicite d'acceptation échappe à l'obligation de motiver non seulement parce que seules les décisions de rejet sont inclues dans le champ de motivation obligatoire, mais aussi parce que l'acte implicite est par nature non motivé.

[1385] J. BARRAULT, *Essai sur le rôle du silence créateur d'obligation*, Thèse, Dijon, 1912, p. 2, cité par M. MONNIER, *Les décisions implicites d'acceptation de l'administration*, LGDJ, Paris, 1992, p. 7.

Le système de la décision implicite d'acceptation répond à « *une meilleure satisfaction de l'intérêt des administrés [demandeurs] et [une] plus grande efficacité de l'administration* »[1386]. Sans être tenue de poursuivre des procédures qui peuvent alourdir son action, l'administration donne satisfaction aux administrés dans des délais plus brefs que la décision explicite.

Il faut préciser que l'acceptation implicite d'une demande a plus de conséquences que son rejet. « *De la technique de la décision implicite d'acceptation, peut résulter la création de droits et de situations irréversibles* »[1387] susceptibles de nuire l'intérêt général, l'ordre public et les libertés individuelles des tiers[1388]. Ce qui explique que le silence-acceptation, pourtant favorable aux usagers titulaires des demandes, demeure strictement exceptionnel. Aux termes de l'article 9 du décret, le silence-acceptation n'est mis en œuvre que dans « *des cas fixés par décret* ». À cet effet, un décret du 21 mai 2007[1389]a fixé huit cas de silence-acceptation. Un deuxième décret en date du 28 septembre 2010[1390] a ajouté onze cas. Le nombre des cas de silence-acceptation reste d'une faible minorité eu égard à la densité extrême des prestations fournies par les services administratifs.

Mieux encore, l'administré ne peut bénéficier d'une acceptation implicite que lorsqu'il effectue le parcours du combattant. En effet, la demande doit être accompagnée des pièces exigées par les arrêtés ministériels. Suite au dépôt de cette demande initiale, l'administré se trouve dans l'obligation de présenter une nouvelle demande identique dans les sept jours suivant l'expiration des délais de réponse de l'administration. Le défaut de réponse dans un délai de vingt et un jours à compter de la réception de la demande fait naître une décision

---

[1386] R. CHAPUS, *Droit administratif général*, Tome 1, 15ème édition, Paris, 2001, p. 508.
[1387] *Ibidem.*
[1388] Ch. DEBBASCH, « Les modes non formels d'expression de la volonté de l'administration », *RA*, 1968, p. 556
[1389] Décret n°2007-1260 du 21 mai 2007, fixant les cas où le silence de l'administration vaut acceptation implicite, *JORT* n° 43 du 29 mai 2007, p. 1820.
[1390] Décret n° 2010-2437 du 28 septembre 2010, complétant le décret n° 2007-1260 du 21 mai 2007, fixant les cas où le silence de l'administration vaut acceptation implicite, *JORT* n° 79 du 1er octobre 2010, p. 2693.

implicite d'acceptation[1391]. Dès lors, seul un administré vigilant qui maitrise les délais et les procédures administratives puisse bénéficier d'une décision d'acceptation implicite.

Même si le silence créateur d'une décision d'acceptation allège le poids du travail administratif et permet de mieux respecter la liberté de celui qui demande une autorisation[1392], il exclut, comme le rejet implicite, toute idée de « *démocratisation des comportements administratifs* »[1393].

2. La solution de principe : le silence-rejet

La notion de décision implicite de rejet est apparue et s'est développée dans le cadre de la procédure administrative contentieuse. En effet, le silence de l'administration crée une décision implicite de rejet susceptible de lier le contentieux et d'éviter par conséquent le déni de justice[1394]. C'est là la raison d'être originelle du principe du silence-rejet : empêcher l'administration de faire obstacle à l'exercice du recours juridictionnel en s'abstenant de décider par acte explicite[1395]. La catégorie d'actes implicites de rejet est donc issue d'une optique purement contentieuse de la protection de l'administré contre l'arbitraire[1396].

Entre un silence sans effets juridiques trop favorable aux intérêts de l'administration et un silence-acceptation faisant prévaloir les intérêts privés de l'intéressé au détriment de l'intérêt général, le droit tunisien a choisi comme solution de principe le silence-rejet. Le paragraphe 5 de l'article 9 (nouveau) du décret du 3 mai 1993 dispose : « *Dans les autres cas et sauf disposition législative ou réglementaire contraires,*

[1391] Article 9 nouveau du décret du 3 mai 1993.

[1392] M. MONNIER, *Les décisions implicites d'acceptation de l'administration*, LGDJ, Paris, 1992, p. 173.

[1393] Ch. DEBBASCH, « Le temps et l'Administration, vers une chrono-administration », *RFAP*, 1982, p. 53.

[1394] J.-G SORBARA, « Le silence de l'administration », *RDP*, 2012, p. 1079 ; G. ISAAC, *La procédure administrative non contentieuse*, LGDJ, 1968, p. 317.

[1395] R. CHAPUS, *Droit administratif général*, Tome 1, 15ème édition, Paris, 2001, p. 506.

[1396] G. ISAAC, *La procédure administrative non contentieuse*, LGDJ, 1968, p. 317.

le silence des services précités vaut refus implicite de la demande initiale ».

Le silence créateur d'une décision implicite de rejet s'accorde avec les solutions adoptées par les dispositions de l'article 37 de la loi relative au TA en matière de procédure administrative contentieuse[1397]. De même, le silence-rejet coïncide avec la position du TA qui, interprétant d'une manière extensive les dispositions de l'article 37 (nouveau) de la loi relative au TA, a fait du silence-rejet une règle générale qui s'applique dans tous les cas, même en matière de procédure administrative non contentieuse, sauf disposition législative contraire[1398]. Le Conseil d'État français adopte la même position : le silence-refus constitue « *une règle générale à laquelle seule une disposition législative ou réglementaire peut y déroger* »[1399].

Une véritable exonération absolue de l'obligation de motiver (a), la règle du silence-rejet porte atteinte aux exigences élémentaires de bonne administration (c) et rend particulièrement fragile le dispositif juridique institué par le décret de 1993 (b).

a. Exonération de l'obligation de motiver

Le silence-refus crée une contradiction radicale avec l'obligation de motiver. Exiger la motivation d'un côté, se contenter du silence de l'autre est de nature à supprimer l'obligation de motiver car la décision implicite est par nature non motivée. Comme le dit l'adage : "*Nul ne peut écouter le silence*".

[1397] L'article 37 (nouveau) de la loi n° 72-40 du 1er juin 1972, (*JORT* n° 23 du 6 juin 1972, p. 738 tel que remplacé par l'article premier de la loi organique n° 96-39 du 3 juin 1996, *JORT* n°47 du 11 juin 1996, p. 1144) dispose dans son alinéa 3 : « Toutefois, le silence observé par l'autorité concernée, durant deux mois à partir de l'introduction du recours administratif préalable, est considérée comme une décision implicite de refus permettant au concerné de saisir le tribunal administratif, dans les deux mois qui suivent le jour de l'expiration dudit délai ».

[1398] TA, REP, *Ben Hmida* c/ CNRPS, 27 février 1979, Aff. n° 89, *Rec.* p. 22 ; TA, Sursis à exécution, *Entreprises Bouabdelli* c/ Ministre de l'éducation, 6 septembre 2007, Aff. n° 2386 *Rec.* p. 605.

[1399] CE, Ass. 22 février 1970, *Commune de Bozas, Rec.* p. 39, Conclusions J.-P. Gilli, *AJDA*, 1970, p. 232.

La possibilité de rejet des demandes par le silence constitue une clause générale exonératoire de l'obligation de motiver. **L'exonération est absolue** ; elle n'est assortie d'aucune exception. Le décret n'a même pas prévu un mécanisme correctif permettant à l'intéressé de demander la communication des motifs qui fondent le rejet implicite comme c'est le cas en droit français[1400] et en droit allemand[1401].

Cette possibilité offerte par le décret de prendre des décisions implicites remet en cause une jurisprudence administrative en vertu de laquelle l'exigence de motivation exclut et rend en conséquence illégales les décisions implicites[1402]. Le décret adopte une solution inverse : l'acte implicite de rejet est légal alors qu'il intervient dans des cas où la motivation est obligatoire. L'apparition du décret de 1993 a amené le juge administratif à opérer un revirement jurisprudentiel. Désormais, le TA estime que l'administration n'est plus tenue de répondre par écrit aux demandes d'obtention d'un permis de bâtir dans la mesure où le décret de 1993 lui permet de rejeter les demandes par le silence[1403]. Le décret a dès lors élevé le mur du silence qui protège l'administration.

Par le jeu de l'acte implicite, c'est l'existence même d'une véritable obligation de motivation qui est mise en échec. L'exigence

---

[1400] En droit français, l'intéressé peut demander dans le délai du recours contentieux les motifs qui fondent le rejet. L'administration doit lui communiquer les motifs dans un délai d'un mois de sa demande. L'expiration du délai de la réponse de l'administration entache la décision implicite d'illégalité : Article 5 de la loi n° 79-587 du 11 juillet 1979 relative à la motivation des actes administratifs et à l'amélioration des relations entre l'administration et le public.

[1401] E. EISENBERG, *L'audition du citoyen et motivation des décisions administratives individuelles*, Étude comparative en France et en Allemagne, L'Harmattan, 2000, p. 140.

[1402] TA, REP, *Ben Mbarak* c/ Ministre de l'Intérieur, 14 décembre 1987, Aff. n° 1341, *Rec.* p. 410 ; TA, REP, *Mlouki et Smaoui* c/ Municipalité de Radès, 9 mars 1993, Aff. n° 2628, *inédit* ; TA, REP, *Romman* et autres c/ Municipalité de Hammamet, 25 mai 1987, Aff. n°1001, *Rec.* p. 360.
V. : W. FERCHICHI, *Aménagement des espaces, urbanisme et occupation du sol en droit tunisien*, Tunis, Centre d'Étude Juridique et Judiciaire, 2010, p. 140 et s.
Cf. supra, Première Partie, Chapitre I, Section 1, Paragraphe 1, A.

[1403] TA, 1ère instance, *Mokdi* c/ Municipalité de Mater, 19 juin 2008, Aff. n° 13621, *inédit.*

de motivation au sens du décret s'avère donc une obligation illusoire. Les rédacteurs du décret du 3 mai 1993 ont bel et bien commis une « *grossière malfaçon* »[1404] décrétale.

b. Une construction juridique fragile

Le décret constitue une construction juridique fragile qui heurte le minimum de cohérence et d'authenticité nécessaires dans la rédaction des textes juridiques. Par une simple disposition, les auteurs du décret ont détruit tout un arsenal juridique institué pour favoriser l'obtention des prestations administratives dans les meilleures conditions. À quoi sert de prévoir trop de procédures, trop de textes qui seront méconnus par la possibilité de prendre des actes implicites de refus ?

Mieux encore, le mécanisme de l'acte implicite de rejet rend infructueuse l'exigence de sanctionner pour faute professionnelle tout agent qui néglige une demande relative à une prestation administrative[1405]. La réponse par le silence-rejet aboutit à déresponsabiliser l'agent.

Force est de mettre l'accent sur une circulaire n°60 du Premier Ministre en date du 29 décembre 2005, portant exécution du programme de qualité des services publics[1406]. Cette circulaire impose à chaque administration l'obligation de présenter, d'une manière claire aux espaces d'accueil une affiche intitulée « *Engagement pour servir le citoyen* ». Ces affiches comportent, entre autres, la formule suivante : « 3- *On s'engage de répondre à toute lettre adressée à l'administration dans un délai de 21 jours et de motiver toute réponse conformément aux dispositions réglementaires en vigueur* ». Une sorte de paraphe apposé sur l'affiche contient la formule « *Une*

[1404] Expression empruntée à M. Waline, note sous CE, 30 juin 1978, Lenert, *RDP* 1978, p. 1725.

[1405] L'article 11 du décret de 1993 dispose : « Tout agent qui néglige une demande relative à l'octroi d'une prestation administrative commet une faute professionnelle l'exposant à une sanction disciplinaire conformément aux lois et règlements en vigueur ».

[1406] La circulaire est disponible sur un site officiel relevant de la présidence du Gouvernement : [www.legislation.tn/fr].

administration au service du citoyen »[1407]. Même si cette affiche contribue à améliorer légèrement l'image de l'administration, il n'en demeure pas moins qu'elle stipule une obligation de façade non conforme à l'état du droit en vigueur. Cet engagement général, qui figure dans lesdites affiches, de répondre à toutes les demandes et de motiver les réponses administratives est trompeur. Il est démenti par la technique d'actes implicites de rejet et par la persistance du principe de non motivation.

c. Une solution incompatible avec les exigences de bonne administration

La faculté reconnue aux autorités administratives de garder le silence constitue le « *danger mortel* »[1408] pour l'obligation de motivation. Pourtant prescrite par le décret du 3 mai 1993 et par une multiplicité d'arrêtés ministériels, l'exigence de répondre par un écrit motivé risque fort d'être lettre morte. Dès lors, la ligne directrice la plus évidente de l'ensemble de ces textes n'est pas l'obligation de motivation, mais la dispense de motivation.

Par application du décret du 3 mai 1993, la divulgation des motifs dépend du bon vouloir de l'administration. Toutes les fois qu'un agent public entend se soustraire à l'obligation de motiver une décision de refus, il lui suffit de se refugier derrière le silence. L'institution de l'acte implicite est de nature à encourager l'administration dans sa tendance à ne pas répondre aux demandes lorsque les motifs de rejets sont inavouables ou peu sérieux. Pourtant, c'est dans ces cas que la motivation présente une grande utilité pour l'administré afin qu'il puisse connaître les motifs et contester utilement l'acte administratif.

L'acte implicite de rejet, s'il simplifie la tâche de l'administration, il complique celle du public. Or, comme le souligne G. Ardant dès 1959, l'administration « *oublie que le coût du service public ne comprend pas seulement les dépenses budgétaires mais aussi le prix des obligations du public* »[1409]. Alors que l'administration détient le

[1407] C'est notre traduction.

[1408] Expression empruntée à G. ISAAC, *La procédure administrative non contentieuse*, LGDJ, 1968, p. 317.

[1409] G. ARDANT, « La double origine du formalisme », *RA*, 1952, p. 501.

privilège du silence et donc une dispense de toute activité réelle, le public se trouve dans l'obligation de parcourir avec succès le parcours périlleux des formalités pour obtenir une prestation administrative.

En réalité, l'acte implicite de rejet est une « *pure fiction juridique* »[1410] en vertu de laquelle la règle de droit suppose comme si l'auteur prenait une décision[1411] alors qu'en réalité, l'administration a gardé le silence. Le caractère fictif de l'acte implicite ruine toute idée d'une activité réelle. L'acte implicite ne comporte ni un examen réel de la demande, ni de procédure à suivre, ni de formes à respecter[1412]. Le silence heurte, par conséquent, l'exigence de l'examen effectif des demandes et le sérieux dans le travail administratif. Il est paradoxal qu'au lieu de lutter contre la passivité administrative, le décret tend à encourager la carence administrative incompatible avec les exigences d'une bonne administration.

Il importe d'ajouter que l'acte implicite est de nature à introduire entre les usagers une inégalité inadmissible. Face à deux demandes portant sur une même prestation administrative, un administré bénéficiera d'un acte motivé et l'autre sera dépourvu de cette garantie selon que l'administration décide de fournir une réponse écrite ou implicite[1413].

« *L'action par le silence* »[1414] se présente comme l'une des formes les plus autoritaires de l'action unilatérale. On peut saisir à quel point ce type de décisions crée chez les administrés un sentiment désagréable de frustration, d'inquiétude et de méfiance à l'égard des institutions administratives et de ses agents. Le rejet implicite heurte les exigences de moralité administrative. On doit rappeler à cet effet ce qu'un syndicaliste a pu souligner de façon véhémente : « *Le rejet pur et simple des demandes présentées ou des recours introduits est*

[1410] LASRY, Conclusions sur CE, 12 octobre 1956, Baillet, *D.*, 1956, J. 664.
[1411] R. CHAPUS, *Droit administratif général*, Tome 1, 15ème édition, Paris, 2001, p. 504.
[1412] LASRY, Conclusions sur CE, 12 octobre 1956, *Baillet, D.*, 1956, J. 664 ; P. DELVOVÉ, « Le silence en droit public », *RDP*, 2012, p. 1173.
[1413] G. ISAAC, *La procédure administrative non contentieuse*, LGDJ, 1968, p. 318.
[1414] Expression empruntée à P. DELVOVÉ, « Le silence en droit public », *RDP*, 2012, p. 1173.

sans conteste l'une des formes d'administration les plus maladroites et l'une des celles qui "braquent" le plus sûrement les assujettis qui sont amenés à considérer, avec quelque raison apparente, que l'administration n'a même pas envers eux le minimum de correction qu'exigent les règles de la politesse la plus élémentaire »[1415]. L'acte implicite ne favorise guerre la transparence, la qualité des prestations et l'image de marque de l'administration. Le décret de 1993 n'est pas de nature à apporter le minimum de transformation des rapports entre l'administration et les administrés, car l'acte implicite de rejet ne comporte aucune communication réelle avec le public. La technique du silence-rejet est un « *déni d'Administration* »[1416] pourtant établi à l'origine pour lutter contre le déni de justice.

Imposé par la voie autoritaire du silence, l'acte implicite de refus augmente le risque du contentieux. C'est là l'une des incompatibilités flagrantes du décret de 1993 qui, institué pour favoriser l'adhésion des usagers, invite l'administration à traiter les administrés dans l'indifférence totale. Contraire aux exigences de transparence et de sincérité dans l'action administrative, la bureaucratie administrative est un phénomène à combattre et non à soutenir.

Il n'y a pas de véritable démocratie administrative là où les administrateurs possèdent un titre juridique leur permettant de négliger les demandes des citoyens par le silence. Le silence administratif et son corollaire la non motivation est l'une des manifestations de « *maladministration* »[1417]. Au sujet des prestations administratives, le décret fixant « *le cadre général de la relation entre l'administration et ses usagers* » a institué un cadre de bureaucratie administrative.

[1415] L. GINGEMBRE, « Le syndicalisme patronal et l'Administration », *RA*, 1949, p. 595.

[1416] J. PARRICAL-DE-CHAMMARD, *Le recours contre le déni d'Administration*, Thèse, Paris, 1911, p. 27, cité par M. MONNIER, *Les décisions implicites d'acceptation de l'administration*, LGDJ, Paris, 1992, p. 3.

[1417] P. SABOURIN, « Recherches sur la notion de « *maladministration* » dans le système français », *AJDA* 1974, p.398.

C. Une solution en retrait par rapport aux expériences étrangères

L'examen du décret du 3 mai 1993 montre qu'en matière de motivation, la Tunisie reste encore en retrait par rapport aux expériences étrangères et notamment à ses partenaires européens. Les bonnes pratiques comparées relèvent de deux types : des systèmes imposant une obligation générale de motivation (2) et des systèmes imposant la motivation de certaines catégories entières d'actes ayant une incidence sur les droits des administrés (3). Instituée par voie décrétale, l'exigence de motivation révèle une spécificité en droit tunisien par rapport aux expériences étrangères (1).

1. Le problème de l'intervention par voie décrétale

Dans la majorité des systèmes juridiques étrangers, les textes relatifs à la motivation sont pris sous forme de loi, c'est-à-dire une règle de droit édictée par le pouvoir législatif. Par ailleurs, en droit portugais, l'exigence de motiver les actes affectant des droits et des intérêts légalement protégés des citoyens est proclamée par la norme suprême de l'État[1418].

Il est vrai que la motivation fait partie de la procédure administrative non contentieuse. En droit tunisien[1419] comme en droit français[1420], les formes et procédures administratives relèvent du domaine du pouvoir réglementaire général. Or, cette compétence réglementaire en la matière, présentée comme une évidence, n'est pas une règle absolue. Les zones d'ombre et les exceptions apportées à la

[1418] L'article 268, paragraphe 2 de la Constitution portugaise stipule : « les actes administratifs à effet externe sont notifiés aux intéressés, lorsqu'ils ne sont pas publiés officiellement. Ils doivent être dûment motivés dès lors qu'ils affectent des droits ou des intérêts légalement protégés des citoyens ».

[1419] Articles 34 et 35 de l'ancienne Constitution de 1959 et article 65 de la Constitution du 27 janvier 2014. Les procédures et formes administratives ne figurent pas dans la liste des matières relevant de la compétence législative. Elles sont donc du domaine du pouvoir réglementaire général.

[1420] R. CHAPUS, *Droit administratif général*, Tome 1, 15ème édition, Paris, 2001, p. 69 ; G. DUPUIS, M.-J. GUÉDON ; P. CHRÉTIEN, *Droit administratif*, Sirey, 2008, 11ème édition, p. 167 ; P.-L. FRIER et J. PETIT, *Précis de droit administratif*, Montchrestien, 2008, 5ème édition, p. 72.

règle de la compétence réglementaire sont tellement multiples au point qu'un auteur l'a qualifié comme « *une fausse idée claire* »[1421]. En effet, un texte qui définit le domaine et le régime juridique de la motivation obligatoire va toucher forcément certaines matières réservées à la loi au sens de l'article 65 de la Constitution du 27 janvier 2014. Il s'agit notamment des garanties accordées aux fonctionnaires civils et militaire, les procédures de recouvrement de l'impôt, la nationalité, les principes fondamentaux du droit de propriété, l'information et la presse, les libertés et les droits de l'homme et le pouvoir local.

La motivation constitue une garantie fondamentale des droits et des libertés reconnus par la Constitution. On peut même estimer que la motivation constitue elle-même un « *droit-garantie* » qui découle directement du droit à l'information et du droit à la transparence administrative proclamés par la Constitution. Un « *droit-garantie* » est celui qui assure aux individus une protection effective de ses droits substantiels[1422] liés aux exigences de l'État de droit substantiel : le droit à une bonne administration, le droit à l'information, les droits de la défense et le droit d'être protégé contre l'arbitraire administratif. L'obligation de motiver est aujourd'hui un véritable droit fondamental[1423] qui ne peut être encadré et donc limité que par une loi et ce, par application des dispositions de l'article 49 de la Constitution.

D'ailleurs, l'intervention par une loi a le mérite de « *plier la résistance de l'administration* »[1424]. Édictée par les représentants du peuple, la loi jouit d'une légitimité et d'une présomption de rationalité qu'un décret ne peut atteindre. Laisser à la discrétion de l'administration elle-même la maîtrise d'une arme procédurale contre

---

1421 LAETITIA JANICOT, « Formes et procédures administratives non contentieuses : un domaine de compétence réservé au pouvoir réglementaire ? Une fausse idée claire », *AJDA*, 2010, pp. 540-547.

1422 B. MATHIEU et M. VERPEAUX, *Contentieux constitutionnel des droits fondamentaux*, LGDJ, 2002, p. 466.

1423 *Cf. supra* : Chapitre II de la Première Partie.

1424 A. R. GHERAB, *La réforme administrative en Tunisie : vers une redéfinition des rapports administration-citoyens*, Thèse, Université de Paris I et Université de Tunis Elmanar, 2004, p. 450.

son propre arbitraire risque fort d'instituer une garantie de façade. Comme on l'a déjà vu[1425] l'exigence de motivation prévue par le décret de 1993 n'est qu'une obligation piégée qui n'a marqué ni « *la fin du secret* » ni « *le commencement de la fin* »[1426]. En matière de motivation, « *un décret ne fait pas le printemps* »[1427].

2. Des systèmes imposant une obligation générale de motivation

À l'étranger, les systèmes juridiques notamment des pays qui ont adopté un code de procédure administrative[1428] tendent à généraliser le domaine de motivation obligatoire. Dans de nombreux pays, l'obligation de motiver est la règle, la non motivation l'exception. Les lois argentine[1429] et vénézuélienne[1430] ont posé l'obligation générale de motivation pour tous les actes administratifs sauf texte contraire[1431]. Le droit allemand[1432], le droit danois[1433], le droit

---

[1425] *Cf. supra* : B de cette Paragraphe.

[1426] Formule empruntée à G. BRAIBANT, « *Le principe de proportionnalité* », Mélanges M. WALINE, LGDJ, Paris, Tome II, 1974 », p. 709.

[1427] Expression empruntée à H. MAISL, C. WIENER et J.-M. WOEHRLING, *AJDA*, 1984, p. 137.

[1428] Tel est le cas aux États-Unis d'Amérique, aux pays scandinaves, en Allemagne, en Espagne, en Italie et en Autriche.

[1429] L'article 7, e, de la loi argentine sur les procédures administratives exige que les actes administratifs « devront être motivés, exprimés sous une forme concrète les raisons de l'édiction de l'acte, et mentionner en outre les faits et les antécédents qui lui servent de cause ainsi que les fondements de droit en vigueur ».

[1430] L'article 9 de la loi vénézuélienne sur les procédures administratives dispose que « Les actes administratifs à caractère particulier devront être motivés, à l'exception de ceux qui sont de simple gestion ou sauf disposition expresse de la loi. À cet effet, ils devront faire référence aux faits et fondements légaux de l'acte ».

[1431] A. R. BREWER-CARÍAS, *Étude de droit public comparé*, Bruylant, Bruxelles, 2001, p. 214.

[1432] En Allemagne, le paragraphe 39 de la loi sur la procédure administrative non contentieuse prévoit qu' « un acte administratif écrit ou confirmé par écrit doit être motivé par écrit. La motivation doit indiquer les motifs essentiels de fait et de droit qui ont amené l'autorité administrative à sa décision. La motivation des décisions discrétionnaires doit également permettre d'identifier les points de vue qui ont guidé l'autorité administrative dans l'exercice de son pouvoir discrétionnaire ». Le second alinéa du même paragraphe 39 prévoit cinq cas de dispense.

[1433] Danemark, Loi n° 571 du 19 décembre 1985, « Forvaltningslov », portant codification de la procédure administrative. *Cf.* : J. SCHWARZE, *Droit administratif européen*, Volume 2, Bruylant, 1994, p. 1462.

suédois[1434], le droit italien[1435] et le droit belge[1436] exigent également un principe général de motivation des décisions administratives[1437]. La loi de procédure administrative aux États-Unis d'Amérique implique que les décisions administratives soient accompagnées par les motifs sur lesquels elles sont fondées[1438]. En Irlande, les juridictions ont obligé les administrations à documenter la situation de fait et de droit de l'acte administratif[1439].

En droit communautaire, il existe « *une obligation de motiver englobant les actes normatifs et les actes administratifs* »[1440]. L'article 253 du Traité instituant la communauté économique européenne prévoyait une obligation générale de motiver les règlements, les directives et les décisions adoptées par le Parlement européen et/ou le Conseil[1441]. À l'heure actuelle, c'est l'article 296 alinéa 1er du Traité

1434 Suède, Loi sur la procédure administrative de 1986, *sect.* 20.

1435 En Italie, l'article 3 de la loi n° 241/90 du 7 août 1990 sur la procédure administrative et l'accès aux documents administratifs complétée par la loi n° 15/2005 du 11 février 2005 dispose : « Tous les actes administratifs, y compris ceux concernant l'organisation administrative, le déroulement des concours et le personnel, doivent être motivés, sauf dans les cas prévus au deuxième alinéa… »

1436 En Belgique, la loi du 29 juillet 1991 relative à la motivation formelle des actes administratifs prescrit, sous réserve de quelques exceptions (Article 4), une obligation générale de motivation des décisions unilatérales de portée individuelle : « Les actes administratifs des autorités administratives visées à l'article premier doivent faire l'objet d'une motivation formelle ». *Cf.* : Paul LEWALLE, *Contentieux administratif*, Larcier, 2007, p. 154.

1437 *Cf.* : Ch. AUTEXIER, *Introduction au droit public allemand*, Puf, Paris, 1997, p. 279 et M. FROMONT, *Droit administratif des États européens*, Puf, Paris, 2006, p. 227.

1438 États-Unis d'Amérique, Loi sur la procédure administrative de 1946, Paragraphes 553-557. *Cf.* E. UNTERMAIER, « Regard critiques sur le droit administratif français à l'aune de quelques exemples en droit comparé », *La motivation en droit public*, S. Caudal (dir.), Dalloz, 2013, p. 111-114 ; D. SCHWARTZ, « La procédure administrative aux États-Unis », *RIDC*, 1951, p. 260.

1439 J. SCHWARZE, *Droit administratif européen*, Volume 2, Bruylant, 1994, p. 1464.

1440 *Idem,* p.p. 1455 et 1472.

1441 L'obligation de motiver est parmi les formes substantielles au sens de l'article 173, alinéa 1er du même traité. De même, l'article 162 du traité instituant la communauté européenne de l'énergie atomique exige la motivation de tous les actes juridiques. En outre, en vertu de l'article 15 du traité instituant la communauté européenne du charbon et de l'acier (CECA), les décisions, recommandations et avis de la Haute Autorité doivent être motivés.

sur le fonctionnement de l'Union européenne qui énonce que « *Les actes juridiques sont motivés et visent les propositions, initiatives, recommandations, demandes ou avis prévus par les traités* ». L'obligation de motiver, affirme la CJCE, « *ne répond pas seulement à un souci formel mais vise à donner aux parties la possibilité de défendre leurs droits, à la Cour d'exercer son contrôle et aux États membres, comme à tout ressortissant intéressé, de connaître les conditions dans lesquelles la Commission a fait l'application du traité* »[1442].

L'article 41-2 de la Charte des droits fondamentaux de l'Union européenne[1443] consacre un principe général de motivation des décisions de l'administration. L'obligation pour l'administration de motiver ses décisions figure parmi les exigences du « *droit à une bonne administration* » proclamé par ladite Charte. Il s'agit d'une obligation qui a acquis une valeur normative avec l'entrée en vigueur du traité de Lisbonne. L'obligation de motiver vise non seulement les actes des administrations communautaires, mais aussi ceux des administrations des États membres lorsqu'elles appliquent le droit de l'Union[1444]. Dans la jurisprudence de la Cour européenne des droits de l'homme, l'obligation de motiver les décisions administratives est parmi les standards auxquels doit satisfaire l'administration publique lorsque l'action administrative est susceptible de mettre en cause un des droits garantis par la Convention européenne de sauvegarde des droits de l'homme et des libertés fondamentales[1445]. Selon la Cour, la motivation s'inscrit indirectement dans le champ des droits protégés car elle constitue une garantie procédurale de transparence, de bonne

---

1442 CJCE, 4 juillet 1963, *RFA / Commission*, Aff. 24-62, *Rec*. p. 131.

1443 La charte est proclamée à Nice le 7 décembre 2000. *Cf.* : K. MICHELET, « La Charte des droits fondamentaux de l'Union européenne et la procédure administrative non contentieuse », *AJDA*, 2002, p. 954.

1444 O. GABARDA, « Vers la généralisation de la motivation obligatoire des actes administratifs », *RFDA*, 2012, p. 68 ; S. CAUDAL, « Rapport introductif », *La motivation en droit public*, S. Caudal (dir.), Dalloz, 2013, p. 15.

1445 *Cf.* : P. WACHSMANN, « Les normes régissant le comportement de l'administration selon la jurisprudence de la Cour européenne des droits de l'homme », *AJDA*, 2010, p. 2138 et a.

information des administrés et d'efficacité du contrôle juridictionnel[1446].

3. Des systèmes imposant la motivation de certaines catégories d'actes

Dans plusieurs pays, même si l'obligation de motiver n'est pas conçue comme une obligation générale accompagnée de certaines dérogations, les lois procèdent à la détermination du domaine de l'obligation de motiver par catégories d'actes. Le domaine de l'obligation de motiver institué par ces différentes lois, quoique variable au niveau de son contenu, s'articule autour des décisions individuelles portant atteinte aux droits des individus.

La Constitution portugaise parle des décisions qui « *affectent des droits ou des intérêts légalement protégés des citoyens* »[1447]. L'article 54 de la loi espagnole sur le régime juridique des administrations publiques et la procédure administrative prévoit que les actes qui restreignent les droits subjectifs ou les intérêts légitimes seront motivés, avec une brève référence aux faits et arguments juridiques[1448]. En droit grec[1449], l'obligation de motiver s'étend aux décisions « *imposant des charges* ». À l'Autriche[1450], en Israël[1451], en Pologne[1452], au Luxembourg[1453], les agents de l'administration sont tenus de justifier les mesures de refus[1454].

[1446] *Cf.* : O. GABARDA, « Vers la généralisation de la motivation obligatoire des actes administratifs », *RFDA*, 2012, p. 70.

[1447] Article 268, Paragraphe 2 de la Constitution portugaise : « les actes administratifs à effet externe sont notifiés aux intéressés, lorsqu'ils ne sont pas publiés officiellement. Ils doivent être dûment motivés dès lors qu'ils affectent des droits ou des intérêts légalement protégés des citoyens ».

[1448] Espagne, Loi n° 30 du 26 novembre 1992.

[1449] En Grèce, l'obligation de motiver est reconnue comme un droit complémentaire au droit à l'audition. *Cf.* : J. SCHWARZE, *Droit administratif européen*, Volume 2, Bruylant, 1994, p. 1463.

[1450] B. PACTEAU, *Le juge de l'excès de pouvoir et les motifs de l'acte administratif*, Clermont-Ferrand, 1977, p.p.183 et 185.

[1451] Israël, Article 2 de la loi du 15 décembre 1958.

[1452] Pologne, Article 107, Paragraphe 1 du Code de procédure administrative du 14 juin 1960.

La loi française n° 79-587 du 11 juillet 1979 relative à la motivation des actes administratifs et à l'amélioration des relations entre l'administration et le public prévoit deux catégories d'actes pour lesquels la motivation est obligatoire : les « *décisions administratives individuelles défavorables* »[1455] et « *les décisions administratives qui dérogent aux règles fixées par la loi ou le règlement* »[1456]. Une circulaire du Premier Ministre précise clairement que « *la loi n'impose pas une obligation générale de motivation et ne renverse pas le principe selon lequel il n'y a pas de motivation sans texte* »[1457]. Quant au Conseil constitutionnel français, il confirme que sauf exception, il n'y a pas dans le *corpus* constitutionnel français de règles imposant une obligation générale de motivation. Il a été jugé que « *les règles et principe de valeur constitutionnelle n'imposent pas par eux-mêmes aux autorités administratives de motiver leurs décisions dès lors*

[1453] Aux termes du règlement du 8 juin 1979, doivent être motivées les décisions de rejet d'une demande. *Cf.* : J. SCHWARZE, *Droit administratif européen*, Volume 2, Bruylant, 1994, p. 1463.

[1454] C. WIENER, « La motivation des décisions administratives en droit comparé », *RIDC*, 1969, p.p. 788 et 789.

[1455] Font partie de cette catégorie aux termes de l'article 1er de la loi, les décisions qui restreignent l'exercice des libertés publiques, ou de manière générale, constituent une mesure de police, celles qui infligent une sanction, celles qui subordonnent l'octroi d'une autorisation à des conditions restrictives ou imposant des sujétions, celles qui retirent ou abrogent une décision créatrice de droit, celles qui opposent une prescription, une forclusion ou une déchéance, celles qui refusent un avantage dont l'octroi constitue un droit pour les personnes qui remplissent les conditions légales pour l'obtenir. La loi n° 86-76 du 17 janvier 1986, portant dispositions d'ordre social a ajouté à la loi de 1979 les décisions qui refusent une autorisation et certaines décisions des organismes de sécurité sociale et autres institutions soumises au droit privé.

[1456] Article 2 de la loi de 1979. En vertu de cette catégorie, la motivation est imposée pour toute décision dérogatoire, quelle soit favorable ou non à la personne visée par la décision. Dans l'hypothèse où la décision dérogatoire est favorable, la motivation présente une utilité plus grande pour les tiers que pour le destinataire. « La dérogation suppose un rapport de type « principe / exception » à l'intérieur d'une même réglementation » : J.-Y. VINCENT, « Motivation de l'acte administratif », Juris-classeur administratif, 2006, fascicule 107-30, 2006, p. 19, n°84-87 ; D. MAILLARD DESGREES DU LOÛ, *Droit des relations de l'administration avec ses usagers*, Puf, Paris, 2000, p. 335.

[1457] JO, 20 octobre 1983.

qu'elles ne prononcent pas une sanction ayant le caractère d'une punition »[1458].

De même, l'obligation légale de motiver les décisions individuelles défavorables et les décisions dérogatoires n'est pas absolue. L'article 1er de la loi de 1979 prévoit que l'administration n'a pas à motiver les décisions pouvant porter atteinte au secret médical ainsi qu'aux divers secrets relatifs notamment à la défense nationale, à la politique extérieure, à la sûreté de l'État et à la sécurité publique au sens de la loi n°78-753 du 17 juillet 1978.

Il convient de préciser que l'article 5 de la loi de 1979 dispose que lorsque l'administration intervient par une décision implicite de rejet dans des cas où la décision explicite aurait dû être motivée, l'intéressé est en droit de demander dans le délai du recours contentieux la consultation des motifs qui fondent le rejet. Les motifs devront lui être communiqués dans le mois suivant sa demande. L'expiration du délai de la réponse de l'administration entache la décision implicite d'illégalité. Le même mécanisme correctif a été prévu en cas d'urgence absolue. Si l'urgence absolue justifie l'inobservation de l'obligation de motiver, l'autorité administrative demeure tenue, sur demande de l'intéressé, de lui en communiquer les motifs dans le délai d'un mois.

La doctrine française n'était pas unanime quant à l'apport de la loi du 11 juillet 1979. Certains ont pu écrire qu'en dépit de certaines imperfections, la loi du 11 juillet 1979 constituait un progrès vers la démocratie administrative[1459], voire même « *une innovation considérable dans le droit public français* »[1460]. Le principe de non motivation « *coule sous les exceptions au point d'apparaître lui-même*

[1458] Cons. Const., 1er juillet 2004, n° 2004-497-DC, *LPA*, 7 juillet 2004, note J.-E Schoettl.

[1459] D. LINOTTE, « La motivation obligatoire de certaines décisions administratives », *RDP*, 1980, p. 1711 ; J. LEMASURIER, « Vers une démocratie administrative : Du refus d'informer au droit d'être informé », *RDP*, 1980, p. 1239.

[1460] J.-M. AUBY et R. DRAGO, *Traité de contentieux administratif*, LGDJ, Paris, 3ème édition, 1984, Tome 2, p. 307.

comme l'exception »[1461]. D'autres auteurs y a vu un système de « *non motivation consolidée* » en raison des exceptions qui lui sont consacrées[1462]. La méthode par énoncé limitatif des catégories d'actes maintient en dehors du champ de la motivation obligatoire un grand nombre d'actes dérogatoires ou défavorables[1463]. D'ailleurs, le dispositif de la loi française de 1979 est source d'insécurité. Le juge doit opérer des distinctions fragiles et pragmatiques pour identifier, au cas par cas, ce qu'est une décision individuelle ou une décision défavorable. Chaque catégorie d'actes génère des situations délicates et une jurisprudence complexe et timorée[1464].

Le droit administratif français apparaît en retard du fait de l'absence d'un principe général de motivation obligatoire[1465]. Jean-Louis Autin estime que « *la France occupe une position peu enviable dans le concert européen* »[1466]. Le maintien du principe de la motivation facultative constituait une « *situation profondément choquante* »[1467] incompatible avec l'article 15 de la déclaration des Droits de l'Homme et du Citoyen de 1789 selon lequel « *la société a le droit de demander compte à tout agent public de son administration* »

[1461] J.-Y. VINCENT, « Motivation de l'acte administratif », Juris-classeur administratif, 2006, fascicule 107-30.

[1462] S. SUR, « Motivation ou non motivation des actes administratifs », *AJDA*, 1979, p. 3.

[1463] Il s'agit notamment du refus de titulariser un stagiaire, les délibérations des jurys d'examen ou de concours, le refus de prendre une mesure de police, la suspension d'un fonctionnaire... *Cf.* : J.-L. AUTIN, « La motivation des actes administratifs unilatéraux entre tradition nationale et évolution des droits européens », *RFAP*, 2011, n° 137-138, p. 96.

[1464] Pour plus de détails, *Cf.* : J.-L. AUTIN, *Ibidem*.

[1465] J. CHEVALLIER, « De l'administration démocratique à la démocratie administrative », *RFAP*, 2011, p. 222.

[1466] J.-L. AUTIN, « La motivation des actes administratifs unilatéraux entre tradition nationale et évolution des droits européens », *RFAP*, 2011, n° 137-138, p. 94.

[1467] G. LEBRETON, *Droit administratif général*, 5ème édition, Dalloz, n° 157 ; O. GABARDA, « Vers la généralisation de la motivation obligatoire des actes administratifs », *RFDA*, 2012, p. 63.

Certains systèmes juridiques, comme celui du Mali[1468] et du Maroc[1469], ont transposé d'une manière nuancée la solution adoptée par la loi française de 1979. Ils arrêtent des listes de décisions qui peuvent s'intégrer dans la catégorie des « *décisions administratives individuelles défavorables* » au sens du droit français. Il faut ajouter enfin que la Déclaration des droits des citoyens dans leurs rapports avec l'administration et les services publics dans les États francophones, adoptée le 30 mai 1997[1470], prévoit que « *toute décision individuelle défavorable doit être motivée, sous réserve des exceptions prévues par la loi* ».

Section 2
La jurisprudence : des extensions limitées

En droit tunisien, le juge administratif[1471] a pris l'initiative pour imposer, au-delà des textes, la motivation d'un ensemble de catégories

---

[1468] L'article 8 de la loi n° 98-012 régissant les relations entre l'administration et les usagers des services publics prévoit quatre hypothèses de motivation obligatoire identiques à l'article 2 de la loi française de 1979.

[1469] L'article 2 de loi n° 03-01 relative à l'obligation de la motivation des décisions administratives émanant des autorités publiques, des collectivités locales et des établissements publiques (Dhahir n°1-02-202 du 23 juillet 2002, portant promulgation de la loi) prévoit une liste d'actes soumis à l'obligation de motiver en des termes analogues à l'article 2 de la loi française de 1979.

[1470] La Déclaration est adoptée à l'occasion de la deuxième conférence des ministres chargés de la fonction publique des États membres de l'OFPA (une institution régionale dénommée Observatoire des Fonctions Publiques Africaines créée le 5 novembre 1991 par 23 ministres africains de la fonction publique). La Déclaration « n'a certes pas de force contraignante à l'égard des États membres de l'OFPA, mais elle a un impact politique incontestable » : J. M. NZOUANKEU, «Commentaire de la Déclaration des droits des citoyens dans leurs rapports avec l'administration et les services publics dans les États francophones ». Cette étude est disponible sur le site internet de l'OFPA : *ofpa.net* et sur le site des Nations Unies : *unpan.org*. La Déclaration des droits des citoyens à été suivie par deux autres instruments régionaux qui réaffirment l'exigence de motivation et le principe de la transparence : la Charte de la Fonction Publique en Afrique, adoptée par la troisième Conférence Biennale Panafricaine des Ministres de la Fonction Publique, le 5 février 2001 à Windhoek (Namibie) et le Règlement de Médiation Sociale adopté par la 4ème Conférence des Ministres chargés de la Fonction des États membres de l'OFPA, le 18 décembre 2002 à Bamako (Mali).

[1471] En droit français, le juge administratif a établi quelques rares hypothèses de motivation obligatoire fondées sur l'affinement du contrôle juridictionnel : P.

entières d'actes qui nécessitent une protection particulière de l'administré contre l'arbitraire administratif.

À la différence des exceptions textuelles, fréquemment posées d'une manière éparse et sans logique perceptible, les exceptions jurisprudentielles ont eu le mérite de remplir une fonction régulatrice d'un dispositif juridique non homogène. On verra que la jurisprudence tend à élargir le domaine de l'obligation de motiver vers les décisions ayant des incidences graves sur les situations des particuliers.

Néanmoins, les initiatives jurisprudentielles, si ambitieuses qu'elles soient, demeurent cantonnées dans des domaines réduits. En effet, certaines extensions n'ont pas encore fait jurisprudence et donc ne constituent pas de véritables exceptions au principe « *pas de motivation sans texte* ». Comme on le sait, la jurisprudence est « *une superposition de choses jugées. L'autorité de la chose jugée, en s'accumulant, devient jurisprudence* »[1472]. Ainsi, pour qu'une obligation juridictionnelle de motiver fasse jurisprudence, il faut que les arrêts en la matière soient rendus dans le même sens.

Il ressort des arrêts rendus par le TA que si certaines extensions du champ de l'obligation de motiver font jurisprudence (*Paragraphe 1*), certaines d'autres sont encore en fluctuation (*Paragraphe 2*).

Paragraphe 1 : Des exceptions faisant jurisprudence

Dans deux domaines, le TA statue de la même façon : les mesures disciplinaires (A) et les avis conformes des commissions médicales portant refus des demandes de congés de maladie (B). Selon une jurisprudence constante, ces deux catégories d'actes doivent être motivées même en l'absence d'un texte.

SABOURIN, « Mission de service public, prérogatives de puissance publique et notion d'autorité administrative (À propos de l'arrêt du Conseil d'État du 27 novembre 1970, agence maritime Marseille-Fret et autres) », *JCP*, 1971, I, n° 2407.

[1472] J. CARBONNIER, « Loi étrangère et jurisprudence étrangère, à propos de l'arrêt Sauthier, Clunet » (Tribunal fédéral suisse, 26 mai 1932), *Journal du droit international*, mars-avril, 1935, p. 473.

A. Un principe général de motivation des mesures disciplinaires

La sanction disciplinaire est définie comme étant « *toute mesure instituée dans le but de réprimer le comportement répréhensible d'un agent par une atteinte portée à sa situation statutaire* »[1473]. La mesure disciplinaire est infligée pour sanctionner une faute disciplinaire, c'est-à-dire « *un manquement à une obligation de fonction publique* »[1474]. Du coup, l'obligation de motiver exige, à côté de l'énoncé des textes applicables, l'énonciation des faits constitutifs des fautes incriminées.

Alors que la motivation de la décision disciplinaire constitue « *une garantie minimale pour l'agent à l'égard d'une décision qui lui porte préjudice* »[1475], plusieurs mesures disciplinaires n'ont pas été intégrées par les textes législatifs dans le champ de la motivation obligatoire.

L'ancien Conseil constitutionnel tunisien a traité la question de la motivation des mesures disciplinaires d'une manière casuistique. Tout en rappelant que la motivation garantit les droits de la défense et le contrôle juridictionnel, le Conseil n'a jamais érigé l'exigence de motiver les mesures disciplinaires au rang d'un principe général à valeur constitutionnelle. « *Considérant que le respect des droits de la défense d'une part et l'exercice du contrôle juridictionnel d'autre part, impliquent l'obligation de motivation des décisions de la commission, pour servir de base aux griefs de l'intéressé, et permettre à la justice d'exercer son contrôle* »[1476]. Au contraire, le Conseil

---

[1473] Rapport de l'auditeur Dumont sur l'affaire *Lamale*, CE, 9 juin 1966, cité par A. AOUIJ-MRAD, Le contrôle du juge administratif en matière disciplinaire, *RTAP* 1993, n°8, note n°32, p. 22.

[1474] J.-L. DE CORAIL, « La distinction entre mesure disciplinaire et mesure hiérarchique dans le droit de la fonction publique », *AJDA* 1967, p.3 ; TA, *Ben Hlima* c/ Ministre de la Culture, 26 mars 2004, Aff. n° 10242, *inédit*.

[1475] I. DE SILVA, Conclusions sur CE, 23 avril 2009, *M. Guigue*, *AJDA*, 2009, p. 1374.

[1476] Avis n° 30-2009 du Conseil constitutionnel sur un projet de loi portant promulgation du code de prestation des services financiers aux non résidents, JORT n° 65 du 14 août 2009, p. 2361. *Cf.* à titre d'illustration : Avis n° 50-2007 du Conseil constitutionnel sur un projet de loi modifiant et complétant le code des assurances, *JORT* n° 14 du 15 février 2008, p. 701 Avis n° 50-2007 du Conseil constitutionnel

constitutionnel français a posé le principe d'une obligation de motivation des actes administratifs prononçant une sanction ayant le caractère d'une punition[1477].

En droit tunisien, c'est le juge administratif qui a pris l'initiative d'instituer progressivement un principe général de droit selon lequel toute sanction disciplinaire doit être assorti de motivation même en l'absence d'un texte qui l'exige (1). Le TA a fondé ledit principe général sur des exigences de bonne administration et de bonne justice (2).

1. Consécration progressive

Dans un arrêt isolé, le TA a adopté une lecture extensive de l'article 47 de l'ancien statut général de la fonction publique de 1968[1478]. Bien que la loi impose la motivation des sanctions de premier degré tout en gardant le silence sur celles du second degré[1479], le TA décidait qu'« *il ressort de l'article 47 que toutes les décisions administratives prononçant une sanction disciplinaire doivent être motivée* »[1480]. Le TA a rompu avec cette interprétation large dès son deuxième arrêt rendu en la matière. Désormais, le juge applique strictement le principe « *pas de motivation sans texte* »[1481].

sur un projet de loi modifiant et complétant le code des assurances, *JORT* n° 14 du 15 février 2008, p. 701

[1477] Cons. cons. 27 juillet 2000, n°2000-433 DC, sur la loi modifiant la loi du 30 septembre 1986, relative à la liberté de communication, cons. 56 ; Cons. cons. 27 novembre 2001, n°2001-454 DC, sur la loi portant amélioration de la couverture des non-salariés agricoles contre les accidents du travail et les maladies professionnelles, cons. 40.

[1478] Loi n°68-12 du 3 juin 1968 portant statut général des personnels de l'État, des collectivités publiques locales et des établissements publics à caractère administratif, *JORT* n° 24 du 11 juin 1968, p. 625.

[1479] L'article 47 de la loi susvisée dispose que « Les sanctions de premier degré sont prononcées par décisions motivées, sans consultation du Conseil de discipline. Celles du second degré ne peuvent être prononcées qu'après avis de ce Conseil ».

[1480] C'est notre traduction. TA, REP, *Zouari* c/ DG de la RTT, 30 juin 1978, Aff. n° 91, *Rec.* p. 144.

[1481] Bousoffara, Conclusions sur TA, *Cherif* c/ Ministre de la santé publique, 26 mars 1980, Aff. n° 270, *Rec.* p. 122 ; TA, *Derbez* c/ Ministre de l'enseignement supérieur, 14 janvier 1981, Aff. n° 337, *Rec.* p. 9 ; TA, *Ben Jabeur* c/ Ministre des

À l'origine, le TA a rattaché l'obligation de motiver au principe général des droits de la défense. La motivation des actes disciplinaires était alors une simple composante du principe des droits de la défense (a). Puis, la jurisprudence a évolué vers la consécration de l'obligation de motiver les mesures disciplinaires en tant qu'un principe général à part entière (b).

a. Du rattachement de l'obligation de motiver au principe général des droits de la défense…

Dans un premier temps, le juge administratif a évoqué le principe du respect des droits de la défense pour fonder l'exigence d'exhaustivité de l'énoncé des motifs au sein de l'acte disciplinaire. «*Le respect des droits de la défense en matière des sanctions constitue un principe général de droit reconnu et mis en œuvre par la jurisprudence même en l'absence d'un texte exprès ;*

Considérant que l'une des exigences de ce principe est que les décisions prises dans ce cadre doivent être suffisamment motivées de sorte que l'intéressé soit en mesure de connaître les fautes et les comportements sur la base desquels il a été réprimé afin qu'il puisse préparer utilement ses moyens de défense »[1482].

À partir d'un arrêt *Ouertani*, rendu le 20 janvier 2000, le TA commence à généraliser l'obligation de motivation des mesures disciplinaires au motif que la motivation est un élément constitutif du principe des droits de la défense. « *Considérant que l'administration est dans l'obligation de motiver ses décisions disciplinaires ou celles ayant la nature disciplinaire même en l'absence d'un texte qui l'exige et ce, par analogie avec l'obligation de motivation imposée par l'article 51 du Statut général de la fonction publique dans la mesure où la question de* ***la motivation se rapporte aux droits de la défense***

---

finances, 16 juin 1981, Aff. n° 476, *Rec.* p. 191 ; TA, Matmati c/ Ministre de l'intérieur, 19 octobre 1981, Aff. n° 554, *Rec.* p. 278.

[1482] C'est notre traduction. TA, REP, *Misaoui* c/ Ministre de la défense nationale, 25 juin 1996, Aff. n° 4379, *Rec.* p. 260. *Cf.* en ce sens : TA, REP, *Zitouni* c/ Ministre du transport, 23 mai 1997, Aff. n° 14353, *inédit*.

qui sont érigés, comme l'a constamment affirmé la jurisprudence et la doctrine, au rang des principes généraux de droit »[1483].

Ainsi, le juge administratif adopte une interprétation extensive de la motivation prévue par l'article 51 du Statut général de la fonction publique. Par le jeu de l'interprétation par analogie, le champ d'application de la motivation s'étend au-delà du texte qui l'impose. Le silence du texte est considéré, non pas comme une dispense de l'obligation de motivation, mais comme une exigence de motivation.

Sans reconnaître à l'obligation de motiver le statut d'un principe général, le juge se contente d'intégrer ladite obligation au sein du principe des droits de la défense[1484].

b. ... à la consécration d'un principe général à part entière de motivation en matière disciplinaire

Avec l'arrêt *Aziz* rendu le 4 janvier 2001, l'obligation de motiver les sanctions disciplinaires n'est plus une simple composante du principe général des droits de la défense ; elle est devenue elle-même un principe général de droit à part entière : « *Considérant que même si l'article 50 du Statut général des forces de sécurité intérieur n'a pas imposé l'obligation de motiver les sanctions disciplinaires du second degré, le lien étroit qui unit la question de motivation avec les droits de la défense* ***érige la motivation au rang des principes généraux de***

[1483] C'est notre traduction. TA, 1ère instance, *Ouertani* c/ Ministre de l'intérieur, 20 janvier 2000, Aff. n° 16946, *inédit.*

[1484] Il importe de signaler que l'année 2000 a connu une hésitation jurisprudentielle en la matière. Tantôt le tribunal impose la motivation sans texte : TA, 1ère instance, *Bouzid* c/ Ministre de la défense nationale, 20 avril 2000, Aff. n° 15996, *inédit* ; TA, *Jaziri* c/ Ministre de la justice, 21 juin 2000, Aff. n° 15127, *inédit* ; TA, *Riahi* c/ c/ Ministre des finances, 23 juin 2000, Aff. n° 14048/14049, *inédit*). Tantôt il applique strictement le principe de non motivation sauf texte contraire. Dans deux arrêts rendus le même jour, le TA a rejeté les deux moyens tirés de l'insuffisance de motivation au motif que le Statut général des militaires et celui des forces de sécurité intérieur n'ont pas exigé la motivation des sanctions portant révocation des agents : TA, 1ère instance, *Mbarki* c/ Ministre de la défense nationale, 23 décembre 2000, Aff. n° 17699, *inédit* ; TA, 1ère instance, *Bilel* c/ Ministre de l'intérieur 23 décembre 2000, Aff. n° 17661, *inédit*. .

droit *qui s'imposent à l'administration même en l'absence d'un texte explicite... ;*

Considérant que l'une des exigences du principe général de droit susmentionné est que les décisions disciplinaires doivent être suffisamment motivées de sorte que leurs destinataires puissent connaître clairement les fautes et les comportements incriminés et exercer utilement leur droit de recours»[1485].

Désormais, le TA qualifie la motivation des mesures disciplinaires comme une obligation « *érigée au rang des principes généraux de droit* »[1486]. C'est une « *formalité substantielle dont la méconnaissance entache l'un des éléments de sa légalité externe et entraîne l'annulation de l'acte* »[1487].

L'obligation de motiver imposée par le juge administratif au-delà des textes a donné lieu à une jurisprudence abondante portant sur les sanctions disciplinaires les plus variées. Il s'agit, à titre d'illustration, des sanctions infligées à l'encontre des militaires[1488], des agents

[1485] C'est notre traduction. TA, 1ère instance, *Aziz* c/ Ministre de l'intérieur, 4 janvier 2001, Aff. n° 15705, *inédit.*

[1486] C'est notre traduction. TA, 1ère instance, *Doukali* c/ Ministre de la défense nationale, 19 octobre 2007, Aff. n° 14898, *inédit. Cf.* en ce sens : TA, 1ère instance, *Mejri* c/ Ministre de la défense, 22 novembre 2003, Aff. n° 19987, *inédit* ; TA, 1ère instance, *Boukhatem* c/ Ministres des affaires de la femme, de la culture et du sport, 6 mars 2003, Aff. n° 10604, *inédit.*

[1487] C'est notre traduction. TA, Appel, Ministre de l'éducation c/ *Added*, 29 juin 2005, Aff. n° 24775, *inédit. Cf.* en ce sens : TA, REP, *Amara* c/ Ministre de l'économie et des finances, 14 juin 1995, Aff. n° 3112, *inédit* ; TA, 1ère instance, *Lahmar* c/ Ministre de la défense, 5 juin 2007, Aff. n° 13741, *inédit.*

[1488] La loi n° 67-20 du 31 mai 1967, portant Statut général des militaires, (*JORT* n° 24 du 9 juin 1967, p. 737) n'a pas imposé la motivation des différentes sanctions disciplinaires infligées à l'encontre des militaires. L'article 37 nouveau de la loi n° 2009- 47 du 8 juillet 2009, modifiant et complétant le Statut général des militaires (*JORT* n° 55 du 10 juillet 2009, p. 1845) se contente de définir les sanctions et d'exiger certaines garanties au profit des militaires en la matière.
En cette matière, le TA a imposé la motivation en l'absence d'un texte prévoyant l'obligation de motivation : TA, 1ère instance, *Hammami* c/ Ministre de la défense nationale, 10 mai 2001, Aff. n° 13350, *inédit* ; TA, 1ère instance, *Mejri* c/ Ministre de la défense, 22 novembre 2003, Aff. n° 19987, *inédit* ; TA, Appel, Ministre de la défense nationale c/ *Mejri*, 15 février 2006, Aff. n° 25031, *inédit* ; TA, Appel, Ministre de l'intérieur c/ *Marzouki*, 29 mars 2006, Aff. n° 25030, *inédit* ; TA, 1ère

temporaires et contractuels[1489], des huissiers notaires[1490], des élèves de l'ENA[1491], des étudiants universitaires[1492] ainsi que les sanctions du second degré prononcées contre les agents de sécurité intérieure[1493].

---

instance, *Doukali* c/ Ministre de la défense, 19 août 2007, Aff. n° 14898, *inédit* ; TA, 1ère instance, *Lahmar* c/ Ministre de la défense, 5 juin 2007, Aff. n° 13741, *inédit*.

[1489] La loi n° 83- 112 du 12 décembre 1983, portant statut général des personnels de l'État, des collectivités publiques locales et des établissements publics à caractère administratif (*JORT* n° 82 du 16 décembre 1983, p. 3214) n'a pas imposé la motivation des sanctions prononcées ni contre les agents temporaires (Article 101 et 102), ni contre les agents contractuels (Articles 109 et 110).
En dépit du silence du texte sur la motivation, le juge a exigé l'obligation de motiver : TA, 1ère instance, *Boukhatem* c/ Ministres des affaires de la femme, de la culture et du sport, 6 mars 2003, Aff. n° 10604, *inédit* (Décision mettant fin au recrutement d'un agent temporaire) ; TA, 1ère instance, *Kilani* c/ Ministre de l'enseignement supérieur, 26 avril 2008, Aff. n° 15203, *inédit* (décision portant résiliation du contrat d'un agent contractuel).

[1490] Le décret beylical du 24 juin 1957, portant réorganisation de la profession de notaire, institution des huissiers notaires et des clercs assermentés, *JORT* n° 51 du 25 juin 1957, p. 761 et la loi n° 95- 29 du 13 mars 1995 , portant organisation de la profession des huissiers de justice, *JORT* n° 23 du 21 mars 1995, p. 495.
Alors que les deux textes susmentionnés restent muets sur la motivation, le juge administratif l'a imposée : TA, 1ère instance, *Jaziri* c/ Ministre de la justice, 21 juin 2000, Aff. n° 15127, *inédit* (Décision de suspension pour une période d'un an) ; TA, Appel, Ministre de la justice c/ *Khedhr*, 15 juillet 2005, Aff. n° 25007, *inédit* (Décision de suspension pour une période d'un mois).

[1491] Le règlement intérieur de l'ENA n'a pas imposé la motivation des mesures disciplinaires infligées contre les élèves de l'ENA. C'est le TA qui a imposé la motivation : TA, 1ère instance, *Danfa* c/ Directeur de l'ENA, 30 novembre 2006, Aff. n° 13732, *inédit*.

[1492] Loi n° 89-70 du 28 juin 1989, relative à l'enseignement supérieur et à la recherche scientifique, *JORT* n° 54 du 4-8 août 1989, p. 1169 et décret n° 89-1939 du 14 décembre 1989 portant organisation des universités et des établissements d'enseignement supérieur et de recherche scientifique, *JORT* n° 88 des 29-31 décembre 1989, p. 2288. Ce décret exige que les sanctions soient notifiées aux intéressés par décisions écrites (Article 50) sans pour autant imposer la motivation.
Le juge a appliqué le principe général de motivation des mesures disciplinaires : TA, 1ère instance, *Hosni* c/ Rectorat des lettres, arts et sciences humaines, 8 juillet 2003, Aff. n° 19534, *inédit* (six arrêts analogues, inédits et rendus le même jour)

[1493] L'article 50 ancien de loi n° 82-70 du 6 août 1982, portant Statut général des forces de sécurité intérieur, *JORT* n° 54 du 13 août 1982, p. 1698 a imposé l'obligation de motiver les sanctions de premier degré en gardant le silence sur celles du second degré. En dépit du silence du texte, le juge administratif a imposé la motivation du second degré : TA, Appel, Ministre de l'intérieur c/ *Karkni*, 25 juin 2003, Aff. n° 24336, *inédit* ; TA, 1ère instance, *Rhili* c/ Ministre de l'intérieur, 24 mars 2006, Aff. n° 10003, *inédit*.

De même, la décision mettant fin aux fonctions d'un juge suivie de sa radiation définitive du corps judiciaire doit être motivée même sans texte dans la mesure où la motivation des mesures disciplinaires est l'un des principes généraux de droit, affirme le juge administratif[1494].

2. Des fondements multiples

La juridiction administrative considère que « ... *la nature répressive de l'acte disciplinaire implique la divulgation des motifs qui ont fondé l'acte et les circonstances qui l'entourent* »[1495]. Dans l'arrêt *Mejri*, le TA a pris le soin de multiplier les raisons qui fondent la consécration d'un principe général de droit imposant la motivation en matière disciplinaire. Le TA affirme, à ce titre, que « *la motivation des décisions prononcées en matière disciplinaire constitue l'un des principes généraux de droit qui s'imposent même sans texte eu égard à son influence sur la protection des droits des individus et sur le bon fonctionnement du service public, d'autant plus que l'intention du législateur tend vers l'extension de ce principe et ce, par son introduction au sein de l'article 50 nouveau du Statut général des agents de sécurité intérieur en vertu de la loi n° 2000-58 du 13 juin 2000*».

Après avoir mis l'accent sur l'idée que l'obligation de motiver assure la garantie des droits de la défense devant le juge et la célérité de la justice, comme exigence de bonne administration de la justice, le juge administratif a rattaché la motivation aux exigences de l'État de droit. « *L'obligation de motiver les mesures disciplinaires consolide l'État de droit proclamé par l'article 5 de la Constitution ; que l'une des exigences de l'État de droit figure la transparence de l'action administrative et le rapprochement de l'administration de ses*

La modification du Statut général des forces de sécurité intérieur effectuée par la loi n° 2000-58 du 13 juin 2000, *JORT* n° 48 du 18 juin 2000, p. 1457 a élargi l'obligation de motivation aux sanctions du second degré.

[1494] TA, 1ère instance, *X* c / Ministre de la justice, 24 octobre 2014, Aff. n° 122649, *inédit*.

[1495] C'est notre traduction. TA, Appel, Ministre de l'intérieur c/ *Marzouki*, 29 mars 2006, Aff. n° 25030, *inédit*.

administrés et ses agents, à côté de la consécration du principe de la confiance du citoyen dans l'État et ses institutions »[1496].

Il convient de noter que ces fondements évoqués par le juge valent pour toute décision administrative et notamment les actes défavorables. Sur la base de ces fondements, le TA peut instituer, par voie jurisprudentielle, un principe général d'obligation de motiver toute décision administrative pouvant avoir des incidences préjudiciables sur la situation de l'administré.

D'ailleurs, le juge administratif a procédé à une application extensive du principe d'obligation de motiver en matière disciplinaire. Le TA a jugé que « *même en l'absence d'une disposition imposant la motivation, l'administration est dans l'obligation de motiver non seulement la sanction disciplinaire, mais aussi les actes sur la base desquels la sanction a été infligée* »[1497]. Par cet effet, les avis conformes des commissions médicales des congés de maladie[1498] portant refus des congés doivent être assortis de motivation.

B. L'obligation de motiver les avis conformes des commissions médicales portant refus des demandes de congés de maladie

Certains congés de maladies ne peuvent être accordés par le chef d'administration qu'après avis conforme d'une commission médicale[1499]. Les décisions de rejet des congés de maladie pris sur

---

[1496] C'est notre traduction. TA, 1ère instance, *Mejri* c/ Ministre de la défense, 22 novembre 2003, Aff. n° 19987, *inédit*.

[1497] C'est notre traduction. TA, 1 ère instance, *Gaddour* c/ Ministre de la santé publique, 4 janvier 2001, Aff. n° 15223, *inédit*.

[1498] *Cf.* : décret n° 90-815 du 14 mai 1990, fixant la composition et le fonctionnement des commissions médicales des congés de maladie, *JORT* n° 36 du 29 mai 1990, p. 879.

[1499] Pour le statut général des personnels de l'État, des collectivités publiques locales et des établissements publics à caractère administratif, *Cf.* article 43, alinéa 2, concernant les congés de maladie ordinaire d'une durée supérieure à 30 jours. Pour les congés de maladie de longue durée, *Cf.* article 44, alinéa 3. Pour le statut général des forces de sécurité intérieur par exemple, une commission de réforme intervient pour prendre des avis sur l'octroi des congés au sens de l'alinéa 4 de l'article 38 et des congés de longue durée selon l'article 40 alinéa 1er.

avis conforme de la commission donnent lieu à une retenue sur salaire au titre des journées d'absence injustifiée et peuvent fonder des sanctions disciplinaires[1500]. La procédure des congés de maladie aboutit à une pluralité de décisions administratives susceptibles de REP. Le REP peut être intenté à l'encontre de la décision de rejet du congé prise par le chef d'administration[1501] ainsi que la décision portant suspension de versement du salaire[1502] et les mesures disciplinaires prononcées sur la base de l'absence considérée injustifiée. Le TA a même jugé recevable le recours dirigé contre l'avis conforme de la commission car, estime le TA, ce genre de commission d'ordre technique et scientifique est obligatoirement consulté par l'administration et prend des avis auxquels l'administration est dans l'obligation de s'y conformer. L'administration est dans une situation de compétence liée ; elle se contente de régulariser la situation de l'agent conformément à l'avis de la commission, ajoute le juge administratif[1503].

Souvent, le requérant prétend, qu'eu égard à son état de santé, il mérite le congé de maladie rejeté par l'administration. La question invoquée devant le juge est de savoir si l'état de santé de l'agent, compte tenu de l'appréciation à laquelle la commission médicale s'est livrée, était de nature à justifier légalement le refus d'octroi du congé.

Il convient d'ajouter que le TA a jugé que la commission de réforme relative aux militaires est dans l'obligation de motiver ses avis portant sur le taux d'invalidité et l'imputabilité des blessures et de maladies au services militaire afin de permettre au tribunal d'exercer son contrôle. TA, 1ère instance, *Karim* c/ Ministre de la défense nationale, 21 mai 2013, Aff. n° 121185, inédit.

[1500] Article 35 de la loi n° 83-112 du 12 décembre 1983, portant statut général des personnels de l'État, des collectivités publiques locales et des établissements publics à caractère administratif. Quant aux Statuts autonomes de la fonction publique, *cf.* à titre d'illustration l'article 35 de la loi n° 82-70 du 6 août 1982, portant statut général des forces de sécurité intérieure.

[1501] TA, 1ère instance, *Bouthouri* c/ Gouverneur de Ben Arousse, 27 décembre 2002, Aff. n° 19543, *inédit* ; TA, Appel, Ministre de la santé publique c/ *Nour Eddine*, 5 janvier 2005, Aff. n° 23792, *Rec.* p. 109.

[1502] TA, 1ère inst., *Dridi* c/ Municipalité de Hammam Chatte, 29 mai 2003, Aff. n° 10415, *inédit* ; TA, *Oueslati* c/ Ministre de l'éducation, 18 mars 2006, Aff. n° 11278, *inédit* ; TA, 1ère instance, *Blouk* c/ Ministre de l'intérieur, 30 décembre 2003, Aff. n° 11104 et 11412, *inédit.*

[1503] TA, 1 ère instance, *Gaddour* c/ Ministre de la santé publique, 4 janvier 2001, Aff. n° 15223, *inédit.*

Les motifs soutenus par la commission est d'une importance capitale car la légalité de l'ensemble des mesures prises sur la base de l'avis de la commission est tributaire du bien-fondé des motifs de rejet du congé élaborés par ladite commission. Du coup, le juge doit, au préalable, connaître les motifs retenus par la commission pour qu'il puisse exercer utilement le contrôle de légalité des actes fondés sur l'avis de la commission. À cet effet, le TA a imposé l'obligation de motiver les avis de refus de congés émanant des commissions médicales même en l'absence d'un texte qui exige la motivation[1504].

Cette obligation générale de motiver les avis conformes des commissions médicales a été consacrée par le TA à partir de 1999 (1). Elle vise à garantir à la fois le respect par la commission médicale de l'obligation de l'examen sérieux des circonstances particulières des dossiers et l'exercice par le juge du contrôle juridictionnel (2).

1. Consécration

L'obligation de motiver les avis conformes de refus des congés de maladies qui pèse sur les commissions médicales est apparue dans l'affaire *Rached* du 23 février 1999. En l'espèce, le Ministre de l'éducation a pris, conformément à l'avis de la commission médicale portant rejet du congé, une décision de suspension d'un agent pour avoir profité d'un congé non justifiée. Examinant le grief tiré de l'inexactitude matérielle des faits, le TA affirme qu' « *alors même que la commission médicale bénéficie d'un pouvoir discrétionnaire quant à l'admission des congés de maladie, il n'en demeure pas moins qu'elle est dans* ***l'obligation de motiver ses avis de refus*** *afin de permettre au tribunal d'exercer son contrôle sur la légalité des décisions administratives relatives à la condamnation des agents publics qui ont bénéficié de congés de maladie non approuvés.*

[1504] TA, Appel, Ministre de l'éducation c/ *Oueslati*, 29 mai 2007, Aff. n° 25963, *inédit*.
Le décret-loi n° 72-3 du 11 octobre 1972, fixant le régime des pensions militaires d'invalidité (*JORT* n° 41 du 6-10 et 13 octobre 1972, p. 1398) impose à la commission d'invalidité de motiver ses avis établissant l'absence de lien de causalité entre la maladie ou l'infirmité et le service.

Considérant que l'acte litigieux est dépourvu de motifs de fait valables dès lors qu'il est fondé sur un refus abstrait et non motivé émanant de la commission médicale des congés de maladies »[1505].

De l'illégalité externe tirée de la non motivation de l'avis de la commission médicale, le juge déduit une illégalité interne entachant les motifs de fait de l'acte pris sur la base dudit avis. La non motivation de l'avis préalable se répercute directement sur le bien-fondé de l'acte attaqué. L'exactitude des faits d'une décision fondée sur un avis d'une commission médicale est entièrement tributaire de la motivation formelle de cet avis. Dans des considérants analogues, le TA ne cesse de rappeler que l'obligation de motiver les avis de refus des congés de maladie issus des commissions médicales constitue une exception jurisprudentielle au principe « *pas de motivation sans texte* »[1506].

2. Un double fondement

Il ressort de la lecture de la jurisprudence que l'obligation de motiver les avis de refus des congés de maladie est fondée sur une double exigence : l'examen sérieux des circonstances du dossier (a) et la nécessité d'assurer le contrôle de légalité (b).

a. L'examen sérieux des circonstances de chaque dossier

L'obligation de motiver assure l'examen sérieux du dossier de l'agent avant de se prononcer sur le refus ou l'octroi du congé. Le TA

[1505] C'est notre traduction. TA, 1ère instance, *Rached* c/ Ministre de l'éducation, 23 février 1999, Aff. n° 16226, *Rec.* p. 80.

[1506] TA, 1 ère instance, *Gaddour* c/ Ministre de la santé publique, 4 janvier 2001, Aff. n° 15223, *inédit* ; TA, 1ère instance, *Grami* c/ Ministre de l'intérieur, 7 février 2001, Aff. n° 16492, *inédit* ; TA, 1ère instance, *Bouthouri* c/ Gouverneur de Ben Arous, 27 décembre 2002, Aff. n° 19543, *inédit* ; TA, 1ère inst., *Dridi* c/ Municipalité de Hammam Chat, 29 mai 2003, Aff. n° 10415, *inédit* ; TA, 1ère instance, *Blouk* c/ Ministre de l'intérieur, 30 décembre 2003, Aff. n° 11104 et 11412, *inédit* ; TA, Appel, Ministre de la santé publique c/ *Nour Eddine*, 5 janvier 2005, Aff. n° 23792, *Rec.* p. 109 ; TA, *Oueslati* c/ Ministre de l'éducation, 18 mars 2006, Aff. n° 11278, *inédit* ; TA, Appel, Ministre de l'éducation c/ *Gandoura*, 25 mai 2006, Aff. n° 25425 et 25443, *inédit* ; TA, Appel, Ministre de l'éducation c/ *Oueslati*, 29 mai 2007, Aff. n° 25963, *inédit*.

établit une corrélation étroite entre l'obligation de motiver et l'obligation de l'examen attentif du dossier de l'agent. « *La commission médicale est dans l'obligation de motiver ses avis en cas de refus...et qu'elle aurait dû vérifier le dossier et examiner au préalable le contenu des certificats médicaux présentés établissant que l'état de santé de l'intimé ne lui permet pas de reprendre son travail* »[1507]. La non insertion des motifs de refus au sein du texte de l'avis signifie que la commission a négligé son obligation d'exercer effectivement son pouvoir discrétionnaire et d'examiner d'une manière sérieuse et approfondie les éléments fournis dans le dossier de l'agent concerné.

Le juge vise à asseoir son autorité sur les commissions médicales qui, eu égard au pouvoir d'appréciation extrêmement étendu qu'elles détiennent, sont exposées aux risques d'arbitraire et de détournement et peuvent nuire les situations financières et statutaires des agents publics.

b. Garantir l'exercice du contrôle juridictionnel

L'obligation jurisprudentielle de motiver est établie non seulement pour rationnaliser l'exercice du pouvoir discrétionnaire, mais aussi pour garantir l'exercice du contrôle juridictionnel. La formule « *afin que le tribunal puisse exercer son contrôle de légalité* », qui accompagne souvent l'exigence de motivation, montre, qu'en cette matière, l'objectif primordial de l'extension du domaine de motivation obligatoire est le souci d'assurer le contrôle juridictionnel.

Dans le Rapport de clôture d'instruction élaboré par le Conseiller rapporteur Mohamed Ghbara portant sur l'affaire *Weslati* du 27 mai 2007, on peut lire ce qui suit : « ... *Il paraît que la justice administrative a mis en œuvre ce moyen afin de faciliter l'examen des motifs sur la base desquels les décisions attaquées ont été prononcées sans avoir besoin de recourir à la communication des motifs par l'autorité auteur des actes. Surtout, lorsque ces décisions sont prises*

[1507] C'est notre traduction. TA, 1ère instance, *Bouthouri* c/ Gouverneur de Ben Arousse, 27 décembre 2002, Aff. n° 19543, *inédit* ; TA, Appel, Ministre de l'éducation c/ *Gandoura*, 25 mai 2006, Aff. n° 25425 et 25443, *inédit*.

par des autorités à caractère collégial, il serait bien difficile d'obtenir a posteriori, c'est-à-dire longtemps après la date d'émission de l'acte, connaissance des motifs réels adoptés dans le cas où ces motifs ne sont insérés, ni au sein de l'acte à la date de son émission, ni au procès-verbal à la date de la réunion de la commission »[1508].

Les difficultés que le juge rencontrait dans sa recherche *a posteriori* des motifs sont à l'origine de cette jurisprudence. Dans la plupart des cas, ni le dossier examiné par la commission, ni les procès-verbaux des séances ne comportent des indications utiles sur les motifs soutenus par la commission. Ainsi, la procédure inquisitoriale risque d'être aléatoire et de ne pas donner nécessairement au juge la garantie d'une connaissance exacte des motifs. En cette matière, la motivation formelle reste le seul procédé d'information ou du moins le procédé le plus sûr.

On aperçoit, encore une fois[1509], à quel point la jurisprudence est imprégnée par la prédominance de la fonction contentieuse de la motivation au détriment de sa fonction non contentieuse, comme exigence de bonne administration. C'est ainsi que dans d'autres domaines où la connaissance des motifs au cours du procès ne pose pas de grandes difficultés, le juge administratif demeure hésitant quant à l'institution d'une véritable exception au principe de non motivation.

Paragraphe 2 : Des exceptions en fluctuation

Deux catégories importantes d'actes administratifs sont tantôt soumises à l'obligation de motiver sans texte, tantôt dispensées de la motivation au nom du principe « *pas de motivation sans texte* ». Il s'agit des actes pris en considération de la personne (A) et des décisions portant sur les droits et libertés fondamentaux (B).

[1508] C'est notre traduction. TA, Appel, Ministre de l'éducation c/ *Oueslati*, 27 mai 2007, Aff. n° 25963, Rapport Mohamed Ghbara, *inédit*

[1509] *Cf. supra* : dans cette Partie, Chapitre I, Section 1, Paragraphe 2.

A. Les actes pris en considération de la personne

L'obligation de motiver les actes pris en considération de la personne reste incertaine (3). Le juge administratif n'a exploité ni les potentialités qu'offre le caractère flexible de la notion d'actes pris en considération de la personne (1), ni la diversité extrême de ces actes (2) alors que la cohérence générale du régime juridique de cette catégorie d'actes implique qu'elle soit soumise à l'obligation de motivation (4).

1. Notion souple

La notion d'actes pris en considération de la personne est née et s'est développée dans le cadre d'une jurisprudence administrative française[1510] qui tend à étendre le champ d'application du principe des droits de la défense devant l'administration. Au-delà de la sanction proprement dite, le juge a été conduit à étendre les droits de la défense aux mesures prises en considération de la personne[1511]. Bien qu'il ne s'agisse de la mise en œuvre d'un « *pouvoir sanctionnateur* »[1512], l'acte pris en considération de la personne ne peut être prononcée qu'après accomplissement d'une procédure disciplinaire permettant à l'agent intéressé de présenter sa défense, même en l'absence d'un texte qui l'exige[1513].

En matière de fonction publique, ces actes sont définis comme étant des mesures individuelles prises à l'encontre des agents publics « *dans l'intérêt du service et qui ne sont, ni des sanctions, ni la conséquence nécessaire d'une réglementation relative au statut des agents ou à l'organisation des services* »[1514], mais ayant un caractère

---

[1510] L'arrêt de principe en la matière, selon R. Chapus (*Droit administratif général*, Tome 1, 15ème édition, Paris, 2001, p. 1122) est CE, Sect. 24 juin 1949, *Nègre*, p. 304, *D.* 1949, p. 570, note, J.G., *S.* 1950.3.67.

[1511] G. ISAAC, *La procédure administrative non contentieuse*, LGDJ, 1968, p. 394.

[1512] C. RIBOT, « Les mesures prises en considération de la personne dans le contentieux de la fonction publique », *RDP* 1992, p. 205 et s.

[1513] TA, Appel, *Hédi* c/ Ministre de l'enseignement supérieur et le Chef du contentieux de l'État pour le compte du ministère de l'enseignement supérieur, 14 juillet 2006, Aff. n° 25318, *Rec.* p. 223.

[1514] R. CHAPUS, *Droit administratif général*, Tome 1, 15ème édition, Paris, 2001, p. 1122.

subjectif, pris *intuitu personae*[1515]. Le TA, tout comme le Conseil d'État français[1516], retient deux éléments de définition de l'acte pris en considération de la personne. D'une part, la décision doit être justifiée par le comportement général mais pas nécessairement fautif de l'agent. D'autre part, la mesure doit porter une atteinte grave à la situation de l'agent. Ainsi, pour qu'une décision ait le caractère d'une mesure prise en considération de la personne, il faut qu'elle « *ait par elle-même les effets d'une sanction disciplinaire, qu'elle porte atteinte à la situation professionnelle de l'agent, c'est-à-dire qu'elle supprime ou limite des droits ou des avantages actuels ou virtuels, résultant du statut de l'intéressé* »[1517].

Dans la conscience du juge, il est nécessaire d'assimiler ces actes aux sanctions disciplinaires parce qu'ils portent une atteinte grave à la situation statutaire de l'agent et sont prises suite au comportement désapprouvé de l'agent. Le TA affirme que dans le cas où la décision administrative entraîne la perte d'un avantage ou d'un intérêt à cause d'un comportement ou d'une position émanant de l'agent, la mesure édictée à cet effet sera assimilée à une sanction qui nécessite le respect des droits de la défense et des garanties juridiques susceptibles de protéger les intérêts de l'agent concerné[1518]. Le TA a constamment rappelé que « *le respect des droits de la défense constitue l'un des principes généraux de droit que le juge veille à son respect par l'administration même en l'absence d'un texte explicite à cet effet et ce, toutes les fois que sa décision revêt un caractère disciplinaire ou constitue une sorte de sanction ou* […] *présente un caractère de gravité considérable et prise en considération de la personne concernée ou de son activité* »[1519].

1515 G. ISAAC, *La procédure administrative non contentieuse*, LGDJ, 1968, p. 395.

1516 J.-L. DE CORAIL, « La distinction entre mesure disciplinaire et mesure hiérarchique dans le droit de la fonction publique », *AJDA*, 1967, p. 3 et s.

1517 J.-M. AUBY, Note sous C.E., 4 janvier 1964, *Paillou*, *D.* 1964, I., p. 367.

1518 TA, REP, *Zaouek* c/Ministre de l'Éducation, 7 mars 1997, Aff. n° 13986, *Rec.* p. 119 ; TA, Ben *Warred* c/ Directeur de l'Institut National du Patrimoine, 24 février 2004, Aff. n° 18495, *inédit.*

1519 C'est notre traduction. TA, *La ligue tunisienne de la défense des droits de l'Homme* c/ Ministre de l'Intérieur, 21 mai 1996, Aff. n° 3643, *Rec.*, p. 185.

2. Diversité des actes pris en considération de la personne

Le TA estime que « *la notion d'actes et mesures dotés d'un aspect personnel se limite aux décisions mettant fin aux fonctions d'un agent ou son licenciement ou sa mise à la retraite d'office ou sa radiation ou la résiliation de son contrat ou le retrait de l'emploi qu'il occupait et d'une façon générale toutes les autres décisions administratives traduisant la volonté de l'administration de réprimer le manquement de l'agent à l'une de ses obligations professionnelles* »[1520].

Bien que le TA mentionne des exemples tirés de la fonction publique, le champ d'application des ces actes dépasse le domaine des mesures prises à l'encontre des agents publics. Toute mesure portant une atteinte grave à la situation juridique de l'administré à cause de son comportement pourrait être rattachée à la catégorie des mesures prises en considération de la personne. Dans le cadre de l'examen du moyen tiré de la violation des droits de la défense, les décisions qualifiées par le TA comme mesures prises en considération de la personne sont d'une variabilité extrême : mettre fin à un stage pour insuffisance professionnelle[1521], les mutations d'office sans changement de résidence[1522], licenciement pour cause d'insuffisance professionnelle[1523], refus de réviser l'ancienneté de l'agent[1524], priver

---

[1520] C'est notre traduction. TA, Appel, *Hédi* c/ Ministre de l'enseignement supérieur et le Chef du contentieux de l'État pour le compte du ministère de l'enseignement supérieur, 14 juillet 2006, Aff. n° 25318, *Rec.* p. 223.

[1521] TA, *Saidi* c/ Ministre de L'éducation, 14 février 1978, Aff. n°134, *Rec.* p.39 ; TA, REP, *Mhadhbi* c/ Ministre de l'éducation nationale, 27 février 1980, Aff. n° 223, *Rec.* p. 87.

[1522] TA, REP, *Tahari* c/ Ministre de l'économie et des finances, 26 janvier 1994, Aff. n° 2762, *Rec.* p. 26.

[1523] Licenciement d'un agent de sécurité intérieur pour insuffisance professionnelle : TA, REP, *Kbir* c/ Ministre de l'intérieur, 21 novembre 1995, Aff. n° 2794, *inédit* ; TA, 1ère instance, *Mokded* c/ Ministre de l'intérieur, 28 janvier 2005, Aff. n° 3538, *inédit*.

- Licenciement d'un agent temporaire : TA, 1ère instance, *Ben warred* c/ Directeur de l'institut Nationale du Patrimoine, 24 février 2004, Aff. n° 18495, *inédit*.
- Licenciement d'un directeur de lycée : TA, REP, *Zaouek* c/ Ministre de l'Education, 7 mars 1997, Aff. n° 13986, *Rec.* p. 119 ;
- Mettre fin à l'emploi d'un secrétaire général de municipalité : TA, 1ère instance, *Trifi* c/ Ministre de l'intérieur, 28 décembre 2007, Aff. n° 15535, *inédit* ;

un candidat de participer aux concours nationaux durant cinq ans[1525], avis conforme d'une commission médicale privant l'agent de son traitement durant la période de son absence non justifiée[1526], annulation d'un certificat d'admission au doctorat de troisième cycle[1527], retrait d'un permis d'exploiter un dépôt d'explosifs[1528]....

3. Consécration incertaine

Depuis son apparition (a), l'obligation de motiver les actes pris en considération de la personne souffre d'un tâtonnement jurisprudentiel (b).

a. Apparition

La gravité des mesures prises en considération de la personne a conduit le juge dans certaines affaires à imposer la motivation de ces décisions. Droits de la défense et motivation se conjuguent pour «*éviter à la fois les risques d'arbitraire et ceux d'erreurs* »[1529].

Le statut général de la fonction publique (Article 81) et le statut général des forces de sécurité intérieure (Article 72) ont assimilé le licenciement pour cause d'insuffisance professionnelle au régime des sanctions disciplinaires. Le législateur exige de faire bénéficier l'agent des garanties disciplinaires comme s'il s'agissait d'une mesure disciplinaire. La jurisprudence du TA considère que le licenciement de l'agent pour insuffisance professionnelle est une décision prise en considération de la personne impliquant selon la loi les garanties nécessaires des droits de la défense. *Cf.* à titre d'illustration : TA, REP, *Saidi* c/ Ministre de l'éducation, 15 févier 1978, Aff. n° 134, *Rec.* p. 39 ; TA, REP, *Mhadhbi* c/ Ministre de l'éducation, 27 février 1980, Aff. n° 223, *Rec.* p. 87 ; TA, REP, *Derbali* c/ Ministre de l'intérieur, 21 novembre 1995, Aff. n° 2771, *Rec.* p. 396.

1524 TA, 1ère instance, *Saffar* c/ Ministre de la santé publique, 8 février 2001, Aff. n° 15341, *inédit.*

1525 TA, Appel, Ministre des domaines de l'État et des affaires foncières, c/ *Gharbi*, 24 avril 2003, Aff. n° 23942, *inédit.*

1526 TA, 1ère instance, *Sahli* c/ Ministre de l'éducation nationale, 20 octobre 1999, Aff. n° 16173, *inédit.*

1527 TA, 1ère instance, *Ben Mrad* c/ Ministre de l'enseignement supérieur et Doyen de la faculté des sciences humaines et sociales de Tunis, 28 février 2000, Aff. n° 16295 et 16350, *inédit.*

1528 TA, 1ère instance, *Marzouki* c/ Ministre de l'intérieur, 25 février 2005, Aff. n° 11318, *inédit.*

1529 R. ODENT, Conclusions sur CE, 26 octobre 1945, *Aramu*, S. 1946, III, 1.

C'est à partir d'un arrêt *Ben Kraiem*, rendu le 10 juillet 2003, que le TA commence à soumettre les mesures prises en considération de la personne à l'obligation de motivation. Il s'agit d'une décision mettant fin aux fonctions d'un *Sermon-Imam* pour cause d'insuffisance professionnelle. « *Considérant que* [...] *les décisions individuelles prises en considération de la personne intéressée ne peuvent être prononcées que par décision motivée, même en l'absence d'un texte ;*

Considérant qu'il ressort de l'examen de l'acte critiqué que l'administration a mis fin à la fonction du requérant en tant que Sermon-Imam [...] *sans clarifier les motifs qui ont été à la base de l'acte ; qu'il s'ensuit que l'acte est dépourvu de motivation* »[1530]. Dans des considérants devenus analogues, le juge administratif rappelle souvent que le principe « *pas de motivation sans texte* » ne peut soustraire l'administration à l'obligation de motiver les décisions disciplinaires ainsi que les mesures qui se rapportent à la personne même de son destinataire ou à son comportement, même en l'absence d'un texte de droit explicite[1531]. Le refus de l'administration de faire bénéficier un élève d'une inscription dérogatoire est une mesure ayant des incidences négatives sur la situation de l'intéressé et doit dès lors être assortie de motivation[1532].

Dans un arrêt rendu le 16 juin 2014, le TA a jugé « *que les incidences graves de la mesure de la retraite anticipée sur la sécurité*

[1530] C'est notre traduction. TA, 1ère instance, *Ben Kraiem* c/ Ministre des affaires religieuses, 10 juillet 2003, Aff. n° 15625, *inédit*.
Il semble que l'expression « la jurisprudence de ce tribunal a constamment admis » est employée par le TA par un abus de langage car, à notre connaissance, c'est le premier arrêt dans lequel le juge évoque l'obligation de motiver les mesures prises en considération de la personne.

[1531] TA, 1ère instance, *Béchir* c/ Ministre de la défense nationale, 24 février 2010, Aff. n° 15333, *Rec.* p. 256 ; TA, 1ère instance, *AH* c/ Ministre de la défense nationale, 31 décembre 2011, Aff. n° 120332, *Rec.* p. 126.
TA, 1ère instance, *Lahmar* c/ Ministre de la défense, 5 juin 2007, Aff. n° 13741, *inédit.*
TA, 1ère instance, 7 avril 2009, *Trabelsi* c/ Ministre de la Jeunesse, Aff. n° 17278, *inédit. Cf.* en ce sens : TA, 1ère instance, *Nasri* c/ Recteur de l'université de Tunis, 29 décembre 2005, Aff. n° 11471, *inédit* ; TA, 1ère instance, *Famradenva* c/ Directeur de l'ENA, 30 novembre 2006, Aff. n° 13732, *inédit.*

[1532] TA, 1ère instance, *M'zi* c/ Ministre de l'Éducation, 18 juin 2014, Aff. n° 124512, *inédit.*

statutaire de l'agent public imposent que le recours à cette mesure soit justifié par des exigences qu'implique le bon fonctionnement du service public ; que la détermination des mobiles de sa mise en œuvre ne saurait laissée à l'appréciation souveraine de l'administration, ni à sa discrétion absolue ;

Qu'il s'ensuit, qu'eu égard à l'impact de ladite mesure sur la situation personnelle de l'agent, l'administration est tenue, même en l'absence d'un texte explicite, d'avouer les motifs réels sur la base desquels elle a mis fin au parcours professionnel de l'agent afin qu'elle puisse examiner, sous le contrôle du juge administratif, la conformité entre le mobile qui l'a poussé à prendre l'acte et la nécessité qu'implique le fonctionnement du service public »[1533].

b. Tâtonnement jurisprudentiel

Le TA n'a pas poursuivi une position claire et stable en la matière. L'examen de la jurisprudence fait ressortir des arrêts contradictoires. Le tâtonnement du juge se traduit à trois niveaux.

D'abord, statuant à plusieurs reprises sur une décision de même nature (licenciement d'un agent pour insuffisance professionnelle), le juge impose l'obligation de motiver au motif que l'acte attaqué est qualifié comme pris en considération de la personne[1534]. Toutefois, dans d'autres affaires, le tribunal s'abstient de la qualifier comme telle pour soustraire l'administration à l'obligation de motiver au nom du principe « *pas de motivation sans texte* »[1535].

Ensuite, statuant sur des décisions, encore une fois, de même nature, le TA qualifie expressément ces actes comme des actes pris en considération de la personne pour imposer le respect des droits de la

[1533] C'est notre traduction. TA, 1ère instance, *Abdelwahed* /Ministre de l'intérieur, 16 janvier 2014, Aff. n° 123022, *inédit*. Dans le même sens, *Cf.* : TA, 1ère instance, *Hermassi* c/ Ministre de l'intérieur, 12 juin 2013, Aff. n° 123130.

[1534] TA, 1ère instance, *Ben Kraiem* c/ Ministre des affaires religieuses, 10 juillet 2003, Aff. n° 15625, *inédit*.

[1535] TA, 1ère instance, *Whichi* c/ Ministre de l'éducation nationale, 26 octobre 2005, Aff. n° 11639, *inédit* ; TA, 1ère instance, *Nasri* c/ Recteur de l'université de Tunis, 29 décembre 2005, Aff. n° 11471, *inédit*.

défense, mais dispense l'administration de l'obligation de motiver en vertu du principe « *pas de motivation sans texte* ». Les cas qui concrétisent cette dualité dans la position du juge sont nombreux. Il en est ainsi des décisions portant licenciement d'un agent pour insuffisance professionnelle[1536] ou mettant fin à un stage d'un agent public [1537], des actes prononçant que l'absence de l'agent est injustifiée[1538] et des mesures portant retrait d'une autorisation d'exercice d'une activité privée[1539].

Enfin, le juge se contente fréquemment d'appliquer le principe « *pas de motivation sans texte* » sans prendre l'initiative de donner à l'acte le qualificatif de mesure prise en considération de la personne. Sans doute, des mesures telles que la radiation de l'agent pour abandon de service[1540], la décision mettant fin à un détachement[1541] ou

---

[1536] TA, REP, *Zaouek* c/ Ministre de l'Education, 7 mars 1997, Aff. n° 13986, *Rec.* p. 119 ; TA, 1ère instance, *Ben Bachir* c/ Premier Ministre et Ministre de l'enseignement supérieur, 12 juillet 2002, Aff. n° 14907, *inédit.*
Toutefois, à l'occasion de l'examen du moyen tiré de non motivation le TA applique le principe « pas de motivation sans texte » : TA, 1re instance, *Bouhlel* c/ Ministre de l'éducation nationale, 19 octobre 2006, Aff. n° 10852, *inédit* ; TA, 1ère instance, *Whichi* c/ Ministre de l'éducation nationale, 26 octobre 2005, Aff. n° 11639, *inédit.*

[1537] Pour le moyen tiré de la violation des droits de la défense, *Cf.* : TA, *Saidi* c/ Ministre de L'éducation, 14 février 1978, Aff. n°134, *Rec.* p. 39 ; TA, REP, *Mhadhbi* c/ Ministre de l'éducation nationale, 27 février 1980, Aff. n° 223, *Rec.* p. 87.
Quant à l'application du principe de non motivation, *Cf.* : TA, 1ère instance, *Habib* c/ Ministre des affaires foncières, 16 décembre 2010, Aff. n° 27810, *Rec.* p. 448 et TA, 1ère instance, *Balti* c/ Ministre des affaires sociales, 25 mars 2008, Aff. n° 13209, *inédit.*

[1538] Concernant le respect des droits de la défense : TA, 1ère instance, *Sahli* c/ Ministre de l'éducation nationale, 20 octobre 1999, Aff. n° 16173, *inédit.*
Pour la non exigence de motivation : TA, 1ère instance, *Mhamdi* c/ Ministre des finances, 29 mars 2007, Aff. n° 12794, *inédit.*

[1539] Pour les droits de la défense : TA, 1ère instance, *Marzouki* c/ Ministre de l'intérieur, 25 février 2005, Aff. n° 11318, *inédit.* Quant à la non exigence de motivation par application du principe pas de motivation sans texte : TA, 1ère instance, *Société Venise filmes* c/ Ministre de la culture, 26 novembre 2008, Aff. n° 15266, *Rec.* p. 176.

[1540] TA, 1ère instance, *Ben Salah* c/ Ministres de l'intérieur et de la santé publique, 22 février 2006, Aff. n° 11398, *inédit.*

[1541] TA, 1ère instance, *Zammouri* c/ Ministre de l'éducation, 24 janvier 2008, Aff. n° 11135, *inédit.* Le TA fonde la non exigence de motivation sur la base du caractère essentiellement révocable du détachement. Ce fondement est également mis en

à un emploi fonctionnel[1542] et le refus de verser le salaire d'un agent[1543] constituent des mesures prises en considération de la personne car elles entraînent la perte d'un privilège ou d'un avantage et sont prononcées sur la base du comportement de l'agent concerné. Toutefois, ces mesures ont été exclues du champ d'obligation de motiver. En dispensant dans la majorité des cas l'administration de l'obligation de motiver les mesures prises en considération de la personne, le TA méconnaît sa propre position selon laquelle lesdites mesures sont motivées même sans texte.

4. Nécessité d'un principe général d'obligation de motiver les actes pris en considération de la personne

L'attitude ambivalente du juge administratif heurte la cohérence de la catégorie juridique d'actes pris en considération de la personne. Cette catégorie d'actes est créée pour qu'elle soit assimilée au régime disciplinaire. On a vu comment la jurisprudence attache une grande importance au principe des droits de la défense et à l'obligation de motiver en matière disciplinaire.

Le juge administratif n'a pas encore exploité les potentialités qu'offrent la variabilité extrême des actes pris en considération de la personne et la flexibilité de ses éléments intrinsèques. Ce type de mesures administratives pourrait constituer pour le juge un terrain favorable lui permettant d'étendre le champ d'obligation de motiver à toute décision individuelle portant une atteinte suffisamment grave à la situation juridique des administrés.

œuvre par le Conseil d'État français qui dispense l'administration de motiver si la décision de mettre fin aux fonctions occupées revêt un caractère essentiellement révocable. En 2009, le CE a opéré un revirement jurisprudentiel et juge que la décision n'a pas à être motivée, même si ses fonctions n'ont pas un caractère essentiellement révocable. *Cf.* : I. DE SILVA, Conclusions sur CE, 23 avril 2009, *M. Guigue*, *AJDA*, 2009, p. 1374.

[1542] TA, 1ère instance, *Kamoun* c/ Ministre de la santé, 18 juin 2012, Aff. n° 19656, *inédit*.

[1543] TA, 1ère instance, *Krouda* c/ Ministe de l'enseignement supérieur et le Chef du contentieux de l'État pour le compte du ministère de l'enseignement supérieur, 24 octobre 2008, Aff. n° 14482, *inédit*.

L'emploi d'expressions telles que « *assimilée à une sanction disciplinaire* », « *une sorte de sanction ou punition et qui se rapporte à la personne incriminée* » [1544], « *la catégorie des mesures graves* »[1545]… pour identifier les mesures prises en considération de la personne montre, non seulement que les frontières avec la notion de sanction administrative sont souvent ténues et délicates à établir, mais aussi et surtout à quel point la notion d'acte pris en considération de la personne est dotée d'une dose considérable de souplesse et de malléabilité. Par ses contours flous, une telle notion est sujette aux possibilités d'extension et d'adaptation. En effet, il est difficile de concevoir qu'une décision individuelle soit détachée de la situation de la personne même de son destinataire ou de son activité. Dès lors, toute décision individuelle qui entraîne des conséquences préjudiciables sur la position de l'administré peut répondre à la définition d'actes pris en considération de la personne et donne par là même au juge la possibilité de l'intégrer, sans difficultés majeures, à cette catégorie d'actes.

Il va sans dire que des arrêts contradictoires mettaient à mal l'égalité des justiciables devant la justice. « *Le justiciable a besoin d'une certaine stabilité des solutions données afin qu'il mûrisse les termes de sa requête* »[1546]. Apparue en 2003, l'obligation de motiver les actes pris en considération de la personne n'a pas encore abouti à un revirement réel de la jurisprudence antérieure. Il est difficile de concevoir qu'un même tribunal puisse avancer une règle jurisprudentielle et l'infirmer dans la quasi-totalité des cas. Peut-être, il faudrait un certain temps pour faire évoluer et stabiliser la position du TA.

C'est dans ce cadre que s'inscrit une position jurisprudentielle généreuse, mais non encore établie, imposant la motivation des décisions portant atteinte aux droits et libertés fondamentaux.

[1544] C'est notre traduction. TA, 1ère instance, *Ben Mrad* c/ Ministre de l'enseignement supérieur et Doyen de la faculté des sciences humaines et sociales de Tunis, 28 février 2000, Aff. n° 16295 et 16350, *inédit.*
[1545] C'est notre traduction. TA, 1ère instance, *Marzouki* c/ Ministre de l'intérieur, 25 février 2005, Aff. n° 11318, *inédit* :
[1546] P. SABOURIN, « Un Persan au Conseil d'État », *AJDA*, 1993, p. 517

B. Les décisions portant sur les droits et libertés fondamentaux

Il convient de préciser d'abord que les décisions portant atteinte aux droits et libertés fondamentaux englobe l'ensemble des décisions administratives portant restriction des « *droits et libertés protégés par des normes constitutionnelles ou internationales* »[1547]. Parce qu'ils sont protégés par des normes supra-législatives, la doctrine affirme que les droits et libertés fondamentaux correspondent à un changement structurel qui se rattache à un phénomène global de passage de ***l'État légal*** vers ***l'État de droit***, de la ***légalité*** vers la ***constitutionnalité***. Si la notion de libertés publiques se rapporte à l'État légal, c'est-à-dire au règne de la loi, les droits et liberté fondamentaux correspondent à l'État de droit qui exige la suprématie des normes supra-législatives[1548].

En dépit de son importance notable, l'obligation de motiver les actes portant atteinte aux droits fondamentaux souffre d'une consécration incertaine (1). Souvent, c'est le principe de non motivation qui règne (2). Ce qui suscite des objections multiples (3).

1. Consécration hésitante

L'exigence jurisprudentielle de motiver les décisions portant atteinte aux droits et libertés fondamentaux est apparue dans un arrêt *Bougaddouha* rendu le 29 mars 2003. Examinant le moyen tiré de la non motivation d'une décision mettant fin à la fonction d'un agent suite à une réorganisation du service, le TA juge que les décisions portant atteinte aux droits fondamentaux et aux droits de la défense[1549]

[1547] L. FAVOREU *et al.*, *Droit constitutionnel*, Dalloz, 4ème édition, Paris, 2001, p. 724 ; M. FROMONT, « Les droits fondamentaux dans l'ordre juridique de la République fédérale d'Allemagne », *Recueil d'étude en hommage à Charles Eisenmann*, Paris, Cujas, 1977, pp.49-63.

[1548] L. FAVOREU *et al.*, *Droit constitutionnel*, Dalloz, 4ème édition, Paris, 2001, p.p. 726 et 727.

[1549] Les droits de la défense sont rattachés par le TA à la catégorie des droits fondamentaux de l'individu : TA, REP, *A. M.* c/ Ministre de la justice, 11 juillet 1995, Aff. n° 3377, *Rec.*, p. 303.

constituent des exceptions au principe « *pas de motivation sans texte* »[1550].

Le TA est intervenu pour rappeler l'obligation de motiver les mesures relatives aux droits fondamentaux à l'occasion d'un jugement en date du 15 juillet 2006. En l'espèce, le recours est intenté contre une décision de refus d'accorder l'équivalence d'un diplôme étranger d'apprentissage de conduite. Le TA décide que le refus d'octroyer l'équivalence porte atteinte aux droits fondamentaux ; que l'acte attaqué doit être assorti du motif de rejet afin de permettre au tribunal d'exercer son contrôle[1551]. En 2007, le TA évoque pour la troisième fois l'obligation de motiver « *les actes susceptibles de mettre en cause les droits fondamentaux et les droits de la défense surtout les mesures disciplinaires* »[1552].

Quoiqu'ambitieuse, cette nouvelle position du juge administratif de motiver une catégorie importante d'actes administratifs demeure hésitante. L'obligation de motiver en matière des droits fondamentaux n'a pas encore fait l'objet d'une véritable jurisprudence établie et cohérente.

L'hésitation de la jurisprudence en matière de motivation des actes inhérents aux droits fondamentaux est d'autant plus marquée que le TA a employé en 2008 une formule restrictive : « *Considérant que le TA a insisté sur l'obligation de motiver les décisions disciplinaires touchant les droits fondamentaux ou les droits de la défense, même en l'absence d'un texte explicite qui l'exige* »[1553]. Le TA a cantonné les

---

[1550] TA, 1ère instance, *Bougaddouha* c/ Ministre des finances, 29 mars 2003, Aff. n° 11043, *inédit*. Outre l'incertitude quant à la formulation du considérant puisqu'il aurait dû parler d'actes soumis aux droits de la défense et non d'actes portant atteinte à ces droits, la décision attaqué ne peut être rattaché à la catégorie des mesures prises en considération de la personne car, bien qu'elle lèse considérablement la situation juridique du requérant, elle n'est pas prise sur la base du comportement de l'agent, mais sur la base d'une réorganisation de service.

[1551] TA, 1ère instance, *Slimani* c/ Ministre du transport, 15 juillet 2006, Aff. n° 13245, *inédit*.

[1552] C'est notre traduction. TA, 1ère instance, *Bjaoui* c/ Municipalité de Mateur, 3 février 2007, Aff. n° 12917, *inédit*.

[1553] C'est notre traduction. TA, 1ère instance, *Kilani* c/ Ministre de l'enseignement supérieur, 26 avril 2008, Aff. n° 15203, *inédit*.

décisions portant atteinte aux droits fondamentaux dans la catégorie restreinte des mesures disciplinaires. Cette position est de nature à anéantir la position antérieure du TA et reste sans apport sur le champ de l'obligation de motiver dès lors que le TA a déjà forgé un principe général de motivation en matière disciplinaire. C'est probablement la masse des affaires qui fait qu'un même tribunal a tendance à oublier la solution qu'il a apporté à une même question dans le passé le plus récent.

Dans une solution d'espèce adoptée par un arrêt rendu le 30 décembre 2010, le TA a curieusement affirmé, lors de l'examen du moyen tiré de la non motivation d'une décision de fermeture d'un local, qu'« *alors même que la motivation des mesures de police administrative n'est obligatoire qu'en vertu d'un texte exprès, la jurisprudence de ce tribunal a constamment admis que l'administration est dans l'obligation de motiver ses décisions de police qui restreignent ou interdisent l'exercice des libertés* »[1554]. Or, toute mesure de police administrative est par définition restrictive d'une liberté publique. Avec cette remarque que les mesures de police n'ont pas à être motivées sauf texte contraire selon une jurisprudence constante du TA[1555].

2. Pluralité des cas de dispense de motivation

Le juge continue à exclure des mesures portant atteinte aux droits fondamentaux du champ de l'obligation de motiver. Ce qui constitue une négation de sa propre position avancée dans l'affaire *Bougaddouha* selon laquelle ces mesures doivent être prononcées par

---

Statuant sur une même décision, le TA a adopté une position contraire. Interprétant l'article 41 de la loi n° 147-59 du 7 novembre 1959 relatif aux cafés et locaux assimilés, le juge a déduit que les mesures de fermeture des locaux doivent être consignées par écrit dans lequel l'administration doit incorporer sa volonté explicite de fermeture du local, ses motifs et l'autorité auteur de l'acte pour que son destinataire soit à même de connaître son contenu et pour que le juge puisse exercer son contrôle. TA, première instance, *Ben Amor* c/ Ministre de l'intérieur, 31 décembre 2002, Aff. n° 15235, *inédit*.

1554 C'est notre traduction. TA, 1ère instance, 30 décembre 2010, *Ali* c/ Municipalité Bouarada, Aff. n° 19291, *Rec*. p. 605.

1555 *Cf. supra*, dans ce Chapitre, Section 1, Paragraphe 1, E, 1, b et *infra*, Section 2, Paragraphe 2, B, 3.

décision motivée même si les textes gardent le silence. Les exemples sont nombreux. Des mesures portant sur des droits qualifiées par l'ancien Conseil constitutionnel et par le TA comme étant des droits fondamentaux ont été écartées par le même tribunal du champ d'obligation de motiver par application du principe « *pas de motivation sans texte* ». L'interdiction de certains moyens de transport de circuler sur l'ensemble du territoire de la ville de Bizerte[1556] ou le retrait d'un permis de conduire[1557] n'ont pas à être motivés. Toutefois, ces mesures portent atteinte à la liberté de circulation, qualifié par le TA lui-même comme étant un droit fondamental reconnu par la Constitution[1558] et dont la méconnaissance heurte la théorie de l'État de droit[1559].

En outre, le TA a considéré que le refus d'annuler l'inscription d'un étudiant n'a pas à être motivé[1560] alors même que l'inscription se rapporte au droit à l'instruction « *consacré par le préambule de la Constitution* », selon les termes du Conseil constitutionnel[1561]. Le TA a jugé que « *... le droit à l'instruction s'inscrit dans la sphère des droits fondamentaux de l'homme proclamés par la Constitution et que l'inscription est le procédé normal pour exercer le droit à l'instruction de sorte que le refus d'inscription conduit à vider ce droit de toute substance* »[1562].

[1556] TA, 1ère instance, *Mehrez* et autres c/ Municipalité de Bizerte, 28 avril 2006, Aff. n° 13262, *Rec*. p. 62.
[1557] TA, 1ère instance, *Sahbi* c/ Gouverneur d'Elkef, 13 mars 2004, Aff. n° 11188, *Rec*. p. 22.
[1558] TA, Appel, Ministre de l'intérieur c/ *Zrahi*, 21 novembre 2007, Aff. n° 25673, *inédit*.
[1559] TA, 1ère instance, *Sahbi* c/ Gouverneur d'Elkef, 13 mars 2004, Aff. n° 11188, *Rec*. p. 22.
[1560] TA, 1ère instance, *Ben Kraiem* c/ Doyen de la faculté de droits et des sciences économiques et politiques de Sousse, 4 juillet 2001, Aff. n° 16968, *inédit*.
[1561] Avis n° 07-2009 sur un projet de loi portant dispositions exceptionnelles relatives à la retraite des professeurs de l'enseignement supérieur, *JORT* n° 30 du 14 avril 2009, p. 1041.
[1562] C'est notre traduction. TA, 1ère instance, *Ben Chabane* c/ Ministre de l'enseignement supérieur, 14 mars 2006, Aff. n° 13456, *inédit*.

De même, ne sont pas soumis à l'exigence de motivation le refus[1563] ou le retrait[1564] d'une autorisation d'exercer une activité privée tandis que ces actes portent atteinte au « *droit à l'emploi qui constitue, selon le TA, un droit permanent prévu par le préambule de la Constitution et proclamé par la plupart des déclarations et chartes internationales eu égard à la place qu'il occupe vis-à-vis de l'individu et le rôle qu'il joue sur le plan social et économique...* »[1565].

De plus, le TA n'a pas imposé la motivation de la dépossession de la requérante de la propriété d'un terrain[1566] en dépit de l'atteinte portée par cette décision au droit de propriété garantie par l'article 14 de la Constitution de 1959[1567]. Le TA a également exonéré l'administration de justifier la soumission du condamné à un contrôle administratif[1568] tandis que cette mesure déroge bel et bien à son droit constitutionnel de choisir son lieu de résidence[1569].

3. Maintien contestable du principe de non motivation

La non motivation des actes portant restriction des droits et des libertés fondamentaux répond mal au principe constitutionnel de la plénitude de l'exercice des droits et des libertés par les citoyens (a). La non consécration d'une obligation de motiver en la matière crée une divergence avec la position du juge vis-à-vis d'une catégorie d'actes très proche des actes relatifs aux droits et libertés fondamentaux, celle des actes inhérents aux droits permanents mise en œuvre lors de la procédure contentieuse (b). Le citoyen se trouve dans

---

[1563] TA, 1ère instance, *Institut privée supérieure des affaires de Tunis* c/ Ministre de l'enseignement supérieur, 1er avril 2003, Aff. n° 10078, *inédit*.

[1564] TA, REP, *Dhaouadi* c/ Ministre du transport, 1er juin 1994, Aff. n° 2879, *inédit*.

[1565] C'est notre traduction. TA, 1ère instance, *Allouch* c/ Ministre des finances et Président du comité général des assurances, 15 juillet 2005, Aff. n° 14173, *inédit*.

[1566] TA, 1ère instance, *Mami* c/ Ministre de l'industrie, 24 novembre 1999, Aff. n° 14525, *inédit*.

[1567] *Cf.* à titre d'illustration : Conseil constitutionnel, Avis n° 13- 2009, sur un projet de loi relatif aux aires marines et côtières protégées, *JORT* n° 58 du 21 juillet 2009, p. 1972.

[1568] TA, 1ère instance, *Zouari* c/ Ministre de l'intérieur, 15 juillet 2008, Aff. n° 11141, *inédit*.

[1569] TA, REP, *Ben Achour et autres* c/ Ministre de l'éducation et de l'enseignement supérieur, 27 juin 1990, Aff. n° 1887, *inédit*.

la situation la plus défavorable lorsque l'administration exerce une activité de police. Dans ce cas, l'administration est dispensée non seulement de l'obligation de se justifier mais aussi de l'obligation garantir les droits de la défense au profit des administrés (c).

a. Incompatibilité avec le principe constitutionnel de la plénitude de l'exercice des droits par les citoyens

Selon un principe constitutionnel, l'exercice des droits et des libertés par les citoyens est la règle et la restriction l'exception. Ainsi, une loi ne peut restreindre l'exercice des droits et des libertés fondamentaux qu'en cas d'une nécessité relative à des exigences d'intérêt général[1570]. L'application du principe de nécessité par le juge constitutionnel implique de veiller à ce que les restrictions des droits et des libertés des citoyens s'effectuent dans les limites des objectifs d'intérêt général énumérés par l'article 49 de la Constitution[1571]. Si le législateur ne peut restreindre les droits des citoyens qu'en cas de nécessité, c'est à plus forte raison que l'administration ne peut prendre des mesures restrictives des droits des individus qu'à titre exceptionnel et strictement nécessaire pour la satisfaction des besoins d'intérêt général. C'est ainsi que le TA exige que toute mesure de police doive être justifiée par la nécessité d'empêcher un trouble ou menace de trouble réels à l'ordre public et doit être indispensable pour le maintien de l'ordre public[1572].

Les restrictions administratives aux droits et libertés constituent des exceptions au principe de la plénitude de l'exercice des droits et des

---

[1570] Article 49 de la Constitution du 27 janvier 2014 et article 7 de la Constitution de 1959.

[1571] La doctrine de l'ancien Conseil constitutionnel est riche en la matière. À titre d'illustration, *Cf.* : Avis n° 45-2008 concernant un projet de loi portant consolidation des garanties octroyées à l'inculpé, amélioration de la condition des détenus et assouplissement des conditions d'intégration, *JORT* n° 101 du 16 décembre 2008, p. 4178 ; Avis n° 2-2007 sur un projet de loi portant promulgation du code des douanes, *JORT* n° 47 du 10 juillet 2008, p. 1805.

[1572] TA, *Bouderbela* c/ Municipalité de Nabeul, 17 décembre 1984, Aff. n° 744, *Rec.* p.290 ; TA, *Chambre syndicale des sociétés de publicité* c/ Municipalité de Grand Tunis, 15 février 1982, Aff. n° 451, *Rec.* p. 10 ; TA, 1ère instance, *Mehrez* et autres c/ Municipalité de Bizerte, 28 avril 2006, Aff. n° 13262, *Rec.* p. 62 ; TA, *Société krichen* c/ Municipalité de Gasserine, 14 mars 1995, Aff. n°3879, *Rec.* p. 128.

libertés par les citoyens posé par l'article 49 de la Constitution. Dès lors, toute mesure prise dans ce cadre doit être assortie d'une motivation qui en montre la justesse et l'utilité afin de ne pas porter atteinte à l'essence même des droits et des libertés. D'ailleurs, on a pu constater à partir des arrêts rendus par le TA, que les décisions non motivées sont souvent accompagnées d'une mauvaise appréciation de l'utilité de l'acte[1573].

b. Divergence avec la position du juge quant aux actes inhérents aux droits permanents

La notion d'actes portant atteinte aux droits fondamentaux se rapproche d'une catégorie d'actes mise en œuvre dans le cadre de la procédure administrative contentieuse. Il s'agit des actes relatifs aux droits permanents. L'on sait que les actes inhérents aux droits permanents englobent, selon le TA, les actes relatifs aux droits ayant un fondement constitutionnel[1574] et donc, ce sont des actes qui se rattachent aux droits fondamentaux. Toutefois, si le juge est resté prudent quant à l'intégration des actes relatifs aux droits fondamentaux dans le champ de la motivation obligatoire, il fait preuve d'audace quant à l'application des droits permanents dans le cadre de la procédure contentieuse. Le juge a édifié, sur la base de la théorie des droits permanents, une jurisprudence généreuse qui favorise un accès facile au juge. Pour des raisons de bonne justice, la catégorie des actes administratifs portant sur les droits permanents a

[1573] TA, 1ère instance, *Zrah* c/ Municipalité d'Elkram, 16 juin 2006, Aff. n° 14120, *inédit* ; TA, 1ère instance, *Ben Said* c/ Ministre de l'intérieur, 13 juillet 2001, Aff. n° 16971, *inédit* ; TA, 1ère instance, *Mehrez* et autres c/ Municipalité de Bizerte, 28 avril 2006, Aff. n° 13262, *Rec.* p. 62 ; TA, 1ère instance, *Institut supérieur privée des affaires de Tunis* c/ Ministre de l'enseignement supérieur, 1er avril 2003, Aff. n° 10078, *inédit.*

[1574] Il s'agit notamment selon la jurisprudence du TA du droit de demander une autorisation administrative ou des certificats administratifs, du droit aux recouvrements sociaux, du droit de mise en retraite, du droit à l'instruction… et, de toute façon, des droits ayant un fondement constitutionnel. TA, Appel, CNSS c/ *Aoulad Ali*, 25 février 2005, Aff. n°24388, *inédit.*

été instituée dans le but d'exclure[1575] ou d'assouplir[1576] l'application de la condition du délai du REP.

Notre justice administrative attache une attention particulière aux garanties contentieuses au détriment des garanties inscrites lors de la procédure administrative non contentieuse.

c. La non soumission des actes de police à l'obligation de motiver et aux droits de la défense

Les mesures de police visent à assurer le maintien de l'ordre public et constituent des limitations apportées aux libertés des citoyens. Actes portant atteinte aux libertés fondamentaux et actes de police se coïncident lorsque les libertés en cause sont reconnues par des normes supra-législatives.

En matière de police administrative, le juge administratif a, non seulement dispensé l'administration de l'obligation de motiver, mais aussi, il a expressément exclut l'application du principe des droits de la défense. Après avoir rappelé le champ d'application extensif du principe général des droits de la défense, le TA affirme que « *par exception à ce principe, l'ensemble des mesures de police, prises dans le cadre de l'intérêt général et de la sauvegarde de l'ordre public, ne sauraient être soumises, en l'absence d'une disposition expresse qui l'exige, au principe du contradictoire, abstraction faite de ses conséquences préjudiciables sur les situations juridiques de leurs destinataires* »[1577].

[1575] Selon cette première position du TA, les actes relatifs aux droits permanents sont exonérés de la condition du délai de recours de sorte que le REP est ouvert *à tout moment*. TA, Appel, CNSS c/ *Aouled Ali*, 25 février 2005, Aff. n°24388, *inédit*.

[1576] Une jurisprudence du TA adopte une deuxième position moins libérale. Selon cette jurisprudence les actes portant sur un droit permanent ne sont pas dispensés du délai de recours. Mais, le requérant peut multiplier les recours administratifs préalables et le délai du REP commence à courir à partir du refus de l'administration de la dernière demande. TA, Appel, 3 mars 2005, CNSS c/ *Selliti*, Aff. n° 24964 ; TA, 1ère instance, *Allouch* c/ Ministre des finances, 15 juillet 2006, Aff. n° 14173, *inédit*.

[1577] C'est notre traduction. TA, 1ère instance, *Zrah* c/ Municipalité d'Elkram, 16 juin 2006, Aff. n° 14120, *inédit*.

L'absence des garanties relatives aux droits de la défense et à l'obligation de motiver accentue le caractère autoritaire des décisions de police administrative. Dans la "*démocratie administrative tunisienne*", l'administré est, au nom de l'intérêt général, victime sans défense d'une décision portant atteinte à l'une de ses libertés individuelles. Il subit la décision sans connaître, ni le déclenchement de l'opération décisionnelle, ni les motifs de la mesure prononcée à son encontre. Il est en situation de sujet complètement étranger au processus décisionnel provoqué à son encontre.

Confronté à cette emprise, l'administré ne se voit reconnaître que la possibilité de recourir au juge pour se défendre et connaitre les raisons de l'acte. En cette matière, l'approfondissement du contrôle juridictionnel des faits vers l'examen de la nécessité et de la proportionnalité n'a pas été accompagné par un développement parallèle du principe des droits de la défense et de l'obligation de motiver alors que ces deux procédés garantissent la véracité des motifs et une bonne appréciation des faits[1578].

[1578] R. ODENT, « Les droits de la défense », *EDCE*, 1953, p.55.

CONCLUSION DE LA DEUXIÈME PARTIE

Le principe « *pas de motivation sans texte* » est révélateur d'une certaine philosophie de la justice administrative. À l'égard du rapport administration-administré, le juge tend à protéger les prérogatives de l'administration en dispensant l'administration, au cours de l'élaboration de l'acte, de la contrainte de motivation. Or, dans ses rapports avec l'administration, le juge tend à protéger ses propres prérogatives en imposant à l'administration l'obligation de communiquer les motifs au cours d'instance en vue d'assurer à la fois le contrôle de légalité et la protection des droits des administrés[1579].

En l'absence d'une politique législative claire, les obligations de motiver se sont imposées au coup par coup, sans réflexion d'ensemble. Du fait de leur caractère ponctuel, disparate et contradictoire, les textes ne reflètent pas une doctrine d'ensemble intelligible et cohérente[1580]. Les exceptions au principe de non motivation instituées par les textes répondent mal aux exigences d'une administration transparente et proche du citoyen.

Institué pour favoriser l'adhésion des citoyens et pour améliorer les rapports administratifs, le décret du 3 mai 1993, fixant le cadre général de la relation entre l'administration et ses usagers a institué, et ce n'est pas assez dire, un véritable cadre de « *maladministration* ». Par le jeu de l'acte implicite de rejet, le décret invite les administrateurs à traiter les usagers dans l'indifférence totale. L'obligation de motiver instituée par ledit décret est trompeuse et les

---

[1579] A. MESTRE, *Le Conseil d'État protecteur des prérogatives de l'Administration*, LGDJ, Paris, 1974, p. 157.

[1580] Comme c'est le cas en droit français, *Cf.* : B. DELAUNAY, *L'amélioration des rapports entre l'administration et les administrés*, LGDJ, Paris, 1993, p. 471.

rédacteurs du texte ont commis une « *grossière malfaçon* »[1581] décrétale. La bureaucratie administrative est un phénomène à combattre et non à soutenir.

L'état du droit de la motivation est le trait qui atteste le mieux une machine administrative lourde et bureaucratique : manque d'initiative et de créativité des agents publics, des cadres inférieurs rejettent leurs responsabilités sur leurs supérieurs hiérarchiques, le refus de prendre des décisions, le retard d'action et les tiraillements entre les agents du même rang… Ces phénomènes fâcheux heurtent les principes élémentaires de bonne administration proclamés par l'article 15 de la Constitution de 2014.

Dans ces conditions, l'administration tunisienne demeure encore en retrait par rapport aux bonnes pratiques étrangères et notamment avec ses partenaires européens en dépit des efforts de mise à niveau de l'administration tunisienne suite à l'accord d'association entre les communautés européennes et la Républiques tunisienne[1582].

En l'absence d'une intervention législative susceptible d'opérer un véritable renversement du principe de non motivation, la jurisprudence semble évoluer, quoique d'une manière lente et contrastée, vers l'institution d'une obligation générale de motiver toute mesure de nature à porter un préjudice grave aux intérêts des individus. Néanmoins, les obligations de motiver les actes pris en considération de la personne et les actes relatifs aux droits et libertés fondamentaux font l'objet d'une pratique jurisprudentielle fluctuante. Il semble toutefois que ce qui apparaît comme une fluctuation jurisprudentielle, n'est au fond qu'une question qu'on peut dénommer de "*stratégie jurisprudentielle*". L'art du juge est de choisir des notions souples et d'ordre général, comme celles des actes pris en considération de la personne, pour déclencher une évolution progressive de sa jurisprudence, sans opérer une révolution brutale. Pour de nombreux pays, « *le juge s'efforce de dicter à l'administration une règle de*

[1581] Expression empruntée à M. Waline, note sous CE, 30 juin 1978, Lenert, RDP 1978, p. 1725.

[1582] L'article 52 de l'Accord d'association dispose que « *la coopération vise à aider la Tunisie à rapprocher sa législation de celle de la communauté dans les domaines couverts par le présent accord* »

conduite suivant laquelle les décisions désavantageuses pour les intéressés devaient toujours être motivées »[1583].

La consécration d'une règle d'obligation de motiver sauf exceptions s'impose afin de mettre en l'ordre le droit de la motivation avec les normes constitutionnelles et de simplifier un dispositif juridique complexe et source d'insécurité.

[1583] C. WIENER, « La motivation des décisions administratives en droit comparé », *RIDC*, 1969, p. 792. L'auteur a cité deux exemples. En Allemagne, la Cours fédérale a proclamé que « tout citoyen dont les droits on été lésés a droit à en connaître les raisons » (Décision rendue le 16 janvier 1957). En Italie, la motivation est obligatoire pour les décisions sacrifiant des positions de droit subjectif.

CONCLUSION GÉNÉRALE

La motivation des décisions administratives est un instrument indispensable pour un État de droit et pour toute société moderne. La transparence des motifs est présentée comme l'ennemi naturel de l'arbitraire et l'arme redoutable contre l'injustice[1584]. L'expression obscurité en langue arabe (*dhalèm*) évoque l'idée d'injustice (*dhoulm*). L'administration n'est nullement une « *machine à décider* »[1585]. Elle est appelée à prendre des mesures justes, raisonnables[1586] et « *moralement acceptables* »[1587]. C'est un minimum irréductible de déontologie et de moralité administratives, celui de mettre en évidence les raisons qui justifient l'action administrative.

Tout comme la motivation des décisions politiques, la motivation des actes administratifs permet de mesurer le degré de développement de l'idée de « *res publica* » et de déceler si les décideurs ont pu « *dépasser la conception patrimoniale de l'État* »[1588]. L'obéissance absolue à des décisions non motivées risque fort de nous placer aux frontières de l'obligation de se taire qui pesait sur les agents de l'État chinois : « *On exécute ce qu'on a compris et on exécute ce qu'on n'a pas compris. En plus on essaie de comprendre pendant l'exécution ce qu'on n'a pas compris auparavant* »[1589].

[1584] K. DAVIS, Discretionary justice, Chicago, p. 25 cité par L. SELVEIRA, « Le pouvoir discrétionnaire de l'administration comme perçu par le public », *Pouvoir discrétionnaire de l'administration et problèmes de responsabilités*, 2ème colloque de droit européen, Oxford (Royaume Uni), 25-29 septembre 1995, Conseil de l'Europe, 1997, p. 65.

[1585] Expression empruntée à D. BOURCIER et G. KOUBI, « Responsabilisation des décideurs et systèmes d'information », *AJDA*, 1999, p. 7.

[1586] F. MODERNE, Note sous CE, Sect. 9 juin 1978, *Lebon*, *RA*, 1978, p. 634.

[1587] B. PACTEAU, Note sous CE, Ass. 13 juillet 1978, *Lebon*, *D.*, 1979, J. 30.

[1588] Expression empruntée à M.-A. G. PELE, « Pour l'État de droit en Afrique », *Mélanges P.-F. Gonidec*, Paris, LGDJ, 1985, p.189.

[1589] M. SHENG, *Le contrôle des actes administratifs en droit chinois et sa réforme*, LGDJ, Paris, 1991, p. 63.

Les méthodes du contrôle du juge administratif exercé sur la motivation varient entre conceptualisme et empirisme[1590]. Les solutions jurisprudentielles sont le résultat de deux démarches distinctes. Une démarche conceptuelle qui consiste à rattacher la motivation à un ensemble de principes et de valeurs fondamentaux et une démarche empirique qui consiste à mesurer les vices relatifs à la motivation en fonction des circonstances particulières de chaque affaire. À vrai dire, plus l'acte est injuste dans le cas d'espèce, plus le juge est exigeant dans la sanction de la motivation. C'est là l'une des fonctions latentes du juge administratif qui consiste à « *rétablir l'équité* »[1591] et à inciter l'administration à avoir « *le sentiment naturel de ce qui est juste et de ce qui ne l'est pas* »[1592]. M. Hauriou a considéré que le droit administratif est par définition « *un droit d'équité très supérieur au droit commun* »[1593]. L'équité est « *le fondement de tous les principes généraux du droit* »[1594]. On a même soutenu que « *L'essence du droit administratif est de constituer un*

1590 Sur les problématiques inhérentes à la disparité entre conceptualisme et empirisme dans les méthodes du travail du juge administratif, consulter : Th. FORTSAKIS, *Conceptualisme et empirisme en droit administratif français*, Paris, LGDJ, 1987 ; Y. GAUDEMET, *Les méthodes du juge administratif*, LGDJ, Paris, 1972 ; M. WALINE, « Empirisme et conceptualisme dans la méthode juridique : faut-il tuer les catégories juridiques ? », *Mélanges J. Dabin*, Sirey, Paris, 1963, Tome 1, pp. 359-371 ; J. RIVERO, « Apologie pour les "faiseurs de systèmes" », *Dalloz*, 1951, Chronique, p.p. 99-102 ; B. CHENOT, « La notion de service public dans la jurisprudence économique du Conseil d'État », *EDCE*, 1950, p. 82 et R. LATOURNERIE, « Essai sur les méthodes juridictionnelles du Conseil d'État », *Livre jubilaire du Conseil d'État*, Paris, Sirey, 1952, p. 199.

1591 GENEVOIS, conclusions sur CE, Sect. 9 juin 1978, *Lebon*, *Rec*. p. 245.

1592 J. F. DAVIGNON, *La responsabilité objective de la puissance publique*, thèse, Lyon, 1976, p. 24, cité par. V. DUFAU, *Les sujétions exorbitantes du droit commun en droit administratif : L'administration sous la contrainte*, L'Harmattan, Paris, 2000, p. 263.

1593 M. HAURIOJU, *Précis de droit administratif*, Dalloz, 12ème édition, 1933, p. 31. Le même auteur souligna « Il ne suffit pas d'établir que notre droit administratif est, par rapport au droit commun, un droit exceptionnel et autonome, il convient encore de dégager ses caractères spécifiques, ils sont au nombre de trois : c'est un droit d'équité fait par le juge, c'est un droit fondé sur la théorie de l'acte, c'est un droit créateur de statuts » : (*Précis de droit administratif*, 6ème édition, 1907, p. 383).

1594 P. CINTOURA, « L'usage et la conception de l'équité par le juge administratif », *RIDC*, 1972, p. 675.

droit d'équité, capable de se dégager de la rigidité des textes de droit public et du droit privé »[1595].

Or, la variabilité des solutions jurisprudentielles en fonction des cas d'espèce est source d'instabilité des règles elle-même génératrice d'insécurité juridique. L'équation est alors délicate entre la flexibilité des solutions et la stabilité des règles jurisprudentielles : « *il ne faut pas que le souci d'éviter les aléas d'une jurisprudence fluctuante enferme les juges dans un culte qui brise toute évolution* », souligne un auteur[1596].

« *Un bon système de droit doit établir un équilibre entre l'impératif de sécurité juridique et celui de l'adaptation du droit* »[1597]. « *Le droit,* souligne Perelman, *se développe en équilibrant une double exigence, l'une d'ordre systématique, l'élaboration d'un ordre juridique cohérent, l'autre, d'ordre pragmatique, la recherche de solutions acceptables par le milieu parce que conformes à ce qui lui paraît juste et raisonnable* »[1598].

Au-delà des problématiques relatives aux méthodes du juge administratif, force est d'affirmer que la constitutionnalisation des principes de bonne administration notamment la transparence administrative[1599] et le droit à l'information[1600] crée à la charge de l'administration une obligation juridique de motiver ses décisions. Rappelons que la Constitution n'est nullement « *un recueil de vagues recettes politiques sans aucun effet juridique* »[1601] ; elle constitue une

---

[1595] P. SANDEVOIR, *Études sur le recours de pleine juridiction*, LGDJ, Paris, 1964, p. 309.

[1596] P. SABOURIN, « Un persan au Conseil d'État », *AJDA* 1993, p. 517.

[1597] J. A. SALMON, « Le concept du raisonnable en droit international public », *Mélanges Paul Reuter*, Paris, Pedome, 1982, p. 125.

[1598] Ch. PERERLMAN, *Logique juridique, Nouvelle rhétorique*, 2ème édition, Paris, Dalloz, 1979, p. 173.

[1599] Article 15 de la Constitution du 27 décembre 2014.

[1600] Article 32 de la Constitution du 27 décembre 2014.

[1601] L. FAVOREU, « La constitutionnalisation du droit », Mélanges *Roland Drago*, Paris, Economica, 1996, p. 35.

norme « *c'est-à-dire une règle juridique obligatoirement sanctionnée* »[1602].

De surcroît, la règle constitutionnelle selon laquelle l'exercice des droits par les citoyens est la règle et la restriction par une loi l'exception[1603] implique que le droit du citoyen à l'information et son corollaire le droit à la motivation soit la règle et la restriction l'exception et non le contraire. Le respect de cette norme constitutionnelle est de nature à bouleverser le principe « *pas de motivation sans texte* ». Dès lors, sur le plan juridique, il n'est plus question de parler du principe de non motivation. La Constitution du 27 janvier 2014 a généré un nouveau principe qu'on peut appeler : « *l'obligation de motiver sauf texte contraire et nécessaire* ». De même, par application de l'article 49 de la Constitution, la loi ne saurait porter atteinte à l'essence même du principe de motivation. En outre, toute exception au principe d'obligation de motiver doit être nécessaire et proportionnée. Le législateur, le juge et toutes les institutions de l'État sont tenus de respecter scrupuleusement l'exigence désormais constitutionnelle de la motivation obligatoire des décisions administratives.

Aujourd'hui, une obligation constitutionnelle de motivation s'impose non seulement à l'appareil administratif, mais aussi à toute personne qui participe à l'exercice des prérogatives de puissance publique. Dans « *un État civil, fondé sur la citoyenneté, la volonté du peuple et la primauté du droit* »[1604] et dans lequel « *le peuple est le titulaire de la souveraineté et la source des pouvoirs* »[1605], tout pouvoir public est tenu de rendre compte aux titulaires de la souveraineté. Les lois, les traités, les jugements, les décisions politiques et tout acte relatif à la chose publique sont prononcés au nom du peuple et ne peuvent dès lors être édictés que selon une volonté rationnellement justifiée.

[1602] L. FAVOREU, « Le droit constitutionnel, droit de la constitution et constitution du droit », *RFDC*, 1990, n°1, p.72.

[1603] Article 49 de la Constitution de 2014.

[1604] Article 2 de la Constitution du 27 janvier 2014.

[1605] Article 3 de la Constitution du 27 janvier 2014.

À vrai dire, la proclamation des assises de l'État de l'avenir au sommet de la hiérarchie des normes est de nature à bouleverser les données actuelles de l'ensemble des branches du droit, à commander une mutation profonde du statut et du rôle de l'État. La Constitution opère un double changement structurel : le passage de l'État légal vers l'État de droit et de l'État de gestion courante vers l'État stratège[1606]. Si l'État de gestion courante se contente des mesures tactiques de régulation aux dysfonctionnements, l'État stratège doit assurer les réformes stratégiques nécessaires en conformité avec l'ensemble des exigences constitutionnelles[1607].

La motivation est l'une des institutions juridiques permettant de démontrer l'ambivalence de l'arsenal juridique tunisien. Le décalage est encore énorme entre l'état du droit administratif et les exigences constitutionnelles de l'État de droit. Ce contraste est facilement explicable : « *Il ne suffit pas de construire l'État de droit au sommet, il faut l'enraciner à la base* »[1608]. « *Toute tentative de transposition du modèle de l'État de droit au sein d'un terreau inapproprié provoquerait un rejet de greffe* »[1609].

[1606] « L'État stratège établit une distinction nette entre les fonctions stratégiques de pilotage des politiques publiques (*steering*) et les fonctions opérationnelles de mise en œuvre (*rowing*) » : Y. VAILLANCOURT, « Vers un État stratège de la société civile », https://depot.erudit.org/bitstream/001812dd/1/stratege.pdf, p. 7.

[1607] Les principes, les valeurs, les droits et les libertés proclamés par la constitution du 27 janvier 2014 sont tellement multiples et notables qu'ils déclenchent un véritable processus de reconstruction de l'État dans toutes ses composantes vers un État de droit et moderne : quel modèle de l'État (Articles 1er, 2 et 3 de la Constitution), quel système fiscal (Article 10 de la Constitution), quel système administratif (Article 14 et 15), quel système d'éducation, d'enseignement et de formation (Article 39 et 16), quel système juridictionnel (Article 102 et suivant), quel avenir pour les jeunes (Article 8), quelle démocratie locale et quelle décentralisation (Article 14 et 131 et suivant), quel modèle de développement (Article 12 et 13) …

[1608] G. CONAC, « L'État de droit et démocratie », *L'Afrique en transition vers le pluralisme politique,* Economica, 1993, p. 483.

[1609] Éric CARPANO, *État de droit et droits européens*, L'Harmattan, 2005 ; J. CHEVALLIER, « La mondialisation de l'État de droit », *Mélanges Philippe Ardant*, LGDJ, 1999, pp. 325-337.

Dans son œuvre « *Psychologie des foules* »[1610], Gustave Lebon a démontré l'absurdité de l'idée très généralement répandue « *que les institutions peuvent remédier aux défauts des sociétés ; que le progrès des peuples est la conséquence du perfectionnement des constitutions et des gouvernements et que les changements sociaux peuvent se faire à coups de décrets* […] *Les expériences les plus continues n'ont pas réussi encore à ébranler sérieusement cette redoutable chimère. C'est en vain que philosophes et historiens ont essayé d'en prouver l'absurdité* […] *Les institutions sont filles des idées, des sentiments et des mœurs ; et qu'on ne refait pas les idées, les sentiments et les mœurs en refaisant les codes* [...] *Les peuples sont gouvernés par leur caractère, et toutes les institutions qui ne sont pas intimement moulées sur ce caractère ne représentent qu'un vêtement d'emprunt, un déguisement transitoire* ».

[1610] Gustave LEBON, *Psychologie des foules*, Félix Alcan, 9ème édition, 1905, p.p. 56 et 57.

BIBLIOGRAPHIE

I. OUVRAGES

1. Ouvrages généraux

- **AJROUD** (J.), *Le principe du contradictoire dans la procédure d'imposition*, CPU, Tunis, 2008
- **ALIBERT** (R.), *Le contrôle juridictionnel de l'administration au moyen du recours pour excès de pouvoir*, Payot, Paris, 1926.
- **AOUIJ-MRAD** (A.), *Droit des services publics*, CREA, Tunis, 1998.
- **AUBY** (J.-M.) et **BON** (P.), *Droit administratif des biens*, Dalloz, Paris, 1991.
- **AUBY** (J.-M.) et **DRAGO** (R.) :
  - *Traité de contentieux administratif*, Tome II, LGDJ, 3ème édition, Paris, 1984 ;
  - *Traité des recours en matière administrative*, litec, Paris, 2001.
- **AUCOC** (L.), *Conférences sur l'administration et le droit administratif*, Librairie des Corps des Ponts et Chaussées des Mines et des Télégraphes, 1878, 2ème éd. T. I.
- **AUTIN** (J.-L.) et **RIBOT** (C.), *Droit administratif général*, litec, Paris, 1999.
- **AUTEXIER** (Ch.), *Introduction au droit public allemand*, PUF, Paris, 1997.
- **AYADI** (H.), *Droit fiscal : TVA, droits de consommation et contentieux fiscal*, CPU, Tunis, 1996.
- **BACCOUCHE** (N.), *Droit fiscal général*, Novaprint, Sfax, 2008.
- **BAILLEUL** (D.), *L'efficacité comparée des recours pour excès de pouvoir et de plein contentieux objectif en droit public français*, LGDJ, Paris, 2002.
- **BARRAINE** (R.), *Théorie générale des présomptions en droit privé positif*, Thèse, Paris, LGDJ, 1942.

- **BATIFFOL** (H.), *La philosophie du droit*, Que sais-je ?, n°857, Puf, 1997, 10ème édition, p. 105.
- **BELAID** (S.), *Essai sur le pouvoir créateur et normatif du juge*, Tunis, PUF., 1973.
- **BEN ACHOUR** (Y.) :
  - *Droit administratif*, CPU, Tunis, 2000 ;
  - *Introduction générale au droit*, CPU, Tunis, 2005.
- **BÉNOIT** (F.), *Le droit administratif français*, Dalloz, Paris, 1968.
- **BERGEL** (J.-L.),
  - *Méthodologie juridique*, PUF, Paris, 1ère édition, 2001 ;
  - *Théorie générale du droit*, Dalloz, 3ème édition, 1999.
- **BLUMAN** (C.), *La renonciation en droit administratif français*, LGDJ, Paris, 1974.
- **BONNARD** (H.) et **DUBOIS** (J.P.), *Droit du contentieux administratif*, Masson, Paris, 1987.
- **BONNARD** (R.), *Précis de droit administratif*, Sirey, Paris, 1935 et 4ème édition, LGDJ, 1943.
- **BOULOUIS** (J.), *Cours de droit administratif*, Licence 2ème année, 1967-1968.
- **BOURJOL** (M.), *Droit administratif*, Masson, Paris, 1973.
- **BOUSSARD** (S.), *L'étendue du contrôle de cassation devant le Conseil d'État, un contrôle tributaire de l'excès de pouvoir*, Dalloz, 2002.
- **BRAIBANT** (G.) et **STIRN** (B.), *Le droit administratif français*, Dalloz, 7ème édition, Paris, 2005.
- **BREWER-CARÍAS** (A. R.), *Étude de droit public comparé*, Bruylant, Bruxelles, 2001.
- **BRISSON** (J.-F.), *Droit administratif*, Montchrestien, Paris, 2004.
- **BURDEAU** (F.), *Histoire du droit administratif*, PUF, 1995.
- **CAPRANO** (É.), *État de droit et Droits européens* », L'Harmattan, 2005.
- **CARBONNIER** (J.), *Introduction au droit*, 8ème édition, PUF, 1995.
- **CARLIER** (J.-Y.) et **SAROLEA** (S.), *Droit des étrangers et nationalité*, Larcier, 2005.

- **CARRÉ DE MALBERG** (R.), *Contribution à la Théorie générale de l'État*, Tome I, Sirey, Paris, 1920.
- **CASTAGNE** (J.), *Le contrôle juridictionnel de la légalité des actes de police administrative*, Paris, LGDJ, 1964.
- **CATHALA** (T.), *Le contrôle de la légalité administrative par les tribunaux judiciaires*, Paris, LGDJ, 1966.
- **CHAPUS** (R.) :
  - *Droit administratif général*, Montchrestien, EJA, 15ème édition, Paris, 2001 et 14ème édition, Paris, 2000 ;
  - *Droit du contentieux administratif*, Montchrestien, 12ème édition, Paris, 2006 ;
  - *Le contrôle et le contentieux de l'administration en Tunisie*, Tunis, ENA, 1968.
- **CHERIF** (S.), *La fonction publique tunisienne*, CREA, Tunis, 1994.
- **CHEVALLIER** (J.) :
  - *L'élaboration historique du principe de séparation de la juridiction administrative et de l'administration active*, Paris, LGDJ, 1970 ;
  - *L'État de droit*, Coll. Clefs, Montchrestien, 3ème édition 1992.
- **CHEVALLIER** (J.), et **LOSCHAK,** *Sciences administratives*, LGDJ, 1978, Tome II.
- **COLSON** (J.-Ph.), *L'office du juge et la preuve dans le contentieux administratif*, Paris, LGDJ, 1970.
- **CORNU** (G.), *Linguistique juridique*, Montchrestien, 2ème édition, Montchrestien, Paris, 2000.
- **CUZACQ** (N.), *La qualité de la loi : un oxymore en droit contemporain ?*, *RRJ* 2012-1, p. 15-35
- **DARCY** (G.) et **PAILLET** (M.), *Contentieux administratif*, Paris, Dalloz, 2000.
- **DEBBASCH** (Ch.) et **RICCI** (J.-C.), *Contentieux administratif*, Dalloz, 7ème édition, Paris, 1999.
- **DEBBASCH** (Ch.) :
  - *Institutions et droit administratifs*, PUF, 2ème édition, Paris, 1986 ;

- *Sciences administratives*, Dalloz, Paris, 1989.

- **DEBOUY** (Ch.), *Les moyens d'ordre public dans la procédure administrative contentieuse*, Paris, PUF, 1980, p. 49.
- **DECOQ** (A.), **MONTREUIL** (J.) et **DUBISSON** (J.), *Le droit de la police*, Litec, Paris, 1991.
- **DE FORGES** (J.-M.), *Droit administratif*, PUF, 2ème édition, 1993.
- **DEGERGUE** (M.), *Procédure administrative contentieuse*, Montchrestien, Paris, 2003.
- **DI QUAL** (L.), *La compétence liée*, Lille, LGDJ, 1964.
- **DRAN** (M.), *Le contrôle juridictionnel et la garantie des libertés publiques*, LGDJ, Paris, 1968.
- **DUBISSON** (M.) :
  - *La distinction entre la légalité et l'opportunité dans la théorie du recours pour excès de pouvoir*, Paris, LGDJ, 1957 ;
  - *La théorie de l'abus de droit et la jurisprudence administrative*, LGDJ, Paris, 1962.
- **DUGUIT** (L.), *Traité de droit constitutionnel*, ALF et Cie, Paris, 1927.
- **DUFAU** (V.), *Les sujétions exorbitantes du droit commun en droit administratif : L'administration sous la contrainte*, L'Harmattan, Paris, 2000.
- **DUPUIS** (G.), **GUÉDON** (M.-J.) et P. **GHRETIEN**, *Droit administratif*, 8ème édition, Armand Colin, Paris, 2002.
- **DUSSALT** (R.) et **BORGEAT** (L.), *Traité de droit administratif*, PUF, 1989.
- **EINAUDI** (T.), *L'obligation d'informer dans le procès administratif*, LGDJ, Paris, 2002.
- **EISENMANN** (Ch.) :
  - *Cours de droit administratif*, Tome II, LGDJ, Paris, 1983 ;
  - *Centralisation et décentralisation*, LGDJ, Paris, 1948.
- **FAVOREU** (L) *et al.*, *Droit constitutionnel*, Dalloz, 4ème édition, Paris, 2001.
- **FERCHICHI** (W.), *Aménagement des espaces, urbanisme et occupation du sol en droit tunisien*, Tunis, Centre d'Étude Juridique et Judiciaire, 2010.

- **FLAMME** (M.-A.), *Droit administratif*, Bruylant, Bruxelles, 1989.
- **FORTSAKIS** (Th.), *Conceptualisme et empirisme en droit administratif français*, Paris, LGDJ, 1987.
- **FRIER** (P.-L.) et **PETIT** (J.), *Précis de droit administratif*, Montchrestien, Paris, 2ème édition, 2003 et 5ème édition, 2008).
- **FROMONT** (M.), *Droit administratif des États européens*, PUF, Paris, 2006.
- **GASINES** (L. de), *Les présomptions en droit administratif*, LGDJ, Paris, 1991.
- **GAUDEMET** (Y.), *Les méthodes du juge administratif*, Paris, LGDJ, 1972.
- **GENY** (F.), *Science et Technique en droit privé positif*, Troisième Partie, Sirey, Paris, 1921.
- **GIRARD** (A.-L), *La formation historique de la théorie de l'acte administratif unilatéral*, Dalloz, 2013.
- **GOHIN** (O.), *Contentieux administratif*, 2ème édition, Litec, Paris, 1999.
- **GOLDENBERG** (L.), *Le Conseil d'État juge de fait*, Dalloz, Paris, 1932.
- **GUETTIER** (Ch.), *Droit administratif*, Montchrestien, Paris, 2000.
- **GRAWITZ** (M.), *Méthodes en sciences sociales*, 10ème édition, 1996, Dalloz
- **HAMSON** (C.J.), *Pouvoir discrétionnaire et contrôle juridictionnel de l'administration : considérations sur le rôle du Conseil d'État statuant au contentieux*, LGDJ, Paris, 1958.
- **HAURIOU** (M.) :
  - *Précis de droit administratif et de droit public*, 1921 et 12ème édition, Dalloz, Sirey, Paris, 2002 ;
  - *Leçons sur le mouvement social*, Paris, LSRGLA, 1899.
- **HOMONT** (A.), *L'expropriation pour cause d'utilité publique*, Librairie de la Cour de Cassation, Paris, 1975.
- **Honré-Gribel de Riquetti de Mirabeau**, *Errotika Biblion*, Arome de l'Imprimerie de Vatican, 1783.

- **IHERING** (V.), *L'esprit du droit romain*, traducteur O. de Meulenaere, Tome 3, 3ème édition, 1887.
- **ISRAËL** (J.-J.), *La régularisation en droit administratif français, Étude sur le régime de l'acte administratif unilatéral*, LGDJ, Paris, 1981.
- **JEANNEAU** (B.), *Les principes généraux de droit dans la jurisprudence administrative*, Sirey, Toulouse, 1954.
- **JÈZE** (G.), *Les principes généraux de droit administratif*, Tome II, Dalloz, Paris, 2004.
- **GADDES** (Ch.), *Nouvelles technologies de l'information et mise à niveau de l'administration en Tunisie*, Paris, L'Harmattan, 1999
- **KALMES** (S.), *Du principe de la protection de la confiance légitime en droits allemands, communautaire et français*, Dalloz, 2001.
- **KARALIS** (S.), *Le contentieux administratif en Grèce*, Bruylant, Athènes, Bruxelles, 1999.
- **KELSEN** (H.), *La démocratie, sa nature, sa valeur*, Sirey, Paris, 1932.
- **KELSEN** (H.), *Théorie pure du droit*, trad. Ch. Eisenmann, Paris, Dalloz, 1962.
- **KORNPROBST** (B.), *La notion de partie et le recours pour excès de pouvoir*, Paris, LGDJ, 1952.
- **KRAIEM** (S.), *Le juge compétent en matière fiscale en Tunisie*, L'Harmattan, Paris, 2007, p. 183.
- **LACHAUME** (J.-F.), *Droit administratif*, PUF, 8ème édition, Paris, 1995.
- **LAGASSE** (D.), *L'erreur manifeste d'appréciation en droit administratif*, Bruylant, Bruxelles, 1986.
- **LEROY** (M.), *Contentieux administratif*, Bruylant, 2ème édition, Bruxelles, 2000.
- **LAFERRIERE** (E.), *Traité de la juridiction administrative et des recours contentieux*, LGDJ, Paris, 1989.
- **LAGARDE** (X.), *Réflexion critique sur le droit de la preuve*, LGDJ, Paris, 1994.

- **LAUBADERE** (A. de), et **GAUDEMET** (Y.), *Traité de droit administratif*, LGDJ, 16ème édition, Paris, 2001.
- **LAUBADERE** (A. de), *Manuel de droit administratif*, LGDJ, Paris, 1982.
- **LE BERRE** (H.), *Droit du contentieux administratif*, ellipses, Paris, 2002.
- **LEBRETON** (G.), *Droit administratif général*, Masson, Paris, 1996 et Dalloz, 4ème édition, 2007.
- **LEBON** (G), *Psychologie des foules*, Félix Alcan, 9ème édition 1905.
- **LEMASURIER** (J.) :
    - *Le droit de l'expropriation*, Economica, Paris, 1995 ;
    - *Le contentieux administratif en droit comparé*, Economica, Paris, 2001.
- **LEWALLE** (P.), *Contentieux administratif*, Larcier, 2007
- **LINOTTE** (D.), *La police administrative existe-elle ?*, Economica, Paris, 1986.
- **LOUBET DES BAYLE** (J. L.), *Initiation aux méthodes des sciences sociales*, L'Harmattan, 2000.
- **MATHIEU** (B.) et **VERPEAUX** (M.), *Contentieux constitutionnel des droits fondamentaux*, LGDJ, 2002.
- **MAURER** (H.), *Le droit administratif allemand*, Traduit par M. Fromont, LGDJ, Paris, 1992.
- **MEHL** (L.) et **BELTRAME** (P.), *Science et technique fiscales*, PUF, Paris, 1984.
- **MEINDL** (Th.), *La notion de droit fondamental dans les jurisprudences et doctrines constitutionnelles françaises et allemandes*, LGDJ, Paris, 2003.
- **MELLOULI** (S.), *Droit civil, Introduction à l'étude du droit*, IORT, Tunis, 2000.
- **MESCHERIAKOFF** (A.-S.), *Droit des services publics*, PUF, 1991.
- **MONNIER** (M.), *Les décisions implicites d'acceptation de l'administration*, LGDJ, Paris, 1992, p. 3.

- **MORAND-DEVILLER** (J.), *Cours de droit administratif*, Montchrestien, Paris, 7ème édition, 2001.
- **MOREAU** (J.), *Droit administratif*, Paris, PUF, 1982.
- **MOUZOURAKI** (P.), *L'efficacité comparée des décisions du juge de la légalité administrative dans le droit français et allemand*, LGDJ, Paris, 1999
- **MOYRAND** (A.), *Les juridictions administratives et les réformes de l'action administrative, le principe de la légalité*, L'Hermas-Lyon, 1992.
- **NIZARD** (L.), *Les circonstances exceptionnelles dans la jurisprudence administratives*, LGDJ, Paris, 1962.
- **ODENT** (R.), *Contentieux administratif, Les cours de droit*, IEPP, Paris, 1981.
- **PACTEAU** (B.), *Contentieux administratif*, 3ème édition, PUF, Paris, 1994.
- **PACTET** (P.) :
  - *Essai d'une théorie de la preuve devant la juridiction administrative*, Paris, Pédone, 1952 ;
  - *Institutions politiques : Droit constitutionnel*, Armand, 15ème édition, Paris, 1996.
- **PECH** (L.), *La liberté d'expression et sa limitation*, LGDJ, Paris, 2003.
- **PEISER** (G.) :
  - *Contentieux administratif*, Dalloz, 6ème édition 1988 ;
  - *Le recours en cassation en droit administratif français*, Sirey, Paris, 1958
- **PERELMANN** (Charles), *Logique juridique*, Dalloz, 2ème édition, 1979.
- **PHILIPPE** (X.), *Le contrôle de la proportionnalité dans les jurisprudences constitutionnelles et administratives*, Economica, Paris, 1990.
- **PICCARD** (R.), *La notion de police administrative*, LGDJ, Paris, 1984.
- **POULET-GIBOT LECLERC** (N.), *Droit administratif*, Bréal, Paris, 1995.

- **PLAGET** (J.), *Le Structuralisme*, « Que sais-je ? », N° 1311, Puf, 1972.
- **PLANTY** (A.) et **BERNARD** (F. Ch.), *La preuve devant le juge administratif*, Economica, Paris, 2003.
- **RAINAUD** (J.-M.), *La distinction de l'acte réglementaire et de l'acte individuel*, LGDJ, 1967.
- **RIALS** (S.), *Le juge administratif français et la technique du standard*, Paris, LGDJ, 1980.
- **RICCI** (J.-C.), *Droit administratif*, Hachette, 2ème édition, Paris, 2000.
- **RIVERO** (J.) et **WALINE** (J.), *Droit administratif*, Dalloz, 18ème édition, Paris, 2000.
- **RIVERO** (J.), *Droit administratif*, Dalloz, Paris, 1985.
- **ROUSSEAU** (J.-J.), *Discours sur l'économie politique*, 1755, Un document produit en version numérique par Jean-Marie Tremblay, 2012, p. p. 13 et 15, (http://pages.infinit.net/sociojmt).
- **SANDEVOIR** (P.), *Études sur le recours de pleine juridiction*, LGDJ, Paris, 1964.
- **SCHWARZE** (D.), *Droit administratif européen*, Bruylant, 1994, Volume II.
- **SHENG** (M.), *Le contrôle des actes administratifs en droit chinois et sa réforme*, LGDJ, Paris, 1991.
- **STIRN** (B.), *Les sources constitutionnelles du droit administratif. Introduction au droit public*, LGDJ, Paris, 3ème édition, 1999.
- **TEITGEN - COLLY** (C.), *La légalité de l'intérêt financier dans l'action administrative*, Paris, Economica, 1981.
- **TRUCHET** (D.), *Les fonctions de la notion d'intérêt général dans la jurisprudence du CONSEIL d'État*, Paris, LGDJ, 1977.
- **TSEVAS** (D.), *Le contrôle de la légalité des actes administratifs individuels par le juge judiciaire*, LGDJ, 1995.
- **VALEMBOIS** (A.-L.), *La constitutionnalisation de l'exigence de sécurité juridique*, LGDJ, Paris, 2005.
- **VAYROU** (C.), *Le "management public" : Discours et fonctions*, LGDJ, Paris, 1995.

- **VEDEL** (G.), *Essai sur la notion de cause en droit administratif français*, Sirey, 1934.
- **VEDEL** (G.) et **DEVOLVE** (P.), *Droit administratif*, PUF, 11ème édition, Paris, 1990.
- **VENEZIA** (J.-C.), *Le pouvoir discrétionnaire*, Paris, LGDJ, 1958.
- **VERHEYDEN-JEANMART** (N.), *Droit de la preuve*, Maison Larcier, Bruxelles, 1991.
- **VIRALLY** (M.), *La pensée juridique*, LGDJ, 1960, p. 16
- **WALINE** (M.) :
  - *Manuel élémentaire de droit administratif*, Sirey, Paris, 1959 ;
  - *Le contrôle juridictionnel de l'Administration*, Imp. Université Fouad 1er, Le Caire, 1949.
- **WEBER**, *L'administration consultative*, LGDJ, Paris, 1968.
- **WEIL, BRAIBANT, GENEVOIS et LONG**, *Les grands arrêts de la jurisprudence administrative*, Dalloz, 20ème édition, Paris, 2015.
- **WORMS** (R.), *Philosophie de sciences sociales*, Paris, Giard et Brière, Bibliothèque sociologie internationale, 1903, Tome I.

2. Ouvrages spécialisés

- **Association Henri Capitant des amis de la culture juridique,** *La motivation*, Actes du colloque, Limoges, 1998, Paris, LGDJ, 2000.
- **AUBY** (J.-M.) et **DUCOS-ADER** (R.), *Droit de l'information*, Dalloz, Paris, 1976.
- **AYRAULT** (L.), *Le contrôle juridictionnel de la régularité de la procédure d'imposition*, L'Harmattan, 2004.
- **BAYLAC** (C.), *Le formalisme en droit fiscal*, L'Harmattan, 2002.
- **BEN HASSEN (I.),** *Le contrôle des motifs de fait dans le recours pour excès de pouvoir*, Publisud, Paris, 2011.
- **BENYAHYA** A. **BOUACHIK**, (dir.), *L'obligation de motivation des décisions de l'administration*, Actes de la journée d'étude avec le concours de la fondation Hans Seidel, Rabat, 2003.

- **BRAIBANT** (G.), **QUETIAUX** (N.) et **WEINER** (C.), *Le contrôle de l'administration et la protection des citoyens*, Cujas, Paris, 1993.
- **BOURCIER** (D.), *La décision artificielle : le droit, la machine et l'humain*, PUF, Paris, 1995.
- **CALOGEROPOULOS** (A.), *Le contrôle de la légalité externe des actes administratifs unilatéraux*, LGDJ, Paris, 1983.
- **CAUDAL (S.)** (dir.**),** *La motivation en droit public*, Dalloz, 2013.
- **CLUZEL-METAYER** (L.), *Le service public et l'exigence de qualité*, Paris, Dalloz, 2006.
- **DEBBASCH** (Ch.), (dir.), *La transparence administrative en Europe*, CNRS, 1990.
- **DELAUNAY** (B.), *L'amélioration des rapports entre l'administration et les administrés*, LGDJ, Paris, 1993.
- **DELVOVÉ** (P.), *L'acte administratif*, Sirey, Paris, 1983.
- **DUPUIS** (G.) (dir.), *Sur la forme et la procédure de l'acte administratif*, Economica, Paris, 1979.
- **EISENBERG** (E.), *L'audition du citoyen et motivation des décisions administratives individuelles*, Étude comparative en France et en Allemagne, L'Hamattan, 2000.
- **GOUNELLE** (M.), *La motivation des actes juridiques en droit international public*, Paris, PEDONE, 1979.
- **HOSTIOU** (R.), *Procédure et formes de l'acte administratif unilatéral en droit français*, LGDJ, Paris, 1974.
- **HOURQUEBI (F.) et PONTHOREAU (M.-C.)** (dir.), *La motivation des décisions des cours suprêmes et cours constitutionnelles*, Bruylant, 2012.
- **ISAAC** (G.), *La procédure administrative non contentieuse*, LGDJ, 1968.
- **KTISTAKI** (S.), *L'évolution du contrôle juridictionnel des motifs de l'acte administratif*, Paris, LGDJ, 1991.
- **Laboratoire des sciences administratives de la FDSP da Tunis**, *Les mutations des relations entre l'administration et ses administrés*, Colloque des 11 et 12 mai 2000, Forum des juristes, Tunis, 2000.

- **LAMARQUE** (J.), *Le formalisme en droit fiscal*, L'Hamattan, 2002.
- **LASSERRE** (B.), **LENOIR** (N.) et **STIRN** (B.), *La transparence administrative*, PUF, Paris, 1987.
- **MAILLARD DESGREES DU LOÛ** (D.), *Droit des relations de l'administration avec ses usagers*, PUF, Paris, 2000.
- **MESTRE** (A.), *Le Conseil d'État protecteur des prérogatives de l'administration*, LGDJ, Paris, 1974, p. 287.
- **PACTEAU** (B.), *Le juge de l'excès de pouvoir et les motifs de l'acte administratif*, Clermont-Ferrand, 1977.
- **PERELMAN** (Chaïm.) et FORIERS (P.), Dir, *La motivation des décisions de justice*, Bruxelles, 1978.
- **RUIZ FABRI** (H.) et J.-M. **SOREL** (dir.), *La motivation des décisions des juridictions internationales*, A. Pedome, 2008.
- **SAUNIER** (S.), *Recherche sur la notion de formalisme en droit administratif français*, Presse Universitaire d'Aix Marseille, 2007.
- **SCOFFONI** (G.), *Le droit à l'information administrative aux États- Unis. Du modèle américain au système français de transparence*, Economica, Paris, 1992.
- **VARII AUCTORES,** *Information et transparence*, PUF, Paris, 1988.

II. THÈSES ET MÉMOIRES

1. Thèses

- **BARRAULT** (J.), *Essai sur le rôle du silence créateur d'obligation*, Thèse, Dijon, 1912.
- **BEN M'RAD** (H.), *La liberté du commerce et de l'industrie*, Thèse, Faculté de Droit et des Sciences Politiques de Tunis, 1998.
- **BEN SALAH** (H.), *La justice administrative au Maghreb*, Thèse, Faculté de Droit et des Sciences Politiques et Économiques de Tunis, 1979.
- **BOUZID-AJROUD** (M.), *La taxation d'office en droit fiscal tunisien*, Thèse, Faculté de Droit et des Sciences Politiques d'Aix-Marseille 3, 2009.

- **CHAOUACHI** (N.), *Administration et répression : recherche sur l'intervention de l'administration en matière répressive*, Faculté des Sciences Juridiques, Politiques et Sociales de Tunis, 2011.
- **EL YAAKOUBI** (M.), *La motivation des actes administratifs*, Thèse, Grenoble, 1981.
- **EURIEULT** (Ch.), *Le but et les motifs des actes administratifs*, Thèse, Paris, 1972.
- **GARGOUGI** (M.), *Libéralisation des échanges et accord d'association tuniso - européen*, Thèse, Faculté de Droit de Sfax, 2004 – 2005
- **GHERAB** (A. R.), *La réforme administrative en Tunisie : vers une redéfinition des rapports administration-citoyens*, Thèse, Université de Paris I et Université de Tunis Elmanar (Faculté de Droit et des Sciences Politiques de Tunis), 2004
- **LAVEISSIERE**, *Le silence de l'administration*, Thèse, Bordeaux 1, 1979.
- **LINOTTE** (D.), *Recherches sur la notion d'intérêt général en droit administratif français*, Thèse, Bordeaux, 1975.
- **MANESSE** (J.), *Le problème de la motivation des décisions administratives*, Thèse, Paris II, 1976.
- **NCIRI** (N.), *Le rôle de la jurisprudence dans l'élaboration du droit administratif tunisien*, Thèse, Faculté de Droit et des Sciences Politiques de Tunis, 2009.
- **PAILLET** (M.), *Recherches sur la notion de l'intérêt général en droit administratif français*, Thèse Bordeaux, 1979.
- **PARRICAL-DE-CHAMMARD** (J.), *Le recours contre le déni d'Administration*, Thèse, Paris, 1911.
- **RAYNAUD** (M.), *Le détournement de procédure*, Thèse, Paris, 1950.
- **ROUSSEAU** (D.), *Le contrôle de l'opportunité de l'action administrative par le juge administratif*, Thèse, Poitiers, 1979.
- **SAOULI** (I.), *Ordre public et libertés : recherches sur la police administrative en Tunisie*, Thèse, Faculté de Droit et des Sciences Politiques de Tunis, 1998.

- **TARCHOUNA** (L.), *Décentralisation et déconcentration en Tunisie*, Thèse, Faculté de Droit et des Sciences Politiques de Tunis, 2004-2005.
- **TEKARI** (B.), *Le cadre juridique de l'aménagement urbain en Tunisie : Essai sur le rôle du droit en matière d'urbanisme*, Thèse, Tunis, 1983.
- **VERRIER** (P.), *Le contrôle des motifs en droit administratif*, Thèse, Paris, 1976.
- **WEIL** (P.), *Les conséquences de l'annulation d'un acte administratif pour excès de pouvoir*, Thèse, Paris, 1952.
- **WELTER** (H.), *Le contrôle juridictionnel de la moralité administrative*, Thèse, Nancy, 1929.

2. Mémoires

- **BELAID** (N.), *Les modes de recouvrement de l'impôt*, Mémoire de DEA de droit public, **TEKARI** (B.), *Le cadre juridique de l'aménagement urbain en Tunisie : Essai sur le rôle du droit en matière d'urbanisme*, Thèse, 1982.
- **BELHAJ RHOUMA** (A.), *Le détournement de pouvoir ou de procédure*, mémoire de DEA, Faculté de Droit de Sfax, 2004-2005.
- **BELHEDI** (L.), *La motivation obligatoire des actes administratifs*, mémoire de DEA, Faculté de Droit et des Sciences Politiques d'Aix Marseille, 1987-1988.
- **BEN HADDADA** (R.), *Les cas d'ouverture du recours pour excès de pouvoir et du recours en cassation (Approche comparative)*, Mémoire de DEA, Faculté des Sciences Juridiques, Politiques et Sociales de Tunis, 1997-1998.
- **BOUASSIDA** (F.), *Le formalisme en droit fiscal*, Mémoire pour l'obtention du mastère en droit des affaires, Faculté des Sciences Juridiques, Politiques et Sociales de Tunis, 2004-2005.
- **BOURAOUI (I.),** *La motivation des jugements rendus en matière administrative*, Mémoire pour l'obtention du mastère en droit public, Faculté de Droit et des Sciences Politiques de Tunis, 2005-2006.

- **GHACHEM** (A.), *Le Tribunal Administratif, protecteur des prérogatives de l'administration*, Mémoire de DEA, Faculté des Sciences Juridiques, Politiques et Sociales de Tunis, 2001-2002.
- **KAMMOUN** (F.), *La preuve en droit fiscal*, mémoire de DEA, Faculté de Droit de Sfax, 2002.
- **M'HAMED** (S.), *Les sanctions administratives en matière économique*, Mémoire de DEA, Faculté de Droit et des Sciences Politiques de Tunis, 1998-1999.
- **TORKHANI** (S.), *Le pouvoir discrétionnaire dans la fonction publique tunisienne*, Mémoire de DEA, Faculté des Sciences Juridiques, Politiques et Sociales de Tunis, 2000-2001.
- **ZGUIRA GHARIANI (H.)**, *La motivation des actes administratifs*, Faculté de Droit et des Sciences Politiques de Tunis, 2008-2009.
- **ZGHONDA** (E.), *L'État de droit et le droit administratif en Tunisie*, Mémoire en vue de l'obtention du Mastère en droit public et financier, Faculté des Sciences Juridiques, Politiques et Sociales de Tunis, 2004-2005.

III. ARTICLES ET CHRONIQUES

- **ABBES** (R.), « Le principe de sécurité juridique en droit administratif tunisien », *RTEJP*, 2012, pp. 217-247.
- **ABDENNADHER** (F.), « Le Conseil constitutionnel », *Revue Servir*, 2002, n° 33, p. 31-90.
- **AOUIJ-MRAD** (A.) :
  - « Le contrôle du juge administratif en matière disciplinaire », *RTAP*, n°8, 2ème trimestre, 1993, p. 17-62 ;
  - «État de droit, démocratie et administration», *Démocratie et Administration*, Actes du colloque organisé à Tunis les 10 et 11 octobre 2011, Collection « Forum des juristes », N° 14, Édition Latrach, Tunis, 2014, pp. 3-10.
- **ARDANT** (G.), « La double origine du formalisme », *RA*, 1952, p. 499-502.
- **ARRGHI DE CASANOVA** (J.), « Une nouvelle étape de l'amélioration des relations entre l'Administration et les citoyens : la loi « DCRA » du 12 avril 2000 », *RFDA*, 2000, pp. 725-736.

- **AUBY** (J.-M.) :
  - « L'influence du changement des circonstances sur la validité des actes administratifs unilatéraux », *RDP*, 1959, p. 431-460 ;
  - « La procédure administrative non contentieuse », *D.*, 1956, Chron., p. 27 ;
  - « Les moyens inopérants dans la jurisprudence administrative », *AJDA*, 1966, pp. 5-13.
- **AULAGNON** (Th.) et **JANICOT** (D.), « La communication entre l'administration et administrés », *RA*, 1975, p. 311.
- **AUTIN** (J.-L.) :
  - « La motivation des actes administratifs unilatéraux entre tradition nationale et évolution des droits européens », *RFAP*, 2011, pp. 84-99 ;
  - « Réflexions sur le principe du contradictoire dans la procédure administrative », *EDCE* n°52, pp. 389-400.
- **AYADI** (H.) :
  - « Un cas de confusion administration- contentieux : la taxation d'office en Tunisie », *Mélanges R. Chapus*, Montchrestien, Paris, 1992, p. 159-169. ;
  - « La discontinuité du contentieux de la cassation fiscale », *Mélanges en l'honneur du Doyen Yadh Ben Achour, Droits et culture*, Tunis, CPU, 2008, p. 629-648.
- **BACCOUCHE** (N.) :
  - « L'investissement : cadre juridique et tutelle administrative en question », *Études Juridiques*, Faculté de Droit de Sfax, 1997, n°5, p. 7-29 ;
  - « Regards sur le code d'incitation aux investissements de 1993 et ses dénombrements », *RTD*, 2000, p.1-47 ;
  - « Les implications de l'accord d'association sur le droit fiscal et douanier », *Mélanges H. Ayadi*, CERP, 2000, pp. 5-26 ;
  - « Regard sur le code d'incitation aux investissements de 1993 et ses prolongements », *Études Juridiques*, Faculté de Droit de Sfax, 2002, N°9, p. 33-91 ;
  - « L'environnement fiscal de l'entreprise à l'heure de l'internationalisation de l'économie : le cas tunisien », *Études Juridiques*, Faculté de Droit de Sfax, 2003, N°10, p. 73-116 ;

- « Le problème de la motivation de l'arrêté de taxation d'office », *RTF*, Faculté de Droit de Sfax, N°2, 2005, p.35-51.

- **BARBIER** (Ch.), « L'usager est-il devenu le client du service public ? », *JCP*, 1995, n°3816, p.31.
- **BARJOT** (A.), « Le recours en cassation devant le Conseil d'État, sa place par rapport au recours pour excès de pouvoir et au recours en cassation devant la cour de cassation », *EDCE*, 1951, pp. 64-76.
- **BARTHELEMY** (J.), « Le requérant et l'intérêt général », *EDCE*, 1999, N°50, pp. 429-442.
- **BAZEX** (M.), « Obligation communautaire de transparence et prestation de service », *DA*., octobre, 1993, p.15-19.
- **BELAUNAY** (B.), « L'amélioration des rapports entre l'administration et les administrés. Études des réformes entreprises depuis 1945 », *Rev. Jur. Centre-Ouest*, 1991, n°8, p. 3.
- **BELHAJ RHOUMA** (A.) :
  - « Le recours pour excès de pouvoir et le recours en cassation devant le tribunal administratif tunisien », *RRJ-Droit Prospectif*, 2010, pp. 998-1009 ;
  - « Le contrôle du pouvoir discrétionnaire de l'administration publique par le tribunal administratif », (en arabe), Article en cours de publication au *Mélanges Hafedh Ben Salah*.
- **BELL** (J.), « De la nécessité d'un droit administratif », *AJDA*, 1995, N° spécial, p.99.
- **BELLANGER** (E.), « La présomption d'authenticité et de sincérité des actes administratifs », *RDP*, 1968, p. 583.
- **BELTRAME** (P.), « Rapport de synthèse du colloque Avantages fiscaux et politique de développement », *RTF*, n° 14, 2010, p.379.
- **BEN ACHOUR** (R.), « Le renouvellement des relations entre les citoyens et l'administration en Tunisie », *Mélanges Jean-Claude Hélin*, Litec, 2004, p. 39.
- **BEN ACHOUR** (S.), « L'administration et son droit : quelle mutation ? », *Mélanges Abdelfattah AMOR*, CPU, Tunis, 2005, p. 135.
- **BEN ACHOUR** (Y.) :

- « Qu'est-ce que moderniser l'administration dans un pays en voie de développement ? », *RTAP*, Numéro double, 1990, p. 11 ;
- « Au service du droit démocratique et du droit constitutionnel international. Une Cour constitutionnelle internationale », RDP 2014, pp.419-444.

- **BEN AISSA** (M. S.), « Citoyen et administration », *Le citoyen et la Constitution*, Académie Internationale de Droit Constitutionnel, 12ème session, Tunis, Presses de l'Université de sciences sociales de Toulouse, 1996, p. 17.
- **BENEZRA** (G.), « Le silence de l'Administration », *RA*, 1967, p.540.
- **BEN HASSEN** (I.), « La motivation des actes administratifs, une exigence démocratique », *Études Juridiques*, 2011, n° 18, pp. 197-231.
- **BEN HMIDA** (A.), « Intéressement et motivation dans la fonction publique », *Servir*, 1987, N°39, p. 35.
- **BEN HMIDA** (M. A.), « La responsabilité publique suivant la jurisprudence du Tribunal Administratif », *L'œuvre jurisprudentielle du Tribunal administratif*, S. Belaid (dir.), CERP, Tunis, 1990, p. 421.
- **BEN LTAÏEF** (M.), « La philosophie et les orientations de la nouvelle réglementation des marchés publics », *Les nouveautés du droit des marchés publics*, Faculté de Droit et des sciences Politiques de Tunis, 2005, p. 7.
- **BENOIT** (F.-P.) :
- « Les fondements de la justice administrative », *Mélanges M. Waline*, LGDJ, Paris, 1974, Tome II, p. 283 ;
- « Organisation du Conseil municipal », Rép. *Dalloz, Collectivités locales*, 1989, mise à jour de 1990, n° 30 à 89, p. 5.
- **BEN SALAH** (H.), «Administration et gouvernement», *Démocratie et Administration*, Actes du colloque organisé à Tunis les 10 et 11 octobre 2011, Collection « Forum des juristes », N° 14, Édition Latrach, Tunis, 2014, pp. 11-13.
- **BERGEL** (J.-L.), « Ébauche d'une définition de la méthodologie juridique », *RRJ*, 2005-5- Cahiers de méthodologie juridique, p. 2650.

- **BERLIA** (G.), « Le vice de forme et le contrôle des actes administratifs », *RDP*, 1940-1941, p. 370.
- **BERNARD** (E.-A.), et **BERNARDET** (P.), « La motivation par référence des décisions d'hospitalisation d'office », *RDSS*, 1997, p. 487.
- **BESBES** (S.), « La fonction normative de l'équité fiscale », *Études Juridiques*, n° 17, 2010, p. 195.
- **BLANC** (G.), « Motifs et motivation des décisions administratives », *RA*, 1988, pp. 495-500.
- **BLANCO** (F.), « Le Conseil d'État, juge pédagogique », *RRJ*, 2003, pp. 1513-1562.
- **BLORGEY** (Y.-M.), « L'État entre la transparence et le secret », *Pouvoir*, N° 97, 2001, n°25.
- **BERNARD** (M.), « Le contrôle du Conseil d'État sur l'appréciation par l'administration de l'aptitude professionnel ou physique des fonctionnaires », *EDCE*, 1975, p. 54.
- **BIANCARELLI** (J.) et **ROBERT** (N.), « Le principe de la transparence en droit communautaire », *Mélanges en l'honneur de Louis Dubois*, 2002, p. 493.
- **BIASCA** (P.), « La notion d'utilité publique et son contrôle », *Gaz. Pal.*, 12 septembre 1972, p. 497.
- **BIENVENU** (J.-J.), « Vice de forme », *Dalloz, Contentieux administratif*, p. 2, n°20.
- **BOCKEL** (A.), « Contribution à l'étude du pouvoir discrétionnaire », *AJDA*, 1978, p. 355-370.
- **BONNARD** (R.), « Le pouvoir discrétionnaire des autorités administratives et le recours pour excès de pouvoir », *RDP*, 1923, pp. 363- 392.
- **BORE** (L.), « La cassation en matière civile », *Dalloz* Action, 2003, n°65.04.
- **BORE** (L.), « La motivation des décisions de justice et la convention européenne des droits de l'homme », *JCP*, 2002, I, n°104.
- **BOULANGER** (F.), « Réflexions sur le problème de la charge de la preuve », *Rev. Trim. Dr. Civ.* 1966, pp.736-757.

- **BOULOUIS (J.)**, « Sur une catégorie nouvelle d'actes juridiques : Les directives », *Mélanges Eisenmann*, Paris, Cujas, 1977, p. 199.
- **BOURCIER** (D.) et **KOUBI** (G.), « Responsabilisation des décideurs et systèmes d'information », *AJDA* 1999, p. 4.
- **BRAIBANT** (G.) :
  - « L'informatique dans l'administration », *RISA*, 1969, p.341 ;
  - « Le principe de proportionnalité », *Mélanges M. Waline*, LGDJ, Paris, Tome II, 1974, p. 297 ;
  - « Processus et procédure de décision », *Mélanges Stassinopoulos*, LGDJ, 1974, p. 481 ;
  - « Réflexions sur les perspectives d'évolution de l'administration », *RFAP*, n°9, 1979, p. 181. ;
  - « Droit d'accès et droit à l'information », *Mélanges R.-É. CHARLIER*, Édition de l'Université de l'Enseignement moderne, Paris, 1981, pp. 703-710.
- **CADOUX-TRIAL**, « La charge de la preuve devant le Conseil d'État », *EDCE*, 1953, p. 85.
- **CAILLOSSE** (J.) :
  - « La modernisation de l'État », *AJDA*, 1991, p. 768 ;
  - « Le juge administratif et la question de l'"efficacité" », *RDP*, 2013, pp. 27-51.
- **CAPELLE** (C.), « Acte administratif et justice administrative en Europe », *RFDA*, 2008, pp. 258-266.
- **CARBONNIER** (J.), « Loi étrangère et jurisprudence étrangère, à propos de l'arrêt Sauthier, Clunet (Tribunal fédéral suisse, 26 mai 1932)», *Journal du droit international*, mars-avril, 1935, p. 473.
- **CARCASSONNE** (G.) :
  - « Le trouble de la transparence », *Pouvoir*, 2001, n°97 ;
  - « Société de droit contre État de droit », *Mélanges G. Braibant*, Dalloz, Paris, 1996, pp. 37-45.
- **CARCELLE** (P.) et **MAS** (G.), « Sanctions déguisées et préjudices statutaires sans sanction », *RA* 1969, pp. 167-173.
- **CASTING** (C.), «De l'existence d'une procédure contradictoire préalable à l'acte administratif unilatéral», *Démocratie et Administration*, Actes du colloque organisé à Tunis les 10 et 11 octobre 2011, Collection « Forum des juristes », N° 14, Édition Latrach, Tunis, 2014, p. 159.

- **CATALA** (P.), « Ébauche d'une théorie juridique de l'information », *D.* 1984, Chronique. p. 97.
- **CATHLINEAU** (J.), « La motivation des décisions de préemption des collectivités locales », *Mélanges J.-M. Auby*, 1992, p. 405.
- **CATERINE** (R.) et **THUILLIER**, « Morale et Administration. Du bon sens », *RA*, 1974, p. 324.
- **CHABANOL** (D.) :
  - « L'Administration et l'information », *Gaz. Pal.*, 1988, 2, Chron., p. 433 ;
  - « Contrôle de légalité et liberté de l'administration », *AJDA*, 1984, p. 14-17.
- **CHALTIEL** (F.), « Le régime juridique de l'acte administratif individuel (Développements récents) », *LPA*, 2001, n° 84, pp. 9-14.
- **CHAPUS** (R.) :
  - « De la valeur juridique des principes généraux du droit et des autres règles jurisprudentielles », *D.* 1966, Chron., p. 99 ;
  - « De l'office du juge : contentieux administratif et nouvelle procédure civile », *EDCE*, 1977, p. 11-65 ;
  - « L'administration et son juge. Ce qui change », *EDCE*, 1991, p. 259 ;
  - « George Vedel et l'actualisation d'une « notion fonctionnelle » : l'intérêt d'une bonne administration de la justice », *RDP*, 2003, pp. 3-17.
- **CHARLIER** (R.-É.) :
  - « La technique de notre droit public est-elle approprier à sa fonction ? », *EDCE*, 1951, pp. 32-63 ;
  - « La cause dans la jurisprudence administrative récente », *JCP*, 1950, n° 871.
- **CHAUMONT** (Ch.), « Étude sur la dissolution des Conseils municipaux par le pouvoir exécutif », *RDP* 1939, p.38.
- **CHENOT** (B.), « La notion de service public dans la jurisprudence économique du Conseil d'État », *EDCE*, 1950, p. 82.
- **CHEVALLIER** (J.) :
  - « La mondialisation de l'État de droit », *Mélanges Philippe Ardant*, LGDJ, 1999, p. 325
  - « L'intérêt général dans l'administration française », *RISA*, 1975, p. 325.

- « L'administration face au public », *La communication Administration-Administrés*, PUF, 1983, coll. CURAPP, p. 54.
- « Le mythe de la transparence », *Information et transparence administratives*, PUF, 1988, p. 239-275.
- « L'État de droit », *RDP* 1988, p. 313.
- « Figure de l'usager », *Psychologie et science administratives*, CURAPP, 1985, p. 37.
- « La dimension symbolique du principe de légalité », *RDP*, 1990, pp. 1651-1675.
- « La transformation de la relation administrative : mythe ou réalité ? », *D*. 2000, pp. 575-584.
- « De l'administration démocratique à la démocratie administrative », *RFAP*, 2011, p. 217-227.

- **CHEVALLIER**, (J.) et **LOSCHK** (D.), « Rationalité juridique et rationalité managériale dans l'Administration française », *RFAP*, 1982, p.684.
- **CHIKHAOUI** (L.), « Libéralisation, Mondialisation, Administration », *Les mutations des relations entre l'administration et ses administrés*, Colloque des 11 et 12 mai 2000, Collection Forum des juristes n° 10, Tunis, 2000.
- **CINTURA** (P.), « L'usage et la conception de l'équité par le juge administratif », *RIDC*, 1972, pp. 657-676.
- **CLIQUENNOIS** (M.), « Que reste-t-il des directives ? », *AJDA*, 1992, p. 3.
- **COLSON** (J. Ph.), « Le juge administratif et la preuve dans le contentieux de la légalité des décisions à caractère économique », *JCP*, 1968, n°2203.
- **Comité juridique de Reporters Sans Frontières**, « *Analyse du décret-loi n°2011-115 du 2 novembre 2011 relatif à la liberté de la presse, de l'imprimerie et de l'édition* », 14 février 2012, [http://fr.rsf.org/IMG/pdf/120227_code_de_la_tunisie.pdf] , p. 1.
- **COMBEAU** (P.), « État de droit, démocratie et droit souterrain », *Démocratie et Administration*, Actes du colloque organisé à Tunis les 10 et 11 octobre 2011, Collection « Forum des juristes », N° 14, Édition Latrach, Tunis, 2014, pp. 145-157.
- **CONAC** (G.), « L'État de droit et démocratie », *L'Afrique en transition vers le pluralisme politique*, Economica, 1993, p. 483.

- **CORAIL** (J.-L. de), « La distinction entre mesure disciplinaire et mesure hiérarchique dans le droit de la fonction publique », *AJDA*, 1967, pp. 3-27.
- **CROUZET** (Ph.), « Administration de la preuve », *RJF*, 6/16-1986, Chronique, p.347-350.
- **COSTA** (J.-P.), « Un couple mal connu Science administrative et État de droit », *Mélanges G. Braibant*, Dalloz, 1996, pp. 121-134.
- **CORZE** (H.) « Pour une motivation pas trop explicite des décisions de la Cour de Cassation », *Mélanges en l'honneur de Philippe Malaurie*, Defrénois, EJA, 2005, pp. 181-198.
- **DABBOU BEN AYED** (S.), « La transparence en Tunisie », *Mélanges Jacqueline Morand-Deviller*, Montchrestien 2007, pp. 267-286.
- **DARCY** (G.), « La décision exécutoire : Esquisse méthodologique », *AJDA*, 20 octobre 1994, p. 663-678.
- Daugeron (B.), « La démocratie administrative dans la théorie du droit public : retour sur la naissance d'un concept », *RFDA*, 2011, pp. 21-37.
- **DEBBASCH** (Ch.) :
    - « Les modes non formels d'expression de la volonté de l'administration », *RA*, 1968, p. 555 ;
    - « Le droit administratif, droit dérogatoire au droit commun ? », *Mélanges R. Chapus*, Montchrestien, 1992, p. 127 ;
    - « Le temps et l'administration : vers une chrono-administration ? », *RFAP*, 1982, p. 481 ;
    - « La charge de la preuve devant le juge administratif », *D.* 1983, Chronique., p. 43-50.
- **DE BEZE** (M.-O.), « L'art de décider », *RA*, n° 373, 2010, p. 44.
- **DEFOORT** (B.), « L'usage des métaphores par Jean Rivero : regard sur une conception de la doctrine », *RFDA*, 2009, pp. 1048-1056.
- **DEFOORT** (D.), « Définir la décision administrative dans le futur code des relations entre le public et les administrations ?», *AJDA*, 2015, pp. 811-815

- **DEGOFFE** (M.), « L'impartialité de la décision administrative », *RFDA*, 1998, pp.712-731.
- **DEGUERGUE** (M.), « Une controverse doctrinale latente relative au contrôle des motifs de fait », *Mélanges en l'honneur de Jean-François Lachaume*, Dalloz, 2007, pp. 377-397.
- **DE LA CROIX-DAVIO** (T.), « La motivation formelle des actes administratifs, un pas vers la transparence de l'administration », *Droit de la consommation*, 1992, p. 30.
- **DE LAUBADERE** (A.) :
  - « La concertation et le droit administratif », *Administration et secteur privé*, Dalloz, 1973, p. 69 ;
  - « Le contrôle juridictionnel du pouvoir discrétionnaire dans la jurisprudence récente du Conseil d'État », *Mélanges M. Waline*, LGDJ, Paris, 1974, Tome II, pp. 531-541.
- **DE LAMOTHE** (D.), « Essai d'une théorie statistique sur la jurisprudence du Conseil d'État », *EDCE*, 1949, p. 86.
- **DELMAS-MARSALET** (J.), « Le contrôle juridictionnel des interventions économiques de l'État », *EDCE*, 1969, p. 133.
- **DELVOVÉ** (P.) :
  - « La transparence administrative », *RJC*, 1993, p. 23 ;
  - « La notion de directive », *AJDA*, 1974, p. 459 ;
  - « Le silence en droit public », *RDP*, 2012, pp. 1171-1185.
- **DEPREZ** (M.), « La transparence de l'administration fiscale », *Transparence et droit à l'information*, Commission Université-Palais, Formation permanente, Cup, 2002, p. 163.
- **DERBEL** (F.), « Comptabilité et vérification fiscale », *RCF*, n° 49, 2000, p. 39.
- **DE SILVA** (I.), « Substitution de motifs, deux ans d'application de la jurisprudence Hallal », *AJDA*, 2006, p. 690.
- **DIVIER** (P.-F.) :
  - « L'administration transparente, l'accès des citoyens aux documents officiels », *RDP*, 1975, p.59 ;
  - « Pour une Administration transparente », *Gaz. Pal*, 5-6 janvier 1977, p. 8.
- **DIBOUT** (A.), « Pour la communication des documents administratifs », *RA*, 1976, p. 493.

- **DONNAT** (F.) et **CASAS** (D.) :
  - « La substitution de base légale et l'office du juge de l'excès de pouvoir », *AJDA*, Chron., 2004, p. 202 ;
  - « L'administration doit-elle pouvoir invoquer devant le juge de l'excès de pouvoir de nouveaux motifs à ses décisions ? », Chron. *AJDA*, 2004, p. 436.
- **DRAGO** (R.), « Aspect du contrôle exercé par le juge administratif sur la politique économique », *Mélanges Ganshaf Van Der Meersch*, LGDJ, 1972, p. 455.
- **DRAÏ** (R.), « Le dialogue administratif », *La communication administration-administré*, PUF, 1983, p. 143.
- **DRIRA** (T.), Chronique de la jurisprudence fiscale tunisienne (Première instance), *RTF*, n° 5, 2006, p. 210.
- **DUGUIT** (L.), L'acte administratif et l'acte juridictionnel, *RDP*, 1906, pp. 413-471.
- **DUPUIS** (G.) :
  - « Définition de l'acte unilatéral », *Recueil d'étude en hommage à Charles Eisenmann*, Paris, Cujas, 1977, p. 205-213 ;
  - « Secret d'État et secret de Polichinelle », *Le Monde*, 13 juin 1973, p. 8 ;
  - «Les motifs des actes administratifs », *EDCE*, 1975, pp. 13-40 ;
  - « Les visas apposés sur les actes administratifs », *Mélanges M. Waline*, Tome II, LGDJ, 1974, p. 405 ;
  - « Le pourvoi en cassation et la dualité du contentieux d'annulation », *RDP*, 1951, p. 505.
- **EISENMANN** (Ch.), « Le droit administratif et le principe de légalité », *EDCE*, 1957, pp. 25-40.
- **ESCLASSAN** (M.-Ch.), « À propos de la juridicisation du droit fiscal. Quelques éléments d'analyse », *RFFP*, 1993, n° 41, p. 75.
- **EUDE-GUIAS** (C.), « Édiction de l'acte administratif », *Juris-Classeur*, 1998, Fasc., 107.
- **FABRE-MAGNAM** (M.), « L'obligation de motivation en droit des contrats », *Mélanges J. Ghestin*, LGDJ, Paris, 2001, pp. 301-330.

- **FABERON** (J.-Y.), « La réforme de la motivation des actes administratifs et des actes des organismes d'aides sociales par la loi du 11juillet 1979 », *JCP*, 1980, N°2980.
- **FANACHI** (P.), « La motivation des actes administratifs : la loi du 11 juillet 1979 et son application », *Administration*, juin 1984, n°124.
- **FAVRET** (J.-M.), « La "bonne administration de la justice" administrative », *RFDA*, 2004, pp. 943-952.
- **FENDRI** (Kh.), « Recours pour excès de pouvoir, temps et bonne administration de la justice », *L'évolution contrastée du recours pour excès de pouvoir*, École Doctorale de la Faculté de Droit de Sfax, n° 1, 2010, p. 96.
- **FERRIER** (J.-P.), « La participation des administrés aux décisions de l'administration », *RDP*, 1974, p. 663-690.
- **FISCHER** (A.), « Rapport général », *EDCE*, 1971, p. 40.
- **FLAUSS** (J.-F.), « Actualité de la convention européenne des droits de l'homme », *AJDA*, 1994, p. 16.
- **FOUGERE** (L.), « Les secrets de l'Administration », *Bull. IIAP*, 1967, p.23.
- **FOUQUET** (O.), « Recours en cassation », *Répertoire Dalloz, Contentieux administratif*, p. 7.
- **FOURRE** (M.) et **Mme PUYBASSET**, *AJDA*, Chronique 1964, p. 556.
- **FRISSON-ROCHE** (M.-A.) et **WILLIAM** (B.), « Le principe constitutionnel de l'accessibilité et l'intelligibilité de la loi », *D.* 2000, N°23, p. 361.
- **FROMONT** (M.) :
  - « Le contrôle des faits économiques dans la jurisprudence administrative », *AJDA*, 1966, p.588 ;
  - « La codification du droit administratif en République fédérale d'Allemagne », *RDP*, 1977, p. 1283 ;
  - « La République fédérale d'Allemagne, État de droit », *RDP*, 1984, p. 203 ;
  - « Le principe de la sécurité juridique » *AJDA*, N° spécial, 1996, p. 178 ;

- « Les droits fondamentaux dans l'ordre juridique dans la République fédérale d'Allemagne », *Recueil d'étude en hommage à Charles Eisenmann*, Cujas, 1975, pp. 49-63.

- **GABARDA** (O.) :
  - « "L'intérêt d'une bonne administration de la justice". Étude de droit du contentieux administratif », *RDP*, 2006, pp. 153-184 ;
  - « Vers la généralisation de la motivation obligatoire des actes administratifs », *RFDA*, 2012, pp. 61-71.
- **GANDOLFI** (A.), « Les motifs déterminants dans le recours pour excès de pouvoir », *JCP*, 1964, I, 1835.
- **GAUDEMET** (Y.) :
  - « Prolégomènes pour une théorie des obligations en droit administratif français », *Mélanges J. Gaudemet*, PUF, 1999, p. 613 ;
  - « La motivation des actes administratifs », *Ann. des Mines*, février-mars 1983, p. 4 ;
  - « La codification de la procédure administrative non contentieuse en France », *D.*, 1988, Chronique XVII, pp. 107-112
- **GARGOURI** (M.), « La motivation des décisions administratives », *Études Juridiques*, 2012, n° 19, pp. 73-116
- **GAZIER** (F.), « Essai de présentation nouvelle des ouvertures du recours pour excès de pouvoir », *EDCE*, 1951, p.77.
- **GINGEMBER** (L.), « Le Syndicalisme patronal et l'Administration », *RA*, 1949, p.589.
- **GIRAUT** (F.), « Il faut enseigner l'administration », *RDP*, 1951, p. 357.
- **GJIDARA** (S.), « La motivation des décisions de justice : impératifs anciens et exigences modernes », *LPA*, 2004, n° 105, pp. 3-20
- **GOHIN** (O.), « La flexibilité dans le contentieux administratif », *Mélanges Paul Sabourin*, Bruylant, Bruxelles, 2001, pp. 147-166.
- **GOUBEAUX** (G.), « Le droit à la preuve », *La preuve en droit*, Ch. Perelman et P. Fouriers, (dir.) Bruylant, Bruxelles, 1981, p. 277.

- **GOULARD** (G.), « La motivation des notifications de redressement : où en est-on ? », *RJF*, 3/95, 1995, p. 166.
- **GOY** (R.), « La notion de détournement de procédure », *Recueil d'études en hommage à Charles Eisenmann*, Paris, Cujas, 1977, p. 335.
- **GOYARD** (C.) ;
  - « Les idées de Charles Eisenmann sur la théorie du contrôle des motifs », *Recueil d'études en hommage à Charles Eisenmann*, Cujas, Paris, 1977, pp. 339-362 ;
  - « État de droit et démocratie », *Mélanges R. Chapus*, Montchrestien, Paris, 1992, p.299-314.
- **GUEDON** (M. J.), « Régularité interne de l'acte administratif et pouvoir de substitution du juge », *AJDA*, 1981, p. 443-451.
- **GUICHARD** (S.), « Le procès équitable : droit fondamental ? », *AJDA*, 1998, n° spécial, p. 191-208.
- **HAURIOU** (A.), « Le pouvoir discrétionnaire et sa justification », *Mélanges Carré de Malberg*, Sirey, 1933, p.233.
- **HAURIOU** (M.), « Introduction à l'étude du droit administratif », *RGA*, 1902, T3, p. 385.
- **HECQUARD-THERON** (M.), « De la prérogative de puissance publique à la prérogative de décision », *Pouvoir et liberté, in Mélanges J. Mourgeon*, Bruylant, 1998, p. 671.
- **HEURTE** (A.), « La notion d'ordre public dans la procédure administrative », *RDP*, 1953, p. 615.
- **HOLLEAUX** (A.) :
  - « La loi sur l'informatique et les libertés », *RA*, 1978, n°181, p. 31 et n°182, p. 160 ;
  - « Les lois de la troisième génération des droits de l'homme », *RFAP*, 1980, p. 527.
- **HONORAT et BAPTISETE**, *AJDA*, Chronique, 1990, p. 9 7.
- **HORCHANI** (F.), « Le code tunisien d'incitation aux investissements », *JDI*, 1998, p. 67.
- **H.T.C.**, « Da l'arrêt Maison Genestal à l'arrêt crédit foncier de France », *AJDA*, 1971, p. 196.
- **HUBAC** (S.) et **SCHOETTL** (J.-E.), *AJDA*, Chronique, 1985, p. 287.

- **HUBERT** (P.), « L'étendue du contrôle de cassation : faut-il séparer "appréciation souveraine" et "qualification juridique" ? », *RFDA*, 1999, p.114.
- **HUET** (S.) et **GORLIER** (F.), « La frontière entre Dieu et César : Le Conseil constitutionnel et le principe de nécessité de l'impôt », *Dieu et l'impôt*, J.-C. Martinez (dir.), Godefroy de Bouillon, 2001, p. 185.
- **HUMMEL** (J.), « La théorie de la moralité administrative et l'erreur manifeste d'appréciation », *RA*, 1996, p. 335-340.
- **JAQUELOT** (F.), « Droit au recours juridictionnel et régularisation des requêtes en contentieux administratif », *RRJ*, 2006, p. 219.
- **JEGOUZO** (Y.), « Le droit à la transparence administrative », *EDCE*, 1991, pp.199-216
- **JENAYAH** (M. R.) :
  - « La constitutionnalisation du droit administratif tunisien », *Colloque organisé par l'ATDC et l'ATDA* les 27 et 28 février 2009 à la Faculté de Droit de Sousse, p. 4 ;
  - « De l'existence des règlements autonomes en Tunisie », *RTD*, 1979, p. 242.
- **JÈZE** (G.), « Essai d'une théorie général sur l'influence des motifs déterminants sur la validité des actes juridiques en droit public français », *RDP* 1922, p. 377.
- **JURET**, « Observations sur la motivation des décisions juridictionnelles internationales », *RGDIP*, 1960, p. 516.
- **KAPPELHOF-LANCON** (F.), « La motivation des actes administratifs », *LPA*, n°50 du 26 avril 1982, p.6.
- **KERNINON** (J.), « L'obligation pour l'autorité administrative de prendre réellement ses décisions », *RA*, 1981, p.479.
- **KORNPROBST** (B.) :
  - « La compétence liée », *RDP*, 1961, pp. 935-958 ;
  - « L'erreur manifeste », *D.* 1965, Chron., p. 121.
- **KOUBI** (G.), « Responsabilisation des décideurs et systèmes d'information », *AJDA*, 1999, p. 7.

- **LABETOUILLE** et **CABANES**, « Validité des actes administratifs- forme- motivation », Chron. de jurisp., *AJDA*, 1971, p.150.
- **LACHAUME** (J. F.), « Le formalisme », *AJDA*, N° spécial, 20 juin 1995, pp.133-146.
- **LAETITIA JANICOT**, « Formes et procédures administratives non contentieuses : un domaine de compétence réservé au pouvoir réglementaire ? Une fausse idée claire », *AJDA*, 2010, pp. 540-547.
- **LAGASSE** (D.), « Le contrôle du pouvoir discrétionnaire de l'administration par le juge », *L'administration face à ses juges*, Rapports de la journée d'étude organisée le 22 mai 1987, Jeune barreau de Liège, p. 121.
- **LAHAYE** (N.), « Outrage aux mœurs, infractions à contenu variables », *Les notions à contenu variable en droit*, Bruylant, Bruxelles, 1984, p. 73.
- **LAMBERT** (Th.), « Motivation et substitution de base légale », *Droit du contribuable, état des lieux et perspectives*, B. Hatoux (dir.), Economoca, 2002, p. 76.
- **LANGROD** (G.) :
  - « Procédure administrative et droit administratif », *RDP*, 1948, p. 549-556 ;
  - « Genèse et lignes directrices de la procédure administrative non contentieuse en Pologne », *RISA*, 1960, p. 401.
- **LASSERRE** (B.), et **BELARUE** (J.-M.), « Actes administratifs », *Chronique générale de jurisprudence française, AJDA*, 1983, p. 297
- **LATOURNERIE** (R.), « Essai sur les méthodes juridictionnelles du Conseil d'État », *Livre jubilaire du Conseil d'État*, Paris, Sirey, 1952, pp. 199-370.
- **LAVAU** (G.-E.), *« Le prétendu pouvoir discrétionnaire d'exclure un candidat d'un concours administratif »*, *JCP*, 1953, I., 1128.
- **LAVAL** (L.), « La bonne administration de la justice », *LPA*, 12 août 1999, pp.12-21.
- **LAVEISSIÈRE** (J.), « En marge de la transparence administrative : le statut juridique du secret », *Mélanges Jean-Marie Auby*, Dalloz, Paris, 1992, pp. 181-205.

- **LEISNER** (W.), « L'État de droit : une contradiction ? », *Recueil d'étude en hommage à Charles Eisenmann*, Paris, Cujas, 1977, p. 65-79.
- **LEMASURIER** (J.), « Vers une démocratie administrative : du refus d'informer au droit d'être informé », *RDP*, 1980, pp.1239-1269.
- **LETTERON** (R.), « *Le modèle français de transparence administrative à l'épreuve du droit communautaire* », *RFD*, 1995, pp. 183-202.
- **LEROYER** (A.-M.), « La motivation des lois », *La motivation*, Travaux de l'association Henri Capitan, LGDJ, Paris, 2000, p. 87-105.
- **LINOTTE** (D.), « La motivation obligatoire de certaines décisions administratives », *RDP*, 1980, p. 1711.
- **MADIOT** (Y.), « La dissolution des Conseils municipaux », *RDP*, 1974, p.373.
- **MAILLOT** (J.-M.), « L'indisponibilité des compétences en droit public français », *LPA*, 2004, n° 194, p. 3.
- **MASSOT** et **DEWOST**, « Contrôle du juge de l'excès de pouvoir : cas où l'administration se fonde sur plusieurs motifs », *AJDA*, 1968, p. 339.
- **GIORGIO MATTARELLA** (B.), « Codification et État de droit : l'expérience italienne », *AJDA*, 1997, pp. 665-671.
- **MAISL** (H.), « Information administrative et droit Évolution et Évaluation », *Mélanges en l'honneur de Guy Braibant*, Dalloz, 1966, pp. 489-504.
- **MATHIOT** (A.) :
  - « Bureaucratie et démocratie », *EDCE*, 1961, p. 11 ;
  - « Les circonstances exceptionnelles », *Mélanges A. Mestre*, Sirey, 1956, p. 413.
- **MEGRET** (J.), « De l'obligation pour l'administration de procéder à un examen particulier des circonstances de l'affaires avant de prendre une décision même discrétionnaire », *EDCE*, 1953, p. 77-79.
- **MELLERAY** (F.), « Les apports du CRPA à la théorie de l'acte administratif unilatéral », *AJDA*, 2015, p. 2491-2493.

- **MESCHRIAKOFF** (A.-S.), « La compétence liée permet-elle à l'administration de violer la loi ? », *RA*, 1984, pp. 575-579.
- **MICHELET** (K.), « La charte des droits fondamentaux de l'Union européenne et la procédure administrative non contentieuse », *AJDA*, 2002, p. 949-955.
- **MODERNE** (F.) :
  - « Le secret médical devant les juridictions administratives et fiscales », AJDA, 1973, p. 404 ;
  - « La loi du 11 juillet 1979 sur la motivation des actes unilatéraux et l'urbanisme », *LPA*, 1989, p.2.
- **MODERNE** (F.), « Sur l'arbitraire législatif », *RFDA*, 1999, p. 185.
- **MORANT-DEVILLER** (J.), « Le contrôle de la qualité des prestations en matière d'urbanisme et d'environnement », *AJT*, N°9, 1995, p. 73.
- **MORANGE** (G.), :
  - « Réflexions sur la protection accordée par le juge administratif à la liberté du commerce et de l'industrie », *D.* 1956, p. 117 ;
  - « Le principe des droits de la défense devant l'administration active », *D.* 1956, Chronique., p. 121 ;
  - « Le secret en droit administratif français », *D.* 1978, Chronique, I, p.1.
- **MOTULSKY**, « Le manque de base légale, pierre de touche de la technique juridique », *JCP*, 1949, p. 775.
- **MOULIN** (R.), « La règle de l'examen particulier du dossier, une extrapolation équivoque », *AJDA*, 1980, p.443.
- **MOUSSA (**M.L.F.), « Le Plan de mise à niveau de l'administration (P.M.A.N) de l'administration en Tunisie, Un agenda 21 pour l'administration », *Mélanges H. Ayadi*, pp. 719-744.
- **MOUSSA** (Z.), « La crise de légitimité de l'administration algérienne », *Les mutations des relations entre l'administration et ses administrés*, Collection Forum des Juristes, Tunis, 2002, p. 93.
- **NAUWELAERS** et **FABIUS**, « Contrôle du juge sur la motivation d'une décision administrative reposant sur un motif illégal alors qu'un autre motif légal et probant a été invoqué au cours de l'instruction », Chronique. de jurisp., *AJDA*, 1976, p. 416.

- **NCIRI** (N.), «L'accès aux documents administratifs en Tunisie *»*, *Démocratie et Administration*, Actes du colloque organisé à Tunis les 10 et 11 octobre 2011, Collection « Forum des juristes », N° 14, Édition Latrach, Tunis, 2014, p. 131-143.
- **NOEL** (M.), « Les motifs dans les décisions des juridictions administratives », *RDP*, 1924, pp. 350-384.
- **NZOUANKEU** (J. M.), «Commentaire de la Déclaration des droits des citoyens dans leurs rapports avec l'administration et les services publics dans les États francophones », *site internet de l'OFPA : ofpa.net et site des Nations Unies : unpan.org.*
- **OBERDORFF** (H.), « L'émergence d'un droit de comprendre l'administration et le droit », *EDCE*, 1991, pp. 217-233.
- **ODENT** (R.) :
  - « Les droits de la défense », *EDCE*, 1953, pp. 55-65 ;
  - « La procédure d'élaboration des actes administratifs en droit français », Rapport présenté au *Colloque des Conseils d'États français et italien*, Paris, 12-14 décembre 1966, [*http://www.juradmin.eu/colloquia/1968/france-2.pdf, pp. 90-106*] ;
  - « De la décision Trompier-Gravier à la décision Garysas », *EDCE*, 1962, p. 43.
- **OLIVIER** (G.), « Signature et forme des décisions administratives », *RA*, 1952, p. 377.
- **PACTEAU** (B.) :
  - « La sécurité juridique, un principe qui nous manque ? », *AJDA*, 1995, N° spécial, p. 151 ;
  - « Preuve », *Encyclopédie Dalloz Contentieux administratif*, II, p.4.
- **PAILLÉ** (E.), « La motivation des lois », *RRJ*, 2013-4, pp. 1553-1570.
- **PAULIAT** (H.) :
  - « La motivation des actes administratifs unilatéraux », *La motivation*, Actes de colloque organisé avec le concours du Conseil régional de Limousin, LGDJ, Paris, 1998, pp. 49-70 ;
  - «Justice, Performance et qualité », *Le droit administratif, Performance et convergences*, *Mélanges en l'honneur de Jean-François Lachaume,* Dalloz, 2007, pp. 23-845.

- **PAUTIT**, « Décision implicite et jurisprudence administrative », *RDP*, 1975, p.1525.
- **PAVAGEAU** (S.), « Le Conseil d'État est-il encore le protecteur des prérogatives de l'administration ? », *RRJ*, 2005, pp. 309-334.
- **PEANO** (D.) :
  - « Recours pour excès de pouvoir – Contrôle de la légalité externe », *Juris-Classeur administratif*, 1999, Fascicule 1150 ;
  - « Recours pour excès de pouvoir -Contrôle de la légalité interne », *Juris - Classeur administratif*, 1998, Fascicule 1152.
- **PELLA** (J.-R.), « Le principe de sécurité juridique en droit fiscal », Mélanges *G. Dupuis*, LGDJ, Paris, 1997, p. 261.
- **PELE** (M.-A. G.), « Pour l'État de droit en Afrique », *Mélanges P.-F. Gonidec,* Paris, LGDJ, 1985, p.189.
- **PETIT** (Y.), « Les circonstances nouvelles dans le contentieux de la légalité des actes administratifs unilatéraux », *RDP*, 1993, p. 1291.
- **PEYRICAL** (J.-J.), « Le juge administratif et la sauvegarde des actes de l'administration, Étude sur la neutralisation et la substitution des motifs », *AJDA*, 1996, p. 22.
- **PHILIP** (L.), « Le contrôle de la constitutionnalité des lois fiscales en France », *RFFP*, 1999, n° 68, p. 159.
- **PLAGNET** (B.), « Les facteurs de la compétitivité fiscale d'un pays », *Études juridiques*, n° 10, p. 28.
- **PLANTY** (A.), « La preuve devant le juge administratif », *JCP*, 1986, -I- n°3245.
- **POIROT-MAZERS** (I.), « La décision d'espèce », *RDP*, 1992, p. 443.
- **PONTHOREAU (M.-C),** « Réflexions sur la motivation des décisions juridictionnelles en droit administratif français », *RDP*, 1994, pp. 747-765.
- **POULET-GIBOT LECLERC** (N.), « Le Conseil d'État et le contenu de la motivation des actes administratifs », *Chronique, Dalloz*, 1992, p. 61.

- **POPS** (G.), « La justice administrative au service des droits du citoyen », *RISA*, 1992, p.265.
- **QUIRINY** (B.), « Actualité du principe général d'impartialité administrative », *RDP*, 2006, pp. 375-400.
- **RACCAH** (A.), « Le Code de procédure administrative non contentieuse en Allemagne », in *Conseil d'État, Rapport public 2011, EDCE*, pp. 207-220.
- **REZGUI** (K.), « Le traitement des réclamations par les bureaux des relations avec les citoyens », *AJT*, n°9, 1995, pp. 113-144.
- **RIBOT**, « Les mesures prises en considération de la personne dans le contentieux de la fonction publique », *RDP*, 1992, p.205.
- **RICCI** (J.-C), « L'amélioration des relations avec les administrés : La motivation des actes administratifs », *Annuaire Européen d'Administration Publique*, 1979, p. 446.
- **RIPOCHE** (P.), « La mal-administration aujourd'hui », *RFAP*, 1988, p. 9.
- **RIVERO** (J.) :
  - « État de droit, état du droit », *Mélanges en l'honneur de Guy Braibant*, Dalloz, 1966, pp. 609-614 ;
  - « À propos des métamorphoses de l'administration d'aujourd'hui : démocratie et administration », *Mélanges Savatier*, Dalloz, Paris, 1965, pp. 821-833 ;
  - « L'administré face au droit administratif », *AJDA*, 1995, n° spécial, pp. 147-150 ;
  - « Le juge administratif : Gardien de la légalité administrative ou gardien administratif de la légalité ? », *Mélanges M. Waline*, LGDJ, Paris, 1974, Tome II, pp. 701-717 ;
  - « Le Huron au Palais-Royal ou réflexions naïves sur le recours pour excès de pouvoir », *D.*, 1962, pp. 37-40. ;
  - « Le système français de protection contre l'arbitraire administratif à l'épreuve des faits », *Mélanges J. Dabin*, Tome II, Sirey, 1963, Tome II, pp. 813-835. ;
  - « Apologie pour les "faiseurs de systèmes" », *D.*, 1951, Chron., pp. 99-102 ;
  - « Fin d'un absolutisme», *Pouvoir*, n° 13, 1991, pp. 7-16.
- **ROBERT** (J.) :

- « La bonne administration de la justice », *AJDA*, 1995, n° spécial, pp. 117-132 ;
- « Le juge administratif et la liberté individuelle », Mélanges *M. Waline*, LGDJ 1974, Tome II, pp. 701-717.

- **ROUAULT** (M.-C.), « Les droits des citoyens dans leurs relations avec les administrations », *JCP*, 1998, p. 6-11.
- **ROUBANT** (L.), « Le client, l'usager et le fonctionnaire : quelle politique de modernisation pour l'administration française ? », *RFAP*, 1991, p. 435.
- **ROUCHETTE** (G.), « L'article 1er des lois », *Les mots de la loi*, N. Molfessis (dir.), Economica, Paris, 1999, p. 37.
- **RUNAVOT** (M.-C.), « La bonne administration : consolidation d'un droit sous influence européenne », *RFDA*, 2010, pp. 395-403
- **SABOURIN** (P.) :
  - « Recherches sur la notion de maladministration dans le système français », *AJDA*, 1974, pp. 396-407 ;
  - « Réflexions sur les rapports des citoyens et de l'administration », *D.* 1978, Chronique, XIV, pp. 61-68 ;
  - « Un Persan au Conseil d'État », *AJDA*, 1993, pp. 515-525 ;
  - « Mission de service public, prérogatives de puissance publique et notion d'autorité administrative (À propos de l'arrêt du Conseil d'État du 27 novembre 1970, agence maritime Marseille-Fret et autres) », *JCP*, 1971, I, n° 2407.
- **SANDULLI** (A.), « La procédure administrative non contentieuse et la transparence », *RFAP*, 1993, n°65, pp. 379-384.
- **SAUVEL** (T.), « Histoire du jugement motivé », *RDP*, 1955, pp 5-53.
- **SAUVIGNION** (E.), « La pluralité des motifs dans l'exercice d'un pouvoir discrétionnaire devant le juge de l'excès de pouvoir », *AJDA*, 1971, p. 200-210.
- **SAVIGNAC** (J.-C.), « Simplification administrative et amélioration des relations entre l'administration et le public », RA, 1981, p. 74.
- **SCHRAMECK** (O.), « Droit administratif et droit constitutionnel », *AJDA*, 1995, N° spécial, p. 34.
- **SCHWARTZ** (B.), « La procédure administrative aux États-Unis », *RISA*, 1951, pp. 251-261.

- **SCHWARTZENBERG** (R. G.), « Le secret du Roi », *Le Monde*, 3 mars 1976.
- **SCHWARZE** (J.), « Le juge, un regard étranger », *AJDA*, 1995, N° spécial, p. 233.
- **Section du Rapport et des Études du Conseil d'État** :
  - « Étude sur la motivation des actes administratifs », *EDCE*, 1986, p. 13 ;
  - « Administration et nouvelle technologies de l'information », (Rapport public 1995), *Doc. fr.*, 1988, NED n°4851 ;
  - « La transparence et le secret : La transparence dans la vie publique et administrative ; progrès et limites », (Rapport public 1995), *EDCE*, 1996, pp. 21-72.
- **SELVEIRA** (L.), « Le pouvoir discrétionnaire de l'administration comme perçu par le public », *Pouvoir discrétionnaire de l'administration et problèmes de responsabilités*, 2ème colloque de droit européen, Oxford (Royaume Uni), 25-29 septembre 1995, Conseil de l'Europe, 1997, p. 65.
- **SERGE** (S.), « Sur l'obligation de motiver formellement les actes administratifs », *AJDA*, 1947, p. 349.
- **SINGER** (J.), « La motivation des actes administratifs », *RA*, 1980, p. 70.
- **SORBARA (J.-G),** « Le silence de l'administration », *RDP*, 2012, pp. 1078-1088.
- **SOUBEYROL** (J.), « La communication des documents administratifs aux administrés », *AJDA*, 1958, p. 43.
- **SOULEZ-LARIVIERE** (D.), « La transparence et la vertu », *Mélanges M. Troper*, Économica, Paris, 2006, p. 933-937.
- **SUR** (S.) :
  - « Sur l'obligation de motiver formellement les actes administratifs », *AJDA*, 1974, p.349 ;
  - « Motivation ou non motivation des actes administratifs ? », *AJDA*, septembre, 1979, p. 3.
- **TARCHOUNA** (L.), « La médiation dans le champ administratif », *AJT*, 1995, N°9, p. 35.
- **THYREAU** (A.), « L'amélioration des relations entre l'Administration et les administrés en France », *RISA*, 1981, p. 252.

- **TIBERGHIEN** (F.) et **LASSERRE** (B.), *Chronique*, *AJDA* 1982, 585.
- **TIMSIT** (G.), « Administration et société : Les transformations de l'appareil administratif », *Droits et libertés à la fin du XXème siècle, influence des données économiques et technologiques, Mélanges C.-A. Colliard*, Paris, A. Pedome, pp.589-660.
- **TOURARD** (H.), « Quelques observations sur le Conseil d'État juge de cassation », *RDP*, 2000, p.498.
- **TRIGANO** (Sh.), « La transparence opaque, La Shoa entre "abus de mémoire" et idéologie moderne », *Pouvoir*, n° 97, 2001, n°25.
- **TROPER** (M.), « La motivation des décisions constitutionnelles », *La motivation des décisions de justice*, Bruxelles, Bruylant, 1978, p. 272.
- **MAST** (A.), « La motivation comme instrument du contrôle par le Conseil d'État de l'exercice du pouvoir discrétionnaire de l'administration », *La motivation des décisions de justice*, Bruxelles, Bruylant, 1978, p. 367.
- **TROTABAS** (L.), « Essai sur le droit fiscal », *RSLF*, 1928, p. 201.
- **TRUCHET** (D.) :
  - « L'intérêt général dans la jurisprudence du CE : Retour au sources et équilibre », *EDCE*, 1999, n° 50, p. 361 ;
  - « Label de service public et statut du service public », *AJDA*, 1982, p. 427.
- **TRUCHET** (D.), « Le point de vue du juriste : personnes, administrés, usagers, clients ? », *La documentation française*, 1998, p. 23.
- **VEDEL** (G.), « De l'arrêt Septfond à l'arrêt Barinstein, la légalité des actes administratifs par les tribunaux judiciaires», *JCP*, 1948, I, n°682 ;
  - « La soumission de l'administration à la loi », *S.* 1950, p.120 ;
  - « La juridiction compétente pour revenir, faire cesser ou réparer la voie de fait administrative », *JCP*, 1950, I, n° 851.
- **VIALETTES** (M.), **COURRÈGES** (A.) et **ROBINEAU** (I.), « Le temps de la justice administrative », *Juger l'administration, administrer la justice. Mélanges en l'honneur de Daniel Labetoulle*, Dalloz, 2007, pp. 833-846.

- **VIARGUES** (R.), « Forme et contenu de la motivation des actes administratifs. L'exemple des décisions d'expulsion de ressortissants étrangers », *Chronique administratif français, RDP*, 1982, p. 773
- **VIDAL** (R.), « L'évolution du détournement de pouvoir dans la jurisprudence administrative », *RDP*, 1952, p. 275-316.
- **VINCENT** (J.-Y.), « L'erreur manifeste d'appréciation », *RA*, 1971, p. 407.
- **VINCENT** (J.-Y.) :
  - « Publicité de l'acte administratif », *Juris-Classeur*- 2001, Fasc.107-40 ;
  - « Motivation de l'acte administratif », *Juris-Classeur* 2006, fascicule 107-30.
- **VIRALLY**, « Acte administratif. Motivation », *Ency. Dalloz Répertoire Droit administratif*, n° 125.
- **VOISSET** (M.), « La reconnaissance, en France, d'un droit des citoyens à la qualité dans les services publics », *RFDA*, 1999, p. 743.
- **WACHSMANN** (P.), « Les normes régissant le comportement de l'administration selon la jurisprudence de la Cour européenne des droits de l'homme », *AJDA*, 2010, pp.2138-2146.
- **WALINE** (M.) :
  - « Empirisme et conceptualisme dans la méthode juridique : faut-il tuer les catégories juridiques ? », *Mélanges J. Dabin*, Sirey, Paris, 1963, Tome 1, p. 359 ;
  - « Le pouvoir discrétionnaire de l'administration et sa limitation par le contrôle juridictionnel », *RDP*, 1930, p. 197-205 ;
  - « Contrôle de la moralité administrative », *Chron., RDP*, 1952, p. 725 ;
  - « Annulation d'une décision administrative dont l'un des motifs est inexact », *Chron., RDP*, 1955, p. 187 ;
  - « Étendue et limites du contrôle du juge administratif sur les actes de l'administration », *EDCE*, 1956, p. 25-33 ;
  - « Pouvoirs d'instruction du juge et secret médical », Chron., *RDP*, 1970, p.394 ;

- « Empirisme et conceptualisme dans la méthode juridique : Faut-il tuer les catégories juridiques ? », *Mélanges J. DABIN*, Sirey, 1963, p. 360.

- **WIENER** (C.) :
  - « La motivation des décisions administratives en droit comparé », *RIDC*, 1969, pp 779-795 ;
  - « Vers une codification de la procédure administrative », *Travaux de recherches de l'Université de droit d'économie et des sciences sociales de Paris*, PUF, 1975, p.18 ;
  - « L'usager a-t-il la parole ? », *EDCE*, 1991, p. 234.
- **WOEHRLING** (J.-M.) :
  - « Réflexions sur le renouveau du service public », *RA*, 1992, p. 394 ;
  - « Le contrôle du pouvoir discrétionnaire en France », *RA*, numéro spécial n° 7, 1999, pp. 75-97.

IV. CONCLUSIONS ET NOTES DE JURISPRUDENCE

- **AUBY** (J.-M.), Note sous
  - CE, 4 janvier 1964, *Paillou, D.* 1964, I., p. 364 ;
  - CE, 14 décembre 1988, *Société Gibert Marine*, *AJDA*, 1989, p. 266.
- **BERTRAND**, Conclusions sur :
  - CE, 11 décembre 1970, *Crédit Foncier de France*, *AJDA*, 1971, p. 227 ;
  - CE Sect. 26 janvier 1968, *Société « Maison Genestal »*, *Rec.*, p. 62.
- **BONNARD** (R.) Note sous CE, 11 janvier 1935, *Gras* ; 25 juin 1937, *de la Renaudière*, *RDP*, 1938, p. 138 ; S. 1937. III. p. 121.
- **BRAIBANT** Conclusions sur CE, 24 avril 1964, *Sieur Villard, Sieur Delhey*, Mininistre du Travail c/ Sieur Duffot, *Dr. Soc.*, 1964, p. 435.
- **BRAIBANT**, Notes sous CE, 2 mars 1973, *Demoiselle Arbousset*, *RDP*, 1973, p. 1067.
- **CHAPUS**, Notes sous CE, 21 décembre 1960, *Vicat Blant*, *D.*, 1961, p. 42.
- **COPPER** (J.), Note sous TA Lille, *Dubois*, *AJDA*, 1955, p. 110.

- **DAVID**, Conclusions sur TC, 8 février 1873, *Blanco*, Rec. 1er supplt 61, *D.* 1873.3.17 ; S. 1873.2.153.
- **DEBBASCH**, Note sous TA Paris, 30 septembre 1963, *de Crémiers*, *JCP*, 1964 .II. 13. 577.
- **DELABIE**, Note sous CE, 1er juin 2011, *Beddiaf*, req. n° 33799, *AJDA*, 2011, p. 2182.
- **DELVOVÉ**, Conclusions sur CE, 17 février 1950, *Dame Lamotte*, *RDP*, 1951, p. 478.
- **DE SILVA** (I.), Conclusions sur :
  - CE, Section, 6 février 2004, *Mme Hallal*, « La substitution de motifs devant le juge administratif », *RFDA*, p. 479 ;
  - CE, 23 avril 2009, *M. Guigue*, *AJDA*, 2009, p. 1374.
- **DRAGO**, Note sous CE, 24 janvier 1950, *Billard*, *S.* 1950, III, 41.
- **DUPEYROUX et GARAGNON**, Note sous CE, 3 juillet 1964, *Tuset* et CE, Section, 15 juillet 1964, Ministre du travail c/ *Carrière*, *D.* 1965, p. 494.
- **EISENMANN**, Note sous CE, 28 mai 1954, *Barel*, *RPDA*, 1954, 1ère année, n°7, juillet- août, p. 157.
- **FOUQUET** (O.), Conclusions sur CE, 18 décembre 1992, *M. et Mme Perez*, *LPA*, n°23 du 23 février 1994, p.1.
- **FROMONT**, Note sous CE, 26 janvier 1968, *Société Maison Genestal*, *D.* 1969, p.456.
- **GALABERT** et **GENTOT**, Note sous CE 13 juillet 1962, *Arnaud et autres*, *AJDA*, 1962, p. 548.
- **GENEVOIS**, Conclusions sur CE, Sect. 9 juin 1978, *Rec.* p. 245.
- **GENTOT** (M.), Conclusions sur CE, Ass., 27 novembre 1970, *Agence maritime Marseille- Fret*, *RDP*, 1971, p. 987.
- **GILLI** (J.-P.), Conclusions sur CE, Ass. 22 février 1970, *Commune de Bozas*, *AJDA*, 1970, p. 232.
- **GOUR** (C.), Note sous CE 24 juin 1960, *Société Frampar*, *JCP*, 1960 n° 11743.
- **GILLIT**, Note sous CE, 27 octobre 1965, Ministre de l'Éducation c/ *Sadaka et Lamas*, *D.*, 1966, J. p.145.
- **GULDNER**, Conclusions sur CE, 7 juin 1957, *Brissaud*, *AJDA*, 1957, p. 397.

- **GUYOMAR**, Conclusions sur CE, 3 décembre 2003, SIRC, *Mme Mansury*, *AJDA*, 2004, pp. 30- 39.
- **HAURIOU** (M.), Notes sous :
  - CE, 27 mars 1914, *Laroche*, *S.* 1914, III, 97, La jurisprudence administrative, II. 72 ;
  - CE, 15 juillet 1927, *Groffe*, *S.* 1927, III, 121 ;
  - CE, 4 avril 1914, *Gomel*, *S.* 1917 .III. 25 ;
  - CE, *Servois*, 11 juin 1909, *RDP*, 1909, p. 238.
- **H. D.**, Note sous CE, 2 juillet 1880, *Maillard* c/ Ministre de la Guerre, *Leb.*, p. 631.
- **JÈZE** (G.), « La vérification des motifs des actes administratifs », Note sous CE, 28 juin 1912, *Boisselet* ; 18 juin 1915, *Ponsonnaille* ; 14 janvier 1916, *Camino*, *RDP*, 1917, p. 443.
- **JOSSE**, Conclusions sur CE, 8 juin 1931, *Augier*, *D.* 1934, III, 31.
- **KHAN**, Conclusions sur CE (Ass.), 27 février 1948, *Société des laboratoires du Bac et autres*, *Rec.* p. 100 ; D. 1948. J.556
- **LABETOULLE** et **CABANES**, Note sous CE, Ass., 27 novembre 1970, *Agence maritime Marseille-fret, compagnie générale transatlantique et autres*, Chronique, *AJDA*, 1971, p. 152.
- **LASRY**, Conclusions sur :
  - CE, 23 mars 1956, *Lévy*, *D.* 1956, p. 27 ;
  - CE, 12 octobre 1956, *Baillet*, *D.*, 1956, J. 664.
- **LASSERRE** (B.), Conclusions sur CE, 9 novembre 1984, *Comité dauphinois d'hygiène industrielle*, *RFDA*, 1984, p. 440.
- **LETOURNEUR** (M.), Conclusions sur :
  - CE, 16 avril 1948, *Richard*, *S.* 1948, III., p. 62 ;
  - CE, 27 janvier 1950, *Billard*, *S.* 1950 .III. p.41 ;
  - CE, Ass., 28 mai 1954, *Barel* et autres, *RDP*, 1954, p. 519.
- **LEONARD**, Conclusions sur CE, 9 juillet 1943, *Tabouret et Laroche*, *Rec.* p. 182 ; *GP*, 1943 II. p. 65.
- **LIET- VEAUX** Note sous CE Ass., 28 mai 1954, *Barel*, *RA*, 1954, p.393.
- **LOSHARD**, Note sous CE, 11 décembre 1970, *Crédit Foncier de France*, *D.* 1971, p. 676.
- **LONG**, Note sous CE Ass. *Barel*, *AJDA*, 1954, p. 396.

- **MABILAT**, Note sous CE, 26 janvier 1973, Garde des Scheaux c/ *Long*, *JCP*, 1973 .II. n°17416.
- **MALIGNER** (B.), Note sous CE, 16 janvier 1985, *Jean-Christophe Bala*, *AJDA*, 1985, p. 436.
- **MATHIOT**, Note sous CE Ass., 28 mai 1954, *Barel*, *S*. 1954 .III., p. 97.
- **MODERNE**, Notes sous :
  - CE, 27 novembre 1970, *Agence maritime Marseille- Fret*, *JCP*, 1971, II. n° 16757- CE, 16 mars 1988, *Sté Quincaillerie Le Gruel*, *D*. 1988, jurisp., p. 491 ;
  - CE, Sect. 9 juin 1978, *RA*, 1978, p. 634
- **MONTGOLFIER**, Conclusions sur CE, 30 novembre 1990, (2 arrêts) Ministre de la culture c/ *Woodner* et Ministre de la culture c/ Alex wengraf Lmd, *RFDA*, 1991, p. 771.
- **MULLER**, Conclusions sur tribunal administratif de Cergy-Pontoise, 21 décembre 2006, *Mme Fatma Ouddane*, *AJDA*, 2007, p. 419.
- **ODENT** (R.), Conclusions sur
  - CE, 5 avril 1946, *Dame Coulon, Daupeyroux, Branet*, S. 1946. III. 23 ; *EDCE* 1947, p. 48 ;
  - CE, 26 octobre 1945, Aramu, *S*. 1946, III, 1.
- **ORANGE**, Note sous CE Ass. 28 mai 1954, *Barel*, *D*. 1954, p. 594.
- **PACTEAU**, note sous
  - CE, 26 janvier 1973, Ministre de la justice c/ *Lang*, *D*., 1973, p. 607 ;
  - CE, 5 mai 1986, Ministre des affaires sociales c/ *Leblanc et Tissier*, *RA*, 1986, p. 464 ;
  - CE, Ass., 27 novembre 1970, *Agence maritime Marseille-fret*, compagnie générale translantique et autres, *D*. 1971, p. 345.
- **QUESTIAUX**, Conclusions sur
  - CE, 28 mai 1965, Dell Riffaut, Rec. p. 315 ; *RA*, p. 590-592 ;
  - Conclusions sur CE, 28 mai 1965, *AJDA*, 1965, p. 622.
- **ROBERT** (J.), Note sous CE, 24 juin 1960, *Société Frampar*, *D*. 1960, p. 744.

- **YEZNIKIAN** (O.), Note sous Cour administrative d'appel de Doual, 25 mai 2004, *Commune de Vred*, *RFDA*, 2004, p. 750.
- **WALINE** (M.) Notes sous :
  - CE, 20 juin 1952, *Legos*, *RDP*, 1953, p. 725 ;
  - CE, section, 29 juin 1923, *Société Géa*, *RDP*, 1974, p. 550 ;
  - CE, 30 juin 1978, *Lenert*, *RDP*, 1978, p. 1725 ;
  - CE, 11 décembre 1970, *Crédit Foncier de France*, *RDP*, 1971, p. 1228.

TABLE DES MATIÈRES

La Tunisie

aux éditions L'Harmattan

Dernières parutions

TUNISIE : LA RÉVOLUTION ET SES PASSÉS
Dot-Pouillard Nicolas
Deux ans après le départ de Ben Ali, la fissure entre l'idéal révolutionnaire et le désenchantement démocratique semble croissante. L'auteur y voit trois raisons : les comptes ne sont pas soldés avec le passé de l'ère Bourguiba, l'arrivée d'Ennahda a réveillé des spectres enfouis, la différenciation entre les côtes et les provinces intérieures apparaît comme une structure sociale discriminante bien antérieure aux années Ben Ali. Si la révolution tunisienne a bien ouvert sur de nouveaux possibles, ses fractures présentes sont aussi ancrées dans les paradigmes passés.
(Coll. Bibliothèque de l'iReMMO, 10.00 euros, 124 p.)
ISBN : 978-2-343-00481-5, ISBN EBOOK : 978-2-296-53174-1

TRAGÉDIE (LA) SYRIENNE
Révolte populaire ou complot international ?
Estival Jean-Pierre
Une analyse approfondie de la crise syrienne démontre que, loin d'être une simple révolte populaire contre un régime tyrannique, le soulèvement est le fait d'une fraction du peuple, essentiellement sunnite, et mue par une soif de revanche depuis l'écrasement des fondamentalistes en 1982. Les minorités se sont tenues à l'écart. Dans ce pays multiethnique et multiconfessionnel, le conflit actuel est redevenu, comme dans le passé, une violente guerre intercommunautaire. En soutenant une coalition d'opposants dominée désormais par des islamistes, l'Occident n'a pas fait le meilleur choix.
(24.00 euros, 246 p.)
ISBN : 978-2-343-00407-5, ISBN EBOOK : 978-2-296-53238-0

JEUNES PALESTINIENS, JEUNES FRANÇAIS, QUELS POINTS COMMUNS ?
Face à la violence et l'oppression
Kortam Marie
La recherche de l'auteur sur les violences et les oppressions politiques vécues par des jeunes français et réfugiés palestiniens vise d'un côté l'identification des processus des oppressions subies et de l'autre, les stratégies que ces jeunes déploient pour survivre et trouver une place dans la société. L'étude s'appuie sur les concepts de ségrégation, marginalisation, pouvoir, réfugiés, violence politique, violence institutionnelle et violence sociale.
(32.00 euros, 312 p.)
ISBN : 978-2-296-99835-3, ISBN EBOOK : 978-2-296-53234-2

COMPROMIS (LES) MÉDIATIQUES DE MSF AU YÉMEN
Retour d'expériences
Lacharité Michel-Olivier - Préface de Jean-Hervé Bradol
Cette étude de sociologie des relations internationales fondée sur l'expérience vécue par l'auteur au sein de Médecins Sans Frontières, revient sur la portée des prises de parole de MSF, soucieux de témoigner du sort des victimes et d'apporter une aide aux populations du Yémen durant la guerre de Saada (2004-2010), et de limiter les confrontations avec les belligérants, d'une part le gouvernement yéménite, d'autre part le mouvement armé houthiste et impliquant des États comme le Qatar.
(Coll. Chaos International, 12.00 euros, 110 p.)
ISBN : 978-2-343-00371-9, ISBN EBOOK : 978-2-296-53240-3

POLITIQUE (LA) EUROPÉENNE DE LA TURQUIE
Acteurs, processus et enjeux (1980-2008)
Sevim Huseyin
Loin d'être le produit d'un pouvoir monolithique, la politique européenne de la Turquie est plutôt le résultat d'un processus complexe. Dans cette perspective, trois études de cas ont été retenues : le dépôt de la candidature turque (1987), l'instauration de l'Union douanière (1995) et l'ouverture des négociations d'adhésion (2005-...). Voici une étude pour comprendre comment la *nébuleuse turque* fonctionne dans le domaine de la politique européenne.
(Coll. Logiques politiques, 38.00 euros, 384 p.)
ISBN : 978-2-296-99784-4, ISBN EBOOK : 978-2-296-53089-8

RÉVOLUTION (LA) TUNISIENNE : LA PART DU DROIT
Sayah Jamil
Depuis le déclenchement de ce qu'on a pris l'habitude d'appeler «le printemps tunisien», l'idée de révolution est omniprésente. Véritable basculement historique, c'est une marche ascendante qui se veut non seulement une rupture avec l'ordre ancien, mais surtout un arrimage avec l'universel. Ce peuple marque sa volonté de mettre définitivement un terme à sa marginalité historique et d'être embarqué vers le mieux, pour le meilleur et sans le pire.
(Coll. Diversités, 18.00 euros, 180 p.)
ISBN : 978-2-336-00662-8, ISBN EBOOK : 978-2-296-52991-5

LITTORAL ET LE DÉSERT TUNISIENS
Développement humain et disparités régionales en Tunisie
Bousnina Adel
En dépit du développement et de performances socio-économiques indéniables, la société demeure inégalitaire en Tunisie. Comment ont évolué les indicateurs du développement humain en Tunisie ? Quelles sont les causes et les explications de l'inégal développement régional ? Enfin, quelle est la perception des responsables tunisiens et de la population quant à l'inégal développement, la dichotomie géographique, particulièrement entre le «littoral» et «l'intérieur».
(Coll. Histoire et perspectives méditerranéennes, 34.50 euros, 336 p.)
ISBN : 978-2-336-00636-9, ISBN EBOOK : 978-2-296-51160-6

EL-LOUD
Approche anthropologique
Jedi Essedik, Ben Ali Arbi
Les îles Kerkennah en Tunisie. Un archipel stratégique pour le commerce transméditerranéen comme pour les échanges par cabotage le long des côtes méditerranéennes ! Et qui dit El-Loud dit îles Kerkennah. El-Loud désigne aujourd'hui le bac par lequel on accède aux îles Kerkennah. Mais le El-Loud d'aujourd'hui n'est plus le El-Loud d'antan : un voilier de 9 à 12 mètres de long... Mais comment et pourquoi l'expérience au passé avec El-Loud prend-elle place d'une expérience fondatrice ?
(20.00 euros)
ISBN : 978-2-296-57474-8

L'HARMATTAN ITALIA
Via Degli Artisti 15; 10124 Torino

L'HARMATTAN HONGRIE
Könyvesbolt ; Kossuth L. u. 14-16
1053 Budapest

L'HARMATTAN KINSHASA
185, avenue Nyangwe
Commune de Lingwala
Kinshasa, R.D. Congo
(00243) 998697603 ou (00243) 999229662

L'HARMATTAN CONGO
67, av. E. P. Lumumba
Bât. – Congo Pharmacie (Bib. Nat.)
BP2874 Brazzaville
harmattan.congo@yahoo.fr

L'HARMATTAN GUINÉE
Almamya Rue KA 028, en face du restaurant Le Cèdre
OKB agency BP 3470 Conakry
(00224) 60 20 85 08
harmattanguinee@yahoo.fr

L'HARMATTAN CAMEROUN
BP 11486
Face à la SNI, immeuble Don Bosco
Yaoundé
(00237) 99 76 61 66
harmattancam@yahoo.fr

L'HARMATTAN CÔTE D'IVOIRE
Résidence Karl / cité des arts
Abidjan-Cocody 03 BP 1588 Abidjan 03
(00225) 05 77 87 31
etien_nda@yahoo.fr

L'HARMATTAN MAURITANIE
Espace El Kettab du livre francophone
N° 472 avenue du Palais des Congrès
BP 316 Nouakchott
(00222) 63 25 980

L'HARMATTAN SÉNÉGAL
« Villa Rose », rue de Diourbel X G, Point E
BP 45034 Dakar FANN
(00221) 33 825 98 58 / 77 242 25 08
senharmattan@gmail.com

L'HARMATTAN BÉNIN
ISOR-BENIN
01 BP 359 COTONOU-RP
Quartier Gbèdjromèdé,
Rue Agbélenco, Lot 1247 I
Tél : 00 229 21 32 53 79
christian_dablaka123@yahoo.fr

Achevé d'imprimer par Corlet Numérique - 14110 Condé-sur-Noireau
N° d'Imprimeur : 134001 - Dépôt légal : novembre 2016 - *Imprimé en France*

www.ingramcontent.com/pod-product-compliance
Lightning Source LLC
LaVergne TN
LVHW021137061026
849535LV00002B/278